HOLT SPANISH 2

¡Exprésate!®

Nancy Humbach

Sylvia Madrigal Velasco

Stuart Smith

John McMinn

HOLT, RINEHART AND WINSTON

A Harcourt Education Company

Orlando • Austin • New York • San Diego • London

Holt Teacher Advisory Panel

As members of the **Holt World Languages Teacher Advisory Panel,** the following teachers made a unique and invaluable contribution to the ***¡Exprésate!*** Spanish program. They generously shared their experience and expertise in a collaborative group setting and helped refine early materials into the program design represented in this book. We wish to thank them for the many hours of work they put into the development of this program and for the many ideas they shared.

¡Muchísimas gracias a todos!

Erick Ekker
Bob Miller Middle School
Henderson, NV

Dulce Goldenberg
Miami Senior High School
Miami, FL

Beckie Gurnish
Ellet High School
Akron, OH

Bill Heller
Perry High School
Perry, NY

MilyBett Llanos
Westwood High School
Austin, TX

Rosanna Perez
Communications Arts High School
San Antonio, TX

Jo Schuler
Central Bucks High School East
Doylestown, PA

Leticia Schweigert
Science Academy
Mercedes, TX

Claudia Sloan
Lake Park High School
Roselle, IL

Judy Smock
Gilbert High School
Gilbert, AZ

Catriona Stavropoulos
West Springfield High School
Springfield, VA

Nina Wilson
Burnet Middle School
Austin, TX

Janet Wohlers
Weston Middle School
Weston, MA

Printed in the United States of America

ISBN 978-0-03-045322-9

ISBN 0-03-045322-4

10 0918 11 10

Authors

Nancy Humbach

Nancy Humbach is Associate Professor and Coordinator of Languages Education at Miami University, Oxford, Ohio. She has authored or co-authored over a dozen textbooks in Spanish. A former Fulbright-Hayes Scholar, she has lived and studied in Colombia and Mexico and has traveled and conducted research throughout the Spanish-speaking world. She is a recipient of many honors, including the Florence Steiner Award for Leadership in the Foreign Language Profession and the Nelson Brooks Award for the Teaching of Culture.

Sylvia Madrigal Velasco

Sylvia Madrigal Velasco was born in San Benito, Texas. The youngest of four siblings, she grew up in the Rio Grande Valley, between two cultures and languages. Her lifelong fascination with Spanish has led her to travel in many Spanish-speaking countries. She graduated from Yale University in 1979 and has worked for over 20 years as a textbook editor and author at various publishing companies. She has written bilingual materials, video scripts, workbooks, CD-ROMs, and readers.

Stuart Smith

Stuart Smith began her teaching career at the University of Texas at Austin, where she received her degrees. She has been a professor of foreign languages at Austin Community College, Austin, Texas, for over 20 years and has been writing textbook and teaching materials for almost as long. She has given presentations on language teaching methodology at ACTFL, SWCOLT, and TCCTA.

John McMinn

John McMinn is Professor of Spanish and French at Austin Community College, where he has taught since 1986. After completing his M.A. in Romance Linguistics at the University of Texas at Austin, he also taught Spanish and French at the secondary level and was a Senior Editor of World Languages at Holt, Rinehart and Winston. He is co-author of both Spanish and French textbooks at the college level.

Reviewers

These educators reviewed one or more chapters of the Student Editions.

Elizabeth Baird
Independence High School
Independence, OH

Todd Bouchard
South Windsor High School
Windsor, CT

Ana Carlsgaard
Zionsville High School
Zionsville, IN

Christine DeRoche
Dracut HS
Dracut, MA

Howard Furnas
Spain Park High School
Hoover, AL

Lisa Greene
Southside High School
Greenville, SC

Cathy Teal Johnson
Mountain Brook High School
Birmingham, AL

Tracey C. Kyle
Fairfax High School
Fairfax, VA

Jodi Mahlmann
Stafford High School
Stafford, TX

Mary Alice Mora Loewenstein
Franklin High School
El Paso, TX

Pablo Oliva
Arendell Parrott Academy
Kinston, NC

Mike Shellman
Esperanza High School
Anaheim, CA

Kathy Sherman
Hamilton Southeastern High School
Fishers, IN

Jeannette L. Sipp
Parkway South High School
Ballwin, MO

Sharon Strait
Mukwonago High School
Mukwonago, WI

Paula Twomey
Ithaca High School
Ithaca, NY

Pamela Valdés
Emmerich Manual High School
Indianapolis, IN

Gail Valdez
Gadsden High School
Gadsden, AL

Dora Villani
High School for American Studies
Bronx, NY

Jackie Weaver
Eastside High School
Taylors, SC

Dee Webster
North Central High School
Indianapolis, IN

Shanna Yown
Mauldin High School
Mauldin, SC

Field Test Participants

We express our appreciation to the teachers and students who participated in the field test.

Crystal L. Bey
Armstrong High School
Richmond, VA

Emily A. Clark
Englewood High School
Jacksonville, FL

Joquitta L. Dunnigan
Sanderson High School
Raleigh, NC

Alicia Granto
Bennett High School
Buffalo, NY

Francois Jackson
Brian Station High School
Lexington, KY

Thomas H. Klatt
Glenbard East High School
Lombard, IL

Barbara Leaton
Franklin Military High School
Richmond, VA

Pamela R. Navarra
New Hanover High School
Wilmington, NC

Dora L. Ramos
Nathan B. Forrest High School
Jacksonville, FL

Mary Ann Seward
Central VPA High School
St. Louis, MO

Luz M. Vásquez
Thomas Jefferson High School
San Antonio, TX

Contenido en breve

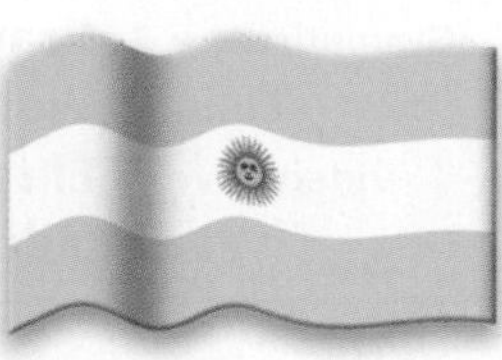

La Ciudad de México

La Catedral Metropolitana, Ciudad de México

En video

Capítulo 2 En el vecindario

OBJETIVOS

In this chapter, you will learn to
- talk about what people do for a living
- introduce people and respond to introductions
- describe a house
- say what needs to be done and complain

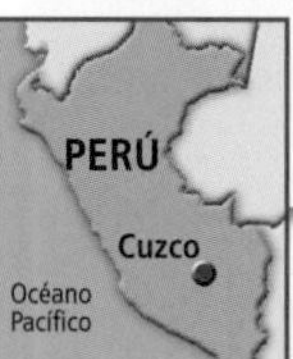

Geocultura

El Templo del Sol o Qoricancha, Cuzco

En video

Geocultura	GeoVisión
Vocabulario 1 y 2	ExpresaVisión
Gramática 1 y 2	GramaVisión
Cultura	VideoCultura
VideoNovela	El relicario
	Variedades

Santo Domingo

Capítulo 3 Pueblos y ciudades

OBJETIVOS

In this chapter, you will learn to

- ask for and give information
- talk about where someone went and what he or she did
- ask for and give directions
- ask for clarification

Geocultura

El Obelisco Macho, Santo Domingo

En video

Geocultura **GeoVisión**
Vocabulario 1 y 2 **ExpresaVisión**
Gramática 1 y 2 **GramaVisión**
Cultura **VideoCultura**
VideoNovela **El relicario**
Variedades

Miami

Capítulo 4 ¡Mantente en forma! 124

OBJETIVOS

In this chapter, you will learn to
- talk about how something turned out
- talk about reacting to events
- talk about getting hurt
- ask for and give advice

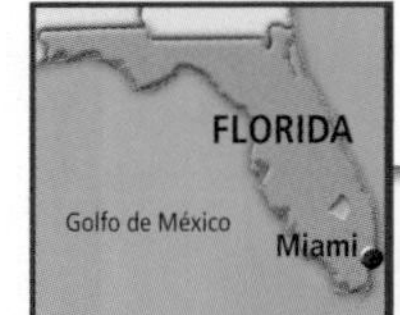

Geocultura

Miami, Florida

En video

Geocultura	GeoVisión
Vocabulario 1 y 2	ExpresaVisión
Gramática 1 y 2	GramaVisión
Cultura	VideoCultura
VideoNovela	El relicario
	Variedades

San José

Capítulo 5 Día a día 164

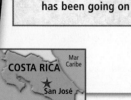

OBJETIVOS

In this chapter, you will learn to
- tell someone to hurry
- remind someone to do something
- express interest and disinterest
- talk about how long something has been going on

Geocultura

El Parque Central, San José

Video/DVD

En video

Geocultura	GeoVisión
Vocabulario 1 y 2	ExpresaVisión
Gramática 1 y 2	GramaVisión
Cultura	VideoCultura
VideoNovela	El relicario
Variedades	

Segovia

Capítulo 6 Recuerdos

OBJETIVOS

In this chapter, you will learn to
- talk about what you used to like and dislike
- talk about what you used to do and what you wanted to be
- describe people and things in the past
- talk about an emotional reaction

Geocultura

El Alcázar de Segovia

En video

Geocultura	**GeoVisión**
Vocabulario 1 y 2	**ExpresaVisión**
Gramática 1 y 2	**GramaVisión**
Cultura	**VideoCultura**
VideoNovela	**El relicario**
	Variedades

San Juan

Capítulo 7 ¡Buen provecho!

OBJETIVOS

In this chapter, you will learn to
- order in a restaurant
- talk about how food tastes
- talk about your diet
- describe the preparation of food

Geocultura

El Viejo San Juan

Video/DVD

En video

Geocultura	**GeoVisión**
Vocabulario 1 y 2	**ExpresaVisión**
Gramática 1 y 2	**GramaVisión**
Cultura	**VideoCultura**
VideoNovela	**El relicario**
	Variedades

Santiago

Capítulo 8 Tiendas y puestos

OBJETIVOS

In this chapter, you will learn to
- talk about trying on clothes and how they fit
- talk about shopping for clothes
- bargain in a market
- state preferences

Geocultura

La Catedral Metropolitana, Santiago

En video

Geocultura	GeoVisión
Vocabulario 1 y 2	ExpresaVisión
Gramática 1 y 2	GramaVisión
Cultura	VideoCultura
VideoNovela	El relicario
	Variedades

El Paso

Capítulo 9 A nuestro alrededor

OBJETIVOS

In this chapter, you will learn to
- talk about a place and its climate
- tell a story
- talk about what you and others will do
- wonder out loud

El Paso TEXAS
Golfo de México

Geocultura

La Capilla de San Elceario, El Paso

Video/DVD

En video

Geocultura	GeoVisión
Vocabulario 1 y 2	ExpresaVisión
Gramática 1 y 2	GramaVisión
Cultura	VideoCultura
VideoNovela	El relicario
	Variedades

Instrucciones

Directions

Throughout the book, the activities will have directions in Spanish. Here are some of the directions you'll see, along with their English translations.

Completa... con las formas correctas de las palabras del cuadro.
Complete . . . with the correct form of the words from the box.

Completa el párrafo con...
Complete the paragraph with . . .

Completa las oraciones con la forma correcta del verbo.
Complete the sentences with the correct form of the verb.

Con base en..., contesta cierto o falso. Corrige las oraciones falsas.
Based on . . ., answer true or false. Correct the false statements.

Con un(a) compañero(a), dramatiza (dramaticen)...
With a classmate, act out . . .

Contesta las preguntas usando...
Answer the questions, using . . .

Contesta (Completa) las siguientes preguntas (oraciones)...
Answer (Complete) the following questions (sentences) . . .

Describe lo que pasa en cada foto (dibujo).
Describe what is happening in each photo (drawing).

Empareja cada pregunta (definición) con la respuesta correspondiente (la palabra correcta).
Match each question (definition) with the corresponding answer (correct word).

En parejas (grupos de tres), dramaticen...
In pairs (groups of three), act out . . .

Escoge el dibujo (la respuesta) que corresponde a (mejor completa)...
Choose the drawing (the answer) that goes with (best completes) . . .

Escribe... basándote en...
Write . . ., based on . . .

Mira las fotos (los dibujos) y escucha las conversaciones. Decide (di, indica)...
Look at the photos (drawings) and listen to the conversations. Decide (say, indicate) . . .

Pon en orden...
Put . . . in order.

Pregúntale a tu compañero(a)...
Ask your partner . . .

Túrnense para...
Take turns . . .

Usa el vocabulario de... para completar...
Use the vocabulary from . . . to complete . . .

Usa una palabra o expresión de cada columna para escribir...
Use one word or expression from each column to write . . .

Buenos Aires

OBJETIVOS

In this chapter, you will learn to
- ask for and make recommendations
- ask for and give information
- talk about where you went and what you did
- talk about the latest news

Geocultura

El barrio La Boca, Buenos Aires

En video

Geocultura	**GeoVisión**
Vocabulario 1 y 2	**ExpresaVisión**
Gramática 1 y 2	**GramaVisión**
Cultura	**VideoCultura**
VideoNovela	**El relicario**
	Variedades

Sugerencias para continuar tus estudios

Tips for studying Spanish

Do you remember everything you learned last year? It's easy to forget your Spanish when you don't use it for a while. Here are some tips to help you in Spanish class this year.

¡Escucha!

When someone else is speaking, ask yourself what that person is saying. Listen for specific words or phrases that either support or do not support your guess. If you don't hear or understand a word, don't panic or give up. Try to figure out its meaning from the sentences that follow it.

¡Habla!

Have you ever tried to say something in English, but then you forgot a certain word? Chances are you did not let that stop you. You simply thought of another way of saying the same thing. Use that same trick when speaking Spanish.

With a classmate, practice short conversations on topics you learned about last year. If you can't remember how to say something in Spanish, look in the glossary or ask someone, **"¿Cómo se dice...?"** You can also try using words you do know or gestures to explain what you mean.

¡Lee!

Sometimes you might feel anxious when you read in Spanish, because understanding the entire text seems to be an overwhelming task. One easy way to reduce this anxiety is to break the reading up into parts. With the reading divided into small sections, you can focus all your attention on one section at a time.

If you look up specific words or phrases in an English-Spanish dictionary, be careful about choosing the meaning. Many words can have several different meanings in English or in Spanish. Be sure to look closely at the context, if one is given, before choosing a word.

¡Escribe!

Before you begin writing, organize your ideas. Write a sentence that states the main ideas. Then choose the details that support them. List them in an order that makes sense to you. After you have listed all of your ideas, you can write about the ones that appeal to you most.

One way to make the task of writing easier is to make sure you know most of the words you will need to use. With a classmate, make a list of the words you will probably need to complete your task. Then look up the words you don't know in the dictionary. Look at the charts in the back of this book to refresh your memory on important grammar points.

Learning a foreign language is like any other long-term project, such as getting into shape or taking up a new sport: it will take some time to see the results you want. Remember, knowing another language is a valuable asset, and you've already come a long way. Keep up your Spanish and . . . **¡Exprésate!**

GeoVisión

Geocultura La Ciudad de México

▼ **El Paseo de la Reforma** es una de las avenidas más importantes y hermosas de la ciudad. Este bulevar fue inspirado por los Campos Elíseos de París.

4
Paseo de la Reforma
Río Tíber
6
Florencia
Bosque de Chapultepec
Av. Insurgentes Sur

Almanaque

Fundación 1325

Población 17.308.562 (área metropolitana)

Altura 2.240 metros sobre el nivel del mar

Nota histórica
Tenochtitlan, la gran capital de los aztecas, fue construida en una isla del lago Texcoco. Hasta su destrucción en 1521 fue una de las ciudades más grandes y bellas del mundo. El México colonial fue construido sobre sus cimientos.

Economía centro financiero, turismo

▼ **La fiesta de quinceañera** se celebra en honor a una joven al cumplir los 15 años.

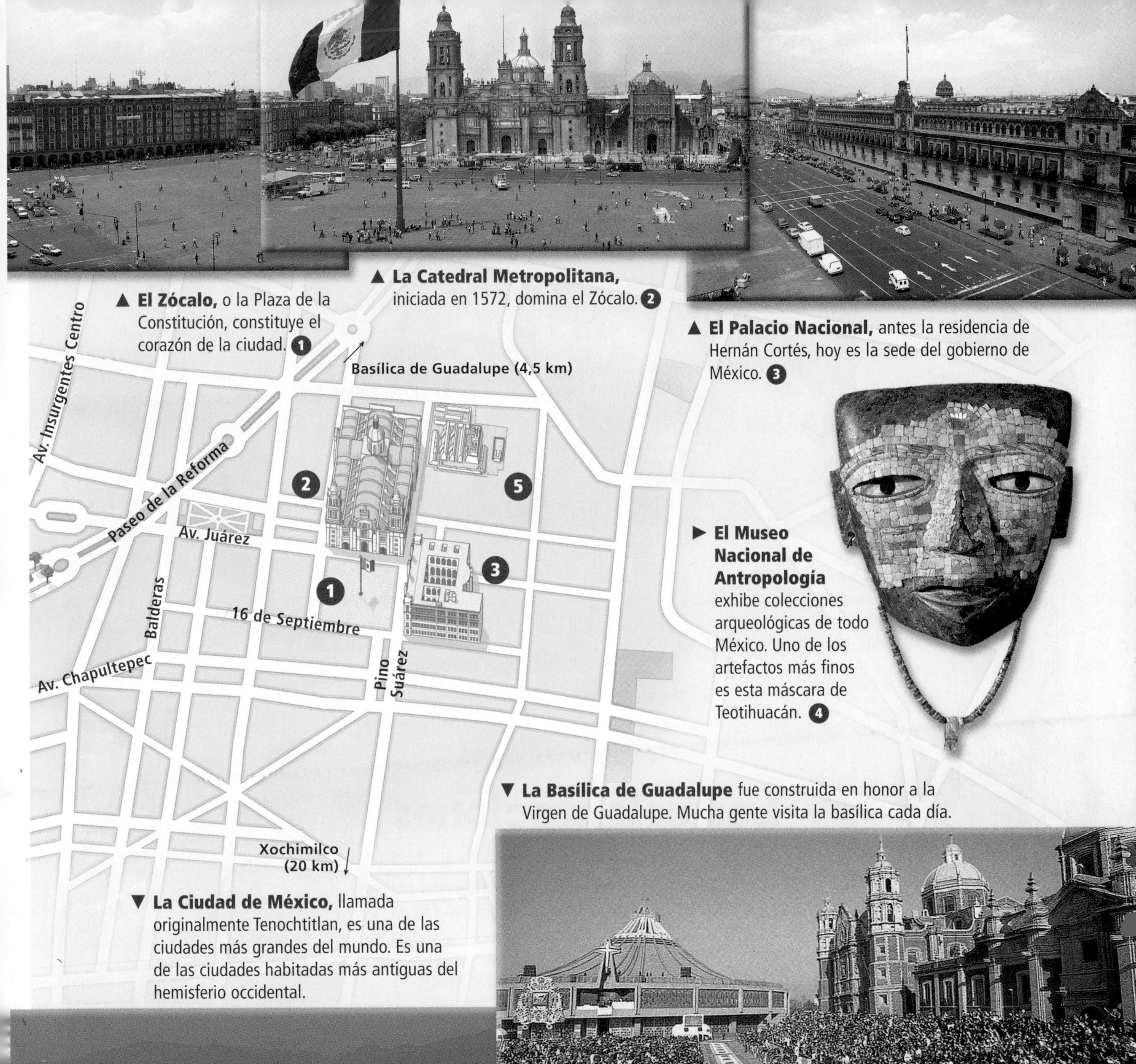

▲ **El Zócalo,** o la Plaza de la Constitución, constituye el corazón de la ciudad. 1

▲ **La Catedral Metropolitana,** iniciada en 1572, domina el Zócalo. 2

▲ **El Palacio Nacional,** antes la residencia de Hernán Cortés, hoy es la sede del gobierno de México. 3

► **El Museo Nacional de Antropología** exhibe colecciones arqueológicas de todo México. Uno de los artefactos más finos es esta máscara de Teotihuacán. 4

▼ **La Basílica de Guadalupe** fue construida en honor a la Virgen de Guadalupe. Mucha gente visita la basílica cada día.

▼ **La Ciudad de México,** llamada originalmente Tenochtitlan, es una de las ciudades más grandes del mundo. Es una de las ciudades habitadas más antiguas del hemisferio occidental.

¿Qué tanto sabes?

¿Cómo se llamó la Ciudad de México antes de la llegada de los españoles?

A conocer la Ciudad de México

El arte

◀ ***La gran Tenochtitlan*** es un mural del famoso muralista Diego Rivera (1886–1957). Está en una pared del Palacio Nacional. 3

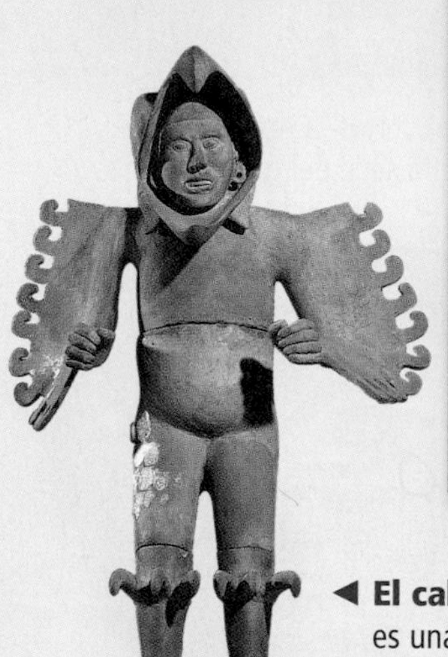

◀ **El caballero águila** es una figura que representa un guerrero azteca. Está en el Museo del Templo Mayor. 5

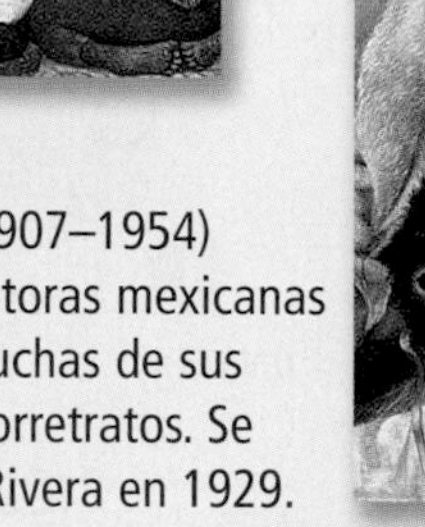

▶ **Frida Kahlo** (1907–1954) es una de las pintoras mexicanas más famosas. Muchas de sus pinturas son autorretratos. Se casó con Diego Rivera en 1929.

Las celebraciones

▶ **La Fiesta Guadalupana** Millones de personas celebran esta fiesta el 12 de diciembre. Muchos creen que el milagro de la Virgen de Guadalupe unió a la sociedad mexicana.

◀ **La Feria de las Flores** se celebra anualmente en los jardines flotantes (o chinampas) de Xochimilco, que en náhuatl significa «lugar de las flores».

▼ **La Independencia** Las celebraciones en la víspera del día de la independencia de México atraen a miles de personas al Zócalo. 1

▲ **Moctezuma II** llegó al poder en 1502 y fue emperador de los aztecas cuando el español **Hernán Cortés** llegó a la ciudad de Tenochtitlan en 1519. Cortés conquistó la ciudad en 1521.

La historia

Interactive TUTOR

Visit Holt Online
go.hrw.com
KEYWORD: EXP2 CH1
Photo Tour

▼ **El Ángel,** el Monumento a la Independencia, fue construido en 1910 para celebrar los 100 años desde el grito de Dolores. 6

¿Sabías que...?

«Chocolate» viene de la palabra azteca «xocolatl» que significa «agua amarga» en el idioma azteca, náhuatl. ¿Qué otros alimentos conoces que tienen su origen en las Américas?

▲ **La Piedra del Sol** fue descubierta en 1790 cerca de donde estaba el Templo Mayor. Ahora la piedra está en el Museo Nacional de Antropología. 4

La arqueología

▼ **Tláloc** era el dios del agua y de la lluvia, elementos básicos del ciclo agrícola y muy importantes para los aztecas.

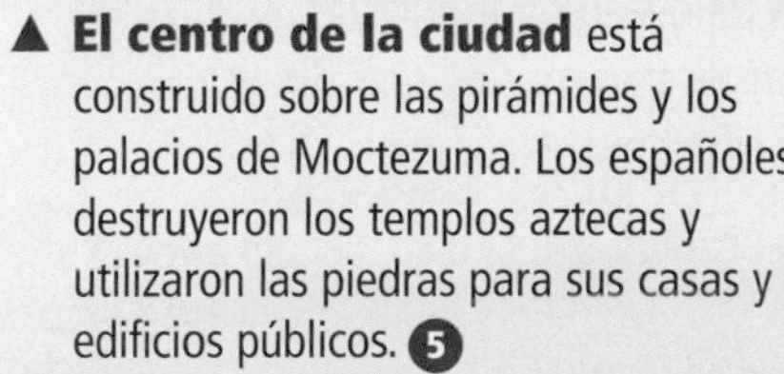

▲ **El centro de la ciudad** está construido sobre las pirámides y los palacios de Moctezuma. Los españoles destruyeron los templos aztecas y utilizaron las piedras para sus casas y edificios públicos. 5

Conexión Ciencias sociales

Los aztecas construyeron las pirámides para rendir honor a sus dioses y como observatorios astronómicos. El Templo Mayor era una doble pirámide dedicada a los dioses Tláloc y Huitzilopochtli. Representaba el centro cósmico de un universo que exigía sacrificios humanos. Otras culturas mesoamericanas también construyeron pirámides. Investiga en Internet o en la biblioteca que función tenían las pirámides de la cultura maya en la península de Yucatán.

Capítulo 1

Familiares y amigos

OBJETIVOS

In this chapter you will learn to

- ask about people, routines, and activities
- express likes and dislikes
- offer help and talk about chores
- talk about plans and places

And you will review

- nouns, adjectives, and **gustar**
- the present tense
- verbs with reflexive pronouns
- **tener** idioms
- verbs followed by infinitives
- the present progressive
- **ir a** followed by infinitives
- informal commands and direct object pronouns

¿Qué ves en la foto?

- **¿Dónde están los jóvenes?**
- **¿Qué les gusta hacer a estas personas?**
- **¿Te gustaría hacer una excursión como ésta?**

En las pirámides de Teotihuacán, cerca de la Ciudad de México

Objetivos
- Describing people, routines, and activities
- Expressing likes and dislikes

Vocabulario en acción 1

ExpresaVisión

Una familia de la Ciudad de México

Me llamo Adriana. Les presento a mi familia.

mi madre

mi padre

Mi madre es Ana María.
Es **morena, baja** y muy **activa.** **Le encanta** trabajar en el jardín y leer **novelas de misterio**.

Mi padre se llama Felipe.
Es **alto, moreno** y un poco **serio. Le gusta** ver la televisión. **Los fines de semana** juega al **ajedrez**.

las novelas de misterio

el ajedrez

Visit Holt Online
go.hrw.com
KEYWORD: EXP2 CH1
Vocabulario 1 practice

mi hermano mayor
mi hermana mayor
Los dos son muy **atléticos** y **simpáticos**, pero Gabriel es más **extrovertido** que Marta. Los fines de semana Gabriel sale con sus amigos. Marta **prefiere pasar el rato sola.**
Soy **bonita** y tengo **pelo castaño** y **ojos de color café. Estoy en una silla de ruedas. Me gustan** mucho los libros.

Vocabulario 1

¡Exprésate!

To ask about people, routines, and activities	To respond
¿Cómo eres tú? *What are you like?*	**Soy...** *I'm . . .*
¿Cómo son tus padres/hermanos/amigos? *What are your parents/brothers and sisters/friends like?*	**Son...** *They are . . .*
¿Qué haces todas las mañanas? *What do you do every morning?*	**Me levanto, me baño...** *I get up, I take a bath . . .*
¿Qué hacen tus amigos los fines de semana? *What do your friends do on weekends?*	**Ven televisión/traen películas a mi casa.** *They watch television/bring movies to my house.*

Interactive TUTOR

Vocabulario y gramática, pp. 1–3 Online workbooks

▶ Repaso de vocabulario—**Familia,** p. R11

Los fines de semana los habitantes de la Ciudad de México pasean en trajineras *(flat-bottom boats)* por Xochimilco, área conocida por sus jardines flotantes. La gente pasa el día relajándose y escuchando música de mariachis, saboreando la típica comida mexicana y remando por los canales. Xochimilco, en náhuatl, significa «lugar de las flores».

Compara esto con lo que hace la gente en tu ciudad para distraerse los fines de semana.

Un domingo en Xochimilco

1 ¿Cómo son?

Escuchemos Escucha las oraciones y escoge la descripción más adecuada.

1. **a.** es graciosa **b.** es intelectual
2. **a.** es perezoso **b.** es trabajador
3. **a.** son atléticos **b.** son serios
4. **a.** es baja **b.** es activa
5. **a.** soy morena **b.** soy extrovertida
6. **a.** es tímido **b.** es guapo

2 ¿Pertenecen?

Leamos Indica la palabra que no pertenece a la serie.

1. **a.** activo **b.** atlético **c.** bajo
2. **a.** seria **b.** alta **c.** trabajadora
3. **a.** me levanto **b.** veo **c.** me baño
4. **a.** novelas **b.** videojuegos **c.** revistas
5. **a.** ven televisión **b.** juegan al ajedrez **c.** montan en bicicleta

3 Mis padres

Leamos/Escribamos Completa el párrafo con las palabras del cuadro.

jardín solo correr deportes leer básquetbol activa alta

Mi madre no es muy baja; es bastante ___1___. Le gusta ___2___ y jugar al ___3___. Es muy ___4___. A mi padre no le gustan los ___5___. Prefiere ___6___ revistas de electrónica, pasar el rato ___7___ y trabajar en el ___8___.

¡Exprésate!

To express likes and dislikes

Interactive TUTOR

¿Te gustan más los videojuegos o la tele? *Do you like videogames or television more?*	**A mí no me gusta la tele. Prefiero los videojuegos.** *I don't like TV. I prefer videogames.*
¿Qué te gusta hacer los fines de semana? *What do you like to do on weekends?*	**Me gusta ir de compras. Voy al centro comercial.** *I like to go shopping. I go to the mall.*
Y a tus amigos, ¿qué les gusta hacer? *And your friends, what do they like to do?*	**A ellos les gusta practicar deportes. Montan en bicicleta y juegan al tenis.** *They like to play sports. They ride bikes and play tennis.*

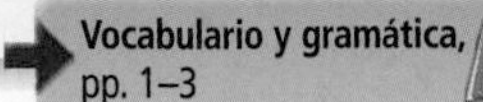

Vocabulario y gramática, pp. 1–3

Online workbooks

4 Sobre mí

Leamos/Escribamos Completa las oraciones con las palabras del cuadro.

deportes	revistas	ensayo	ajedrez	maquillaje	películas

1. Me gustan los juegos de mesa. Juego al ═══.
2. No me gustan las novelas. Prefiero leer ═══.
3. A veces mis amigos y yo vamos al cine o alquilamos ═══.
4. En el colegio practicamos muchos ═══: básquetbol, fútbol y otros.
5. Cuando salgo de clases voy al ═══ de la banda.
6. Siempre me pongo el ═══ después de vestirme.

5 Gustos y actividades

Leamos Empareja los gustos o descripciones de la primera columna con las actividades de la segunda columna.

MODELO Juliana es perezosa. Siempre se levanta tarde.

1. Juliana es perezosa.
2. Néstor es trabajador.
3. A Enrique le gusta la música.
4. A Elena le gusta vestirse bien.
5. Me gusta mantenerme en forma.
6. A mis padres les encanta ver películas.

a. Compra mucha ropa.
b. Corro todas las mañanas.
c. Toca el piano y canta.
d. Siempre van al cine.
e. Siempre se levanta tarde.
f. Siempre hace sus tareas.

Comunicación

6 Preferencias

Hablemos Con un(a) compañero(a), túrnense para hablar de sus gustos y preferencias. Usen los dibujos y sigan el modelo.

MODELO —¿Te gustan los videojuegos?
—No, no me gustan mucho. Prefiero leer novelas.

1.

2.

3.

4.

5.

6.

7.

8.

Vocabulario 1

Objetivos
- Review of nouns, adjectives and **gustar**
- Review of present tense
- Review of reflexive pronouns

GramaVisión

Repaso Nouns, adjectives, and gustar

1 Nouns for people have natural gender. Other nouns have gender based on their endings. Still other nouns have gender that must be memorized. To form the **plural** of a noun, add **-s** to a word ending in a vowel and **-es** to a word ending in a consonant.

	Masculine	Feminine	
male person →	amig**o**(**s**)	amig**a**(**s**)	← *female person*
masculine based on ending →	libr**o**(**s**)	mes**a**(**s**)	← *feminine based on ending*
gender must be memorized →	pape**l**(**es**)	clas**e**(**s**)	← *gender must be memorized*

2 Adjectives agree with nouns in gender and number. Many adjectives end in **-o** or **-r** for masculine and **-a** or **-ra** for feminine. Other adjectives end in **-e** or **other consonants** for both masculine and feminine. To make an adjective **plural**, add **-s** to a vowel or **-es** to a consonant.

	Masculine	Feminine
-o changes to -a →	buen**o**(**s**)	buen**a**(**s**)
same form for m. and f.	grand**e**(**s**)	grand**e**(**s**)
	intelectua**l**(**es**)	intelectua**l**(**es**)

3 To say what you or others like, use this formula:

Vocabulario y gramática, pp. 4–6
Actividades, pp. 1–3
Online workbooks

¿Te acuerdas?

The verb **ser** links the subject of the sentence to a description of the subject. It's irregular in the present tense.

soy	**somos**
eres	**sois**
es	**son**

Ellas **son** simpáticas.
Antonio **es** mi mejor amigo.

Visit Holt Online
go.hrw.com
KEYWORD: EXP2 CH1
Gramática 1 practice

7 La familia Garcés

Leamos/Escribamos Escoge la mejor respuesta. Luego cambia cuatro de las oraciones para describir a tu familia.

1. El señor y la señora Garcés ____.
   a. son trabajadoras **b.** es trabajadora **c.** son trabajadores
2. Tienen una hija. Se llama Elisa. Es baja, ____ e inteligente.
   a. alta **b.** intelectual **c.** serias
3. También tienen dos hijos. Son altos, graciosos y ____.
   a. simpáticos **b.** viejos **c.** extrovertidas
4. El tío Manolo es hermano de la señora. Él no es trabajador; ____.
   a. son románticos **b.** es romántica **c.** es perezoso
5. El perro de los Garcés, Fido, tiene un año. ____.
   a. Es joven **b.** Es viejo **c.** Es traviesa
6. La familia Garcés ____.
   a. son grandes **b.** es grande **c.** es pequeño
7. ¿Cómo ____ tu familia?
   a. es **b.** eres **c.** son

8 ¿Qué les gusta?

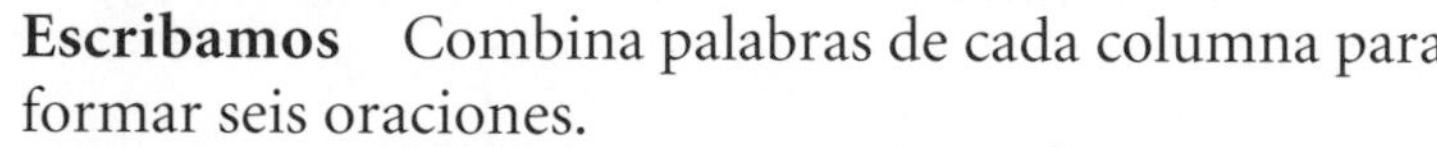

Escribamos Combina palabras de cada columna para formar seis oraciones.

MODELO **A mí me gusta ir a la playa.**

A mí ¿Mi tía? A ella Profesor(a), a usted A mi amiga A mis amigos y a mí A mis primos	me le nos les	gusta gustan	los deportes ver películas leer revistas los animales la música de... ir a...

Un cine en la Ciudad de México

Comunicación

9 ¡Averigüemos!

Hablemos Para conocer mejor a tu compañero(a), hazle preguntas hasta averiguar dos características personales y dos cosas que le gustan.

MODELO **—¿Eres muy tímido?**
—No. Soy bastante extrovertido.
—¿Te gustan las fiestas?
—Sí. Me gustan mucho.

Gramática 1

Repaso — Present tense of regular and stem-changing verbs

Interactive TUTOR

1 To say what people do regularly, replace the **-ar**, **-er**, or **-ir** infinitive endings with a **present tense ending** that matches the subject.

	hablar *(to talk)*	**comer** *(to eat)*	**asistir** *(to attend)*
yo	habl**o**	com**o**	asist**o**
tú	habl**as**	com**es**	asist**es**
él, ella, Ud.	habl**a**	com**e**	asist**e**
nosotros(as)	habl**amos**	com**emos**	asist**imos**
vosotros(as)	habl**áis**	com**éis**	asist**ís**
ellos, ellas, Uds.	habl**an**	com**en**	asist**en**

The subject pronoun is used to clarify or emphasize who the subject is.

—¿**Comes** carne? —A veces. Tú nunca **comes** carne, ¿verdad?
*Do you eat meat? Sometimes. **You** never eat meat, right?*

2 In the present tense, some verbs have **stem changes** in all but their **nosotros** and **vosotros** forms.

	probar (o → ue) *(to try, to taste)*	**preferir (e → ie)** *(to prefer)*
yo	pr**ue**bo	pref**ie**ro
tú	pr**ue**bas	pref**ie**res
él, ella, Ud.	pr**ue**ba	pref**ie**re
nosotros(as)	pr**o**bamos	pref**e**rimos
vosotros(as)	pr**o**báis	pref**e**rís
ellos, ellas, Uds.	pr**ue**ban	pref**ie**ren

More stem-changing verbs

o → ue
almorzar *to lunch*
dormir *to sleep*
poder *to be able to*
volver *to return, to go back*

e → ie
empezar *to begin*
pensar *to think, to plan*
querer *to want*

u → ue
jugar *to play*

Vocabulario y gramática, pp. 4–6
Actividades, pp. 1–3
Online workbooks

Nota cultural

La independencia mexicana se celebra el 16 de septiembre con el grito del presidente *¡Viva México!* desde el Palacio Nacional. Es tradicional preparar *chiles en nogada*, o chiles rellenos de carne y fruta. La salsa blanca de nueces, el cilantro y las semillas de granada que acompañan este plato crean el verde, blanco y rojo de la bandera mexicana.

¿Cómo celebras el Día de la Independencia en Estados Unidos?

Los chiles en nogada, plato mexicano tradicional

10 Andrés y sus amigos

Andrés

Hablemos/Escribamos Indica qué hacen Andrés y sus amigos(as) después de clases. Luego indica si tus amigos(as) y tú hacen lo mismo.

MODELO **(Andrés) Juega al fútbol.**
Yo no juego al fútbol; mis amigos y yo jugamos al béisbol.

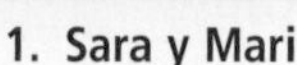
1. Sara y Mari

2. Alberto

3. Anita

4. Óscar

11 Amigos muy diferentes

Leamos/Escribamos Completa las oraciones con la forma correcta de **dormir, preferir, almorzar** o **empezar**. Luego usa los verbos para escribir cuatro oraciones acerca de ti mismo(a).

1. Sonia y César son muy diferentes. César ___ cinco horas cada *(each)* noche. Sonia ___ casi diez horas.
2. Sonia y César nunca ___ a la misma hora. César ___ a mediodía y Sonia, después de la una.
3. De almuerzo, Sonia ___ ensaladas de pollo, de atún o de frutas. César ___ pizza, hamburguesas y papas fritas de almuerzo.
4. Los dos amigos trabajan en un restaurante los fines de semana. César siempre ___ la tarea antes de trabajar. Sonia siempre espera hasta el domingo por la tarde.

Fonda San Luis
MENÚ
ensalada de pollo
ensalada de atún
ensalada de frutas
pizza
hamburguesas
papas fritas
gran variedad de sopas

Comunicación

12 Mis cosas

Hablemos Hazle cinco preguntas a tu compañero(a) sobre su rutina diaria. Túrnense para hacerse preguntas y contestarlas usando los verbos del cuadro. Luego presenten la información a la clase.

dormir	almorzar	preferir	empezar
asistir	comer	volver	jugar

Gramática 1

Present tense of e → i and irregular verbs, reflexive pronouns

1 **Servir** *(to serve)* and **pedir** *(to ask for, to order)* are **e → i stem-changing** verbs with regular present tense endings.

yo	pido	nosotros(as)	pedimos
tú	pides	vosotros(as)	pedís
Ud., él, ella,	pide	Uds., ellos, ellas,	piden

Mi tío siempre **pide** la cuenta.

¿Cuándo **sirven** el postre?

2 Some verbs have an irregular present tense **yo** form. **Venir** and **tener** also have **e → ie** stem changes.

salir:	**salgo**	*I go out*	saber:	**sé**	*I know*
poner:	**pongo**	*I put*	venir:	**vengo**	*I come*
hacer:	**hago**	*I do, I make*	tener:	**tengo**	*I have*
traer:	**traigo**	*I bring*			

Mi primo **sale** del colegio a la una. Yo **salgo** a las cuatro.

3 **Reflexive pronouns** refer to the same person as the subject pronoun. Use reflexive pronouns with certain verbs when the subject acts upon itself.

levantarse *(to get up)*					
yo	**me**	levanto	nosotros(as)	**nos**	levantamos
tú	**te**	levantas	vosotros(as)	**os**	levantáis
Ud., él, ella	**se**	levanta	Uds., ellos, ellas	**se**	levantan

refers to

Los domingos (yo) **me despierto** tarde y **me acuesto** temprano.

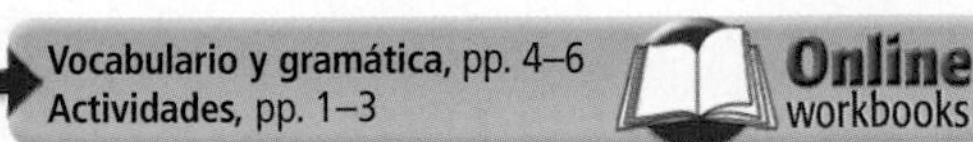

13 Rutinas

Escuchemos Escucha las oraciones y decide si la persona habla
a) de sí mismo *(him/herself)*
b) de otra persona o
c) de sí mismo con otra(s) persona(s).

14 Todo sobre mí

Leamos/Escribamos Completa las oraciones con la forma correcta del verbo y añade tus propios detalles.

1. Mi restaurante preferido (servir) ____...
2. Para mi cumpleaños casi siempre (pedir) ____...
3. Yo nunca (salir) ____...
4. Siempre (poner) mis libros ____...
5. Yo no (saber) ____...
6. Yo (tener) ____... en mi casa.
7. Yo casi nunca (traer) ____... al colegio.

De paseo en Coyoacán, Ciudad de México

15 La rutina diaria

Escribamos Combina elementos de cada columna para formar siete oraciones. Usa los pronombres reflexivos que corresponden al sujeto.

MODELO **Mi abuelo se levanta temprano.**

yo	levantarse	tarde
tú	lavarse los dientes	temprano
mi perro	acostarse	por la mañana
mi abuelo(a)	afeitarse	por la noche
nosotros	bañarse	todos los días
mis padres	secarse el pelo	
mi hermano(a)	ponerse el piyama	

Comunicación

HOLT SoundBooth ONLINE RECORDING

16 ¿Te entrenas?

Hablemos Basándote en los dibujos, habla con un(a) compañero(a) sobre qué hace Carolina para mantenerse en forma. Luego túrnense para decir tres cosas que hacen ustedes para mantenerse en forma o relajarse.

Gramática 1

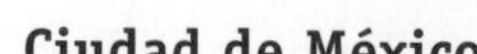

Cultura

VideoCultura

Estudiantes en una clase del Colegio de Santa Ana, Costa Rica

¿Qué idiomas se enseñan en las escuelas de tu país?

En muchos colegios en Estados Unidos es obligatorio estudiar un idioma extranjero. Por lo general hay varias opciones, como el español, francés, alemán y japonés, entre otros. En los países hispanohablantes también es requisito estudiar otro idioma. Estos jóvenes nos dicen cuáles se ofrecen y cuáles estudian ellos mismos. ¿Tienen ellos los mismos requisitos que tú? ¿Por qué crees que es obligatorio estudiar otro idioma en muchos colegios tanto en Estados Unidos como en otros países?

Alejandro
Ciudad de México, México

¿Qué idiomas además del español enseñan en tu universidad?

Inglés y portugués.

¿Qué idiomas estudias tú?

Yo estudio portugués.

¿Por qué decidiste estudiar portugués?

Porque mi novia *(girlfriend)* es del Brasil y se me hace que es un idioma muy importante.

¿Qué ventajas tiene para ti el saber otro idioma?

Que te puedes comunicar mejor en otros países.

¿Qué consejos tienes para los estudiantes del español en Estados Unidos?

Pues, que estudien mucho el español porque es un idioma muy importante y así se pueden relacionar con otros países... y hay muchos países de habla hispana. ¡Y [que] no se les olvide venir a México!

Muchas gracias, Alejandro.

De nada.

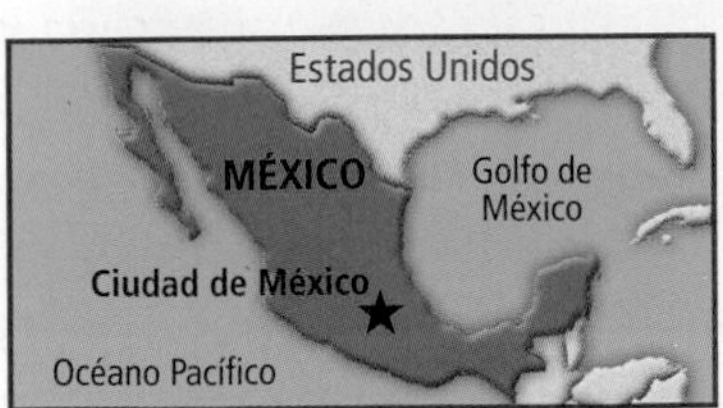

Visit Holt Online
go.hrw.com
KEYWORD: EXP2 CH1
Online Edition

Judith

San Juan, Puerto Rico

Judith, ¿tú estudias algún otro idioma además del español?

Sí, el portugués y el francés.

¿Por qué estos idiomas?

Porque se hablan en América y además me interesa mucho aprender sobre estas culturas.

¿Cuál es la importancia para ti de estudiar otros idiomas?

Acá en Puerto Rico el turismo es bien fuerte. Entonces, viene gente de muchos países y es bueno aprender sobre esas culturas y hablar sus idiomas.

Dime, ¿qué les aconsejarías tú a los estudiantes que están aprendiendo español en Estados Unidos para que les vaya mejor?

Que no se preocupen si no hablan exactamente con el acento que [se] tiene que tener pero que se sientan cómodos al hablar, y que entiendan y hablen sin miedo.

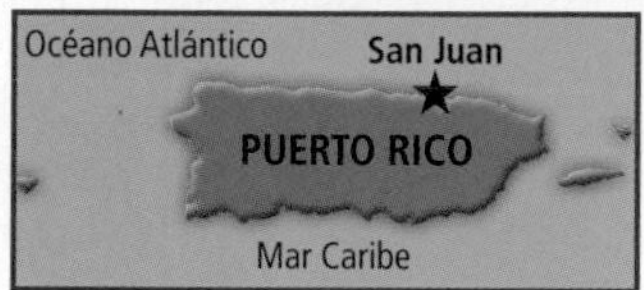

Para comprender

1. ¿Qué idioma estudia Alejandro? ¿Por qué?
2. Según Alejandro, ¿por qué es bueno saber otro idioma? ¿Y por qué el español específicamente?
3. ¿Qué idiomas estudia Judith? Para ella, ¿por qué se debe estudiar otro idioma?
4. Según Judith, ¿qué es más importante que tener el acento perfecto en otro idioma?

Para pensar y hablar

Judith y Alejandro dicen que el saber otro idioma les ayuda a entender mejor otras culturas. ¿Estás de acuerdo? ¿Por qué estudias tú el español? Judith les dice a los estudiantes como tú que está bien si no hablan perfectamente el español. ¿Por qué es importante hablar el español sin miedo?

Comunidad y oficio

El estudio de idiomas extranjeros

Muchos estudiantes en Estados Unidos estudian idiomas extranjeros. ¿Qué idiomas ofrecen las escuelas de tu región? Ponte en contacto con cuatro escuelas diferentes para averiguar qué idiomas ofrecen y cuántos estudiantes estudian cada idioma. Después entrevista, en español si es posible, a algunos empleados bilingües para averiguar dónde aprendieron el español y cuántas veces al día lo usan en el trabajo. Compara la información y crea una gráfica que muestre los resultados de tu investigación para presentársela a la clase.

Empleados bilingües, Dekalb Farmers Market, Atlanta, Georgia

Objetivos
- Offering help and talking about chores
- Talking about plans and places

Vocabulario en acción 2

Video/DVD
ExpresaVisión

Esta noche **vamos a celebrar la Nochebuena.** Todos tenemos que...

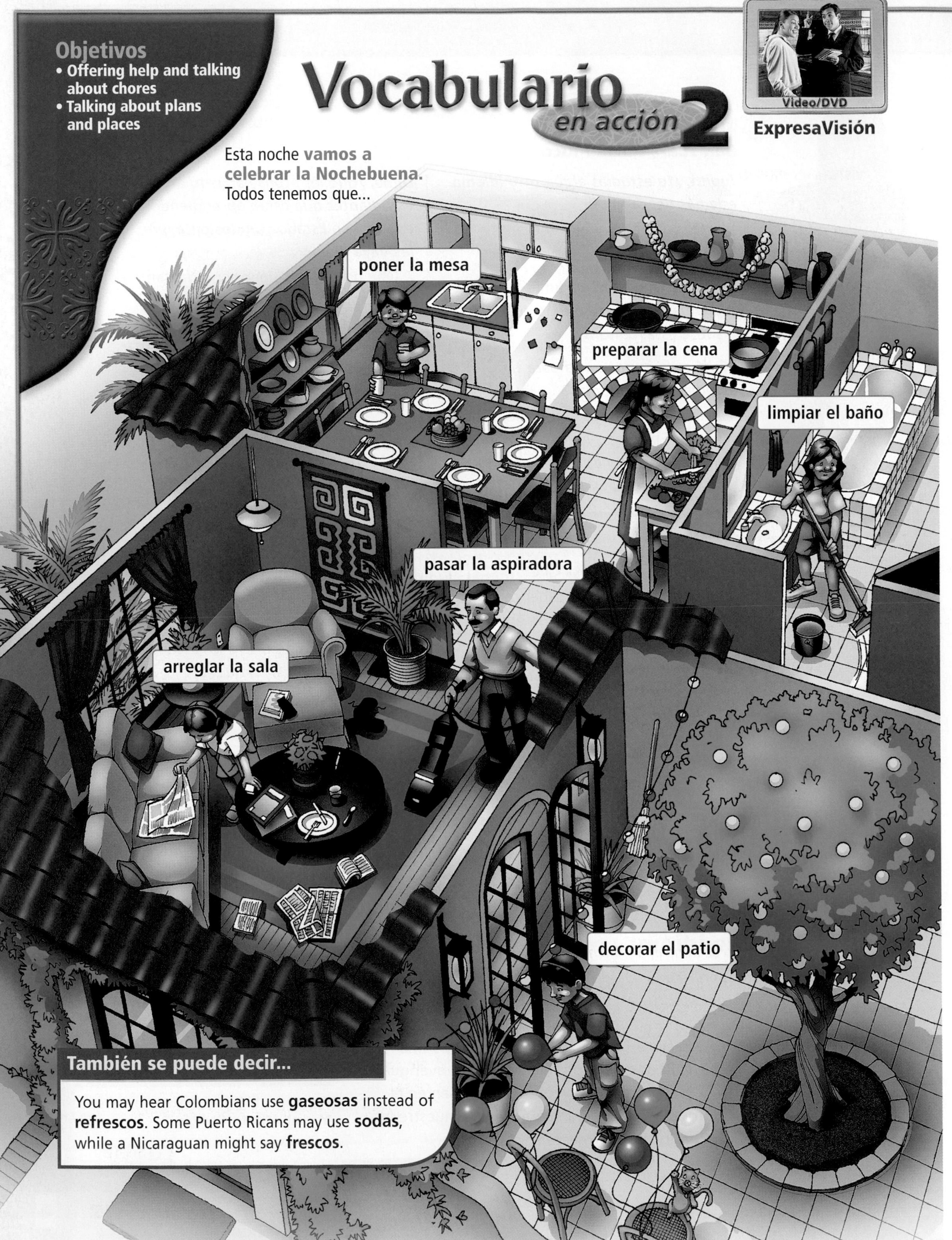

También se puede decir...

You may hear Colombians use **gaseosas** instead of **refrescos**. Some Puerto Ricans may use **sodas**, while a Nicaraguan might say **frescos**.

Visit Holt Online
go.hrw.com
KEYWORD: EXP2 CH1
Vocabulario 2 practice

Durante las vacaciones mis amigos y yo pensamos ir a México y...

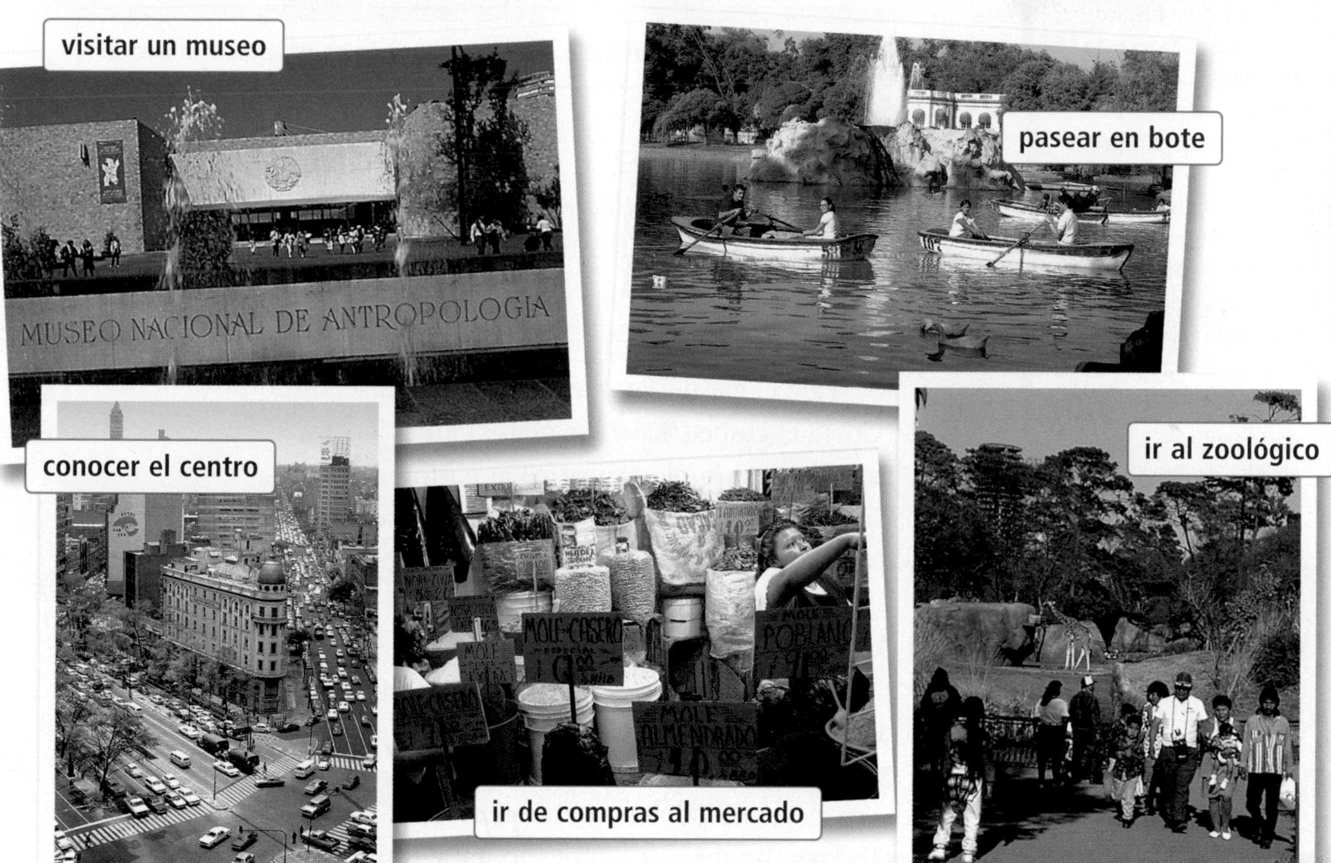

Vocabulario 2

¡Exprésate!

To offer help and talk about chores	To respond
¿Puedo ayudarte? *Can I help you?*	**Sí, pasa la aspiradora en la sala/limpia el baño.** *Yes, vacuum the living room/clean the bathroom.*
¿Qué hay que hacer en la cocina? *What needs to be done in the kitchen?*	**Tenemos que poner el postre/los refrescos en el refrigerador.** *We have to put the dessert/the drinks in the refrigerator.*
¿Qué más tengo que hacer? *What else do I have to do?*	**Debes lavar los platos/sacar la basura.** *You should wash the dishes/take out the garbage.*
¿Algo más? *Anything else?*	**Sí. No te olvides de cortar el césped/preparar la cena.** *Yes. Don't forget to cut the grass/make dinner.*

Interactive TUTOR

Vocabulario y gramática, pp. 7–9 Online workbooks

En la Ciudad de México hay muchos lugares para ir de compras. Además de almacenes, hay mercados donde se puede comprar de todo, como La Merced, el mercado más grande de la ciudad. Otro mercado, La Ciudadela, ofrece una gran variedad de artesanías de muchas regiones del país.

En Estados Unidos, ¿hay lugares similares a los mercados de México para ir de compras?

En un mercado de la Ciudad de México

17 ¿En qué cuarto?

Escuchemos Escucha las oraciones y decide en qué parte de la casa está cada persona.

la sala	el jardín	el baño	el comedor	la habitación	la cocina

18 ¿Qué debo hacer?

Leamos/Hablemos Completa lo que el señor Casas le dice a su hijo con la opción correcta.

1. (Pasa la aspiradora/Pon la mesa) en la sala.
2. (Prepara la cena/Haz la cama) en la cocina.
3. (Arregla el garaje/Pon las plantas) en el segundo piso.
4. (Corta el césped/Lava los platos) en el jardín.
5. Saca (la basura/el escritorio) al patio.
6. No te olvides de preparar (la planta/la comida).
7. Después de bañarte, limpia (el baño/el garaje).

19 Antes de la fiesta

Leamos/Hablemos Responde a las preguntas y comentarios de tus familiares. Di qué debe hacer cada uno antes de la fiesta.

MODELO **—¿Te puedo ayudar en el jardín?**
—Sí, debes cortar el césped.

1. ¡Todavía no tenemos el regalo para la tía Rosa!
2. Tu cuarto no está limpio.
3. ¿Qué hago con los helados y refrescos?
4. La sala no está lista.
5. ¿Qué más hay que hacer?

¡Exprésate!

To talk about plans and places

Interactive TUTOR

¿Qué quieres hacer esta tarde? *What do you want to do this afternoon?*	**Quiero salir.** *I want to go out.*
¿Adónde piensan ir esta noche? *Where do you plan to go tonight?*	**Vamos a ir al teatro/cine.** *We are going to go to the theater/the movies.*
¿Prefieres ir al centro o a...? *Do you prefer to go downtown or to . . . ?*	**Prefiero ir a...** *I prefer to go to . . .*
¿Tienes planes para el sábado? *Do you have plans for Saturday?*	**No sé. Tengo ganas de descansar.** *I don't know. I feel like resting.*

Vocabulario y gramática, pp. 7–9 Online workbooks

20 De turismo

Escuchemos Dora y Jorge están en México. Escucha las oraciones y di a qué foto se refieren.

A

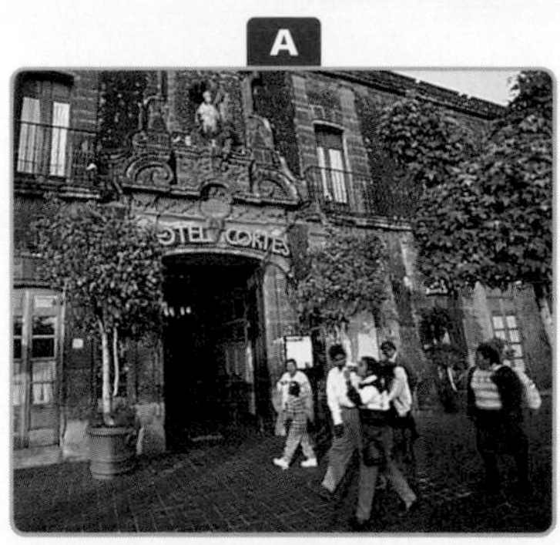

B

C

D

E

F

21 De visita

Hablemos Mira las fotos de la actividad anterior e imagina que tu compañero(a) y tú están en México. Túrnense para hacer preguntas acerca de sus planes durante su visita.

MODELO **—¿Adónde piensas ir el sábado?**
—Tengo ganas de ir de excursión a las montañas.

22 Preferencias

Hablemos Con un(a) compañero(a), escojan un día festivo para celebrar. Decidan dónde quieren hacer la celebración, escojan el menú y hagan una lista de los preparativos y las personas a quienes van a invitar.

MODELO **—¿Por qué no hacemos una fiesta para celebrar el cumpleaños de Ana?**
—Buena idea. Podemos hacerla en el jardín de tu casa.
—Sí, debemos preparar... y tenemos que...

GramaVisión

Objetivos
- Review of idioms with **tener** and verbs with infinitives
- Review of present progressive, **ir a** and direct object pronouns
- Review of informal commands

Interactive TUTOR

Repaso: Idioms with tener, verbs followed by infinitives

1 The verb **tener** is used in many common expressions, some of which are followed by an **infinitive**.

tener prisa	*to be in a hurry*	**tener hambre**	*to be hungry*
tener calor	*to be hot*	**tener suerte**	*to be lucky*
tener frío	*to be cold*	**tener... años**	*to be . . . years old*
tener sed	*to be thirsty*	**tener que + inf.**	*to have to*
tener sueño	*to be sleepy*	**tener ganas de + inf.**	*to feel like*

Tengo sueño. **Tengo que descansar**.
I'm sleepy. I have to rest.

2 **Tener que** and **tener ganas de** must be followed by an infinitive. The **verbs** below can also be followed by an **infinitive**.

deber	*should, ought to*	**preferir (ie)**	*to prefer, would rather*
poder (ue)	*to be able to, can*	**querer (ie)**	*to want*
pensar (ie)	*to plan to*	**me, te,... gusta**	*like(s) to*

—¿Qué **quieres hacer**, leer o tocar música? —**Prefiero leer**.

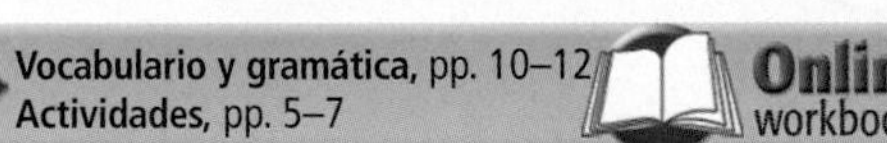
Vocabulario y gramática, pp. 10–12
Actividades, pp. 5–7
Online workbooks

¡Te acuerdas?

Ask for information by using these **question words**. The **subject** is usually mentioned afterwards, unless **cuál(es)**, **qué**, or **quién(es)** is the subject.

¿cómo?	*how?*
¿por qué?	*why?*
¿cuándo?	*when?*
¿cuánto(a)?	*how much?*
¿cuánto(a)(s)?	*how many?*
¿(a)dónde?	*where (to)?*
¿cuál(es)?	*which (ones)?*
¿qué?	*what?*
¿quién(es)?	*who?*

¿**Adónde** van **Sara y Tomás**?

23 Las clases

Leamos/Escribamos Completa las oraciones.

—Marisa, ¿**1.**(cuántos/cuántas) clases tienes este semestre?
—¡Ocho! Por eso siempre **2.**(tengo que/tengo prisa) estudiar.
—Debes **3.**(descansas/descansar) un poco. ¿**4.**(Por qué/Adónde) no sales con nosotros esta tarde?
—¿**5.**(Adónde/Qué) van a hacer?
—Primero vamos al parque a pasear. Después pensamos **6.**(cenar/tener prisa) en casa de Luisa.
—¡Me parece bien! Prefiero **7.**(salgo/salir) con ustedes. ¿Quieres **8.**(estudiar/estudian) después de cenar?
—No **9.**(tienes prisa/tengo ganas de) estudiar, pero tenemos un examen de alemán mañana...

Visit Holt Online
go.hrw.com
KEYWORD: EXP2 CH1
Gramática 2 practice

24 ¿Qué piensas hacer?

Leamos/Escribamos Completa las oraciones.

1. Hoy tengo ganas de...
2. Esta tarde debo..., pero prefiero...
3. Hoy mis amigos y yo (no) podemos...
4. Los estudiantes (no) tienen sueño esta mañana porque...
5. Esta noche quiero ver...
6. Siempre (Nunca) tengo hambre antes de...
7. Hoy voy a cenar... Me gusta cenar...

25 ¿Qué prefieren estas personas?

Escribamos Indica lo que pasa en los dibujos usando expresiones con **tener** y verbos seguidos por *(followed by)* infinitivos.

1. Édgar y Leti

2. Paco

3. Rebeca y Susana

4. Adriana

5. Melvin

6. los Ochoa

26 Y tú, ¿qué prefieres y qué debes hacer?

Hablemos Con dos compañeros(as), escriban cuatro preguntas con **tener**, **preferir**, **poder** y **deber**. Túrnense y contesten las preguntas.

The present progressive, ir a with infinitives, direct object pronouns

¡Te acuerdas?

The verb **ir** means *to go*. You can follow it with **a**, **al**, or **a la** to say where someone *goes* or *is going*. It's irregular in the present tense.

voy	vamos
vas	vais
va	van

Voy al parque **a** montar en bicicleta.

1 To say what is happening right now, use the **present progressive**. To form it, use a conjugated form of **estar** followed by the **present participle**. The present participles of stem-changing **-ir** verbs have the same stem change as in the preterite.

hablar → habl**ando**
hacer → hac**iendo**
escribir → escrib**iendo**
(*add* **-ando** *to -ar verbs and* **-iendo** *to -er/-ir verbs*)

dormir → dur**miendo** (*change o to* **u**)

leer → le**yendo** (*change i to* **y** *between vowels*)

—¿Qué **estás haciendo?** —**Estoy leyendo**.

2 Use **ir a** with an **infinitive** to say what you and others *are going to do*. The verbs **ir** and **venir** are usually used in the present tense to mean *going or coming*.

Hoy **vienen** mis hermanos. **Van a limpiar** el garaje.
My brothers are coming today. They're going to clean the garage.

3 Direct object pronouns can replace nouns already mentioned to avoid repetition. They go before conjugated verbs or can be attached to an infinitive or present participle.

Subject	Direct Object		Subject	Direct Object	
yo	**me**	*me*	nosotros(as)	**nos**	*us*
tú	**te**	*you*	vosotros(as)	**os**	*you*
usted (m.)	**lo**	*you*	ustedes (m.)	**los**	*you*
usted (f.)	**la**	*you*	ustedes (f.)	**las**	*you*
él	**lo**	*him, it*	ellos	**los**	*them*
ella	**la**	*her, it*	ellas	**las**	*them*

stands for

—¿Tienes **el libro de historia**? —Sí, **lo** tengo.

—¿Estás ayudando **a Mari** con la tarea? —Sí, **la** estoy ayudando.
—Sí, estoy ayudándo**la**.

Vocabulario y gramática, pp. 10–12
Actividades, pp. 5–7
Online workbooks

27 ¿Por lo general, ahora o más tarde?

Escuchemos Escucha las conversaciones y decide si las actividades se hacen **a)** por lo general
b) ahora o
c) más tarde.

28 Pues, ahora...

Escribamos Usa las fotos para decir qué están haciendo estas personas. Después, di si tú vas a hacer las mismas *(same)* actividades esta semana.

MODELO **Mi mejor amiga está haciendo yoga. (No) Voy a hacer yoga esta semana.**

mi mejor amiga

1. la profesora

2. Papá y mi hermana

3. mis amigas

4. mis amigos

5. tú

6. mi primo

Comunicación

29 Fiesta sorpresa

Hablemos En grupos de cuatro compañeros, planeen una fiesta sorpresa para su profesor(a). Contesten las preguntas usando pronombres para no repetir ciertas palabras.

1. ¿Quiénes van a mandar las tarjetas?
2. ¿Dónde podemos comprar la piñata?
3. ¿Cómo vamos a decorar el salón?
4. ¿Quién quiere preparar el pastel?
5. ¿Cuándo debemos preparar el ponche?
6. ¿Quién va a comprar el regalo?
7. ¿Debemos invitar a los otros profesores?

Repaso Affirmative and negative informal commands

¿Te acuerdas?
Use informal commands with someone you address as **tú**. These verbs have **irregular affirmative informal command** forms.

hacer → **haz**
ir → **ve**
poner → **pon**
salir → **sal**
ser → **sé**
tener → **ten**
venir → **ven**

1 To form most **affirmative informal commands**, drop the **-s** of the **tú** form of the verb. Attach **direct object pronouns** to the end.

drop -s for command
Tocas **el piano** muy bien. → **Tócalo** ahora, por favor.

2 To form the **negative informal command** of most **-ar** verbs, drop the **-o** of the **yo** form and add **-es**. For most **-er** and **-ir** verbs, drop the **-o** of the **yo** form and add **-as**. Put the word **no** in front. **Object pronouns** go after **no** and before the verb.

-ar verb, change -o to -es
No hablo inglés. → **No hables** en inglés.
-er verb, change -o to -as
Como pizza de almuerzo. → **No la** comas todos los días.
-ir verb, change -o to -as
No salgo los viernes. → **No salgas** sin mí.

3 These verbs have **irregular informal negative commands**.

dar → **no des** ir → **no vayas** ser → **no seas**

4 Negative commands of verbs with infinitives ending in **-car**, **-gar**, and **-zar** have the following spelling changes.

change -c- to -qu-
Tú tocas el piano muy bien. → **No** lo **toques** ahora.
change -g- to -gu-
Nunca llegas a tiempo. → **No llegues** tarde hoy.
change -z- to -c-
Siempre empiezas tarde. → **No empieces** tarde.

Vocabulario y gramática, pp. 10–12
Actividades, pp. 5–7
Online workbooks

30 Hay que...

Leamos/Escribamos Utiliza los verbos entre paréntesis para crear mandatos y responder a las oraciones.

MODELO **Hay que terminar el proyecto para la clase de inglés. (terminarlo/no esperar)**
Termínalo esta tarde. No esperes hasta mañana.

1. Tengo que comprar mis útiles. (comprarlos/no perderlos)
2. Tengo mucha tarea para mañana. (hacerla/no ver televisión)
3. Estoy en el centro. (venir a recogerme/no venir en bicicleta)
4. ¿Te ayudo? (sí, poner la mesa/no sacar la basura todavía)
5. No tengo ganas de hacer nada. (trabajar/no ser perezoso)

31 La familia de Esmeralda

Escuchemos Escucha mientras Esmeralda habla de su familia. Decide si lo que dice es
a) una oración o
b) un mandato.

32 ¡Tanto que hacer!

Hablemos Tu mejor amigo(a) sale de vacaciones mañana. Con base en sus comentarios y las palabras del cuadro, dale consejos usando mandatos afirmativos o negativos.

no salir	**llamar y pedir información**
hablar con ellos por teléfono	**sacar dinero de...**
no ser tonto(a); empezar ahora a...	**hacer yoga**
limpiar el cuarto antes de buscarlo	

1. No me siento bien. Me duele la cabeza y no puedo relajarme.
2. No tengo ganas de hacer la maleta.
3. No puedo encontrar el boleto de avión.
4. Necesito dinero para pagar el taxi.
5. Quiero salir con mis amigos pero el vuelo sale a las 6:00 de la mañana.
6. No sé dónde queda el hotel.

El centro de la Ciudad de México está construido sobre las ruinas de la ciudad de Tenochtitlan. El Templo Mayor se descubrió en 1978, y es hoy en día un museo dedicado a la civilización azteca. ¿Hay restos de otras civilizaciones donde vives?

Templo Mayor, Ciudad de México

Comunicación

33 Preparativos para las vacaciones

Hablemos En parejas, dramaticen la conversación entre la mamá y su hijo.

Novela en video

El relicario

Episodio 1

ESTRATEGIA

Looking for clues A careful viewer looks for clues that can provide insight into where the story is headed. A clue can be something a character says, where a scene takes place, or any important objects. Sometimes clues are quite obvious and sometimes they are purposely hidden. As you watch this first episode, look for as many clues as you can.

En San José, Costa Rica

Un chico de San José, Costa Rica navega por Internet. Su mamá lo llama porque está listo el almuerzo.

1

Sra. Calderón ¡Jorge! ¡Hijo! Vení a comer.

Jorge Sí, ya voy.

En Madrid, España

Una chica de Madrid, España navega por Internet. Su mamá la llama.

2

Sra. Gallegos Victoria, ¿puedes venir un momento?

Victoria Sí, mamá.

Alberto Gallegos está muy enfermo. Quiere hablar con su nieta, Victoria.

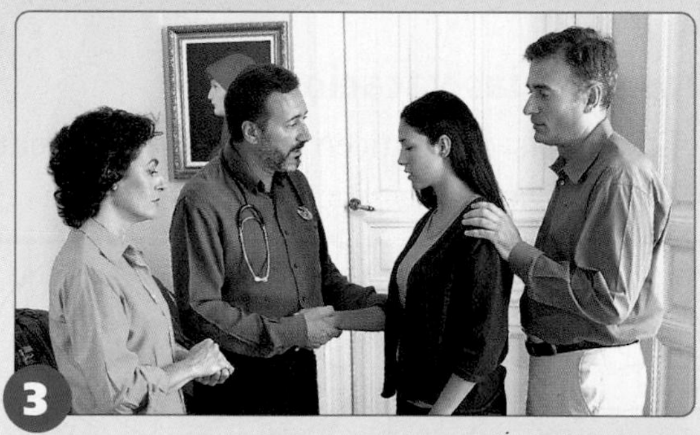

3

Doctor Victoria, tu abuelo quiere hablar contigo.

Victoria Sí, doctor, gracias.

4

Abuelo Gallegos Hija… Victoria.
Victoria Sí, Abuelo.
Abuelo Gallegos Te tengo que pedir un favor, algo muy importante.
Victoria Sí, Abuelo, lo que tú pidas.

Abuelo Gallegos Tienes que buscar a mi viejo colega, Jorge Calderón. Es ingeniero. En San José, Costa Rica. Le tienes que devolver esto.
Victoria Sí, Abuelo.

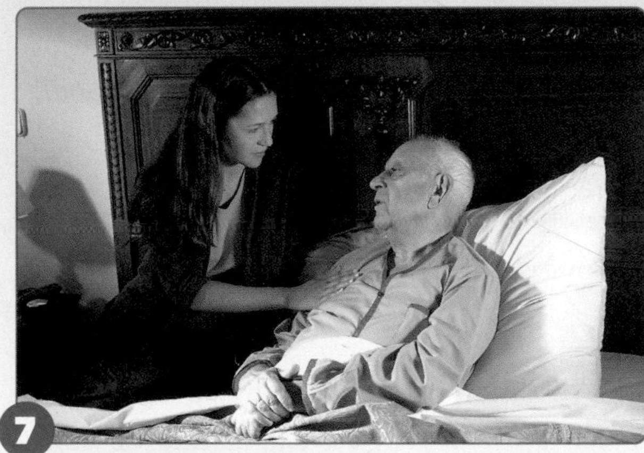

Abuelo Gallegos Otra cosa, Victoria. Tienes que ir a la casa de Segovia. En mi escritorio tengo dos cartas. Tienes que mandárselas a Jorge. Es muy importante, Victoria.

Victoria Sí, Abuelo. No te preocupes. Pero Abuelo, ¿tienes la dirección de Jorge Calderón?
Abuelo Gallegos No, hija, no tengo nada. Ahora tengo que descansar.

¿COMPRENDES?

1. ¿Cómo se llama el chico de San José, Costa Rica? ¿y la chica de Madrid, España?
2. ¿A quién tiene que buscar Victoria para el abuelo?
3. ¿Qué objeto le da el abuelo a Victoria? ¿Para qué?
4. ¿Crees que el chico de San José es el mismo Jorge del abuelo? ¿Por qué crees eso?
5. Considera las respuestas a las preguntas 1–4. ¿Cuáles pueden ser pistas importantes para el resto de la novela? Explica.

Próximo episodio
Victoria quiere cumplir con el último favor que le pidió su abuelo.
PÁGINAS 68–69

Leamos y escribamos

ESTRATEGIA

para leer Riddles and jokes often revolve around word play. Look for the key words in a riddle or joke, and then use your background knowledge to understand the relationships among the key words. Understanding these relationships will help you solve the riddle or understand the punchline of the joke.

Antes de leer

A Lee el texto de cada adivinanza[1], acertijo[2] y chiste[3]. Mientras lees, escribe en una hoja aparte las palabras clave y piensa en cómo se relacionan.

Adivinanzas

Adivina, adivinador...

1
Se parece a mi madre
pero es mucho mayor,
tiene otros hijos
que mis tíos son.
¿Quién es?

2
Unas son redondas[4],
otras ovaladas,
unas piensan mucho
y otras casi nada.
¿Qué son?

3
Sólo una vez al año
tú celebras ese día,
y conmemoras la fecha
en que llegaste a la vida.
¿Qué es?

4
Cuando me levanto
Me pongo uno
en cada pie.
Como no son los zapatos,
di tú ¿qué pueden ser?
¿Qué son?

5
Blanco es,
y la gallina[5] lo pone,
con aceite se fríe[6],
y con pan se come.
¿Qué es?

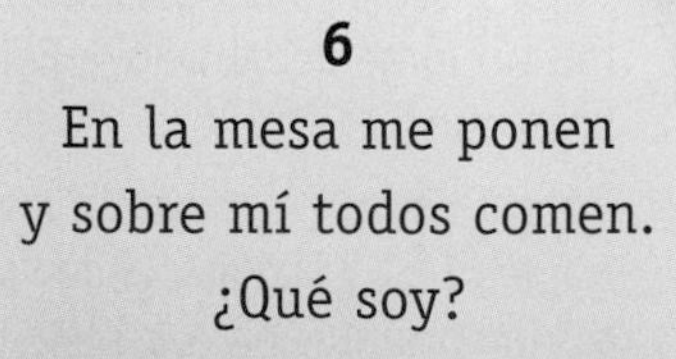

6
En la mesa me ponen
y sobre mí todos comen.
¿Qué soy?

1 riddle 2 a kind of riddle 3 joke
4 round 5 hen 6 is fried

Acertijos

1. ¿Cuál es el día más largo de la semana?
2. ¿Cuál es el número que si le quitas la mitad vale[1] cero?
3. ¿En qué lugar está el jueves antes que el miércoles?
4. ¿Cuál es el mes más corto del año?
5. ¿Cuál es el número que si le das la vuelta[2] vale menos?
6. Marta y María son hermanas. Marta tiene dos sobrinas que no son sobrinas de María. ¿Cómo puede ser esto?

Chistes

1. —¿Por qué los franceses comen caracoles[3]?
   —Porque no les gusta la comida rápida.

2. —¿Qué le dice el 1 al 10?
   —Para ser como yo, debes ser sincero.

3. —Mi padre cuando trabaja deja a todos con la boca abierta[4].
   —¿A qué se dedica?
   —Es dentista.

4. —¿Qué le dice un cero a otro cero?
   —¡No somos nada!

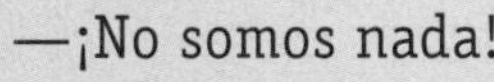

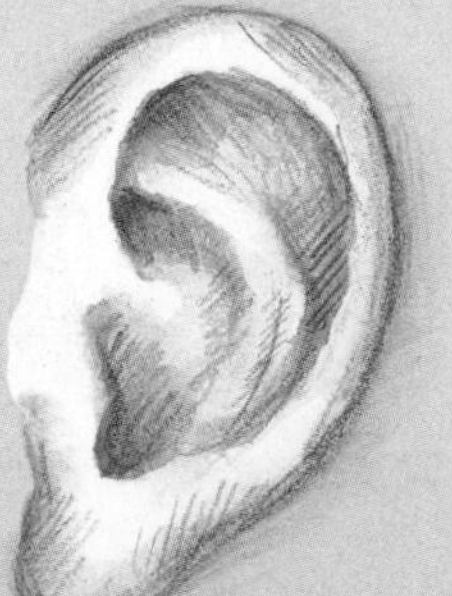

5. En una entrevista[5] de trabajo:
   —¿Habla usted inglés?
   —No, pero lo escucho muy bien.

6. —Tenemos un menú de nueve euros y otro de seis euros.
   —¿Y qué diferencia hay?
   —Tres euros.

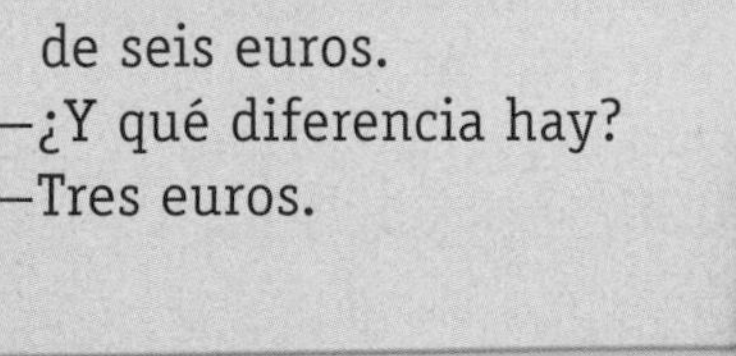

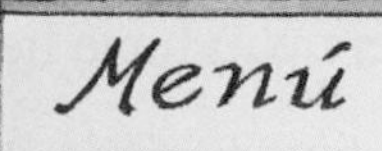

1 take away half equals 2 you turn it upside down 3 snails
4 open 5 interview

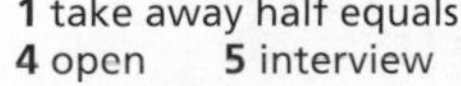

Comprensión

B Contesta las preguntas siguientes con oraciones completas.

1. ¿Quiénes son los otros hijos en la primera adivinanza?
2. ¿Cuál es el día que se describe en la tercera adivinanza?
3. ¿Cómo cocinas la comida de la quinta adivinanza?
4. ¿Cuáles son los dos significados de «el día más largo» en el primer acertijo?
5. Según el tercer acertijo, ¿qué día es primero?

C Selecciona la respuesta correcta.

1. ¿A qué categoría corresponde la respuesta de la segunda adivinanza?
   a. la familia **b.** la ropa **c.** el cuerpo
2. ¿A qué categoría corresponde la respuesta de la cuarta adivinanza?
   a. el colegio **b.** la ropa **c.** los colores
3. Para contestar el segundo y el quinto acertijo, necesitas
   a. imaginar cómo se ven los números.
   b. resolver un problema matemático.
   c. contar las letras de cada número.
4. **Largo** y **corto** en el primer y cuarto acertijo se refieren
   a. al número de letras en la palabra.
   b. al orden de las palabras.
   c. a la cantidad de tiempo en un día o en un mes.
5. La palabra **sincero** en el segundo chiste
   a. sólo *(only)* quiere decir «sin el número cero».
   b. sólo quiere decir «franco o genuino».
   c. es un juego de palabras; quiere decir los dos.

Cantinflas, famoso cómico mexicano, 1911–1993

Después de leer

D What types of relationships did you discover among the key words in the riddles and jokes? What was the effect of these relationships on the joke or riddle? Do any of these riddles and jokes remind you of others you have heard? In what ways?

E Brainstorm a list of your favorite jokes and riddles. Choose one riddle or joke from your list and write it in Spanish. Share your riddle or joke with your classmates to see if they find it funny. Did the humor translate into Spanish? Why or why not?

Taller del escritor

ESTRATEGIA

para escribir Creating interesting descriptions requires variety and detail. A prewriting list helps you brainstorm ideas and organize details.

Amigos del campamento de verano

Imagine that you're at summer camp and have made some new friends. In a letter to your best friend at home, describe two of your new friends in detail, telling their likes and dislikes, and some of the camp activities you do together.

1 Antes de escribir

Make up names for the friends you are describing. Under each name, list what he or she looks like, his or her personality traits, and some of his or her interests. List when you get up, eat breakfast and lunch, and go to bed. Finally, list what sports and other activities you do together at camp.

2 Escribir un borrador

Write a letter to your best friend telling about the friends you are spending time with at camp. Using your list, first describe your new friends, including their likes and dislikes. Then tell about some of the activities you usually do together at camp. Include some of the sports you play to keep in shape.

3 Revisar

Read your draft at least two times, making sure descriptions are lively and varied. Check for agreement of adjectives and correct use of **gustar** and other verbs.

4 Publicar

Trade letters with classmates and read them. Who are the most interesting friends? Whose friends would your classmates most like to meet? Why?

Capítulo 1
Repaso

Preparate para el examen

Interactive TUTOR

1 Describe a las personas en el dibujo y di qué les gusta.

1 Vocabulario 1
- asking about people, routines, and activities
- likes and dislikes

pp. 6–9

2 Contesta las siguientes preguntas.

1. ¿Cómo es tu personalidad? ¿y tu aspecto físico?
2. ¿Cómo son las personas de tu familia?
3. ¿Qué te gusta hacer los fines de semana?
4. ¿Qué haces por lo general los viernes?
5. ¿Qué haces por la mañana? (Me despierto a...)
6. ¿Cuándo y dónde almuerzas? ¿Con quién(es) almuerzas?
7. ¿Prefieres leer libros o revistas? ¿Qué libros o revistas te gustan más?

2 Gramática 1
- nouns, adjectives, and **gustar**
- present tense of regular, stem-changing, and irregular verbs
- verbs with reflexive pronouns

pp. 10–15

3 Completa las oraciones según tus preferencias.

1. Durante la semana, debo...
2. Esta noche, pienso...
3. Para comer, prefiero...
4. Cuando planeamos una fiesta, mi madre siempre...
5. Para ayudar a mi mamá, yo...
6. Este sábado tengo ganas de...

3 Vocabulario 2
- offering help
- talking about chores, plans, and places

pp. 18–21

4 Di qué están haciendo y qué tienen que hacer las siguientes personas.

1. Marisa: tocar música rock/estudiar la música de Bach
2. Carlos: dibujar carros/hacer los quehaceres
3. Efraín: jugar al volibol/volver a casa a cenar
4. Lorena: escribir cartas a amigas en Francia/hacer la tarea
5. Jorge: leer revistas cómicas/leer *Don Quijote*

5 Contesta las siguientes preguntas.

1. ¿Es opcional u obligatorio estudiar un idioma extranjero en los países hispanohablantes? ¿Por qué?
2. ¿Cuándo y cómo se celebra la independencia mexicana?
3. ¿Dónde se encuentran las ruinas del Templo Mayor? ¿Qué hay ahora en este lugar?
4. ¿Cómo se relajan los habitantes de la Ciudad de México?

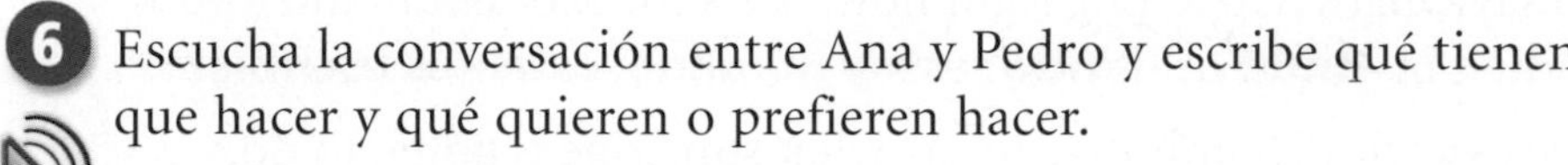

6 Escucha la conversación entre Ana y Pedro y escribe qué tienen que hacer y qué quieren o prefieren hacer.

Visit Holt Online
go.hrw.com
KEYWORD: EXP2 CH1
Chapter Self-Test

4 Gramática 2
- idioms with **tener,** verbs followed by infinitives
- present progressive, **ir a,** direct object pronouns
- informal commands

pp. 22–27

5 Cultura
- **Comparaciones pp. 16–17**
- **Notas culturales pp. 8, 12, 20, 27**
- **Geocultura pp. xviii–3**

Conversación

HOLT SoundBooth ONLINE RECORDING

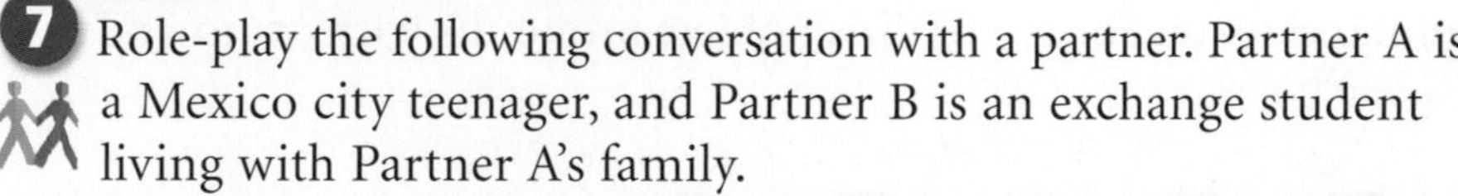

7 Role-play the following conversation with a partner. Partner A is a Mexico city teenager, and Partner B is an exchange student living with Partner A's family.

Partner A:	Ask what your partner's like and what he/she likes to do.
Partner B:	Respond. Ask your partner about his or her pastimes.
Partner A:	Respond. Ask about your partner's family and what they do together.
Partner B:	Describe two family members and what you do together. Ask about your partner's family routine.
Partner A:	Describe your family's daily routine. Then ask what your partner wants to do in Mexico City.
Partner B:	Say you don't know. Ask what your partner likes to do.
Partner A:	Tell your partner about two activities that he or she should do in the capital.
Partner B:	Say great. Ask if your partner feels like doing one of those activities with you this weekend.

Gramática 1
- nouns, adjectives and **gustar** **pp. 10–11**
- present tense of regular and stem-changing verbs **pp. 12–13**
- present tense of e → i and irregular verbs, and reflexive pronouns **pp. 14–15**

Repaso de Gramática 1

Nouns have **masculine** or **feminine** gender. Adjectives agree in number and gender with the noun they describe. See page 10 for examples.

Use **gusta** or **gustan** with **me**, **te**, **le**, **nos**, **os**, or **les** to say what you or others like.

For a review of **regular verbs** in the present tense, see page 12. For a review of **stem-changing verbs** and **irregular verbs** in the present tense, see pages 12 and 14.

When the subject acts upon itself, use verbs with **reflexive pronouns** **me**, **te**, **se**, **nos**, **os**, **se** that refer to the subject: (**yo**) **me levanto**.

Gramática 2
- idioms with **tener**, verbs followed by infinitives **pp. 22–23**
- present progressive, **ir a** with infinitives, direct object pronouns **pp. 24–25**
- affirmative and negative informal commands **pp. 26–27**

Repaso de Gramática 2

For idioms with **tener** and a list of verbs that can be followed by an infinitive, see page 22.

To say what's happening right now, use a form of **estar** and a verb ending in **-ando** or **-iendo**: **estoy mirando**; **estamos escribiendo**.

Use **ir a** with an infinitive to say what someone is going to do.

Direct object pronouns stand for someone or something that directly receives the action of a verb. Their forms agree with the noun they're replacing: **me**, **te**, **lo**, **la**, **nos**, **os**, **los**, or **las**. For placement, see p. 24.

To tell someone to do something, use the **affirmative command form.** To tell someone not to do something, use **no** before **the negative command form.** For use of direct object pronouns with commands, see page 26.

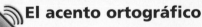

Letra y sonido

El acento ortográfico

- Words ending in a vowel, **-n**, or **-s** are usually stressed on the next-to-last syllable. Exceptions have an accent mark over the stressed vowel: niño, joven, compras, se**má**foro, alma**cén**, **jó**venes
- Words ending in a consonant other than **-n** or **-s** are usually stressed on the last syllable. Exceptions have an accent mark over the stressed vowel: papel, ciudad, repetir, **á**ngel, **lá**piz, **Hé**ctor
- All question words have an accent mark over the stressed vowel: ¿qui**é**n?, ¿qu**é**?, ¿cu**á**ndo?, ¿d**ó**nde?
- Some words have an accent mark to distinguish them from a similar word: el, **él**; tu, **tú**; mi, **mí**; si, **sí**; se, **sé**

Trabalenguas

¡Qué triste estás, Tristán, con tan tétrica trama teatral!

Dictado

Escribe las oraciones de la grabación.

Repaso de Vocabulario 1

Describing people, routines, and activities

activo(a)	*active*
alto(a)	*tall*
atlético(a)	*athletic*
bajo(a)	*short*
bonito(a)	*pretty*
¿Cómo eres (tú)?	*What are you like?*
¿Cómo son...?	*What are . . . like?*
Estoy en una silla de ruedas.	*I use a wheelchair.*
extrovertido(a)	*outgoing*
los fines de semana	*on weekends*
jugar al tenis (al ajedrez)	*to play tennis (chess)*
Me levanto, me baño...	*I get up, I take a bath . . .*
Mi... se llama...	*My . . . 's name is . . .*
montar en bicicleta	*to ride a bike*
las novelas de misterio	*mystery novels*
moreno(a)	*dark-haired; dark-skinned*
¿Qué hacen tus amigos los fines de semana?	*What do your friends do on weekends?*
¿Qué haces todas las mañanas?	*What do you do every morning?*
rubio(a)	*blond*
serio(a)	*serious*
simpático(a)	*friendly*
Soy...	*I'm . . .*
Tengo pelo castaño y ojos de color café.	*I have brown hair and brown eyes.*
todos los días	*every day*
Ven televisión, traen películas...	*They watch television, bring movies . . .*

Expressing likes and dislikes

A mí (no) me gusta(n)...	*I (don't) like . . .*
Le encanta(n)...	*He/she/you love(s) . . .*
Le gusta(n) mucho...	*He/she/you like(s) . . . very much.*
Le gusta ver la televisión.	*He/she/you like(s) to watch television.*
A ellos les gusta(n)...	*They like . . .*
Prefiere pasar el rato solo(a).	*He/she/you prefer(s) to spend time alone.*
Prefiero...	*I prefer . . .*
¿Qué te gusta hacer...?	*What do you like to do . . .*
¿Te gustan más... o...?	*Do you like . . . or . . . more?*
Y a tus amigos, ¿qué les gusta hacer?	*And your friends, what do they like to do?*

Repaso de Vocabulario 2

Offering help and talking about chores

¿Algo más?	*Anything else?*
arreglar la sala	*to clean up the living room*
cortar el césped	*to mow the lawn*
Debes lavar los platos.	*You should wash the dishes.*
decorar el patio	*to decorate the patio*
limpiar el baño	*to clean the bathroom*
No te olvides de cortar el césped.	*Don't forget to cut the grass.*
Pasa la aspiradora en la sala.	*Vacuum the living room.*
poner	*to put*
poner la mesa	*to set the table*
preparar la cena	*to make dinner*
¿Puedo ayudarte?	*Can I help you?*
¿Qué hay que hacer en la cocina?	*What needs to be done in the kitchen?*
¿Qué más tengo que hacer?	*What else do I have to do?*
sacar la basura	*to take out the trash*
Tenemos que poner el postre/los refrescos en el refrigerador.	*We have to put the dessert/ the drinks in the refrigerator.*
Vamos a limpiar...	*We're going to clean . . .*

Talking about plans and places

¿Adónde piensan ir esta noche?	*Where do you plan to go tonight?*
conocer el centro	*to get to know downtown*
Vamos a celebrar...	*We're going to celebrate . . .*
ir al zoológico	*to go to the zoo*
ir de compras al mercado	*to go shopping at the market*
No sé. Tengo ganas de...	*I don't know. I feel like . . .*
pasear en bote	*to go boating*
¿Prefieres... o...?	*Do you prefer . . . or . . . ?*
Prefiero...	*I prefer . . .*
¿Qué quieres hacer esta tarde?	*What do you want to do this afternoon?*
Quiero ir a...	*I want to go to . . .*
salir	*to go out*
¿Tienes planes para...?	*Do you have plans for . . . ?*
Vamos a ir a...	*We're going to . . .*
visitar un museo	*to visit a museum*

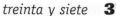

Repaso cumulativo

Integración

capítulo 1

1 Escucha las oraciones y escoge la foto correspondiente.

A

B

C

D

2 Lee el artículo del periódico del colegio y contesta las preguntas.

Conozcan a la nueva estudiante de intercambio

¡Hola! Me llamo Simona Ramírez. Tengo 16 años y soy de Barcelona. Tengo una familia fenomenal. Mi padre se llama Rodolfo. Tiene 40 años. Es alto, moreno y muy atlético. Mi madre se llama Carolina. Ella es alta como mi padre, pero es rubia y muy seria. Prefiere pasar el rato sola. Tengo una hermana, Alejandra, que asiste a la universidad. Estudia para ser profesora. Es muy extrovertida y graciosa. Mis pasatiempos favoritos son tocar el piano y escuchar música pop. Me encanta estar aquí en Estados Unidos. Quiero aprender mucho inglés y conocer a muchos amigos nuevos.

1. ¿De dónde es Simona y cuántos años tiene?
2. ¿Cómo es su padre?
3. ¿Es la madre de Simona extrovertida o introvertida? ¿Cómo lo sabes?
4. ¿Qué hace la hermana y por qué?
5. ¿Qué planes tiene Simona?

Visit Holt Online
go.hrw.com
KEYWORD: EXP2 CH1
Cumulative Self-test

3 Tu hermano(a) sacó malas notas este año. Con un(a) compañero(a), dramatiza una conversación entre tú y tu hermano(a). Dile qué debe o no debe hacer para salir mejor el año que viene.

4 ¿Cómo son la mujer y las dos muchachas del cuadro? ¿Quién es la mujer, y qué relación hay entre ella y las niñas? Escribe una descripción de las tres personas.

Mis sobrinas **de María Izquierdo (1902–1955)**

5 Un(a) cantante de tu ciudad va a cantar en un baile en tu colegio. Vas a entrevistarlo(la) para el periódico de tu colegio. Escribe una lista de preguntas para él (ella) y luego escribe el artículo, basándote en las preguntas.

6 **Situación** Your school pairs older and younger students as part of a buddy program. Write a description of yourself, your likes and dislikes, your schedule, and extracurricular activities. As a class, read through the descriptions and match each student with a buddy.

Capítulo 2

GeoVisión

Geocultura
Cuzco

▲ **Cuzco,** situada a unos 3.400 metros de altura en la cordillera de los Andes, es la ciudad más antigua de América del Sur habitada desde su fundación. Fue la capital del imperio incaico.

▼ **El Templo del Sol,** o Qoricancha, era uno de los lugares más sagrados de los incas. Los españoles incorporaron gran parte de este antiguo templo en lo que hoy es la Iglesia de Santo Domingo. ❶

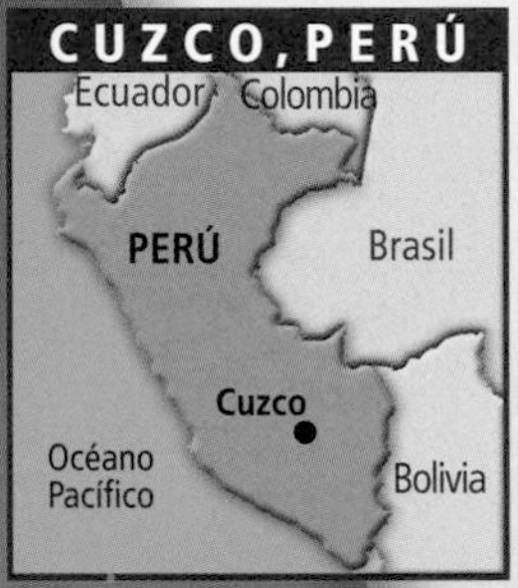

CUZCO, PERÚ

Ecuador
Colombia
PERÚ
Brasil
Cuzco
Océano Pacífico
Bolivia

Almanaque

Población
300.000

Altura
3.400 metros sobre el nivel del mar

Nota histórica
Cuzco o Qosqo, que en quechua significa *el ombligo del mundo,* era la capital del gran imperio incaico. El imperio se llamó Tahuantinsuyo, que significa *los cuatro cuartos del mundo.*

Economía
turismo, venta de artesanías, agricultura

¿Sabías que...?

La lana de vicuña es la lana más fina y más cara del mundo porque sólo se puede rasurar al animal cada tres años.

◄ **Orgullosas de su pasado,** una mujer y una niña quechuas se presentan en trajes tradicionales.

► **Los mercados**
Allí se venden frutas, verduras y hierbas del campo, artículos tejidos y de cuero y comidas típicas.

▲ **La Plaza de Armas,** centro antiguo y moderno de Cuzco, corresponde al *huacaypata*, la antigua plaza central del inca. **La Catedral de Cuzco** está en la Plaza de Armas. Los españoles comenzaron su construcción en 1560 y la terminaron 94 años después. ❷

▲ **Las paredes incas**
En muchas estructuras en Cuzco, como en la calle Loreto, estas paredes incas forman la base de edificios de la época colonial.

¿Qué tanto sabes?

¿Por qué era importante Cuzco para los incas?

A conocer Cuzco

Las celebraciones

▲ **El festival de Corpus Christi** se realiza en el mes de junio y dura una semana. Culmina en una gran procesión. Es una celebración en la que se combinan las tradiciones cristianas e incaicas.

◀ **Inti Raymi,** o el Festival del Sol, se lleva a cabo cada 24 de junio. En esa fecha se celebra el Año Nuevo de los incas. El Inti Raymi era uno de los festivales más importantes del imperio incaico.

La arqueología

▶ **La ciudad de Cuzco** ¿Puedes ver el puma? El puma era un animal tan especial para los incas que al construir la ciudad de Cuzco, le dieron su forma.

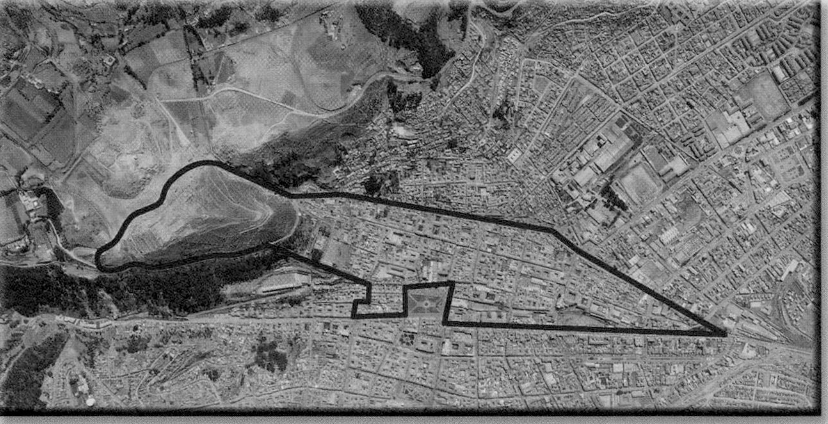

▲ **La piedra de los doce ángulos** está situada en una pared del palacio incaico Hatunrumiyoc. Las paredes fueron construidas con tal precisión que ni una tarjeta de crédito cabe entre las piedras. 3

▼ **La impresionante fortaleza de Sacsayhuaman** formaba la cabeza del puma. Las tres paredes, construidas en forma de zigzag, posiblemente significaban sus dientes. 4

El arte y la artesanía

Visit Holt Online
go.hrw.com
KEYWORD: EXP2 CH2
Photo Tour

► ***El retorno a Egipto*** (1680) fue pintado por Diego Quispe Tito (1611–1681), un pintor indígena de Cuzco. Fundó la escuela cuzqueña de pintura, después de la destrucción de obras de arte causada por el terremoto de 1650.

¿Sabías que...?

El cui asado es uno de los platos principales de valor simbólico y por eso se come en las celebraciones más importantes de la región. ¿Qué plato simbólico conoces tú?

◄ **La cerámica cuzqueña** combina dos tradiciones: la incaica y la colonial. La sencillez de sus formas y de su decoración es imitada hoy en día por los artesanos cuzqueños. Hay ejemplos en el Museo Histórico Regional. 5

◄ **La cerería** es otro arte popular de Cuzco. Se utilizan muchas velas decoradas para las numerosas celebraciones de la ciudad. Estas velas son decoradas con la bandera incaica.

La agricultura

▲ **La lana** de vicuña, llama, alpaca o guanaco es la base de muchos de los famosos textiles de venta en los mercados.

▼ **La agricultura**
La transformación del terreno permitió convertir tierras áridas en áreas fértiles de producción agrícola

▼ **Muchos platos típicos de Cuzco** se preparan con papas. Hay cientos de variedades de papas en Perú.

Conexión Ciencias naturales

El maíz en su forma primitiva comenzó a ser cultivado en Perú hace más de 7.000 años. ¿Puedes nombrar otro país latinoamericano que utiliza el maíz en una variedad de platos? Describe alguno de ellos y compáralo con platos estadounidenses que llevan maíz.

Capítulo 2

En el vecindario

OBJETIVOS

In this chapter you will learn to

- talk about what people do for a living
- introduce people and respond to introductions
- describe a house
- say what needs to be done and complain

And you will use

- indirect objects and indirect object pronouns
- present tense of **dar** and **decir**
- **saber** and **conocer**
- **ser** and adjectives of nationality
- **ser** and **estar**
- expressions followed by infinitives
- preterite of **-ar**, **-er**, **-ir** verbs and **hacer** and **ir**

¿Qué ves en la foto?

- **¿Cómo es este vecindario de Cuzco?**
- **¿Qué le dicen los jóvenes al cartero?**
- **¿Cómo son tu vecindario y tus vecinos?**

Visit Holt Online
go.hrw.com
KEYWORD: EXP2 CH2
Online Edition

Una calle de Cuzco, Perú

Objetivos
- Talking about what people do for a living
- Introducing people and responding to introductions

Vocabulario en acción 1

ExpresaVisión

Los oficios en mi vecindario

¿Conoces a los nuevos **vecinos**?
Sí. Ella trabaja como **secretaria** en el taller de su esposo. Él es **mecánico**.
el vecino

También se puede decir...

Another word for **el vecindario** is **el barrio.**

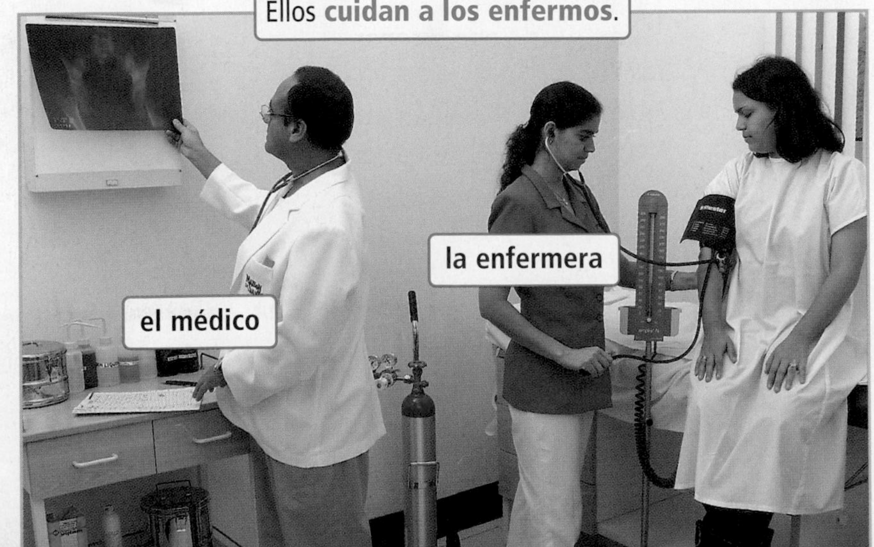

Ellos **trabajan en** una oficina.

Ellos **cuidan a los enfermos**.

Más vocabulario...

Profesiones

el (la) cocinero(a)	*cook*
el (la) comerciante	*merchant*
el (la) dentista	*dentist*
la mujer cartero	*mail carrier*
el (la) periodista	*journalist*
el (la) trabajador(a) social	*social worker*

Visit Holt Online
go.hrw.com
KEYWORD: EXP2 CH2
Vocabulario 1 practice

Ellos **construyen** edificios.

la ingeniera

el carpintero

Más vocabulario...

arreglar	*to fix*
contar (ue)	*to count, to tell*
dar	*to give*
decir (i)	*to say*
enseñar	*to teach, to show*
prestar	*to lend*
programar	*to program*

¡Exprésate!

To ask what people do for a living	To respond
¿A qué se dedica el señor Machado? *What does Mr. Machado do?*	**Es programador. Sabe diseñar páginas Web mejor que nadie.** *He is a programmer. He knows how to design Web pages better than anyone.*
¿Qué clase de trabajo realiza Marisa? *What kind of work does Marisa do?*	**Es banquera internacional. Sabe hablar cuatro idiomas y dar consejos.** *She is an international banker. She knows how to speak four languages and to give advice.*

Interactive TUTOR

Vocabulario y gramática, pp. 13–15 Online workbooks

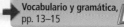

Vocabulario 1

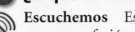

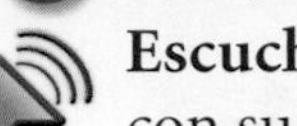

Perú es montañoso y por eso los agricultores indígenas utilizaron terrazas de piedra para cultivar. Es más fácil trabajar las terrazas que trabajar las faldas inclinadas de las montañas. Y además, con las terrazas se evita la erosión. Aunque en años pasados los agricultores del área cerca de Cuzco abandonaron las terrazas, hoy en día las están reconstruyendo porque reconocen la importancia de proteger la tierra.

Compara cómo se controla la erosión en Estados Unidos y en Perú.

En los Andes peruanos

1 ¿A qué se dedican?

Escuchemos Escucha los comentarios. Empareja cada persona con su profesión.

1. Ricardo	**a.** Es comerciante.
2. la señorita Vargas	**b.** Es programadora.
3. la vecina de Luisa	**c.** Es dentista.
4. el señor Rodríguez	**d.** Es bombero.
5. la señora Borges	**e.** Es enfermera.
6. Susana	**f.** Es periodista.
7. el tío de Antonio	**g.** Es cocinero.
8. el señor Castaño	**h.** Es banquera.

2 Mis vecinos

Leamos Completa el siguiente párrafo con las palabras del cuadro.

vecino	**mujer cartero**	**construir**	**mejor**	**vecindario**
peluquera	**conductor**	**carpintero**	**sabe**	**vecina**

Mi familia y yo vivimos en el ___1___ Los Altos. Conozco muy bien a todos los del vecindario. La ___2___ que vive enfrente *(across)* es ___3___. Ella ___4___ cortar el pelo ___5___ que nadie. El ___6___ de al lado es ___7___ de camiones. Viaja mucho y casi nunca está en casa. Su hija mayor es ___8___. Ella nos trae el correo todas las tardes. Su esposo es ___9___. Él va a ayudar a ___10___ la nueva iglesia de Los Altos.

¡Exprésate!

To introduce people	To respond	To say that you are also pleased to meet someone (Interactive TUTOR)
Te presento a mi amiga Carla. *This is my friend . . .*	**Mucho gusto, Carla.** *Pleased to meet you . . .*	**El gusto es mío.** *The pleasure is mine.*
Le presento a mi vecino, el señor Villanueva. *This is my neighbor . . .*	**Encantado, Sr. Villanueva. Me llamo Ramón Acevedo.** *Delighted (to met you), . . .*	**Igualmente.** *Likewise.*
Celia, quiero presentarte a mis vecinos, los García. *. . . I want to introduce you to my neighbors . . .*	**¡Mucho gusto, Celia!** *Pleased to meet you . . .!*	**Encantada de conocerlos.** *Delighted to meet you (pl.).*

Vocabulario y gramática, pp. 13–15 Online workbooks

3 Presentaciones

Leamos/Hablemos Completa las conversaciones.

MODELO —Mucho gusto, Carmen.
—Encantada.

1. —▭.
   —Mucho gusto, Señor Urrutia.
2. —¡Mucho gusto!
   —▭.
3. —Víctor, quiero presentarte a mi vecina, la señora Ortega.
   —▭.
4. —María, te presento a mis vecinos, los Rojas.
   —▭.
5. —▭.
   —El gusto es mío.
6. —▭.
   —Encantado, Gabriel.

4 Le presento a...

Hablemos/Escribamos Presenta a los siguientes vecinos a las personas indicadas. Di quiénes son y a qué se dedican.

MODELO Señor Jiménez, le presento a mi vecino. Es bombero.

al señor Jiménez

1. a tu profesor(a)

2. a tu amigo(a)

3. a tu vecina

4. a un(a) compañero(a)

5 ¡Mucho gusto!

Hablemos Imagina que tu compañero(a) es uno(a) de tus padres o tus vecinos. Estás en una fiesta. Túrnense para presentarlo(la) a los otros compañeros explicando a qué se dedica. Respondan a las presentaciones con una expresión apropiada.

Objetivos
- Indirect objects and indirect object pronouns; **dar** and **decir**
- Review of **saber** and **conocer**
- Review of **ser**; adjectives of nationality

GramaVisión

Indirect objects and indirect object pronouns; dar and decir

1 The **indirect object** is the person who ***receives** the* **direct object** or the person who ***benefits*** from the action of the verb. Use the preposition **a** before an indirect object.

hair was cut for the woman

El peluquero le cortó **el pelo** a **la señora**. *The hairdresser cut the woman's hair.*

2 An **indirect object pronoun** stands for an indirect object noun. It can take the place of the indirect object noun or be used together with it.

pronoun and Juan appear together

Un banquero **le** prestó dinero a **Juan**. *A banker lent Juan money.*

stands for Juan

Un banquero **le** prestó dinero. *A banker lent him money.*

3 **Indirect object pronouns** follow the same placement rules as reflexive and direct object pronouns.

me	*me*	**nos**	*us*
te	*you*	**os**	*you*
le	*you, him, her*	**les**	*you, them*

Enséña**me** la oficina de tu madre. *Show me your mom's office.*

4 **Indirect objects** are often used with verbs for *giving* or *telling* **something** to **someone**.

dar *(to give)*		**decir** *(to say, to tell)*	
yo	**doy**	yo	d**igo**
tú	das	tú	d**i**ces
Ud., él, ella	da	Ud., él, ella	d**i**ce
nosotros(as)	damos	nosotros(as)	decimos
vosotros(as)	dais	vosotros(as)	decís
Uds., ellos, ellas	dan	Uds., ellos, ellas	d**i**cen

Rosa **le da el correo** a **Lola.** *Rosa gives Lola the mail.*

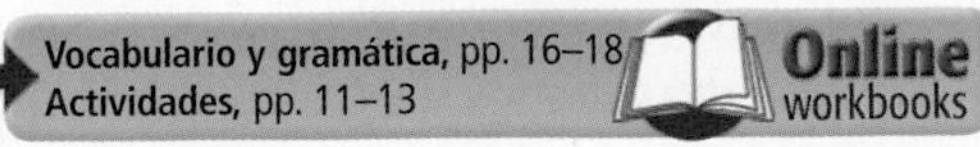

Vocabulario y gramática, pp. 16–18
Actividades, pp. 11–13

En inglés

In English, you can have two different word orders with indirect object nouns.

I give **my son** money.

I give money **to my son.**

What are the direct and indirect objects in the sentence *I asked John a question?*

In Spanish, usually only one word order is used.

Le doy dinero **a mi hijo.**

En el cajero automático de un banco, Perú

Visit Holt Online
go.hrw.com
KEYWORD: EXP2 CH2
Gramática 1 practice

6 Interacciones

Leamos/Hablemos Completa cada oración con los pronombres correctos. Luego di si las oraciones son **ciertas** o **falsas** para ti en tu colegio.

1. Siempre ____ (nos/les) decimos a nuestros profesores que no queremos tarea, pero siempre ____ (nos/le) dan mucha.
2. Las cocineras de la cafetería pueden preparar ____ (te/les) la comida sin sal si ____ (me/les) dices que la necesitas así.
3. La secretaria del colegio ____ (le/les) puede vender útiles escolares a los estudiantes si ____ (le/te) dicen qué necesitan.
4. En el colegio ____ (nos/le) pido algo a la enfermera si ____ (me/les) duele la cabeza.
5. En el autobús, siempre ____ (me/le) digo «buenos días» al conductor cuando ____ (me/te) abre la puerta.

7 ¿Qué hacen?

Escribamos Mira las fotos y escribe oraciones con el complemento indirecto y su pronombre.

MODELO La señora le prepara la comida a su esposo.

a su esposo

1. a Pili

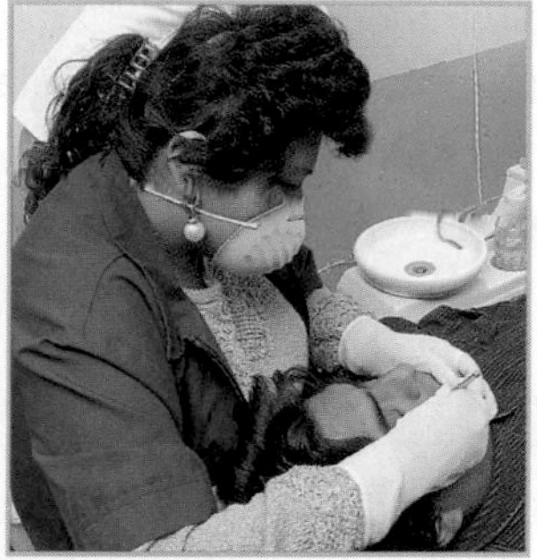

2. a mí

3. a los vecinos

4. a Manuel

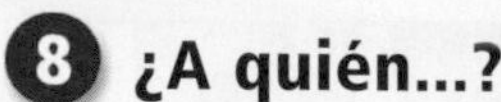

8 ¿A quién...?

Hablemos/Escribamos Escribe preguntas con los siguientes verbos y usando los pronombres de complemento indirecto. Con un(a) compañero(a), túrnense para contestar las preguntas.

MODELO pedir dinero
—¿A quién le pides dinero cuando lo necesitas?
—A veces le pido dinero a mi hermano.

1. escribir correo electrónico
2. prestar dinero
3. contar secretos
4. dar consejos
5. contar chistes
6. pedir ayuda con el español

Saber and conocer

¿Te acuerdas?

When a person is the object of **conocer** or other verbs, the personal **a** comes after the verb and before the person. This is not translated in English.

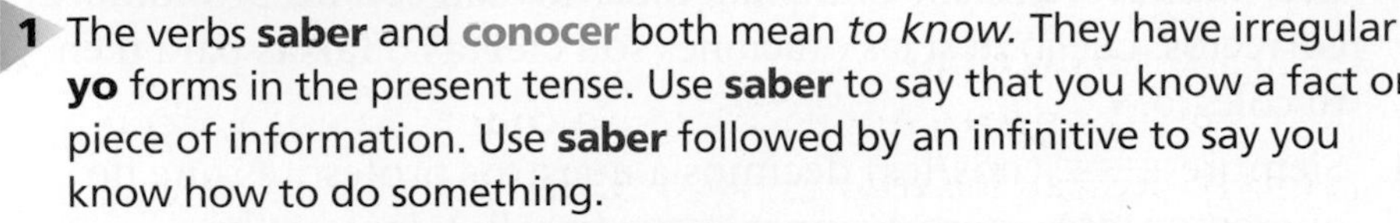

1 The verbs **saber** and **conocer** both mean *to know.* They have irregular **yo** forms in the present tense. Use **saber** to say that you know a fact or piece of information. Use **saber** followed by an infinitive to say you know how to do something.

¿**Sabes** la dirección? *Do you know the address?*
No **sé** hablar francés. *I don't know how to speak French.*

2 Use **conocer** to say whether you *know* or *are familiar with* people, places, or things.

Conozco al cocinero. *I know the chef.*

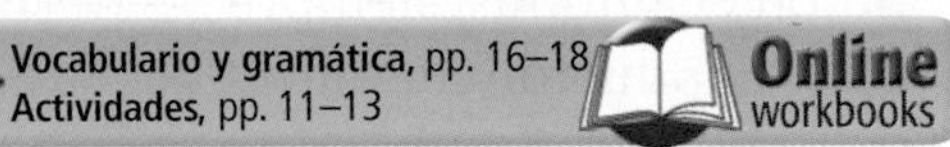

9 En mi barrio

Escribamos/Hablemos Usa el dibujo y escribe oraciones con **saber** o **conocer** y las palabras del cuadro. Usa la **a personal** si es necesario.

MODELO El cartero conoce a Jorge.

montar en bicicleta	el vecindario muy bien	conducir
el cartero	arreglar carros	Jorge
dónde viven los García	la señora Milano	

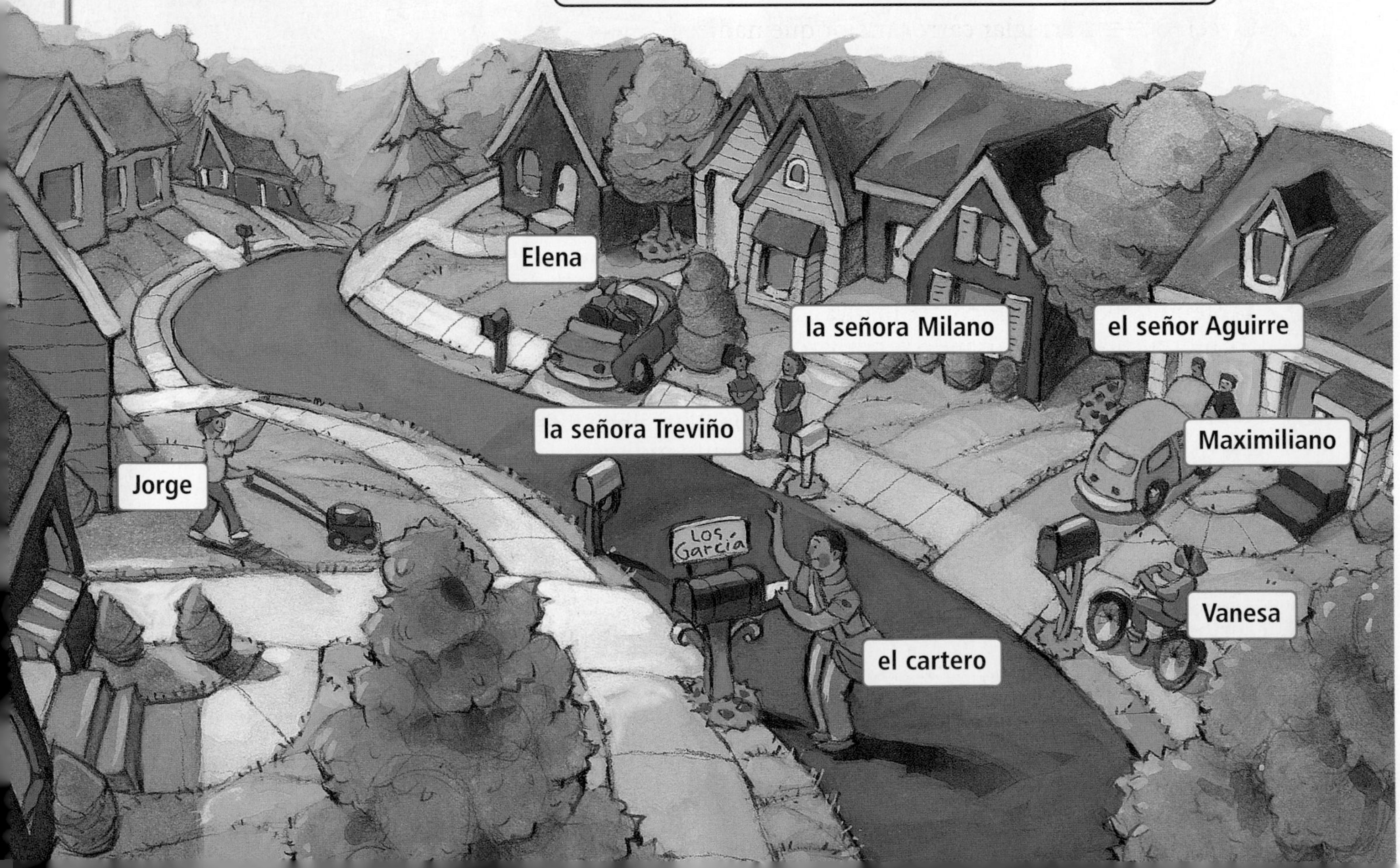

10 ¿Y tú?

Escribamos Escribe oraciones con (**no**) **sé** o (**no**) **conozco.**

MODELO **mis vecinos**
Conozco a mis vecinos. (No conozco a mis vecinos.)

1. a qué se dedican los vecinos
2. todos los profesores del colegio
3. conducir
4. arreglar carros
5. la secretaria del colegio
6. el teléfono del colegio
7. diseñar páginas Web
8. preparar un pastel

11 ¿Cuál es su profesión?

Escribamos Completa con **saber** o **conocer** y da la profesión.

MODELO **Mi madre ___ a muchas personas y ___ escribir toda clase de artículos.**
Mi madre conoce a muchas personas y sabe escribir toda clase de artículos. Es periodista.

1. Yo ___ programar computadoras.
2. Mi vecina ___ cortar pelo y ___ bien la última moda.
3. Mis abuelos ___ bien la cocina mexicana y ___ preparar las mejores enchiladas.
4. Mis hermanos ___ conducir muy bien y ___ toda la ciudad.
5. Mi primo ___ cuidar a los enfermos. ___ a muchos médicos y los ayuda.
6. Mi tío ___ bien el barrio y ___ apagar incendios.
7. Mi padre y yo ___ diseñar aviones.
8. Mi vecino ___ arreglar carros mejor que nadie.

La llama es un animal de la familia de los camellos, apreciado desde tiempos pre-hispánicos por su lana, su carne y su uso como animal de carga. Si la llama es atacada reacciona escupiendo *(spitting)*, pateando *(kicking)* o negándose *(refusing)* a mover. Así puede defender las fincas de otros animales. La llama es importada para su crianza a Estados Unidos. Compara la función de la llama en América Latina con la de las vacas, las ovejas o los caballos en Estados Unidos.

Gramática 1

Comunicación

12 ¿Qué sabes y a quién conoces?

Hablemos Con un(a) compañero(a), túrnense para hacer y contestar preguntas, usando **saber** y **conocer** y las frases del cuadro.

MODELO **¿Sabes a qué se dedica tu vecino?**
Sí, sé que es enfermero. Cuida a muchas personas.

a qué se dedica tu vecino(a)	el (la) director(a) del colegio
cuántas personas hay en el colegio	la música de...
diseñar páginas Web	el barrio donde vives
un restaurante excelente	preparar un plato especial
un(a) peluquero(a) bueno(a)	

Repaso Uses of ser, adjectives of nationality

En inglés

In English, the words **a** or **an** are used when talking about professions.

My uncle is **a** lawyer.

What is the rule in English for when you use *an* instead of *a*?

In Spanish, un or **una** is only used to give additional information when talking about professions.

Mi tío es abogado.

Mi tío es **un** abogado excelente.

1 Use the verb **ser** *(to be)* to

- tell time and to say at what time something happens

  Son las dos. La reunión con los ingenieros **es** a las tres.

- say what belongs to someone

  No **son** mis cartas. **Es** el correo de nuestros vecinos.

- say who or what someone or something is

  Mi vecina **es** enfermera y ese edificio **es** el hospital donde trabaja.

- say what someone or something is like

  Nuestra abogada **es** muy inteligente y muy seria.

- say where someone is from and to describe someone's nationality

  Somos de Lima. **Somos** peruanos.

Vocabulario y gramática, pp. 16–18
Actividades, pp. 11–13
Online workbooks

Adjectives of nationality

argentino(a) *Argentine*
canadiense *Canadian*
chileno(a) *Chilean*
colombiano(a) *Colombian*
costarricense *Costa Rican*
español(a) *Spanish*
estadounidense *from the U.S.*
guatemalteco(a) *Guatemalan*
hondureño(a) *Honduran*
mexicano(a) *Mexican*
nicaragüense *Nicaraguan*
paraguayo(a) *Paraguayan*
peruano(a) *Peruvian*
salvadoreño(a) *Salvadoran*
uruguayo(a) *Uruguayan*
venezolano(a) *Venezuelan*

13 ¿De dónde son?

Escribamos/Hablemos Di cuál es la nacionalidad y la profesión de las personas en las fotos.

MODELO **El Sr. Zarco es guatemalteco. Es periodista.**

José Eduardo Zarco, Guatemala

1. Ramón, Nicaragua

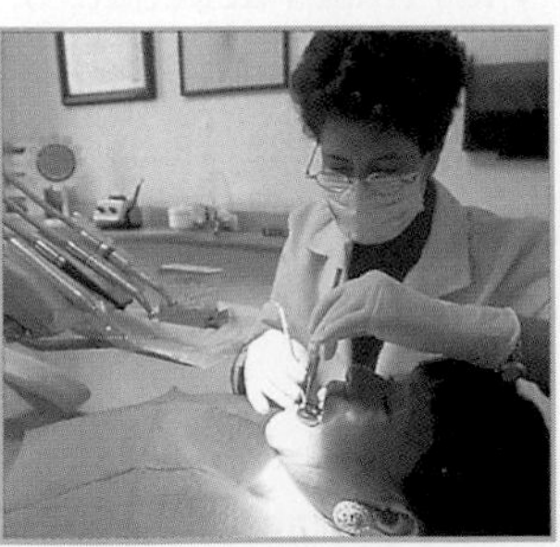

2. Graciela, Venezuela

3. yo, España

4. Rosalía, Argentina

14 Un autorretrato

Escuchemos Una mujer se describe. En su descripción ella contesta las siguientes preguntas, menos tres. ¿Cuáles son?

a. ¿Quién es?
b. ¿De dónde es?
c. ¿Cómo es?
d. ¿Cuántos son en su familia?
e. ¿A qué se dedica?
f. ¿Cómo es su trabajo?
g. ¿Cuándo son sus vacaciones?
h. ¿Cuáles son sus pasatiempos?

15 A pensar...

Hablemos/Escribamos Describe a las siguientes personas y cosas en dos o tres oraciones. Emplea varios usos del verbo **ser** en tus oraciones.

MODELO **la clase de español**
La clase de español es a las nueve de la mañana.
Es muy interesante.

1. yo
2. el(la) profesor(a) de español
3. mis padres
4. mis vecinos
5. mis amigos y yo
6. mi barrio
7. mi trabajo ideal
8. el trabajo de mi padre/madre

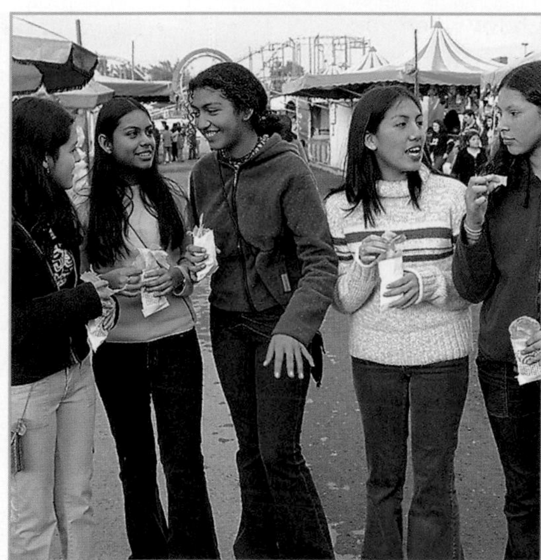

Amigas en un parque de diversiones de Perú

Gramática 1

16 ¿Quién es? ¿Qué es?

Hablemos/Escribamos Con un(a) compañero(a), túrnense para describir a las personas y las cosas de la Actividad 15, sin mencionar quién o qué es. La otra persona debe adivinar a quién o a qué se describe.

MODELO **—Son simpáticos. Él es ingeniero y ella es médica. Son de Colombia.**
—¿Son tus padres?
—No, no son mis padres. Son mis vecinos.

Cultura

VideoCultura

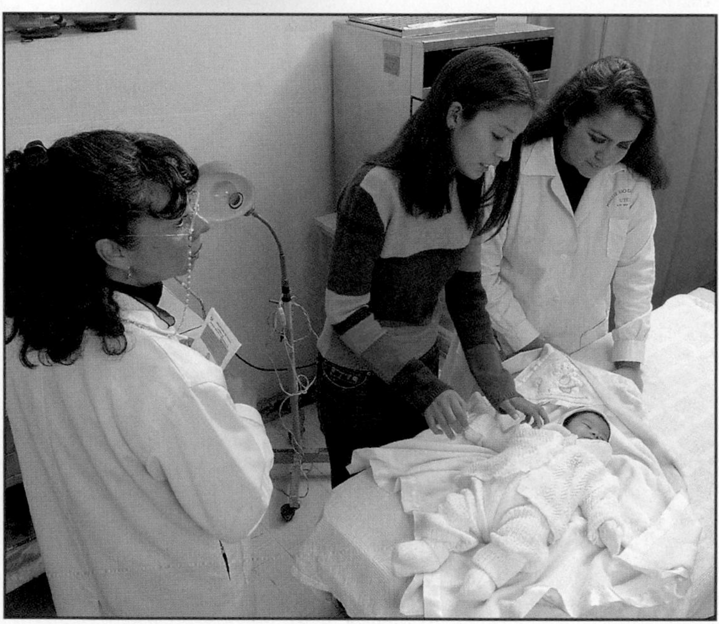

Enfermeras en un hospital de Lima, Perú

¿A qué se dedica usted?

¿Ya sabes a qué quieres dedicarte después de graduarte del colegio o de la universidad? Muchos estudiantes en Estados Unidos no tienen que tomar esta decisión hasta después de matricularse en la universidad, pero en otros países hay que decidirse antes, porque muchos jóvenes asisten a colegios donde los preparan sólo para ciertas profesiones. Vas a escuchar a varios adultos hablar de sus profesiones y de la preparación que recibieron para hacer sus trabajos. Piensa en algunas de las profesiones que aprendiste en este capítulo: ¿qué preparación crees que es necesaria para ejercerlas aquí en Estados Unidos? ¿Crees que es igual en otros países?

David
Lima, Perú

¿Me puede decir a qué se dedica usted?

Yo soy médico en la especialidad de cirugía plástica.

¿Cómo es un día típico en su trabajo?

Me levanto muy temprano en la mañana, [a las] seis y media. Se hacen las cirugías durante toda la mañana hasta a eso del mediodía y en la tarde se hace la consulta.

¿Qué tipo de preparación se necesita para esa profesión?

Luego de terminar el colegio, se hacen ocho años en la facultad de medicina y cinco años más de posgrado de cirugía plástica.

¿Qué cosas le gustan de ser cirujano plástico?

Ver la cara de alegría en un paciente con buenos resultados.

¿Qué no le gusta tanto?

El estrés que puedes tener en esta profesión.

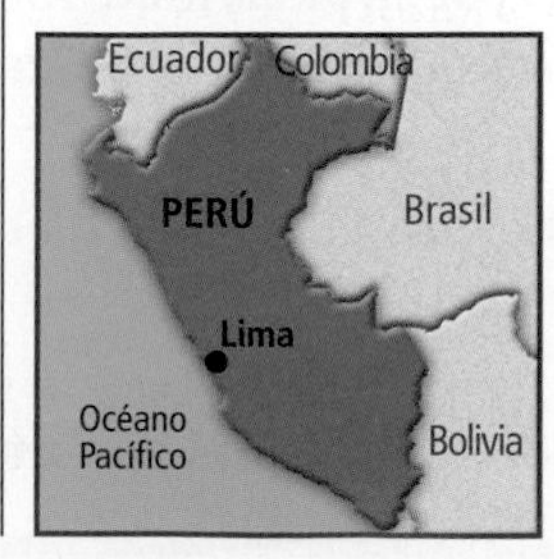

Visit Holt Online
go.hrw.com
KEYWORD: EXP2 CH2
Online Edition

Nelson
San José, Costa Rica

¿Me puede decir a qué se dedica usted?

Soy paramédico voluntario de la Cruz Roja costarricense.

¿Cómo es un dia típico en su trabajo?

Los días empiezan, eh, normalmente en revisión del equipo y revisión de los vehículos y estar listos por cualquier emergencia.

¿Qué tipo de preparación se necesita para esa profesión?

La preparación que necesitamos es universitaria... y entrenamientos año con año para refrescar los conocimientos.

¿Qué es lo que más le gusta de ser paramédico?

Lo que más me gusta de ser paramédico es ayudar a mi comunidad y a mi pueblo, y ayudar a toda la gente y [a] turistas en general.

¿Qué no le gusta tanto?

No me gusta cuando hay accidentes de tránsito con niños por personas que ingirieron licor al conducir.

Para comprender

1. ¿Qué trabajo realizan David y Nelson?
2. ¿Qué hace David por la mañana y por la tarde?
3. ¿Cuántos años de preparación necesitó David?
4. ¿Cómo es el día típico de un paramédico?
5. ¿Qué le gusta a Nelson de ser paramédico?

Para pensar y hablar

A David y a Nelson les tocó estudiar mucho para tener una carrera en medicina. ¿Te gustaría prepararte para una carrera como ésta? ¿Por qué? ¿Cómo es la preparación para estas carreras en Estados Unidos? ¿En qué se parece a la preparación de David y Nelson?

Comunidad y oficio

El bilingüismo en el trabajo

Hoy en día muchos trabajos requieren el conocimiento de otros idiomas y culturas. ¿Hay comercios u organizaciones en tu comunidad que se beneficiarían por tener empleados bilingües y biculturales? En los anuncios clasificados de un periódico local o nacional en línea, busca trabajos que requieren el conocimiento de idiomas extranjeros. ¿Qué idiomas se requieren y para qué clase de trabajo? ¿Cuáles trabajos requieren el español? ¿En qué ciudades se encuentran estos trabajos? Comparte lo que aprendas con tus compañeros de clase.

Profesionales bilingües

Objetivos
- Describing a house
- Saying what needs to be done and complaining

Vocabulario en acción 2

ExpresaVisión

Ésta es nuestra casa en Cuzco

La sala

La habitación

Más vocabulario...

a la derecha (de)	*to the right (of)*
a la izquierda (de)	*to the left (of)*
entre	*(in) between*
el lavaplatos	*dishwasher*

Visit Holt Online
go.hrw.com
KEYWORD: EXP2 CH2
Vocabulario 2 practice

El baño

También se puede decir...

Some Spanish speakers say **la tina** or **la regadera** instead of **la bañera,** and **el lavamanos** instead of **el lavabo.** In Perú you'll hear **el lavatorio** for **el lavabo** and **el wáter** for **el inodoro.**

Other ways of saying **el estante** are **el librero**, **la repisa**, and **el tablillero**.

La cocina

¡Exprésate!

To describe a house

Interactive TUTOR

¿Me dices dónde está el baño? *Can you tell me where the bathroom is?*	**Está enfrente de la cocina en el primer piso.** *It's facing the kitchen on the first floor.*
Descríbeme tu habitación. *Describe your room to me.*	**Es pequeña pero bonita. Hay un escritorio y una cómoda al lado de la ventana.** *It's small but pretty. There is a desk and a chest of drawers next to the window.*

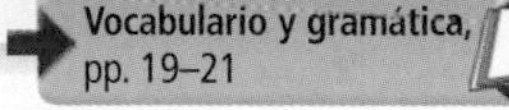
Vocabulario y gramática, pp. 19–21

17 ¿Cierto o falso?

Escuchemos Escucha cada oración y di si es **cierta** o **falsa** según el dibujo. Luego escribe oraciones diciendo dónde está cada cosa.

Los viejos edificios de Cuzco cuentan la historia de la ciudad. Alrededor de la plaza central, muchos tienen la base construida al estilo inca y la estructura sobre la base al estilo colonial español. Las bases son rocas talladas colocadas con tal precisión que no cabe una hoja de papel entre ellas. Los techos de tejas rojas, muros de yeso blanco y balcones de madera tallada también muestran esta mezcla.

¿Cómo imaginas la vida en una de estas casas?

En la calle Loreto, Cuzco

18 Analogías

Leamos Completa las siguientes analogías con las palabras del cuadro.

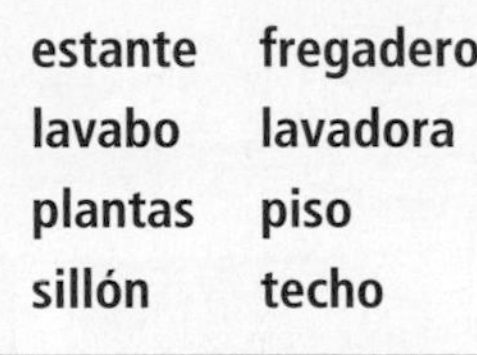

estante	fregadero
lavabo	lavadora
plantas	piso
sillón	techo

MODELO regar : jardín :: barrer : piso

1. ropa : cómoda :: libros : ______
2. cuadro : pared :: alfombra : ______
3. lavabo : baño :: ______ : cocina
4. platos : fregadero :: manos : ______
5. cama : dormirse :: ______ : sentarse
6. vasos : lavaplatos :: camisas : ______
7. sacudir : muebles :: regar : ______
8. derecha : izquierda :: ______ : piso

19 Descríbeme el apartamento

Hablemos/Escribamos Mira el plano de un apartamento en Cuzco, Perú. Luego contesta las preguntas.

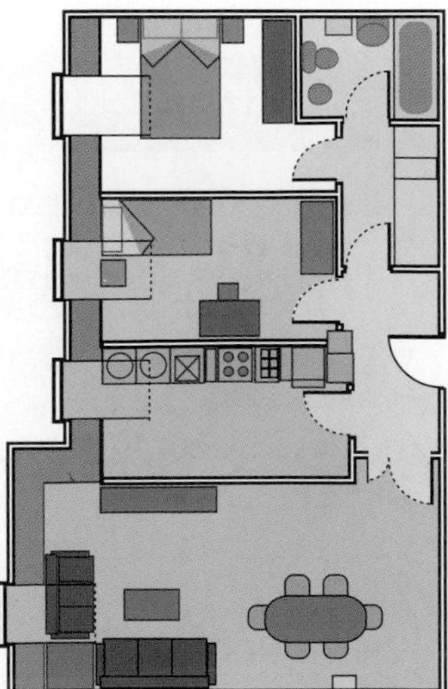

1. ¿Cuántas habitaciones hay en el apartamento?
2. ¿Está el baño cerca de la sala?
3. ¿Dónde está el baño?
4. ¿Tiene una bañera?
5. ¿Cuántas mesitas de noche hay?
6. ¿Dónde está la cocina?
7. ¿Dónde está el sofá?

¡Exprésate!

To say what needs to be done	To complain
Susana, hay que regar las plantas hoy. *Susana, you've got to water the plants today.*	**¡Ay, qué pesado! Ya lo hice mil veces.** *Oh, what a drag! I've already done it a thousand times.*
Oye, Juan, debes barrer el piso. *Hey, Juan, you should sweep the floor.*	**Estoy harto de estar aquí adentro.** *I'm fed up with being here inside.*
Miguel, haz el favor de darle de comer al perro allá afuera. *Miguel, please feed the dog outside.*	**¡No es justo! A Gloria nunca le toca cuidarlo.** *It's not fair! Gloria never has to take care of him.*

Interactive TUTOR

Vocabulario y gramática, pp. 19–21 Online workbooks

20 Pide ayuda

Hablemos/Escribamos Pídele ayuda a Javier con los siguientes quehaceres. Usa las expresiones **hay que, debes** y **haz el favor de.**

MODELO Javier, haz el favor de pasar la aspiradora.

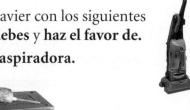

1.

2.

3.

4.

5.

21 Las quejas

Hablemos/Escribamos Responde con una queja *(complaint)* a cada una de las oraciones de la actividad anterior.

MODELO ¡No es justo! A Laura nunca le toca pasarla.

Comunicación

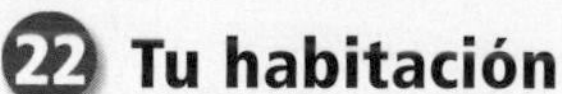

22 Tu habitación

Escribamos/Hablemos Escribe seis oraciones con las palabras del cuadro que explican dónde están las cosas en tu habitación. Luego lee las oraciones a tu compañero(a) mientras él o ella dibuja lo que le dices.

MODELO Mi escritorio está enfrente de la ventana.

al lado de	enfrente de	delante de	detrás de	a la derecha de
cerca de	a la izquierda de	entre	debajo de	

Objetivos
- **Ser** and **estar**
- Expressions followed by infinitives
- Review of **-ar, -er, -ir** verbs, **hacer,** and **ir**

GramaVisión

Ser and estar

Interactive TUTOR

Both **ser** and **estar** mean *to be*, but they aren't used interchangeably.

1 Use **ser** to . . .

- say where a class or an event takes place

  El concierto **es** en el teatro.

- describe the characteristics of someone or something

  Elías **es** alto y rubio.

2 Use **estar** to . . .

- say what is going on right now

  Mamá **está regando** las plantas.

- say where someone or something is

  Tu ropa **está** en la secadora.

- say how someone feels or how food tastes

  Ramiro **está** enfermo hoy.
  Esta sopa **está** deliciosa.

Vocabulario y gramática, pp. 22–24
Actividades, pp. 15–17
Online workbooks

23 En casa con Mercedes

Leamos Completa las oraciones sobre Mercedes y su familia con todas las respuestas apropiadas.

1. La casa de Mercedes está ═══ del colegio.
   a. cerca **b.** nueva y bonita **c.** al lado
2. En este momento, Mercedes y su hermana están ═══.
   a. de Lima **b.** en el jardín **c.** leyendo revistas
3. La mamá de Mercedes es ═══.
   a. abogada **b.** hondureña **c.** un poco cansada
4. Los gatos de Mercedes son ═══.
   a. encima del carro **b.** blancos y negros **c.** traviesos
5. La habitación de Mercedes es ═══.
   a. bastante grande **b.** muy bonita **c.** al lado del baño
6. El papá de Mercedes está ═══.
   a. alto y moreno **b.** afuera **c.** cortando el césped

24 ¿Cómo es?

Escribamos/Hablemos Describe la sala del dibujo usando **ser** y **estar.** Menciona por lo menos cinco cosas.

MODELO **El sofá está enfrente del televisor. Es de color café. El perro...**

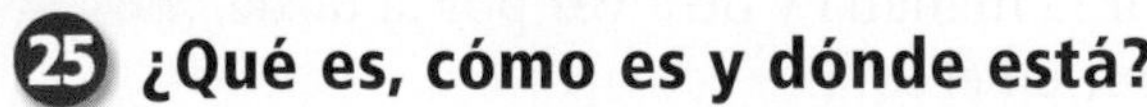

25 ¿Qué es, cómo es y dónde está?

Hablemos Piensa en tres cosas que están en tres partes de la casa. Dos compañeros(as) te van a hacer preguntas con **ser** y **estar** para adivinar dónde está cada cosa, cómo es y qué es.

MODELO **—¿Está en la sala?**
—No.
—¿Está en el garaje?
—Sí.
—¿Es grande?
—Sí.
—¿Es el carro?
—¡Sí!

26 La casa ideal

Hablemos Con un(a) compañero(a), túrnense para describir la casa ideal. Usen **ser** y **estar** en sus descripciones.

MODELO **Mi casa ideal está en la playa. Es grande...**

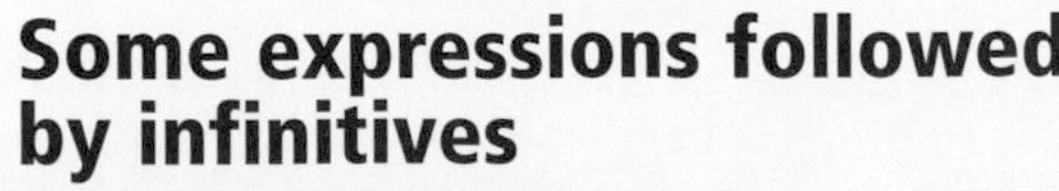

Some expressions followed by infinitives

1 You can use the verbs **deber**, **tener que**, and **me/te/le/nos/les toca** with an **infinitive** to say what someone has to do.

Debemos pasar la aspiradora antes de la fiesta.
We should vacuum before the party.

Tienes que sacar la basura a la calle.
You have to take the trash out to the street.

A mí no **me toca barrer** hoy. A ti **te toca barrer** todos los pisos.
It's not my turn to sweep today. It's your turn to sweep all the floors.

2 You can use the expressions **hay que, hacer el favor de,** and **favor de** with an **infinitive** to say what has to be done.

Hay que bañar al gato. *The cat needs to be bathed.*

Hazme el favor de pasar la aspiradora. *Please vacuum.*

Favor de no **dar**les de comer a los animales.
Please don't feed the animals.

Vocabulario y gramática, pp. 22–24
Actividades, pp. 15–17
Online workbooks

¿Te acuerdas?

Grammatically, the expressions **me (te, le) toca** work like **me (te, le) gusta**: you use indirect object pronouns to say whose turn it is to do something.

Le toca a José limpiar el baño.

27 Hazme el favor de...

Leamos/Escribamos Tu tío está de vacaciones. Completa lo que te pide con la forma correcta del verbo.

1. tener que, dar, deber
   Hay que ___les de comer a los perros todos los días. Los perros ___ salir una vez por la mañana y otra vez por la tarde. ¡Los perros no ___ dormir en el sofá!
2. tener que, sacar, dejar
   Te toca ___ la basura el miércoles. Hay que ___la al lado de la calle. La basura ___ estar allí antes de las nueve de la mañana.
3. llegar, deber, venir
   Hazme el favor de ___ por mí al aeropuerto el sábado. Mi avión debe ___ a las cinco de la tarde pero (tú) ___ llamar al aeropuerto antes de salir para preguntar si vamos a llegar a tiempo.

El antiguo barrio de San Blas en Cuzco

28 ¿Quién habla?

Escuchemos Escucha lo que dice cada persona y di qué profesión tiene.

médico	banquero	agente de aduanas	bombera
cocinero	dentista	trabajadora social	comerciante

29 Quehaceres

Leamos/Hablemos Lee las oraciones y di qué hay que hacer.

MODELO **Todas las plantas están amarillas.**
Hay que regar las plantas.
(Tenemos que regar las plantas.)

1. Los perros tienen hambre.
2. Hay mucho pelo de perro en la alfombra.
3. Hay comida en el piso debajo de la mesa.
4. Acabo de lavar la ropa. Todavía está en la lavadora.
5. Hay mucha basura en la cocina.
6. Hay tantos papeles en mi escritorio que no encuentro nada.
7. Los platos del desayuno de ayer todavía están en el fregadero.
8. Tengo hambre pero no hay nada de comer en el refrigerador.

30 ¿Con qué frecuencia?

Escribamos/Hablemos Escribe cuatro oraciones y di con qué frecuencia hay que hacer los siguientes quehaceres.

MODELO **Hay que cortar el césped dos veces al mes.**

1

2

3

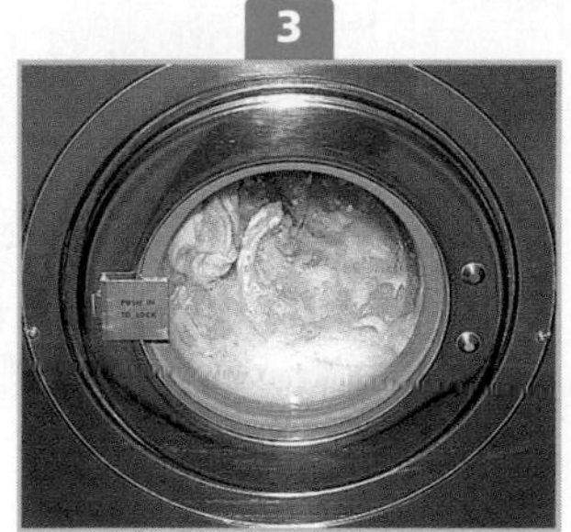

4

31 ¿Y a ti?

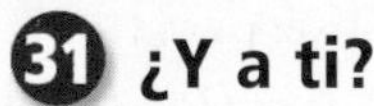

Hablemos Habla con tu compañero(a) de los quehaceres que les toca a los dos hacer en sus familias, y con qué frecuencia tienen que hacerlos.

MODELO **—A mí casi siempre me toca sacar la basura.**
—¡Qué pesado! A mí no, pero sí tengo que...

lavar la ropa	sacudir los muebles	barrer el piso
regar las plantas	limpiar el baño	lavar los platos
sacar la basura	organizar la habitación	darles de comer a los animales

Gramática 2

Repaso Preterite of -ar, -er, -ir verbs and hacer and ir

1 Review the preterite endings of **-ar**, **-er**, and **-ir** verbs and the irregular verbs **hacer** and **ir**. Remember that **-ar** and **-er** verbs have no stem changes in the preterite.

	arreglar	**barrer**	**sacudir**
	(to fix)	*(to sweep)*	*(to dust)*
yo	arregl**é**	barr**í**	sacud**í**
tú	arregl**aste**	barr**iste**	sacud**iste**
Ud., él, ella	arregl**ó**	barr**ió**	sacud**ió**
nosotros, nosotras	arregl**amos**	barr**imos**	sacud**imos**
vosotros, vosotras	arregl**asteis**	barr**isteis**	sacud**isteis**
Uds., ellos, ellas	arregl**aron**	barr**ieron**	sacud**ieron**

	hacer *(to do, to make)*	**ir** *(to go)*
yo	hice	fui
tú	hiciste	fuiste
Ud., él, ella	hizo	fue
nosotros, nosotras	hicimos	fuimos
vosotros, vosotras	hicisteis	fuisteis
Uds., ellos, ellas	hicieron	fueron

—¿Qué **hiciste** esta tarde?

—Mi hermana y yo **limpiamos** la casa. Yo **sacudí** los muebles y ella **barrió** el piso. Después no **hicimos** nada.

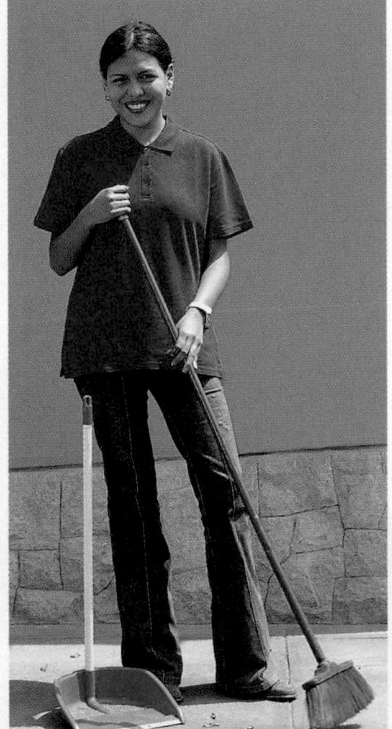

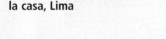

Barriendo la calle enfrente de la casa, Lima

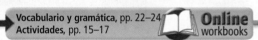

Vocabulario y gramática, pp. 22–24
Actividades, pp. 15–17
Online workbooks

32 ¿Quién ya lo hizo?

Leamos Con base en la lista de quehaceres, indica si las siguientes oraciones son **ciertas** o **falsas.** Corrige las oraciones falsas.

Cosas para hacer:	
✓ regar las plantas	Rita
sacar la basura	Sara
✓ barrer el piso	Juan
✓ pasar la aspiradora	Sara
✓ sacudir los muebles	Juan y Rita
lavar los platos	Juan y Sara
✓ limpiar el baño	Rita
✓ organizar la habitación	Sara y Rita
lavar la ropa	Sara

MODELO **Juan tiene que barrer el piso.**
Falso. Juan ya barrió el piso.

1. Rita regó las plantas.
2. Mamá ya sacudió los muebles.
3. Sara sacó la basura esta mañana.
4. Juan y Sara tienen que lavar los platos.
5. Sara ya pasó la aspiradora.
6. Sara y Rita ya organizaron la habitación.
7. Juan tiene que lavar la ropa.
8. Rita tiene que limpiar el baño.

33 ¿En qué orden?

Escribamos/Hablemos Para cada par de quehaceres, escoge el orden más lógico y escribe oraciones.

MODELO **yo: pasar la aspiradora/sacudir los muebles**
Primero sacudí los muebles y luego pasé la aspiradora.

1. yo: secar la ropa/lavar la ropa
2. mi padre: cortar el césped/regar
3. mi hermana y yo: lavar los platos/preparar la cena
4. yo: organizar mi escritorio/sacar la basura de mi cuarto
5. mi hermana: limpiar el baño/bañar los perros en la bañera
6. mis padres: levantarse/hacer su cama

34 Cenicienta

Escribamos/Hablemos Cenicienta *(Cinderella)* habla del día que fue al baile del príncipe. Di quién o quiénes hicieron las siguientes cosas: Cenicienta o sus hermanastras *(stepsisters)*.

MODELO **ir al baile**
Mis hermanastras y yo fuimos al baile del príncipe.

1. hacer todos los quehaceres
2. no ayudar con nada
3. levantarse tarde
4. sacudir los muebles
5. barrer los pisos
6. salir temprano para el baile
7. llegar tarde al baile
8. conocer al príncipe
9. bailar con él toda la noche
10. salir del baile a las doce

La papa se usa en muchos platos del altiplano andino y es uno de los cultivos más importantes del área. Los incas cultivaban la papa y de ella hacían el **chuño,** o harina de papa, que todavía se usa para hacer pan. Para hacer chuño, los incas dejaban la papa congelarse de noche y le quitaban el agua durante el día.

¿Por qué crees que en Perú se usa más la harina de papa que la de otros productos?

Gramática 2

Comunicación

35 Una cita

Hablemos Con un(a) compañero(a), describe qué preparativos hizo el señor Camacho para su cita *(date)* ayer y qué hizo su gato también.

a.

b.

c.

Novela en video

El relicario

Episodio 2

ESTRATEGIA

Solving problems Usually the main character in a story has a problem to solve. What problem does Victoria have in this, **Episodio 2?** What is her first step in solving this problem? Would you have done the same? Why or why not? What would have been your first step? Does her approach work? What is her second idea?

En Madrid, España

Victoria y su familia se reúnen después del funeral del abuelo Gallegos.

1

Sra. Gallegos Hija, Victoria. Te veo muy triste.

Victoria Sí, mamá. El funeral me puso muy triste.

Sra. Gallegos Tu abuelo tuvo una vida muy feliz, muy exitosa. Él fue un arquitecto que construyó grandes obras. Él disfrutó de su vida.

2

Victoria Sí, mamá, lo sé. Pero lo voy a echar de menos.

Sra. Gallegos Naturalmente, todos lo vamos a echar de menos. Pero no te sientas mal. Tu abuelo estará siempre en nuestros corazones. Venga, hija, vamos a comer ya. Tu tía preparó una comida deliciosa.

Más tarde, Victoria trata de determinar cómo va a encontrar al señor Calderón de Costa Rica.

3

Victoria Ay, Abuelo. ¿Costa Rica? ¿Cómo voy a encontrar a un señor en Costa Rica?

Visit Holt Online
go.hrw.com
KEYWORD: EXP2 CH2
Online Edition

4

Victoria Hola. ¿Puedo hablar con Jorge Calderón?

Señora No, señorita. Jorge no está.

Victoria Eh, ¿y sabe cómo lo puedo encontrar?

Señora Está en la universidad. Fue a clases. ¿Quién habla? ¿Usted es una compañera de la universidad?

5

Victoria Hola. ¿Es la residencia de Jorge Calderón?

Señor Sí, señorita.

Victoria ¿Puedo hablar con él?

Señor No, no puede. Está en Perú. Es periodista. Está en Lima haciendo un reportaje.

6

Jorge ¿Aló?

Victoria ¿Está el señor Jorge Calderón?

Jorge Sí, habla Jorge Calderón.

Victoria ¿Tú eres Jorge Calderón?

Jorge ¿Y quién quiere saber, si se puede saber?

Victoria Lo siento. Olvídalo. Adiós.

7

Victoria Mamá, tengo que ir a Segovia. Necesito más información. Quizás en los papeles del abuelo pueda encontrar una dirección, un número de teléfono, algo.

Sra. Gallegos Está bien, hija. Yo le digo a tu tía que vas con ella mañana a Segovia.

¿COMPRENDES?

1. ¿Por qué está triste Victoria?
2. ¿A qué se dedicó el abuelo Gallegos?
3. ¿Qué hace Victoria primero para resolver su problema de buscar al señor Jorge Calderón?
4. En la primera llamada, ¿cómo sabe Victoria que no es el Jorge que busca? ¿en la segunda? ¿en la tercera?
5. ¿Adónde tiene que ir Victoria? ¿Para qué?

Próximo episodio
Victoria va a Segovia, a la vieja casa de su abuelo. ¿Crees que va a encontrar lo que necesita en Segovia? ¿Por qué?
PÁGINAS 108–109

Leamos y escribamos

ESTRATEGIA

para leer Remember to look for cognates, words with similar meanings and spellings in two languages, to help you figure out what you are reading. Also be on the lookout for false cognates, words that look alike in two languages but that have different meanings.

Antes de leer

A Lee los siguientes anuncios y haz una lista de las palabras que se escriben de manera similar en inglés. Luego, busca el significado de estas palabras en un diccionario y determina cuáles son cognados y cuáles son cognados falsos.

Ver Herramientas Ayuda

Actualizar Detener Página Inicial Buscar Favoritos Correo Imprimir

Dirección: www.trabajos/cuzco.hrw.com

Secciones

Empleos

Vehículos

Bienes raíces

Varios

Publique aquí sus clasificados

¿En busca de empleo?

Chef de cocina. Restaurante *La Provence.* Salario negociable. Tiempo parcial: 30 horas/semana. Se requiere experiencia en preparar comida francesa con especialidad en sopas y salsas básicas. También es necesario saber leer francés. Posibilidad de trabajar tiempo completo dando clases de cocina[1]. Presentarse en persona para llenar solicitud[2].

Programadores. Tecnomática. Salario según experiencia más beneficios. Tiempo completo. Horario flexible. Se requiere diploma en estudios técnicos, conocimiento[3] de programación y experiencia mínima de cinco años en el diseño de páginas Web. Enviar hoja de vida[4] a: <personal@tecnomatica.hrw.com>

Enfermero. Hospital infantil. Tiempo completo. Turno de la noche. Comienzo inmediato. Salario según preparación académica y experiencia. Se requiere diploma o licencia en enfermería y experiencia previa. Se necesita una persona paciente, sensible y con energía para atender a niños enfermos. Enviar hoja de vida por correo electrónico a: <personal@hospitalinfantil.hrw.com>

1 cooking 2 fill out application 3 knowledge 4 resumé

Visit Holt Online
go.hrw.com
KEYWORD: EXP2 CH2
Online Edition

¡Gran oportunidad!
trabajedesdecasa.hrw.com

Clasificados personales
socialice.hrw.com

Para comprar o vender
compraventa.hrw.com

Lo mejor en clasificados
anuncios.hrw.com

Aumente sus ingresos
independícese@dinero.hrw.com

Mecánico. Taller Rodríguez. Salario negociable según experiencia. Tiempo parcial, turno de la tarde. Se requiere conocimiento básico de mecánica y reparación de automóviles. Se busca una persona responsable, puntual y con deseos de aprender. Llamar al 3-28-17-72 para solicitar entrevista[1].
Para mayor información, comuníquese al:
3-17-25-92

Periodista. *El Diario*. Salario variable según el trabajo asignado. Tiempo parcial, horario flexible. Título en comunicaciones. Experiencia previa no indispensable. Se requiere asistir a reuniones y realizar reportajes[2] sobre eventos y sucesos comunitarios. Se busca una persona interesada en la comunidad, creativa y con habilidad para escribir artículos de interés. Enviar hoja de vida por fax: 34-56-76-32 o por correo electrónico: <personal@eldiario.hrw.com>

Guía turística. Ciudad de Cuzco. Zona histórica. Salario básico. Trabajo de temporada alta[3]. Se requiere edad mínima de 18 años, título de Bachiller Superior y amplio conocimiento de inglés, francés o alemán. Se necesita persona fuerte para trabajar largas horas al aire libre[4]. Visite nuestras oficinas para llenar una solicitud y obtener una entrevista.

1 interview 2 articles 3 high season 4 outdoors

Comprensión

B Contesta las siguientes preguntas en oraciones completas.

1. ¿Qué experiencia se necesita para el trabajo de chef de cocina?
2. ¿Cuál es el horario de trabajo del enfermero?
3. ¿Qué cualidades debe tener el mecánico?
4. ¿Qué se requiere para el trabajo de periodista?
5. ¿Para qué trabajos se necesita saber otro idioma?
6. ¿Qué trabajos no requieren experiencia previa?
7. ¿En qué trabajos se requiere un diploma o una certificación de educación?
8. ¿Cómo pueden responder a estos anuncios las personas interesadas?

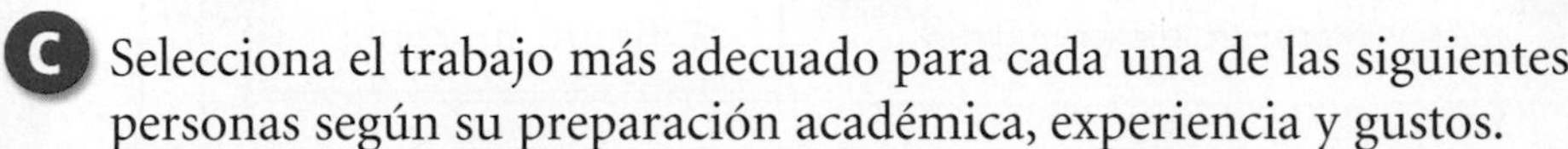

C Selecciona el trabajo más adecuado para cada una de las siguientes personas según su preparación académica, experiencia y gustos.

1. Yolanda da dos clases de computación en una universidad y busca un trabajo con horario flexible.
2. A Mercedes le encanta experimentar con nuevas recetas de cocina, especialmente platos de comida internacional. A veces da clases de cocina en un club pero quiere un trabajo más permanente.
3. Javier prefiere trabajar de noche. Durante el día tiene que asistir a la universidad y estar en casa cuando sus hijos vuelven del colegio. Es un gran papá, cariñoso y muy paciente.
4. Manuel pasa los fines de semana reparando los carros de su familia. Quiere aprender más de mecánica pero ahora necesita conseguir un trabajo.
5. Ricardo participa activamente en su comunidad. Trabaja como voluntario en varias organizaciones y escribe un boletín de noticias locales.
6. Anita es una chica muy simpática, atlética y activa. Le encanta hablar con la gente y aprender cosas nuevas. Acaba de graduarse del colegio y habla varios idiomas. Quiere trabajar durante el verano y recoger dinero para seguir sus estudios en la universidad.

Después de leer

D Which jobs listed do you find the most appealing? Why? For which job would you be the most qualified? What skills, experience, and education would you have to acquire in order to better qualify for that job? How do the jobs advertised compare to your dream job?

Taller del escritor

ESTRATEGIA

para escribir A clear setting not only helps the reader picture what you describe, but it also can help you develop ideas for your writing. Allow the setting you envision to help create and direct the events.

Descripción del trabajo

Imagine you manage operations at your high school. You've been asked to provide a description of the tasks three employees carry out. You might employ secretaries, maintenance workers who do odd jobs, carpenters, security police, or mail carriers. Consider their tasks and describe them in Spanish in a detailed report, keeping in mind the setting or section of campus involved in each job.

1 Antes de escribir

Imagine a typical high-school campus and at least three specific areas: the cafeteria, the library, the office, and so on. For each setting, imagine the type of work necessary for its maintenance or improvement. Be detailed and thorough in describing the responsibilities of employees assigned each task.

2 Escribir un borrador

Once you've decided on three job descriptions appropriate for the settings you've determined, begin describing each: **El secretario debe contestar el teléfono y ayudar al jefe del departamento.** Introduce each description with a statement about the area of campus and its particular needs.

3 Revisar

Trade drafts with a classmate and read each at least two times. Check spelling and punctuation. How well do your descriptions detail the daily tasks of your employees? Have you or your classmate overlooked an important part of a job?

4 Publicar

Many students may have chosen the same or similar jobs to describe. Display the descriptions on the board and look for similarities and differences. Who has described the employees' tasks most thoroughly?

La cafetería
El cocinero El cocinero prepara los platos del día.
El mesero...
El carpintero...

La biblioteca
La bibliotecaria...

Capítulo 2
Repaso

Prepárate para el examen

Interactive TUTOR

1 Vocabulario 1
- asking what people do for a living
- introducing people and responding to introductions

pp. 46–49

1 Imagina que presentas a las siguientes personas a un(a) compañero(a) de clase. En tus presentaciones, di qué profesiones tienen.

la señora Reyna el señor Gómez

el señor García la señorita Contreras

el señor Cubas la señora Quevedo

el señor Sosa la señora Ochoa

2 Gramática 1
- indirect objects and indirect object pronouns
- **saber** and **conocer**
- **ser** and adjectives of nationality

pp. 50–55

2 Completa las oraciones con el pronombre de complemento indirecto.

1. El cocinero ═══ prepara la comida (a nosotras).
2. El banquero ═══ presta dinero y da consejos (a ti).
3. El peluquero del vecindario ═══ cortó el pelo a mi primo.
4. El médico ═══ dice cómo cuidarnos la salud (a nosotros).
5. La peruana ═══ enseñó a hablar español (a María).
6. La secretaria ═══ ayudó a comprar cosas para el negocio (a mis padres).

3 Vocabulario 2
- describing a house
- saying what needs to be done and complaining

pp. 58–61

3 Completa las oraciones con las palabras que faltan.

Mañana hay una fiesta en mi casa. Todavía tengo muchas cosas que hacer. Primero voy a sacudir los __1__ y pasar la aspiradora sobre la __2__ de la sala. Luego tengo que colgar el __3__ que compré. En la cocina, voy a sacar las verduras del __4__ y cocinar la sopa en la __5__. Luego voy a lavar los platos en el __6__ y poner la ropa a secar en la __7__. Después de terminar, voy a leer un poco antes de dormir. Después de leer, voy a apagar la __8__ que está en la __9__ de noche.

Visit Holt Online
go.hrw.com
KEYWORD: EXP2 CH2
Chapter Self-test

4 Estás limpiando la casa y ya terminaste la cocina y el baño. Todavía hay que limpiar la sala y las habitaciones. Haz una lista de cinco quehaceres que ya hiciste y cinco que todavía tienes que hacer.

5 Contesta las siguientes preguntas.

1. ¿Por qué es importante la llama en Perú?
2. ¿Qué culturas se representan en la arquitectura de Cuzco? ¿Cómo?
3. Menciona dos ventajas del método de cultivo en terrazas.

6 Amalia habla de la casa nueva de su familia. Escucha lo que dice y contesta las preguntas.

1. ¿Cómo ayudaron los vecinos a los padres de Amalia?
2. ¿Cómo es la casa nueva?
3. ¿Qué parte de la casa le gusta más al padre de Amalia?
4. ¿Qué no le gusta a Amalia de la casa nueva? ¿Por qué?
5. ¿Qué no le toca hacer a Amalia en la casa nueva? ¿Por qué?

4 Gramática 2
- **ser** and **estar**
- **deber, tener que, tocarle, hay que,** and **(hacer el) favor de**
- preterite of **-ar, -er, -ir** verbs, **hacer,** and **ir**

pp. 62–67

5 Cultura
- **Comparaciones pp. 56–57**
- **Notas culturales pp. 48, 53, 60, 67**
- **Geocultura pp. 40–43**

Conversación

7 Role-play the following conversation with a partner. Partner A is a parent and Partner B is a son or daughter, talking about chores.

Partner A:	Mention two outside chores that need to be done.
Partner B:	List two indoors chores you already did. Offer to do one chore your partner mentioned.
Partner A:	Say that your partner needs to clean the garage first.
Partner B:	Say you're fed up with cleaning the garage, and that it's Susana's turn.
Partner A:	Say that Susana did it last week. Add that she is vacuuming and dusting her room right now.
Partner B:	Complain that your partner always gives you a lot of chores and doesn't give Susana many chores.
Partner A:	Change the subject and ask who the man coming out of the house in front is.
Partner B:	Say it's the new neighbor, Sr. Peralta. Explain his nationality and profession. Ask if your partner wants to meet him.

Gramática 1
- indirect objects and indirect object pronouns, present tense of **dar, decir** **pp. 50–51**
- uses of **saber** and **conocer** **pp. 52–53**
- uses of **ser** and adjectives of nationality **pp. 54–55**

Repaso de Gramática 1

The **indirect object pronoun** refers to the person who receives the direct object or who benefits from the action of the verb. These pronouns are often used with **dar** and **decir.** See page 50 for placement.

me	*me*	**nos**	*us*
te	*you (sing. inf.)*	**os**	*you (plural, inf.)*
le	*you (sing. formal), him, her*	**les**	*you (plural), them*

dar *(to give)*	
doy	damos
das	dais
da	dan

decir *(to say, to tell)*	
d**igo**	decimos
d**i**ces	decís
d**i**ce	d**i**cen

For the uses of the verbs **saber** and **conocer**, see page 52.

For the uses of the verb **ser** and for adjectives of nationality, see page 54.

Gramática 2
- uses of **ser** and **estar** **pp. 62–63**
- expressions followed by infinitives: **tener que, deber, tocar, hay que, favor de** **pp. 64–65**
- preterite of regular **-ar, -er, -ir** verbs and **hacer** and **ir** **pp. 66–67**

Repaso de Gramática 2

For the uses of **ser** and **estar** see page 62.

Deber, **tener que**, **tocar**, **hay que,** and **favor de** followed by an **infinitive** are used to say that someone has to do something.

For the regular preterite forms of **-ar**, **-er**, **-ir** verbs, see page 66.

	hacer *(to do, to make)*		**ir** *(to go)*
yo	hice	yo	fui
tú	hiciste	tú	fuiste
usted, él, ella	hizo	usted, él, ella	fue
nosotros(as)	hicimos	nosotros(as)	fuimos
vosotros(as)	hicisteis	vosotros(as)	fuisteis
ustedes, ellos, ellas	hicieron	ustedes, ellos, ellas	fueron

Letra y sonido a e o

Las vocales fuertes a, e, o

- **a** is pronounced with the tongue in between the *a* in *father* and the *a* in *gather:* c**a**l**a**b**a**z**a**, M**á**l**a**g**a**
- **e** is pronounced either as in *grey,* but without the *y* sound, or as the *e* sound in *bed:* c**é**sp**e**d, **e**xc**e**l**e**nt**e**
- **o** is pronounced as in *grow,* but without the *w* sound: **ó**pera, **o**p**o**sici**ó**n, **o**bvi**o**

Two strong vowels next to each other (**a**, **e**, **o**) are pronounced as different syllables: m**a**-**e**s-tra, f**e**-**o**, r**e**-**a**l

Trabalenguas

Colorín colorado, este cuento se ha acabado.

Cuca Seco quiso coser en casa de Coco y Quique Suca.

Dictado

Escribe las oraciones de la grabación.

Repaso de Vocabulario 1

Talking about what people do for a living

¿A qué se dedica...?	*What does . . . do?*
el (la) abogado(a)	*lawyer*
apagar incendios	*to put out fires*
arreglar	*to fix*
ayudar a la gente	*to help people*
banquero(a) internacional	*international banker*
el (la) bombero(a)	*firefighter*
el (la) carpintero(a)	*carpenter*
el cartero	*mail carrier (m.)*
el camión de bomberos	*fire truck*
el (la) cocinero(a)	*cook*
el (la) comerciante	*merchant*
conducir	*to drive*
construir	*to build*
el (la) conductor(a)	*driver*
contar (ue)	*to count; to tell*
cuidar a los enfermos	*to take care of sick people*
dar consejos	*to give advice*
decir	*to say, to tell*
el (la) dentista	*dentist*
diseñar	*to design*
el (la) enfermero(a)	*nurse*
el (la) enfermo(a)	*sick person*
enseñar	*to teach; to show*
los idiomas	*languages*
el incendio	*fire*
el (la) ingeniero(a)	*engineer*
junto(a)	*together*
el (la) mecánico	*mechanic*
el (la) médico(a)	*doctor*
la mujer cartero	*mail carrier (f.)*
la mujer policía	*policewoman*
el oficio	*job, profession, occupation*
las páginas Web	*Web pages*
el (la) peluquero(a)	*hairstylist*
el (la) periodista	*journalist*
el policía	*policeman*
preparar	*to prepare*
prestar	*to lend*
el (la) programador(a)	*programmer*
la profesión	*profession*
programar	*to program*
¿Qué clase de trabajo realiza...?	*What kind of work does . . . do?*
el salón de belleza	*beauty parlor*
el (la) secretario(a)	*secretary*
Trabaja en...	*He (She) works at . . .*
el (la) trabajador(a) social	*social worker*
el vecindario	*neighborhood*
el (la) vecino(a)	*neighbor*

Introducing people and responding to introductions . . . . *see p. 48*

Repaso de Vocabulario 2

Describing a house

adentro	*inside*
afuera	*outside*
a la derecha (de)	*to the right (of)*
a la izquierda (de)	*to the left (of)*
la alfombra	*carpet, rug*
la bañera	*bathtub*
barrer	*to sweep*
la cómoda	*chest of drawers*
el cuadro	*painting*
darle de comer al perro	*to feed the dog*
describir	*to describe*
la ducha	*shower*
enfrente de	*in front of, facing*
entre	*(in) between*
el estante	*bookcase*
la estufa	*stove*
el fregadero	*(kitchen) sink*
el inodoro	*toilet*
la lámpara	*lamp*
el lavabo	*(bathroom) sink*
la lavadora	*washing machine*
el lavaplatos	*dishwasher*
la mesita de noche	*bedside table, nightstand*
organizar	*to tidy up, to organize*
la pared	*wall*
el piso	*floor*
regar (ie) las plantas	*to water the plants*
sacudir los muebles	*to dust the furniture*
la secadora	*dryer*
el sillón	*armchair*
el techo	*ceiling, roof*
el televisor	*TV set*

Saying what needs to be done; complaining

¡Ay, qué pesado!	*Oh, what a drag!*
Debes + infinitive	*You need to (should) . . .*
Estoy harto(a) de...	*I'm fed up with . . .*
Favor de + infinitive	*Please + verb*
Hay que + infinitive	*It's necessary to . . .*
hacer el favor de + infinitive	*to do the favor of + gerund*
¡No es justo!	*It's not fair!*
Oye	*Hey*
Ya lo hice mil veces.	*I've already done it a thousand times.*

Repaso cumulativo

Integración

capítulos 1–2

1 Escucha mientras varias personas describen su profesión. Luego escoge la foto correspondiente.

A

B

C

D

2 Estudia la página Web. Decide si los siguientes comentarios son **a) ciertos** o **b) falsos.**

1. Bueno, tienen mesitas por menos de ochenta dólares.
2. La verdad es que no tienen nada para la sala.
3. Tienen todo muy barato, inclusive las lavadoras.
4. No compres un sofá allí. Los estilos y colores son limitados.
5. No venden televisores aquí. Vamos a otra mueblería.

Visit Holt Online
go.hrw.com
KEYWORD: EXP2 CH2
Cumulative Self-test

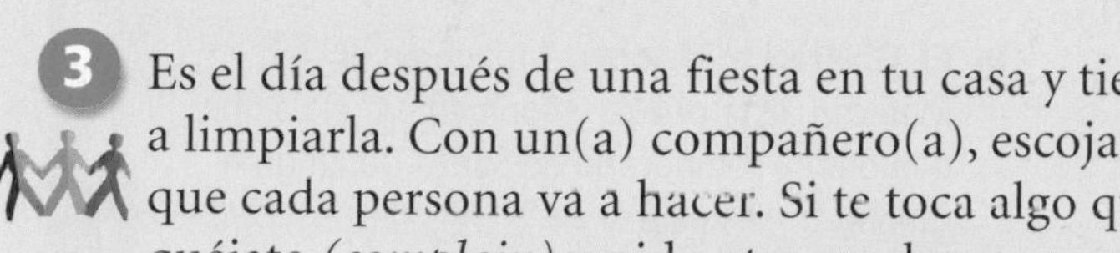

3 Es el día después de una fiesta en tu casa y tienes que ayudar a limpiarla. Con un(a) compañero(a), escojan los quehaceres que cada persona va a hacer. Si te toca algo que no te gusta, quéjate *(complain)* y pide otro quehacer.

4 Haz una biografía de la mujer del cuadro. Incluye cómo y de dónde es, a qué se dedica, dónde está y quiénes son los miembros de su familia. Compara tu descripción con la de tus compañeros.

©Gladys Martinez Nosiglia, "The Fruterier", O I in linen canvas, 43 inches wide x 56 inches high

***La caserita,* de Gladys Martínez Nosiglia**

5 Dibuja tu casa ideal e incluye los muebles. Luego escribe una descripción de cada cuarto. Presenta tu dibujo y descripción a la clase.

6 **Situación** With your classmates, put on a mock job fair. Decide who will be employers advertising jobs and who will be job seekers. Employers should create a written description of each job, including four required skills, and employees should write a resumé and a list of four questions about the jobs. Conduct your job interviews in front of the class.

Capítulo 3

GeoVisión

Geocultura
Santo Domingo

► **El Obelisco Macho** Situado en el Malecón, este obelisco conmemora el cambio de nombre temporario de Santo Domingo a Ciudad Trujillo. 1

► **La Avenida George Washington, el Malecón,** corre a lo largo de la costa. Por un lado está el Mar Caribe y por el otro, los edificios de Santo Domingo.

▼ **Santo Domingo** La capital de la República Dominicana fue fundada en 1496 por el hermano de Cristóbal Colón, Bartolomé Colón.

Almanaque

Fundación
1496 d.C.

Población
1.817.754

Nota histórica
Santo Domingo es la ciudad colonial europea más antigua del hemisferio occidental. Fue establecida como capital de la primera colonia americana de España por el hermano de Cristóbal Colón. Inicialmente tenía el nombre de *Nueva Isabela* en honor a la Reina Isabel de Castilla y Aragón, que financió el primer viaje de Colón.

Economía agricultura (café, cacao, caña de azúcar, piña, naranja, plátanos y flores), minería, turismo

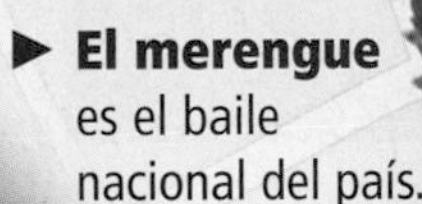

► **El merengue** es el baile nacional del país.

¿Sabías que...?

Santo Domingo tiene un pasado turbulento. En 1586 el pirata Francis Drake saqueó la ciudad y en 1655 la gente de Santo Domingo derrotó una fuerza británica que intentaba apoderarse de la ciudad.

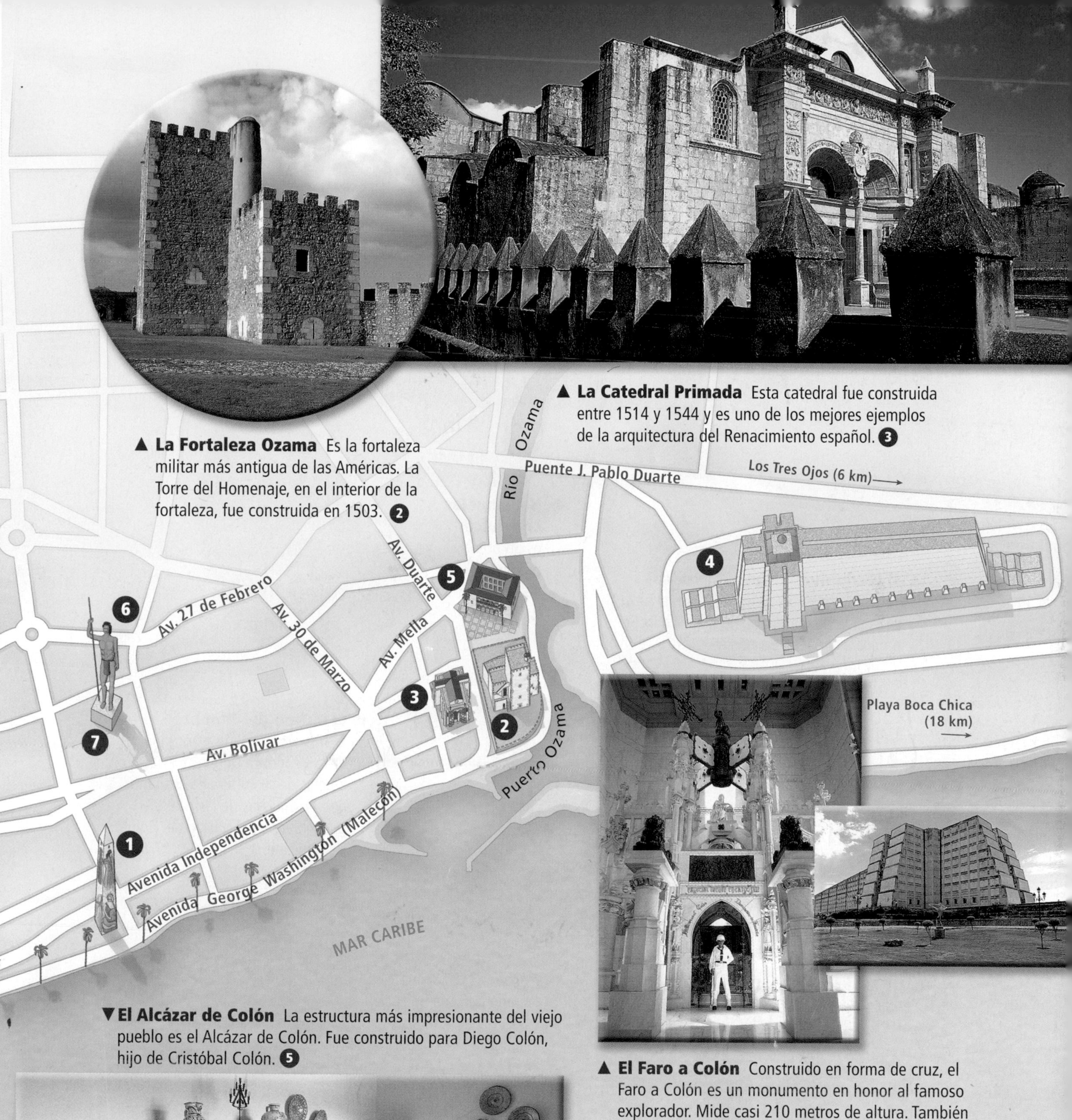

▲ **La Catedral Primada** Esta catedral fue construida entre 1514 y 1544 y es uno de los mejores ejemplos de la arquitectura del Renacimiento español. 3

▲ **La Fortaleza Ozama** Es la fortaleza militar más antigua de las Américas. La Torre del Homenaje, en el interior de la fortaleza, fue construida en 1503. 2

▼ **El Alcázar de Colón** La estructura más impresionante del viejo pueblo es el Alcázar de Colón. Fue construido para Diego Colón, hijo de Cristóbal Colón. 5

▲ **El Faro a Colón** Construido en forma de cruz, el Faro a Colón es un monumento en honor al famoso explorador. Mide casi 210 metros de altura. También sirve como centro cutural. 4

¿Qué tanto sabes?

¿Quién fundó Santo Domingo?
¿Por qué fue construido el Obelisco Macho?

A conocer Santo Domingo

La comida

◄ **En Santo Domingo** se come bien fuera y dentro de casa. Los restaurantes dominicanos ofrecen comida típica dominicana e internacional.

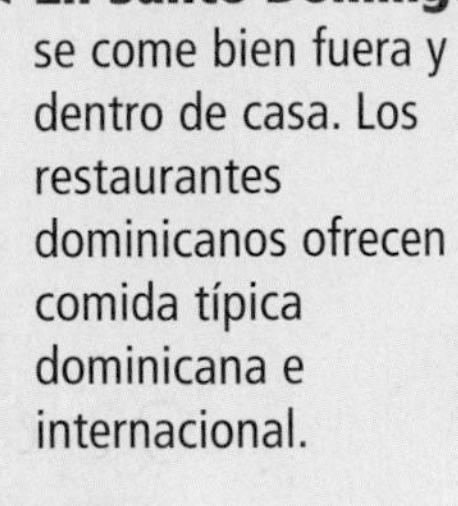

► **Habichuelas con dulce** es un postre preparado con habichuelas.

▲ **El locrio dominicano** es un guiso cuyos ingredientes principales son el arroz y la carne de res, el pollo o el pescado. Se parece a la paella española.

El arte

◄ **El Museo del Hombre Dominicano** Los grupos indígenas de la República Dominicana dejaron huellas de su cultura en sus obras de arte, muchas de las cuales se pueden ver en el Museo del Hombre Dominicano. 6

◄ **Plaza de la Cultura** En esta plaza se encuentran el Teatro Nacional, el Museo de Arte Moderno, el Museo del Hombre Dominicano, el Museo Nacional de Historia y Geografía y el Museo Nacional de Historia Natural. 7

► ***Palmira* (1978)** fue pintado por Ada Balcácer. Las obras de esta artista dominicana se pueden ver en el Museo de Arte Moderno de Santo Domingo.

La naturaleza

Visit Holt Online
go.hrw.com
KEYWORD: EXP2 CH3
Photo Tour

▲ **Playa Boca Chica** es una de las bellas playas en Santo Domingo donde la gente descansa y disfruta del Mar Caribe.

▼ **Los Tres Ojos**
En este parque hay tres lagos bajo el nivel de la tierra que contienen aguas cristalinas.

¿Sabías que...?

Caonabo y su esposa Anacaona fueron dos caciques taínos que lucharon contra la colonización española. Son considerados como personajes de importancia en la historia del país. ¿Qué otras personas famosas de la República Dominicana conoces?

La historia

► **Cristóbal Colón** El explorador llegó a la isla de Quisqueya el 5 de diciembre de 1492. La llamó Hispaniola, y hoy esta isla está dividida en dos países, la República Dominicana y Haití.

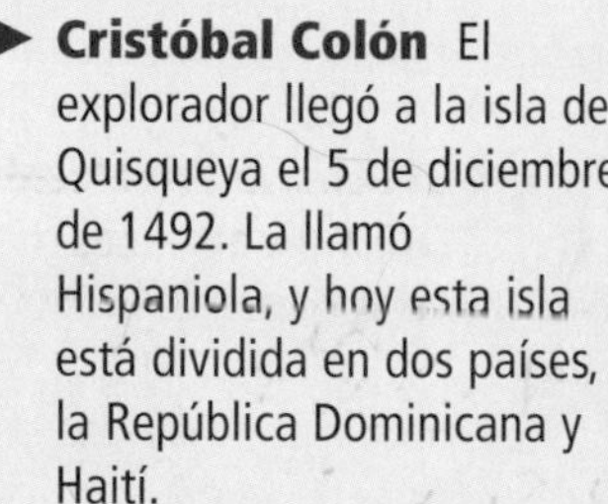

► **Juan Pablo Duarte**
El fundador del grupo independista La Trinitaria luchó por la liberación de la República Dominicana de la influencia haitiana.

◄ **Enriquillo** Este líder indígena luchó contra los europeos en el siglo XV. Su estatua está en la Plaza de la Cultura de Santo Domingo. 6

Conexión Ciencias naturales

▲ **La trinitaria**

La Trinitaria
El grupo revolucionario fundado por Juan Pablo Duarte se llamó La Trinitaria. Hoy en día la flor del mismo nombre es considerada uno de los símbolos nacionales de la República Dominicana. Investiga cuáles son las características botánicas de la Trinitaria. ¿Cuál es su nombre en Estados Unidos?

Capítulo 3

Pueblos y ciudades

OBJETIVOS

In this chapter you will learn to
- ask for and give information
- talk about where someone went and what he or she did
- ask for and give directions
- ask for clarification

And you will use
- impersonal **se** and passive **se**
- preterite of **-car, -gar, -zar** verbs and **conocer**
- irregular preterites: **andar, venir, tener, dar,** and **ver**
- irregular formal commands
- commands with pronouns and informal commands

¿Qué ves en la foto?

- **¿Dónde crees que están los muchachos de la foto?**
- **¿Qué miran y qué están haciendo?**
- **¿Qué se ve en las plazas de tu ciudad?**

Vendedor de caña en Santo Domingo

Objetivos
- Asking for and giving information
- Talking about where someone went and what he or she did

Vocabulario en acción 1

Video/DVD
ExpresaVisión

También se puede decir...

La tienda de comestibles is called **la bodega** in Cuba, **la pulpería** in Costa Rica, **el abarrote** in Ecuador and **el colmado** in the Dominican Republic.

Also in the Dominican Republic you'll hear **la repostería** for **la pastelería.** In other countries, **la floristería** is sometimes called **la florería.**

Visit Holt Online
go.hrw.com
KEYWORD: EXP2 CH3
Vocabulario 1 practice

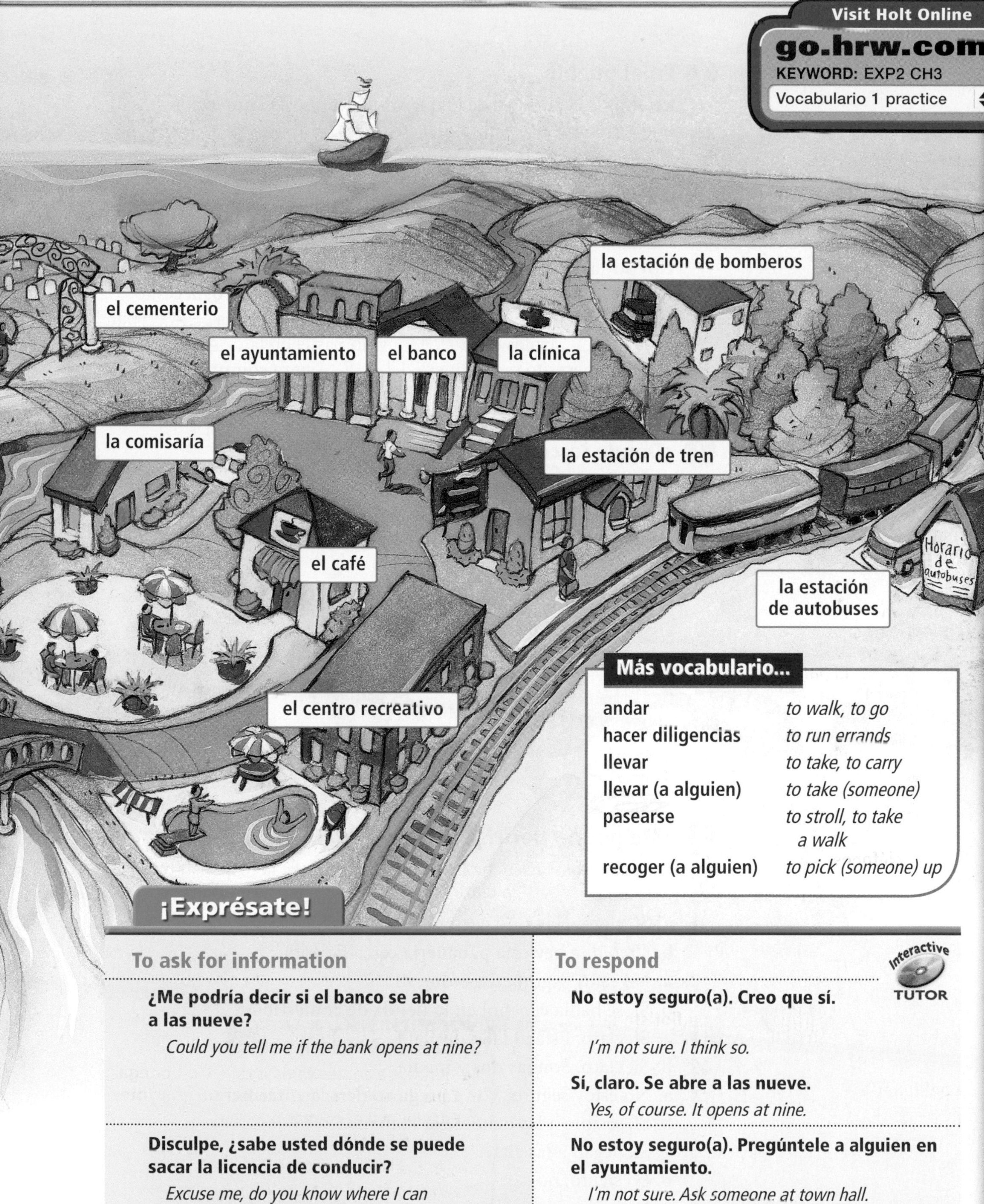

Más vocabulario...

andar	*to walk, to go*
hacer diligencias	*to run errands*
llevar	*to take, to carry*
llevar (a alguien)	*to take (someone)*
pasearse	*to stroll, to take a walk*
recoger (a alguien)	*to pick (someone) up*

¡Exprésate!

To ask for information	To respond
¿Me podría decir si el banco se abre a las nueve? *Could you tell me if the bank opens at nine?*	**No estoy seguro(a). Creo que sí.** *I'm not sure. I think so.* **Sí, claro. Se abre a las nueve.** *Yes, of course. It opens at nine.*
Disculpe, ¿sabe usted dónde se puede sacar la licencia de conducir? *Excuse me, do you know where I can get a driver's license?*	**No estoy seguro(a). Pregúntele a alguien en el ayuntamiento.** *I'm not sure. Ask someone at town hall.*

Interactive TUTOR

Vocabulario y gramática, pp. 25–27
Online workbooks

▶ Vocabulario adicional—Tiendas, p. R13

1 En el pueblo

Leamos Pepe habla de lo que va a hacer hoy. Completa las oraciones con las palabras del cuadro.

frutería	clínica	banco	parque
carnicería	pastelería	panadería	estación de tren

Hoy voy a llevar a mi madre a la ___1___ porque no se siente bien. Después, voy a la plaza a hacer las diligencias. Primero, necesito comprar cosas para la cena. Voy a comprar pollo en la ___2___, pan en la ___3___, frutas en la ___4___ y un pastel en la ___5___. También necesito sacar dinero del ___6___ para comprar un boleto en la ___7___. Si tengo tiempo, voy a pasearme por el ___8___.

2 ¿Dónde lo compras?

Hablemos Di adónde vas para comprar las siguientes cosas.

MODELO **Para comprar pan voy a una panadería.**

1. 2. 3. 4. 5.

3 ¿Me podría decir...?

Escuchemos Escucha las preguntas y escoge la respuesta más lógica.

1. **a.** Sí, claro. Hay uno enfrente de la plaza.
   b. Creo que hay una panadería cerca de aquí.
2. **a.** No estoy seguro. Creo que sí.
   b. Sí, se habla español en la tienda de comestibles.
3. **a.** Sí, claro. Está al lado del café.
   b. Sí, claro. Son las dos y media.
4. **a.** No estoy seguro. Voy a preguntarle a la enfermera.
   b. Sí, se abre a las ocho de la mañana.
5. **a.** Sí, llegan a las siete.
   b. Lo siento, no sé.
6. **a.** Debe pasar por el cajero automático.
   b. No estoy seguro. Pregúntele a alguien en el ayuntamiento.

¡Exprésate!

To ask where someone went and what he or she did	To respond
¿Adónde fuiste esta mañana? *Where did you go this morning?*	**Di una vuelta por el centro y fui a la heladería con mi hermana.** *I walked around downtown and went to the ice cream shop with my sister.*
¿Qué hicieron? *What did you do?*	**Yo tuve que hacer diligencias. Pasé por el banco y luego fui a la floristería y compré flores. Mi hermana fue a la peluquería a cortarse el pelo.** *I had to run errands. I went to the bank and then I went to the flower shop to buy flowers. My sister went to the hairdresser to have her hair cut.*

Interactive TUTOR

Vocabulario y gramática, pp. 25–27 Online workbooks

4 Diligencias

Leamos/Escribamos Usa palabras de los dos cuadros para explicar adónde fuiste y qué hiciste en cada lugar.

MODELO Primero fui al banco y saqué dinero.

banco	comprar
oficina de correos	tomar
mercado	mandar
plaza	pasearse
café	sacar
pastelería	comer
lago	hacer

Una plaza en el centro de Santo Domingo

5 ¿Qué hiciste?

Hablemos Con un(a) compañero(a), imaginen que visitaron el pueblo de las páginas 86–87. Hablen de lo que hicieron y adónde fueron. Mencionen por lo menos seis lugares y tres actividades.

MODELO **—¿Qué hiciste ayer?**
—Fui a la estación de tren y compré un boleto. Luego... Y tú, ¿qué hiciste?
—Fui...

Vocabulario 1

Objetivos
- Impersonal and passive **se**
- Preterite of **-car, -gar, -zar** verbs and **conocer**
- Irregular preterites

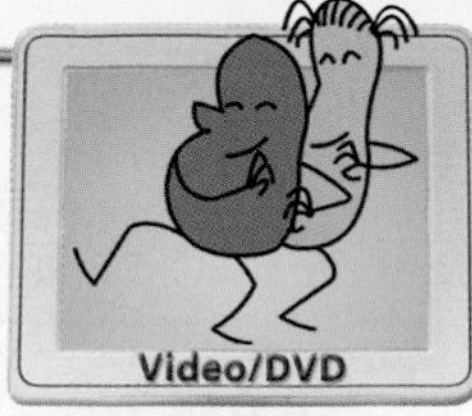

GramaVisión

Impersonal se and passive se

Interactive TUTOR

1 The **impersonal se** can be the subject of the third person singular form of a verb without an object. It can mean *they, one,* or *you.*

Se vive bien en este pueblo.
They (people) live well in this town.

Se trabaja mucho en este país.
One works a lot in this country.

2 The pronoun **se** can also be used to say that something *is done,* without saying who does it. The verb agrees in number with the noun receiving the action. This use is called **passive se.**

verb agrees with noun

¿**Se** vende pan en la tienda de comestibles?
Is bread sold at the grocery store?

verb agrees with noun

¿Dónde **se** pueden comprar unos mapas?
Where can you (one) buy some maps?

Se habla español aquí.
Spanish is spoken here.

3 **Passive se** is often used to say what is or isn't *allowed.*

Se prohíbe fumar.	*Smoking is prohibited/forbidden.*
No **se** permite nadar.	*Swimming is not allowed.*

Vocabulario y gramática, pp. 28–30
Actividades, pp. 21–23

¿Te acuerdas?

The verb **haber** is also used without a specified subject and only has one conjugated form in the present tense.

Hay flores muy bonitas en la floristería.

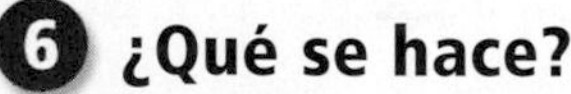

6 ¿Qué se hace?

Leamos Completa las oraciones de manera lógica.

MODELO En el café se toma café.

1. En la carnicería...	**a.** se vende pan.
2. En el estadio...	**b.** se puede descansar en una banca.
3. En la panadería...	**c.** se juega al fútbol.
4. Del banco...	**d.** se venden muy buenos duraznos.
5. En la pastelería...	**e.** se saca dinero.
6. En la frutería...	**f.** se compran pasteles.
7. En la plaza...	**g.** se compra carne.

Visit Holt Online
go.hrw.com
KEYWORD: EXP2 CH3
Gramática 1 practice

7 Letreros

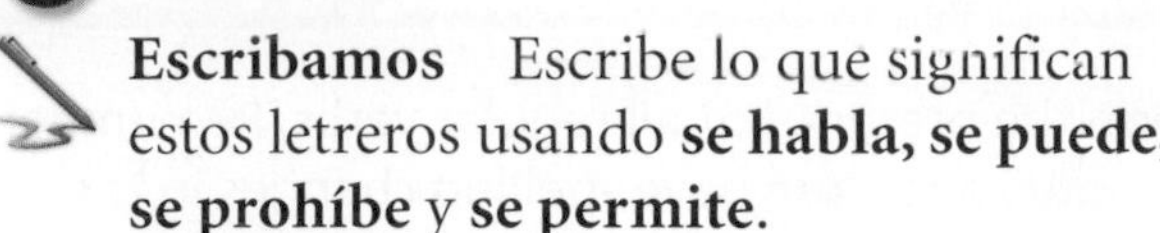

Escribamos Escribe lo que significan estos letreros usando **se habla, se puede, se prohíbe** y **se permite.**

MODELO **Se habla italiano.**

Si parla italiano

1.

On parle français

2.

3.

4.

5.

8 El estudiante nuevo

Escribamos/Hablemos Te toca ayudar al estudiante nuevo. Explícale qué se hace o no se hace en los siguientes lugares de tu colegio y tu pueblo. Usa **se** pasiva.

MODELO **papelería/(no) comprar**
Se compran útiles escolares en la papelería de la calle Davis.

1. fuente/(no) permitir nadar
2. cementerio/(no) deber correr
3. peluquería/(no) hablar inglés
4. centro recreativo/(no) jugar al básquetbol
5. pescadería/(no) comprar pescado
6. centro comercial/(no) encontrar muchas cosas
7. frutería/(no) vender galletas
8. café al lado del colegio/(no) servir
9. clase de español/(no) escuchar

Un partido de básquetbol en un centro recreativo, Santo Domingo

Comunicación

9 El pueblo ideal

Hablemos Con un(a) compañero(a), construye un pueblo imaginario. Digan por lo menos ocho cosas que hay en el pueblo, cuatro cosas que se hacen en el pueblo, dónde se hacen las cosas, tres cosas que se prohíben, y tres cosas que se permiten.

MODELO **—En el pueblo hay una zapatería muy grande.**
—Se pueden practicar deportes en el centro recreativo.

Preterite of -car, -gar, -zar verbs and conocer

Interactive TUTOR

1 You now know how to form the preterite of all regular verbs. Remember that verbs ending in **-car**, **-gar**, and **-zar** have spelling changes in the **yo** forms of the preterite.

buscar → yo bus**qué** jugar → yo ju**gué** empezar → yo empe**cé**

2 In the present tense, **conocer** means to know someone or to be familiar with a place or thing. It has an irregular **yo** form.

—¿Conoces a Jorge? *Do you know Jorge?*
—No, pero **conozco** a su hermano. *No, but I know his brother.*

3 **Conocer** is regular in the preterite. Use it in the preterite to say you met someone or got to know a place for the first time.

yo	conoc**í**	nosotros(as)	conoc**imos**
tú	conoc**iste**	vosotros(as)	conoc**isteis**
Ud., él, ella	conoc**ió**	Uds., ellos, ellas	conoc**ieron**

—¿Dónde **conociste** a Marta? *Where did you meet Marta?*
—La **conocí** en la fiesta de Paco. *I met her at Paco's party.*

Vocabulario y gramática, pp. 28–30
Actividades, pp. 21–23
Online workbooks

La bachata entre dominicanos es una reunión social y un género musical. Esta música refleja los temas de las áreas rurales pobres. La bachata es una música popular dónde se utilizan, entre otros, las guitarras, las maracas, el bongó, la tumbadora *(congas)* y la güira *(scraper)*. Se originó entre la gente considerada de clase baja. Hoy día la bachata, popularizada e internacional, aún refleja los temas de la vida diaria de las clases media y baja.

¿Qué se refleja en la música de tu región?

10 ¿Qué pasó?

Escuchemos Araceli nos cuenta lo que hace ahora y lo que hizo ayer. Escucha y di si habla **a)** del presente o **b)** del pasado.

¿Se te olvidó? Irregular verbs, p. 66

11 ¿Dónde se conocieron?

Hablemos Sigue el modelo e indica dónde se conocieron las siguientes personas.

MODELO **Elena es peluquera. (Marco)**
Conoció a Marco en la peluquería.

1. Soy bombera. (mi amigo)
2. Juan y Carlos son médicos. (Ignacio)
3. Rodrigo vende flores. (Julia)
4. Tomás y yo vendemos frutas. (Paco)
5. Eres banquera. (Gustavo)
6. Raquel es enfermera. (Carla)
7. Mario y Guillermo venden libros. (Celina)

En un puesto de frutas, Santo Domingo

12 Querido diario

Leamos/Escribamos Completa el párrafo con el pretérito de los verbos del cuadro.

ver	asistir	comer	empezar	buscar
invitar	ser	conocer	hablar	sentir

Querido diario:

Durante muchos meses __1__ una clase de pintura y por fin la encontré. Ayer __2__ a mi primera clase y __3__ a mi profesora. Después de clase __4__ a pintar mi primer proyecto: ¡un plato de frutas! Estuve tanto tiempo con el plato de frutas que __5__ ganas de comer. __6__ por teléfono con Susi y me __7__ a cenar en el restaurante de su tío. __8__ y luego __9__ una película. ¡__10__ un día maravilloso!

El obelisco en el Malecón en Santo Domingo

13 La semana pasada

Leamos/Hablemos Forma por lo menos cinco oraciones o preguntas sobre la semana pasada usando palabras o frases de cada columna. Usa el pretérito.

MODELO Mis padres hicieron diligencias en el banco.

A	B	C
yo	llegar a tiempo a	restaurante
tú	buscar libros en	librería
mis padres	sacar dinero de	banco
mi mejor amigo(a)	conocer al...	colegio
nosotros	cortarse el pelo	centro comercial
¿Y tus amigos y tú?	hacer diligencias	peluquería

Comunicación

14 Anteayer

Hablemos Con tu compañero(a), túrnense para conversar de lo que hicieron anteayer la señora Miau y sus gatitos.

1.

2.

3.

Irregular preterites: andar, tener, venir, dar, ver

Most of these verbs have truly irregular **stems** and endings in the preterite; **ver** is irregular only in that it has no written accent marks.

	andar *(to walk)*	**tener** *(to have)*	**venir** *(to come)*	**dar** *(to give)*	**ver** *(to see)*
yo	**anduv**e	**tuv**e	**vin**e	**d**i	**v**i
tú	**anduv**iste	**tuv**iste	**vin**iste	**d**iste	**v**iste
Ud., él, ella	**anduv**o	**tuv**o	**vin**o	**d**io	**v**io
nosotros(as)	**anduv**imos	**tuv**imos	**vin**imos	**d**imos	**v**imos
vosotros(as)	**anduv**isteis	**tuv**isteis	**vin**isteis	**d**isteis	**v**isteis
Uds., ellos, ellas	**anduv**ieron	**tuv**ieron	**vin**ieron	**d**ieron	**v**ieron

Ayer **vinieron** mis abuelos a almorzar. **Dimos** una vuelta por el jardín con ellos. **Tuvieron** que volver a su casa antes de cenar.

Vocabulario y gramática, pp. 28–30
Actividades, pp. 21–23
Online workbooks

¿Te acuerdas?

The verbs **ir** and **hacer** are also irregular in the preterite. Be sure not to confuse the **yo** and **usted** forms.

fui	fuimos
fuiste	fuisteis
fue	fueron
hice	hicimos
hiciste	hicisteis
hizo	hicieron

15 ¿Qué hicimos?

Leamos Andrés y Tomás recuerdan lo que pasó este fin de semana. Completa su conversación con los verbos correctos.

1. hacer, ver, ir
   El viernes por la noche Micaela y yo ____ una película. Luego ____ a la heladería para tomar batidos. Aníbal, ¿qué ____ Adán y tú?
2. ir, dar, andar
   Mi amiga Rosa ____ una fiesta esa noche. Yo ____ a la fiesta con Ana. ____ por el parque antes de ir.
3. tener, venir
   Adán no ____ a la fiesta. Parece que él ____ problemas con el carro y nunca llegó.

16 La última clase

Escribamos ¿Qué hicieron estas personas en la última clase?

MODELO **yo/venir a clase tarde**
Vine a clase tarde. (No vine a clase tarde.)

1. yo/venir a clase muy temprano
2. el profesor (la profesora)/venir a clase tarde
3. el profesor (la profesora)/darnos mucha tarea
4. nosotros/tener que presentar un examen
5. nosotros/ver una película en español
6. mi compañero y yo/andar por el patio

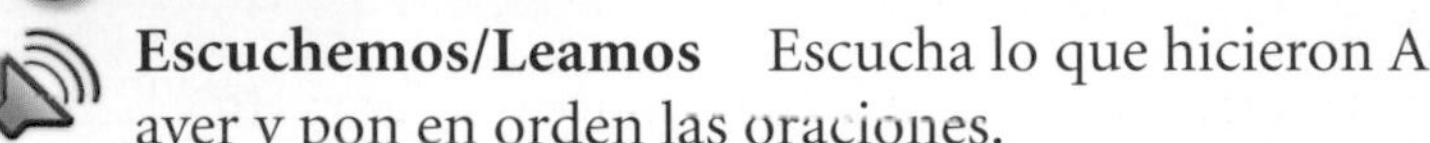

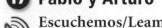

17 Pablo y Arturo

Escuchemos/Leamos Escucha lo que hicieron Arturo y Pablo ayer y pon en orden las oraciones.

a. Los dos muchachos fueron juntos al ayuntamiento.
b. Arturo tuvo que hacer algunas cosas para su mamá.
c. Pablo no fue con Arturo a la oficina de correos ni a la biblioteca.
d. Pablo almorzó en casa de Arturo.
e. Pablo fue con Arturo al café de la plaza central.
f. Los muchachos dieron un paseo muy largo.

18 Ayer

Escribamos Roberto le cuenta a su hermana adónde tuvieron que ir y qué hicieron las siguientes personas. ¿Qué dice?

MODELO **Tuve que ir a la floristería. Compré flores.**

yo

1. Papá

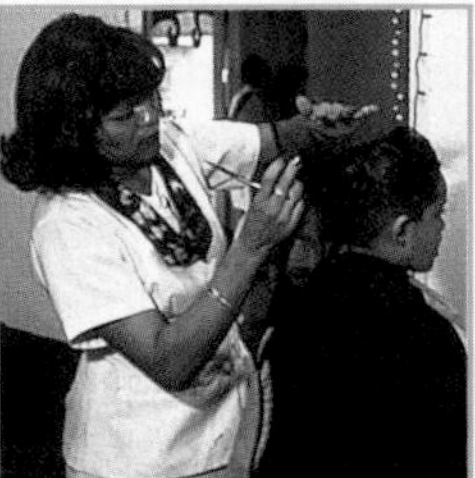

2. Mamá

3. yo

4. Papá y tú

5. Juan y yo

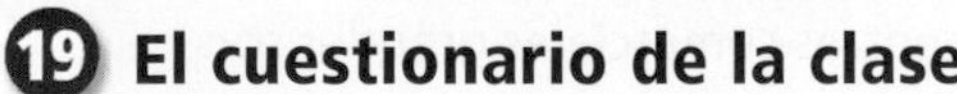

19 El cuestionario de la clase

Hablemos Haz un cuadro como el siguiente. Trabaja en un grupo de cuatro estudiantes. Encuentra a un(a) compañero(a) que hizo las siguientes cosas la semana pasada. Escribe su nombre en el cuadro correspondiente a cada acción.

MODELO **—Enrique, ¿viniste tarde a clase?**
—Sí, vine tarde a clase el lunes por la mañana.
(No, no vine tarde a clase.)

tener que comprar un pastel ________	ver a tus amigos en la plaza ________	dar una vuelta por el campo ________	jugar al básquetbol en el centro recreativo ________	llevar a tu mamá al mercado ________
andar por el pueblo ________	ir a la peluquería a cortarse el pelo ________	hacer diligencias en el centro ________	ir a la estación de autobuses ________	venir tarde a clase ________

Gramática 1

Cultura

VideoCultura

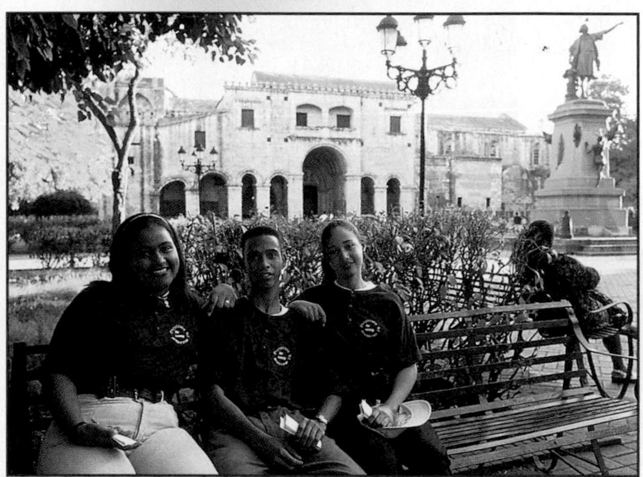

En el Parque Colón, Santo Domingo

¿Cómo es el barrio donde vives?

Tanto en los pueblos pequeños como en las ciudades grandes de muchos países hispanohablantes hay una plaza donde la gente se reúne. Según el pueblo o la ciudad, en la plaza se puede charlar, pasear, comer al aire libre o ir de compras. La plaza se considera muy importante en la vida del pueblo y en ella se pueden encontrar negocios y servicios esenciales. En las ciudades más grandes puede haber una plaza mayor en el centro y luego varias plazas más en los diferentes barrios. ¿Dónde se reúne la gente de tu ciudad? ¿Qué se hace allí?

María Luisa

Santo Domingo, República Dominicana

¿Me puedes decir de dónde eres?

Soy de Santo Domingo.

¿Es una ciudad grande o un pueblo pequeño?

Es una ciudad grande.

¿Cómo es el barrio donde vives?

Hay más apartamentos que casas, muchos centros comerciales, muchos centros de videojuegos, muchos supermercados y ya.

¿Son más comunes las tiendas pequeñas o los centros comerciales grandes?

Los centros comerciales grandes son más comunes.

¿Adónde va la gente para divertirse?

Van al cine, a las plazas y a los clubes.

¿Qué se hace en esos lugares?

En el cine se ven las películas que están en estreno. En las plazas se va a ver tiendas, a comer y a compartir con los amigos. Y en los clubes, a jugar básquetbol, a jugar pelota y a compartir con su familia.

Cultura

Gabriel
Ciudad de México, México

¿Me puedes decir de dónde eres?
De Coyoacán, en [la Ciudad de] México.

¿Cómo es el barrio donde vives?
Hay casas grandes y hechas de ladrillo y de varios colores.

¿Son más comunes las tiendas pequeñas o los centros comerciales grandes?
Los centros comerciales grandes.

¿Adónde va la gente para reunirse?
Al centro, afuera de la iglesia.

¿Qué se hace en esos lugares?
Se platica, [uno] se reúne con amigos.

Muchas gracias, Gabriel.
De nada.

Para comprender

1. En Santo Domingo, ¿qué hace la gente en las plazas?
2. ¿Quién es de Coyoacán?
3. ¿Vive la mayoría de la gente de Santo Domingo en casas o en apartamentos?
4. ¿Adónde va la gente de compras en los barrios donde viven Gabriel y María Luisa?
5. ¿Cómo son las casas del barrio donde vive Gabriel?
6. Enumera tres lugares adonde va la gente para divertirse en Santo Domingo.

Para pensar y hablar

María Luisa y Gabriel viven en barrios donde los centros comerciales grandes son más comunes que las tiendas pequeñas. ¿Crees que los centros comerciales grandes son indicativos de una ciudad grande? En el barrio donde tú vives, ¿cuál es más común? En Coyoacán, la gente va al centro para divertirse. En tu barrio, ¿adónde va la gente para reunirse?

Comunidad y oficio

El español en la comunidad

Algunas comunidades pequeñas consisten de casas o apartamentos, y en ellas quizás sólo se ofrecen servicios básicos como el de los bomberos o el correo. Las comunidades más grandes tienen supermercados, tiendas, lavanderías, cafés y restaurantes. Haz una lista de cinco negocios y servicios en tu comunidad y del personal que trabaja en ellos. ¿Para quién puede ser útil hablar un idioma extranjero? Ponte en contacto con algunos negocios u organizaciones y pregunta si hay personas bilingües que trabajan allí. ¿Cuántas hablan español? ¿Cómo les ayuda en el trabajo el saber un idioma extranjero? Presenta tu informe a la clase.

Bombero y amigos en Worcester, Massachusetts

Objetivos
- Asking for and giving directions
- Asking for clarification

Vocabulario en acción 2

ExpresaVisión

En la ciudad de Santo Domingo

las oficinas de...

el café (Internet)

la catedral

el periódico

el quiosco de...

el supermercado

la fábrica

el hospital

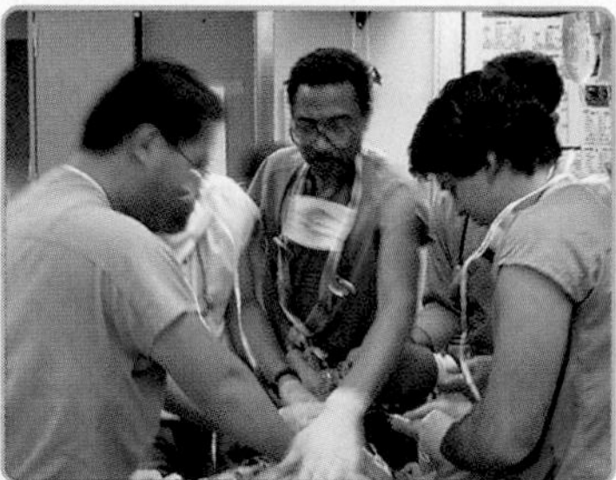

la sala de emergencias

el estacionamiento

la embajada

el puerto

el acuario

▶ **Vocabulario adicional—En la ciudad,** p. R13

La cuadra

Visit Holt Online
go.hrw.com
KEYWORD: EXP2 CH3
Vocabulario 2 practice

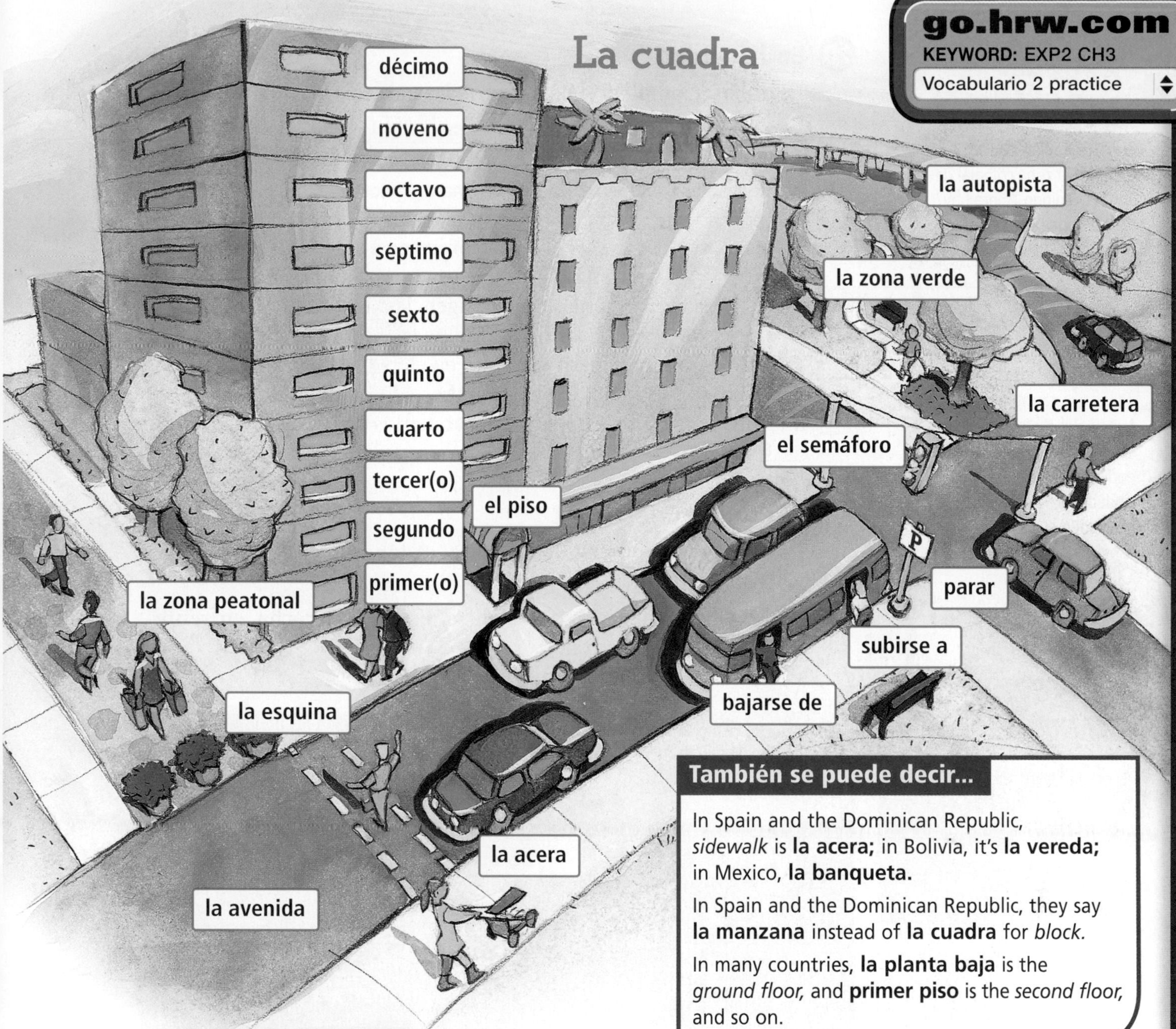

También se puede decir...

In Spain and the Dominican Republic, *sidewalk* is **la acera;** in Bolivia, it's **la vereda;** in Mexico, **la banqueta.**

In Spain and the Dominican Republic, they say **la manzana** instead of **la cuadra** for *block.*

In many countries, **la planta baja** is the *ground floor,* and **primer piso** is the *second floor,* and so on.

¡Exprésate!

To ask for directions	To give directions
Perdón, ¿cómo puedo llegar a la parada del metro? *Excuse me, how can I get to the subway stop?*	**Siga adelante/derecho dos cuadras. Doble a la izquierda en el cruce de... con...** *Go straight for two blocks. Turn left at the intersection of . . . and . . .*
Disculpe, ¿vamos bien para el Hotel Real? *Excuse me, are we going the right way to the Hotel Real?*	**Sí, van bien. Hay que subir/bajar la calle hasta llegar a la esquina. No pueden perderse.** *Yes, you're fine. You need to go up/down the street until you reach the corner. You can't get lost.*

Interactive TUTOR

Vocabulario y gramática, pp. 31–33 Online workbooks

Nota cultural

En 1919 había sólo 2.717 casas en la zona colonial de Santo Domingo. Ahora hay aproximadamente tres millones de habitantes en la ciudad. Su época de mayor crecimiento abarca los últimos 50 años del siglo XX y se aceleró en 1917 con la construcción de las tres carreteras principales. Antes de 1920 la ciudad era pequeña y no podía competir con otras ciudades del país. Ciudad Nueva fue el primer barrio construido fuera de la antigua zona colonial. ¿Sabes cómo creció la ciudad donde vives?

Vista aérea de Santo Domingo

20 En la ciudad

Leamos Completa el párrafo con las palabras del cuadro.

fábrica	**puerto**	**hospital**	**zona verde**
café Internet	**supermercado**	**oficina**	**quiosco**

Necesito mandar un correo electrónico en el ___1___ y después voy al ___2___ a visitar a una amiga que está enferma. ¿Me puedes ayudar a hacer las otras diligencias? Primero, ve al ___3___ y compra un periódico. Está al lado de la ___4___ de muebles. Luego, compra bananas y naranjas en el ___5___. A las dos vamos a reunirnos con tu padre en su ___6___. De allí vamos al ___7___ a ver los barcos. Antes de regresar podemos dar una vuelta por la ___8___.

21 ¿Adónde quieren ir?

Leamos Tu abuela está en la plaza. ¿Adónde llega ella, siguiendo las instrucciones?

MODELO **Siga derecho una cuadra. Está a la derecha, enfrente de la catedral.**
—Llega al hospital.

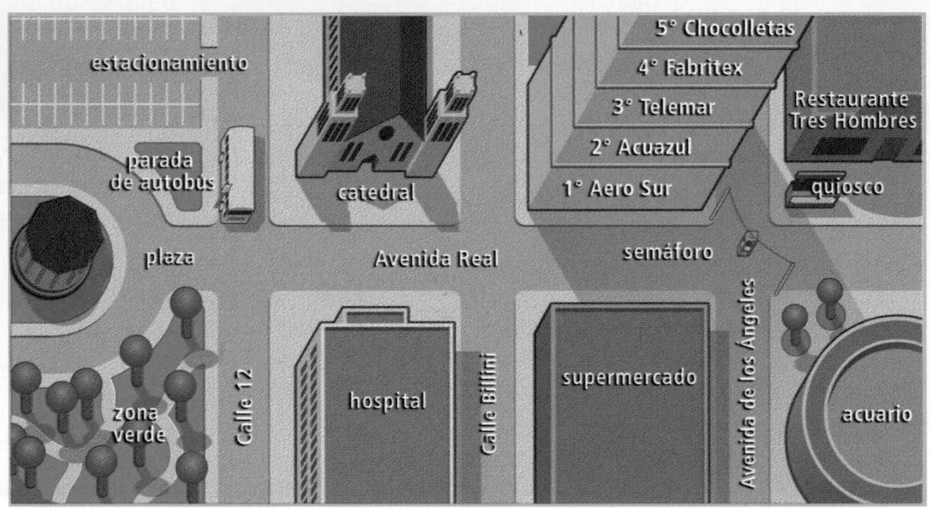

1. Siga adelante tres cuadras. Está enfrente del acuario.
2. Está en el cruce de la Avenida Real con la Avenida de los Ángeles en la esquina enfrente del restaurante.
3. Siga derecho hasta el primer semáforo. Está a la izquierda en el tercer piso.
4. Está en la esquina del estacionamiento, en el cruce de la Avenida Real con la Calle 12.
5. Está enfrente del hospital entre la Calle Billini y la Calle 12.
6. Siga derecho dos cuadras. Está enfrente de Aero Sur.
7. Hay que subir la Avenida Real hasta la Calle Billini. Está enfrente del supermercado, en el quinto piso.

22 ¿Correcta o incorrecta?

Escuchemos Mira el mapa de la actividad anterior. Imagina que estás en la plaza. Di si cada dirección que escuchas es **correcta** o **incorrecta.**

¡Exprésate!

To ask for clarification

Perdón, ¿puede repetir lo que dijo?
Excuse me, can you repeat what you said?

Entonces, lo que tengo que hacer es...
So, what I have to do is . . .

¿Otra vez, por favor?
One more time, please?

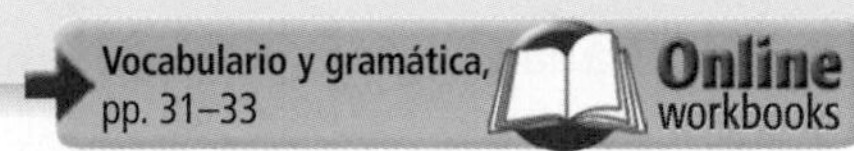

23 ¿Dónde está?

Leamos/Escribamos Completa las conversaciones con palabras del cuadro.

derecha	derecho	parada	repetir	vez
cuadras	disculpe	cruce	siga	

1. —Perdón, ¿cómo puedo llegar a la ____ del metro?
   —Siga derecho por tres ____. Está a la ____ del banco.
   —Perdón, ¿puede ____ lo que dijo?
2. —____, ¿vamos bien para el supermercado?
   —Sí, van bien. Hay que seguir ____ dos cuadras.
   Está en el ____ de la Calle 8 con la Avenida de la Paz.
   —¿Otra ____, por favor?
   —____ derecho dos cuadras.

Comunicación

24 ¿Dónde?

Hablemos Mira el mapa de la Actividad 21. Con un(a) compañero(a), túrnense para describir seis lugares y adivinar qué lugar se describe.

MODELO **—Está muy cerca de la plaza.**
—¿Es la zona verde?
—No. Está enfrente de la zona verde...
—¿Es el hospital?
—No.

Objetivos
- Formal commands
- Irregular formal commands
- Commands with pronouns
- Review of informal commands

Gramática en acción 2

Video/DVD
GramaVisión

Formal commands

Interactive TUTOR

1 To tell someone you address as **usted** to do something, use formal commands. To form them, replace the final **-o** of the **yo** form with **-e** for **-ar** verbs and **-a** for **-er** and **-ir** verbs.

comprar: yo compro →	compr**e** *(buy)*	no compr**e** *(don't buy)*
comer: yo como →	com**a** *(eat)*	no com**a** *(don't eat)*
abrir: yo abro →	abr**a** *(open)*	no abr**a** *(don't open)*

Abr**a** la ventana, por favor. *Open the window, please.*

2 Verbs ending in **-car**, **-gar**, **-zar**, **-ger**, and **-guir** have spelling changes in their formal command forms.

sa**car**:	sa**qu**e *(take out)*	no sa**qu**e *(don't take out)*
lle**gar**:	lle**gu**e *(arrive)*	no lle**gu**e *(don't arrive)*
organi**zar**:	organi**c**e *(organize)*	no organi**c**e *(don't organize)*
reco**ger**:	reco**j**a *(pick up)*	no reco**j**a *(don't pick up)*
se**guir** (i):	si**g**a *(keep going)*	no si**g**a *(don't keep going)*

No lle**gu**e tarde. *Don't arrive late.*

3 To tell two or more people to do or not to do something, add **-n** to the formal command form.

Muchachos, abra**n** la ventana, por favor.
Ramón y Alfredo, no vea**n** tanta televisión.

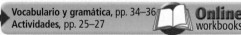

Vocabulario y gramática, pp. 34–36
Actividades, pp. 25–27
Online workbooks

Nota cultural

El merengue, baile nacional de la República Dominicana, tiene un ritmo contagioso. Es una mezcla de elementos africanos y europeos. El merengue surgió en salones de baile de alta sociedad en el siglo XIX y fue derivado de la contradanza europea. Imitando a la alta sociedad, los campesinos usaron instrumentos musicales propios de su región para interpretar la música y la bailaban al estilo africano.

Identifica un género de música estadounidense que, al igual que el merengue, ha sido influenciado por ritmos africanos.

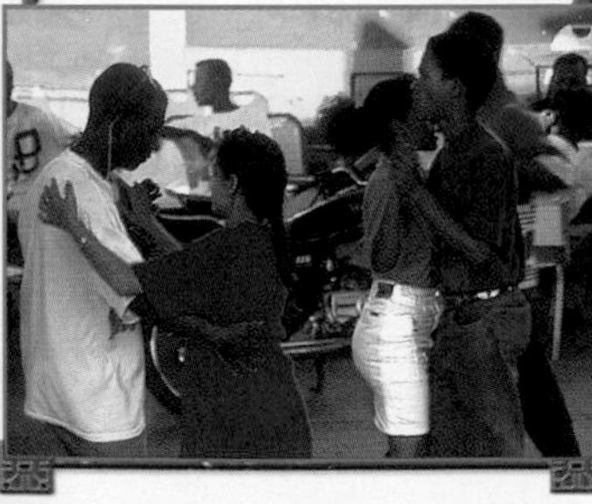

25 De visita

Leamos El abuelo de Alfonso lo visita en su apartamento en la ciudad. Completa lo que Alfonso le dice antes de ir al trabajo.

1. Abuelo, no (salgas/salga) ahora porque hace mucho frío. (Descanse/Descansen) en casa un rato y (lee/lea) el periódico.
2. Más tarde, (baja/baje) a la calle y (caminas/camine) hasta llegar a la zona verde. Allí puede usted pasearse y ver a la gente.
3. Al mediodía (vuelva/vuelves) a casa. Antes, (pase/pasee) por la frutería y (compre/saque) naranjas. Yo voy a comprar sándwiches.

Visit Holt Online
go.hrw.com
KEYWORD: EXP2 CH3
Gramática 2 practice

Gramática 2

26 ¿Qué deben hacer?

Escribamos Mira los dibujos y escribe qué les dice la señora Sosa a sus hijos.

MODELO **Niños, corten el césped.**

cortar

1. limpiar

2. lavar

3. barrer

4. sacudir

5. organizar

6. sacar

27 Abuela, no...

Escribamos/Hablemos Tu abuela siempre hace los quehaceres. Usa las fotos de la Actividad 26, y dile que no haga los de la actividad anterior.

MODELO **—Abuela, por favor, no corte el césped.**

28 ¿Dónde?

Hablemos Imagina que tu compañero(a) es un(a) extranjero(a) que está de visita en tu ciudad. Dile dónde hacer o no hacer cada cosa. Túrnense.

MODELO **—Quiero alquilar un video.**
—Alquile videos en Videomundo.

alquilar videos	comprar libros	nadar	beber algo
pasearse	sacar dinero	conseguir un mapa	almorzar
ver una película	levantar pesas	jugar al tenis	

Irregular formal commands

1 Some verbs have irregular formal command forms.

	usted	ustedes	
dar:	(no) **dé**	(no) **den**	*(don't) give*
ser:	(no) **sea**	(no) **sean**	*(don't) be*
ir:	(no) **vaya**	(no) **vayan**	*(don't) go*

2 Commands are often used when giving directions. Here are some useful verbs and expressions for giving someone directions.

ir por la calle... *to take . . . street*	**Vayan** por la calle El Conde.
doblar a la derecha/ izquierda en *to turn right/left on*	**Doble** a la derecha en la Avenida Mella.
seguir derecho hasta *to keep going (straight) to*	**Sigan** derecho hasta la esquina.
subir/bajar...hasta llegar a *to go up/down . . . until you get to*	**Suba/Baje** por la calle hasta llegar al museo.

Vocabulario y gramática, pp. 34–36
Actividades, pp. 25–27
Online workbooks

¿Te acuerdas?

You can use **hay que, deber,** or **tener que** to say what someone has to or should do. When giving directions, you can use them in place of commands.

Hay que subir la calle y doblar a la izquierda.
You have to go up the street and turn left.

Debe doblar en el cruce.
You should turn at the intersection.

Tiene que seguir derecho dos cuadras.
You need to go straight ahead for two blocks.

29 ¿Cómo se llega?

Leamos/Escribamos Usando el mapa de Santo Domingo en la página 105, da instrucciones para llegar a los sitios indicados desde el Parque Independencia.

MODELO **Para ir a la iglesia de Las Mercedes:** Doble a la izquierda en la calle Palo Hincado y siga hasta la calle Mercedes. Doble a la derecha y siga derecho cuatro cuadras. Está a la derecha.

1. Para ir a la Plaza Padre Billini: ____ *(Leave)* del Parque Independencia. ____ *(Take)* la calle Arzobispo Nouel. ____ *(Go straight)* seis cuadras. ____ *(Turn right)* en la calle Duarte Macorís. ____ *(Turn left)* en la calle Padre Billini. ____ *(Go straight)* dos cuadras. Está en el cruce de la Padre Billini con Arzobispo Meriño.
2. Para ir al monumento a Montesinos: Salga del parque y...
3. Para ir al Parque Colón: Salga del parque y...
4. Para ir a la Torre del Homenaje: Salga del parque y...

Mapa de Santo Domingo

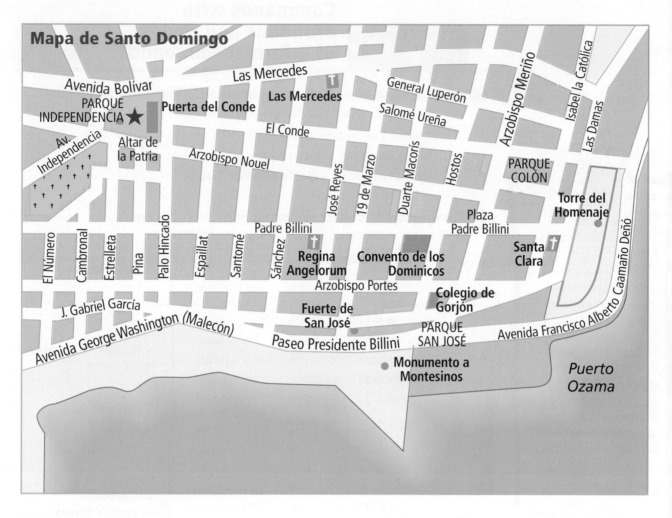

30 ¿Adónde van?

Escuchemos Mira el mapa de Santo Domingo. Si alguien sale del Parque Independencia y sigue las instrucciones, ¿adónde llega?

MODELO Salga del parque. Doble a la derecha en la calle Palo Hincado. Siga derecho dos cuadras. Doble a la izquierda en la Padre Billini. Siga derecho cuatro cuadras. Está antes del cruce de José Reyes con Padre Billini.
Llega a la iglesia Regina Angelorum.

31 ¡Vengan a mi casa!

Hablemos Trabajen en grupos de tres. Usen las expresiones de la página anterior y dales instrucciones a tus compañeros(as) para llegar a tu casa del colegio. Ellos deben dibujar un mapa. Túrnense.

MODELO **Vayan por la calle...**

Repaso Commands with pronouns and review of informal commands

1 Object and reflexive pronouns are attached to the end of affirmative commands. For negative commands, they are placed just before the verb.

¿Todavía necesitan **dinero**? Sáquen**lo** del cajero automático.

No **se** bajen del autobús aquí.

De**le** el periódico y el café al **señor García**.

2 Review these informal command forms.

pensar (ie):	piensa	no pienses	**regular verbs**
comer:	come	no comas	
escribir:	escribe	no escribas	
buscar:	busca	no bus**qu**es	**-car, -gar, -zar, -ger, -guir verbs**
llegar:	llega	no lle**gu**es	
organizar:	organiza	no organi**c**es	
recoger:	recoge	no reco**j**as	
seguir (i):	sigue	no si**g**as	
dar:	da	no **des**	**verbs with irregular forms**
decir:	**di**	no digas	
hacer:	**haz**	no hagas	
ir:	**ve**	no **vayas**	
poner:	**pon**	no pongas	
salir:	**sal**	no salgas	
ser:	**sé**	no **seas**	
tener (ie):	**ten**	no tengas	
venir (ie):	**ven**	no vengas	

Vocabulario y gramática, pp. 34–36
Actividades, pp. 25–27

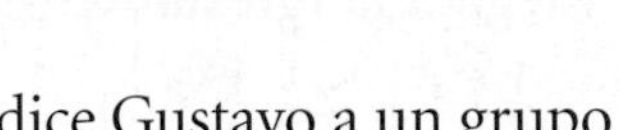

Nota cultural

Julia Álvarez, nacida en Nueva York, fue llevada a la República Dominicana cuando era muy pequeña. Huyendo del Presidente Trujillo volvió a Estados Unidos con sus padres a los diez años. Desde muy joven quería ser escritora. La autora escribe de sus experiencias como mujer domínico-americana, y latinoamericana. Actualmente es profesora de literatura en Middlebury College en Vermont.

¿Conoces a alguien de otro país? ¿Qué sabes de sus experiencias como extranjero?

Julia Álvarez, escritora dominicana

32 ¿Qué dice Gustavo?

Leamos Completa lo que dice Gustavo a un grupo de turistas con el verbo correcto.

MODELO ¿Qué hacen ahora? (Escúchale/Escúchenme) bien.
Escúchenme bien.

1. ¿Las maletas? (Búsquenlas/Búsquelos) en el reclamo de equipaje.
2. ¿Y ahora? (Deles/Denle) sus pasaportes al agente.
3. ¿El agente quiere ver las maletas? Pues, (ábralos/ábranlas).
4. ¿Los boletos? Aquí están. No (los pierdan/las pierde).
5. ¿Llegó el autobús? Bueno, (súbase/súbanse) rápido.
6. ¿Las cámaras? No (las dejen/los deje) en el hotel.

33 ¡Qué día más ocupado!

Escuchemos Escucha lo que dice la señora Cortez y di si está hablando

a) con sus hijos,

b) con su madre o

c) con su hija menor.

Un día de sol en Santo Domingo

34 Un viaje

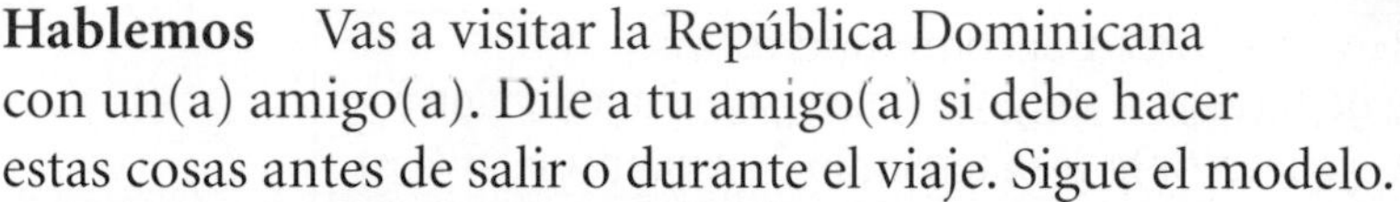

Hablemos Vas a visitar la República Dominicana con un(a) amigo(a). Dile a tu amigo(a) si debe hacer estas cosas antes de salir o durante el viaje. Sigue el modelo.

MODELO sacar dinero del banco
Sácalo antes del viaje.

1. hacer las maletas
2. sacar muchas fotos
3. comprar una cámara
4. visitar los monumentos
5. conseguir un mapa
6. probar la cocina dominicana
7. leer la guía turística
8. hacer una reservación

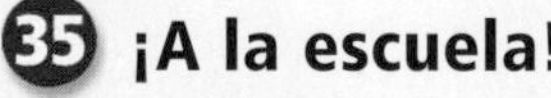

35 ¡A la escuela!

Hablemos Los hijos de la señora Vásquez tienen que prepararse para ir al colegio. Con un(a) compañero(a), usa los dibujos para decir qué les dice la señora a sus hijos y qué le dicen ellos.

Gramática 2

Novela en video

El relicario

Episodio 3

ESTRATEGIA

Gathering information As you go through a story, you must gather information from characters' conversations. As you watch or read **Episodio 3**, write down at least three bits of information that you learn from each conversation between Victoria and her aunt. Has Victoria made any progress in fulfilling her grandfather's wishes? Has she learned anything new about her grandfather, the two letters he asked her to find, or the man he asked her to find? If so, what?

En Segovia, España

Victoria y su tía llegan a Segovia para seguir sus investigaciones.

1

Tía Candela Recuerdas Segovia, ¿verdad?

Victoria Claro que sí. De hecho, vine aquí el mes pasado con unos amigos. Dimos una vuelta por el centro. Conocimos el acueducto y el Alcázar, y anduvimos por el Real Sitio de la Granja.

2

Tía Candela Victoria, necesito comprar unas cosas. ¿Te importa si vamos a la carnicería?

Victoria Qué va, tía, cómo no.

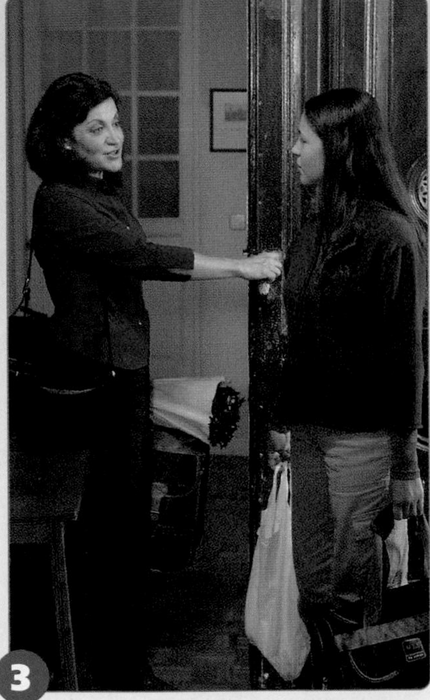

3

Tía Candela Aquí estamos. ¿Por qué no vas al cuarto de huéspedes a dejar tus cosas? Luego vamos al estudio del abuelo a buscar las cartas, ¿vale?

Victoria Vale.

Visit Holt Online
go.hrw.com
KEYWORD: EXP2 CH3
Online Edition

4

Victoria ¿Éste es Jorge Calderón?

Tía Candela Sí. Él era un colega de tu abuelo. Trabajaron juntos en un proyecto en Costa Rica. Fue hace muchos años. En esa foto están celebrando la terminación de la represa que tu abuelo y su amigo construyeron juntos.

5

Victoria Abuelo me habló de dos cartas. Tengo que mandárselas al señor Calderón.

Tía Candela Ya lo sé, hija. ¿Por qué no las buscamos en su escritorio?

6

Victoria ¿Qué es esto?

Tía Candela Son los diarios de tu abuelo. A papá le gustaba mucho escribir. Todos los días escribía sus pensamientos. Ah, los años en Costa Rica. Papá siempre dijo que ése fue el proyecto más importante de su vida.

7

Victoria ¡Las cartas!

Tía Candela ¡Qué raro! Ésta es la letra de mamá.

Victoria ¿De la abuela Graciela?

8

Victoria Éstas tienen que ser las cartas. Ahora sólo tengo que encontrar la dirección de este señor.

En su diario, Abuelo Gallegos escribe sobre el día que conoció a su esposa.

En San José,
Costa Rica, 1955

Hoy Jorge me presentó a una amiga suya, Graciela Mora.

Supe al instante que la vi que iba a ser el amor de mi vida.

¿COMPRENDES?

1. En el estudio del abuelo, Victoria y su tía ven una foto. ¿Quién es el hombre de la foto?
2. ¿Qué encuentran en el escritorio?
3. ¿Encuentran las cartas? ¿Qué le parece raro a tía Candela?
4. ¿Qué información sobre el abuelo recogiste de las conversaciones entre Victoria y su tía?
5. ¿Qué todavía le falta a Victoria?
6. En la anotación del diario, ¿qué le pasa al abuelo? ¿Cómo le hace sentir?

Próximo episodio

Victoria hace otra llamada y encuentra a un Jorge Calderón que quiere ayudarla en sus investigaciones.

PÁGINAS 148–149

Leamos y escribamos

ESTRATEGIA

para leer When you read a story in Spanish, it is important to focus on understanding ideas instead of isolated words. To accomplish this, use the following strategy: 1) read a portion of the text without looking up any words; 2) reread the same passage and ask yourself what you do understand; 3) If you understand what is happening in general, continue reading to the end without stopping; 4) read the story a third time, pausing every so often to see if you can summarize what you have read.

Antes de leer

A Completa los primeros dos pasos de la estrategia. Luego, resume en una o dos oraciones lo que leíste.

El ratón del pueblo y el ratón de la ciudad

En un pequeño pueblo muy lejos de todo, vive un ratoncito muy simpático y optimista que siempre se despierta muy alegre. Hoy se despierta aún más feliz, pues va a visitar a su mejor amigo, que vive en la gran ciudad de Ratópolis.

Después de levantarse, nuestro amigo hace su maleta y desayuna con una buena porción de queso y de verduras. El viaje va a ser muy largo y no quiere tener hambre. Antes de salir, se asegura[1] de llevar un regalo para su amigo: verduras frescas de su propio[2] jardín.

El ratón camina a la plaza del pueblo donde toma el autobús, el único[3] que pasa por esos lados. El viaje no parece ser muy largo pues el ratoncito pasa las horas charlando[4] con un pájaro a quién acaba de conocer. El pájaro le asegura que la ciudad de Ratópolis es una maravilla: —¡Hay que verla, para creerla! Finalmente el autobús llega a su destino y al ver la inmensidad de la ciudad, nuestro viajero exclama: —¡Qué gran aventura voy a tener!

El ratón se baja del autobús y al salir de la estación, una multitud de animales corriendo por la calle lo empujan[5] de un lado a otro.

—¡Uf! ¡Qué prisa tienen! —piensa—, mientras se dirige a la esquina. Allí para, deja su maleta y al ver a un policía, le pregunta:

—Disculpe, ¿me podría decir dónde está la Mueblería Ratona?

1 makes sure 2 own 3 the only one 4 chatting 5 push him

—Sí claro. Cruce esta avenida y siga derecho por cinco cuadras. Doble a la derecha y siga por dos cuadras más. Va a estar a su izquierda.

El ratón le da las gracias y cuando va a recoger su maleta, no la ve por ninguna parte. ¡Se desapareció[1]! —No importa, —piensa él, siempre optimista—. Estoy seguro que mi amigo tiene todo lo que necesito.

Después de caminar un rato nuestro ratoncito llega a la mueblería donde otro ratón, elegantemente vestido, lo está esperando. Al verse, los dos amigos se abrazan[2] con mucho afecto.

—¡Qué bien te ves! —dice el ratón del pueblo—. Pareces un príncipe.

—En verdad mi querido amigo, vivo muy bien. ¿Y tu maleta?

—Pues, no sé. Se desapareció.

—Ay, te debí advertir[3], en la ciudad hay que tener mucho cuidado.

Sin decir más, los dos ratones caminan por calles estrechas[4] y sucias hasta llegar a la pequeña puerta de un apartamento, pequeño pero cómodo.

—Siéntate—dice el ratón de la ciudad. —Te tengo una cena maravillosa. Saca del refrigerador carnes, jamón, tocino, quesos, pasteles y chocolate y los sirve en pequeños platos de cristal. Los ratones comen hasta enfermarse. Cuando ya no pueden comer más, se acuestan y se quedan dormidos[5].

En medio de su dulce sueño, el ratón del pueblo oye algo que le hace saltar. —¿Qué podrá ser? —se pregunta.

—Tac, tac, tac...

—¡Qué bien! Tenemos visita, —piensa él—y corre a abrir la puerta.

—¡No la abras! —grita el ratón de la ciudad—. Pero es demasiado tarde. En la puerta está un gato enorme con grandes ojos amarillos.

—¿Qué hay de comer? —dice el gato, al tiempo que mete sus garras[6] extendidas por la puerta y trata de atrapar a los pobres ratoncitos.

Rápidamente los ratones se escapan por un pequeño túnel donde esperan por horas hasta que el gato se aburre y se marcha. Cuando se sienten fuera de peligro[7], regresan al apartamento y caen en el sofá con el espíritu trastornado[8].

Cuando por fin puede hablar, el ratón del campo dice:

—No necesito más aventuras, mi querido amigo. Es verdad que la ciudad es muy impresionante pero yo soy un ratón sencillo[9]. Lo único que necesito para ser feliz es la tranquilidad de mi pueblo y las verduras frescas de mi jardín.

1 It disappeared! 2 hug each other
3 warn 4 narrow streets 5 fall asleep
6 claws 7 out of danger 8 upset
9 simple

Comprensión

B Contesta las siguientes preguntas con oraciones completas.

1. ¿Cómo es el ratón del pueblo?
2. ¿Qué preparativos hace el ratón del pueblo para su viaje?
3. ¿Quién es el nuevo amigo del ratón y qué le dice?
4. ¿Qué le pasa al ratón al salir de la estación de autobuses?
5. ¿Quién le da direcciones al ratón para llegar al trabajo del amigo?
6. ¿Cómo reacciona el ratón cuando se desaparece su maleta?
7. ¿Cómo es el ratón de la ciudad? ¿y el lugar donde vive?
8. ¿Cómo es la cena que el ratón de la ciudad tiene preparada para su amigo? Explica.
9. ¿Qué peligro encuentran los ratones? ¿Cómo se escapan?
10. ¿Por qué decide el ratón del pueblo que no necesita más aventuras?

C Usa las siguientes frases clave y en un cuadro como el que sigue escribe un resumen de la fábula que acabas de leer.

FRASES CLAVE	MI RESUMEN
1. el ratoncito del pueblo ↓	____________
2. salir de viaje ↓	____________
3. pasar horas charlando ↓	____________
4. multitud de animales ↓	____________
5. dar direcciones ↓	____________
6. no buscar la maleta ↓	____________
7. encontrarse con el amigo ↓	____________
8. comer hasta enfermarse ↓	____________
9. un gato enorme ↓	____________
10. escaparse y esperar ↓	____________
11. espíritus trastornados ↓	____________
12. no necesitar más aventuras	____________

Después de leer

D According to the author of this fable, what is life in the city like? How does life in a small town differ from that of a large city? Do you agree with the author's point of view? Why or why not?

E What is the moral of this fable? Can you think of other stories, sayings, or proverbs that have the same moral or deal with the same theme? How do they compare to this fable?

Taller del escritor

ESTRATEGIA

para escribir Good use of dialog not only makes your writing more natural and accessible to your readers, but it also helps keep your thoughts well-ordered as you're forced to alternate perspectives and form logical questions. As you put yourself in the shoes of each speaker, remember to vary your style and point of view.

¿Diste una vuelta por el centro?

You run into a friend in an Internet café, where you both are taking a break after a day of shopping and running errands in a Latin American city. Recreate your conversation, including accounts of where you went and what you did. Ask where your friend went, and ask or give advice about where you can find certain items. Will you finish your errands together?

1 Antes de escribir

Imagine some errands, including going to the post office, buying bread or fruit, or shopping for furniture. Imagine that a friend of yours has similar chores. Draw a map of a town, noting the stores where you needed to go **(la oficina de correos, la panadería, la mueblería...)**. How would you tell a friend where you went and what you were able to do?

2 Escribir un borrador

Begin by greeting one another and explaining that you're running errands. Then ask your friend questions to find out what he or she has already done: **¿Qué hiciste? ¿Adónde fuiste?** Be creative as you tell what happened at each stop. You may choose to interrupt the dialog as you order something. Also, you may wish to give your friend advice on what stores to go to. End either by saying goodbye or by planning to continue your errands together.

3 Revisar

Trade drafts with a classmate and read each other's dialog aloud, taking roles. Check for correct use of preterite forms and logic in questions and answers. Have you used the appropriate place for each errand? How well does your dialog detail the events? Does it sound believable?

4 Publicar

Include the map of the town where the errands were run and trace the paths of the people in your dialog. This might accompany the written dialog for display in class.

Capítulo 3
Repaso

Prepárate para el examen

Interactive TUTOR

1 Mira la lista de diligencias que tiene que hacer tu amigo. Dile adónde tiene que ir para hacerlas.

—comprar flores	—recoger el boleto de tren
—sacar dinero	—comprar carne para la cena
—comprar pan	—comprar un pastel
—cortarse el pelo	—comprar una cama nueva

1 Vocabulario 1
- asking for and giving information
- talking about where someone went and what he or she did

pp. 86–89

2 Completa las oraciones del párrafo, usando la forma correcta del pretérito de uno de los verbos del cuadro. Algunos verbos se pueden usar más de una vez.

sacar ir tener comprar comer dar conocer

(Yo) ___1___ que hacer muchas cosas ayer. Y tú, ¿ qué ___2___ que hacer? Primero, (yo) ___3___ al banco y ___4___ dinero. Después ___5___ fruta en el mercado. Por la tarde ___6___ una vuelta por el parque con mi amiga. Después, nosotros ___7___ de compras al centro comercial y ___8___ un helado en la heladería. Allí ___9___ a la madre de mi amiga. Mi amiga ___10___ con su madre, y ellas no ___11___ nada en el centro comercial.

2 Gramática 1
- impersonal **se** and passive **se**
- preterite of **-car, -gar, -zar** verbs
- preterite of **conocer**
- irregular preterites

pp. 90–95

3 Completa las oraciones con las palabras del cuadro.

café Internet	**embajada**	**fábrica**	**puerto**
quiosco	**sala de emergencia**	**semáforo**	**zona verde**

3 Vocabulario 2
- asking for and giving directions
- asking for clarification

pp. 98–101

1. Se venden periódicos en el ═══.
2. Damos una vuelta en bicicleta por la ═══.
3. Mi tío tiene una ═══ de muebles.
4. Vemos muchos barcos en el ═══.
5. Puedes mandar un correo electrónico en el ═══.
6. José está muy enfermo y lo llevamos a la ═══.
7. Hay que parar cuando el ═══ está en rojo.
8. Cuando perdí mi pasaporte, fui a la ═══ de Estados Unidos.

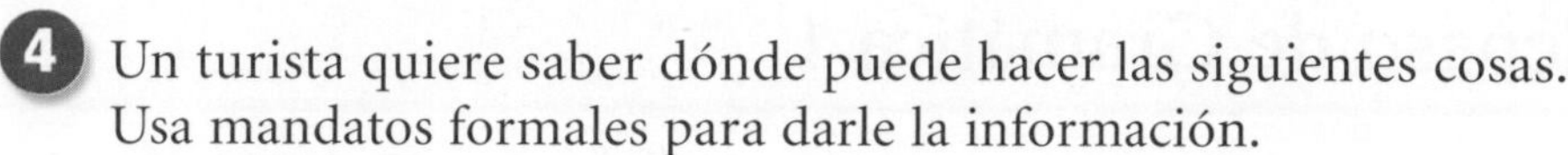

4 Un turista quiere saber dónde puede hacer las siguientes cosas. Usa mandatos formales para darle la información.

1. comprar el pan
2. sacar dinero
3. dar un paseo
4. practicar fútbol
5. ver una película
6. buscar el autobús

5 Contesta las preguntas.

1. ¿Por qué son importantes las plazas en la cultura hispana?
2. ¿Cuáles son las influencias culturales y musicales que se pueden encontrar en el merengue dominicano?
3. ¿Qué instrumentos musicales se usan para tocar bachata?

6 Escucha la conversación de Mario y Sara y contesta las preguntas.

1. ¿Qué diligencias debe hacer Mario?
2. ¿Por qué Mario no quiere llevar a Sara al café Internet?
3. Al final Mario piensa llevar a Sara al café Internet. ¿Por qué?

Visit Holt Online
go.hrw.com
KEYWORD: EXP2 CH3
Chapter Self-test

4 Gramática 2
- formal commands
- irregular formal commands
- commands with pronouns
- review of informal commands

pp. 102–107

5 Cultura
- **Comparaciones pp. 96–97**
- **Notas culturales pp. 92, 100, 102, 106**
- **Geocultura pp. 80–83**

Conversación

HOLT SoundBooth ONLINE RECORDING

7 Role-play the following conversation with a partner. Partner A is a tourist and Partner B is a tour guide in a big city.

Partner A:	Greet your partner and tell him or her that yesterday you visited the old cemetery and walked downtown.
Partner B:	Suggest a visit to the aquarium and the port today.
Partner A:	Ask how to get to the port and when the aquarium opens.
Partner B:	Give directions to the port from the tourist office. Say you're not sure when the aquarium opens.
Partner A:	Repeat or clarify the directions your partner gave you.
Partner B:	Suggest that your partner also go to the green belt by the port and eat at the café by the aquarium.
Partner A:	Say that first you want to send an email to a friend. Ask if there is an Internet café nearby.
Partner B:	Explain where the Internet café is and invite your partner to go there with you.

Gramática 1
- impersonal **se** and passive **se** **pp. 90–91**
- preterite of **-car, -gar, -zar** verbs and **conocer** **pp. 92–93**
- irregular preterites: **andar, tener, venir, dar, ver** **pp. 94–95**

Repaso de Gramática 1

The passive construction **se** with a verb has no specified subject and is only conjugated in the third person singular or plural.

Aquí **se hablan** dos idiomas. *Two languages are spoken here.*

For a review of the preterite of **-car, -gar, -zar** verbs, see page 92.

The verb **conocer** means *met* in the preterite. All of its forms are regular.

—¿**Conoces** a Jorge? *Do you know Jorge?*

—Sí, lo **conocí** en tu fiesta. *Yes, I met him at your party.*

For the irregular preterite forms of **andar**, **tener**, **venir**, **dar**, and **ver**, see page 94. The verb **andar** means *to walk* or *to go.*

Anduve por todo el pueblo y **vi** muchas cosas.

Gramática 2
- formal commands **pp. 102–103**
- irregular formal commands **pp. 104–105**
- commands with pronouns and review of informal commands **pp. 106–107**

Repaso de Gramática 2

Use **formal commands** for someone you address as **usted**. See page 102 for the forms of regular verbs and **-car, -gar, -zar, -ger, -guir** verbs. To tell two or more people what to do, add an **-n** to the formal command.

Some verbs have irregular formal command forms.

dar: **dé, den** ser: **sea, sean** ir: **vaya, vayan**

For expressions for giving directions, see page 104.

An **object** or **reflexive** pronoun is attached to the end of an affirmative command and is placed just before the verb in a negative command.

No se baje del autobús aquí. **Bájese** en el semáforo.

For a review of informal commands, see page 106.

Letra y sonido i u y

Las vocales débiles i, u, y

- Pronouncing **i**, **u**, or **y** together with another vowel in one syllable forms a *diphthong,* unless it is stressed and pronounced separately: d**í**-a, t**í**-o, contin**ú**-a.
- If the **i** or **y** comes first, it sounds like the *y* in *yet:* c**i**udad, d**i**ez, camb**i**o, **y**a
- If the **u** comes first, it sounds like the *w* in *wet:* ac**u**ario, f**u**ente, f**u**iste
- If the **i**, **u**, or **y** comes second, it keeps its vowel sound: a**i**re, o**i**ga, a**u**topista, E**u**ropa, mu**y**, do**y**

Trabalenguas

La piel del jovial Manuel,
siempre fiel a la ley local,
luce como la miel de un
panal muy especial.

Dictado

Escribe las oraciones de la grabación.

Repaso de Vocabulario 1

Asking for information

andar	*to walk, to go*
el ayuntamiento	*town hall*
la banca	*park bench*
el banco	*bank*
el café	*café*
la carnicería	*butcher's shop*
la clínica	*clinic*
el cementerio	*cemetery*
el centro recreativo	*recreation center*
la comisaría	*police department*
Creo que sí.	*I think so.*
Disculpe.	*Excuse me.*
la estación de autobuses	*bus station*
la estación de bomberos	*fire station*
la estación de tren	*train station*
la floristería	*flower shop*
la frutería	*fruit shop*
la fuente	*fountain*
hacer diligencias	*to run errands*
la heladería	*ice cream shop*
la licencia de conducir	*driver's license*
llevar (a alguien)	*to take (someone)*
¿Me podría decir...?	*Could you tell me . . . ?*
el mercado	*market*
el monumento	*monument*
la mueblería	*furniture store*
No estoy seguro(a).	*I'm not sure.*
la panadería	*bakery*
pasearse	*to stroll, to take a walk*
la pastelería	*pastry shop*
la peluquería	*hair salon*
permitir	*to allow, to permit*
la pescadería	*fish market*
la plaza	*town square, plaza*
preguntarle a alguien	*ask someone*
prohibir	*to forbid, to prohibit*
recoger (a alguien)	*to pick (someone) up*
Sí, claro.	*Yes, of course.*
los teléfonos	*telephones*
la tienda de comestibles	*grocery store*

Talking about where you went and what you did

cortarse el pelo	*to get a haircut*
dar una vuelta por...	*to walk/drive around . . .*

Repaso de Vocabulario 2

Asking for and giving directions

la acera	*sidewalk*
el acuario	*aquarium*
la autopista	*freeway, highway*
la avenida	*avenue*
bajar	*to walk down (a street)*
bajarse de...	*to get off of . . .*
el café (Internet)	*(Internet) café*
la carretera	*road*
la catedral	*cathedral*
¿Cómo puedo llegar...?	*How can I get to . . . ?*
el cruce	*intersection*
la cuadra	*block*
doblar	*to turn*
la embajada	*embassy*
la esquina	*corner*
el estacionamiento	*parking lot*
la fábrica	*factory*
el hospital	*hospital*
la oficina de...	*office of . . .*
la parada del metro	*subway stop*
parar	*to stop*
Perdón.	*Excuse me, Pardon me.*
perderse	*to get lost*
el periódico	*newspaper*
el piso	*floor*
el puerto	*port*
el quiosco de...	*. . . stand*
la sala de emergencias	*emergency room*
seguir	*to keep going*
seguir adelante/derecho	*to go straight*
el semáforo	*traffic light*
subir	*to go up (a street)*
subirse a...	*to get on . . .*
el supermercado	*supermarket*
¿Vamos bien para...?	*Are we going the right way to . . . ?*
la zona peatonal	*pedestrian zone*
la zona verde	*green belt, park*

Ordinal numbers . . . . ***see p. 99***

Asking for clarification

Entonces, lo que tengo que hacer es...	*So, what I have to do is . . .*
Otra vez, por favor.	*One more time, please.*
¿Puede repetir lo que dijo?	*Can you repeat what you said?*

Expressions for giving directions . . . . ***see p. 104***

Prepárate para el examen

Repaso cumulativo

Integración
capítulos 1–3

1 Escucha las conversaciones y escoge la foto correspondiente.

A

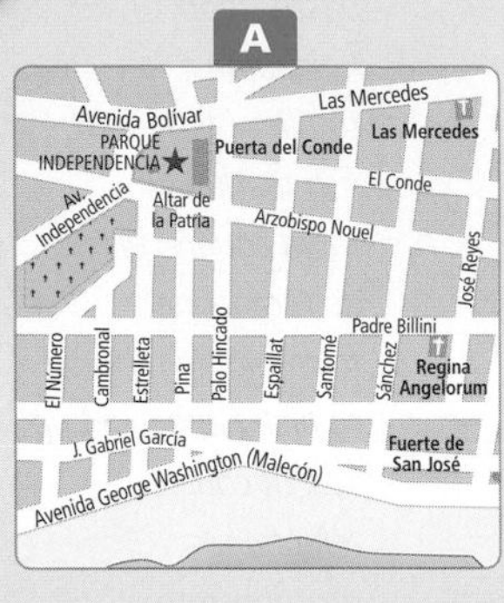

B

C

D

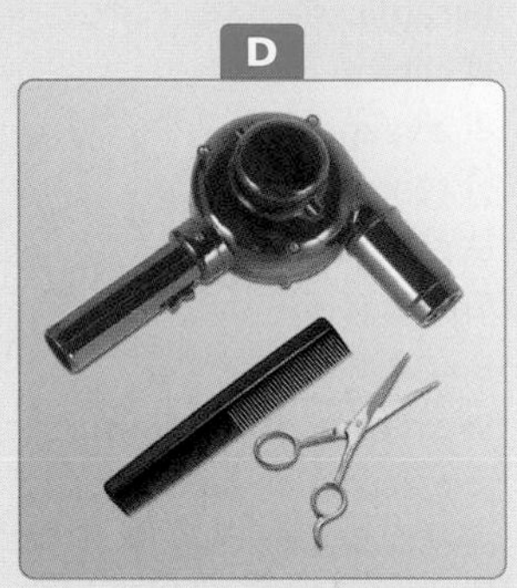

2 Acabas de llegar al pueblo para una boda. Tienes que hacer varias diligencias y le pides instrucciones a un señor en la estación de tren. Usa el mapa para determinar si sus instrucciones son **correctas** o **incorrectas.**

1. Para llegar a la pastelería desde la estación, doble a la izquierda en la zona peatonal. Siga derecho. Es la tercera tienda.
2. Desde la pastelería, doble a la izquierda en la zona peatonal. Doble a la derecha en el Bulevar Constitución y baje dos cuadras. Doble a la izquierda en la Calle Quisqueya. La peluquería está en el cruce con la Calle de Santiago.
3. Para ir a la catedral, salga de la peluquería y doble a la derecha en la Calle Quisqueya. Siga derecho hasta la Calle Ocoa. La catedral está enfrente, al lado del cementerio.
4. Para llegar al Hotel Real, salga de la catedral y doble a la derecha. Baje la Calle Ocoa hasta la Autopista 27 de febrero. Doble a la izquierda y siga hasta el Bulevar Constitución. Doble a la izquierda y suba la calle. El hotel está enfrente de la panadería.

Visit Holt Online
go.hrw.com
KEYWORD: EXP2 CH3
Cumulative Self-test

3 Tus nuevos vecinos tienen muchas diligencias pero no conocen la ciudad. Explícales cómo se llega a cuatro lugares diferentes, saliendo de tu casa.

4 ¿Como es el pueblo del cuadro? ¿De qué manera es semejante a y diferente de tu ciudad? ¿Qué actitud tiene el artista hacia este lugar?

Merengue en el pueblo, **de José Morillo**

5 Imagina que fuiste a una ciudad cerca de tu pueblo. Escríbele una carta a tu amigo por correspondencia. Descríbele la ciudad y dile qué hiciste allí. Escribe por lo menos cinco oraciones.

6

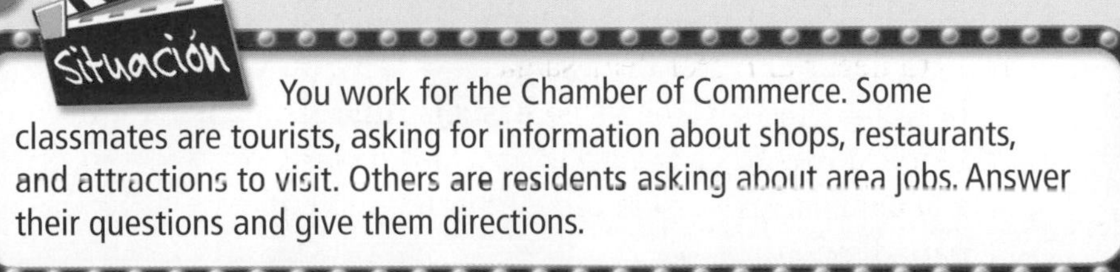

You work for the Chamber of Commerce. Some classmates are tourists, asking for information about shops, restaurants, and attractions to visit. Others are residents asking about area jobs. Answer their questions and give them directions.

Capítulo 4

GeoVisión

Geocultura Miami

▲ **Miami** es el área metropolitana más grande de la Florida. Está situada en la costa atlántica del estado.

▲ **El distrito histórico de arte deco** se caracteriza por el uso de patrones geométricos, esquinas redondeadas y paredes pintadas de colores turquesa, rosado y lavanda. 1

Almanaque

Población
2.363.600 (área metropolitana)

Altura
3 metros sobre el nivel del mar

Nota histórica
Cuando Julia Tuttle llegó al río Miami en 1891, ella reconoció el potencial del sitio para el comercio. Tuttle convenció a Henry Flagler que extendiera su ferrocarril a Miami. Esto resultó en la fundación de Miami en 1896.

Economía
turismo; comercio internacional con América Central, el Caribe y América del Sur; finanzas internacionales; ropa ligera

► **South Beach,** con sus playas bonitas, atrae tanto a gente de Miami como a turistas de todo el mundo.

¿Sabías que...?

Miami es la única ciudad principal de Estados Unidos que fue planificada y fundada por una mujer, Julia Tuttle.

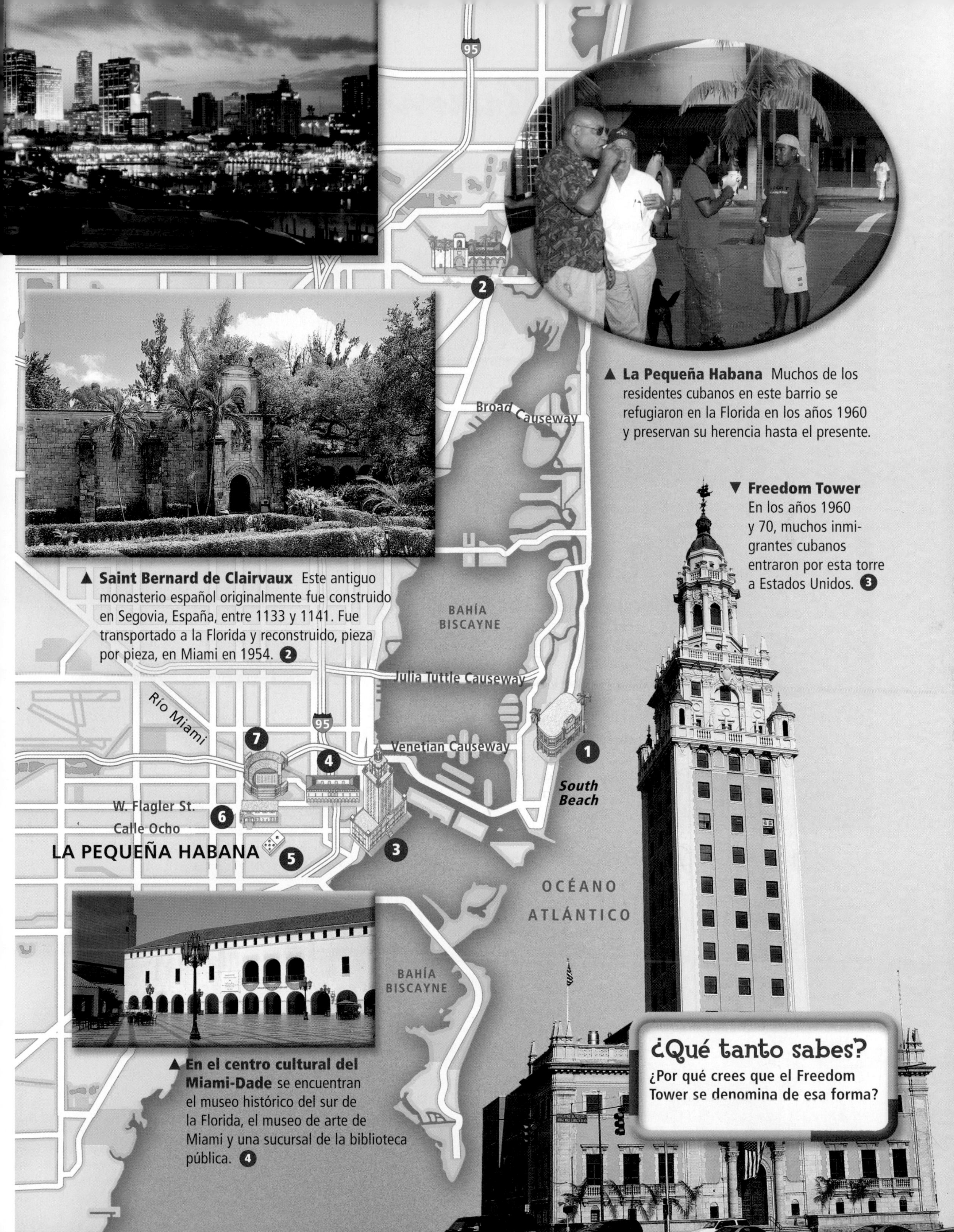

▲ **La Pequeña Habana** Muchos de los residentes cubanos en este barrio se refugiaron en la Florida en los años 1960 y preservan su herencia hasta el presente.

▼ **Freedom Tower** En los años 1960 y 70, muchos inmigrantes cubanos entraron por esta torre a Estados Unidos. 3

▲ **Saint Bernard de Clairvaux** Este antiguo monasterio español originalmente fue construido en Segovia, España, entre 1133 y 1141. Fue transportado a la Florida y reconstruido, pieza por pieza, en Miami en 1954. 2

▲ **En el centro cultural del Miami-Dade** se encuentran el museo histórico del sur de la Florida, el museo de arte de Miami y una sucursal de la biblioteca pública. 4

¿Qué tanto sabes?

¿Por qué crees que el Freedom Tower se denomina de esa forma?

A conocer Miami

Las bellas artes

▼ **El Museo de Arte Latinoamericano** Este museo se encuentra en la Pequeña Habana y presenta obras de artistas latinoamericanos, caribeños y españoles.

▲ **La Gran Ópera de la Florida** es la compañía principal de ópera del sur de la Florida. Fue en la Gran Ópera que, en 1965, Luciano Pavarotti cantó por primera vez en Estados Unidos.

▲ **El Teatro Olympia** fue construido en 1926. El interior del teatro se caracteriza por un estilo atmosférico con estrellas y nubes. Aquí se presentan obras de música, de danza y de teatro.

Las celebraciones

◄ **CubaNostalgia Festival** es un festival que se dedica a celebrar el pasado romántico de Cuba. Durante tres días se celebra la herencia cubana a través de arte, exposiciones, música y comida.

▲ **El Festival de la Calle Ocho** es la celebración hispana más famosa del país. Este festival se celebra en marzo y tiene fuegos artificiales, comida y mucho entretenimiento.

◄ **El Goombay Festival** es uno de numerosos festivales en Miami que se dedica al amalgama de gente del Caribe y de Latinoamérica en la ciudad.

La vida latina

Visit Holt Online
go.hrw.com
KEYWORD: EXP2 CH4
Photo Tour

► **El Teatro de Bellas Artes** Situado en la Calle Ocho, en este teatro se presentan dramas y comedias cubanas para la comunidad hispana.

¿Sabías que...?

Más de un millón de personas participan en el Festival de la Calle Ocho. ¿Has ido a un gran festival? ¿Cuál fue?

▲ **El Parque del Dominó,** o Parque Máximo Gómez, es el lugar de encuentro de los residentes de la Pequeña Habana. En mesas arregladas de manera típicamente cubana se juega al dominó. 5

◄ **Hispanic Branch Library** Esta sede de la biblioteca pública de Miami-Dade, establecida en 1976, se dedica a la comunidad hispana de Miami. La mayoría de los libros y documentos están en español. 6

Los deportes

◄ **El estadio Orange Bowl** alberga partidos de fútbol americano y de fútbol, grandes conciertos y otros espectáculos. Tiene capacidad para 82.000 espectadores. 7

► **El windsurf** es uno de los muchos deportes acuáticos practicados en Miami.

Conexión Geografía

El jai alai es un juego rápido parecido al lacrosse. Los jugadores utilizan cestas para atrapar y para lanzar una pelota. El jai alai tiene sus raíces en el juego de balonmano jugado en el País Vasco en España. Investiga en qué parte de España está el País Vasco.

◄ **La cesta** está hecha de mimbre de los Pirineos en España.

Capítulo 4

¡Mantente en forma!

OBJETIVOS

In this chapter you will learn to

- talk about how something turned out
- talk about reacting to events
- talk about getting hurt
- ask for and give advice

And you will use

- irregular preterites of **ponerse, decir, ser,** and **estar**
- preterite of stem-changing **-ir** verbs
- verbs with reflexive pronouns and direct objects
- past participles as adjectives
- preterite of verbs like **caer**

¿Qué ves en la foto?

- **¿Cómo es el vecindario donde patinan los muchachos?**
- **¿Qué piensan hacer después de patinar?**
- **¿Qué haces tú para mantenerte en forma?**

Visit Holt Online
go.hrw.com
KEYWORD: EXP2 CH4
Online Edition

Patinando en línea, Miami Beach

Objetivos
- Talking about how something turned out
- Talking about reacting to events

Vocabulario en acción 1

ExpresaVisión

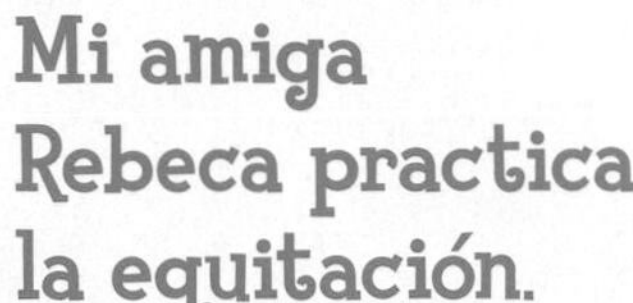

Mi amiga Rebeca practica la equitación.

¿Cómo te fue en la competencia de equitación?
¡Me fue muy bien! Mira, gané un **trofeo**. Estoy muy **contenta**.

Muchos de mis amigos practican deportes como...

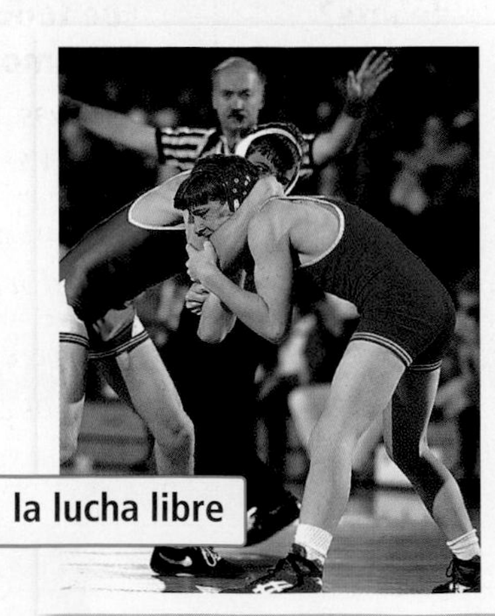

Visit Holt Online
go.hrw.com
KEYWORD: EXP2 CH4
Vocabulario 1 practice

Vocabulario 1

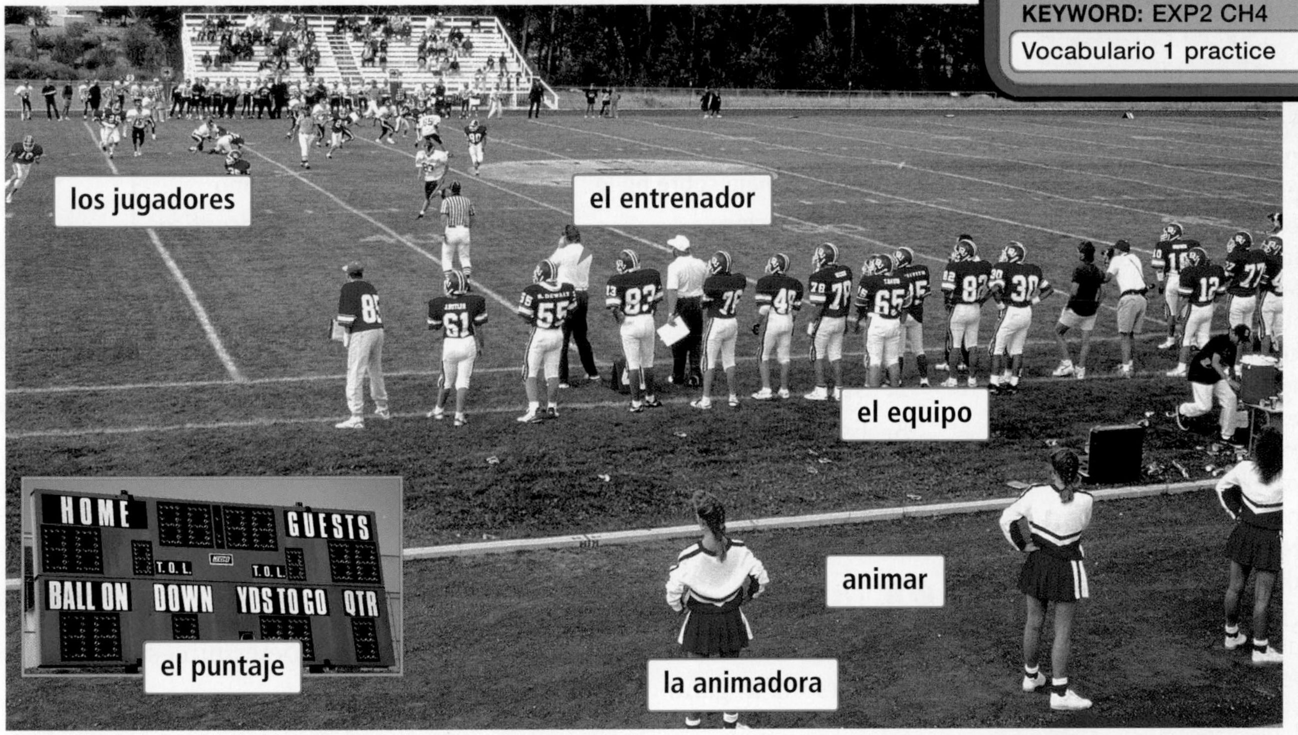

En nuestro colegio, el **equipo** de fútbol americano siempre juega muy bien. Tenemos **entrenadores** y **jugadores excelentes.**

También se puede decir...

Other words for **el puntaje** are **el tanteo** and **la anotacíon.**

Outside the United States, the common word for *cheerleader* is **el/la porrista.**

Más vocabulario...

la banda escolar	*school band*
empatar	*to tie a game*
(el) golf	*golf*
montar a caballo	*to ride horseback*
la oratoria	*speech, public speaking*

¡Exprésate!

To ask how something turned out	To respond
¿Cómo salió la competencia de debate? *How did the debate competition turn out?*	**Fue todo un éxito/un fracaso. Ganamos/Perdimos por 3 a 0.** *It was a total success/failure. We won/lost 3 to 0.*
¿Cómo te fue en natación? *How did you do in swimming?*	**Me fue muy bien/mal.** *I did very well/badly.*
¿Qué tal estuvo la competencia de...? *How was the . . . competition?*	**Estuvo buenísima/increíble/fatal.** *It was great/incredible/awful.*

Interactive TUTOR

Vocabulario y gramática, pp. 37–39 Online workbooks

Cada año se celebra en Miami el Festival de la Calle Ocho. Más de un millón de personas de todas las edades van a gozar de la música, comida y cultura latinoamericana y del Caribe, representadas sobre 23 cuadras de la ciudad. En el festival hay más de cuarenta escenarios con eventos locales e internacionales. El pabellón de los niños, que ocupa cuatro cuadras, es reconocido como un festival dentro del festival.

¿Hay en tu comunidad algún festival semejante a éste?

1 ¿Qué es?

Leamos Identifica qué actividad competitiva corresponde a cada descripción.

el patinaje sobre hielo	**la equitación**	**el atletismo**
la natación	**la banda escolar**	**el esquí acuático**
la lucha libre	**el golf**	**la oratoria**

1. Se toca música.
2. Se corre en el estadio.
3. Es un deporte de invierno.
4. Se practica en el gimnasio.
5. Se monta a caballo.
6. Se practica en una piscina.
7. Una persona conduce la lancha *(boat)*.
8. Es el arte de hablar.

2 ¿Ganó o perdió?

Escuchemos Escucha cada conversación y determina si la persona **a)** ganó o **b)** perdió.

3 ¿Cómo te fue?

Escribamos Escribe una pregunta lógica para cada respuesta.

MODELO **Me fue muy bien. Corrí los 200 metros en 30 segundos.**
¿Cómo te fue en atletismo?

1. Hablé muy bien.
2. Fue todo un fracaso. Esquié muy mal.
3. Fue todo un éxito. Tocamos muy bien y ganamos.
4. Estuvo fatal. Nadé muy mal.
5. Nuestro equipo perdió el debate.
6. Me fue muy mal. La figura ocho que hice salió horrible.

¡Exprésate!

Talking about reacting to events

Interactive TUTOR

¿Cómo te sentiste cuando ganaste el partido? *How did you feel when you won the match?*	**Me dio mucha alegría. ¡Me puse a gritar!** *It made me very happy. I started to shout!*
	Me puse muy contento(a). Me reí mucho. *I felt really happy. I laughed a lot.*
¿Cómo reaccionaste cuando tu equipo perdió? *How did you react when your team lost?*	**¡Me dio tristeza/vergüenza/una rabia!** *It made me sad/embarrassed/angry!*
	Me dieron ganas de llorar. *I felt like crying.*

Vocabulario y gramática, pp. 37–39 | Online workbooks

4 Reacciones

Leamos Empareja cada foto con la oración que mejor la describe. Hay dos oraciones que no se usan.

A

B

C
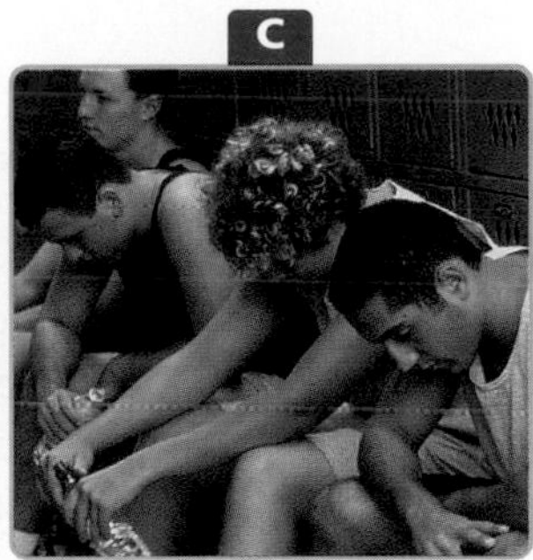

D

1. ¡A las animadoras les dio una rabia cuando su equipo perdió!
2. Al entrenador le dio tristeza cuando vio el puntaje.
3. Me dieron ganas de llorar cuando perdimos la competencia.
4. A los jugadores les dio vergüenza porque jugaron mal en la práctica.
5. Las animadoras se pusieron a gritar.
6. Nos dio mucha alegría cuando nuestro equipo ganó.

5 ¿Cómo te sentiste?

Escribamos Completa las siguientes oraciones.

1. Cuando la banda escolar tocó mal, me dio...
2. Cuando ganamos por 6 a 0, yo...
3. Cuando el equipo de natación ganó la competencia, me dio...
4. Cuando ganamos el debate, a mí me dio...
5. Cuando nuestro equipo empató, los animadores se pusieron...
6. Cuando el jugador de golf perdió, le dio...

Comunicación

6 Dramatización

Hablemos Con un(a) compañero(a), dramatiza esta situación con base en las ilustraciones.

a.

b.

c.

Vocabulario 1

Objetivos
- Irregular preterites: **ponerse** and **decir**
- Preterite of **-ir** stem-changing verbs
- Preterite of **ser** and **estar**

GramaVisión

Irregular preterites: ponerse and decir

1 These verbs are irregular in the preterite. **Ponerse** can be followed by an **adjective** or by **a** plus an **infinitive** to say how someone reacted to something at a specific point in the past. **Decir,** followed by **que,** is used to tell what someone said.

		ponerse	decir
yo	me	**puse**	**dije**
tú	te	**pusiste**	**dijiste**
usted, él, ella	se	**puso**	**dijo**
nosotros(as)	nos	**pusimos**	**dijimos**
vosotros(as)	os	**pusisteis**	**dijisteis**
ustedes, ellos, ellas	se	**pusieron**	**dijeron**

Rosa **se puso** muy **nerviosa** cuando le tocó jugar.
Rosa became very nervous when it was her turn to play.

Después de perder el partido, **nos pusimos a practicar** más.
After losing the game, we started to practice more.

Dije que nuestro equipo ganó el partido.
I said that our team won the game.

2 You can use the expression **darle ganas de** followed by an infinitive to say what someone felt like doing at a specific point in the past.

dar is conjugated with ganas

Cuando vi el puntaje final, **me dieron ganas de** llorar.
When I saw the final score, I felt like crying.

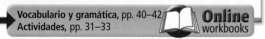

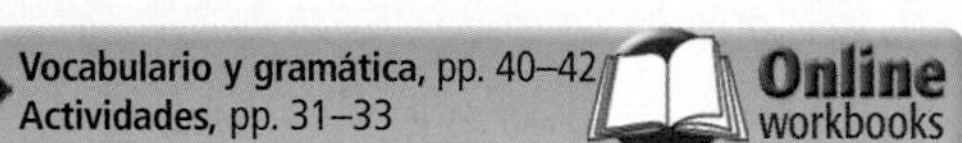

The verb **dar** is irregular in the preterite.

di	**dimos**
diste	**disteis**
dio	**dieron**

It takes a **direct** and an **indirect object**.

Ana y Luz **me dieron una pulsera**.

7 ¿Cómo reaccionaron?

Hablemos Completa los diálogos con **ponerse** o **decir**.

1. —¿Cómo reaccionaron ustedes cuando les ═══ (ellos) que ustedes ganaron el debate?
   —¡Todos ═══ a gritar!
2. —¿Por qué ═══ (tú) triste en la competencia de banda?
   —Mis amigos me ═══ que toqué muy mal.
3. —¿Por qué no ═══ (tú) nada en el debate?
   —(Yo) ═══ muy nerviosa.

8 ¿Se pusieron contentos?

Escribamos/Hablemos Describe las reacciones de las personas en los dibujos usando **ponerse (a)** o **darle** en el pretérito.

1. nuestro equipo

2. el otro equipo

9 Dijeron lo contrario

Leamos/Hablemos Completa las preguntas con el pretérito de **decir**. Luego contesta cada pregunta. Indica que todos dijeron lo contrario.

MODELO **¿Dijiste (tú) que el partido estuvo fatal?**
No, dije que el partido estuvo buenísimo.

1. ¿_____ (tú) que los animadores se pusieron a llorar de tristeza?
2. ¿El equipo _____ que el partido fue un fracaso?
3. ¿Los jugadores _____ que el partido les fue muy mal?
4. ¿_____ ustedes que el equipo perdió?
5. ¿_____ el entrenador que le dio vergüenza?

10 Un partido importante

Escribamos/Hablemos Pasa esta conversación al pretérito. Luego vuelve a escribirla para hablar de una competencia que perdiste.

—¿*Te pones* muy contento cuando *ganan*?
—Sí, me *da* mucha alegría.
—¿Qué *hacen* los otros jugadores del equipo?
—*Se ponen* a gritar.
—¿Cómo *reacciona* tu entrenador?
—Nos *dice* que *jugamos* muy bien.

El jai alai pasó de España a Cuba, y de Cuba a Miami. Dos equipos juegan en una cancha llamada frontón. El juego consiste en lanzar una pelota contra una pared o al equipo contrario. Éste vuelve a golpearla contra la pared sin que rebote. Si un jugador no alcanza la pelota, comete una falta y el equipo contrario recibe un punto. Investiga cómo se visten los jugadores y qué país tiene más frontones.

11 El partido de volibol

Hablemos Imagina que tu compañero(a) y tú vieron el partido de la Actividad 8. Hablen de lo que dijeron los entrenadores y las jugadoras.

Preterite of stem-changing -ir verbs

¿Te acuerdas?

In the preterite, **-ar** and **-er** verbs do not have stem changes, even if they do in the present tense.

Mi equipo j**u**gó muy mal ayer y p**e**rdió.

My team played very poorly yesterday and lost.

1 Only **-ir** stem-changing verbs have a stem change in the preterite. If an **-ir** verb, such as **sentirse** or **dormirse** *(to fall asleep),* has a stem change in its present tense forms, then it also has a stem change in the preterite, but in its third person forms only.

	sentirse e → i	dormirse o → u
yo	me sentí	me dormí
tú	te sentiste	te dormiste
usted, él, ella	se s**i**ntió	se d**u**rmió
nosotros(as)	nos sentimos	nos dormimos
vosotros(as)	os sentisteis	os dormisteis
ustedes, ellos, ellas	se s**i**ntieron	se d**u**rmieron

2 Other verbs that follow this pattern are **morirse** *(to die),* **preferir**, **seguir** *(to follow, to keep going),* **divertirse** *(to have fun),* **pedir**, **servir**, and **vestirse**.

Los niños **se murieron** de la risa cuando me vieron.
The children died laughing when they saw me.

Seguir followed by a gerund means *to keep on doing something.*

Comenzó a llover pero el equipo **siguió** jugando.
It began to rain, but the team kept on playing.

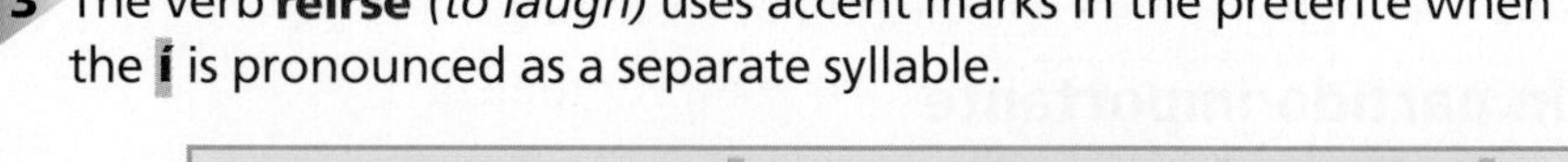

3 The verb **reírse** *(to laugh)* uses accent marks in the preterite when the **i** is pronounced as a separate syllable.

yo	me re**í**	nosotros(as)	nos re**í**mos
tú	te re**í**ste	vosotros(as)	os re**í**steis
Ud., él, ella	se rio	Uds., ellos, ellas	se rieron

¿Les gustó la película? Sí, **nos divertimos** y **nos reímos** mucho.

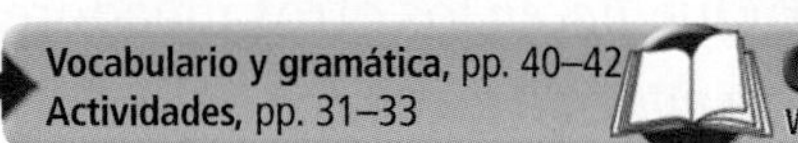
Vocabulario y gramática, pp. 40–42
Actividades, pp. 31–33
Online workbooks

12 ¿Qué hicieron?

Escribamos/Hablemos Usa palabras de cada columna para hacer oraciones en el pretérito sobre un partido de tu colegio.

yo	vestirse	contento
tú	divertirse	triste
la gente	sentirse	mucho
mis amigos y yo	reírse	a gritar y bailar
los jugadores	ganar	de uniforme
los animadores	ponerse	(en) el partido

13 ¿Ya ocurrió?

Escuchemos Escucha las situaciones y decide
a) si las acciones ocurren generalmente o
b) si ya ocurrieron.

14 Concurso de debates

Escribamos Indica quién hizo las siguientes cosas en el debate.

MODELO **sentirse triste**
Benjamín se sintió triste.

Olivia

Alfredo y Mari

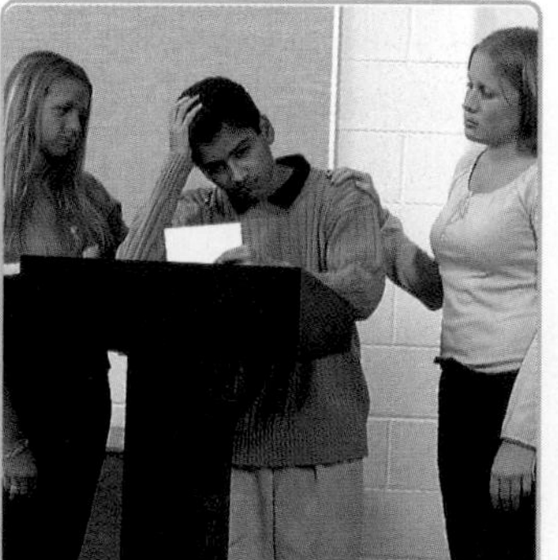
Benjamín

1. dormirse
2. no divertirse
3. reírse
4. sentirse contento
5. perder el debate
6. seguir durmiendo
7. morirse de vergüenza
8. divertirse

Comunicación

15 Una excursión

Hablemos Pregúntale a un(a) compañero(a) sobre una excursión de colegio *(school trip)* que hizo. Usa por lo menos cuatro verbos de la lista.

MODELO **—¿Qué tal la excursión al parque de diversiones? ¿Te divertiste?**
—Sí, me divertí mucho. Fuimos a...

divertirse	dormir en el autobús	vestirse	preferir
reírse	ponerse	decir	sentirse

Gramática 1

Preterite of ser and estar

1 The verbs **ser** and **estar** are irregular in the preterite. Notice that the preterite forms of **ser** are identical to those of **ir**.

	ser	estar
yo	**fui**	**estuve**
tú	**fuiste**	**estuviste**
usted, él, ella	**fue**	**estuvo**
nosotros(as)	**fuimos**	**estuvimos**
vosotros(as)	**fuisteis**	**estuvisteis**
ustedes, ellos, ellas	**fueron**	**estuvieron**

2 You can use the preterite of **ser** to say where an event took place, how someone did, or to sum up what someone or something was like.

La competencia de patinaje sobre hielo **fue** en el parque.

¡La competencia de debate **fue** todo un éxito!

3 You can use the preterite of **estar** to say where someone or something was or to say how someone felt **for a certain period of time**.

Estuvimos en Miami **por ocho días**.

Estuve enfermo **toda la semana**.

4 You can also use the preterite of **estar** to give your opinion on how something was.

—¿Qué tal **estuvo** la competencia de gimnasia?

—**Estuvo** buenísima.

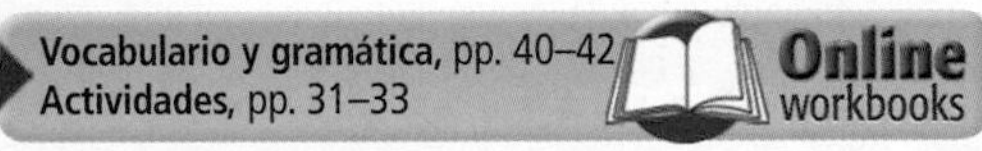

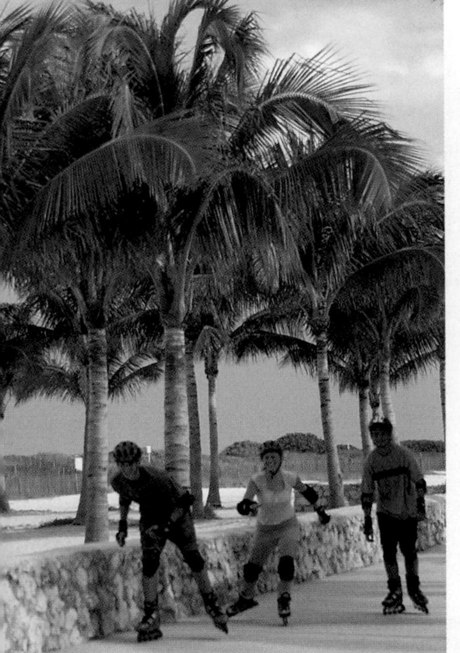

Patinando, Miami Beach

16 Un partido de básquetbol

Escuchemos Escucha ocho oraciones sobre un partido de básquetbol y usa el contexto para determinar si el verbo es **a) ser** o **b) ir**.

17 ¡Nos fue muy bien este año!

Leamos Completa el párrafo con la forma correcta de **ser** o **estar**.

La semana pasada viajé a Miami con mi equipo de natación. Nosotros ___1___ allí por tres días y participamos en una competencia regional. La competencia ___2___ en un lugar muy bonito y moderno. Nos ___3___ muy bien este año y ganamos. Todos nosotros ___4___ muy contentos después de ganar y fuimos a la playa para celebrar. Este año el viaje a Miami ___5___ todo un éxito.

18 ¿Dónde fue?

Escribamos/Hablemos ¿En qué competencias estuvieron estas personas? ¿Dónde fue cada competencia?

MODELO **Estuviste en un partido de volibol que fue en el gimnasio.**

tú

nosotros

Joel

las animadoras

yo

19 Un día importante

Escribamos Escríbele un correo electrónico a tu amigo(a) sobre una competencia verdadera o imaginaria. Menciona dónde fue, cómo salió la competencia e incluye la información del cuadro.

¿Cuándo fue?	¿Te pusiste nervioso(a)?
¿Dormiste bien la noche anterior?	¿Qué tal estuvo?
¿Cómo te fue?	¿Cómo te sentiste después?

Comunicación

20 ¿Cómo te fue?

Hablemos Pregúntale a tu compañero(a) sobre un día importante. Puede ser una fiesta que dio, un examen importante que presentó o una competencia en que participó.

Gramática 1

Cultura

VideoCultura

Comparaciones

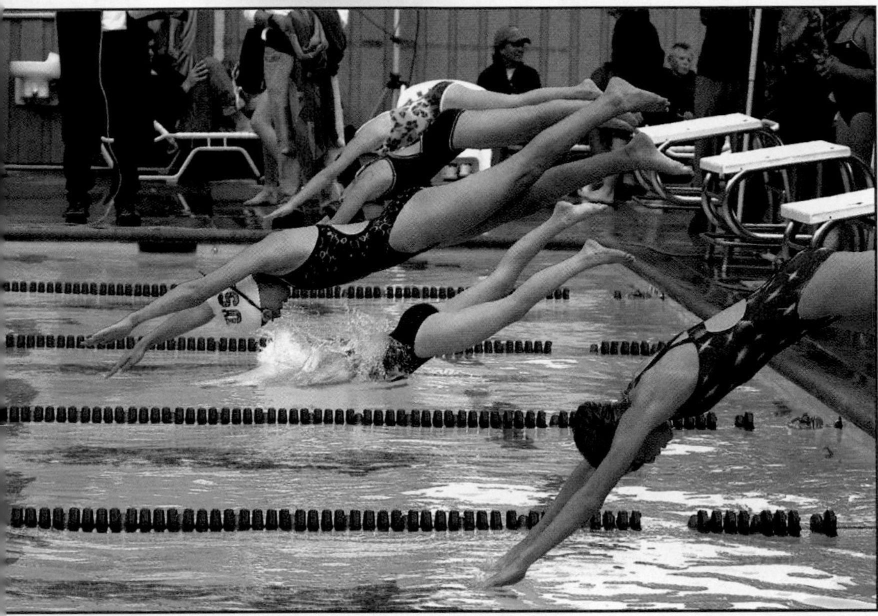

Competencia de natación, deporte muy popular en los estados sureños de Estados Unidos

¿Cuáles son algunos de los deportes que practicas?

A diferencia de Estados Unidos, en muchos países hispanohablantes no se practican muchos deportes en el colegio después de clases. Para practicarlos es necesario ingresar en un club particular o participar en un programa ofrecido por la comunidad. Estos jóvenes nos hablan de los deportes que practican. Compara lo que dicen con tu propia experiencia. ¿Practican los mismos deportes que tú? ¿Qué deportes practicados en otros países no se practican tanto en Estados Unidos?

Danny
Miami, Florida

En tu colegio, ¿cuáles son algunos deportes populares?

Bueno, el fútbol americano, el baloncesto y el béisbol son los deportes más populares en mi colegio.

¿Qué deportes practicas tú?

Los deportes que yo practico son el fútbol, béisbol y atletismo.

¿Hay competencias?

Sí, en cada deporte hay una competencia anual para el estado. Es muy grande y tiene equipos de todas partes del estado.

¿Cómo salió el último partido del fútbol?

El último partido del fútbol ganamos el campeonato del estado por tres a uno.

Visit Holt Online
go.hrw.com
KEYWORD: EXP2 CH4
Online Edition

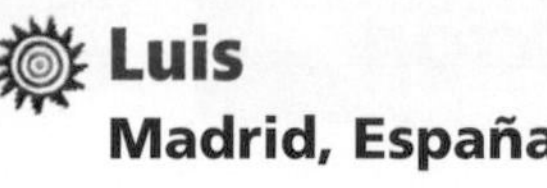

Luis
Madrid, España

En tu país, ¿cuáles son algunos deportes populares?
Bueno, en España los deportes más importantes son el fútbol y el baloncesto.

¿Qué deportes practicas tú?
Yo practico el fútbol.

¿Hay competencias?
Sí, hay una liga entre los colegios de una determinada zona.

¿Cómo salió el último partido de fútbol?
Perdimos uno a cero.

Para comprender

1. ¿Qué deportes son populares en el colegio de Danny? ¿Qué deportes practica él?
2. ¿A cuánto ganó el equipo de Danny el último partido?
3. Según Luis, ¿cuáles son los deportes más populares en España?
4. ¿Cómo le fue a Luis en el último partido?
5. ¿Cuáles son los deportes preferidos en tu colegio? ¿Vas a ver las competencias con frecuencia? ¿Por qué sí o no?

Para pensar y hablar

Luis dice que el fútbol es uno de los deportes más importantes de España. ¿El fútbol es popular en tu comunidad? En el mundo hispano el ganar un partido de fútbol puede ser fuente de mucho orgullo nacional. ¿Es así en tu colegio o comunidad? Menciona dos ventajas y dos desventajas de la competencia entre colegios.

Comunidad y oficio

El español en las profesiones médicas

El ritmo de vida es cada vez más rápido y frenético. Como resultado, muchas personas sufren de estrés y tienen que buscar la ayuda de profesionales, como los terapistas de masaje y los instructores de ejercicios aeróbicos, yoga o pilates, que pueden enseñarles a controlar el estrés. Si uno se enferma por otras razones, hay que buscar la ayuda de médicos, enfermeras y otros profesionales. Hay una gran necesidad de personas bilingües en estas profesiones. Visita un gimnasio, clínica u hospital en tu comunidad, o haz una búsqueda en Internet para saber cómo los profesionales que trabajan en el campo de la salud usan el español en su trabajo.

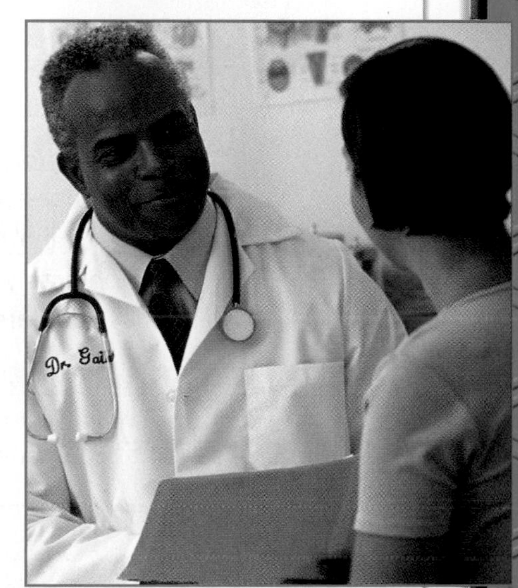

Objetivos
- Talking about getting hurt
- Asking for and giving advice

Vocabulario en acción 2

ExpresaVisión

¡Pobre Juan! Pasó un fin de semana horrible.

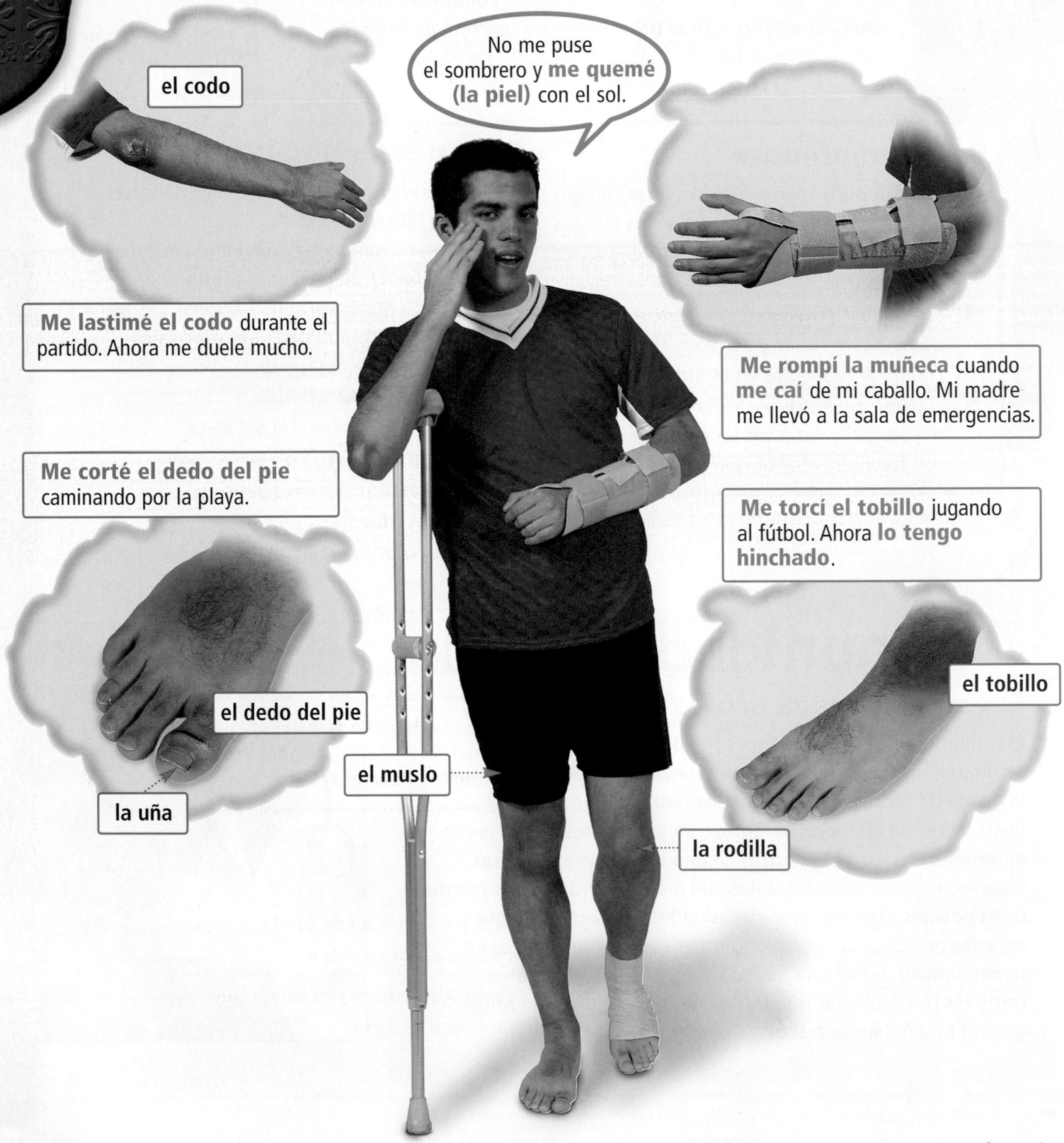

No me puse el sombrero y **me quemé (la piel)** con el sol.

el codo

Me lastimé el codo durante el partido. Ahora me duele mucho.

Me rompí la muñeca cuando **me caí** de mi caballo. Mi madre me llevó a la sala de emergencias.

Me corté el dedo del pie caminando por la playa.

Me torcí el tobillo jugando al fútbol. Ahora **lo tengo hinchado**.

el dedo del pie

la uña

el muslo

la rodilla

el tobillo

Más partes del cuerpo

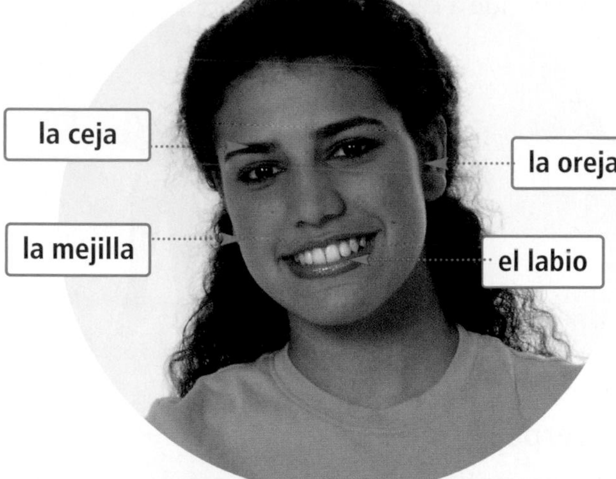

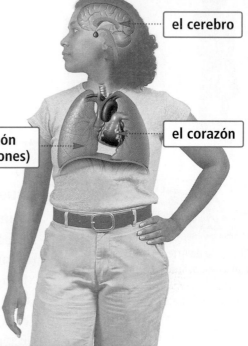

el cerebro

el pulmón (los pulmones)

el corazón

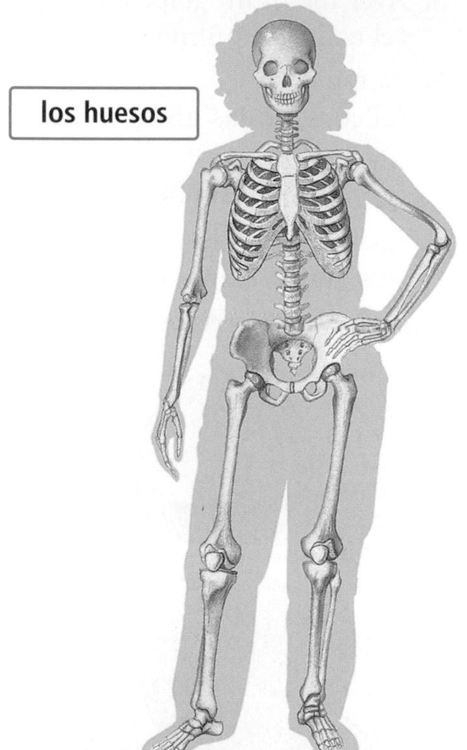

Más vocabulario...

caerse	*to fall down*
darle un calambre	*to get a cramp*
enfermarse	*to get sick*
estar resfriado(a)	*to have a cold*
estornudar	*to sneeze*
resfriarse	*to catch a cold*
tener un calambre	*to have a cramp*

También se puede decir...

You may hear Colombians say **estar con gripa** instead of **estar resfriado.** Puerto Ricans may prefer **tener catarro.**

¡Exprésate!

Interactive TUTOR

To talk about getting hurt	
¿Qué te pasó? *What happened to you?*	**¡Uf! Me di un golpe en la cabeza con la puerta.** *Ouch! I hit my head against the door.*
¿Qué tienes? *What's the matter (with you)?*	**Me corté el dedo. Ahora lo tengo infectado.** *I cut my finger. Now it's infected.*

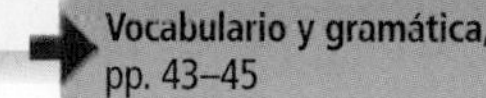
Vocabulario y gramática, pp. 43–45

▶ Vocabulario adicional — El cuerpo humano, p. R14

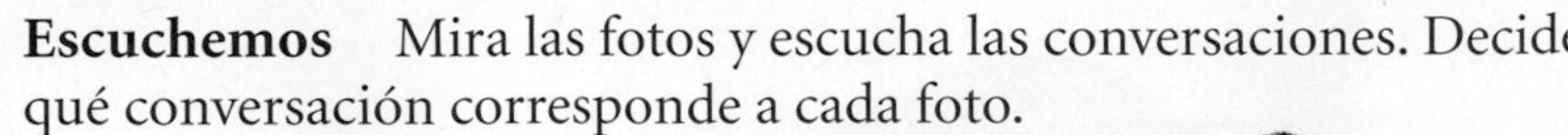

21 ¿Qué tienen?

Escuchemos Mira las fotos y escucha las conversaciones. Decide qué conversación corresponde a cada foto.

a.

b.

c.

d.

e.

22 ¿Qué parte del cuerpo?

Leamos Completa cada oración con la palabra más lógica.

1. Me caí y me torcí (la mejilla/el tobillo).
2. Me rompí (un hueso/una ceja).
3. Tengo un calambre en (la pierna/la oreja).
4. Me quemé (el cerebro/la piel).
5. Ayer me di un golpe en (el codo/los pulmones).
6. Ya me corté (el corazón/las uñas).
7. Me lastimé (la rodilla/los huesos).
8. Ella se maquilló (los labios/la muñeca).

Nota cultural

El Museo de Arte Latinoamericano, ubicado en Miami, promueve a artistas de Latinoamérica y España. El museo tiene exposiciones mensuales y un programa llamado "El Museo en Otros Sitios", que organiza exposiciones en otras ciudades de Estados Unidos y países europeos. En el museo también se llevan a cabo eventos musicales, presentaciones de libros, poesía y teatro, y hasta conferencias y cursos relacionados con las artes. ¿Qué tipos de exposiciones tienen los museos en tu ciudad?

23 ¡Ay! Me duele mucho.

Escribamos/Hablemos Indica qué te pasa, basándote en los dibujos. Escribe una oración para cada dibujo.

MODELO **Me duele un dedo del pie.**

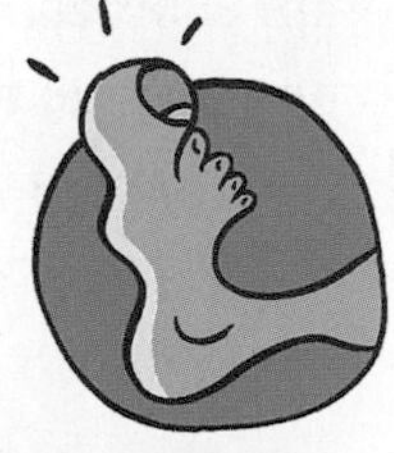

1.

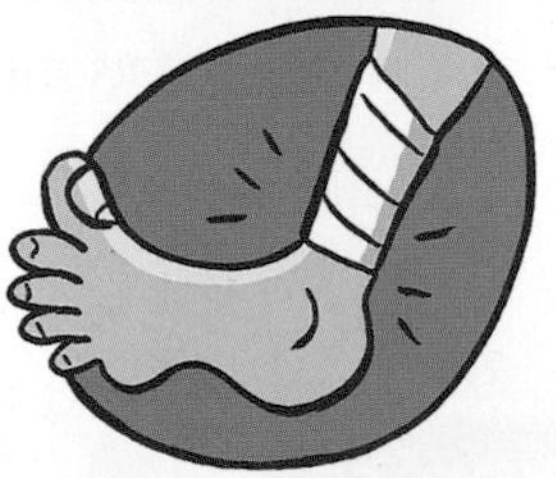
2.

3.

4.

¡Exprésate!

To ask for advice	To give advice
Estoy mal. Tengo tos y me duele la garganta. *I'm sick. I have a cough and my throat hurts.*	**Quédate en cama y tómate este jarabe.** *Stay in bed and take this cough syrup.*
Tengo un dolor de cabeza que no se me quita. *I have a headache that won't go away.*	**¡Pobrecito(a)! Tómate unas aspirinas y descansa un poco.** *Poor thing! Take some aspirin and rest a bit.*

interactive TUTOR

Vocabulario y gramática, pp. 43–45 Online workbooks

24 ¿Qué aconsejas?

Leamos Empareja cada problema con el consejo que mejor le corresponde.

Quédate en cama.	Tómate unas aspirinas.
Estírate antes de hacer ejercicio.	Tienes que ir al médico.
Tómate este jarabe.	Ponte hielo.
Ponte una curita.	Véndate el tobillo.

1. Me rompí el brazo.
2. Tengo una tos que no se me quita.
3. Me duele la cabeza.
4. Me corté el dedo con un cuchillo.
5. ¡Uf! Me di un golpe en la mejilla con la puerta.
6. Estoy mal. No puedo ir al colegio.
7. Cuando corro, a veces me da un calambre en la pierna.
8. ¡Ay! Me torcí el tobillo.

Más vocabulario...

Consejos	*Advice*
calentarse (ie)	*to warm up*
ponerse...	*to put on . . .*
una curita	*an adhesive bandage*
hielo (m.)	*ice*
ungüento (m.)	*ointment*
tener cuidado	*to be careful*
tomarse unas pastillas	*to take some plls*
vendarse	*to bandage, to wrap*

25 ¿Qué te pasó?

Hablemos Con un(a) compañero(a), dramatiza la siguiente situación. No te sientes bien y tu compañero(a) te pregunta qué tienes. Explícale el problema. Él (Ella) te va a dar consejos.

MODELO **—Me torcí la muñeca patinando en línea.**
—Debes ponerte hielo. ¡Ten más cuidado!

Objetivos
- Verbs with reflexive pronouns and direct objects
- Past participles as adjectives
- Preterite of verbs like **caer**

GramaVisión

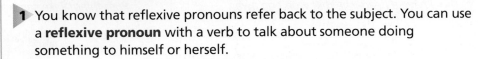

Repaso Verbs with reflexive pronouns and direct objects

Interactive TUTOR

1 You know that reflexive pronouns refer back to the subject. You can use a **reflexive pronoun** with a verb to talk about someone doing something to himself or herself.

El cocinero **se** cortó. *The cook cut himself.*

You can use a **reflexive pronoun** with a **direct object**. The direct object is often **a part of the body** or **something that you put on**.

El cocinero **se** cortó **el dedo** y **se** puso **una curita**.
The cook cut his finger and put on a bandage.

2 The **reflexive pronoun** can go just before the conjugated verb or it can be attached to the end of a present participle or infinitive.

Esa jugadora **se está vendando la mano**.

Las otras jugadoras **están calentándose**.

La entrenadora **va a ponerse un abrigo**.

3 The **reflexive pronoun** is attached to the end of the verb in affirmative commands. It is placed just before the verb in negative commands.

Lávate las manos y **ponte una curita**.

No **te quites los zapatos**. ¡Hace mucho frío!

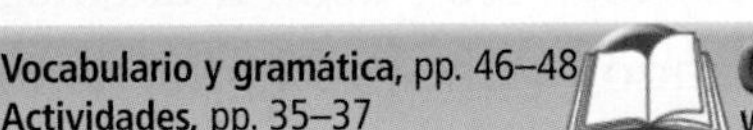
Vocabulario y gramática, pp. 46–48
Actividades, pp. 35–37
Online workbooks

En inglés

In **English**, to talk about what a person did to himself or herself, you either use a **reflexive pronoun**, or you use a **possessive adjective** with a part of the body.

I burned **myself**.
I burned **my** hand.

In **Spanish** you always use a **reflexive pronoun** either alone or in addition to a **definite article** with a part of the body.

Me quemé.
Me quemé **la** mano.

In the sentence **Me quemé la mano**, is the reflexive pronoun **me** used as a direct or an indirect object?

26 ¿Te duele?

Leamos/Hablemos Escoge la palabra que mejor completa la oración. Luego escribe la oración de nuevo usando el artículo definido correcto.

1. Los actores se maquillaron ═══ (pulmones/ojos).
2. Antes de maquillarse se lavaron ═══ (cara/huesos).
3. Me puse ═══ (suéter/traje de baño) porque no quiero resfriarme.
4. Uno de los atletas se torció ═══ (muñeca/mejilla).
5. ¿Te lastimaste ═══ (cerebro/hombro) en el partido de tenis?
6. Me vendé ═══ (rodilla/corazón) porque me duele.
7. Me quemé ═══ (oreja/labios) con la sopa.

Visit Holt Online
go.hrw.com
KEYWORD: EXP2 CH4
Gramática 2 practice

27 Buenos consejos

Escribamos/Hablemos Escribe mandatos afirmativos o negativos según el contexto. **¿Se te olvidó?** *Informal Commands,* p. 26

MODELO **¿Te duelen los ojos? (ponerse/los lentes)**
¡Ponte los lentes!

1. ¿Vas a cocinar? (lavarse/las manos)
2. ¿Te duele la rodilla? (vendarse/la rodilla)
3. ¿Quieres manos bonitas? (comerse/las uñas)
4. ¿Tienes la oreja infectada? (ponerse/los aretes)
5. ¿Estás resfriado? (quitarse/los calcetines)
6. Siempre te lastimas cuando patinas en línea. ¡Ten cuidado esta vez! (vendarse/el tobillo)
7. ¿Quieres ganar la competencia? (entrenarse/las piernas)

Consejos de la enfermera, Miami

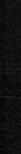

Gramática 2

28 Primeros auxilios

Escribamos/Hablemos Tú sabes mucho de la salud. Dales consejos a tus amigos sobre qué hacer en cada situación.

MODELO **Tengo un dolor de cabeza horrible.**
Tómate estas aspirinas y descansa.

1. Me torcí el tobillo.
2. Siempre me da un calambre en la pantorrilla cuando corro.
3. Tengo tos y me duele la garganta.
4. Me lastimé el codo cuando me caí.
5. Me quemé la cara cuando pasé todo el día en la piscina.
6. Tengo un resfriado que no se me quita.
7. Me di un golpe en la cabeza cuando me caí en la bañera.
8. Estoy muy cansado y me duelen los ojos.

Comunicación

29 ¡Mamá, me duele!

Hablemos Con base en los dibujos, hagan diálogos entre José y su mamá. Túrnense, haciendo los papeles *(roles)* de los dos.

a.

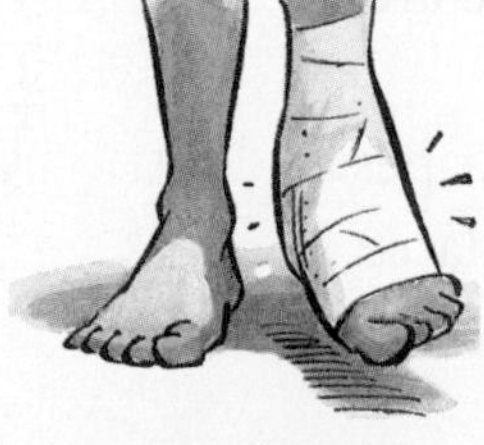
b.

c.

d.

e.

Past participles used as adjectives

En inglés

In **English,** many **past participles** have the same form as the **past tense** of the verb. You can tell the past tense verb form because it has a subject, while the participle describes a noun.

I **burned** my hand.
My hand is **burned**.

In **Spanish,** since the **past participle** always has a different form from the **preterite** tense, you can tell them apart.

Me **quemé** la mano.
Tengo la mano **quemada**.

In Spanish, how would you say I sprained my wrist and My wrist is sprained?

1 Verbs have a form called the **past participle,** which can be used as an adjective. You can use it to describe a condition or an injury to a part of the body.

***torcer* as a verb**	***past participle of torcer as an adjective***
Me **torcí** el tobillo. *I sprained my ankle.*	Tengo el tobillo **torcido**. *My ankle is sprained.*

2 To form the past participles of regular verbs, drop the infinitive ending and add **-ado** to **-ar** verbs and **-ido** to **-er** and **-ir** verbs.

-ar
hinchar → **hinchado** *swollen*

-er/-ir
torcer → **torcido** *twisted, sprained*
herir → **herido** *hurt*

3 Some past participles are irregular.

romper → **roto** *broken*
abrir → **abierto** *open*

4 When used as adjectives, participles must agree with nouns in number and gender.

participle agrees with noun	*participle agrees with noun*
Tiene las rodill**as** hinchad**as**. *His knees are swollen.*	Tengo el ded**o** hinchad**o**. *My finger is swollen.*

More past participles for conditions or injuries

cortar →	**cortado**	*cut*
infectar →	**infectado**	*infected*
quemar →	**quemado**	*burned*
vendar →	**vendado**	*bandaged, wrapped*

30 Explicaciones

Escuchemos Escucha las oraciones. Di qué cosas no pueden hacer las siguientes personas si tienen la condición que describen. Usa cada respuesta sólo una vez.

No puede...

a. escribir
b. ver
c. correr
d. oír bien
e. ponerse aretes
f. comer
g. levantar pesas
h. maquillarse

Jugando al dominó en el parque Máximo Gómez, Miami

31 ¡Qué mala suerte!

Hablemos Completa las siguientes oraciones con el artículo necesario y el participio pasado del verbo. Algunos verbos se usan dos veces.

MODELO **Estuve en la playa toda la tarde y ahora tengo la cara quemada.**

hinchar	vendar	quemar	herir	infectar	romper

1. No me lavé ____ dedo cuando me corté y ahora lo tengo ____.
2. No puedo ponerme los zapatos. Tengo ____ pies ____.
3. No quiero torcerme ____ tobillo. Por eso lo tengo ____.
4. Me di un golpe en ____ codo cuando me caí. El doctor dice que está ____.
5. Puse ____ mano sobre la estufa caliente y ahora la tengo ____.
6. Me di un golpe en ____ ojo izquierdo y ahora no lo puedo abrir porque lo tengo ____.
7. Me caí de un árbol. Creo que tengo ____ brazo derecho ____.

32 ¿Qué les pasó?

Escribamos/Hablemos Usando participios pasados, describe qué tienen las personas.

MODELO **Tiene el tobillo hinchado.**

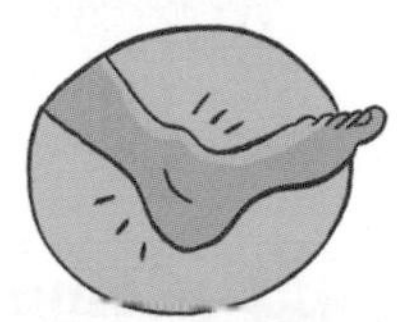

1.

2.

3.

4.

Comunicación

33 Excusas

Hablemos No puedes estar en la clase de educación física porque no te sientes bien. En parejas, preparen excusas explicando por qué no puedes participar. ¿Quién puede inventar más excusas?

MODELO **No puedo jugar al volibol porque tengo un brazo roto.**

Gramática 2

Preterite of verbs like caer

1 When **-er** or **-ir** verbs like **caerse** have a stem that ends in a vowel, the **i** of third-person preterite endings changes to **y**: **-ió** → **-yó** and **-ieron** → **-yeron**. In all other forms the **i** has a written accent mark (**í**) to show that the **í** is pronounced as a separate syllable.

caerse *(to fall)*					
yo	me	**caí**	nosotros(as)	nos	**caímos**
tú	te	**caíste**	vosotros(as)	os	**caísteis**
Ud., él, ella	se	**cayó**	Uds., ellos, ellas	se	**cayeron**

Ese gato travieso se subió al refrigerador y **se cayó** en la basura.

2 The verb **leer** also has a stem that ends in a vowel and follows the same pattern as **caerse**. **Constru**ir *(to build)* has the same third-person endings, but has no accent marks in the **tú**, **nosotros**, and **vosotros** forms.

¿¡**Leíste** toda la novela anoche!? ¿No dormiste?

¿Qué **construiste** en la playa?

Vocabulario y gramática, pp. 46–48
Actividades, pp. 35–37
Online workbooks

Nota cultural

Cada año miles de turistas de todos los países latinoamericanos vienen a Miami a pasar las vacaciones. Allí van de compras, visitan a amigos y familiares, se divierten en las playas y participan en actividades acuáticas como la natación, el snorkeling, el kayaking, los botes de vela, la pesca y el buceo en arrecifes naturales y artificiales.

Investiga por Internet de dónde vienen los turistas latinoamericanos y qué hacen en Miami.

34 ¿Cómo se lastimaron?

Escribamos Escribe oraciones e indica qué parte del cuerpo se lastimaron estas personas cuando se cayeron.

MODELO **Me rompí el brazo cuando me caí.**

yo (romperse)

1. yo (lastimarse)

2. ella (lastimarse)

3. usted (torcerse)

4. ustedes (darse un golpe en)

35 ¿En qué competencia?

Hablemos Construye oraciones y di dónde se cayeron todos.

MODELO yo/del caballo
Me caí del caballo en la competencia de equitación.

atletismo	gimnasia	esquí acuático	banda escolar
equitación	debate	patinaje	lucha libre

1. Fernanda/al agua
2. tú/en el hielo
3. Iván/con su tuba
4. ustedes/corriendo
5. yo/en el gimnasio
6. nosotros/en el auditorio

36 Tu vecino, el médico

Leamos/Hablemos Usa el pretérito, el presente, el participio pasado o el imperativo de los verbos indicados para completar esta conversación con el médico.

—¿Cómo __1__ (lastimarse/tú) el brazo? Tienes el brazo __2__ (hinchar).

—__3__ (Caerse/yo) del caballo y creo que __4__ (romperse/yo) el brazo. Me __5__ (doler) mucho.

—A ver... No, no tienes el brazo __6__ (romper). __7__ (Ponerse/tú) hielo en el brazo todos los días por una semana y __8__ (tomarse/tú) unas aspirinas para el dolor.

37 Un accidente

Con un(a) compañero(a), dramatiza una conversación entre estos amigos.

a.

b.

c.

Gramática 2

Novela en video

El relicario

Episodio 4

ESTRATEGIA

Asking questions Sometimes a story raises more questions than it answers. In **Episodio 4,** Victoria continues to make phone calls to Costa Rica. She talks to a Jorge Calderón, although not the one she is looking for. After you watch **Episodio 4,** ask yourself whether you think this Jorge will be part of the story. Why do you think that? Does he seem interested in Victoria's problem? How can you tell? Does she think this Jorge can help her solve her problem? Why do you think that? What does Jorge find that might help Victoria? How can he use what he found to help her? Write down any other questions that might help you predict what could happen next.

En Segovia, España

Victoria hace más llamadas a Costa Rica.

1

Victoria ¿Puedo hablar con Jorge Calderón?

Jorge Habla Jorge Calderón.

Victoria Ah, ahora recuerdo. Ya hablé contigo.

Jorge Espere, espere… ¿A quién busca? ¿Quién es usted?

Victoria Es una historia muy larga.

Jorge Sí, pero quizás pueda ayudar. Mi abuelo…

Victoria ¿Tu abuelo? ¿Tu abuelo se llama Jorge también?

En San José, Costa Rica

Jorge trata de convencer a Victoria de que él la puede ayudar. Después de colgar, lee algo importante en el periódico.

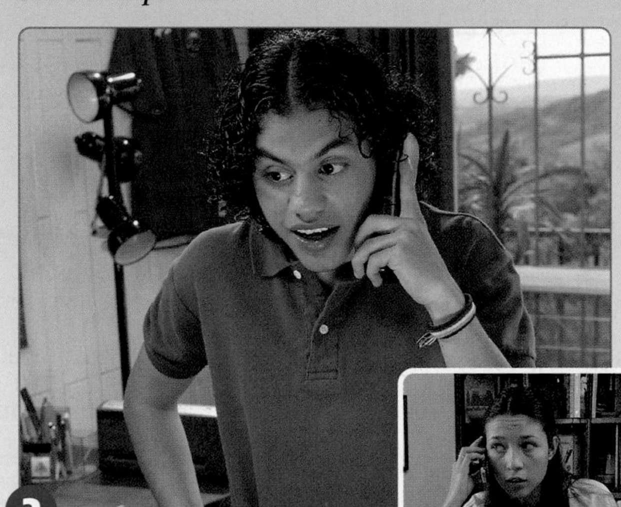

2

Jorge No. Se llama Mauricio, pero conoce a muchas personas aquí en San José. ¿Cómo te llamas?

Victoria Victoria, pero mira, te llamo desde Segovia. Me va a salir muy cara la llamada.

Jorge ¿Segovia? ¿España? ¿Y buscas a alguien en Costa Rica?

Victoria Busco a un viejo amigo de mis abuelos. Mi abuela, Graciela Mora, era costarricense, y mi abuelo, Alberto Gallegos, trabajó en un proyecto en Costa Rica con un ingeniero, Jorge Calderón. Tengo que encontrarlo para darle unas cosas.

Visit Holt Online
go.hrw.com
KEYWORD: EXP2 CH4
Online Edition

3

Victoria Mira, gracias, pero no sé mucho más. No quiero quitarte más tiempo. Adiós.

Jorge Espera, Victoria. ¿Por qué no anotas mi e-mail? Es jc@raxsa.co.cr

Victoria Bien, Jorge. Me voy. Adiós.

4

Jorge ¿Victoria? ¿Y tu e-mail? Ay... ya colgó.

5

Victoria Número equivocado, Jorge equivocado. ¡Qué lástima! ¡No eres el Jorge que busco!

En San José, Costa Rica

6

Sra. Calderón Jorge, ¡por favor! ¡Apagá ese radio! Tengo un dolor de cabeza.

Jorge Está bien mamá. ¿Te voy a comprar unas aspirinas?

Sra. Calderón No. Voy a la cama y en un ratito se me quita.

7

El famoso arquitecto español Alberto Gallegos falleció en su domicilio en Madrid, España. El señor Gallegos fue quien diseñó la Represa de Cartago en los años 50.

El ingeniero costarricense Jorge Calderón, colega del arquitecto Gallegos, no estuvo disponible para una entrevista sobre la colaboración entre él y su viejo amigo.

El abuelo Gallegos recuerda la primera vez que sale con su querida Graciela.

En San José, Costa Rica, 1955

Graciela y yo salimos por primera vez. Nos divertimos muchísimo.

Invitamos a Jorge a cenar con nosotros pero no quiso.

¿COMPRENDES?

1. ¿Qué le da Jorge a Victoria antes de terminar su conversación?
2. ¿Puede comunicarse Jorge con Victoria? ¿Por qué sí o por qué no?
3. ¿Qué le pasa a la mamá de Jorge?
4. ¿De qué se trata el artículo en el periódico que lee Jorge?
5. ¿Entrevistaron al colega del abuelo para el artículo? ¿Por qué?
6. Apunta tres preguntas que tienes sobre este episodio y sus posibles respuestas.

Próximo episodio:
Victoria va a hablar con la mejor amiga de su abuela para ver si puede aprender más, mientras Jorge sigue la pista del periódico.

PÁGINAS 188–189

Leamos y escribamos

ESTRATEGIA

para leer Using graphic organizers will help you organize the information you read and allow you to see connections between and among ideas. Two graphic organizers that are particularly useful when reading historical or biographical information are timelines and sequence diagrams. They help you understand and remember events or ideas in the order in which they occur.

Antes de leer

A Lee el título del artículo y recorre *(skim)* el texto. ¿Cómo está organizado cada párrafo? ¿Qué información biográfica contiene? Crea un diagrama o línea cronológica y úsala para tomar apuntes *(take notes)* mientras lees.

Leyendas hispanas del mundo deportivo

Estos atletas rompieron récords nacionales y mundiales y ganaron medallas y títulos en los Juegos Olímpicos y en otras competencias a nivel nacional y mundial[1]. Son unos de los deportistas hispanos más famosos del mundo.

José Luis Chilavert

Mejor Arquero[2] del Mundo en 1995 y de 1997 a 1999. Este paraguayo apasionado del fútbol metió un total de 44 goles entre 1992 y 1999. Año tras año, este jugador sigue logrando muchos triunfos para el equipo argentino con el que juega. Con razón es el héroe de muchos aficionados[3] por todo el mundo.

Nancy López

de California, una de las grandes deportistas de los últimos treinta años, empezó su carrera profesional en 1978. En ese mismo año ganó nueve competencias, entre ellas cinco consecutivas, hecho sin precedente en ese deporte. Tuvo tanto éxito que a los 30 años ya figuraba[4] en el Salón de la Fama de la Asociación Profesional de Golf (PGA). Esta leyenda femenina del golf anunció su retirada[5] en el año 2002 después de ganar un total de 48 competencias de la LPGA, establecer un récord para el golpe suave[6] y abrir el camino para las mujeres que la siguieron en la práctica de este deporte.

Sammy Sosa

dejó la República Dominicana a los 16 años para dedicarse al béisbol profesional. Por varios años jugó con diferentes equipos sin mucho éxito, pero su suerte cambió definitivamente en 1998, año en el cual bateó[7] 66 jonrones y obtuvo el título de Jugador Más Valioso[8] de la Liga Nacional. Este fue un año memorable en la historia del béisbol, pues se batió[9] dos veces el récord de 61 jonrones establecido por Roger Maris en 1961.

1 world 2 goal keeper 3 fans 4 appeared
5 her retirement 6 putting 7 hit
8 Most Valuable Player 9 was broken

Miguel Induráin Larraya

de España, es considerado uno de los mejores ciclistas de todos los tiempos. Tuvo una carrera brillante durante sus 12 años como ciclista profesional. Participó en la mayoría de las carreras más importantes del ciclismo y fue el primero en ganar cinco Tours de Francia consecutivos (1991–1996).

Rebecca Lobo

gran deportista estadounidense, capturó la atención nacional en 1995 cuando logró 35 victorias para el equipo de baloncesto de la Universidad de Connecticut y lo condujo al campeonato de la Asociación Atlética Nacional Universitaria. Fue nombrada la Jugadora Más Valiosa del año y posteriormente jugó con el equipo estadounidense que ganó la medalla de oro en los Juegos Olímpicos. Pero quizás uno de sus logros[1] más satisfactorios fue haber sido[2] jugadora de la Asociación Nacional de Básquetbol para Mujeres (WNBA) en el primer año de su existencia.

Arantxa Sánchez Vicario

o "la abeja[3] pequeña" como la llaman algunos, empezó su carrera en 1985 a la edad de 15 años. Se retiró del deporte en el 2002, después de ganar su sexto título de dobles del año. Durante su larga carrera logró 700 victorias y obtuvo 100 títulos (novena tenista con más títulos en la historia de este deporte). Es sin duda alguna una de las grandes damas del mundo del tenis.

El equipo nacional cubano de béisbol

es uno de los equipos deportivos más impresionantes del mundo. Ganó la Copa Mundial de Béisbol 21 veces entre los años 1938 y 2002 y la medalla de oro en los Juegos Olímpicos de 1992 y 1996. En los triunfos de este equipo se puede apreciar[4] la pasión que la nación cubana tiene por el béisbol.

LEYENDAS DEL MUNDO DEPORTIVO HISPANAS

1 achievements 2 to have been
3 bee 4 one can appreciate

Comprensión

B Usando los apuntes que tomaste, pon en orden cronológico los siguientes sucesos *(events)*.

1. José Luis Chilavert recibió por cuarta vez el título de Mejor Arquero del Mundo.
2. Nancy López empezó su carrera profesional.
3. Sammy Sosa rompió el récord de jonrones.
4. Rebecca Lobo logró 35 victorias para su equipo.
5. Arantxa Sánchez se retiró del tenis profesional.
6. Miguel Induráin ganó el Tour de Francia por primera vez.
7. El equipo nacional cubano de béisbol ganó su segunda medalla de oro.

C ¿Son **ciertas** o **falsas** las siguientes oraciones? Corrige las oraciones falsas.

1. José Luis Chilavert es famoso por meter muchos goles.
2. Nancy López fue la primera golfista en ganar nueve competencias consecutivas.
3. Sammy Sosa bateó un total de 62 jonrones en 1998.
4. Rebecca Lobo fue una de las primeras mujeres en jugar profesionalmente al básquetbol.
5. El equipo nacional cubano de béisbol ganó más de 21 competencias internacionales.
6. Nancy López, Miguel Induráin y Arantxa Sánchez ya no juegan profesionalmente.
7. Sammy Sosa y Nancy López establecieron nuevos récords en sus respectivos deportes.
8. El equipo nacional cubano de béisbol, Miguel Induráin y Rebecca Lobo ganaron medallas de oro en los Olímpicos.

Después de leer

D Which of the athletes in the article had you already heard of? Are any of them still making headlines today for their performance in sports or their work in the community? Who are the counterparts of these athletes today and what have they achieved?

E Do you follow any sports, particular teams, or athlete's careers? If so, which do you follow? Why do they interest you and what have they accomplished? Pick a team or athlete and create a timeline of their achievements.

Taller del escritor

ESTRATEGIA

para escribir Providing specific details not only makes your writing more interesting, but also lends clarity and plausibility to a report or story. Details provide concrete examples that help your readers understand what you have written. They also make your writing come alive.

Yo le dije, «Tómese dos aspirinas».

You are a physician keeping personal records of your patients' problems and the recommendations you give them. Recreate today's chart with several patients' detailed complaints or accounts of accidents, followed by your diagnoses and suggestions or prescriptions.

1 Antes de escribir

Imagine six accidents or conditions that prompt patients to visit your **consultorio,** and list them in Spanish. Use the chapter vocabulary and list a variety of problems: **Tengo una tos que no se me quita**. Next to each, write a command you might use as a suggestion to your patients: **Tómese este jarabe y descanse.**

2 Escribir un borrador

Make a chart with headings such as **paciente, síntomas,** and **recomendaciones.** For each condition or accident, provide specific details, as a patient would do when talking to a doctor. Then list your diagnosis, followed by your suggestions. Use the command(s) you wrote down earlier:
Tiene catarro, así que tiene que descansar mucho.
Le dije, «Duerma más y tómese estas pastillas».

3 Revisar

Trade drafts with a classmate and make suggestions for adding or improving details. Check for correct use of preterite forms and commands, and the appropriateness of the diagnoses. Some of the accidents can be unusual, but make sure they sound plausible as well as interesting.

4 Publicar

You may wish to display the records on a bulletin board for comparison. Which doctors had the most interesting set of patients? Who made the most helpful recommendations?

Síntomas
Recomendaciones
Gladys
Linda
Diego
Marta
Marco
Pablo

Capítulo 4
Repaso

Prepárate para el examen

Interactive TUTOR

1 Describe este partido de básquetbol y di cómo reaccionó cada equipo.

1 Vocabulario 1
- talking about how something turned out
- reacting to events

pp. 126–129

2 Escribe oraciones con los verbos en el pretérito. Luego explica por qué todos reaccionaron así.

1. yo/divertirse mucho
2. nadie/dormir bien antes del partido
3. su entrenador/no decir nada
4. todos/reírse de alegría
5. los jugadores/sentirse muy tristes
6. los animadores/ponerse a gritar
7. nosotros/estar muy contentos
8. todos/seguir festejando después

2 Gramática 1
- irregular preterites: **ponerse** and **decir**
- preterite of stem-changing **-ir** verbs
- preterite of **ser** and **estar**

pp. 130–135

3 Lee las oraciones y da un consejo para cada problema mencionado.

1. Me torcí la muñeca cuando me caí. Ahora la tengo hinchada.
2. Tengo un dolor de cabeza que no se me quita.
3. Estoy resfriado. Estornudo, tengo tos y me duele la garganta.
4. Me corté el dedo del pie caminando en la playa.
5. Me quemé la cara con el sol.
6. Me di un golpe en la cabeza con la puerta del carro.
7. Me corté el dedo y ahora lo tengo infectado.
8. Me lastimé la rodilla durante el partido. Me duele bastante.

3 Vocabulario 2
- talking about getting hurt
- asking for and giving advice

pp. 138–141

Visit Holt Online
go.hrw.com
KEYWORD: EXP2 CH4
Chapter Self-test

4 Usa el pretérito, el participio pasado, o el mandato informal de los verbos correctos para completar la conversación entre Javi y su vecina.

—¿Qué te __1__ (pasar/tener), Javi?

—Ay, Señora Girón. (Yo) __2__ (Caerse/Resfriarse) de un árbol y __3__ (ponerse/torcerse) el tobillo.

—Sí. Está un poco __4__ (hinchar/infectar). __5__ (Ponerse/Quedarse) hielo en el tobillo y __6__ (tomarse/descansar) unas aspirinas para el dolor. Y Javi, ¡__7__ (doler/tener) más cuidado cuando juegas!

4 Gramática 2
- verbs with reflexive pronouns and direct objects
- past participles used as adjectives
- preterite of verbs like **caer**

pp. 142–147

5 Contesta las siguientes preguntas.

1. ¿Qué es el jai alai? ¿Dónde se originó?
2. ¿Cuántas personas van al Festival de la Calle Ocho cada año?
3. ¿Qué es el «Museo en Otros Sitios»?

5 Cultura
- **Comparaciones pp. 136–137**
- **Notas culturales pp. 128, 131, 140, 146**
- **Geocultura pp. 120–123**

6 Escucha la conversación entre Pablo y el médico. Luego determina si las oraciones que oyes son **a)** ciertas o **b)** falsas.

Conversación

HOLT SoundBooth ONLINE RECORDING

7 Role-play the following conversation with a partner. Partner A is an older brother or sister who calls Partner B, a younger sibling, to find out about a sports competition.

Partner A:	Identify yourself. Say you called to find out how the competition turned out yesterday.
Partner B:	Greet your partner. Say that it was great and that your team won. Give the score.
Partner A:	Congratulate your partner. Ask how he or she felt when the team won.
Partner B:	Respond. Explain what your coach and parents said.
Partner A:	Ask if everyone went out and had fun afterward.
Partner B:	Explain that you went to the clinic with Roque, because he injured himself in the competition.
Partner A:	Ask how Roque injured himself, and what the doctor said.
Partner B:	Explain how Roque injured himself and what the doctor did to treat the injury, and end the conversation.

Gramática 1
- irregular preterites: **ponerse** and **decir** **pp. 130–131**
- preterite of stem-changing **-ir** verbs **pp. 132–133**
- preterite of **ser** and **estar** **pp. 134–135**

Repaso de Gramática 1

The verbs **ponerse, decir,** and **estar** are irregular in the preterite. The forms of **ser** in the preterite are the same as the preterite forms of **ir.**

me puse	**dije**	**estuve**	**fui**
te pusiste	**dijiste**	**estuviste**	**fuiste**
se puso	**dijo**	**estuvo**	**fue**
nos pusimos	**dijimos**	**estuvimos**	**fuimos**
os pusisteis	**dijisteis**	**estuvisteis**	**fuisteis**
se pusieron	**dijeron**	**estuvieron**	**fueron**

Stem changing **-ir** verbs such as **morirse**, **seguir**, **divertirse**, and **dormirse** only have a stem change in the third person forms in the preterite. For the forms of **reírse**, see page 132.

usted, él, ella	se m**u**rió	se div**i**rtió
ustedes, ellos, ellas	se m**u**rieron	se div**i**rtieron

Gramática 2
- verbs with reflexive pronouns and direct objects **pp. 142–143**
- past participles used as adjectives **pp. 144–145**
- preterite of verbs like **caer** **pp. 146–147**

Repaso de Gramática 2

For the use of reflexive pronouns with direct objects, see p. 142.

To form the past participles of regular verbs, drop the infinitive ending and add **-ado** to **-ar** verbs and **-ido** to **-er** and **-ir** verbs.

hinch~~ar~~ → **hinchado** *swollen* **her~~ir~~** → **herido** *hurt*

When **-er** and **-ir** verbs like **caerse** have a stem that ends in a vowel, the **i** of regular preterite endings changes to **y** in the third person forms, and to **í** in all the other forms.

yo	me	**caí**	nosotros(as)	nos	**caímos**
tú	te	**caíste**	vosotros(as)	os	**caísteis**
usted, él, ella	se	**cayó**	ustedes, ellos, ellas	se	**cayeron**

Letra y sonido (r) (rr)

Las consonantes r, rr

- A single **r** between vowels sounds like English *d* or *t* in *ladder* or *Betty:*
  cla**r**o, ho**r**a, pasa**r**on, mi**r**o, pa**r**a
- The double **rr** sounds like a motorcycle *(vrrroom)*. It is made by trilling the tip of the tongue behind the teeth. A single **r** at the beginning of a word, or after **n** or **l** makes the same sound:
  co**rr**eo, peli**rr**ojo, **r**osa, abu**rr**ido, En**r**ique

Trabalenguas

El perro de Rosa y Roque no tiene rabo, porque Ramón Ramírez se lo ha cortado.

Dictado

Escribe las oraciones de la grabación.

Repaso de Vocabulario 1

Talking about how something turned out

animar	*to cheer*
el (la) animador(a)	*cheerleader*
el atletismo	*track and field*
la banda escolar	*school band*
la competencia	*competition*
el debate	*debate*
empatar	*to tie a game*
el (la) entrenador(a)	*coach*
el equipo	*team*
la equitación	*riding*
el esquí acuático	*water skiing*
el éxito	*success*
fatal	*awful*
el fracaso	*failure*
Fue todo un...	*It was a total . . .*
ganar	*to win*
la gimnasia	*gymnastics*
el golf	*golf*
increíble	*incredible*
el (la) jugador(a)	*player*
la lucha libre	*wrestling*
Me fue muy bien (mal).	*I did very well (badly).*
montar a caballo	*to ride a horse*
la natación	*swimming*
la oratoria	*speech, public speaking*
el patinaje en línea	*in-line skating*
el patinaje sobre hielo	*ice skating*
perder (ie)	*to lose*
el puntaje	*score*
el trofeo	*trophy*

Reacting to events

gritar	*to shout*
llorar	*to cry*
Me dieron ganas de (+ infinitive)	*I felt like . . .*
Me dio (mucha) tristeza.	*It made me (very) sad.*
...(mucha) alegría.	*. . . (very) happy.*
...(mucha) vergüenza.	*. . . (very) embarrassed.*
...una rabia.	*. . . angry.*
Me puse a (+ infinitive)	*I started to . . .*
Me puse (+ adjective)	*I felt/became . . .*
Me reí mucho.	*I laughed a lot.*
reaccionar	*to react*
reírse (i, i)	*to laugh*

Repaso de Vocabulario 2

Talking about getting hurt; asking for and giving advice

Ahora lo tengo infectado.	*Now it's infected.*
caerse	*to fall down*
calentarse (ie)	*to warm up*
las cejas	*eyebrows*
el cerebro	*brain*
el codo	*elbow*
el corazón	*heart*
cortarse	*to cut oneself*
la curita	*adhesive bandage*
darle un calambre	*for someone to get a cramp*
darse un golpe en...	*to bump one's . . .*
el dedo del pie	*toe*
enfermarse	*to get sick*
estar mal	*to be sick*
estar resfriado(a)	*to have a cold*
estornudar	*to sneeze*
Estoy mal. Tengo tos y me duele la garganta.	*I'm sick. I have a cough and my throat hurts.*
el hielo	*ice*
hinchado(a)	*swollen*
el hueso	*bone*
los labios	*lips*
infectado(a)	*infected*
lastimarse	*to injure/hurt oneself*
la mejilla	*cheek*
la muñeca	*wrist*
el muslo	*thigh*
la oreja	*ear*
la piel	*skin*
¡Pobrecito(a)! Tómate unas aspirinas y descansa un poco.	*Poor thing! Take some aspirin and rest a bit.*
ponerse	*to put on*
los pulmones	*lungs*
Quédate en cama y tómate este jarabe.	*Stay in bed and take this cough syrup.*
quemarse	*to get a sunburn, to get burned*
resfriarse	*to catch a cold*
la rodilla	*knee*
romperse (+ body part)	*to break (+ body part)*
tener cuidado	*to be careful*
tener un calambre	*to have a cramp*
tener tos	*to have a cough*
Tengo un dolor de cabeza que no se me quita.	*I have a headache that won't go away.*
el tobillo	*ankle*
tomarse unas pastillas	*to take some pills*
torcerse (ue) (+ body part)	*to sprain, to twist (+ body part)*
el ungüento	*ointment*
la uña	*fingernail, toenail*
vendarse	*to bandage, to wrap*

Integración

capítulos 1–4

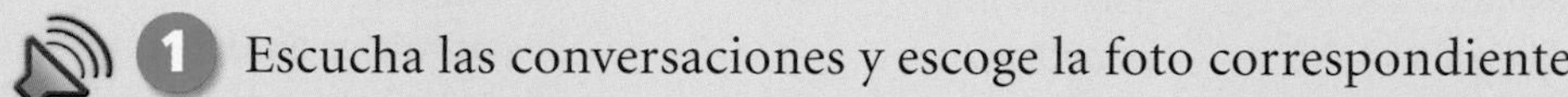

1 Escucha las conversaciones y escoge la foto correspondiente.

A

B

C

D

2 Lee el siguiente anuncio que apareció en una revista. Después contesta las preguntas.

El Rancho Loma Alta

es un campamento de deportes fenomenal para muchachos y muchachas de 13 a 17 años de edad. Ofrecemos programas de dos semanas durante los meses de junio y julio.

- **Por la mañana hay clases de gimnasia, golf y equitación.**
- **En la tarde ofrecemos natación y esquí acuático.**
- **Además, se puede montar a caballo, pasear en bote, ir de excursión por las zonas verdes o tomar el sol.**
- **Las dos semanas terminan con competencias en todos los deportes donde los participantes compiten por trofeos.**

Visiten El Rancho Loma Alta, el lugar ideal para practicar deportes, divertirse y conocer a nuevos amigos y amigas.

1. ¿Cuándo se ofrecen los campamentos y por cuánto tiempo?
2. ¿En qué deportes hay competencias?
3. Si quieres relajarte un poco, ¿qué puedes hacer en el campamento?
4. ¿Qué reciben los ganadores de las competencias?
5. ¿Cuántos años tienen los muchachos que van al Rancho Loma Alta?

Visit Holt Online
go.hrw.com
KEYWORD: EXP2 CH4
Cumulative Self-test

3 Estás viajando en el Caribe con tu familia y tu abuela se enferma. La llevas al consultorio del médico, pero ella no habla español. Explícale el problema al médico. Luego dile a ella lo que dice el doctor.

4 ¿Qué colores ves en el cuadro? ¿Qué te parecen estas frutas? ¿Probaste una de estas frutas alguna vez? ¿Qué comidas puedes preparar con ellas? ¿Qué otras comidas comes para mantenerte en forma?

La Zumba, el mamey y otras frutas tropicales de Tere Pastoriza

5 Imagina que eres médico(a). Todos los días tienes que escribir un informe de los pacientes que viste y las recomendaciones que les hiciste. Esta mañana vinieron cuatro pacientes. ¿Qué les pasó y qué les dijiste?

6

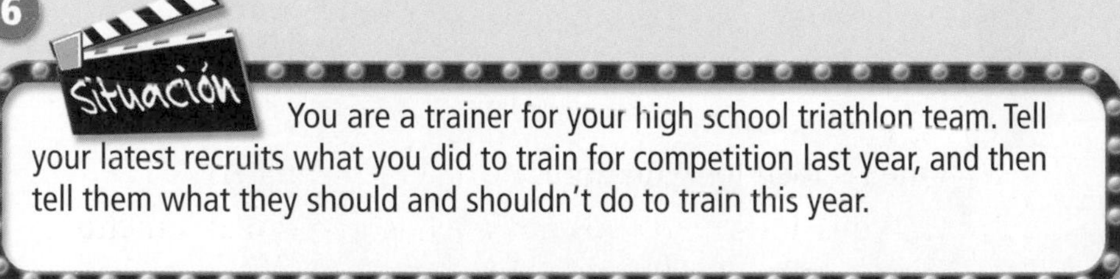

Situación
You are a trainer for your high school triathlon team. Tell your latest recruits what you did to train for competition last year, and then tell them what they should and shouldn't do to train this year.

Capítulo 5

GeoVisión

Geocultura San José

▲ **San José** se encuentra en el centro del fértil Valle Central. Los Cerros de Escazú al suroeste, el Volcán Barva al norte y el Volcán Irazú al este rodean el valle.

Aeropuerto Internacional Juan Santamaría (12 km)

Avenida Las Américas

Calle 42 Hungría Libre

Parque La Sabana

▲ **La Avenida Central** Parte de esta avenida es una zona peatonal. Hay muchas tiendas, una librería, un almacén, restaurantes y boutiques donde mucha gente va de compras.

Almanaque

Población
2,1 millones (área metropolitana)

Altura
1160 metros

Nota histórica
San José nunca fue reconocida con la ceremonia de fundación acostumbrada en los tiempos coloniales. Sus primeros pobladores fueron contrabandistas españoles, desterrados de Cartago, la primera capital de Costa Rica. En 1823, después de la independencia de España, la capital fue trasladada de Cartago a San José.

Economía
turismo, el gobierno nacional

► **Josefinos** jóvenes observan una mariposa en el Jardín de Mariposas Spirogyra.

Cerros de Escazú (5 km)

¿Sabías que...?

San José fue la tercera ciudad del mundo en tener luces públicas en sus calles y una de las primeras ciudades en instalar teléfonos públicos.

Visit Holt Online
go.hrw.com
KEYWORD: EXP2 CH4
Cumulative Self-test

3 Estás viajando en el Caribe con tu familia y tu abuela se enferma. La llevas al consultorio del médico, pero ella no habla español. Explícale el problema al médico. Luego dile a ella lo que dice el doctor.

4 ¿Qué colores ves en el cuadro? ¿Qué te parecen estas frutas? ¿Probaste una de estas frutas alguna vez? ¿Qué comidas puedes preparar con ellas? ¿Qué otras comidas comes para mantenerte en forma?

La Zumba, el mamey y otras frutas tropicales de Tere Pastoriza

5 Imagina que eres médico(a). Todos los días tienes que escribir un informe de los pacientes que viste y las recomendaciones que les hiciste. Esta mañana vinieron cuatro pacientes. ¿Qué les pasó y qué les dijiste?

6 **Situación** You are a trainer for your high school triathlon team. Tell your latest recruits what you did to train for competition last year, and then tell them what they should and shouldn't do to train this year.

Capítulo 5

GeoVisión

Geocultura San José

▲ **San José** se encuentra en el centro del fértil Valle Central. Los Cerros de Escazú al suroeste, el Volcán Barva al norte y el Volcán Irazú al este rodean el valle.

Aeropuerto Internacional Juan Santamaría (12 km)

Avenida Las Américas

Calle 42 Hungría Libre

Parque La Sabana

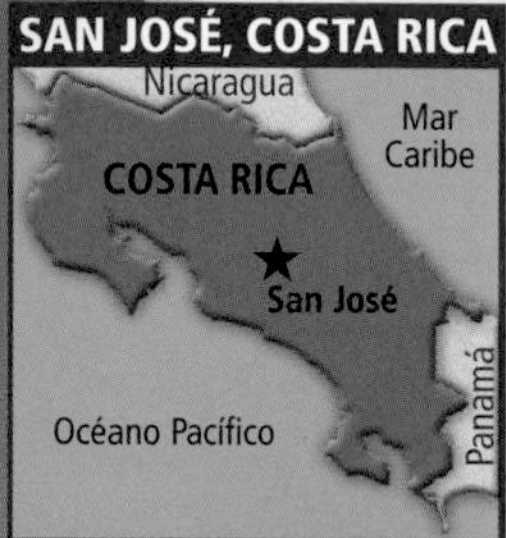

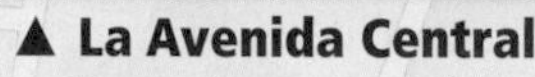

▲ **La Avenida Central** Parte de esta avenida es una zona peatonal. Hay muchas tiendas, una librería, un almacén, restaurantes y boutiques donde mucha gente va de compras.

► **Josefinos** jóvenes observan una mariposa en el Jardín de Mariposas Spirogyra.

Cerros de Escazú (5 km)

Almanaque

Población
2,1 millones (área metropolitana)

Altura
1160 metros

Nota histórica
San José nunca fue reconocida con la ceremonia de fundación acostumbrada en los tiempos coloniales. Sus primeros pobladores fueron contrabandistas españoles, desterrados de Cartago, la primera capital de Costa Rica. En 1823, después de la independencia de España, la capital fue trasladada de Cartago a San José.

Economía
turismo, el gobierno nacional

¿Sabías que...?

San José fue la tercera ciudad del mundo en tener luces públicas en sus calles y una de las primeras ciudades en instalar teléfonos públicos.

◄ **El Jardín de Mariposas Spirogyra** es un oasis en la ciudad de San José. El jardín ayuda a los visitantes a entender la fragilidad del medio ambiente. También ayuda a campesinos a ganar dinero con la exportación de capullos de mariposa a Europa. ❶

▼ **Las avenidas y calles** de San José forman una red donde las avenidas corren de este a oeste y donde las calles corren de norte a sur.

▼ **El Edificio Metálico,** construido completamente de metal, fue fabricado en Bélgica en 1890 y después construido en Costa Rica en 1896. Hoy en día alberga una escuela. ❷

◄ **En el Mercado Central,** iniciado en 1881, se puede comprar flores, especias, frutas y verduras tropicales y una variedad de artesanía local.

¿Qué tanto sabes?

¿Para qué sirve el Jardín de Mariposas Spirogyra?

A conocer San José

Los museos

▼ **El Museo Nacional** tiene muchas exposiciones arqueológicas de la cultura costarricense. Las esferas de piedra perfectamente redondas son de origen precolombino. Todavía representan un gran misterio para los científicos.

▲ **El Museo de los Niños** tiene colecciones especialmente para niños con temas tan variados como la ecología local hasta el espacio. El museo está en un edificio que antes fue una cárcel. 3

▲ **El Museo de Oro** es un edificio subterráneo bajo la Plaza de la Cultura. El museo tiene la colección más grande de prendas de oro precolombinas de América Central.

Los parques

◄ **En el Parque Nacional** hay un monumento que conmemora la batalla contra el invasor norteamericano William Walker, ganada por los costarricenses.

▲ **El Parque Central,** situado a poca distancia de la Plaza de la Cultura, es un sitio muy conocido, siempre frecuentado por ticos y turistas. En la plaza hay una glorieta amarilla en forma de araña.

◄ **El Parque La Sabana** es el centro deportivo de San José. Alberga tanto el Estadio Nacional como también canchas de tenis, volibol, béisbol y fútbol, piscinas y gimnasios.

Los festivales

Visit Holt Online
go.hrw.com
KEYWORD: EXP2 CH5
Photo Tour

◀ **El Tope Nacional** es un desfile anual de miles de caballos finos por la Avenida Central. Los caballos y sus jinetes orgullosos van vestidos con monturas y trajes tradicionales.

▶ **Las famosas carretas pintadas** y sus boyeros participan en desfiles durante varios festivales en San José. Las carretas que empezaron a ser decoradas al principio del siglo XX, originalmente eran usadas para el transporte del café.

¿Sabías que...?

Al aeropuerto internacional le pusieron el nombre de Juan Santamaría, el muchacho tamborilero que murió por la patria en la batalla contra William Walker en 1856. Investiga quién era William Walker.

Las bellas artes

◀ **El Teatro Melico Salazar** fue nombrado en honor al famoso tenor costarricense. El teatro ofrece conciertos, bailes y obras de teatro.

▲ **El Teatro Nacional** en la Plaza de la Cultura celebró su centenario en 1997. El Teatro Nacional fue inspirado en el Teatro de la Ópera de París. Es residencia de la conocida Orquesta Sinfónica Nacional de Costa Rica. ❹

Conexión Literatura

Pedro Calderón de la Barca (1600–1681)
Cerca de la entrada del Teatro Nacional hay una estatua de este célebre dramaturgo español. Calderón de la Barca fue uno de los mejores poetas y dramaturgos de la España del Siglo de Oro. ❹

¿Conoces otro autor español que contribuyó a la literatura del Siglo de Oro? ¿Cuáles son algunas obras famosas de este período literario?

CALDERON DE LA BARCA

Capítulo 5

Día a día

OBJETIVOS

In this chapter you will learn to

- tell someone to hurry
- remind someone to do something
- express interest and disinterest
- talk about how long something has been going on

And you will use

- preterite of **poder** and **traer**
- verbs with reflexive pronouns
- possessive pronouns
- negative expressions and **ninguno(a)**
- **hace** with time expressions
- **pero** and **sino**

¿Qué ves en la foto?

- **¿Dónde están los muchachos?**
- **¿Qué están haciendo?**
- **¿Adónde va la gente para reunirse en tu pueblo o ciudad?**

Visit Holt Online
go.hrw.com
KEYWORD: EXP2 CH5
Online Edition

Compañeros enfrente del Teatro Nacional, San José, Costa Rica

Objetivos
- Telling someone to hurry
- Reminding someone to do something

Vocabulario en acción 1

ExpresaVisión

Por la mañana en San José

Luego, necesito lavarme los dientes y **cepillarme** el pelo.

Necesito **ponerme los lentes de contacto.**

También voy a **ponerme lápiz labial** y **crema.**

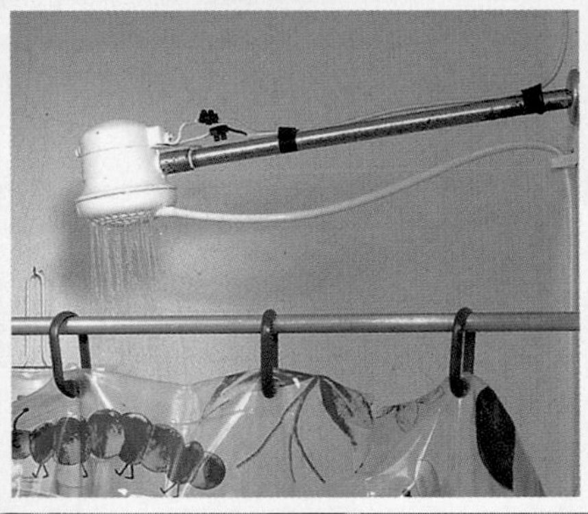

Primero, tengo que **ducharme**.

Y por fin, voy a **pintarme las uñas.**

Durante la semana me levanto temprano porque tengo que hacer muchas cosas para **arreglarme** antes de **irme**.

Antes de **irme,** debo **acordarme de** muchas cosas.

Vocabulario 1

Necesito **recoger** los útiles escolares.

Debo **apagar la luz.**

Necesito **agarrar el teléfono celular, las llaves, el paraguas** y **el impermeable.**

No debo olvidarme de **cerrar la puerta con llave.**

Tengo que darle de comer al perro.

¡Exprésate!

To tell someone to hurry	To respond
¡Date prisa! ¡Siempre te tardas tanto en arreglarte! *Hurry up! You always take so long to get ready!*	**No te preocupes. Acabo de bañarme. Sólo me falta peinarme.** *Don't worry. I just took a bath. I just need to comb my hair.*
¿Todavía no estás listo? Se nos hace tarde. La fiesta de Julia empieza a las seis. *You're not ready yet? It's getting late. Julia's party starts at six.*	**Tranquilo(a). ¡Ya voy! Estoy poniéndome los zapatos.** *Relax. I'm coming! I'm putting on my shoes.*

Interactive TUTOR

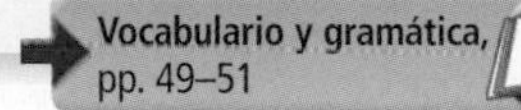

Vocabulario y gramática, pp. 49–51

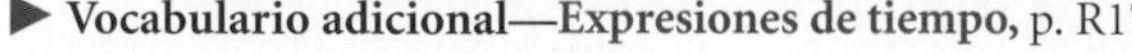

▶ Vocabulario adicional—Expresiones de tiempo, p. R17

1 ¿Quién dice...?

Escuchemos Mira las fotos y escucha las conversaciones. Decide qué foto corresponde a cada conversación.

A 

B 

C 

D 

E 

2 ¿Qué es?

Leamos/Escribamos Lee las definiciones y escribe la palabra apropiada.

1. Es algo que usas para cerrar la puerta.
2. Es ropa que te pones cuando llueve.
3. Es lo que haces cuando un animal tiene hambre.
4. Es lo que usas cuando quieres hablar con alguien que está lejos.
5. Es lo que usas cuando no puedes ver bien.
6. Es lo que haces cuando quieres arreglarte el pelo.

Nota cultural

Además de los habitantes de ascendencia europea y mestiza, en Costa Rica hay personas de ascendencia africana que viven en la costa caribeña del país. Muchos fueron traídos al país de las islas caribeñas, especialmente Jamaica (donde aprendieron el inglés de sus patrones), para trabajar en las plantaciones bananeras.

¿De dónde provienen los principales grupos étnicos de Estados Unidos?

3 Por lo general...

Leamos/Escribamos Completa las oraciones.

1. Por la mañana, primero tengo que ______.
2. Para ir a clase, casi siempre me pongo ______.
3. Para ir a una fiesta, prefiero ponerme ______.
4. Cuando me maquillo generalmente me pongo ______.
5. Después de vestirme, tengo que ______.
6. Siempre tengo que recoger ______ antes de irme al colegio.

¡Exprésate!

To remind someone to do something	To respond
¿Te acordaste de cerrar la puerta con llave? *Did you remember to lock the door?*	**¡Ay! Se me olvidó por completo.** *Oh! I totally forgot.*
¿Trajiste el teléfono celular/las llaves? *Did you bring the cell phone/keys?*	**No, no pude encontrarlo/las.** *No, I couldn't find it/them.*

Interactive TUTOR

Vocabulario y gramática, pp. 49–51 Online workbooks

4 ¿Qué dicen?

Escuchemos Escucha las oraciones y decide si la persona que habla quiere:

a) apurar *(to hurry)* a alguien
b) saber si alguien se acordó o no de hacer algo
c) contestarle *(to answer)* a alguien

Comunicación

5 ¿Te acordaste de...?

Hablemos Pregúntale a tu compañero(a) si se acordó de hacer las siguientes cosas antes de salir esta mañana.

MODELO ¿Te acordaste de apagar las luces?
Sí, claro. (No, se me olvidó.)

1
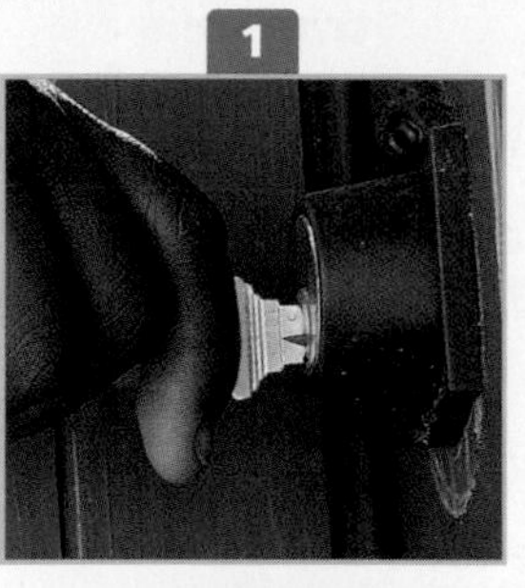

2

3

4
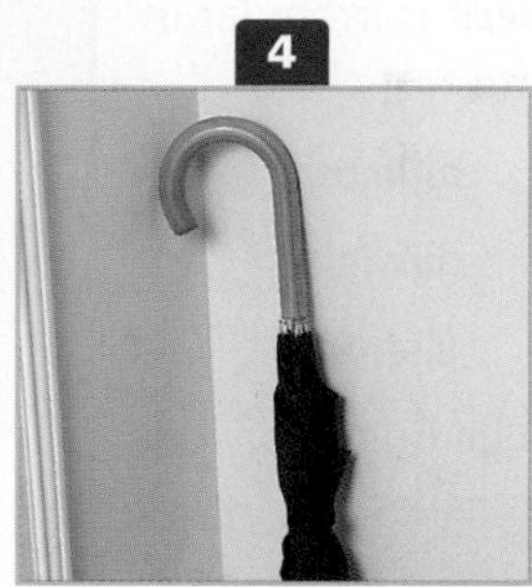

5

6
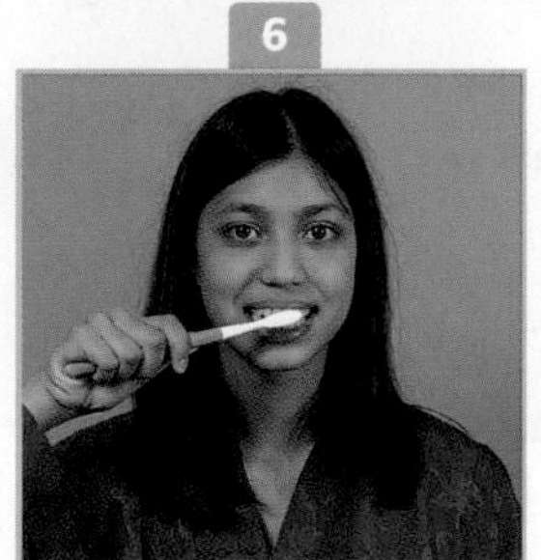

7

8

6 ¡Date prisa!

Hablemos Con un(a) compañero(a), dramaticen la siguiente situación. Estás arreglándote para ir al colegio. Tu padre o tu madre te apura y te recuerda tres cosas que debes llevar o hacer. Responde a lo que te dice.

MODELO —¿Todavía no estás listo? ¡Date prisa!
—Tranquilo. Le estoy dando de comer al gato.

¡Date prisa!
¿Todavía no estás listo(a)?
Hay que...
Siempre te tardas tanto en...
¿Te acordaste de...?
¿Agarraste...?

Vocabulario 1

Objetivos
- Preterite of **poder** and **traer**
- Verbs with reflexive pronouns
- Possessive pronouns

GramaVisión

Preterite of poder and traer

Interactive TUTOR

1 Both **poder** and **traer** are irregular in the preterite. The verb **poder** is often followed by an **infinitive** to say what you could (and did) do or couldn't (and, in fact, didn't) do.

	poder *(to be able, can)*	**traer** *(to bring)*
yo	**pude**	**traje**
tú	**pudiste**	**trajiste**
Ud., él, ella	**pudo**	**trajo**
nosotros(as)	**pudimos**	**trajimos**
vosotros(as)	**pudisteis**	**trajisteis**
Uds., ellos, ellas	**pudieron**	**trajeron**

Ana no **pudo venir** a clase ayer porque se enfermó.
Ana couldn't (didn't) come to class yesterday because she got sick.

Pude terminar la tarea en una hora.
I was able to (and did) finish the homework in an hour.

Traje el helado para la fiesta. ¿Qué **trajiste** tú?
I brought the ice cream for the party. What did you bring?

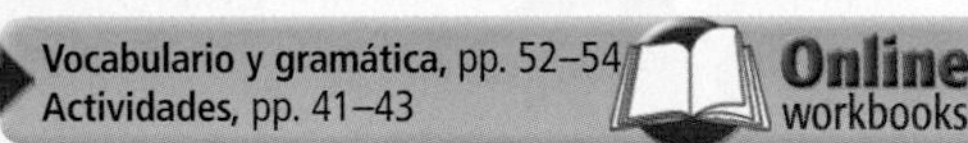
Vocabulario y gramática, pp. 52–54
Actividades, pp. 41–43

¿Te acuerdas?

The verb **decir** is irregular in the preterite.

dije	**dijimos**
dijiste	**dijisteis**
dijo	**dijeron**

María **me dijo** que se olvidó de traer las llaves.

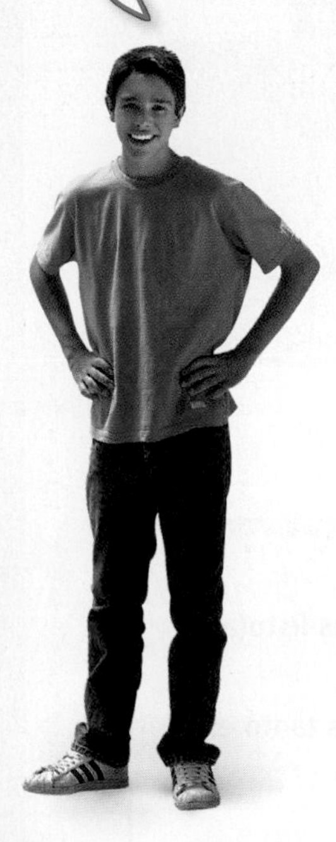

7 ¿Por qué...?

Leamos/Escribamos Escoge el verbo correcto y completa la conversación con la forma correcta del pretérito.

ANA José, ¿por qué no __1__ (lavar/ser) los platos?
JOSÉ No __2__ (hacer/poder) porque nadie __3__ (traer/tener) los platos del comedor.
ANA ¿Y por qué no __4__ (cocinar/ir) papá la cena?
JOSÉ Porque mamá no __5__ (traer/llegar) la comida.
ANA ¿Y por qué Lalo y Sara no __6__ (arreglar/traer) sus cuartos?
JOSÉ No __7__ (ir/poder) porque tuvieron mucha tarea.
ANA ¿Y por qué tú no __8__ (hacer/poder) ayudarme con la tarea de inglés?
JOSÉ ¡Porque tú no __9__ (poder/traer) el libro!

Visit Holt Online
go.hrw.com
KEYWORD: EXP2 CH5
Gramática 1 practice

Gramática 1

8 No lo trajeron

Escribamos Ayer todos se olvidaron de traer algo y no pudieron hacer varias cosas. Completa las oraciones y escribe lo que no pudieron hacer.

MODELO María no trajo su celular. Por eso no pudo llamarme.

1. Miguel no ___ su libro de matemáticas.
2. Laura y Cristina no ___ su maquillaje.
3. Diego y yo no ___ nuestros útiles escolares.
4. La profesora no ___ el examen.
5. Carlos y Ana no ___ dinero.
6. Marisa, no ___ las llaves de tu casa, ¿verdad?

9 El sábado tuve que...

Hablemos Basándote en las fotos, explica por qué cada persona no pudo asistir al concierto de Carla el sábado.

MODELO Juan no pudo asistir al concierto de Carla porque tuvo que estudiar toda la tarde.

Juan

1. Pablo

2. Gloria

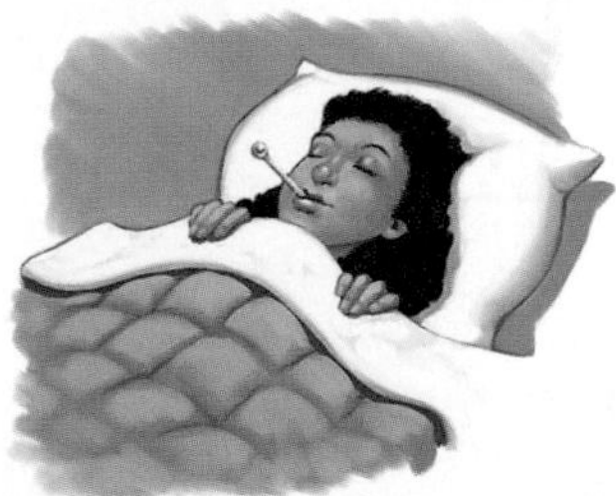

3. Ángela

4. Miguel y Roberto

5. Sara y yo

6. Julio y su familia

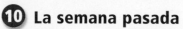

10 La semana pasada

Hablemos/Escribamos Haz una lista de cuatro cosas que hiciste la semana pasada. Luego pregúntale a un(a) compañero(a) si pudo o no pudo hacer las mismas cosas. Si no pudo hacerlas, ¿por qué no?

Repaso — Verbs with reflexive pronouns

1 Here are some more verbs with **reflexive pronouns**. Some of these verbs show that the subject acts upon itself when used with a reflexive pronoun.

arreglar**se**	*to get ready*
cepillar**se** (el pelo)	*to brush (one's hair)*
dar**se** prisa	*to hurry*
duchar**se**	*to take a shower*
pintar**se** las uñas	*to paint one's nails*
tardar**se** en + infinitive	*to take a long time (to)*

2 Some verbs with **reflexive pronouns** have a different meaning than the verb without a reflexive pronoun.

ir	*to go*	ir**se**	*to leave*
poner	*to put*	poner**se**	*to put (something) on*

3 Use **direct object pronouns** to replace the direct object of a verb. **Reflexive pronouns** always go before direct object pronouns.

—¿**Te** estás pintando **las uñas**? —No **me las** puedo pintar ahora. No tengo tiempo.

—¿Cuándo vas a pintár**telas**? —**Me las** voy a pintar esta tarde.

¿Te acuerdas?

Remember that **reflexive pronouns** go just before conjugated verbs and before negative command forms. They can be attached to the end of infinitives, present participles, or affirmative command forms.

Ya **nos** pintamos las uñas.

No **te** olvides de mí.

¡Ve**te**!

Vocabulario y gramática, pp. 52–54
Actividades, pp. 41–43
Online workbooks

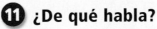

Verbs with reflexive pronouns that express thoughts or feelings

acordarse (de)	*to remember*	**olvidarse (de)**	*to forget*
alegrarse	*to be glad*	**ponerse nervioso**	*to get nervous*
enojarse	*to get mad*	**preocuparse**	*to worry*

11 ¿De qué habla?

Leamos Para cada oración, decide de qué habla Luisa.

1. Me la pongo todos los días.
   a. la crema **b.** el lápiz labial **c.** el maquillaje
2. Mañana voy a pintármelas.
   a. la cara **b.** las uñas **c.** el pelo
3. Esta mañana, me la lavé.
   a. las manos **b.** los dientes **c.** la cara
4. Lávatelos tres veces por día.
   a. el pelo **b.** los dientes **c.** las cejas
5. Me los quito antes de acostarme.
   a. las botas **b.** el maquillaje **c.** los lentes
6. Estoy poniéndomelos.
   a. el pijama **b.** las botas **c.** los zapatos

12 ¿Qué hicieron o qué van a hacer?

Escuchemos Escucha las siguientes conversaciones y escoge el mejor resumen *(summary)* de cada una.

1. **a.** Carmen ya se pintó las uñas. **b.** Carmen va a pintarse las uñas.
2. **a.** Adriana ya se puso la chaqueta. **b.** Adriana se está poniendo la chaqueta.
3. **a.** Enrique se acordó de poner la tarea en la mochila. **b.** Enrique va a poner la tarea en la mochila.
4. **a.** Sara ya se maquilló. **b.** Sara va a maquillarse.
5. **a.** Miguel ya se afeitó. **b.** Miguel ya se vistió.

13 ¡Ya es hora!

Hablemos Dile a tu hermano(a) lo que debe o no debe hacer para llegar a tiempo a la escuela.

MODELO **acordarse: Acuérdate de poner la tarea en tu mochila.**

1. ponerse
2. darse prisa
3. no olvidarse de
4. bañarse
5. acostarse más temprano
6. no tardarse mucho en

14 Estamos...

Hablemos/Escribamos Di lo que dice Luz sobre qué está haciendo su familia.

MODELO **Mi madre está lavándose la cara.**

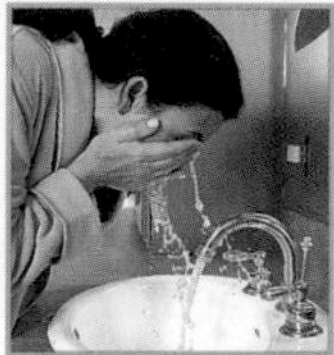

Mi madre

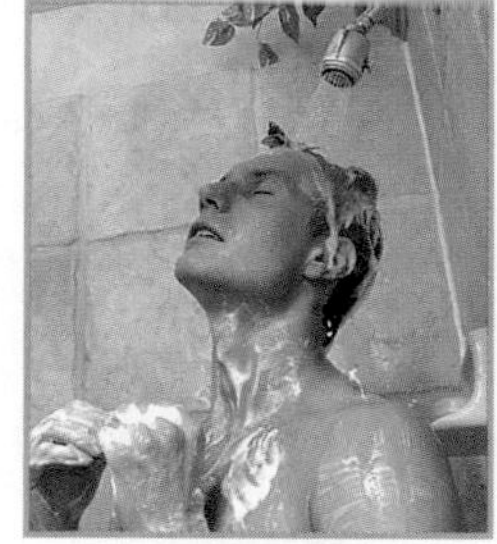

1. Mi padre

2. Yo

3. Mi hermana y yo

4. Mis hermanos

5. Mi abuela

Comunicación

15 ¿Cuánto tiempo más?

Hablemos Haz una encuesta para saber cuánto tiempo se tardan tus compañeros(as) de clase en prepararse para el día.

MODELO **—¿Cuánto tiempo te tardas en lavarte los dientes?**
—Me tardo tres minutos en lavármelos.

despertarse	levantarse
ducharse	lavarse...
afeitarse	cepillarse...
maquillarse	ponerse...

Gramática 1

Possessive pronouns

1 To show ownership, use a **possessive adjective** before a noun.

Tu casa es muy bonita.
¿Dónde están **mis** llaves?
Nuestro perro es un chihuahua.

2 When you leave out the noun, you use a **possessive pronoun**.

—Veo que tienes tu mochila. ¿Tienes **la mía** también?
—No, Juan tiene **la tuya**.

3 **Possessive pronouns** agree with the nouns they refer to.

	Masculine SINGULAR	Feminine SINGULAR	Masculine PLURAL	Feminine PLURAL
yo	el mío	la mía	los míos	las mías
tú	el tuyo	la tuya	los tuyos	las tuyas
Ud., él, ella	el suyo	la suya	los suyos	las suyas
nosotros(as)	el nuestro	la nuestra	los nuestros	las nuestras
vosotros(as)	el vuestro	la vuestra	los vuestros	las vuestras
Uds., ellos, ellas	el suyo	la suya	los suyos	las suyas

Aquí está mi toalla y allí está **la tuya**. — *Here is my towel and there is yours.*

4 After the verb **ser** the definite article **(el, la, los, las)** is often omitted.

—¿Es **tuyo** este paraguas? — *Is this umbrella yours?*
—No, no es **mío**. — *No, it's not mine.*

Vocabulario y gramática, pp. 52–54
Actividades, pp. 41–43

El quetzal es un pájaro legendario que vive en los troncos de árboles muertos. Quedan muy pocos quetzales en el mundo y los visitantes al bosque nuboso de Monteverde pueden tener la suerte de observar uno. Monteverde, al noroeste de San José, es el hogar de numerosas especies de plantas y animales, especialmente de aves en peligro de extinción.

Investiga qué simboliza el quetzal.

16 ¿Es de él o de ella?

Escuchemos Escucha las oraciones de Enrique y decide si habla de una cosa que es

a) de él,
b) de su hermana o
c) de ambos (*both*).

17 ¿De quién es?

Leamos/Escribamos Completa la conversación con el pronombre posesivo más apropiado.

SR. MARTÍNEZ	¿Es esta camisa azul la mía?
ROBERTO	No, papá. No es ___1___.
SR. MARTÍNEZ	¿Sabes de quién es? ¿Es de tu hermano?
ROBERTO	No, no es ___2___.
SR. MARTÍNEZ	Te queda muy bien, Roberto. Creo que es ___3___.
ROBERTO	No, papá. Tampoco es ___4___. Es de Chato.
SR. MARTÍNEZ	Bueno, ¿de quién son estos libros en el piso? ¿Son ___5___, Roberto?
ROBERTO	Son míos y de Sofía. Son ___6___.

18 ¡Viva nuestro colegio!

Hablemos Primero usa las fotos para describir este colegio en Costa Rica. Luego di cómo es tu colegio. Sigue el modelo.

MODELO **Su colegio es viejo.**
El nuestro no es viejo.

su colegio

1. sus estudiantes

2. su biblioteca

3. su gimnasio

4. sus profesoras

19 ¿Y el tuyo?

Hablemos Con un(a) compañero(a), túrnense para describir las siguientes cosas y para pedir su opinión.

MODELO **clases**
—Mis clases son todas muy interesantes. ¿Y las tuyas?
—Las mías son un poco aburridas.

1. cuarto
2. familia
3. casa
4. vecinos
5. pasatiempos
6. amigos

Cultura

VideoCultura

Comparaciones

Compañeros sin prisa en un parque de Costa Rica

Por lo general, ¿te das prisa para llegar a tiempo a las fiestas?

En Estados Unidos si recibes una invitación a una fiesta es muy común llegar a la hora indicada o quizás un poco después. En los países hispanohablantes la gente suele llegar una hora (o más) tarde a las fiestas. Esta costumbre se llama *hora latina,* y se practica en muchos lugares. Sin embargo, no se debe llegar tarde al colegio o al trabajo, igual que en Estados Unidos. Si no sabes a qué hora llegar, siempre puedes preguntarle a alguien para aclarar las cosas. En el lugar donde vives, si llegas tarde a una fiesta, ¿qué pasa?

Viviana
San José, Costa Rica

Por lo general, ¿te das prisa para llegar a tiempo a las fiestas?

Este, sí, sí me doy prisa porque tengo que maquillarme, peinarme y puedo llegar temprano a la actividad.

Si recibes una invitación para llegar a una fiesta a las ocho, ¿a qué hora llegas?

Si es una fiesta de mis amigos, puedo llegar como a las ocho y veinte, ocho y diez, no tan temprano.

¿Es normal llegar más o menos una hora después de que ha empezado una fiesta?

Depende de la actividad que sea, si es una actividad, como te digo, de mis amigos, puedo llegar un poco tarde, si no, tengo que llegar puntual.

¿En qué ocasiones se debe llegar a la hora indicada?

En las ocasiones como matrimonios, té de canastillas, u ocasiones más formales.

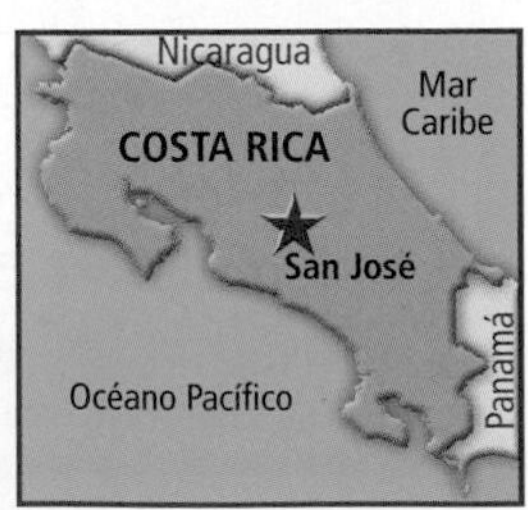

Visit Holt Online

go.hrw.com

KEYWORD: EXP2 CH5

Online Edition 

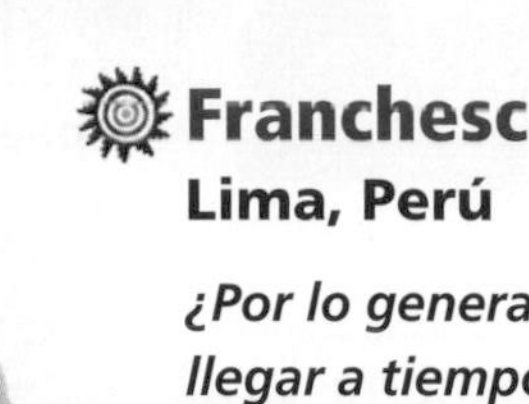

Franchesca
Lima, Perú

¿Por lo general te das prisa para llegar a tiempo a las fiestas?

Sí, por lo general me doy prisa porque tengo que arreglarme y elegir la ropa que voy a ponerme y eso toma tiempo.

Si recibes una invitación para una fiesta que empieza a las ocho, ¿a qué hora llegas?

Si recibo una invitación para una fiesta que empieza a las ocho, llego entre ocho y ocho y media.

¿Es normal llegar más o menos una hora después de que empieza una fiesta?

Sí, es normal llegar una hora después de que ha empezado una fiesta.

¿En qué ocasiones se debe llegar a la hora indicada?

Cuando es una reunión formal como un matrimonio o una graduación.

Para comprender

1. ¿Qué hace Viviana para prepararse para una fiesta?
2. ¿En qué ocasión llega Viviana a la hora indicada?
3. ¿Franchesca normalmente llega a la hora indicada a fiestas?
4. ¿Qué considera Franchesca una ocasión formal?

Para pensar y hablar

Ni Viviana ni Franchesca dicen que es normal llegar a tiempo a una fiesta. ¿Por qué crees que la gente no tiene la costumbre de llegar a tiempo a una fiesta informal? ¿En tu comunidad es así? Si hay una fiesta entre tus amigos, ¿qué pasa si los invitados llegan una hora déspués de la hora indicada?

Comunidad y oficio

El español y los anuncios

Para convencer a los consumidores que su champú, pasta de dientes o maquillaje es el mejor, las compañías usan anuncios creados por un equipo de diseñadores, artistas, escritores y directores de mercadeo (*marketing*). Debido a los muchos consumidores hispanohablantes, algunos de estos expertos necesitan hablar español y conocer las diferentes culturas hispanas. Busca en una revista, en Internet o en la televisión un anuncio en español para un producto que se usa en la rutina diaria. Compáralo con un anuncio en inglés para un producto parecido. ¿En qué se diferencian? ¿Qué conocimientos especiales necesitan tener los creadores de estos dos anuncios?

El proceso creativo entre un grupo de diseñadores

Objetivos
- Expressing interest and disinterest
- Talking about how long something has been going on

Vocabulario en acción 2

ExpresaVisión

Mi familia y yo tenemos muchos intereses, así que no **nos aburrimos.** Nos gusta **participar** en actividades y **disfrutamos** de estar juntos.

tomar clases de guitarra

crear un álbum

hacer crucigramas

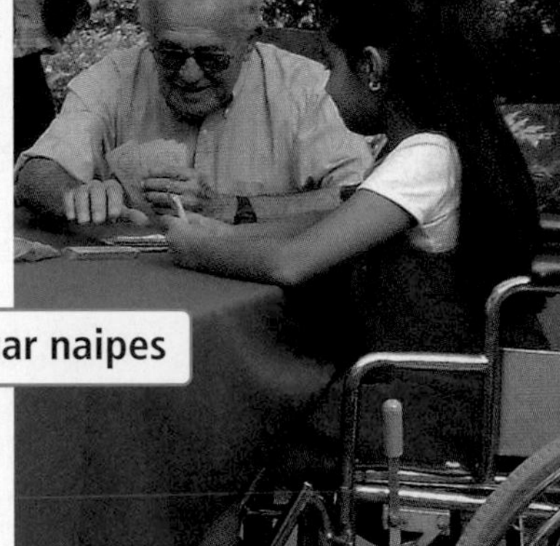

jugar naipes

coleccionar pósters/monedas/estampillas

reunirse en un café Internet

trabajar en mecánica

Visit Holt Online
go.hrw.com
KEYWORD: EXP2 CH5
Vocabulario 2 practice

En sus ratos libres, mi madre **cose vestidos de gala.** Mi hermana mayor **hace diseño por computadora.** Le encanta **diseñar páginas Web.** A veces **intercambia** revistas cómicas con su amiga.

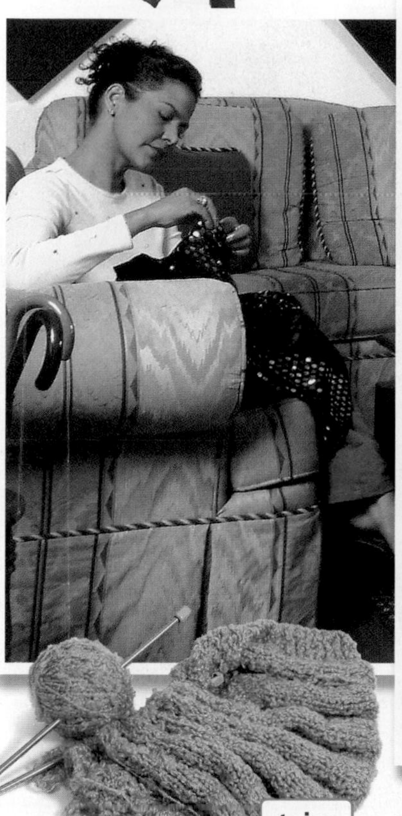

tejer

Más vocabulario...

cansarse	*to get tired*	**enviar mensajes de texto**	*to send text messages*
conversar	*to talk, to have a conversation*	**ser un rollo**	*to be dead boring*
crear/grabar CDs	*to burn CDs*		
cuidar a una mascota	*to take care of a pet*	**trotar**	*to jog*

¡Exprésate!

Interactive TUTOR

To express interest and disinterest	
¿Te interesan los deportes al aire libre? *Are you interested in outdoor sports?*	**¡Ay, qué pesado! No me interesan para nada.** *Oh, how boring! They don't interest me at all.*
¿Te interesa aprender a pintar? *Are you interested in learning to paint?*	**No, me llama más la atención escribir poemas y cuentos.** *No, I'm more interested in writing poems and stories.*

Vocabulario y gramática, pp. 55–57

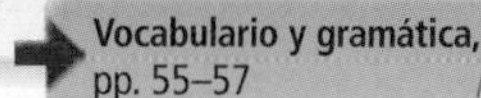

20 Los pasatiempos

Escuchemos Escucha mientras varias personas hablan de sus pasatiempos. Identifica qué foto le corresponde a lo que dice cada persona.

A

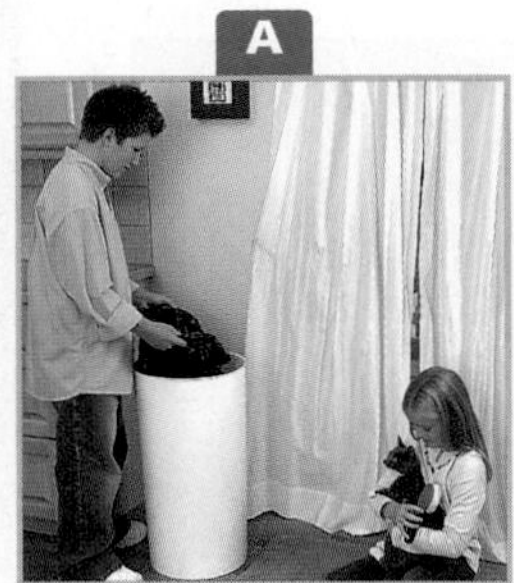

B

C

D

E

21 Según tú...

Leamos/Escribamos Completa las oraciones según tus propias experiencias.

1. Me interesa aprender a ____.
2. Mis padres coleccionan ____.
3. En sus ratos libres, a mi hermano(a) le gusta ____.
4. A mí no me gusta ____, pero a mi amigo(a) le encanta.
5. A mi hermano(a) no le gusta ____.
6. Siempre quiero comprar ____ nuevas(os) para mi colección.
7. No me interesa para nada ____.
8. Me interesa(n) ____, pero me llama más la atención ____.
9. Me gusta ____ y ____ en la computadora.
10. Quiero aprender a ____ algún día.

¡Exprésate!

To talk about how long something has been going on

Interactive TUTOR

¿Cuánto tiempo hace que tocas el violín? *How long have you been playing the violin?*	**Hace mucho/poco tiempo. Estoy loco(a) por la música clásica.** *For a long time/little while. I'm crazy about classical music.*
¿Sigues practicando artes marciales? *Are you still doing martial arts?*	**Ya no. En estos días paso mucho tiempo haciendo ejercicios aeróbicos.** *Not any more. These days I spend a lot of time doing aerobics.*

Vocabulario y gramática, pp. 55–57 Online workbooks

22 Ya no

Leamos/Escribamos Lee las siguientes respuestas y escribe una pregunta lógica para cada una.

1. Hace mucho tiempo. Estoy loca por la música rock.
2. Mi pasatiempo favorito es crear CDs.
3. Me parece pesado. Prefiero trabajar en mecánica.
4. Sí. Me llama mucho la atención coleccionar cosas.
5. Ya no. En estos días paso mucho tiempo creando álbumes.
6. Hace poco tiempo. Me encanta, pero es difícil diseñar páginas Web.

23 Cada uno a su gusto

Escribamos Escribe una pregunta sobre estas personas, o una oración que las describa. Usa las expresiones del cuadro.

MODELO **Rosa está loca por coleccionar estampillas pero Jorge no.**

Rosa y Jorge

¿Cuánto tiempo hace que...?	Sigue(n)...
Está(n) loco(a)(s) por...	Pasa(n) mucho tiempo...

1. Pepe 2. Mari y Pili 3. mis vecinas 4. los compañeros

24 ¿Te interesa...?

Hablemos Pregúntale a tu compañero(a) si le interesan o le gustan las actividades del cuadro. Usen diferentes expresiones para responder.

MODELO **—¿Te interesa aprender a jugar naipes?**
—No. Prefiero hacer crucigramas.

jugar naipes	hacer crucigramas
trabajar en mecánica	coleccionar pósters/monedas/estampillas
escribir poemas/cuentos/cartas	enviar mensajes de texto

Objetivos

- Review of negative expressions; **ninguno(a)**
- **Hace** with time expressions
- **Pero** and **sino**

Gramática en acción 2

GramaVisión

Repaso Negative expressions; ninguno(a)

1 Negative expressions in Spanish go either before or after the verb. If they are placed after the verb, place **no** before the verb also.

No salgo **nunca** durante la semana.

2 When **nada** and **nadie** are subjects, they are placed before the verb. They can otherwise follow the verb or the preposition of which they are the object.

subject precedes verb — **Nadie** juega mejor que yo. *object follows verb* — No quiero hacer **nada**.

Use the personal **a** with **nadie** when it's the object of a verb.

No conozco **a nadie** aquí.

3 Use **ninguno** and **ninguna** to say *none, not (a single) one.* They are generally used in the singular and match the noun they describe in gender.

4 **Ninguno** and **ninguna** can stand alone, or they can go before a noun. If **ninguno(a)** follows the verb in the sentence, place **no** before the verb.

—¿Cuántas **estampillas** de Costa Rica tienes? —**No** tengo **ninguna**.

Ninguno changes to **ningún** before a masculine singular noun.

—Tengo dos pósters de Perú pero **no** tengo **ningún póster** de España.

En inglés

In **English,** one negative word is enough to make a sentence negative.

I **don't** know anything.

They **don't** know anything either.

In English, what can two negative expressions do in a sentence?

In **Spanish,** double and even triple negatives are not incorrect. In fact, they're very common!

Yo **no** sé **nada**.

Ellos **no** saben **nada tampoco**.

25 Preguntas y respuestas

Leamos Escoge la respuesta que corresponde a cada pregunta.

1. ¿A quién le gusta este juego?
2. ¿Qué te gusta hacer en tus ratos libres?
3. ¿Cuándo quieres ver mi colección de estampillas?
4. ¿En qué actividades del colegio participas?
5. ¿Quién quiere salir a bailar salsa conmigo?
6. No quiero jugar naipes con Juanito. ¿Y tú?
7. ¿Cuántos pósters de Marc Anthony tienes?

- **a.** En ninguna.
- **b.** Ninguno.
- **c.** Nunca.
- **d.** A nadie.
- **e.** Nadie.
- **f.** Nada.
- **g.** Yo tampoco.

Visit Holt Online
go.hrw.com
KEYWORD: EXP2 CH5
Gramática 2 practice

26 Nadie tiene ningún interés

Leamos/Escribamos Completa las siguientes oraciones con **nadie, ningún, ninguno** o **ninguna.**

1. ____ quiere ir conmigo al cine esta tarde. Mis amigos dicen que ____ de las películas es interesante.
2. En estos días ____ de mis compañeros colecciona revistas cómicas, por eso no tengo ____ revista nueva para leer.
3. No vi a Juan en ____ lugar. Tal vez (*maybe*) se durmió en la presentación.
4. Tengo setenta pósters de Joselito pero ____ de Marisol.
5. ____ estudiante quiere comer hoy en la cafetería de la escuela.
6. ____ sabe dónde puedo tomar clases de guitarra.

Comunicación

27 ¿Cuántos tienes?

Hablemos Túrnense con un(a) compañero(a) para preguntarse si tienen las siguientes cosas.

MODELO **—¿Cuántos libros en español tienes?**
—Tengo muchos libros en español. (No tengo ninguno.)

1

2

3
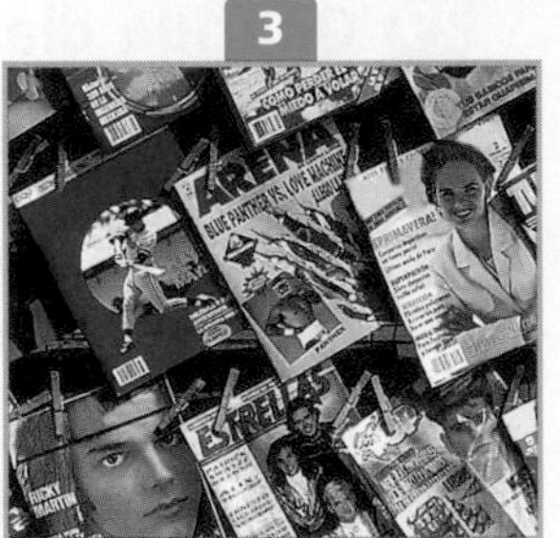

4

5

6

7

8

Gramática 2

Hace with time expressions

En inglés

In **English,** we use the formula *to have + been + the present participle* to talk about an event that began in the past and is still going on.

I've been working here for three years.

In **Spanish,** this is often expressed with **hace... que** and a verb in the present tense.

Hace tres años **que** trabajo aquí.

How would you express *I've been taking piano lessons for five years* in Spanish?

1 To talk about an event that began in the past and is still going on, use **hace** + time expression + **que** + a **verb in the present tense.**

—¿Cuánto tiempo **hace que practicas** artes marciales?
How long have you been doing martial arts?

—**Hace** dos años **que practico** artes marciales.
I've been doing martial arts for two years.

2 Here are some time expressions you can use with **hace... que** and a **verb in the present tense.**

una hora	una semana	un año
un día	un mes	poco/mucho tiempo

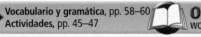

Vocabulario y gramática, pp. 58–60
Actividades, pp. 45–47
Online workbooks

28 ¿Tanto tiempo?

Escuchemos Escucha lo que dice Enrique sobre su vida diaria y luego contesta las preguntas usando **hace que.**

¿Cuánto tiempo hace que Enrique...?

1. estudia en el Colegio Humboldt
2. estudia inglés
3. estudia alemán
4. toca la guitarra
5. toca en un grupo de música rock
6. juega al golf

29 Querido diario

Hablemos/Escribamos Hoy es el 31 de diciembre. Lee las anotaciones *(entries)* que Yolanda escribió en su diario e indica cuánto tiempo hace que ella hace cada cosa mencionada.

MODELO Hace un año más o menos que su familia vive en San Juan.

EL 2 DE ENERO
Vinimos a vivir a San Juan.

EL 3 DE FEBRERO
Empecé a estudiar en el colegio Turbaco.

EL 14 DE FEBRERO
Conocí a Felipe en casa de Anita.

EL 25 DE MARZO
Fui al ballet. Estuvo fenomenal. Empiezo clases de ballet en dos semanas.

EL 1 DE MAYO
Primer día de mi clase de piano.

EL 5 DE JUNIO
Empecé a usar lentes de contacto.

EL 28 DE NOVIEMBRE
Abuelita llegó hoy. Va a vivir con nosotros. Está muy contenta de estar aquí con la familia.

30 ¿Cuánto tiempo hace que...?

Escribamos/Hablemos ¿Cuánto tiempo hace que las siguientes personas practican estos deportes o hacen estas actividades?

MODELO **Gabriel García Márquez/desde 1955/escribir cuentos y novelas**
Hace... años que Gabriel García Márquez escribe cuentos y novelas.

1. Alejandro Sanz/desde 1991/cantar
2. Penélope Cruz/desde 1992/ser actriz
3. Sammy Sosa/desde 1989/jugar al béisbol
4. Eduardo Nájera/desde 2000/ser jugador profesional de básquetbol
5. Adela Peña/desde 1997/tocar el violín
6. Óscar de la Renta/desde 1965/diseñar vestidos de gala
7. Alex Corretja/desde 1990/jugar al tenis
8. Paloma Herrera/desde 1995/bailar ballet

31 Hoy empecé...

Hablemos/Escribamos Haz un esquema cronológico *(timeline)* de cinco de las siguientes actividades o situaciones. Luego escribe una oración con **hace... que** para cada una.

MODELO

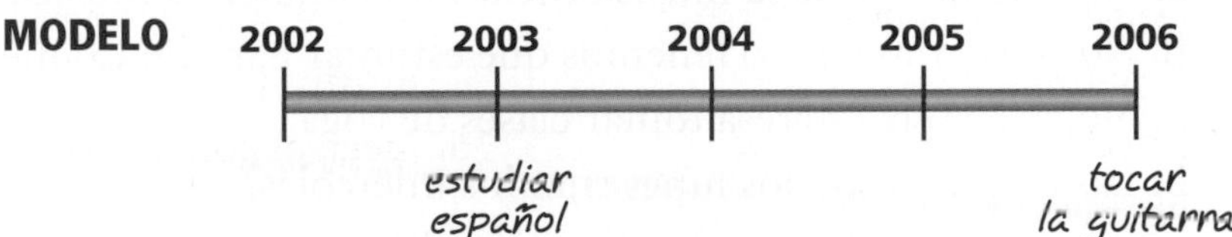

Hace tres años que estudio español.
Hace un año que toco la guitarra.

asistir a este colegio	**conocer a mi mejor amigo(a)**
practicar mi deporte favorito	**tocar el piano/la guitarra**
tener un perro/gato	**jugar a los videojuegos**
estudiar español	**coleccionar monedas/estampillas**

Nota cultural

Uno de los símbolos de Costa Rica es la carreta colorida tirada por bueyes. Hace años estas carretas servían para llevar café de los cafetales y sal de la costa del Pacífico y para arar la tierra. Los hombres que manejaban las carretas, los boyeros, fueron recientemente honrados al dedicárseles una escultura en la provincia de Alajuela. Allí se construyen todavía modelos de las antiguas carretas.

¿Cuáles son algunos símbolos nacionales de Estados Unidos? ¿Qué importancia tienen?

Una carreta costarricense

32 Nuestros pasatiempos preferidos

Hablemos Entrevista a tu compañero(a) sobre sus pasatiempos preferidos y lo que no le gusta hacer. Pregúntale cuánto tiempo hace que practica esos pasatiempos. Determinen qué pasatiempo tienen en común e invítense a hacer esa actividad juntos este fin de semana.

Gramática 2

Pero and sino

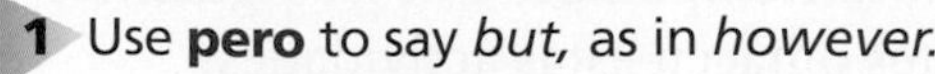

1 Use **pero** to say *but,* as in *however.*

Me gusta la música clásica, **pero** no me gusta el jazz.
I like classical music, but I don't like jazz.

2 Use **sino** when you want to say *but* or *rather,* as in *"Not this, but that instead."* Notice that **sino** can only follow a negated verb.

No me gusta este juego **sino** el otro.
I don't like this game, but the other one instead.

3 A common expression with **sino** is **No sólo..., sino también...**

Héctor **no sólo** estudia español, **sino también** francés.
Héctor not only studies Spanish, but French as well.

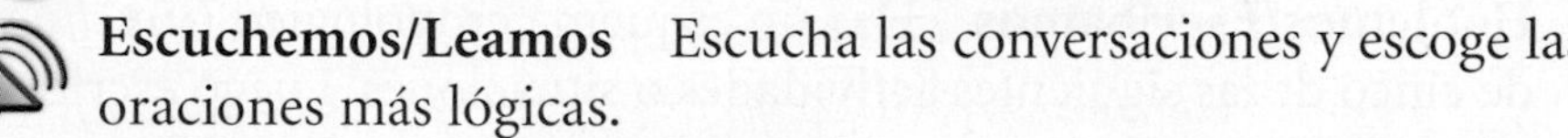

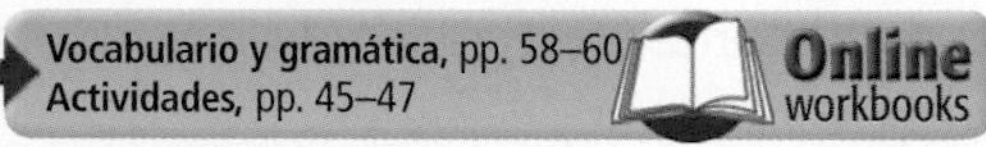

Vocabulario y gramática, pp. 58–60
Actividades, pp. 45–47

Online workbooks

San José, la capital de Costa Rica, es una ciudad con una rica tradición cultural. Los que visitan el país pueden ir al famoso Teatro Nacional donde se presentan la Sinfónica Nacional, la Orquesta Juvenil y la Filarmónica Nacional. Además de la tradición de la música clásica, Costa Rica ofrece muchas oportunidades para escuchar la música típica del país en los festivales y otras celebraciones populares.

Investiga qué otros eventos y lugares culturales hay en San José.

El Teatro Nacional, San José

33 No sólo me gusta tocar el violín, sino...

Escuchemos/Leamos Escucha las conversaciones y escoge las oraciones más lógicas.

1. **a.** No sólo nos gusta la música rock, sino también la música jazz.
   b. Nos gustaría ir, pero tenemos que estudiar para un examen.
2. **a.** No, pero sí le interesa tomar clases de yoga.
   b. Las clases no son los lunes sino los miércoles.
3. **a.** Sí, no sólo los tengo, sino también el impermeable.
   b. Sí, pero no me interesó para nada.
4. **a.** No juego sólo con ellos, sino con mis amigos también.
   b. Sí, pero se cansan mucho de hacer crucigramas.
5. **a.** No tuve que lavarme los dientes sino ponerme los lentes de contacto.
   b. Sí, pero se me olvidó por completo darle de comer al gato.
6. **a.** No trajo las llaves sino el paraguas.
   b. Sí, pero no puede conversar si no es una emergencia.

34 A mí me interesa...

Escribamos Completa las oraciones según tus intereses.

1. A mí me gustaría aprender a..., pero...
2. No sólo estudio español, sino también...
3. Hoy no quiero almorzar en la cafetería sino...
4. A mí me encantaría viajar a España este verano, pero...
5. No quiero salir a bailar sino...

35 Pero no me gusta jugar naipes

Leamos/Hablemos Completa las oraciones con **pero** o **sino**.

1. Me gusta tocar el piano, _____ no me gusta cantar.
2. Salí a comprar zapatos, _____ regresé a casa con botas.
3. No me interesa el diseño por computadora _____ la pintura.
4. No juego sólo al fútbol, _____ también al golf y al tenis.
5. Me gustaría jugar al golf hoy, _____ tengo que trabajar.
6. Mi deporte preferido no es el fútbol _____ el tenis.
7. Juego al fútbol con mis amigos, _____ no juego muy bien.

Un partido de fútbol entre amigos del Colegio de Santa Ana, Costa Rica

36 Pues, me encantaría pero...

Escribamos Contesta las preguntas usando **pero** o **sino**.

1. ¿Te gusta jugar deportes después de clases?
2. ¿Te interesa aprender a hablar japonés?
3. ¿Quieres salir con tus hermanos menores el sábado por la noche?
4. ¿Te gustaría ir a México este año?
5. ¿Te interesa tomar clases de guitarra?
6. ¿Te gustaría ir al cine después de clase?
7. ¿Tienes mucha tarea para el fin de semana?

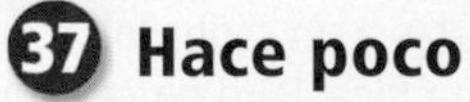

37 Hace poco

Hablemos Con un(a) compañero(a), habla de lo que le pasa a Rosario en los dibujos.

a.

b.
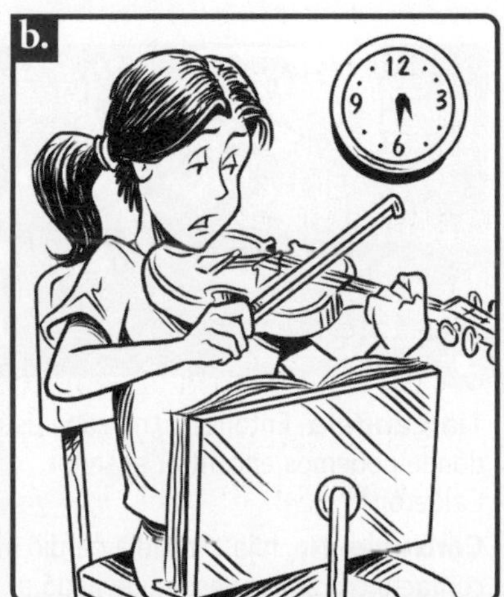

c.

Novela en video

El relicario

Episodio 5

ESTRATEGIA

Understanding relationships Understanding relationships will help you as the story unfolds. Since the characters already know how they are related, viewers have to figure out relationships for themselves. Take all the information you have about Victoria's family and draw a family tree with Victoria at the center. Make sure you include every family member that has been mentioned or has appeared. As you watch **Episodio 5,** make sure your family tree is correct based on the family connections you learn about. Be prepared to make any corrections or additions as new characters appear.

En Segovia, España

Victoria y su tía van a hablar con Consuelo, la mejor amiga de Graciela, la abuela de Victoria.

1

Victoria Tía, no sé cómo voy a encontrar al señor Calderón.

Tía Candela Ten paciencia, Victoria. ¿Por qué no vamos a visitar a Consuelo, la mejor amiga de mamá? Es mi madrina.

2

Consuelo Hija, qué gusto verte. ¿Y quién es esta modelo?

Tía Candela Es mi sobrina Victoria, hija de mi hermano Rogelio.

Consuelo Pasad, pasad. Tenemos mucho de que hablar.

3

Victoria Antes de morir, Abuelo me pidió un favor. Tengo que devolverle este relicario y dos cartas a un señor Jorge Calderón, de Costa Rica. Pero no sé cómo ponerme en contacto con él.

Consuelo Esta pieza le trajo tanto dolor a tu abuela. ¿Dónde la encontraste?

4

Victoria Me lo dio Abuelo.

Consuelo ¿Tu abuelo? Dios mío. Jorge Calderón. El famoso Jorge Calderón.

Victoria ¿Y por qué famoso?

Consuelo Ay, hija, los secretos del corazón no son para revelar.

5

Tía Candela Entonces, ¿no sabe usted dónde podemos encontrar al señor Calderón?

Consuelo No, hija. Graciela perdió el contacto con Jorge desde que llegó a Segovia.

6

Tía Candela Gracias, Madrina. Nos vamos ahora, para dejarla tranquila.

Victoria Pero, quiero hacerle más preguntas.

Tía Candela Vámonos, Victoria. Madrina tiene que descansar.

En San José, Costa Rica

Jorge recibe un e-mail de Victoria pidiéndole ayuda.

7

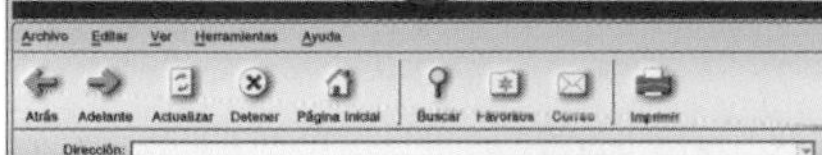

Jorge,

Gracias por tu oferta. Creo que sí voy a necesitar tu ayuda. No puedo encontrar ninguna pista aquí en Segovia. Escríbeme si encuentras información sobre el ingeniero Calderón.

Victoria.

Luego, decide ir a hablar con la reportera que escribió el artículo sobre el arquitecto Gallegos.

8

Diana Primero, contame, ¿cómo conociste vos a la nieta del arquitecto Gallegos?

Jorge Ella buscaba a Jorge Calderón, el ingeniero, y como yo también me llamo Jorge Calderón, encontró mi número y me llamó.

9

Diana ¿Por qué busca al ingeniero?

Jorge No alcanzó explicarme mucho pero parece que tiene que darle unas cosas. Pensé que usted podría tener la dirección o el teléfono del ingeniero, y así podría darle más información a Victoria.

10

Diana El problema es que yo no pude encontrar a don Jorge Calderón para hacerle una entrevista. Hablé con la hermana, pero no me quiso dar mucha información. Te doy su número. Quizás te dé más información a vos como no sos miembro de la prensa. Ella se llama Sonia.

Victoria lee otra anotación en el diario de su abuelo.

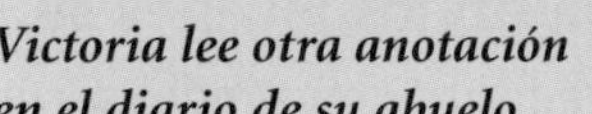

11

En San José, Costa Rica, 1955

Soy el hombre más feliz del mundo. Graciela aceptó casarse conmigo. Nos casamos en San José y luego regresamos a Segovia a vivir. Soy muy feliz, pero no sé qué le pasa a Jorge. No comparte mi felicidad y eso me entristece.

¿COMPRENDES?

1. ¿Quién es Consuelo? Con base en los gestos *(gestures)* que hacen, ¿cuál es la relación entre ella y la tía Candela? ¿entre ella y Victoria?
2. ¿Qué dice Consuelo sobre el relicario? ¿Le sorprende cómo lo consiguió Victoria?
3. ¿Sabe Consuelo dónde está Jorge Calderón? ¿Cuándo perdió contacto con él Graciela?
4. ¿Qué le pide Victoria a Jorge en el e-mail? ¿Qué hace Jorge?
5. ¿Cuál es la relación entre Jorge y Diana? ¿Por qué Jorge se encuentra con ella? ¿Qué información le da a Jorge?
6. Según su diario, ¿por qué es el arquitecto Gallegos el hombre más feliz del mundo? ¿Cómo reacciona Jorge a la noticia?

Próximo episodio
Victoria habla con su mejor amiga y Jorge habla con su mejor amigo sobre la amistad entre el abuelo Gallegos y el ingeniero Calderón.
PÁGINAS 228–229

Leamos y escribamos

ESTRATEGIA

para leer Before reading a text, take a moment to guess what information it will contain. Making predictions will help you mentally prepare and activate what you already know about a subject so that you better understand what you read.

Antes de leer

A Lee el título y las preguntas del siguiente artículo y haz una lista de predicciones sobre el contenido del mismo. ¿Qué información crees que vas a encontrar?

¿Televisión o Internet?

¿Cómo pasan los jóvenes su tiempo libre? Las respuestas a esta pregunta son muchas y muy variadas. En general, los jóvenes llevan[1] vidas muy ocupadas: practican deportes, asisten a ensayos, toman clases extracurriculares, salen con amigos y algunos tienen trabajos de medio tiempo. Pero una vez en casa, muchos jóvenes se relajan enfrente de un televisor o de un ordenador. En una entrevista con *Ahora,* jóvenes de diversos países nos dan su opinión sobre la televisión.

¿Puedes vivir sin la televisión?

“Desde luego que sí. Yo sólo enciendo[2] la tele cuando estoy muy, muy aburrido y no tengo nada mejor que hacer.”

Cipriano Delgado, 15 años San José (Costa Rica)

“No lo sé. La verdad es que todos los días la enciendo un ratito[3]. Sobre todo cuando llego a casa, antes de hacer los deberes. Me gusta comer mirando la tele.”

Antonia Viejo, 15 años Mérida (México)

“No. Yo vivo conectado al televisor. Ver la televisión no es malo, no molesto[4] a nadie. Mis padres me dejan[5] ver todos los programas adecuados para mi edad. Pero los que más me gustan son las series juveniles[6] y los musicales.”

Esteban Gálvez, 16 años Bilbao (España)

1 lead 2 turn it on 3 a little while 4 I don't bother 5 allow me 6 youth

Visit Holt Online
go.hrw.com
KEYWORD: EXP2 CH5
Online Edition

“En casa siempre hay alguien viendo la televisión. Es como un miembro más de la familia: imprescindible.”

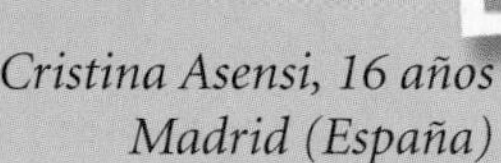

Cristina Asensi, 16 años
Madrid (España)

Como podemos ver, la televisión todavía es uno de los pasatiempos favoritos de la gente joven. De igual forma podemos observar que en los últimos años, con el avance[1] de las comunicaciones y el acceso al Internet, más y más jóvenes de diferentes edades se están conectando a la Red. Allí encuentran información y entretenimiento[2] (al igual que en la televisión) y algo más: interacción.

¿Qué dice *Ahora* con respecto al uso de la Red en España?

"**Internet** – La Red de los cibernautas[3] es cada vez más popular en todos los países de habla hispana. Actualmente en España son más de 2 millones los usuarios[4] de Internet. Según las estadísticas, un 30% navega en la Red desde los ordenadores del centro de estudios o del colegio. Los más jóvenes usan la Red para preparar trabajos de clase y para enviar mensajes electrónicos a sus amigos de todas partes del mundo."

¿Qué dice *¡Exprésate!* sobre el uso de la Red en Estados Unidos?

"El porcentaje de jóvenes usuarios en los diferentes países varía según la facilidad de acceso a Internet. En Estados Unidos, por ejemplo, el porcentaje es bastante alto porque en la mayoría[5] de colegios hay laboratorios de computación y además, muchos de los estudiantes tienen su propio ordenador en casa. Al igual que en otros países, los jóvenes estadounidenses usan Internet para obtener información. El 58% de jóvenes entre los 12 y los 17 años se conecta al Internet para realizar sus tareas escolares o para leer artículos sobre la salud u otros temas que preocupan[6] a la juventud. Un 55% de estos jóvenes escucha música y un 65% de ellos usa el ordenador para jugar videojuegos. Pero en general, el uso más popular de la Red es, sin duda alguna[7], comunicarse mediante el correo electrónico con sus amigos y familiares, a la vuelta de la esquina o alrededor del mundo".

Y tú, ¿eres fanático del televisor o del ordenador?

1 advance 2 entertainment 3 Internet users 4 users 5 majority 6 concern 7 without any doubt

Comprensión

B ¿Son **ciertas** o **falsas** las siguientes oraciones? Corrige las falsas.

1. Los jóvenes hoy en día pasan más tiempo frente a la computadora.
2. Esteban, Antonia y Cristina ven televisión todos los días.
3. A Esteban le permiten ver todos los programas que quiere.
4. Cipriano ve la televisión con frecuencia.
5. Los jóvenes usan Internet para buscar información, entretenerse y comunicarse.
6. El uso de Internet es mucho más popular en España que en otros países de habla hispana.
7. El porcentaje de usuarios de Internet es alto en Estados Unidos porque es fácil el acceso.
8. Los jóvenes estadounidenses usan la computadora principalmente para hacer tareas escolares.

C Las expresiones a continuación se usan para conectar ideas. Mira el contexto en que aparecen y escoge la definición que mejor corresponde a cada expresión.

1. <u>De igual forma</u>, podemos observar que... más y más jóvenes... se están conectando a la Red.
   a. Además **b.** De la misma manera
2. <u>Según</u> las estadísticas, un 30% navega en la Red desde los ordenadores... del colegio.
   a. De acuerdo con **b.** Como
3. ¿Qué dice *Ahora* <u>con respecto al</u> uso de la Red en España?
   a. sobre el **b.** de la misma manera que el
4. <u>Al igual que</u> en otros países, los jóvenes estadounidenses usan Internet para obtener información.
   a. Por medio de **b.** Como
5. Pero... el uso más popular de la Red es... comunicarse <u>mediante</u> el correo electrónico...
   a. por medio de **b.** de acuerdo con

Después de leer

D Look back at your predictions for Activity A. Which of them were correct and which were not? Did the information in the article surprise you in any way? Why or why not?

E Which of the teens answered the questions the way you would? How much time do you spend every week in front of the television or a computer? Do you think teens in Spanish-speaking countries spend the same amount of time you do? Why do you think so?

Taller del escritor

ESTRATEGIA

para escribir Transitional devices hold dialog and narrative together. Use different transitional phrases when writing a dialog or narrating a series of events, so that your work sounds more like a story or a conversation than a list. To connect events logically, use phrases such as **debido a eso** *(due to that),* **luego, así que** *(so),* **sin embargo, primero, luego, después,** and **al final** *(finally).* Consult your teacher and your textbook for more expressions.

¡Es que se me olvidó!

Lately you've been running late and forgetting things. Perhaps you've turned in an assignment late, missed a practice, or forgotten to walk the dog. Write a dialog between you and your teacher, coach, or parent in which you explain what happened and discuss how to solve the problem.

1 Antes de escribir

First imagine the event. Did you forget about a test? Did you miss a club meeting? Next imagine the circumstances that caused the event, and how you would explain what happened. Then decide whom you're talking to, and imagine what that person would ask and say.

2 Escribir un borrador

Begin your dialog with the event—the late arrival, forgotten homework, or missed meeting—and questions from the adult: **¿Por qué llegaste tarde? ¿Por qué no trajiste la tarea?** Then continue with your explanation about what caused the problem: **Es que se me olvidó..., Es que no pude..., porque...** Include a chronological account of what happened and to use transitional devices to link the chain of events logically: **No pude encontrar las llaves, así que...; Me desperté tarde y luego...** Conclude with the adult's response and his or her advice: **La próxima vez, no te olvides de...**

3 Revisar

Find a partner, and take turns reading your dialogs. Have your partner check for correct forms of the preterite, reflexive pronouns, and transitional devices.

4 Publicar

Present your dialogs to the class, complete with props (for example, the keys or the homework). Use your dialog as a guide, but try to refer to it as little as possible when acting the parts.

Prepárate para el examen

Interactive TUTOR

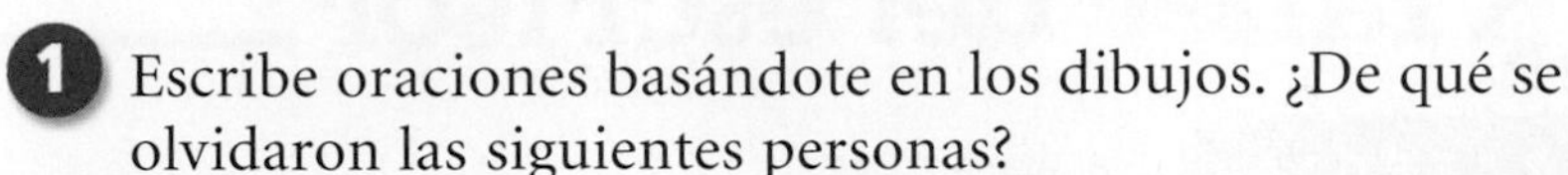
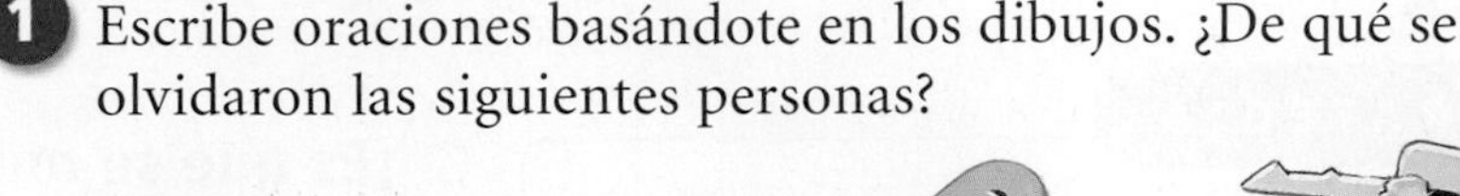

1 Escribe oraciones basándote en los dibujos. ¿De qué se olvidaron las siguientes personas?

1. yo

2. tú

3. Manuel

4. ellos

5. Lourdes

6. nosotras

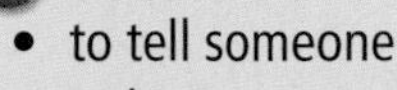

1 Vocabulario 1
- to tell someone to hurry
- to remind someone to do something

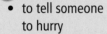

pp. 166–169

2 Completa la conversación con pronombres reflexivos o pronombres de complemento directo.

—Estoy triste porque no ___1___ acordé del cumpleaños de José.
—No ___2___ preocupes. ___3___ vamos a celebrar este sábado.
—¡Qué bueno! ¿En qué ___4___ puedo ayudar?
—¿Puedes traer las decoraciones a mi casa?
—Sí, puedo llevar___5___ el viernes.
—Otra cosa... Mis amigas y yo ___6___ olvidamos de buscar el regalo.
—Bueno, yo ___7___ voy a buscar.

2 Gramática 1
- preterite of **poder** and **traer**
- review of verbs with reflexive pronouns
- possessive pronouns

pp. 170–175

3 Completa las oraciones con la forma correcta de las frases.

crucigramas	jugando naipes	hacer ejercicios aeróbicos
coleccionar pósters	tocar el piano	tejer

1. Para mantenerme en forma prefiero ____.
2. ¿Te gusta hacer los ____ del periódico?
3. Mi hermana y yo le queremos ____ un suéter a mi sobrino.
4. Hace ocho años que Carlos ____.
5. Mis tíos ____ de cantantes famosos.
6. Pasamos mucho de nuestro tiempo libre ____.

3 Vocabulario 2
- to express interest and disinterest
- to talk about how long something has been going on

pp. 178–181

Visit Holt Online
go.hrw.com
KEYWORD: EXP2 CH5
Chapter Self-test

4 Contesta las siguientes preguntas con una respuesta negativa.

1. ¿Conociste a alguien en la fiesta anoche?
2. ¿Quiere tu madre unas pulseras para su cumpleaños?
3. ¿Hay muchas cosas en tu mochila ahora?
4. ¿Tienes muchos libros de literatura española en casa?
5. ¿Siempre salen tus amigos y tú los fines de semana?
6. ¿Tus amigos quieren jugar naipes contigo?

4 Gramática 2
- negative expressions and **ninguno(a)**
- **hace** with time expressions
- **pero** and **sino**

pp. 182–187

5 Contesta las siguientes preguntas.

1. ¿Cuáles son algunos de los símbolos de la cultura costarricense?
2. ¿De dónde vienen originalmente los habitantes de Costa Rica?
3. ¿A qué fiestas se puede llegar más tarde en Costa Rica?

5 Cultura
- **Comparaciones** **pp. 176–177**
- **Notas culturales** **pp. 168, 174, 185, 186**
- **Geocultura** **pp. 160–163**

6 Escucha las conversaciones y contesta las preguntas.

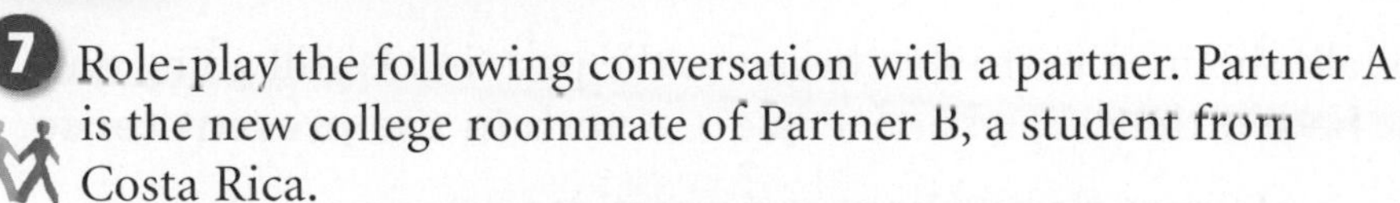

HOLT SoundBooth ONLINE RECORDING

7 Role-play the following conversation with a partner. Partner A is the new college roommate of Partner B, a student from Costa Rica.

Partner A:	Ask about your partner's morning routine. Find out if he or she gets ready fast or takes a long time.
Partner B:	List some things you do to get ready in the morning.
Partner A:	Say tomorrow is the first day of classes. Ask if your partner feels nervous or worried.
Partner B:	Explain that you don't often get nervous or worry, but that yes, you feel a little nervous.
Partner A:	Tell your partner not to worry, and that you all will have free time on weekends. Ask what he or she does in his or her free time.
Partner B:	List your pastimes. Ask about your partner's pastimes.
Partner A:	Respond. Ask how long your partner has been doing one of the pastimes mentioned.
Partner B:	Respond. Say you'd like to learn one of his or her pastimes also.

Gramática 1

- preterite of **poder** and **traer** **pp. 170–171**
- review of verbs with reflexive pronouns **pp. 172–173**
- possessive pronouns **pp. 174–175**

Repaso de Gramática 1

The verbs **poder** and **traer** are irregular in the preterite.

yo	**pude**	**traje**
tú	**pudiste**	**trajiste**
Ud., él, ella	**pudo**	**trajo**
nosotros(as)	**pudimos**	**trajimos**
vosotros(as)	**pudisteis**	**trajisteis**
Uds., ellos, ellas	**pudieron**	**trajeron**

Reflexive pronouns can go with **conjugated verbs**, **infinitives**, **present participles**, or **commands**. See page 172 for placement.

Reflexive pronouns always go before **direct object pronouns.**

—¿**Te** pusiste los zapatos? —Sí, ya **me los** puse.

A **possessive pronoun** takes the place of a possessive adjective + noun.

—¿Tienes mi libro? —No, tengo el **mío.**

Gramática 2

- review of negative expressions and **ninguno(a)** **pp. 182–183**
- **hace** with time expressions **pp. 184–185**
- **pero** and **sino** **pp. 186–187**

Repaso de Gramática 2

Ninguno and **ninguna** are generally used in the singular and match the noun they describe in gender.

To talk about an event that began in the past and is still going on, use **hace** + time expression + **que** + **a verb in the present tense.**

—¿Cuánto tiempo **hace que practicas** artes marciales?

Pero and **sino** both mean *but.* Use **sino** when you want to say *"Not this, but that instead."* **Sino** is only used after a negated verb.

Letra y sonido b v p

Las consonantes b, v, p

- The letters **b** and **v** at the beginning of a phrase, or after **m** or **n**, are pronounced much like English *b* in *boy*, with the lips fully closed: **v**en, ham**b**re, cam**b**io, in**v**ierno
- After other consonants and vowels, the pronunciation is softened, with the lips almost closed but not touching the teeth: jue**v**es, llo**v**er, sa**b**er, a**b**uela
- In Spanish, the letter **p** doesn't have the puff of air that it has in English *pen*: **p**i**p**a, **p**a**p**á, ca**p**ataz, re**p**ara

Trabalenguas

Si la sierva que te sirve no te sirve como sierva, ¿de qué sirve que te sirvas de una sierva que no sirve?

Dictado

Escribe las oraciones de la grabación.

Repaso de Vocabulario 1

Telling someone to hurry

acabar de	*to have just*
acordarse (ue) de	*to remember*
agarrar	*to get, to grab*
apagar la luz/las luces	*to turn off the light(s)*
arreglarse	*to get ready, to dress up*
cepillarse	*to brush*
cerrar (ie) la puerta con llave	*to lock the door*
la crema	*cream*
darse prisa	*to hurry*
ducharse	*to take a shower*
el impermeable	*raincoat*
irse	*to leave*
el lápiz labial	*lipstick*
los lentes de contacto	*contact lenses*
la llave	*key*
No te preocupes.	*Don't worry.*
el paraguas	*umbrella*
peinarse	*to comb one's hair*
pintarse las uñas	*to paint one's nails*
ponerse	*to put (something) on*
ponerse nervioso	*to get nervous*
preocuparse	*to worry*
recoger	*to pick up*
Se nos hace tarde.	*It's getting late.*
Sólo me falta...	*I just need to . . .*
tanto	*so long, so much*
tardarse (en)	*to take a long time (to), to be late*
el teléfono celular	*cell phone*
¿Todavía no estás...?	*Aren't you . . . yet?*
Tranquilo(a).	*Relax.*
¡Ya voy!	*I'm coming.*

Reminding someone to do something

No, no pude encontrar...	*No, I couldn't find . . .*
Se me olvidó por completo.	*I totally forgot.*
¿Te acordaste de...?	*Did you remember to . . . ?*
¿Trajiste tu...?	*Did you bring your . . .*

Repaso de Vocabulario 2

Expressing interest and disinterest

aburrirse	*to get bored*
al aire libre	*open-air, outdoor*
aprender (a)	*to learn (to)*
cansarse	*to get tired*
conversar	*to talk, to have a conversation*
coleccionar estampillas/monedas/pósters	*to collect stamps/coins/posters*
coser	*to sew*
crear/grabar CDs	*to burn CDs*
crear un álbum	*to create an album/scrapbook*
el cuento	*story*
cuidar a una mascota	*to take care of a pet*
diseñar páginas Web	*to design Web pages*
disfrutar de	*to enjoy*
enviar mensajes de texto	*to send text messages*
la guitarra	*guitar*
hacer crucigramas	*to do crossword puzzles*
hacer diseño por computadora	*to do computer design*
hacer ejercicios aeróbicos	*to do aerobics*
intercambiar	*to exchange, to trade*
interesar	*to interest*
jugar (ue) naipes	*to play cards*
llamarle la atención	*to be interested in*
para nada	*not a bit*
participar	*to participate*
pintar	*to paint*
el poema	*poem*
¡Qué pesado!	*How boring!*
el rato libre	*free time*
las revistas cómicas	*comic books*
ser un rollo	*to be dead boring*
tejer	*to knit*
tomar clases de...	*to take . . . lessons*
trabajar en mecánica	*to work on cars*
trotar	*to jog*
el vestido de gala	*fancy dress, gown*

Saying how long something has been going on

las artes marciales	*martial arts*
¿Cuánto tiempo hace que tú...?	*How long have you been . . . ?*
Estoy loco(a) por...	*I'm crazy about . . .*
Hace mucho tiempo que yo...	*I've been . . . for a long time.*
Hace poco tiempo que yo...	*I've been . . . for a little while.*
¿Sigues practicando...?	*Are you still doing . . . ?*
el violín	*violin*
Ya no.	*Not anymore.*

Repaso cumulativo

Integración

capítulos 1–5

1 El señor Garza habla de sus estudiantes Irene, Pablo, Leli, Tere, Víctor y Octavio. Identifícalos, basándote en lo que oyes.

A

B
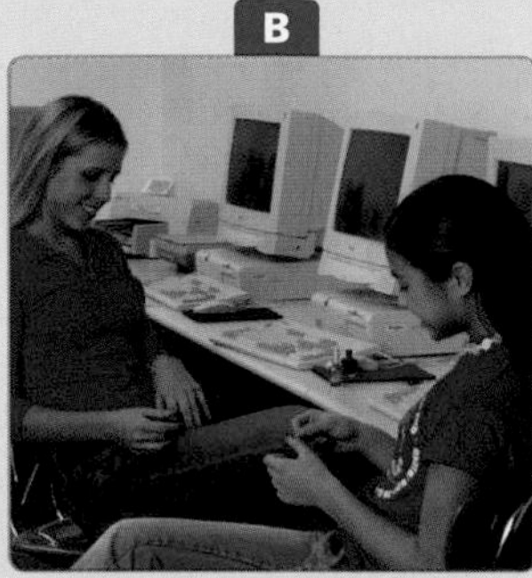

C

D
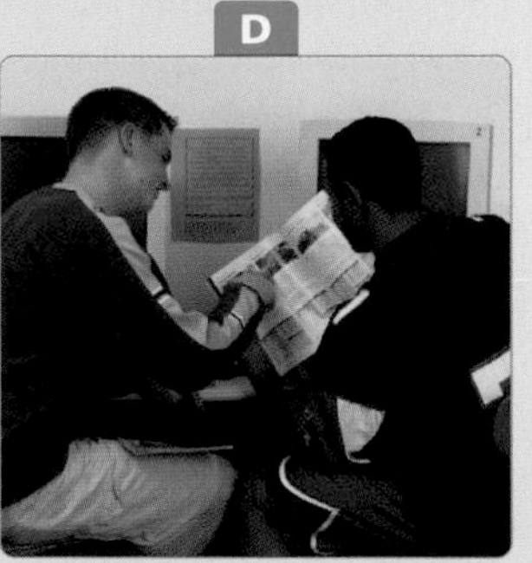

2 Lee los consejos de esta revista y contesta las preguntas.

¿Te aburre la rutina diaria?

"Si quieres fortuna y fama, levántate de mañana."

Como dice el refrán: levántate temprano y haz algo diferente.

Lleva al perro a caminar o haz un crucigrama mientras desayunas. Si sueles desayunar cereales, come huevos de vez en cuando.

Participa en nuevas actividades para despertar nuevos intereses. ¿Te parece divertido el esquí acuático? Toma clases y conoce a personas que comparten tus intereses.

Practica otros deportes. Repetir las mismas actividades día tras día te puede aburrir. También, te puedes lastimar si usas siempre los mismos músculos. Si corres por lo general, ¿por qué no pruebas el patinaje en línea?

Sé más espontáneo. Escríbele un poema anónimo a alguien que te cae bien. Luego, invita a esta persona a hacer un picnic.

No veas mucha televisión. Si es posible, pasa más tiempo afuera. En vez de ver dibujos animados, acampa con tus amigos y ve de excursión.

Pasar el rato con amigos alivia el estrés.

1. ¿De qué se trata el artículo?
2. ¿Cuáles son dos maneras de variar *(to vary)* la rutina?
3. Según el artículo, ¿cómo se puede conocer a nuevas personas?
4. ¿Por qué es bueno practicar otros deportes de vez en cuando?
5. ¿Por qué crees que no se debe ver mucha televisión?

Visit Holt Online
go.hrw.com
KEYWORD: EXP2 CH5
Cumulative Self-test

Para la clase de oratoria tienes que hacer una presentación sobre un pasatiempo. Con un(a) compañero(a), escoge un pasatiempo que a los dos les interese. Incluyan cuánto tiempo hace que participan en esa actividad, dónde la aprendieron y de quién.

4 Imagina que estás dentro de esta casa. Haz una descripción detallada de ella. Incluye qué muebles hay, quiénes viven allí, a qué se dedican y qué hacen todos los días. ¿De qué manera es diferente esta casa de la tuya?

Víctor Hugo Fernández, Gráficos del Globo, S.A., Costa Rica

Casa de adobes, de Ezequiel Jiménez

5 Recibiste una carta electrónica de un amigo por correspondencia. Quiere saber qué haces en tus ratos libres ahora y si sigues coleccionando estampillas. Dile que no, que ahora te interesan otros pasatiempos. Al final, pregúntale si tiene nuevos pasatiempos también.

6 **Situación** Create a poll for the Spanish Club newsletter. Write questions in Spanish to find out what students in other Spanish classes do throughout the day. Ask about housework, hobbies and after-school activities, and daily routines. Send the poll out by e-mail, and compile the results in a newsletter.

Capítulo 6

Video/DVD

GeoVisión

Geocultura Segovia

▼ **El Alcázar de Segovia** está situado en la confluencia de los ríos Eresma y Clamores sobre una elevación rocosa. Tiene numerosos sótanos y pasadizos secretos que comunican con otros palacios. 2

▼ **La catedral de Segovia,** o *La Dama,* diseñada al estilo gótico, data del año 1525. Se encuentra en la Plaza Mayor, el punto más alto de la ciudad. 1

Iglesia de la Vera Cruz

2

Río Clamores

Almanaque

Fundación
alrededor del año 700 a.C.

Población
73.914

Altura
1.002 metros

Nota histórica
Alrededor del año 700 a.C. los iberos habitaron Segovia. En el año 80 a.C. los romanos ocuparon la ciudad e instalaron una base militar. Aún hoy la Academia de Artillería tiene su sede en Segovia.

Economía
turismo, agricultura

► **El Traje del Mozo** El chaleco y el calzón oscuro, adornados con botones de plata, forman parte de este traje tradicional segoviano.

¿Sabías que...?

El acueducto de Segovia, que tiene casi 2.000 años, condujo agua a la ciudad hasta el siglo XX.

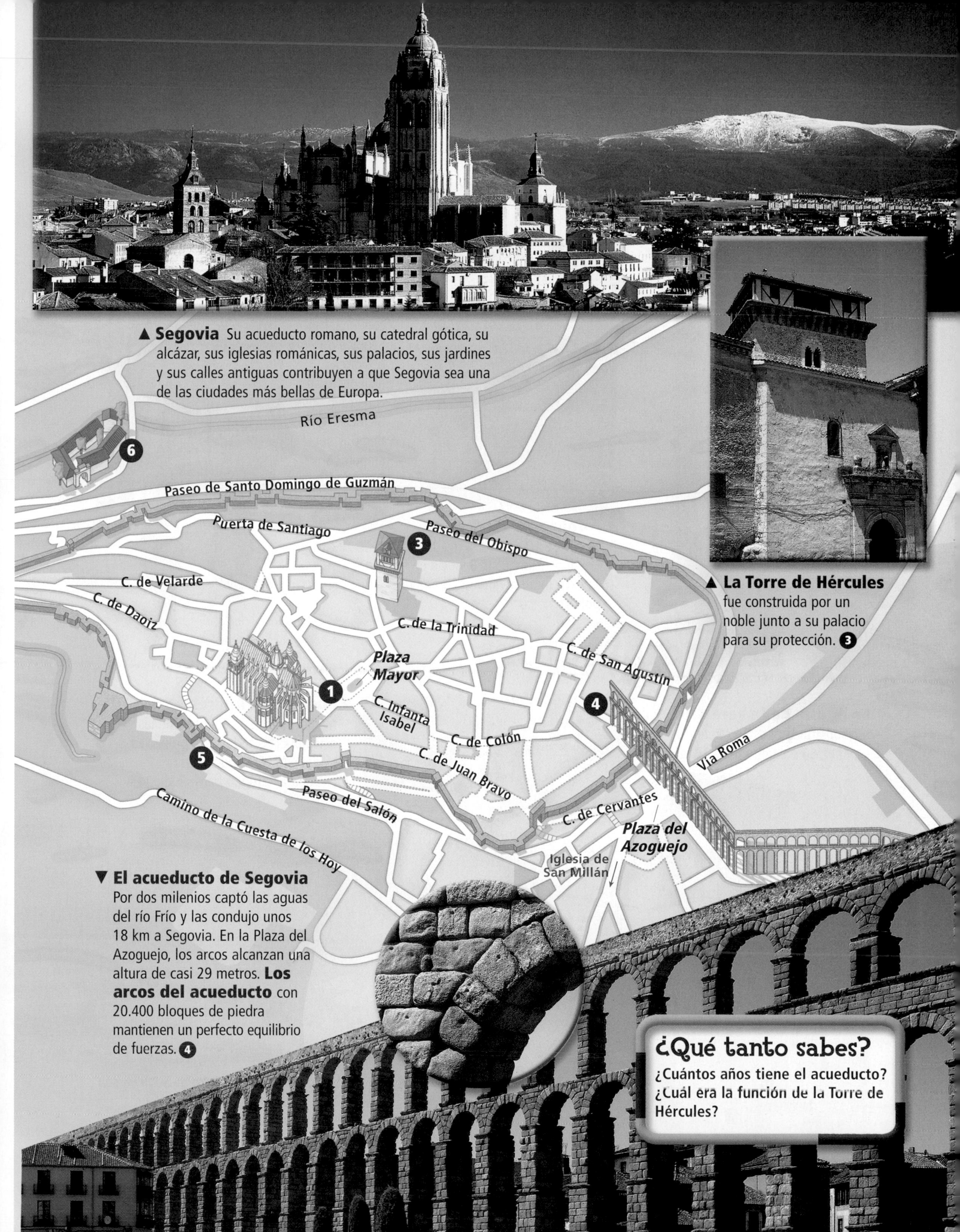

▲ **Segovia** Su acueducto romano, su catedral gótica, su alcázar, sus iglesias románicas, sus palacios, sus jardines y sus calles antiguas contribuyen a que Segovia sea una de las ciudades más bellas de Europa.

▲ **La Torre de Hércules** fue construida por un noble junto a su palacio para su protección. ❸

▼ **El acueducto de Segovia** Por dos milenios captó las aguas del río Frío y las condujo unos 18 km a Segovia. En la Plaza del Azoguejo, los arcos alcanzan una altura de casi 29 metros. **Los arcos del acueducto** con 20.400 bloques de piedra mantienen un perfecto equilibrio de fuerzas. ❹

¿Qué tanto sabes?

¿Cuántos años tiene el acueducto? ¿Cuál era la función de la Torre de Hércules?

A conocer Segovia

La historia

▼ **La reina Isabel la Católica,** la cual financió el primer viaje de Colón a las Américas, fue coronada en el Alcázar de Segovia. 2

▲ **Alfonso VI «el Bravo»** (antes de 1040–1109), rey de León y Castilla, reconquistó Segovia en el siglo XI e inició un período de gran poder político.

► **Trajano** fue emperador romano desde el año 98 hasta 117. Los romanos conquistaron Segovia durante el siglo I. El acueducto se construyó posiblemente en tiempos del emperador Trajano. 4

La arquitectura

▼ **La iglesia de la Vera Cruz** fue construida al estilo románico español. Su polígono tiene 12 lados.

◄ **Puerta San Andrés** La muralla medieval de Segovia y tres de las cinco puertas todavía se preservan totalmente. Esta puerta es la entrada al antiguo barrio judío. 5

▲ **Estas casas históricas** en el centro de Segovia son típicas de muchas ciudades de España. Tienen muros anchos de piedra y albergan apartamentos en los pisos de arriba y tiendas o restaurantes en la planta baja.

La geografía

Visit Holt Online
go.hrw.com
KEYWORD: EXP2 CH6
Photo Tour

▲ **Los ríos Eresma y Clamores** Segovia está situada encima de una roca entre los ríos Eresma y Clamores.

▲ **Los trenes de cercanías** Segovia está situada a 90 kilómetros al norte de Madrid. La mayoría de los viajeros y de los turistas utilizan los trenes para el recorrido entre las dos ciudades.

¿Sabías que...?

El Alcázar de Segovia sirvió como inspiración para los castillos de Walt Disney. Investiga qué otros castillos inspiraron a Walt Disney.

► **La sierra de Guadarrama** delimita la zona sur de la Tierra de Segovia. Sus picos nevados alcanzan casi 2.500 metros y son visibles desde Segovia durante la mayoría del año.

La moneda

▼ **La Casa de la Moneda,** situada a orillas del río Eresma, fue fundada en 1583 por Felipe II. El complejo monumental está considerado como una de las muestras de arquitectura industrial más antiguas del mundo. 6

▼ **Primera moneda de Segovia, 20 a.C.**

▼ **100 escudos, moneda de oro, 1633**

▲ **Medalla con acueducto, 1812**

Conexión Ciencias sociales

Moneda Una gran variedad de monedas y medallas de oro, plata y cobre fueron acuñadas en la Casa de la Moneda de Segovia desde 1586 hasta 1868. La marca de ceca era el acueducto. Investiga qué imágenes están en las monedas del euro español. Compara los símbolos del euro español con los símbolos de las monedas estadounidenses.

Capítulo 6

Recuerdos

OBJETIVOS

In this chapter you will learn to

- talk about what you used to like and dislike
- talk about what you used to do and what you wanted to be
- describe people and things in the past
- talk about an emotional reaction

And you will use

- imperfect of regular verbs
- imperfect of **ir** and **ver**
- verbs with reciprocal actions
- imperfect of **ser** and **haber**
- preterite with mental and emotional states
- preterite of **creer, leer, construir, oír; caerle a uno**

¿Qué ves en la foto?

- **¿Cómo es la plaza en la foto?**
- **Además del acueducto, ¿qué más hay en la foto?**
- **¿Qué te parece el acueducto?**

El acueducto romano de Segovia, España

Objetivos
- Talking about what you used to like and dislike
- Saying what you used to do and what you wanted to be

Vocabulario en acción 1

Video/DVD
ExpresaVisión

En España

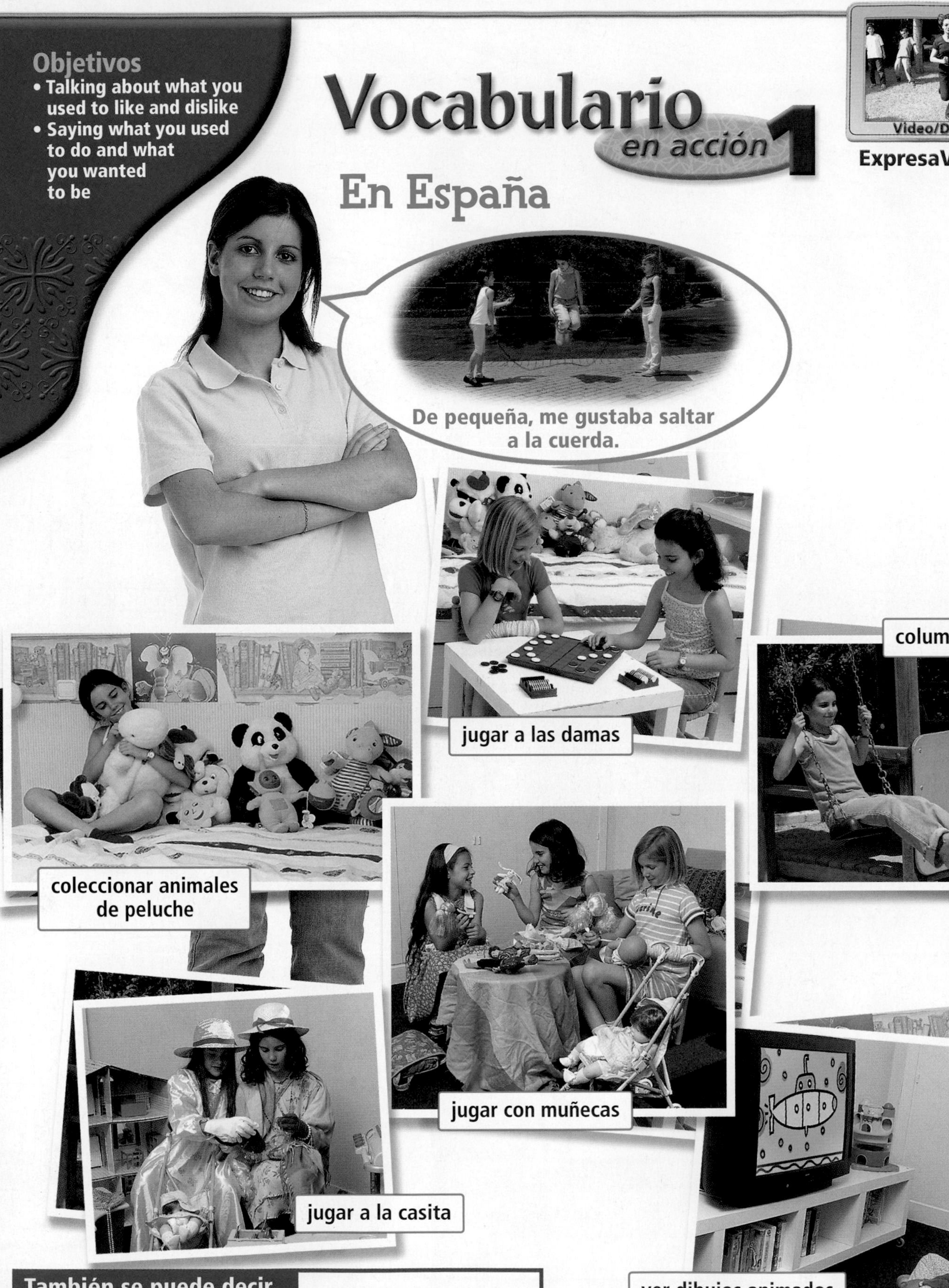

También se puede decir...

In Mexico, **dibujos animados** are also called **caricaturas,** and **jugar al pilla-pilla** is **jugar a la roña.** Cubans may say **bailar la suiza** instead of **saltar a la cuerda.**

► Vocabulario adicional—Familia, p. R13

Visit Holt Online
go.hrw.com
KEYWORD: EXP2 CH6
Vocabulario 1 practice

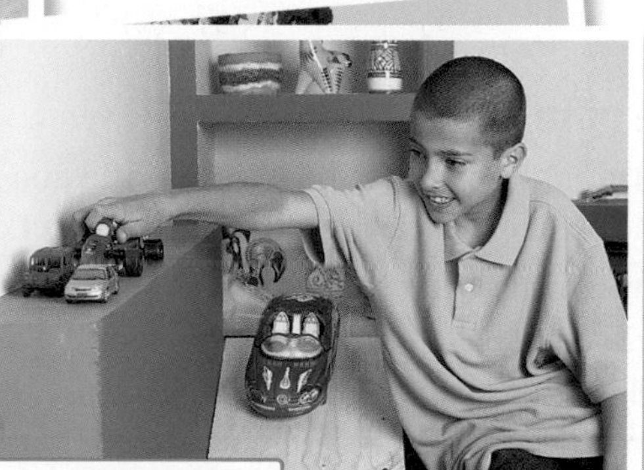

Vocabulario 1

Más vocabulario...

hacer travesuras	*to play tricks*
molestar	*to bother*
sacar buenas/ malas notas	*to get good/ bad grades*

¡Exprésate!

To talk about what you used to like and dislike

Interactive TUTOR

¿Qué te gustaba hacer cuando tenías diez años? *What did you like to do when you were ten years old?*	**Me fascinaba trepar a los árboles pero odiaba echar carreras.** *I loved to climb trees, but I hated running races.*
De pequeño(a), ¿te llevabas bien con tus hermanos? *When you were little, did you get along well with your brothers and sisters?*	**¡Al contrario! Me fastidiaba estar con ellos. Nos peleábamos todos los días.** *Not at all! As a matter of fact, it bothered me to be with them. We fought every day.*

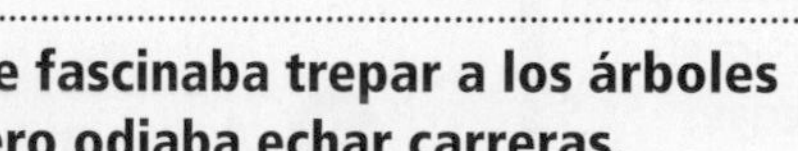

Vocabulario y gramática, pp. 61–63 Online workbooks

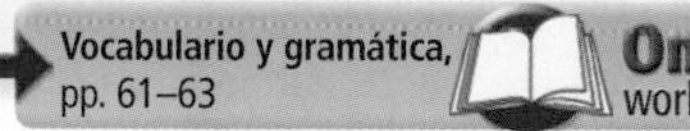

1 ¿Quieres jugar a las damas?

Escuchemos Mira los dibujos y escucha las oraciones. Decide qué foto le corresponde a cada oración.

a.

b.

c.

d.

e.

f.

g.

h.

2 De niña

Leamos Ana describe lo que le gustaba hacer de niña. Completa el párrafo con las palabras del cuadro.

a la cuerda	escondite	jugar	a los árboles	juguetes
dibujos animados	de peluche	damas	bien	travesuras

Cuando tenía seis años, no me llevaba __1__ con mi hermano mayor. A él le fascinaba hacer __2__ y trepar __3__. No le gustaba compartir sus __4__ conmigo. Pero yo tenía muchas amigas y nos gustaba correr, __5__ con muñecas y coleccionar animales __6__. Me fascinaba jugar al __7__ y por las tardes me gustaba ver __8__ en la televisión. A mis padres les gustaba jugar a las __9__ con nosotros pero les fastidiaba saltar __10__.

Nota cultural

El Alcázar de Segovia fue una de las residencias favoritas de los reyes de España. Se dice que desde aquí la reina Isabel le dio a Cristóbal Colón permiso para explorar la posibilidad de nuevas rutas para el comercio de especias.

¿Cómo crees que era la vida dentro de un castillo como el Alcázar de Segovia?

3 A mí me fascinaba...

Escribamos Escribe seis oraciones basadas en tu propia niñez.

Me gustaba Me fascinaba Odiaba Me molestaba Me fastidiaba	ver dibujos animados trepar a los árboles jugar al pilla-pilla/con bloques echar carreras saltar a la cuerda compartir mis juguetes

¡Exprésate!

To talk about what you used to do and what you wanted to be

¿Qué hacías de niño(a)? *What did you use to do when you were a little boy (girl)?*	**Solía jugar al pilla-pilla con mis amigos. Solíamos ver mucha televisión también.** *I used to play tag with my friends. We used to watch a lot of TV, too.*
¿Qué querías ser? ¿Con qué soñabas? *What did you want to be? What did you dream of (being when you grew up)?*	**Soñaba con ser astronauta.** *I dreamed of being an astronaut.*

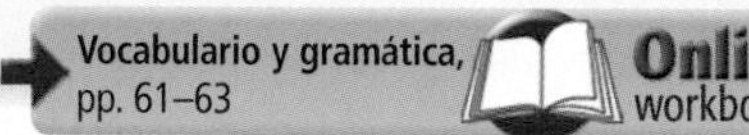

4 ¿Qué dicen?

Escribamos Completa las oraciones sobre lo que hacías de niño(a).

1. Después de clases, me gustaba...
2. Los domingos, a mis hermanos y a mí nos fascinaba...
3. El primer día de clases, mis amigos y yo solíamos...
4. El día de mi cumpleaños, solía...
5. Durante las vacaciones, no me gustaba...
6. Me fastidiaba...
7. Me llevaba bien con..., pero me llevaba mal con...
8. De niño(a), soñaba con ser...

Comunicación

5 ¿Soñabas con ser policía?

Hablemos Entrevista a cinco de tus compañeros(as) de clase. Pregúntales con qué soñaban cuando tenían diez años. Comparte los resultados con la clase.

MODELO **—José, cuando tenías diez años, ¿con qué soñabas?**
—Soñaba con ser policía.

Mujer policía en Madrid

Vocabulario 1

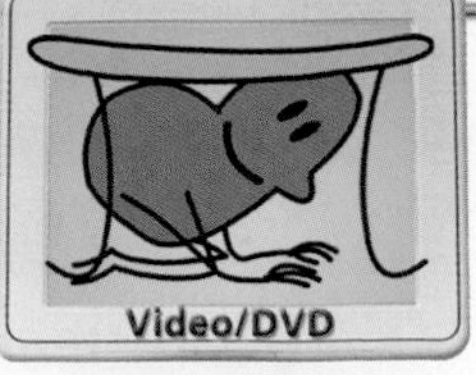

GramaVisión

Objetivos
- Imperfect of regular verbs
- Imperfect of **ir** and **ver**
- Verbs with reciprocal actions

Imperfect of regular verbs

1 The **imperfect** is used to talk about the past, but it has different uses than the preterite. The **imperfect** tells what someone used to do, what things were like, or how things used to be.

2 Form the **imperfect** by removing the **-ar, -er,** or **-ir** infinitive ending and adding the imperfect endings below. Note that the **yo** and **él/ella/usted** forms are the same. Context makes it clear who the subject is.

	hablar	comer	vivir
yo	habl**aba**	com**ía**	viv**ía**
tú	habl**abas**	com**ías**	viv**ías**
usted, él, ella	habl**aba**	com**ía**	viv**ía**
nosotros, nosotras	habl**ábamos**	com**íamos**	viv**íamos**
vosotros, vosotras	habl**abais**	com**íais**	viv**íais**
ustedes, ellos, ellas	habl**aban**	com**ían**	viv**ían**

De niño, **vivía** en un barrio en las afueras del pueblo.
As a child, I lived in a neighborhood on the outskirts of town.

Jugaba con mis vecinos en el campo. Nos **trepábamos** a los árboles.
I played (would play) with my neighbors . . . We'd climb trees.

Sabía mucho de las plantas y los animales. **Quería** conocer el Amazonas.
I knew a lot about . . . I wanted to see the Amazon (river).

3 The **imperfect** forms of the verb **soler** with an **infinitive** are used to say someone *usually did* something or *tended to do* something.

Solíamos pasar el verano con mis abuelos.
We usually spent the summer with my grandparents.

En inglés

In English, you use the simple past, *used to*, or *would* to say what you did habitually.

I pestered my brother.

I used to pester my brother.

I'd pester my brother.

In Spanish, you use the **imperfect**.

Yo **fastidiaba** a mi hermano.

How can context or an additional expression tell you that the past tense is referring to something habitual?

Expressions often used with the imperfect

a veces	*sometimes*	**muchas veces**	*often*
(casi) siempre	*(almost) always*	**todos los años**	*every year*

San Sebastián

6 ¿Ahora o de niño?

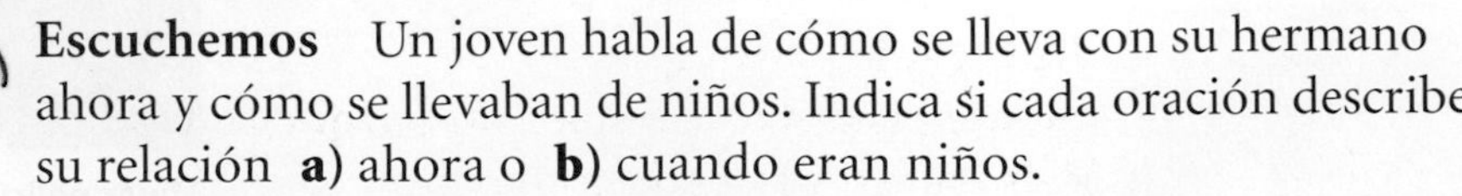

Escuchemos Un joven habla de cómo se lleva con su hermano ahora y cómo se llevaban de niños. Indica si cada oración describe su relación **a**) ahora o **b**) cuando eran niños.

Visit Holt Online
go.hrw.com
KEYWORD: EXP2 CH6
Gramática 1 practice

Gramática 1

7 Pasatiempos

Hablemos Cuando Javier era niño, a él y a su familia les gustaba estar afuera *(outside)* y no pasaban mucho tiempo dentro de la casa. ¿Hacían o no hacían Javier y su familia las siguientes cosas?

MODELO **yo/jugar mucho a videojuegos**
Yo no jugaba mucho a videojuegos.

1. yo/correr mucho
2. mi hermana/saltar a la cuerda
3. mis padres/jugar a las damas
4. mis hermanos/columpiarse
5. nosotros/jugar al escondite
6. nosotros/soler comer en el patio
7. mi madre/coleccionar láminas

8 En el parque

Escribamos Escribe seis oraciones sobre lo que hacían los niños en el parque. Usa el vocabulario y las expresiones de las páginas 206 y 207.

MODELO **Muchos niños jugaban en el parque después de clases.**

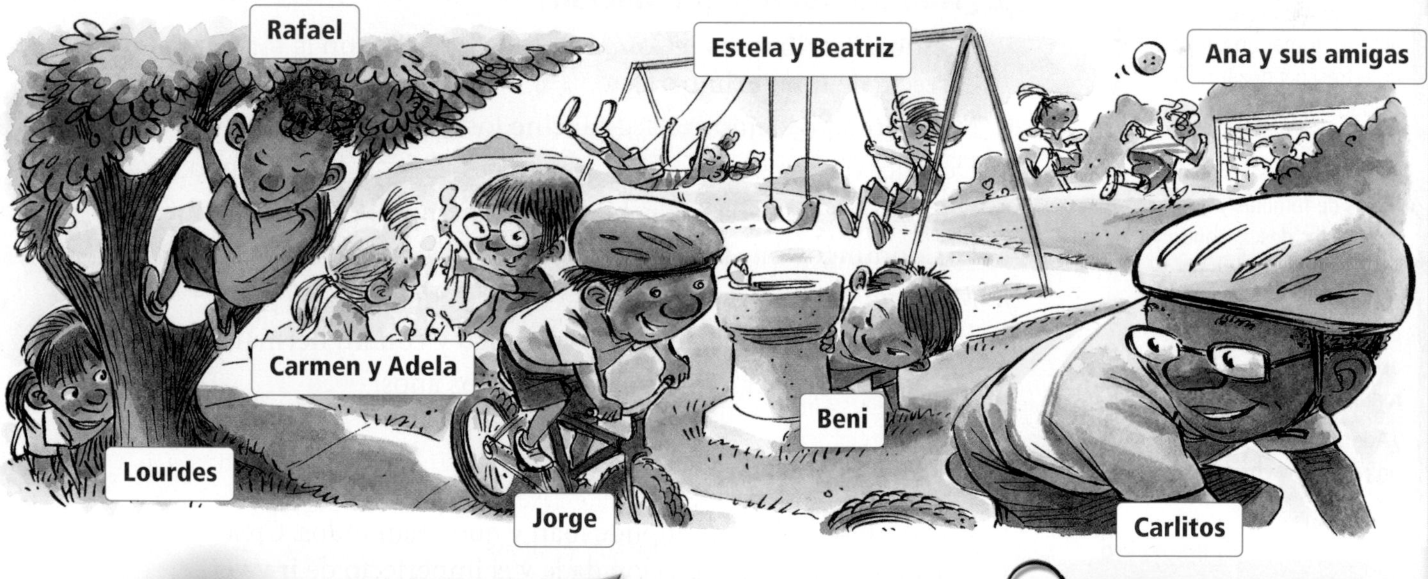

Comunicación

9 ¿Qué te gustaba?

Hablemos Pregúntale a tu compañero(a) si de niño(a) le gustaba hacer las cosas de la Actividad 8 y con qué frecuencia las hacía. Túrnense para hacer y contestar preguntas.

MODELO **—¿Te gustaba columpiarte?**
—¡Sí, me encantaba! Solía ir al parque todos los sábados para columpiarme.

Imperfect of ir and ver

1 The verbs **ir** and **ver** are irregular in the imperfect.

	ir	ver
yo	**iba**	**veía**
tú	**ibas**	**veías**
usted, él, ella	**iba**	**veía**
nosotros, nosotras	**íbamos**	**veíamos**
vosotros, vosotras	**ibais**	**veíais**
ustedes, ellos, ellas	**iban**	**veían**

Siempre **veía** películas de terror cuando **iba** al cine.
I always watched horror movies when I went to the movies.

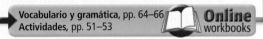

Vocabulario y gramática, pp. 64–66
Actividades, pp. 51–53
Online workbooks

En el verano, los cafés de España y Latinoamérica tienen mesas al aire libre. En los cafés de Segovia es común reunirse con amigos, tomar un café o un refresco y gozar de la ciudad. En las primeras horas de la noche, las mesas de los cafés están llenas de familias y grupos de jóvenes descansando y gozando de una buena conversación. En muchos casos, los cafés quedan abiertos hasta la madrugada.

¿Adónde vas para tomar un refresco y charlar con tus amigos?

Unos jóvenes españoles comparten tapas en un café al aire libre.

10 ¿Adónde iban y qué hacían?

Leamos/Escribamos Completa cada oración con la forma correcta de **ir** en el imperfecto.

1. Mi padre y yo siempre ____ al cine los sábados.
2. Después de la película, mi padre a veces ____ a la biblioteca.
3. A mí no me gustaba ir a la biblioteca. Siempre ____ al parque.
4. Los domingos mis padres nunca ____ al supermercado.
5. Mi hermana y yo ____ a la casa de mis abuelos.
6. Mi abuelo ____ a la heladería conmigo y con mi hermana.
7. ¿Y tú? ¿____ a ver a tus abuelos todos los años?

11 ¿Y qué veían allí?

Escribamos Explica adónde iban y qué veían todos. Crea oraciones con la información dada y el imperfecto de **ir** y **ver**.

MODELO **mi familia/estadio; nosotros/partidos de fútbol**
Mi familia iba al estadio los domingos.
Allí veíamos partidos de fútbol.

1. mis padres no/videos en casa; ellos/más al cine
2. todos mis tíos/a la casa de mi abuela; yo/a ellos con frecuencia
3. mi familia/los fuegos artificiales; mucha gente/al parque
4. yo/a mis amigos; ellos/al parque conmigo
5. nosotros/al acuario; yo/muchos animales interesantes
6. ¿tú/a la playa todos los veranos? ¿ustedes/a todos los primos?

12 Hábitos

Escribamos/Hablemos Escribe dos oraciones para cada foto. Usa el imperfecto de **ir** y de otros verbos para describir qué hacían estas personas.

MODELO **Mis abuelos iban al lago. Iban de pesca y acampaban.**

mis abuelos

1. nosotros

2. yo

3. los vecinos

4. mi tío

5. mis primos

6. mis amigos

Nota cultural

La sierra de Guadarrama les ofrece a los aficionados de deportes de invierno varios lugares para esquiar y hasta para practicar el esquí nórdico o *snowboard.* No muy lejos de Segovia se encuentran montañas nevadas durante los meses de más frío. Otros deportes que se practican, especialmente durante los meses de menos frío, son el ciclismo y el fútbol.

¿Qué más sabes de la geografía y el clima de España?

Gramática 1

Comunicación

HOLT SoundBooth ONLINE RECORDING

13 De vacaciones

Hablemos Pregúntale a tu compañero(a) cómo su familia pasaba los veranos cuando él/ella iba a la escuela primaria *(elementary school).* Usa el imperfecto para hablar de lo que hacían por lo general.

MODELO **—¿En qué mes iban ustedes de vacaciones generalmente?**
—Por lo general, íbamos de vacaciones en julio.

ir de vacaciones	ir de excursión	acampar
sacar fotos	ver ruinas/monumentos	jugar a la casita
visitar	tomar clases de natación	ir a la playa

Verbs with reciprocal actions

1 **Reciprocal actions** involve two or more people doing something *to* or *for each other*, such as helping one another or calling one another.

2 To show that an action is reciprocal, use the **plural reflexive pronouns nos**, **os**, or **se** with a plural verb form.

ayudarse	*to help each other*	
nosotros, nosotras **nos**	ayudamos	*we help each other*
vosotros, vosotras **os**	ayudáis	*you help each other*
ustedes **se**	ayudan	*you help each other*
ellos, ellas **se**	ayudan	*they help each other*

The rules for the placement of these pronouns are the same as those for reflexive pronouns.

3 Context will make clear when an action is **reflexive** or **reciprocal**.

Nos vimos en el espejo. *We saw ourselves in the mirror.*

Nos vimos en el centro. *We saw each other downtown.*

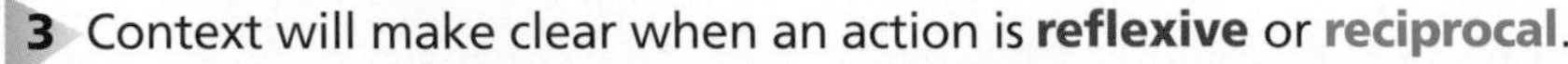

Saltan a la cuerda y se cuentan chistes.

Vocabulario y gramática, pp. 64–66
Actividades, pp. 51–53

More verbs used to express reciprocal actions

abrazarse	*to hug each other*
contarse cuentos/chistes	*to tell each other stories/jokes*
quererse	*to love each other*
respetarse	*to respect each other*

14 Una encuesta

Leamos Lee la siguiente encuesta sobre las amistades y contéstala con base en la relación que tienes con un(a) amigo(a) o hermano(a).

	SÍ	NO
1. Nos hablamos y nos vemos con frecuencia.	☐	☐
2. Nos respetamos, aun cuando no estamos de acuerdo.	☐	☐
3. Cuando hay problemas, nos ayudamos.	☐	☐
4. Nos decimos la verdad.	☐	☐
5. Nos prestamos dinero, ropa, etc.	☐	☐
6. A veces nos peleamos, pero nos queremos.	☐	☐
7. Cuando vamos de vacaciones, nos escribimos.	☐	☐
8. Nos vemos los fines de semana.	☐	☐

15 Interacciones

Escribamos Usa palabras de cada columna para escribir oraciones en el imperfecto sobre las interacciones entre estas personas.

MODELO **Mis amigos y yo nos veíamos todos los días.**

mis amigos(as) y yo mi familia y yo mis hermanos(as) y yo mi mejor amigo(a) y yo (no) mis compañeros(as) de clase	abrazarse prestarse ropa/dinero decirse mentiras *(lies)* contarse chistes/cuentos ayudarse verse	todos los días con frecuencia a veces (casi) nunca siempre

16 ¿Qué hacían?

Escribamos Usa el imperfecto para describir interacciones entre los estudiantes cuando tus padres iban al colegio. Luego di si lo mismo pasa ahora.

MODELO **Los estudiantes se daban regalos de cumpleaños a veces. En mi colegio los estudiantes se dan regalos de cumpleaños también.**

A

B

C

D

Comunicación

17 Hace mucho tiempo

Escribamos/Hablemos Escribe cuatro oraciones sobre alguien con quien te llevabas bien o no te llevabas bien de niño. Luego léelas a un(a) compañero(a). Tu compañero(a) debe adivinar *(guess)* quién es.

MODELO **—Nos veíamos sólo durante el verano y los días festivos.**
—¿Es tu abuelo o abuela?
—No, es mi prima.

Cultura

VideoCultura

Comparaciones

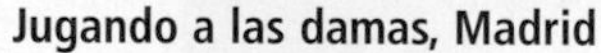

Jugando a las damas, Madrid

De niño(a), ¿qué te gustaba y qué te molestaba hacer?

Hasta cierto punto, cada generación se caracteriza por sus gustos y aversiones. De niño(a), ¿te interesaba hacer las mismas cosas que hacían tus padres o tus abuelos? De seguro que hay diferencias entre las varias culturas del mundo, pero ¿crees que de niño(a) tenías más en común con tus padres o abuelos que con personas de tu edad que vivían en otros países? Escucha las entrevistas para ver qué les gustaba y qué les molestaba hacer a estas personas. Luego, compara lo que dicen con tu propia experiencia. ¿Qué tiene en común tu experiencia con la de ellos?

Mercedes
Madrid, España

Vamos a hablar sobre los recuerdos de la niñez. ¿Cómo eras cuando tenías diez años?

Era una niña alegre, extrovertida, bastante normal.

De niña, ¿qué hacías para divertirte?

Pues, jugaba mucho en la calle con mis amigos, saltaba a la cumba, a la goma, la pelota, montaba en bici.

¿Te llevabas bien con otros niños?

Generalmente, sí. Algunos me caían mejor y otros peor.

¿Qué es lo que más te gustaba hacer?

Pues, más... o lo que más [me gustaba era] jugar a la cuerda y montar en bici.

¿Qué te fastidiaba?

Que me tiraran del pelo.

Pablo

Cuzco, Perú

Vamos a hablar sobre los recuerdos de la niñez. ¿Cómo eras cuando tenías diez años?

Era un chico extrovertido, alegre, aventurero.

De niño, ¿qué hacías para divertirte?

Como no había muchos juegos electrónicos en esa época, lo que hacíamos era montar bicicleta, jugar bolas y jugar fútbol.

¿Te llevabas bien con los otros chicos?

Sí, me llevaba bien con todos los chicos en el barrio.

¿Qué es lo que más te gustaba hacer?

Lo que más me gustaba era montar bicicleta.

¿Qué te fastidiaba?

Me fastidiaba cuando no me dejaban salir a jugar.

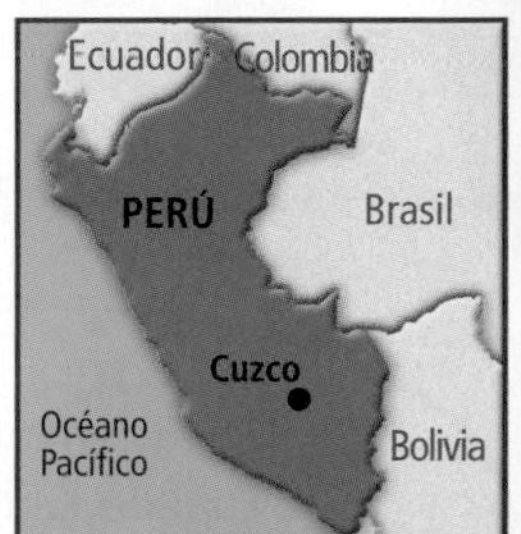

Para comprender

1. ¿Cómo era *(was)* Mercedes de niña? ¿Qué le gustaba hacer?
2. ¿A Mercedes le caían bien todos los otros niños?
3. ¿Quién era muy activo de niño?
4. ¿Qué le gustaba jugar más a Pablo? ¿A Mercedes?
5. ¿Qué le fastidiaba a Pablo?
6. ¿A quién no le gustaba cuando otros niños le hacían travesuras?

Para pensar y hablar

¿Cómo eras de niño(a)? ¿Qué hacías para divertirte? ¿Tenías muchos amigos en aquel entonces *(back then)*? ¿Cómo eran ellos? ¿Con quién te llevabas bien?

Comunidad y oficio

Documentando el pasado

¿Sabes cómo eran *(were)* tus padres o tus abuelos de jóvenes? El aprender sobre tus antepasados, su vida y la época en que vivieron puede ayudarte a descubrir quién eres. Para aprender más sobre el pasado de tu familia, puedes consultar a bibliotecarios, genealogistas, historiadores o investigadores del juzgado del condado *(county courthouse)*. Estos profesionales usan una variedad de documentos, a veces escritos en otros idiomas, para investigar el pasado. Entrevístate con uno de estos especialistas para averiguar si el español u otro idioma les es útil en sus investigaciones. Escribe un informe sobre lo que aprendiste.

Foto de la Familia Real de España de los años 70.

Objetivos
- Describing people and things in the past
- Talking about an emotional reaction

Vocabulario en acción 2

ExpresaVisión

Una familia española

Me acuerdo de la fiesta de cuando cumplí seis años. Todo era diferente **en aquel entonces**.

A mi hermano le fascinaba hacer travesuras. Era muy extrovertido pero yo no. Era más **solitaria** y **callada**. Mi prima era muy **egoísta** y nunca compartía sus juguetes.

Mi abuelo era muy **chistoso**. Siempre me hacía reír con **sus cuentos**. Le encantaba hablar con mi tío Andrés, quien era muy **conversador**.

Mi abuela era muy **buena gente** y un poco **curiosa**, pero mi tía, **¡qué chismosa!**

▶ **Vocabulario adicional—Para describir a otras personas,** p. R14

Visit Holt Online
go.hrw.com
KEYWORD: EXP2 CH6
Vocabulario 2 practice

Vocabulario 2

Mi primo Josué siempre era **juguetón**. En la fiesta pasó todo el tiempo jugando con el bebé. Su esposa, Carlota, era **bondadosa** y **paciente**. Por otro lado, mi tío Fernando era muy **impaciente**, como ves. Siempre tenía prisa.

Más vocabulario...

amable	*nice*
aventurero(a)	*adventurous*
consentido(a)	*spoiled*
obediente	*obedient*

También se puede decir...

You can also say **cómico(a)** instead of **chistoso(a),** and **mimado(a)** instead of **consentido(a)**.

¡Exprésate!

To describe people and things in the past

Interactive TUTOR

¿Cómo eras en aquel entonces? *What were you like back then?*	**Era muy juguetona. Siempre contaba chistes y hacía travesuras.** *I was very playful. I was always telling jokes and playing tricks.*
¿Y tus amigos? ¿Cómo eran? *And your friends? What were they like?*	**Mi mejor amigo(a) era muy buena gente. Me caía muy bien.** *My best friend was really nice. I really liked him/her.*

Vocabulario y gramática, pp. 67–69
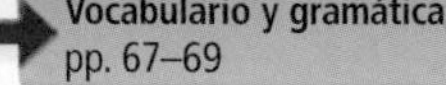

18 ¿Quién es?

Escuchemos Escucha cada descripción. Empareja el nombre de la persona con la foto que corresponde. Una de las fotos no se usa.

1. Francisco 2. mi tío 3. Gerardo 4. mis vecinos

A

B

C

D

E

Más vocabulario...

el bautizo	*baptism*
la enfermedad	*sickness*
la muerte	*death*
el nacimiento	*birth*
la partida	*departure*
el recuerdo	*memory*

19 Personas diferentes

Leamos/Escribamos Completa las oraciones con lo contrario *(opposite)* de la palabra subrayada.

MODELO Soraya no era trabajadora sino perezosa.

1. Sonia no era bondadosa sino ____.
2. Héctor no era callado sino ____.
3. Josué no era serio sino ____.
4. Ana no era amable sino ____.
5. Inés no era obediente sino ____.
6. Daniel no era solitario sino ____.
7. Gabriela no era paciente sino ____.

¡Exprésate!

To talk about an emotional reaction

¿Cómo te sentiste cuando supiste lo de Gloria y Sergio? *How did you feel when you found out about Gloria and Sergio?*	**Cuando oí la noticia, no lo quise creer.** *When I heard the news, I didn't want to believe it.*
	Cuando me enteré, no lo pude creer. *When I found out, I couldn't believe it.*
	¡Me pareció fenomenal! *I thought it was great!*

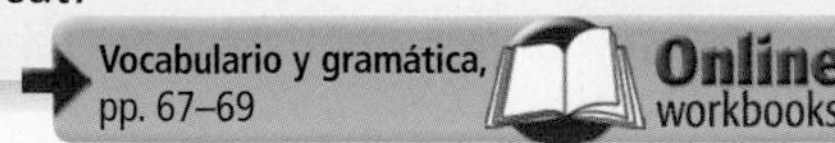

20 Tres tarjetas

Leamos/Hablemos Completa las siguientes tarjetas con las palabras del cuadro.

la partida	la misa	llegada	celebrar
el nacimiento	sorpresa	el bautizo	recuerdos

1. Anunciamos ______ de nuestro hijo, Raúl José Salazar. Raúl nació el día quince de febrero a las cinco de la mañana. Vamos a ______ su ______ al mundo con una fiesta el veinte de marzo.

2. ______ de Ana Gabriela Suárez va a ser el día seis de diciembre a las diez de la mañana en la iglesia San Francisco. La fiesta después de ______ va a ser en la casa de la madrina, doña Elvira Blanco.

3. Ven a la fiesta ______ en ocasión de ______ de Juan José, que va a trabajar en África por dos años. Ayúdanos a mandarlo a África con muy buenos ______ de sus amigos aquí en Segovia.

21 ¿Cómo te sentiste?

Escribamos Imagina que ya pasaron los siguientes acontecimientos *(events)*. Escribe oraciones sobre cómo reaccionaste y cómo te sentiste.

MODELO **Tu mejor amiga te dijo que se iba a vivir a otro país.**
Cuando me enteré, no lo quise creer.

1. Tus tíos favoritos te dijeron que se iban de viaje por dos años.
2. Tu hermano tuvo un accidente.
3. Tu prima canceló su boda al último momento.
4. Tu mamá te dijo que pronto vas a tener un hermanito(a).
5. Tus compañeros de clase te dijeron que tu actor favorito iba a visitar tu colegio.
6. Tu papá te dijo que te iba a comprar un carro.

22 ¿Cómo era?

Hablemos Con tus compañeros(as), crea una escena para una telenovela. En la escena, las personas están hablando acerca de un evento o escándalo, cómo se sintieron y cómo reaccionaron cuando sucedió *(it happened)*.

¿Se te olvidó? Irregular and stem-changing preterites, pp. 130, 132, 134

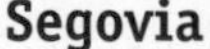

Objetivos
- Imperfect of **ser** and **haber**
- Preterite with mental and emotional states
- **Creer, leer, construir, caerle a uno, oír**

GramaVisión

Imperfect of ser and haber

1 Use the verb **ser** in the imperfect to describe what someone or something was generally like in the past. Its forms are irregular.

yo	**era**	nosotros(as)	**éramos**
tú	**eras**	vosotros(as)	**erais**
Ud., él, ella	**era**	Uds., ellos, ellas	**eran**

Yo **era** un niño travieso pero mis padres **eran** muy pacientes.
I was a mischevious child, but my parents were very patient.

2 You've used **hay,** the present tense form of **haber,** to say what *there is* or *are.* Use the imperfect form **había** to say what *there generally was/were* or what *there used to be* in the past.

Siempre **había** mucha gente en casa.
There were always a lot of people at home.

Había tres gatos en la casa de mi abuela.
There were three cats at my grandmother's house.

Vocabulario y gramática, pp. 70–72
Actividades, pp. 55–57

El acueducto, construido en tiempos romanos y el mejor preservado de su estilo, se alza sobre el centro de Segovia. La construcción es de granito, y no tiene material de unión entre sus piedras. Se mantiene en equilibrio gracias a un perfecto estudio de empujes y peso de las piedras. La imagen del monumento se preserva en todas las monedas producidas en la Casa de la Moneda de Segovia, que hoy día es un museo, desde 1455 hasta 1864.

¿Hay edificios o monumentos de otras épocas en tu ciudad?

23 Mi cuarto

Hablemos Completa las siguientes preguntas con el imperfecto de **haber** o de **ser.** Luego contesta las preguntas según tu propio cuarto cuando eras niño(a).

1. ¿De qué color (había/era) el cuarto?
2. ¿Cómo (había/era) el cuarto?
3. ¿(Era/Había) un televisor en el cuarto?
4. ¿Los muebles (había/eran) nuevos?
5. ¿(Era/Había) grande la cama?
6. ¿(Era/Había) animales de peluche?
7. ¿Qué otros juguetes (había/eran)?
8. ¿(Era/Había) otros muebles en el cuarto?
9. ¿(Era/Había) un cuarto organizado *(organized)*?

Visit Holt Online
go.hrw.com
KEYWORD: EXP2 CH6
Gramática 2 practice

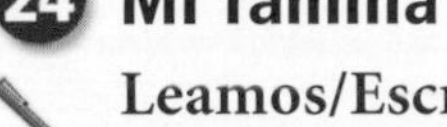

24 Mi familia

Leamos/Escribamos Lee el párrafo y vuelve a escribirlo. Di que la familia de José era muy diferente cuando él era niño. Cambia las palabras subrayadas por las del cuadro y usa el imperfecto.

MODELO **Cuando yo era pequeño, mis hermanos y yo éramos juguetones y hacíamos muchas travesuras.**

juguetón	impaciente	perezoso	gracioso
tímido	callado	egoísta	tonto

Ahora mis hermanos y yo somos serios y no hacemos travesuras. Nunca nos peleamos. Soy extrovertido y conversador y tengo muchos amigos. Mis hermanos son muy trabajadores y buena gente y ayudan en casa. Mi hermana es muy intelectual. Siempre estudia y saca buenas notas. Mis padres son muy pacientes y casi nunca hay problemas entre nosotros.

25 Fotos de recuerdos

Escribamos Escribe tres oraciones sobre las personas de las fotos, usando la forma correcta de **ser** en el imperfecto. Luego escribe tres oraciones más sobre qué más hacían.

A

B

C

26 Tu lugar preferido

Escribamos/Hablemos Escribe oraciones sobre cómo era tu lugar preferido (en tu casa, en la escuela, en tu ciudad, etcétera) cuando eras niño(a), y qué había allí. Intercambia tu descripción con un(a) compañero(a) y dibujen el lugar preferido del otro. Háganse preguntas mientras dibujan.

Preterite with mental and emotional states

1 Use the preterite of verbs such as **ponerse** and **sentirse** to describe reactions and changes in mental or emotional states that occurred at a specific point in the past.

Me puse furiosa cuando nuestro equipo perdió.
I got/became furious when our team lost.

¿Cómo **te sentiste** cuando oíste la noticia?
How did you feel when you heard the news?

2 In the preterite, **querer** is also used to talk about reactions at a specific point in the past. It means having the urge to do something and even following through with it. When used with **no,** it can mean refusing to do something. **Saber** in the preterite is used to say that someone found out something.

	querer	saber
yo	quise	**supe**
tú	quisiste	**supiste**
usted, él, ella	quiso	**supo**
nosotros(as)	quisimos	**supimos**
vosotros(as)	quisisteis	**supisteis**
ustedes, ellos, ellas	quisieron	**supieron**

Quise llorar cuando **supe** la noticia.
I wanted to (had the urge to) cry when I found out the news.

No quisieron jugar a las damas.
They didn't want to (refused to) play checkers.

3 Use the preterite of **estar** when talking about being or feeling a certain way for a given period of time.

Raúl **estuvo** muy nervioso durante su visita al médico.
Raúl was very nervous during his visit to the doctor.

Los niños **estuvieron** cansados toda la tarde.
The children were tired all afternoon.

Vocabulario y gramática, pp. 70–72
Actividades, pp. 55–57
Online workbooks

¿Te acuerdas?

The forms of **estar** and **ponerse** are irregular in the preterite.

estuve	estuvimos
estuviste	estuvisteis
estuvo	estuvieron
me puse	nos pusimos
te pusiste	os pusisteis
se puso	se pusieron

Músicos del norte de España tocando la gaita, instrumento de origen céltico

27 Reacciones

Escuchemos Escucha lo que dicen las siguientes personas. Di si cada persona está hablando:

a) de sí mismo(a) (*him-* or *herself*)
b) de sí mismo(a) y otra(s) persona(s)
c) de otra persona

28 El nacimiento de Leli

Leamos Completa lo que dice Carlos con el pretérito de los verbos entre paréntesis.

El día en que nació Leli *(The day Leli was born)*, todos ___1___ (ponerse) muy nerviosos. Mi abuela y mi papá ___2___ (llevar) a mi mamá al hospital a las siete de la mañana. Yo también ___3___ (querer) ir pero ___4___ (tener) que quedarme en casa con el abuelo. No ___5___ (poder) dormir y ___6___ (estar) aburrido y un poco nervioso toda la mañana. Por fin sonó el teléfono y contestó mi abuelo. Él ___7___ (ponerse) muy contento y (yo) ___8___ (saber) que eran buenas noticias.

29 La llegada a casa

Escribamos Di qué pasó el día antes de la llegada del bebé *(baby's arrival)* y cómo se sintió la familia después de su llegada. Usa el pretérito de **sentirse, querer** y **estar.**

antes de la llegada

después de la llegada

30 Un día importante

Hablemos Con un(a) compañero(a), prepara cinco preguntas sobre el primer día de clases en la escuela primaria (*elementary*). Usen el pretérito de **sentirse, ponerse, saber, querer** y **estar** en las preguntas. Luego hablen de qué pasó y cómo se sintieron.

MODELO **¿Qué tal estuvo el primer día de clases?**

Preterite of creer, leer, construir, oír; caerle a uno

1 The verbs **creer** *(to believe)*, **leer** *(to read)*, **oír** *(to hear)*, and **caer** *(to fall)* have the same preterite endings. Because their stem ends in a vowel, their third-person endings are **-yó** and **-yeron**, and their first- and second-person endings all have an accent mark over the **i**. **Construir** *(to build)* has the same third-person endings, but has no accent marks in the **nosotros, tú,** and **vosotros** forms.

	leer	oír	construir
yo	leí	oí	construí
tú	leíste	oíste	construiste
usted, él, ella	le**yó**	o**yó**	constru**yó**
nosotros(as)	leímos	oímos	construimos
vosotros(as)	leísteis	oísteis	construisteis
ustedes, ellos, ellas	le**yeron**	o**yeron**	constru**yeron**

2 You already know **caerse** means *to fall down.*

Julio **se cayó** y se rompió el brazo.
Julio fell down and broke his arm.

3 Use **caer** with an **indirect object pronoun** to tell how someone comes across to someone else or the impression someone makes on others.

A Laura **le cayó** bien tu primo.
Laura liked your cousin. (He made a good impression on Laura.)

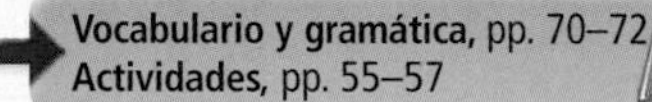
Vocabulario y gramática, pp. 70–72
Actividades, pp. 55–57

¿Te acuerdas?

The verb **oír** is irregular in the present tense.

oigo	oímos
oyes	oís
oye	oyen

The verb **caer** in the present tense is conjugated like the verb **traer.** It has an irregular **yo** form.

Les **caigo** bien a los padres de mi novio.

31 ¿Cuándo fue?

Escuchemos Escucha las oraciones y decide si cada cosa es algo que **a)** pasó una vez en el pasado, **b)** pasaba muchas veces en el pasado o **c)** todavía pasa en el presente.

32 Oye, ¿qué oíste acerca del baile?

Escribamos Hay muchos rumores en tu colegio acerca del baile de fin de año. Escribe oraciones nuevas con las palabras dadas.

MODELO Oí que iban a vender pizza. (Raúl/bocadillos)
Raúl oyó que iban a vender bocadillos.

1. Leí que el baile iba a ser en el gimnasio. (mi amigo/en el patio)
2. ¿Oíste que iba a empezar a las nueve? (Sonia y Elena/a las ocho)
3. Leímos que Los Tigres iban a tocar. (ellos/Sara y su conjunto)
4. Conocí al cantante y él me cayó bien. (el Sr. Sánchez/caerle mal)
5. Ada dijo que iban a servir cena, pero yo no lo creí. (Rosa/tampoco creer)

33 Ayer y hoy

Escribamos Escribe qué hicieron las siguientes personas ayer y qué hacen hoy.

MODELO **yo/leer unos poemas/un libro de cuentos**
Ayer leí unos poemas. Hoy leo un libro de cuentos.

1. mi hermano menor/leer las tiras cómicas/leer un libro de historia
2. el Sr. Soto/oír malas noticias sobre su abuelo/oír buenas noticias
3. Paco/caerse de su bicicleta/montar a caballo
4. mi hermana/oír un animal en el patio/no oír nada
5. mi amigo/construir un hombre de nieve/construir barcos de papel

Jóvenes bailando sevillanas en la Feria de Málaga, España

Comunicación

34 Háblame de ti

Escribamos/Hablemos Entrevista a tu compañero(a) utilizando las siguientes preguntas.

1. Cuando conociste por primera vez a tu mejor amigo(a), ¿te cayó bien o mal?
2. Y los padres de tu mejor amigo(a), ¿te caen bien o mal?
3. ¿Leíste algo interesante anoche? ¿Qué leíste? Si no, ¿cuándo fue la última vez que leíste algo bien interesante?
4. ¿Cuando fue la última vez que te caíste? ¿Qué te pasó?

35 Una hermanita

Hablemos Con un(a) compañero(a), describe los dibujos.

Novela en video

El relicario

Episodio 6

ESTRATEGIA

Comparing attitudes Comparing the attitudes of different characters toward an idea or an event can help you understand the characters, their motives and their actions. In **Episodio 6,** Adriana and Victoria talk about Victoria's new friend, Jorge, as well as the situation with her grandfather and his old friend. Jorge and Ramiro talk about Jorge's new friend, Victoria, as well as the situation between Victoria's grandfather and his old friend, the engineer.

En Madrid, España

Victoria habla con su mejor amiga, Adriana.

1

Adriana Oye, ¿qué es eso?

Victoria Es un e-mail de Jorge. Encontró el número de la hermana del amigo de mi abuelo.

2

Adriana ¿Te gusta ese chico?

Victoria Ay, Adriana. ¡Cómo eres! Ni siquiera lo conozco. Bueno, sé que es amable por querer ayudarme.

3

Adriana ¿Pues te gusta o no?

Victoria No seas ridícula. Lo que importa es encontrar al amigo de mi abuelo, para devolverle sus cosas.

4

Adriana ¿No has pensado que Jorge puede ser guapísimo?

Victoria Adriana, por favor, no seas tan cursi. Tengo que encontrar a Jorge Calderón, el ingeniero. Y Jorge es sólo un amigo que me ayuda.

5

Victoria Adriana, los diarios de mi abuelo son tan tristes. Se sintió muy mal cuando perdió contacto con su mejor amigo. Escucha, te leo un trozo.

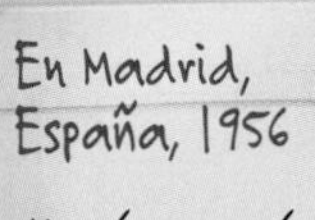

En Madrid, España, 1956

No sé por qué Jorge no contesta mis cartas. No acepta mis llamadas.

Todas las cartas que le mando me las devuelven sin explicación.

Visit Holt Online
go.hrw.com
KEYWORD: EXP2 CH6
Online Edition

Novela en video

En San José, Costa Rica

Jorge habla con su mejor amigo, Ramiro.

Ramiro ¿Qué estás leyendo?

Jorge Es una carta de Victoria.

Ramiro ¿Qué dice? ¿que quiere ser tu novia?

Jorge Ay Ramirito, sólo en eso pensás. Es sólo una amiga, ¡a-mi-ga!

Ramiro Esa muchacha Victoria, ¿es bonita?

Jorge No sé.

Ramiro Pues, a lo mejor es muy bonita y vos ni sabés.

Jorge Sí, tal vez. Pero por ahora sólo quiero ayudarla.

Ramiro Bueno. No te pongás serio. A ver, ¿qué averiguaste?

Jorge Tengo el número de teléfono de la hermana del ingeniero.

Ramiro ¿Qué esperás? Llamala ya.

Jorge ¿Por qué dos hombres, que eran muy buenos amigos, colegas, pierden contacto después de trabajar tanto tiempo juntos?

Ramiro Una mujer. Estoy seguro que fue por una mujer.

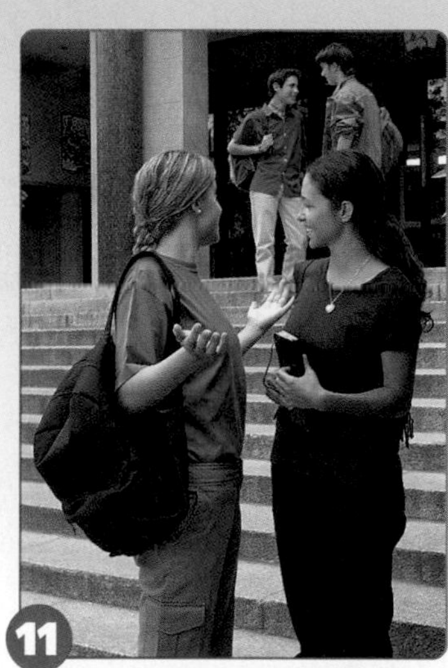

Victoria ¿Qué los pudo separar?

Adriana ¿Quién sabe? ¿dinero? ¿competencia profesional? ¿una mujer?

Victoria No creo.

Adriana Ay, ¡olvídalo! ¿Quién entiende a los chicos?

¿COMPRENDES?

1. ¿Qué actitud tiene Adriana hacia la situación entre Victoria y Jorge? ¿Cómo reacciona Victoria?
2. ¿Qué actitud tiene Victoria hacia los diarios de su abuelo? ¿Por qué?
3. ¿Qué pasa con las cartas que el abuelo le manda a Jorge?
4. ¿Qué actidud tiene Ramiro hacia la situación entre Victoria y Jorge? ¿Cómo reacciona Jorge?
5. Según Adriana y Ramiro, ¿qué pudo separar a los buenos amigos?
6. Compara la actitud de Adriana con la actitud de Victoria; la actitud de Ramiro con la de Jorge; la de Adriana con la de Ramiro; la de Victoria con la de Jorge. ¿Tienes ahora una idea de cómo van a actuar en el futuro?

Próximo episodio:
Jorge va a visitar a la hermana del ingeniero Calderón.
PÁGINAS 268–269

Leamos y escribamos

ESTRATEGIA

para leer When you come across a word you don't know, use the context of the sentence or passage to figure out the meaning of the word. Ask yourself what the sentence (passage) is about and what type of word would go there. Your guess will probably be an approximate meaning of the word, which is often enough to understand the gist of a text. This is a strategy you already use in your native language.

Antes de leer

A Busca las siguientes palabras en el poema: *rey, rebaño, gentil princesita, hallé* y *mentía.* Usa el contexto para adivinar sus significados y escríbelos en una hoja aparte.

de «A Margarita Debayle»

RUBÉN DARÍO

... Margarita, te voy a contar
un cuento.
Éste era un rey que tenía
un palacio de diamantes,
una tienda hecha del día°
y un rebaño de elefantes,

un kiosko de malaquita°,
un gran manto de tisú°,
y una gentil princesita,
tan bonita,
Margarita,
tan bonita como tú.

5 tent made of daylight 7 malachite, a semi-precious green stone 8 cloak made of lamé, a fabric with metallic threads

Una tarde la princesa
vió una estrella aparecer°;
la princesa era traviesa
y la quiso ir a coger°.

La quería para hacerla
decorar un prendedor°,
con un verso y una perla,
y una pluma° y una flor.

...Pues se fue la niña bella,
bajo el cielo y sobre el mar,
a cortar la blanca estrella
que la hacía suspirar°.

Y siguió camino arriba°,
por la luna y más allá;
mas° lo malo es que ella iba
sin permiso del papá.

...Y el rey dijo: «¿Qué te has hecho°?
Te he buscado° y no te hallé;
y ¿qué tienes en el pecho°,
que encendido° se te ve?»

La princesa no mentía.
Y así, dijo la verdad:
«Fui a cortar la estrella mía
a la azul inmensidad»...

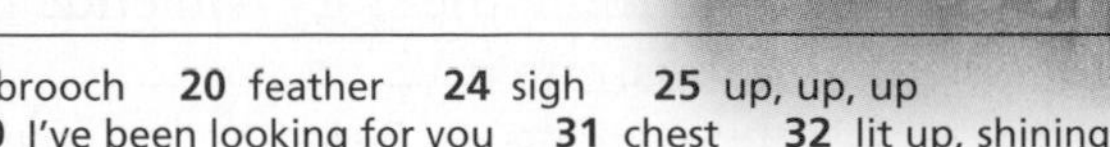

14 a star appear **16** to catch, to grab **18** brooch **20** feather **24** sigh **25** up, up, up
27 but **29** What have you been up to? **30** I've been looking for you **31** chest **32** lit up, shining

Comprensión

B Completa las siguientes oraciones con la respuesta correcta. Luego compara tus respuestas con los significados que escribiste en **Antes de leer**.

1. Un rey es el...
a. nieto de una princesa. **b.** padre de una princesa.

2. Un rebaño es un...
a. grupo de animales **b.** un desfile de gente.

3. Una persona gentil es una persona...
a. pequeña y antipática. **b.** joven y amable.

4. «No te hallé» significa...
a. no te encontré. **b.** no te busqué.

5. «No mentía» quiere decir...
a. no contaba chistes. **b.** decía la verdad.

C Contesta las siguientes preguntas con oraciones completas.

1. ¿A quién le escribe Darío el poema?
2. ¿Qué posesiones tenía el rey y cómo eran?
3. ¿Cómo era la princesa?
4. ¿Qué hizo la princesa cuando vio la estrella?
5. ¿Para qué quería la estrella?
6. ¿Hacia dónde *(Which way)* se fue la princesa?
7. ¿Qué era lo malo del viaje de la princesa?
8. ¿Qué le preguntó el rey cuando encontró a la princesita?
9. ¿Qué llevaba la princesa en su pecho?
10. ¿Cómo contestó la princesa las preguntas del rey?

Después de leer

D «A Margarita Debayle» crosses literary genres; it is both a poem and a fairy tale. Explain why you think it falls under both categories. How is this fairy tale the same or different from those you heard as a child?

E The author had a specific audience in mind when he wrote this poem. Describe the person you think he is writing to. Include her age, what she was like, and her relationship to the author. Explain why you think she is the way you have described her.

F The text you read is only the first half of the poem. What do you think happens next? How do you think the story will end? Create an ending to the poem and illustrate it.

Taller del escritor

ESTRATEGIA

para escribir Avoid using the same words over and over when you write. Variety keeps your readers interested in what you have to say. Scan your writing for repetition and for overuse of the verb "to be," and then think of how you can express the same ideas in more interesting and dynamic ways.

Todo cambió cuando...

Think about an event in your past that changed your life, and write a narrative. Think of what you were like and what you used to do, and how things changed after an event such as a move to another town, the birth of a sibling, making a new friend, and so on: **No tenía que compartir mis juguetes de niño. Todo eso cambió después del nacimiento de mi hermano menor.**

1 Antes de escribir

Make a list of the things you will describe in the past and the activities you took part in, using the imperfect of the appropriate verbs. For each routine or activity that you no longer do, provide an event or circumstance that caused the change, using the preterite.

De niño, yo...
veía dibujos animados cada tarde
iba al parque a jugar con mis amigos
trepaba a los árboles

2 Escribir un borrador

Begin to write the description in the past, taking care to select appropriate and lively verbs, varying your language as much as possible. Why did you enjoy or not enjoy the routines? End by telling why things changed.

3 Revisar

Trade narratives with a couple of classmates. Ask the classmates who read your narrative if they can clearly picture the events of your childhood. This is a sign that your descriptive language is effective. Be sure to check spelling and verb forms. How would your classmates improve your narrative? Is your reasoning as to why things changed logical?

4 Publicar

Since the imperfect is used to describe the past, you might consider illustrating a typical scene from the childhood you describe, displaying it next to the narrative. This helps remind you and the class that the imperfect creates a backdrop in the readers' mind.

Capítulo 6
Repaso

Prepárate para el examen

Interactive TUTOR

1 Mira el dibujo y di qué les gustaba hacer a estas personas. Luego di si a ti te gustaban o te fastidiaban las mismas cosas.

1 Vocabulario 1
- talking about what you used to like and dislike
- talking about what you used to do and what you wanted to be

pp. 206–209

2 Gramática 1
- imperfect of regular verbs
- imperfect of **ir** and **ver**
- verbs with reciprocal actions

pp. 210–215

2 Completa el párrafo con el imperfecto del verbo correcto.

De niño, mi abuelo __1__ (ser/estar) muy activo y un poco travieso. A su hermana le __2__ (encantar/querer) jugar con muñecas y siempre __3__ (fastidiar/querer) jugar a la casita con mi abuelo. Él __4__ (odiar/fascinar) jugar a la casita, y cuando ella se lo __5__ (decir/pedir), él le __6__ (contestar/preguntar) que no __7__ (haber/tener) ganas. Los dos __8__ (abrazarse/pelearse) mucho, hasta que un día su hermana dejó de fastidiarlo. De ahí en adelante *(From then on)* los dos __9__ (divertirse/respetarse) jugando al escondite.

3 Vocabulario 2
- describing people and things in the past
- talking about an emotional reaction

pp. 218–221

3 Basándote en las descripciones, construye oraciones y di si estas personas hacían las actividades entre paréntesis o no.

1. De niña, yo era muy callada. (hablar mucho)
2. Mis amigos eran muy chistosos. (contar muchos chistes)
3. Mi hermano era bastante solitario. (tener muchos amigos)
4. Mis primos eran egoístas. (compartir sus juguetes)
5. Mi perro era juguetón. (jugar mucho conmigo)
6. Yo no era siempre obediente. (hacer travesuras)
7. Mi abuela era bondadosa. (ayudar a la gente)
8. Nosotros éramos muy cariñosos. (abrazarse mucho)

Visit Holt Online
go.hrw.com
KEYWORD: EXP2 CH6
Chapter Self-test

4 Contesta las siguientes preguntas con oraciones completas.

1. ¿Cómo era tu escuela primaria *(elementary school)?*
2. De niño(a), ¿en qué ocasión te sentiste triste?
3. ¿En qué ocasión te pusiste nervioso(a)? ¿Por qué?
4. ¿En qué ocasión no quisiste hacer algo?
5. ¿Cuál fue uno de los mejores libros que leíste de niño(a)?
6. ¿Cómo eran tus padres cuando tenías ocho años?
7. ¿Estuviste nervioso(a) la primera vez que fuiste al dentista?

4 Gramática 2
- imperfect of **ser** and **haber**
- preterite with mental and emotional states
- preterite of **creer, leer, construir, oír, caerle a uno**

pp. 222–227

5 Contesta las siguientes preguntas.

1. ¿Qué monumento se considera símbolo de Segovia?
2. ¿Qué actividades hacen los españoles en la sierra de Guadarrama?
3. ¿Qué importancia tiene el Alcázar de Segovia en la historia de España?

5 Cultura
- **Comparaciones** **pp. 216–217**
- **Notas culturales** **pp. 208, 212, 213, 222**
- **Geocultura** **pp. 200–203**

6 Escucha la conversación entre Daniela y su abuela, doña Lola. Escribe sus nombres y di qué actividades hacía cada una de niña.

Conversación

HOLT SoundBooth ONLINE RECORDING

7 Role-play the following conversation with a partner. Partner A is a grandchild and Partner B is a grandparent, talking about family relationships.

Partner A:	Complain that your sister Sonia is spoiled and selfish.
Partner B:	Respond that Sonia is a bit impatient, but affectionate. Say your partner and Sonia fight a lot.
Partner A:	Say that's true. Ask if your partner got along with his or her siblings as a child.
Partner B:	Say you used to bother your little brother sometimes, but you also helped each other with chores and homework.
Partner A:	Say you and Sonia used to lend each other CDs and talk, but not now.
Partner B:	Say siblings do sometimes have problems, but they need to respect each other.
Partner A:	Ask what you should do to get along better with Sonia.
Partner B:	Give your partner advice, and end the conversation.

Prepárate para el examen

Gramática 1

- imperfect of regular verbs **pp. 210–211**
- imperfect of **ir** and **ver** **pp. 212–213**
- verbs with reciprocal actions **pp. 214–215**

Repaso de Gramática 1

For the imperfect of regular **-ar, -er,** and **-ir** verbs, see page 210. The **imperfect** is used to talk about the past, but it has different uses than the preterite. The **imperfect** tells what someone used to do, what things were like, or how things used to be.

ir		ver	
iba	**íbamos**	**veía**	**veíamos**
ibas	**ibais**	**veías**	**veíais**
iba	**iban**	**veía**	**veían**

To talk about reciprocal actions, use the reflexive pronouns **nos**, **os**, and **se** with the corresponding plural form of a verb.

Gramática 2

- imperfect of **ser** and **haber** **pp. 222–223**
- preterite with mental and emotional states **pp. 224–225**
- **construir, creer, leer, oír,** and **caerle a uno** **pp. 226–227**

Repaso de Gramática 2

The imperfect of **haber** is **había**. **Ser** is irregular in the imperfect.

yo	**era**	nosotros, nosotras	**éramos**
tú	**eras**	vosotros, vosotras	**erais**
usted, él, ella	**era**	ustedes, ellos, ellas	**eran**

Use the preterite of verbs **ponerse**, **sentirse** (**i**), and **querer** to talk about reactions or how thoughts or feelings changed. Use the preterite of **saber** to say someone found out something.

leer		oír	
leí	leímos	oí	oímos
leíste	leísteis	oíste	oísteis
le**yó**	le**yeron**	o**yó**	o**yeron**

Creer and **caer** follow this pattern.

Letra y sonido g c

Las consonantes g y c

- The letter **g** can have the "hard" sound of g in *get* when followed by a consonant, the vowels **a, o,** or **u,** in the groups **gue** and **gui,** after **n,** or at the beginning of a sentence: ¡**G**rita!, **g**ato, **g**uerra, **g**uitarra, **g**usto, ten**g**o
- The **g** has a softer sound when the combinations **ga, go, gu, gue,** or **gui** follow a vowel or a consonant other than **n:** a**g**ua, re**g**ular, pre**g**unta, al**g**o, ries**g**o, lar**g**o
- Be careful not to confuse the **c** of **coma** with the **g** of **goma:** **c**allo, **g**allo; **c**anas, **g**anas; **c**ol, **g**ol

Trabalenguas

Cómo quieres que te quiera
si el que quiero que me quiera
no me quiere como quiero que me quiera.

Dictado

Escribe las oraciones de la grabación.

Repaso de Vocabulario 1

Talking about what you used to like and dislike

¡Al contrario!	*Not at all! As a matter of fact . . .*
los animales de peluche	*stuffed animals*
columpiarse	*to swing (on a swing)*
compartir los juguetes	*to share toys*
contar (ue) chistes/cuentos	*to tell jokes/stories*
de pequeño(a)	*as a child*
los dibujos animados	*cartoons*
echar carreras	*to run races*
fascinar	*to love*
fastidiar	*to bother*
hacer travesuras	*to play tricks*
jugar	*to play*
a la casita	*house*
a las damas	*checkers*
al escondite	*hide and seek*
con bloques	*with blocks*
con carritos	*with cars*
al pilla-pilla	*tag*
las láminas	*trading cards*
llevarse bien/mal	*to get along well/badly*
molestar	*to bother*
las muñecas	*dolls*
odiar	*to hate*
pelearse	*to fight*
¿Qué te gustaba hacer cuando tenías...años?	*What did you like to do when you were . . . years old?*
sacar buenas/malas notas	*to get good/bad grades*
saltar a la cuerda	*to jump rope*
trepar a los árboles	*to climb trees*

Talking about what you used to do and what you wanted to be

el (la) astronauta	*astronaut*
¿Con qué soñabas?	*What did you dream of (being when you grew up)?*
Solía...	*I used to . . .*
Soñaba con ser...	*I dreamed of being . . .*
¿Qué querías ser?	*What did you want to be?*
¿Qué hacías de niño(a)?	*What did you use to do when you were a little boy/girl?*

Repaso de Vocabulario 2

Describing people and things in the past

amable	*nice*
aventurero(a)	*adventurous*
bondadoso(a)	*generous*
buena gente	*nice (person)*
caerle bien/mal (a alguien)	*to make a good/bad impression (on someone), to like/dislike someone*
callado(a)	*quiet*
cariñoso(a)	*tender, affectionate*
chismoso(a)	*a gossip*
chistoso(a)	*funny*
¿Cómo eras...?	*What were you like . . . ?*
consentido(a)	*babied, spoiled*
conversador(a)	*talkative*
el cuento	*story*
curioso(a)	*curious*
egoísta	*selfish*
en aquel entonces	*back then*
estricto(a)	*strict*
impaciente	*impatient*
juguetón, juguetona	*playful*
obediente	*obedient*
paciente	*patient*
¡Qué chismoso(a)!	*What a gossip!*
el recuerdo	*memory*
solitario(a)	*likes to be alone*

Giving an emotional reaction

el bautizo	*baptism*
¿Cómo te sentiste cuando supiste lo de...?	*How did you feel when you heard about . . . ?*
Cuando me enteré, no lo pude creer.	*When I found out, I couldn't believe it.*
Cuando oí la noticia, no lo quise creer.	*When I heard the news, I didn't want to believe it.*
la enfermedad	*sickness*
la muerte	*death*
el nacimiento	*birth*
Me pareció...	*I thought it was . . .*
la partida	*departure*

Repaso cumulativo

Integración

capítulos 1–6

1 La señora Vargas describe cómo era su pueblo en aquel entonces y cómo es ahora. Mira las fotos e indica si habla **a**) del pasado o **b**) del presente.

2 Susana escribió un ensayo sobre su niñez *(childhood)* y sus mejores amigas. Léelo y contesta las preguntas.

Mis amigas, Ana Carolina y Manuela, y yo éramos buenas amigas de niñas y aunque somos mayores, todavía pasamos el rato juntas. Cambiamos mucho con los años. Cuando mi amiga Ana Carolina tenía diez años prefería leer. Tenía muchos libros y le gustaba pasar el rato sola. Ahora tiene muchos amigos y amigas y es muy activa. Juega para el equipo de volibol del colegio. Quiere ser periodista un día. Mi otra amiga, Manuela, es diferente.

Ella es tímida, estudia mucho y piensa estudiar para médica. Antes era miembro de la banda, pero ahora prefiere tocar el piano. ¿Y yo? De niña era muy activa. Jugaba al tenis y nadaba. Ahora sólo juego al tenis. No tengo mucho tiempo libre porque siempre hago mi tarea y cuido a mis hermanos. También le preparo la cena a la familia, y pienso ser cocinera profesional.

1. ¿Qué hacía Ana Carolina cuándo era niña? ¿Y ahora?
2. ¿En qué grupo participaba Manuela? ¿Cómo es ahora?
3. ¿Qué deportes practicaba Susana de niña? ¿Practica los mismos deportes ahora? ¿Por qué?
4. ¿Cómo es la relación entre las tres chicas?
5. ¿Qué planes tienen las tres chicas?

Visit Holt Online
go.hrw.com
KEYWORD: EXP2 CH6
Cumulative Self-test

3 Con un(a) compañero(a), túrnense para describir una tradición que tenía tu familia cuando eras niño(a).

4 ¿Crees que este cuadro es moderno? Haz una búsqueda por Internet para determinar quiénes son la mujer y la niña y qué relación tienen con el pintor. ¿Cómo crees que era la vida en aquel entonces?

Clotilde y Elena en las rocas, Jávea
de Joaquín Sorolla y Bastida (1863–1923)

5 Prepara un diagrama de Venn como el que ves abajo. En las partes fuera de la intersección, escribe las cosas que te gustaban de niño(a) y las que te gustan ahora. Si hay cosas que te gustaban antes, y que todavía te gustan, escríbelas en la intersección. Explícales tu diagrama a los compañeros de clase.

Lo que me gustaba de niño(a) | Me gustaba(n) y todavía me gusta(n) | Lo que me gusta hoy

6 **Situación**

Put together a class newspaper, and decide what news and events you would like to publish. Work in groups of four to create the various sections of the newspaper: **noticias** *(news)*, **deportes** *(sports)*, **consejos** *(advice)*, and **ocio** *(recreation)*. Express your reactions to the various news items, and include a calendar of school events.

Capítulo 7

GeoVisión

Geocultura

El Viejo San Juan

Calle del Morro
Calle San Sebastián
Calle Cruz
Calle Cristo
Calle Fortaleza

▲ **San Juan,** conocida como La Ciudad Amurallada, fue fundada en 1521 y se convirtió en un bastión militar de los españoles. San Juan tiene dos partes: El Viejo San Juan y la parte moderna de la capital.

Almanaque

Fundación 1521

Población de San Juan 433.319

Altura 3 metros sobre el nivel del mar

Nota histórica
En 1508 Juan Ponce de León fundó Caparra, el asentamiento original, al oeste de la capital actual. En 1521 las condiciones malsanas forzaron el traslado del pueblo a un islote rocoso, hoy llamado el Viejo San Juan.

Economía
Refinación del petróleo y del azúcar; servicios financieros; centro del envío marítimo del Caribe

¿Sabías que...?

San Juan es la ciudad más vieja bajo la bandera de los Estados Unidos.

▼ **Puerto Rico** tiene una cultura cuyos orígenes pueden trazarse a sus raíces taínas, españolas y africanas.

◀ **La Plaza del Quinto Centenario** Esta plaza conmemora los 500 años de la llegada de Colón a las Américas en 1492. ❶

▲ **El castillo de San Felipe del Morro** Esta fortaleza, conocida como El Morro, fue construida por los españoles entre 1539 y 1586 para proteger el puerto de San Juan contra los ataques de Francis Drake y otros europeos. El Morro es un laberinto de túneles, barracas, puestos de guardia y trampas. ❷

▲ **La catedral de San Juan** Esta catedral, fundada en 1521, es una de las más importantes del Caribe. ❸

▲ **Calle Cristo** Las calles del Viejo San Juan están hechas de adoquines, piedras azuladas utilizadas como peso en las naves españolas.

◀ **El Parque de las Palomas** está rodeado por la muralla de San Juan y desde ahí se observan vistas magníficas de la bahía y de la ciudad. ❹

¿Qué tanto sabes?

¿Cuántos años tiene San Juan?

A conocer San Juan

La arquitectura

► **La iglesia de San José** La construcción de esta iglesia comenzó en 1532. La capilla principal es un ejemplo excelente de la arquitectura gótica española del siglo XVI. 5

▲ **El Capitolio** Este edificio del gobierno fue construido en la década de 1920 para las oficinas de los senadores y representantes. 6

▲ **El castillo de San Cristóbal** Este castillo es un buen ejemplo de la arquitectura militar de la época barroca. 7

La vida cultural

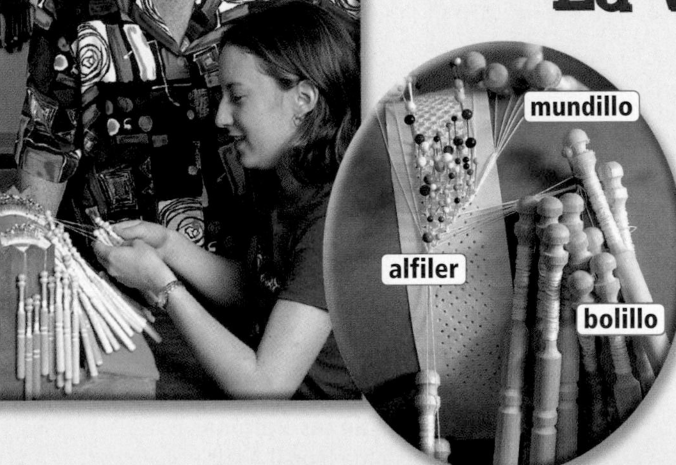

◄ **La labor del encaje de bolillos,** realizada con alfileres y bolillos sobre el mundillo, lleno de paja, ha tenido un gran renacimiento. En Puerto Rico se le denomina artesanía del mundillo.

▲ **El Museo de Pablo Casals,** en la Calle San Sebastián, tiene en su colección manuscritos, fotografías y videos del famoso músico y director Pablo Casals.

◄ **La Casa Blanca** Construido en 1521, este edificio sirvió como residencia de la familia Ponce de León por más de 250 años. Hoy día es un museo de historia de los siglos XVI, XVII y XVIII y de artefactos taínos.

La vida contemporánea

Visit Holt Online
go.hrw.com
KEYWORD: EXP2 CH7
Photo Tour

▲ **La Plaza de Armas** es un centro comercial muy importante en la ciudad. (8)

¿Sabías que...?

El Capitolio es una imitación del capitolio en Washington, D.C. Investiga por qué.

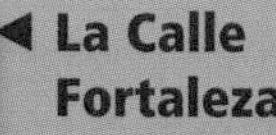

◄ **La Calle Fortaleza** Llena de tiendas y mucha gente, esta calle refleja la vida cotidiana del Viejo San Juan.

La historia

► **La Fortaleza** La residencia oficial del gobernador de Puerto Rico, también conocida como el Palacio de Santa Catalina, es la mansión ejecutiva más antigua usada como tal en las Américas. La estructura data de 1533. (9)

◄ **La estatua de Cristóbal Colón** adorna la Plaza de Colón conmemorando los 400 años de la llegada de los europeos a Puerto Rico. (10)

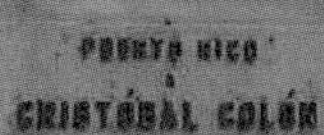

Conexión Historia

Juan Ponce de León fue el primer gobernador de Puerto Rico, de 1510 a 1512. Una leyenda dice que en búsqueda de la fuente de la juventud descubrió Florida en 1513. ¿Qué es lo que buscaban los primeros europeos en las Américas y qué es lo que buscaba Ponce de León?

Ponce de León ►

Capítulo 7

¡Buen provecho!

OBJETIVOS

In this chapter you will learn to

- order in a restaurant
- talk about how food tastes
- talk about your diet
- describe the preparation of food

And you will use

- double object pronouns
- commands with double object pronouns
- adverbs
- the imperfect
- past participles as adjectives

¿Qué ves en la foto?

- **¿Dónde están los muchachos de la foto? ¿Qué están haciendo?**
- **¿Crees que están pasando un buen rato?**
- **¿Hay lugares similares donde vives?**

Amigos almorzando en un café de San Juan

Objetivos
- Ordering in a restaurant
- Talking about how food tastes

Vocabulario en acción 1

Video/DVD
ExpresaVisión

En el restaurante

la pera

los bocadillos

la lechuga

las fresas

los mariscos

el aceite de oliva

el plátano

la piña

la ensalada mixta

el vinagre

un surtido de frutas frescas

¿Te gustaría probar **las especialidades de la casa**? Son muy **sabrosas**. **Te las recomiendo**.

También se puede decir...

Beans are also called **habichuelas** (Puerto Rico), **porotos** (Chile), or **frijoles** (Mexico). Bananas are called **guineos** in Puerto Rico and in the Dominican Republic, and plantains are **plátanos.**

Café Sol — MENÚ

SOPAS Y ENTREMESES

Caldo de pollo
Chicken Soup

Sopa de fideos
Noodle Soup

Sopa de ajo
Garlic Soup

Gazpacho
Cold Tomato and Cucumber Soup

Ensalada mixta
Mixed Salad

PLATOS PRINCIPALES

Pollo asado con gandules
Roast Chicken with Pigeon Peas

Bistec a la parrilla
Grilled Steak

Bistec encebollado
Steak with onions

Chuletas de cerdo con habichuelas
Pork Chops with Beans

BEBIDAS

Agua mineral
Mineral Water

Café
Coffee

Té
Tea

POSTRES

Flan de vainilla
Vanilla Flan

Fresas con crema
Strawberries and Cream

Visit Holt Online
go.hrw.com
KEYWORD: EXP2 CH7
Vocabulario 1 practice

Vocabulario 1

En San Juan

El plato del día es lechón asado con gandules.
la mesera
¿Qué hay de especial?

Cómo no. ¿Se les ofrece algo más?
el mesero
¿Nos trae tres cafés?

Más vocabulario...

aguado(a)	*watery, weak*
dejar la propina	*to leave the tip*
pagar la cuenta	*to pay the bill*
rico(a)	*tasty, delicious*

¡Exprésate!

To order in a restaurant	To respond
¿Nos trae el menú, por favor? *Would you bring us the menu please?*	**Sí, inmediatamente se lo traigo.** *Yes, I'll bring it to you immediately.*
¿Qué nos recomienda para cenar? *What do you recommend we have for dinner?*	**Pues, el plato del día está muy sabroso. Se lo recomiendo. Es carne asada con plátanos.** *Well, the daily special is very good. I recommend it (to you). It's roast beef with plantains.*
Tráiganos la cuenta, por favor. *Bring us the bill, please.*	**Por supuesto. Enseguida se la traigo.** *Of course. I'll bring it to you right away.*

Interactive TUTOR

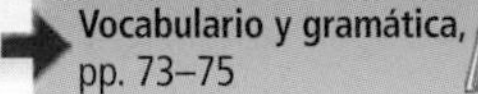
Vocabulario y gramática, pp. 73–75

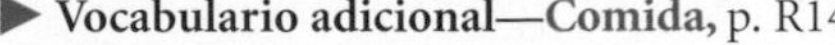
▶ Vocabulario adicional—Comida, p. R14

Puerto Rico todavía cultiva y utiliza la yuca, de la que los taínos hacían el casabe, su alimento principal. Primero la lavaban y la pelaban *(peeled)*. Luego usaban rocas como "guayos" *(graters)*, para hacer harina *(flour)*. De esta harina hacían su pan, el casabe que todavía se consume.

¿Qué alimentos asocias con otros pueblos indígenas del continente americano?

Raíces comestibles y el casabe

1 En el restaurante

Leamos Completa la conversación con las palabras correctas.

CLIENTE ¿Qué me recomienda?

MESERO Le recomiendo el __1__ (vaso/plato) del día. Es chuletas de __2__ (mariscos/cerdo) con __3__ (habichuelas/cuentas). Está muy sabroso.

CLIENTE Prefiero un __4__ (flan/caldo) de pollo, por favor.

MESERO ¿Qué le __5__ (traigo/dejo) de tomar?

CLIENTE Un (jugo/agua) __6__ mineral, por favor.

MESERO De postre tenemos un __7__ (bistec/flan) de vainilla muy __8__ (rico/salado).

CLIENTE No, gracias. Me gustaría probar las __9__ (fresas/cenas) con crema.

MESERO ¿Se le __10__ (paga/ofrece) algo más?

CLIENTE No, gracias. Tráigame la __11__ (cuenta/propina), por favor.

2 ¿Qué les recomiendas?

Escuchemos/Leamos Recomiéndale algo del siguiente menú a cada persona, según sus gustos.

Café Coquí

- Caldo de pollo
- Sopa de fideos
- Gazpacho
- Ensalada mixta
- Bistec encebollado
- Pollo asado
- Flan de vainilla
- Frutas frescas

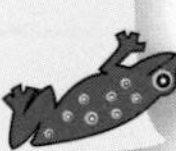

1. Pedro
2. Sofía
3. Gabriela
4. Mauricio
5. Hernán
6. Marta

¡Exprésate!

To ask how food tastes	To respond
¿Qué tal está el pollo? *How's the chicken?*	**Le falta sal/sabor/no sé qué.** *It's missing salt/flavor/something (I don't know what).*
¿Probaste la sopa de ajo? *Did you try the garlic soup?*	**No te la recomiendo. Está echada a perder/quemada.** *I don't recommend it (to you). It's spoiled/burned.* **¡Está en su punto/exquisito(a)/perfecto(a)!** *It's just right/wonderful/perfect!*

Interactive TUTOR

Vocabulario y gramática, pp. 73–75 Online workbooks

3 ¿Cómo se dice?

Escribamos Escribe oraciones para expresar lo siguiente.

MODELO **Say that the strawberries are spoiled.**
Las fresas están echadas a perder.

1. Say that the daily special is roast chicken with plantains.
2. Ask your friend if he has tried the noodle soup.
3. Say that the soup needs salt.
4. Say you do not recommend the gazpacho because it is watery.
5. Tell your friend the seafood is fresh and delicious.
6. Ask clients if they need anything else.
7. Ask the waiter to bring you the bill.
8. Ask your guests what they want to drink.

Un restaurante de comida típica caribeña

4 ¿Qué tal?

Escuchemos Con base en cada comentario, indica si cada comida está **a)** buena o **b)** mala.

1. las fresas	**4.** el caldo de pollo
2. el bocadillo	**5.** las peras
3. el bistec	**6.** el gazpacho

Comunicación

5 ¿Cómo estuvo todo?

Hablemos En grupos de tres, dramaticen una conversación basándose en las ilustraciones.

1.

2.

3.

Vocabulario 1

Objetivos
- **Double object pronouns**
- **Commands with double object pronouns**
- **Adverbs**

Gramática en acción 1

GramaVisión

Double object pronouns

1 Some verbs such as **recomendar, dejar, pedir, servir, traer, llevar,** and **dar** can have a **direct object** and an **indirect object**. Remember to use the indirect object pronoun whenever there is an indirect object.

El mesero **nos** recomendó (**a Leli y a mí**) **el plato del día**.

2 When you use a **direct** and an **indirect object pronoun** together, the **indirect object pronoun** always comes first. Change the indirect object pronouns **le**/**les** to **se** when used in the same sentence with **lo**/**la**/**los**/**las**.

changes to

—¿**Le** dejaron la propina **al mesero**? —Sí, ya **se la** dejamos.

When you use two object pronouns together, the **direct object pronoun** will usually be **lo**, **la**, **los**, or **las**.

Necesitamos pagar **la cuenta**. ¿Puede traér**nosla**, por favor?

Vocabulario y gramática, pp. 76–78
Actividades, pp. 61–63

¿Te acuerdas?

Direct object pronouns stand for people or things that directly receive the action of the verb.

me	nos
te	os
lo/la	los/las

Indirect object pronouns usually stand for people *for whom* or *to whom* an action is done.

me	nos
te	os
le	les

6 En el restaurante

Leamos Completa las oraciones de manera lógica y correcta.

1. El helado de piña está delicioso. ____ recomiendo.
   a. Te lo **b.** Te la **c.** No te lo **d.** No te la
2. La mesera se olvidó de traerme el menú. Voy a pedír____.
   a. telo **b.** tela **c.** selo **d.** sela
3. A la sopa de fideos le falta sabor. ____ recomiendo.
   a. Te lo **b.** Te la **c.** No te lo **d.** No te la
4. El gazpacho está echado a perder. Lléve____ al cocinero.
   a. noslo **b.** nosla **c.** selo **d.** sela
5. ¿Se les ofrece algo más? ¿Un café y un flan? Ya ____ traigo.
   a. se los **b.** se las **c.** se lo **d.** se la
6. ¿La cuenta? Ya ____ traje. Allí está, en la mesa.
   a. me la **b.** te lo **c.** se la **d.** se los
7. ¿Quieren algo de postre? El flan de vainilla está muy rico. ____ recomiendo.
   a. Te lo **b.** Te la **c.** Se lo **d.** Se la

7 Muchas preguntas

Escribamos Llevas a tu primo de cinco años a un restaurante. Usa la información y el modelo para contestar sus preguntas.

MODELO **¿Quién me va a leer el menú? (yo)**
Yo te lo voy a leer. (Yo voy a leértelo.)

1. ¿Quién nos va a recomendar los platos del día? (el mesero)
2. ¿Puedo pedirle el postre al mesero ahora? (no, después de comer)
3. ¿Cuándo nos va a traer el mesero los refrescos? (ahora)
4. ¿Quién nos está preparando la comida? (el cocinero)
5. ¿Cuándo vamos a pedirle la cuenta al mesero? (antes de salir)
6. ¿Le vamos a dejar la propina al cocinero? (no, al mesero)

8 ¿Quién lo hizo?

Leamos/Hablemos Mira los dibujos y contesta las preguntas usando pronombres de complemento directo e indirecto.

¿Quién...

1. les trae el menú a los clientes?
2. les sirve el agua a los clientes?
3. le pide el pollo a la mesera?
4. le pide la sopa a la mesera?
5. le recomienda el flan a Héctor?
6. le deja la propina a la mesera?

9 Problemas con el mesero

Hablemos En grupos de tres dramaticen esta situación. Un mesero atiende *(waits on)* mal a los clientes porque está muy cansado. El mesero se tarda en traerles los menús, los refrescos, los platos, el postre y la cuenta y también confunde lo que piden los clientes. Usen los pronombres de complemento directo e indirecto.

MODELO **—¿Dónde está el mesero? Todavía no nos trae los menús.**
—¡Qué barbaridad! Vamos a tener que pedírselos de nuevo.

Commands with double object pronouns

1 You know to attach an **object pronoun** or **reflexive pronoun** to the end of the verb in an affirmative command and to place it just before the verb in a negative command.

refers to

Julia, láva**te** las manos antes de comer.

refers to

Si no te gusta **la sopa de ajo**, no **la** pidas.

2 You can use an **indirect object pronoun** followed by a **direct object pronoun** in commands. They follow the same placement rules.

—¿Quieres el café ahora o con el postre?

—Ahora no, gracias, sírve**melo** después.

When a **reflexive pronoun** is used together with a **direct object**, the reflexive pronoun goes before the direct object noun or pronoun.

—Luis, pon**te la camisa** antes de sentarte a comer.

—¡Ay mami, no quiero! ¡Hace mucho calor!

—No importa. Pón**tela**.

Vocabulario y gramática, pp. 76–78
Actividades, pp. 61–63
Online workbooks

La cocina puertorriqueña tiene una mezcla de influencias española, taína, africana y norteamericana en la que el arroz y las habichuelas son ingredientes muy usados. Los tostones, o plátanos fritos, el pan de agua y los plátanos amarillos sirven de acompañantes en la comida. Platos populares en la cocina puertorriqueña son el arroz con gandules (una mezcla de arroz sazonado con el grano del gandul), el mofongo (plátano verde majado con ajos y chicharrón) y los pasteles (una especie de tamal).

Investiga si hay restaurantes puertorriqueños en tu ciudad y qué sirven.

Comida puertorriqueña típica

10 En la cocina

Leamos Completa las conversaciones entre los empleados de un restaurante. Los empleados se tratan de **tú**.

1. —¿Te dejo los platos aquí?
   —Sí, ____ allí.
   a. déjamelos **b.** déjamelas **c.** déjemelos
2. —Los clientes quieren saber cuál es el plato del día.
   —Es bistec a la parrilla. ____.
   a. Recomiéndesela **b.** Recomiéndasela **c.** Recomiéndaselo
3. —Los clientes tienen que irse y quieren la cuenta.
   —Aquí está. ____.
   a. Llévasela **b.** Llévamela **c.** Llévenosla
4. —Dicen que al caldo le falta sabor. ¿Debo hablar con el cocinero?
   —Sí, ____ ahora mismo.
   a. díganoslo **b.** dígamelo **c.** díselo
5. —Tengo calor. Quiero quitarme este saco.
   —No ____. Todos los meseros tienen que llevar saco.
   a. te lo quites **b.** se la quite **c.** nos lo quite

11 ¿En qué te ayudo?

Escribamos Tu hermanita te está ayudando a preparar la cena. Contesta sus preguntas usando mandatos, pronombres de complemento directo e indirecto y la información entre paréntesis.

MODELO **¿Te compro las verduras? (sí)**
Sí, cómpramelas.

1. ¿Me lavo las manos? (sí)
2. ¿Te traigo el plato hondo? (sí)
3. ¿Le quito la cuchara al perro? (sí)
4. ¿Les pido aceite de oliva a los vecinos? (no)
5. ¿Le pongo un poco de sal a la salsa? (no, todavía no)
6. ¿Les sirvo refrescos a ustedes? (sí)
7. ¿Les preparo el té a mamá y abuela? (sí)

Comunicación

12 A trabajar de meseros

Hablemos Tu compañero(a) y tú trabajan en un restaurante. Túrnense para explicar qué hacer con las siguientes cosas usando mandatos con pronombres de complemento directo e indirecto.

MODELO **—Los sándwiches son para el Sr. Ramírez.**
—Llévaselos ahora.

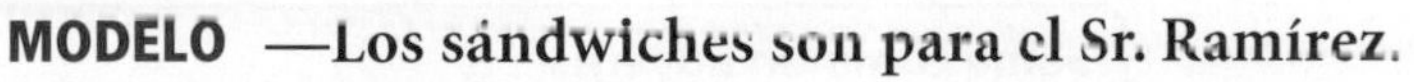

el Sr. Ramirez, llevar

1. el Sr. y la Sra. Díaz, llevar

2. el cocinero, preparar

3. la Sra. Guzmán, servir

4. la mesera, llevar

5. la ensalada, poner

6. la muchacha, traer

7. la Sra. Guzmán, dar

8. la cocinera, dar

Adverbs

En inglés

In English, you add **-ly** to an adjective to form an adverb. If an adjective ends in **-y**, the **y** changes to **i** before **-ly**.

frequent → frequent**ly**
nervous → nervous**ly**
happy → happi**ly**

In Spanish, you add **-mente** to the feminine form of an adjective to form an adverb.

frecuente → frecuente**mente**
nerviosa → nerviosa**mente**
fácil → fácil**mente**

Like Spanish, English has many common adverbs that do not have a regular ending. Think of at least five.

1 Adverbs can modify verbs, adjectives, or other adverbs. They often tell *how, how much, how often, how well,* or *when*. You've seen these adverbs.

a tiempo	igualmente	nunca
a veces	luego	peor
ayer	mal	poco
bien	más	siempre
casi	mejor	tarde
demasiado	menos	temprano
después	mucho	todavía (no)
entonces	muy	ya

2 Many adverbs that end in **-ly** in English end in **-mente** in Spanish. You add **-mente** to the feminine form of an adjective. If the adjective ends in **-e** or **-l**, just add **-mente**.

sola → sola**mente**
fácil → fácil**mente**
nerviosa → nerviosa**mente**
amable → amable**mente**

3 If an adjective has an accent mark, keep it even after adding **-mente**. The stress goes on the **adjective's stressed syllable** and on **-men-**: **fácilmente, típicamente.**

Some common adverbs

afortunada**mente**	*luckily*	inmediata**mente**	*immediately*
constante**mente**	*constantly*	lenta**mente**	*slowly*
desesperada**mente**	*frantically*	rápida**mente**	*quickly*
desgraciada**mente**	*unfortunately*	reciente**mente**	*recently*
furiosa**mente**	*furiously*	típica**mente**	*typically*
general**mente**	*generally*	tranquila**mente**	*calmly*

Vocabulario y gramática, pp. 76–78
Actividades, pp. 61–63
Online workbooks

13 ¿Cierto o falso?

Leamos/Hablemos Indica si las siguientes oraciones son **ciertas** o **falsas** para ti. Cambia las oraciones falsas.

1. Generalmente cenamos en casa a las seis.
2. Sé cocinar solamente dos o tres platos.
3. Después de cenar, mis padres conversan o leen tranquilamente.
4. Mis amigos y yo almorzamos juntos típicamente.
5. En la cafetería todos comemos rápidamente.
6. Mi gato come constantemente.
7. Afortunadamente, la cafetería del colegio es excelente.
8. Recientemente comí comida mexicana.

14 En el restaurante Palmeras

Leamos Completa el párrafo con un adverbio o adjetivo del cuadro. Usa la forma correcta de los adjetivos.

constantemente	**curioso**	**cansado**	**desgraciadamente**	**mucho**
tranquilamente	**luego**	**pequeño**	**romántico**	

Son las ocho de la noche y hay __1__ gente en el restaurante Palmeras. Los meseros van y vienen de la cocina __2__ y por eso están __3__. Mientras los cocineros trabajan furiosamente, los clientes cenan __4__. Un señor toca música __5__. De repente entra una señora con un perro __6__ en la bolsa. Los clientes dejan de comer y los meseros dejan de trabajar. Todos la miran. Por fin un mesero le dice: «Señora, __7__ no se permite traer perros aquí.» La señora se ríe y se va. «Qué señora más __8__», piensa el mesero, pero __9__ se olvida de ella porque tiene que llevarle agua a otro cliente.

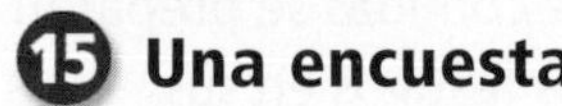

15 Una encuesta

Hablemos/Escribamos Imagina que tu compañero(a) y tú son comerciantes nuevos en el Viejo San Juan. Hagan una encuesta de diez de los hábitos y preferencias de los clientes. Usen adverbios de la página 254 y las frases de abajo.

MODELO **1. Algo que típicamente comes de almuerzo:**
2. Un plato que te gusta pero que nunca preparas:

Un café al aire libre en el Viejo San Juan

algo que	saber preparar	desayuno
lo que	gustar	almuerzo
un plato que	comer	cena
	comprar	postre
	tomar	cuando hace calor
	preparar	cuando hace frío

16 Pasando la encuesta

Hablemos/Escribamos Ahora usa la encuesta para hacerles preguntas a cinco de sus compañeros(as) de clase. Organicen y presenten sus resultados en tablas *(charts)* o gráficas.

MODELO **¿Qué es un plato que te gusta comer cuando hace calor?**

Cultura

VideoCultura

Comparaciones

Músicos tocando en un festival en el Viejo San Juan

¿Qué fiestas o festivales se celebran en tu país?

Piensa en los festivales de tu región. ¿Qué celebran? ¿Qué actividades hay? En los países hispanohablantes hay muchos festivales nacionales y regionales que conmemoran eventos históricos y religiosos. En muchos casos, la gente los celebra con desfiles, fuegos artificiales y una gran variedad de comida. Estos jóvenes explican qué comidas se preparan durante algunos días festivos en sus países. ¿Hay comidas que asocias con ciertos días festivos en Estados Unidos? ¿Cuáles son?

Nivia

San Juan, Puerto Rico

¿Me puedes contar de una fiesta especial que celebran ustedes?

Sí, mira aquí en Puerto Rico igual que en muchos países, celebramos la Nochebuena y la Navidad.

¿Y qué tipo de comida preparan para esa ocasión?

Nosotros la celebramos… hacemos arroz con gandules, asado, pastel y diferentes postres.

¿Qué tipo de postres?

Tembleque... arroz con leche, arroz con dulce.

¿Cómo se prepara el tembleque?

Pues, se hace con leche, coco, y se le echa canela.

¡Qué rico! Y el arroz con gandules, ¿cómo lo preparas?

Sí, pues primero se hace el sofrito que lleva ajíes, pimiento. Se le echa cebolla, un poquito de ajo, y le añadimos los gandules, le echamos la salsa, luego dejamos que eso fría, y luego le añadimos el arroz y un poco de agua y esperamos que eso cocine.

Qué rico. Y, ¿cocinan siempre entre familia?

Sí.

Géynar
Cuzco, Perú

¿Cuál es una fiesta que se celebra en Cuzco?

La más importante es la fiesta de Corpus Christi, que es el cuerpo y la sangre de Cristo.

¿Qué comida se come para esta fiesta?

Para esa fiesta, se acostumbra comer la comida del chiriuchu, que es una comida fría.

¿Me puedes decir cómo se prepara?

Sí, este plato se prepara a base de un cui, que es un animal. También lleva una presa de gallina y una tortilla. Lleva el maíz tostado. Lleva el caocao, o huevera de pescado, y también el cochayoyo, que es una hierba. También se le agrega una rodaja de queso y el chorizo.

¿Este plato se prepara tradicionalmente entre la familia o no?

Sí... también acostumbran preparar[lo] en los matrimonios o diferentes fiestas en las casas familiares.

Para comprender

1. ¿Cuál es un postre tradicional que se come en Puerto Rico para la Navidad?
2. Enumera cuatro ingredientes del arroz con gandules.
3. Enumera cuatro ingredientes del chiriuchu.
4. ¿En qué ocasiones se prepara el chiriuchu?
5. ¿Quién menciona más postres como una comida típica para días festivos?

Para pensar y hablar

Tanto Nivia como Géynar relacionan una comida típica con una fiesta religiosa. ¿En tu comunidad se preparan comidas típicas para fiestas religiosas o para otros tipos de fiestas? ¿Qué importancia puede tener el preparar una comida típica para una fiesta?

Comunidad y oficio

El español en la industria culinaria

¿Te gustaría aprender a cocinar? En Estados Unidos, los platos latinoamericanos y caribeños son cada vez más populares, y hay muchos institutos culinarios donde puedes aprender a preparar comida internacional. Encuentra un restaurante caribeño o latinoamericano en tu ciudad o región, y entrevista al dueño, al chef o a uno de los empleados. ¿Qué especialidades sirven allí y en qué países se originan esos platos? ¿Tiene el restaurante muchos clientes hispanos? Después, busca en Internet o en un libro de cocina las recetas en español para algunos de los platos. ¿Cuál de ellos te gustaría más probar? Comparte tu información y tus recetas con la clase.

Dueños de un restaurante puertorriqueño de Chicago

Objetivos
- Talking about your diet
- Describing food preparation

Vocabulario en acción 2

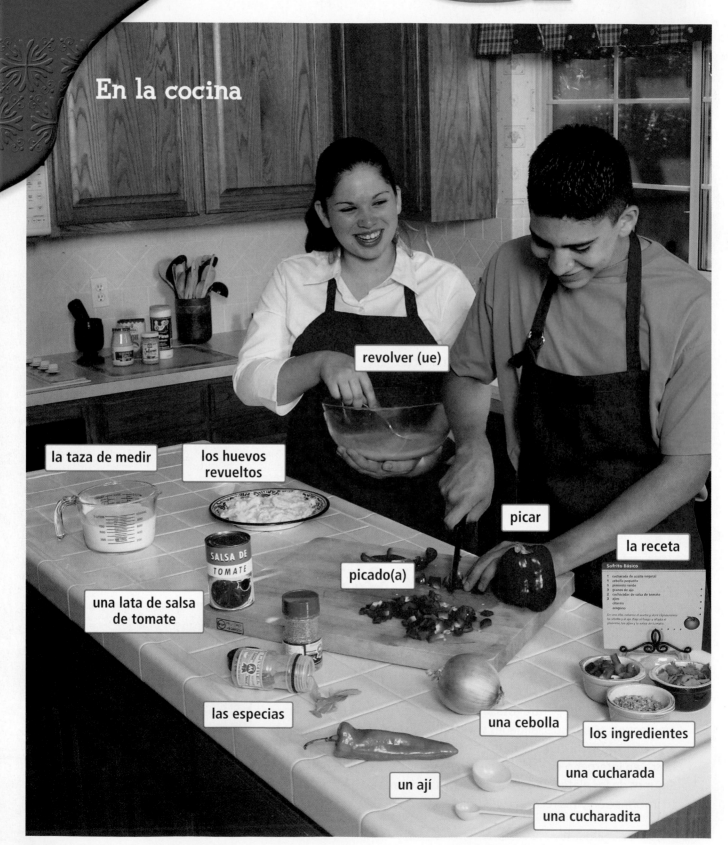

ExpresaVisión

En la cocina

revolver (ue)

la taza de medir

los huevos revueltos

picar

la receta

picado(a)

una lata de salsa de tomate

las especias

una cebolla

los ingredientes

una cucharada

un ají

una cucharadita

Visit Holt Online
go.hrw.com
KEYWORD: EXP2 CH7
Vocabulario 2 practice

¿Cómo vas a cocinar?

Más vocabulario...

añadir(le)	*to add*	**la mayonesa**	*mayonnaise*
cocido(a)	*cooked*	**la mostaza**	*mustard*
congelado(a)	*frozen*	**nutritivo(a)**	*nutritious*
crudo(a)	*raw*	**vegetariano(a)**	*vegetarian*
cubrir	*to cover*	**la vitamina**	*vitamin*

También se puede decir...

Instead of **el ají**, Hondurans may say **el chile dulce**, while Puerto Ricans might use **el pimiento**.

¡Exprésate!

To talk about your diet

Interactive TUTOR

¿Llevas una dieta balanceada? *Do you eat a balanced diet?*	**Evito la comida rápida porque tiene mucha grasa. Trato de incluir vegetales, proteínas y carbohidratos en cada comida.** *I avoid fast food because it has a lot of fat. I try to include vegetables, protein, and carbohydrates in each meal.*
¿Le echas mucha sal o mucho azúcar a la comida? *Do you put a lot of salt or sugar on your food?*	**No le echo sal pero sí le pongo mucho azúcar al té.** *I don't add salt, but I do put a lot of sugar in my tea.*

Vocabulario y gramática, pp. 79–81 Online workbooks

▶ Vocabulario adicional—Comida, p. R14

17 Una dieta balanceada

Leamos Basándote en las porciones diarias de la pirámide alimenticia, di si las oraciones son **ciertas** o **falsas**.

Porciones necesarias para una dieta de 2.000 calorías.

1. Se recomienda comer más carnes que granos.
2. Debes comer más frutas que lácteos.
3. Debes comer más lácteos que verduras.
4. Es bueno comer menos granos que frijoles.
5. Debemos comer más verduras que frutas.

18 ¿Cuánto?

Hablemos Basándote en las fotos, di cuánto se necesita de cada ingrediente para hacer salsa picante.

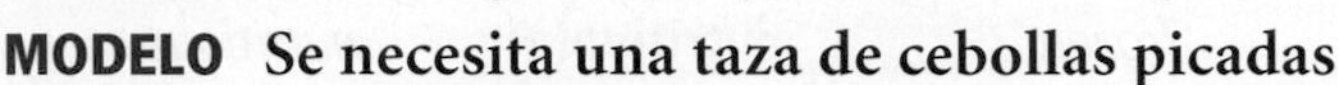

MODELO Se necesita una taza de cebollas picadas.

1.

2.

3.

4.

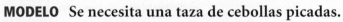

¡Exprésate!

To describe the preparation of food

Interactive TUTOR

¿Cómo se prepara el pollo asado? *How do you make roast chicken? (How is roast chicken prepared?)*	**Se corta un pollo entero en trozos y se le añade sal y pimienta al gusto. Se hornea el pollo por una hora y media.** *You cut a whole chicken in pieces and add salt and pepper to taste. You bake the chicken for an hour and a half.*
¿Qué lleva la sopa? Sabe a ajo. *What's in the soup? It tastes like garlic.*	**Le eché solamente una cucharadita de ajo.** *I only put in a teaspoon of garlic.*
El pastel huele a almendras. ¡Qué rico! *The cake smells like almonds. How delicious!*	**Gracias. Lleva una taza de almendras.** *Thanks. It has a cup of almonds.*

Vocabulario y gramática, pp. 79–81 Online workbooks

19 La cocina de doña Pepa

Escuchemos Escucha un programa de radio sobre cocina. Luego contesta las preguntas.

1. ¿Qué está preparando doña Pepa?
2. ¿Cuáles son dos ingredientes de la receta?
3. ¿Por cuánto tiempo se cubren los mariscos?
4. ¿Cuánta sal le echa doña Pepa a los mariscos?
5. ¿Cómo se cocinan los mariscos?

20 Una receta de pollo

Leamos Completa las oraciones de la receta con las palabras del cuadro.

aceite	añade
cubre	cucharadas
gusto	pimienta
trozos	hornea

de la cocina de Doña Conchita

Pollo en salsa de mostaza

Se corta un pollo en ___1___ *y se fríe en* ___2___ *de oliva por diez minutos. Se* ___3___ *dos tazas de crema, tres* ___4___ *de mostaza, sal y* ___5___ *al* ___6___ *. Con esta salsa, se* ___7___ *el pollo y se* ___8___ *a 400°F por 50 minutos.*

Comunicación

21 Hábitos y dietas

Escribamos/Hablemos Con un(a) compañero(a), crea cinco preguntas acerca de hábitos alimenticios *(dietary habits)* y dietas. Luego entrevista a cuatro compañeros de clase y haz una gráfica con sus respuestas.

MODELO **¿Desayunas? ¿Qué desayunas típicamente? ¿Comes frecuentemente en restaurantes de comida rápida?**

	Compañeros			
Preguntas	1	2	3	4
¿Desayunas?	sí	sí	no	
Desayuno típico	cereales			

Objetivos
- The imperfect
- Past participles as adjectives

Gramática en acción 2

GramaVisión

More uses of the imperfect

Interactive TUTOR

1 When talking about the past, use the **imperfect** *to set the scene.* If two things are going on at the same time, use the conjunction **mientras** *(while)* to join them.

> **Era** viernes por la noche. En El Mesón, el pianista **tocaba mientras** los clientes **conversaban** y **comían** tranquilamente.

2 The **imperfect** is often used after the **preterite** of **decir** with **que** to report *what someone said.*

what the cook says

La sopa **está** exquisita.

Someone is reporting what the cook said. — ***what the cook said***

El cocinero **dijo** que la sopa **estaba** exquisita.
The cook said that the soup was wonderful.

Vocabulario y gramática, pp. 82–84
Actividades, pp. 65–67

¿Te acuerdas?

Remember to use the **imperfect** when talking about what people and things were generally like.

> El cocinero **era** muy serio y un poco tímido.
>
> Sus sopas **eran** riquísimas.

22 Así fue...

Escuchemos Mira el dibujo y decide si las oraciones son **ciertas** o **falsas.**

23 Un día caluroso

Leamos/Hablemos Contesta las siguientes preguntas con base en el dibujo de la Actividad 22.

1. ¿Qué tiempo hacía? ¿Qué hora era?
2. ¿Había muchos clientes? ¿Cuántos había?
3. ¿Qué hacían las personas en la mesa? ¿Qué necesitaban?
4. ¿Dónde estaban las meseras?
5. ¿Estaba contento el cocinero? ¿Qué hacía?
6. ¿Todo estaba bien en la cocina? ¿Por qué sí o por qué no?

24 La sopa está fría

Escribamos La última vez que Fernando cenó en un restaurante la pasó muy mal. Indica qué dijeron él y el mesero.

MODELO **Fernando dijo que la sopa llevaba demasiado ajo.**
El mesero dijo que la sopa estaba perfecta.

¡La sopa lleva demasiado ajo!
1. ¡Al flan le falta sabor!
¡La sopa está perfecta!
2. ¡Es el mejor flan de la ciudad!
3. ¡Los mariscos están echados a perder!
5. ¡El pollo asado está frío!
4. ¡Los mariscos están muy frescos!
6. ¡El pollo está en su punto!

Fernando

El mesero

Comunicación

25 ¡Qué noche tan difícil!

Hablemos Imagina que eres el mesero de la Actividad 24. Con un(a) compañero(a), cuenta qué pasó esa noche en el restaurante. Describe el ambiente *(setting)* antes del problema. Luego cuéntale a tu compañero(a) qué te dijo el cliente y qué le dijiste tú. Tu compañero(a) te hace preguntas.

Repaso The imperfect

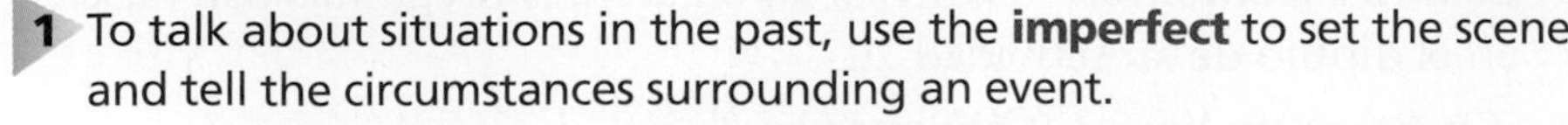

1. To talk about situations in the past, use the **imperfect** to set the scene and tell the circumstances surrounding an event.

   Eran las ocho de la noche y **tenía** mucha prisa. Mis amigos me **esperaban** en el cine Alameda. **Íbamos** a ver una película porque **hacía** mal tiempo.

2. Use the **imperfect** to talk about what people were generally like, how they used to feel, and what they used to like or dislike.

   De niña, no me **gustaban** los vegetales pero **tenía** que comerlos todos los días.

3. To contrast past routines or situations with the present, use the **imperfect** to say *how things used to be* and the **present tense** to say *how things are now.*

   De niña, no me **gustaban** los vegetales. Ahora, me **encantan**.

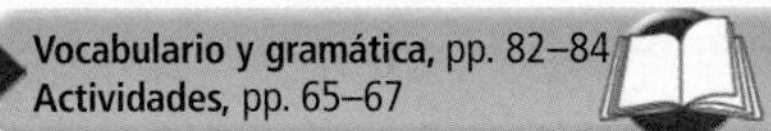

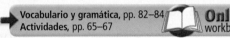

Vocabulario y gramática, pp. 82–84
Actividades, pp. 65–67
Online workbooks

El gofio es un dulce típico de Puerto Rico hecho de maíz tostado y pulverizado, y azúcar. La preparación del dulce procede de la antigua tradición taína de moler el maíz para lograr su forma granulada. A esta base se le añaden otros ingredientes que le dan un sabor único en cada región en que se consume.

¿Qué comestibles dulces y pulverizados conoces tú que se parecen al gofio?

Gofios

26 Lo que más me gustaba

Leamos Lee las oraciones y decide si Carla habla **a**) del pasado o **b**) del presente.

1. Mi abuela y yo preparamos una nueva receta cada viernes.
2. Siempre me gustaba trabajar en la cocina con ella.
3. Ella tenía muchas recetas fabulosas.
4. Por la mañana preparábamos huevos revueltos con chiles.
5. Corto los vegetales y mi abuela prepara la carne.
6. A mí me gusta la sal y se la echo a todo.
7. Comíamos muy bien en su casa. Siempre había muchos platos riquísimos—sopas, carnes, postres...

27 En el pasado y ahora

Hablemos Indica si hacías las siguientes cosas de niño(a). Luego indica si todavía las haces.

MODELO **comer mucho pan dulce**

De niño comía mucho pan dulce. Ahora no lo como tanto.

1. llevar una dieta balanceada
2. tomar vitaminas
3. comer mucha comida rápida
4. echarle azúcar a la comida
5. hacer ejercicio
6. odiar los vegetales

28 Cuando papá entró...

Escribamos Escribe cinco oraciones sobre lo que vio el papá de Juana y Esteban cuando entró en la cocina esta mañana. Incluye información sobre la hora, la fecha y qué hacían todos.

MODELO Eran las nueve de la mañana...

29 ¿Y tú?

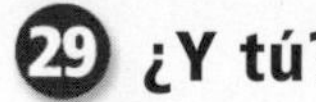

Hablemos Indica tus actitudes y gustos con respecto a las siguientes cosas cuando eras pequeño(a) y ahora. Luego compara tu información con tu compañero(a). ¿Qué tienen ustedes en común?

MODELO los deportes

—De niño, me gustaba el béisbol e iba a ver partidos todos los sábados. Todavía me gusta mucho.

—Pues, a mí no me llamaba mucho la atención el béisbol, pero ahora me gusta más.

la música rock	los deportes
leer libros	tocar el piano/la guitarra/el violín
ver dibujos animados	comer cereales con mucho azúcar
jugar videojuegos	jugar en el parque con amigos

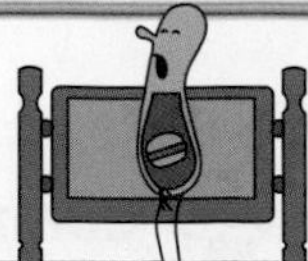

Past participles used as adjectives

1 You've seen past participles of verbs used as adjectives. To form past participles, replace the **-ar** infinitive ending with **-ado** and the **-er** or **-ir** endings with **-ido**.

Según la receta, se necesitan dos cebollas **picadas**. ¿Las puedes picar tú?

2 Many adjectives that describe how food is cooked or prepared are past participles. Remember that past participles used as adjectives must agree with the noun they modify in number and gender.

Me gustan **los huevos revueltos** con **pan tostado**.

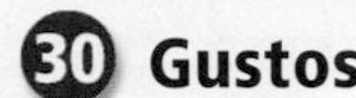

Vocabulario y gramática, pp. 82–84
Actividades, pp. 65–67
Online workbooks

Past participles used to describe food

asado(a)	*roasted*	**hervido(a)**	*boiled*
balanceado(a)	*balanced*	**horneado(a)**	*baked*
cocido(a)	*cooked*	**picado(a)**	*diced*
congelado(a)	*frozen*	**quemado(a)**	*burned*
derretido(a)	*melted*	**revuelto(a)**	*stirred, scrambled*
frito(a)	*fried*	**tostado(a)**	*toasted*

30 Gustos

Escuchemos Escucha mientras varias personas hablan de qué quieren comer o qué ingrediente necesitan. Escoge la foto que corresponde a lo que cada persona quiere o necesita.

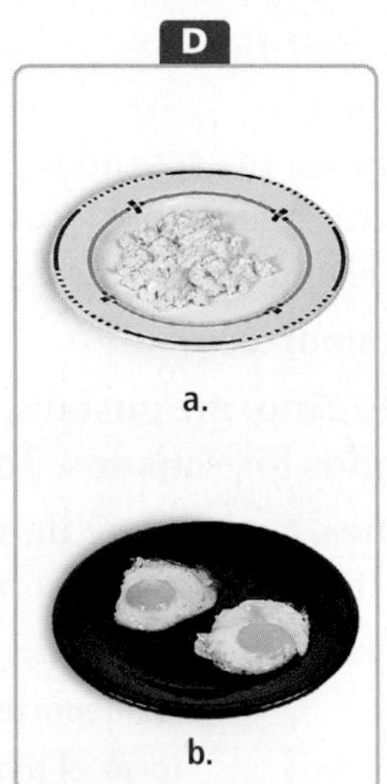

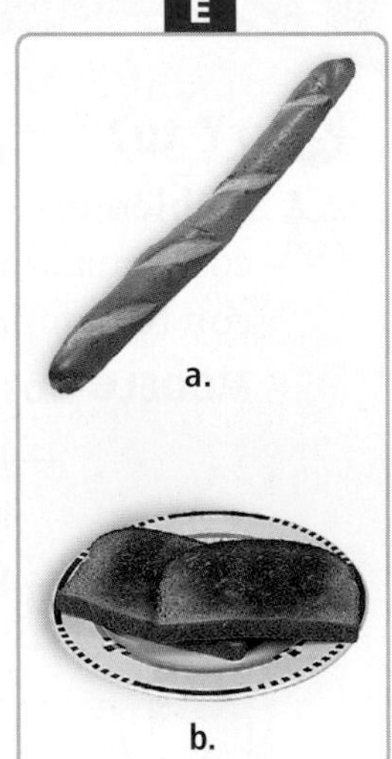

31 ¿Qué hay de comer?

Leamos/Escribamos Lee la conversación entre madre e hijo y completa las oraciones con el participio pasado de los verbos.

—Mamá, ¿qué hay para el almuerzo?

—Queda un poco de carne ___1___ (asar), si quieres hacer unos tacos con las tortillas y la cebolla ___2___ (picar). Yo voy a comer bróculi ___3___ (cocer) con una papa ___4___ (hornear).

—¿Quién se comió el pollo ___5___ (freír) y las papas ___6___ (freír) de anoche?

—Armando, creo. También se comió el resto de la pizza, pero hay otra pizza ___7___ (congelar), si la quieres calentar.

—Gracias, me voy a preparar unos huevos ___8___ (revolver) y pan ___9___ (tostar).

32 Tu dieta

Escribamos/Hablemos Contesta las siguientes preguntas.

1. ¿Qué consideras una dieta balanceada?
2. ¿Con qué frecuencia comes comida frita o rápida?
3. En el desayuno, ¿prefieres huevos fritos o revueltos?
4. ¿Comes pan tostado por la mañana?
5. ¿Prefieres los vegetales crudos o cocidos?

Comunicación

33 El abuelo dice que...

Hablemos Con un(a) compañero(a), indica lo que pasa y lo que dicen las personas en los dibujos.

a.

b.

c.

Gramática 2

Novela en video

El relicario

Episodio 7

ESTRATEGIA

Understanding subtext Sometimes what people say (text) is not exactly what they mean (subtext), particularly if they want to hide something. In **Episodio 7,** pay attention to doña Sonia's reaction to Jorge and his visit. What do you already know about doña Sonia? Was the reporter able to get any information from her? Is there subtext in her unwillingness to reveal her brother's whereabouts? Why do you think that? Do you think Jorge will ever be able to get the information he needs? Try to imagine a reason for her being so insistent that she cannot tell anyone where to find her brother.

Alberto Gallegos vuelve a Costa Rica a buscar a su buen amigo en la casa de su hermana.

En San José,
Costa Rica, 1957

Por fin fui a Costa Rica a buscar a Jorge. No vive donde antes vivía. Su hermana no me pudo dar información.

En San José, Costa Rica

Jorge visita a la hermana del ingeniero Calderón.

Jorge Con permiso. Doña Sonia, necesito hablar con usted.

Sonia Le dije cuando llamó que no quería hablar con usted.

Jorge Sí, señora, pero es muy importante.

Sonia ¿Qué quiere conmigo?

Jorge Necesito la dirección de su hermano. Conozco a una muchacha en Segovia. Se llama Victoria Gallegos.

Sonia Y ¿qué quiere ella con mi hermano?

Jorge Su abuelo murió hace poco.

Sonia ¿El arquitecto Gallegos? ¿Falleció?

Jorge Pues, aparentemente, él tenía unas cosas que quería devolverle al ingeniero.

Sonia Muchacho, no me haga perder el tiempo. Tengo instrucciones estrictas de mi hermano: nunca dar su dirección, nunca decirle a nadie dónde encontrarlo.

Visit Holt Online
go.hrw.com
KEYWORD: EXP2 CH7
Online Edition

Novela en video

Jorge y Ramiro almuerzan en casa de Jorge. Hablan sobre el problema de la hermana del ingeniero, que no quiere darle a Jorge la información que busca.

5

Jorge No sé qué voy a hacer.

Ramiro ¿No te quiso dar ninguna información?

Jorge No, nada. Necesito convencerla de que las cosas que Victoria quiere entregarle a su hermano son importantes, y que son cosas que él querría tener.

Ramiro Y ¿cómo vas a hacer eso?

6

Sra. Calderón Hijo, hice chuletas de cerdo hoy. Y tengo arroz con pollo de ayer. ¿Qué se les antoja?

Jorge La chuleta de cerdo para mí.

Ramiro Para mí también.

Sra. Calderón ¿Y de tomar? ¿Les traigo fresco de carambola?

7

Ramiro Tenés que traerle flores, dulces, café, algo que le guste.

Jorge ¡Café! No creo que con una bolsa de café fresco me vaya a dar la información que quiero. Tiene que haber otra manera.

8

Ramiro Bueno, vos sabrás. Pero ella es la única persona que conocés que te puede ayudar.

Jorge Me diste una idea. Voy a escribirle un e-mail a Victoria. ¡Ma! Ya me voy.

¿COMPRENDES?

1. ¿Adónde fue Alberto Gallegos para buscar a Jorge? ¿Lo encontró? ¿Quién vive allí ahora?
2. El texto de Sonia es «no quiero hablar con usted». ¿Hay subtexto?
3. ¿Qué noticias le trae Jorge? ¿Qué subtexto hay en su reacción?
4. ¿Cómo explica doña Sonia por qué no le puede dar información a Jorge sobre su hermano?
5. ¿Qué dice Ramiro que debe hacer Jorge para recibir la ayuda de Sonia? ¿Piensa Jorge que es buena idea?
6. ¿Sabes qué le va a escribir Jorge a Victoria? Trata de adivinar.

Próximo episodio:
Jorge vuelve a la casa de la hermana del ingeniero, esta vez con algo que debe convencerla.
PÁGINAS 308–309

Leamos y escribamos

ESTRATEGIA

para leer Before you begin to read a text, take a moment to see how it is organized. Look for clues such as titles, subtitles, icons, numbered lists, and boldfaced words. Such clues will help you see the overall structure and meaning of what you are reading, and help you to guess the meanings of words you don't know.

Antes de leer

A Usa la estrategia para determinar cómo está organizado el texto. ¿Qué clase de texto es? ¿Qué tipo de información esperas encontrar en el texto?

El sabor de Puerto Rico

Deliciosas y crujientes[1], las croquetas de bacalao[2] son un plato típico puertorriqueño ideal para servirse como pasaboca.

Un plato con muchos nombres

Las croquetas saladas son uno de los platos más característicos de la cocina del Caribe. En las Antillas se llaman ***acras,*** en Jamaica ***stamp and go*** y en Puerto Rico ***surrullitos***. Las de bacalao son las más difundidas[3] aunque se pueden preparar con otros tipos de pescado fresco, gambas, berenjenas, palmitos, coles caribeñas, calabaza[4] y otras verduras. Frecuentemente se sirven como entrantes o como un excelente segundo plato acompañadas por una ensalada.

Croquetas de pescado

INGREDIENTES

250 gramos de bacalao
1 cebolla
1 diente de ajo
2 cucharaditas de perejil picado[5]
3 guindillas[6] picantes pequeñas
1 cucharada de leche
80 gramos de harina[7]
2 huevos
1 pizca de curry
1 vaso de aceite de oliva
pimienta

DIFICULTAD: MEDIA | **PREPARACIÓN:** 25 MIN. | **COCCIÓN:** 5 MIN.

CALORÍAS POR PERSONA: 171 | Sirve a 6 personas.

1 crunchy **2** cod **3** widespread **4** shrimp, eggplant, hearts of palm, Caribbean cabbage, squash **5** chopped parsley **6** bird pepper **7** flour

Visit Holt Online
go.hrw.com
KEYWORD: EXP2 CH7
Online Edition

PREPARACIÓN

2 Escurra[2] el bacalao y séquelo con papel de cocina. Quítele la piel y las espinas[3]. Córtelo en pequeños pedazos y tritúrelos[4] con una picadora eléctrica. Ponga el pescado triturado en un recipiente grande.

3 Pique la cebolla y el ajo. Machaque[5] las guindillas en un mortero. Mezcle la cebolla, el ajo, el perejil picado y las guindillas machacadas con el bacalao.

4 En otro recipiente, bata la leche y los huevos con la harina hasta tener una mezcla espesa[6]. Añada el bacalao y una pizca de curry y de pimienta. Mezcle todo muy bien.

5 Caliente el aceite en una sartén[7]. Ponga cucharadas del preparado en el aceite. Fría las croquetas por dos o tres minutos, revolviéndolas[8] hasta que se pongan crujientes y doradas[9].

6 Sáquelas y póngalas sobre un papel absorbente.

7 Sírvalas en una bandeja[10] con sal, limón y guindillas.

---

1 soak 2 drain 3 bones 4 grind them 5 Crush 6 thick 7 frying pan 8 stirring them
9 golden 10 tray

Comprensión

B Contesta las siguientes preguntas en oraciones completas.

1. ¿Cómo se sirven las croquetas?
2. ¿Cuánto tiempo toma para preparar y cocinar las croquetas?
3. ¿Para cuántas personas es la receta?
4. ¿Cuál es el ingrediente principal de las croquetas?
5. ¿Qué especias llevan las croquetas?
6. ¿Qué hay que hacer antes de picar y triturar el pescado?
7. ¿Qué ingredientes hay que picar antes de mezclarlos con los otros?
8. ¿Cuándo hay que sacar las croquetas del aceite?
9. ¿Cuántas calorías tiene cada porción de croquetas?

C Completa los pasos de preparación de las croquetas de bacalao con los ingredientes correspondientes de la segunda columna.

Pasos	**Ingredientes**
1. remojar y quitarle las espinas	**a.** la mezcla de bacalao, curry y pimienta
2. picar	**b.** la leche y los huevos
3. machacar	**c.** las croquetas
4. triturar	**d.** los trozos de bacalao
5. batir	**e.** las guindillas
6. añadir	**f.** el bacalao entero
7. freír en una sartén	**g.** la cebolla, el ajo y el perejil
8. servir con limón y sal	**h.** cucharadas de la mezcla

Después de leer

D Why do you think fish croquettes are so popular in the Caribbean? Would they be popular where you live? What dishes are popular in your area? Are these dishes also popular in other regions of the United States? Why do you think this is so?

E Imagine that you are preparing a meal for your family and you've decided to make **croquetas de pescado** for the main course. Decide what else you would like to serve for your meal and create a menu. Then, make a checklist in Spanish of what you need to do to get ready for, prepare, and serve your meal.

Taller del escritor

ESTRATEGIA

para escribir The sounds, smells, sights and tastes that accompany the scene you wish to depict help your reader to picture and experience the world you create. Think about how each event you narrate can be enhanced with a few well-chosen adjectives that focus on one or more of the five senses.

Una cena inolvidable

Writing about food allows you to include details about color, taste, and texture. If you go to a restaurant, you can also talk about the decor, the atmosphere, and maybe even the type of music that was playing. Think of a time when you went to a really good restaurant.

1° LLEGAMOS AL RESTAURANTE A LAS 6:00.
Había mucha gente.

2° ESPERAMOS DOS HORAS.
Teníamos mucha hambre.

3° NOS SENTAMOS Y PEDIMOS BEBIDAS Y SOPAS.
La sopa de ajo estaba deliciosa.

1 Antes de escribir

Sketch out the sequence of events. Use the preterite to talk about a series of actions that happened, and the imperfect to include details. Think about the time of day you went, what you and other people were wearing, what you ordered, and what the food looked and tasted like.

2 Escribir un borrador

Begin your narrative with some details about the restaurant and why you went there. Then, explain what happened when you got there. Include details to give your readers get a good impression of what it was like.

3 Revisar

Trade narratives with a classmate. Ask your reader if he or she has a good idea of what the restaurant and the food are like. Do your readers want to know more about what happened? What other details can you include? Check for correct past tense forms and transitional phrases.

4 Publicar

Compile the narratives into a class book of restaurant reviews.

Prepárate para el examen

Interactive TUTOR

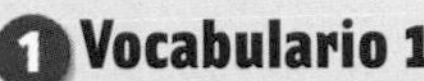

Vocabulario 1
- ordering in a restaurant
- talking about how food tastes

pp. 246–249

1 Contesta las preguntas según tus preferencias.

1. ¿Qué pides de entrada por lo general?
2. ¿Qué tipo de sopa prefieres?
3. ¿Cómo es tu entremés preferido?
4. ¿Qué verduras pides?
5. ¿Qué pides para tomar?
6. Y de postre, ¿qué prefieres comer?
7. ¿Qué recomiendas para comer en tu restaurante favorito?

2 Gramática 1
- double object pronouns
- commands with double object pronouns
- adverbs

pp. 250–255

2 Basándote en las fotos, diles a los meseros de tu restaurante lo que tienen que hacer para sus clientes. Usa mandatos (tú) y pronombres de complemento directo e indirecto.

1. a los Ruiz

2. a la familia Mora

3. a Tomás

4. a doña Josefina

5. a las señoritas

6. a los jóvenes

7. a los Ramírez

8. a Ana

3 Vocabulario 2
- talking about your diet
- describing the preparation of food

pp. 258–261

3 ¿Qué aconsejas? Escribe una oración para cada situación.

1. Quiero llevar una dieta balanceada. ¿Qué hago?
2. Me gustaría preparar una sopa de fideos. ¿Qué lleva?
3. A esta sopa le falta no sé qué.
4. Mi hermanito quiere salsa con las fajitas. ¿Cómo la preparo?
5. Debo evitar la grasa. ¿Qué comidas tienen grasa?
6. Si quiero comer algo con proteínas, ¿qué debo probar?
7. ¿Qué plato vegetariano me recomiendas?

Prepárate para el examen

4 Completa el párrafo con las palabras correctas del cuadro.

eran	había	teníamos	quería	tenía	estaba	era

__1__ las 7:00 de la noche y mi hermano y yo __2__ mucha hambre. Yo __3__ preparar algo fácil, pero mi hermano dijo que __4__ ganas de comer bistec. No __5__ ninguna receta, así que llamé a mi madre. Me dijo que __6__ muy fácil y me dio su receta. Me olvidé de echarle sal y pimienta al bistec y cuando lo saqué del horno __7__ quemado. Decidimos comer en un restaurante esa noche.

4 Gramática 2
- more uses of the imperfect
- review of the imperfect
- past participles used as adjectives

pp. 262–267

5 Contesta las siguientes preguntas.

1. Nombra algunas comidas típicas de Puerto Rico.
2. ¿Qué comida se asocia con los taínos?
3. ¿Qué culturas influyen la comida de Puerto Rico?

5 Cultura
- **Comunidad pp. 256–257**
- **Notas culturales pp. 248, 252, 264**
- **Geocultura pp. 240–243**

6 Escucha a los estudiantes mientras describen sus rutinas diarias. Según lo que dicen, indica con números del 1 al 4 quién es el más sano *(the healthiest)* y el menos sano *(the least healthy)*.

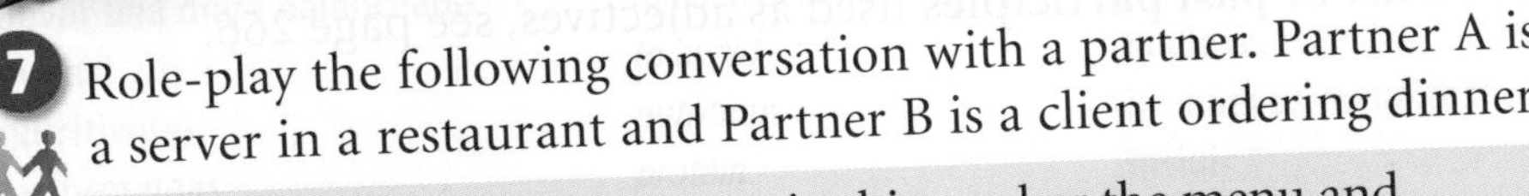

HOLT SoundBooth ONLINE RECORDING

7 Role-play the following conversation with a partner. Partner A is a server in a restaurant and Partner B is a client ordering dinner.

Partner A: Greet your partner, give him or her the menu and describe the daily special.

Partner B: Say you like the daily special, but would like the house specialty: roast chicken. Ask how it's prepared.

Partner A: Explain that it's prepared with lots of chopped garlic, and that it has chile also.

Partner B: Say you would also like to order an appetizer, and ask how the gazpacho is today.

Partner A: Say it's watery, and recommend a different appetizer.

Partner B: Say you'd like the mixed salad.

Partner A: Tell your partner of course, and that you'll bring the food immediately.

Partner B: Thank your partner. Add that for dessert, you'd like the vanilla flan.

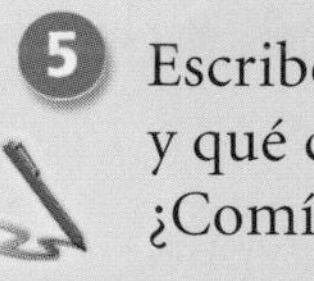

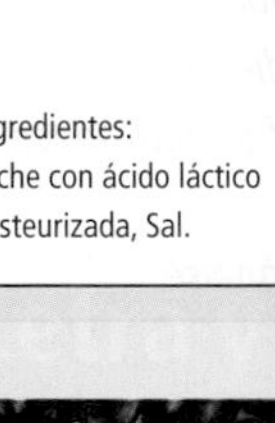

Capítulo 8

GeoVisión

Geocultura
Santiago

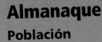

► **La iglesia de San Francisco** es la estructura más antigua de Santiago y es un símbolo de la ciudad. La iglesia representa uno de los últimos rastros del pasado colonial de Santiago. 2

◄ **El Palacio de la Moneda** fue construido en 1805 como la casa real de la moneda. Desde 1846 es usada como palacio presidencial y sede del gobierno. Gracias al diseño de baja altura ha resistido varios terremotos. 1

▼ **Santiaguinos jóvenes** bailan la cueca en el traje folklórico del huaso.

Almanaque

Población
6.061.185

Altura
520 metros sobre el nivel del mar

Nota histórica
Cuando Pedro de Valdivia fundó Santiago en 1541, diseñó la ciudad en una red angular de calles, de la misma manera en que la mayoría de las ciudades coloniales fueron diseñadas. Gracias a ello y a la Cordillera de los Andes, uno no se puede perder en Santiago.

Economía
centro financiero, proceso de alimentos, producción de telas, equipo del ferrocarril, petroquímicas, metalurgia, turismo

¿Sabías que...?

El líder indígena de los araucanos, Lautaro, era el adversario principal de Valdivia. Hoy Lautaro es considerado como héroe nacional de Chile.

▶ **El teleférico de Santiago** corre del Cerro San Cristóbal por 2 km a través del Parque Metropolitano.

▲ **La ciudad de Santiago** está situada en el centro del país, en una amplia planicie al pie de los Andes.

▶ **La Chascona** es una de las tres casas diseñadas y usadas por el famoso poeta chileno Pablo Neruda. Cuartos de vidrio situados entre jardines, patios y mosaicos reflejan la mente creativa del poeta. 3

▲ **El planetario de la Universidad de Santiago de Chile** es el más grande del país. El proyector del planetario puede proyectar más de 5.000 estrellas, planetas, cometas y otros cuerpos celestiales en la cúpula del edificio.

▼ **El Metro de Santiago** transporta más de 200 millones de pasajeros al año. 4

¿Qué tanto sabes?

¿Adónde vas si quieres ver Santiago desde el aire?

A conocer Santiago

La historia

▲ **El Cerro Santa Lucía,** una elevación que hoy día es un parque, fue el lugar de la fundación de Santiago el 12 de febrero de 1541 por Pedro de Valdivia. Desde la cumbre se aprecia una vista panorámica de la ciudad.

▲ **En la Plaza Bernardo O'Higgins,** el Altar de la Patria se dedica al libertador de Chile, Bernardo O'Higgins, quien ayudó a ganar la independencia de Chile en 1818.

▲ **La Plaza de Armas** es el centro histórico de Santiago, y es de donde se miden todas las distancias al resto de Chile. Fue el primer espacio público diseñado al fundarse la ciudad.

La arquitectura

► **El Mercado Central** es famoso por su amplia selección de pescado fresco. Fue prefabricado en Inglaterra y ensamblado en Santiago. 5

▼ **La Casa Colorada** es una de las estructuras coloniales mejor preservadas de la ciudad. Hoy aloja al Museo de Santiago. 6

▼ **El Centro Cultural Estación Mapocho** fue construido en 1912 como estación de ferrocarriles. Hoy sirve como uno de los más importantes espacios en Chile dedicados a la cultura. 7

Visit Holt Online
go.hrw.com
KEYWORD: EXP2 CH8
Photo Tour

◄ **El barrio París-Londres** es un barrio pequeño con muestras de la arquitectura más interesante de Santiago. Este barrio ha sido declarado monumento histórico.

¿Sabías que...?

El Gran Santiago está compuesto por muchos barrios. Cada barrio tiene una personalidad muy distinta. Describe uno.

► **El barrio Bellavista** se encuentra entre el Cerro San Cristóbal y el río Mapocho. Es conocido por sus restaurantes y música en vivo.

► **El barrio Brasil** es una zona antigua de la ciudad que se está modernizando con la llegada de nuevas tiendas, cafés y restaurantes.

La geografía

◄ **El río Mapocho** nace en los Andes y atraviesa la ciudad de este a oeste. En 1891 el río fue canalizado y a su lado se construyó el Parque Forestal.

► **El Cerro San Cristóbal,** en el centro de la ciudad, constituye uno de los «pulmones verdes» de Santiago. Los visitantes pueden subir por funicular, auto o por teleférico.

Conexión Geografía

El Cinturón de Fuego del Pacífico La zona volcánica de la costa occidental del continente sudamericano constituye parte del Cinturón de Fuego que se extiende como un anillo alrededor del Océano Pacífico. Se caracteriza por tener muchos volcanes, activos e inactivos. El volcán Maipo (5.290 m), a 159 km de Santiago, tuvo su última erupción en 1932. Investiga en Internet o en la biblioteca cuáles de los volcanes en Chile todavía se consideran activos. ¿Qué volcanes en Estados Unidos forman parte del Cinturón de Fuego?

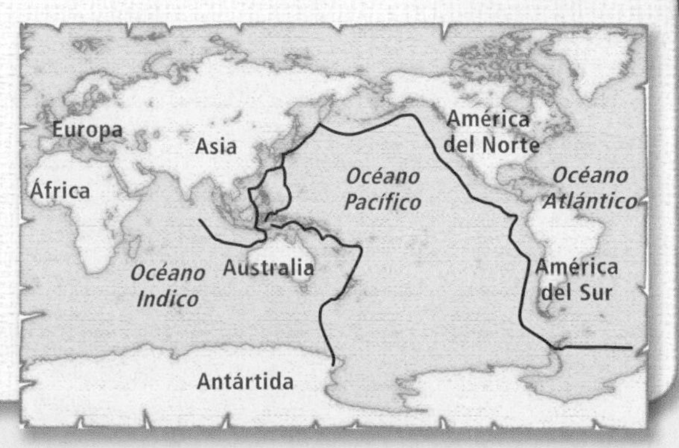

Capítulo 8

Tiendas y puestos

OBJETIVOS

In this chapter you will learn to

- talk about trying on clothes and how they fit
- talk about shopping for clothes
- bargain in a market
- state preferences

And you will use

- imperfect and preterite
- **ir a** + infinitive with the imperfect and preterite
- comparatives and superlatives
- **por** and **para**
- demonstrative adjectives; adverbs of place
- adjectives as nouns

¿Qué ves en la foto?

- **¿Dónde están estas personas?**
- **¿Cómo son los edificios? ¿Y los cuadros?**
- **¿Te gustan los cuadros? ¿Por qué sí o no?**

Visit Holt Online
go.hrw.com
KEYWORD: EXP2 CH8
Online Edition

Día de mercado en Santiago de Chile

Objetivos
- Talking about trying on clothes and how they fit
- Talking about shopping for clothes

Vocabulario en acción 1

ExpresaVisión

Santiago
En unos probadores

¿**Cómo me veo** con este vestido?

¡**Te ves super bien!** ¿Quieres **probarte** estas faldas?

la minifalda

la falda a media pierna

La ropa **les queda floja**.

apretado(a)

Los jeans y la chaqueta **le quedan** muy **apretados**.

El suéter y los pantalones no **hacen juego**.

También se puede decir...

Another word for **el probador** is **el vestidor**. You can also say **la rebaja** for **el descuento**.

Visit Holt Online
go.hrw.com
KEYWORD: EXP2 CH8
Vocabulario 1 practice

Venta de liquidación

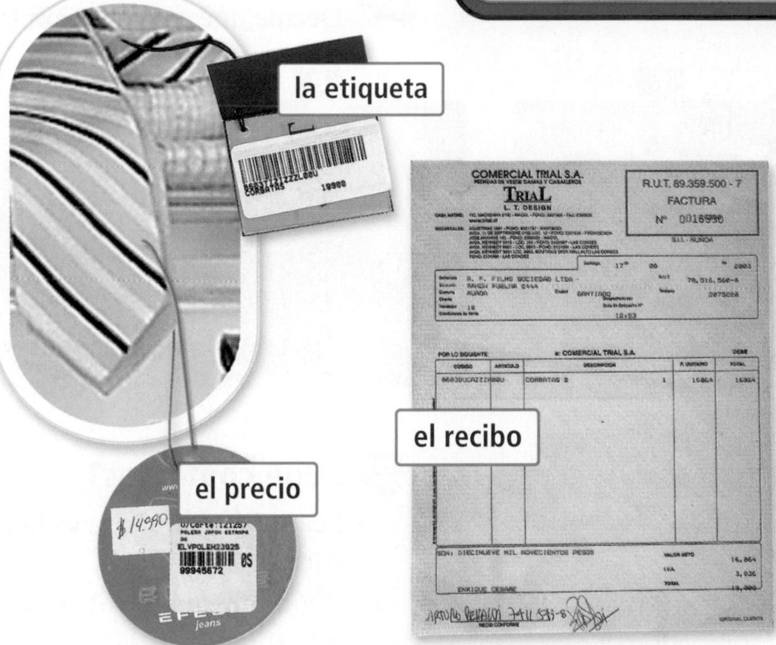

Más vocabulario...

cambiar (por)	*to exchange (for)*
cobrar	*to charge*
el descuento	*discount*
el espejo	*mirror*
estar en oferta	*to be on sale*
el impuesto	*tax*
regatear	*to bargain, to haggle*

¡Exprésate!

To talk about trying on clothes and how they fit

Interactive TUTOR

¿Cómo te quedan los zapatos? *How do the shoes fit?*	**Me quedan muy apretados.** *They're very tight.*
¿Cómo me veo con esta corbata? *How do I look with this tie on?*	**¡Te ves guapísimo! Esa corbata es la más elegante de todas.** *You look very handsome! That tie is the nicest one of all.*
¿Qué te parece este color? *What do you think of this color?*	**De verdad, no te sienta bien.** *Honestly, it doesn't look good on you.*

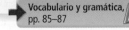

Vocabulario y gramática, pp. 85–87 Online workbooks

▶ Vocabulario adicional—**Ropa,** p. R18

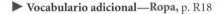

1 En la tienda de ropa

Escuchemos Mira las fotos y escucha las conversaciones. Decide qué conversación le corresponde a cada foto.

A

B

C

D

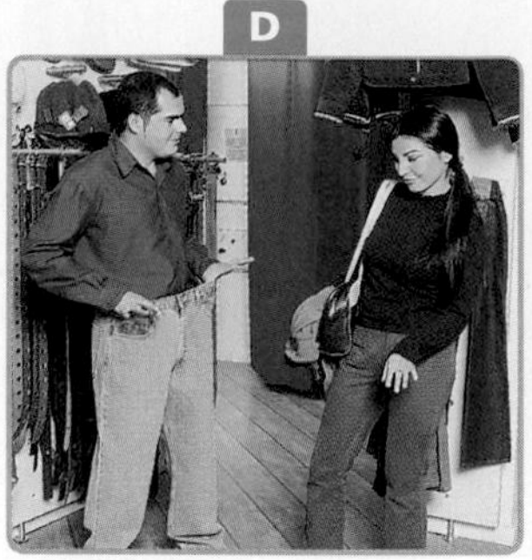

Aunque la mayoría de los chilenos tienen apellidos españoles, un vistazo a la guía telefónica de Santiago complica esta historia. Además de los Pérez, García y Martínez, encontrarás apellidos como Opitz, Chesney, O'Higgins, Waissbluth, Baranovsky, Puglisevich, Edwards y Bernardi. Estos apellidos sirven como testimonio de la llegada de inmigrantes europeos—alemanes, ingleses, italianos, croatas, judíos y otros.

¿De dónde viene la gente de tu ciudad?

Puglisevich Barahona **Regina E.,** Mª.1
Puglisevich Rosa A., Maipú 084 ......
Puglisivich Ulloa **Fernando E.,** 3 Cru
Pugman M. **Francisco,** 4 Alamos 118
Pugno L. **Albina,** Almte.Riveros 0197 .
Pugno Lancellotti **Albina C.,** Cam.El Ca
Pugno Maicenaro **Esteban,** Av.Seminar
Puig G. **Alonso,** Dr.Johow 623 ....
Puig G. **Alvaro,** J.Zapiola 7530 Dp.E....
Puig Rodríguez **Alvaro G.,** Mataquito 1
Puig Godoy **Amaya I.,** A.Villanueva 201

2 ¿Qué contestas?

Leamos Empareja cada pregunta con la respuesta correspondiente.

1. ¿Dónde puedo probarme este traje?
2. ¿Cómo me veo con esta camisa?
3. ¿Dónde puedo cambiar este traje por unos jeans?
4. ¿Cuándo es la venta de liquidación?
5. ¿Están los jeans en oferta?
6. Me queda apretado este vestido, ¿no?

a. Vaya a la caja con el traje y el recibo original.
b. El mes que viene vamos a tener una oferta especial.
c. Al contrario, te queda bastante flojo.
d. Los probadores están a la izquierda.
e. De verdad, no te sienta bien.
f. Sí. Están a dos por el precio de uno.

3 Un día de compras

Leamos Completa el párrafo con las palabras del cuadro.

apretados	**caja**	**cambió**	**cobró**	**par**
vitrinas	**etiqueta**	**traje**	**juego**	**liquidación**
probadores	**impuesto**	**descuento**		

Roberto fue de compras porque necesitaba un ___1___ nuevo. Fue al centro comercial Los Cobres y miró todas las ___2___. Finalmente, entró al Almacén Torres porque había una venta de ___3___: toda la ropa tenía un ___4___ de un 50 por ciento. Roberto vio un elegante traje azul. Fue a los ___5___ para probárselo. Los pantalones le quedaban muy ___6___, entonces los ___7___ por unos más grandes. Decidió comprar el traje y un ___8___ de zapatos que hacían ___9___ con el traje. Luego fue a la ___10___ para pagar.

¡Exprésate!

To talk about shopping for clothes

¿Encontraste lo que buscabas? *Did you find what you were looking for?*	**Quería unas chancletas, pero no había en mi número.** *I wanted some flip-flops, but there weren't any in my size.*
No iba a comprar..., pero me dieron un descuento. *I wasn't going to buy . . ., but they gave me a discount.*	**Vi que las carteras estaban en oferta, así que compré dos.** *I saw that wallets were on sale, so I bought two.*

Interactive TUTOR

Vocabulario y gramática, pp. 85–87 Online workbooks

4 Explicaciones

Leamos Escoge la mejor frase para completar cada oración.

1. No iba a comprar jeans,
2. Quería unos zapatos,
3. Vi que las corbatas estaban en oferta,
4. Buscaba un cinturón,
5. Iba a probarme unos pantalones,

a. así que compré una.
b. pero no encontré los probadores.
c. pero estaban en oferta.
d. así que compré un par.
e. pero no encontré ninguno.

5 Buscaba una camisa...

Hablemos Tu compañero(a) y tú son cliente y dependiente en una tienda. Dramaticen la siguiente situación, usando estas pistas.

DEPENDIENTE *Ask if the customer found what he or she was looking for.*
CLIENTE *Say you wanted a shirt but saw the price tag and it cost too much.*
DEPENDIENTE *Say that the shirts are on sale today.*
CLIENTE *Express satisfaction and ask where you can try on a shirt.*
DEPENDIENTE *Say that the fitting rooms are behind the cash register.*
CLIENTE *Ask how you look with the shirt on.*
DEPENDIENTE *Say that it is too tight and you will exchange it for another one.*
CLIENTE *Thank the sales clerk.*

Objetivos
- Imperfect and preterite
- **Ir a** + infinitive with imperfect and preterite
- Comparatives and superlatives

GramaVisión

Imperfect and preterite: Saying what was in progress

Interactive TUTOR

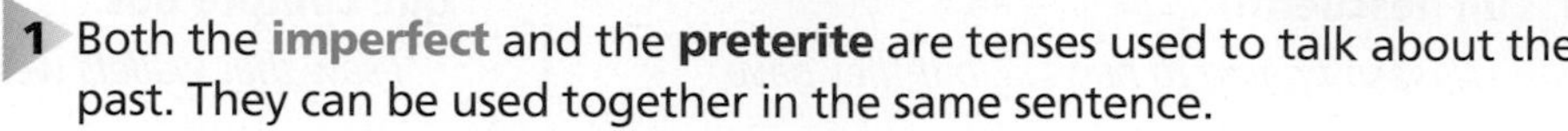

1 Both the **imperfect** and the **preterite** are tenses used to talk about the past. They can be used together in the same sentence.

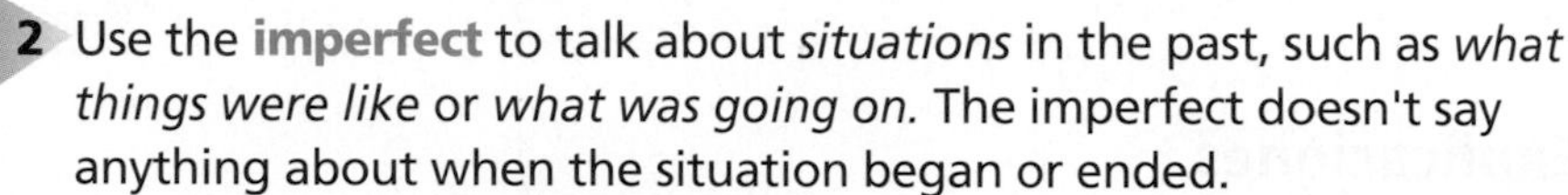

2 Use the **imperfect** to talk about *situations* in the past, such as *what things were like* or *what was going on.* The imperfect doesn't say anything about when the situation began or ended.

Los jeans **costaban** demasiado.
The jeans cost too much.

3 Use the **preterite** to talk about an event that began or ended while something else was going on, or that interrupted what was in progress.

No **compramos** los jeans porque **costaban** demasiado.
We didn't buy the jeans because they cost too much.

El teléfono **sonó** mientras **comíamos** pero nadie **contestó**.
The phone rang while we were eating but no one answered it.

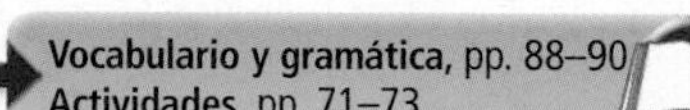

Vocabulario y gramática, pp. 88–90
Actividades, pp. 71–73

Tomando un descanso después de un día de compras en el barrio Las Condes, Santiago

6 De compras

Leamos Lee las oraciones en inglés y escoge el verbo correcto entre paréntesis para completar las oraciones en español.

1. Lisa *went* shopping. She *was looking for* a dress.
   Lisa (fue/iba) de compras. (Buscó/Buscaba) un vestido.
2. She *liked* the clothes at Eres, so she *went* there.
   A ella le (gustó/gustaba) la ropa de Eres, así que (fue/iba) allí.
3. When she *entered* the store, she *saw* Rosa.
   Cuando (entró/entraba) en la tienda, (vio/veía) a Rosa.
4. The dresses *were* pretty and didn't *cost* much.
   Los vestidos (fueron/eran) bonitos y no (costaron/costaban) mucho.
5. Lisa *tried on* a dress, but it *was* tight on her.
   Lisa (se probó/se probaba) un vestido, pero (le quedó/ le quedaba) apretado.
6. Then she *saw* one that *matched* her purse.
   Luego (vio/veía) uno que (hizo/hacía) juego con su bolsa.

Visit Holt Online
go.hrw.com
KEYWORD: EXP2 CH8
Gramática 1 practice

7 ¿Qué pasaba en la tienda?

Escribamos/Hablemos Mira el dibujo e indica lo que pasaba en la tienda cuando Rita entró. Menciona por lo menos cinco cosas.

MODELO **Cuando Rita entró en la tienda, había muchas personas en la cola.**

8 La última vez que fui de compras...

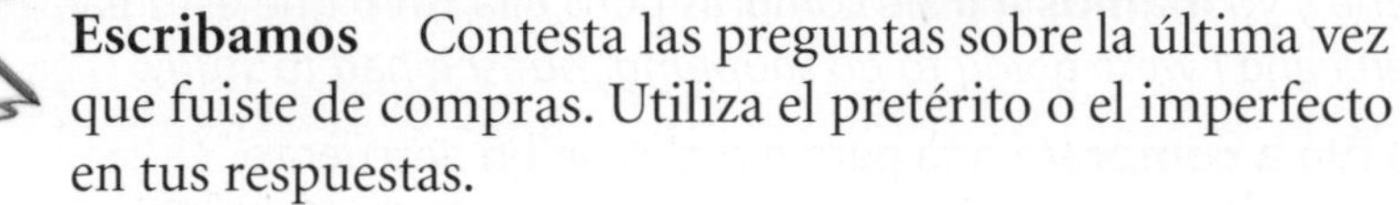

Escribamos Contesta las preguntas sobre la última vez que fuiste de compras. Utiliza el pretérito o el imperfecto en tus respuestas.

1. ¿Qué querías comprar?
2. ¿Adónde fuiste?
3. ¿Encontraste lo que buscabas en ese lugar?
4. ¿Te acompañó alguien?
5. ¿Fuiste a varios lugares o a un solo lugar?
6. ¿Cómo era la tienda adonde fuiste? ¿Quiénes estaban allí?
7. ¿Por qué compraste o no compraste lo que buscabas?
8. ¿Cuánto pagaste? ¿Había descuentos?

9 Buscaba un traje de baño nuevo

Hablemos Crea una conversación con tu compañero(a) con base en las siguientes pistas y en sus respuestas a la Actividad 8.

Compañero(a) A	Compañero(a) B
Dile a tu compañero(a) cuándo fuiste de compras y qué querías comprar.	Pregúntale a tu compañero(a) adónde fue y si había descuentos allí.
Dile dónde había descuentos y dónde por fin decidiste comprar lo que buscabas.	Pregúntale si compró otras cosas también.
Dile qué más compraste y dónde.	Pregúntale cuánto pagó y a quién vio en las tiendas.

Using ir a + infinitive with the imperfect and preterite

1 You can use **ir** in the imperfect followed by **a** and an **infinitive** to say *what someone was going to do or what was going to happen.*

Elena y yo **íbamos a ir** de compras…
Elena and I were going to go shopping . . .

No **iba a comprar** nada…
I wasn't going to buy anything . . .

Iba a llamarte ayer…
I was going to call you yesterday . . .

2 To complete sentences such as these, use another verb in the past. Use the **preterite** to say *what happened instead,* or *what interrupted the plans.*

Elena y yo **íbamos a ir** de compras pero ella **tuvo** que estudiar.
Elena and I were going to go shopping, but she had to study.

No **iba a comprar** nada pero me **dieron** un descuento.
I wasn't going to buy anything, but they gave me a discount.

Iba a llamarte ayer pero **llegué** a casa demasiado tarde.
I was going to call you yesterday, but I got home too late.

3 Use the **imperfect** to give more background information.

Iban a visitar el mercado pero **estaban** muy cansados.
They were going to visit the market, but they were too tired.

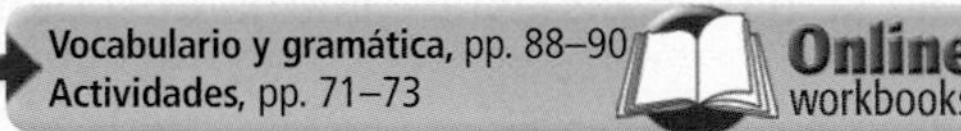

Vocabulario y gramática, pp. 88–90
Actividades, pp. 71–73
Online workbooks

De compras en el centro comercial Alto Las Condes, Santiago

10 Iban a comprar ropa pero...

Leamos/Hablemos Lee las siguientes oraciones y luego explica por qué se usa el préterito o el imperfecto en cada una.

1. El fin de semana pasado, mis primos Raúl y Manuel iban a ir de compras con su amigo Joaquín pero él tuvo que trabajar.
2. Los dos fueron solos e iban a comprar ropa en la Tienda Look pero estaba cerrada.
3. Fueron a otra tienda. Raúl encontró un traje elegante e iba a comprarlo pero costaba demasiado.
4. Manuel se probó unos pantalones pero le quedaban flojos.
5. Manuel sí compró un cinturón que estaba en oferta.
6. No iban a comprar zapatos pero había una venta de liquidación.
7. Raúl iba a comprar unas botas pero Manuel le dijo que eran feas.

11 Iba a...

Escribamos/Hablemos Completa las oraciones de manera lógica.

1. Mi amigo(a) y yo íbamos a ir de compras, pero ____.
2. Yo no iba a comprar nada, pero ____.
3. Mi amigo(a) iba a comprar ____, pero ____.
4. Esta mañana iba a ponerme ____, pero ____.
5. Mis amigos y yo íbamos a llevar ____ a la fiesta, pero ____.

12 Marcela fue de compras

Escribamos Escribe por lo menos dos oraciones basadas en cada dibujo. Usa el pretérito o imperfecto de los verbos dados según el contexto.

1. caminar, ver, decidir, haber

2. querer, probarse, estar

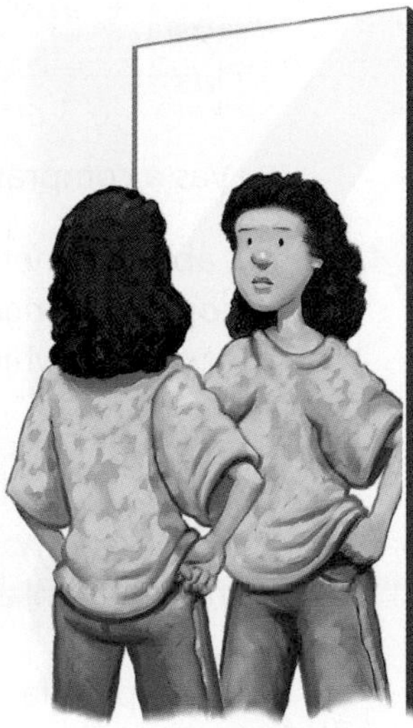
3. ir a comprar, quedarle

4. ir a comprar, hacer juego, tener dinero

13 ¿Por qué no lo compraste?

Hablemos Habla con un(a) compañero(a) sobre un día de compras. Dile que ibas a comprar ropa y utiliza las expresiones del cuadro para explicarle por qué no lo hiciste. Tu compañero(a) debe reaccionar y hacerte preguntas.

costar demasiado	no haber nada bonito	quedarte flojo(a)
no tener dinero	decidir ir al cine	encontrar otra cosa

Comparatives and superlatives

1 To make a comparison of inequality when talking about actions, use **más + (adverb) + que** or **menos + (adverb) + que.**

Ana les habla a los clientes **más frecuentemente que** Dora.

Gasto **menos que** mis hermanas en ropa.

2 To make a comparison of equality when talking about actions, use **tan + (adverb) + como.**

Carolina sabe diseñar **tan bien como** Martín.

3 To talk about something or someone having *the most* or *the least* of a characteristic or quality (the superlative), use the following formulas.

el la los las	+	noun	+	más menos	+	adjective

¿Vas a comprar el **CD más reciente** o **el CD más caro**?

4 To talk about something or someone being *the best, the worst, the oldest, or the youngest,* use the following formula. Notice that **de** names the group from which the things are being compared.

el la los las	+	mejor(es) peor(es) mayor(es) menor(es)	+	noun	+	de

Esta zapatería tiene **los mejores precios de** la ciudad.

5 A way to say that something is extremely good, bad, or interesting is to add the ending **-ísimo/a/os/as** to the adjective.

Ese vestido es **lindísimo**. Las blusas son **feísimas**.

¿Te acuerdas?

You have compared people and things using an adjective.

más... que	*more . . . than*
menos... que	*less . . . than*
tan... como	*as . . . as*

Esta camisa es **más** bonita **que** la otra y no es **tan** cara.

The irregular comparatives are:

mejor	*better*
peor	*worse*
mayor	*older*
menor	*younger*

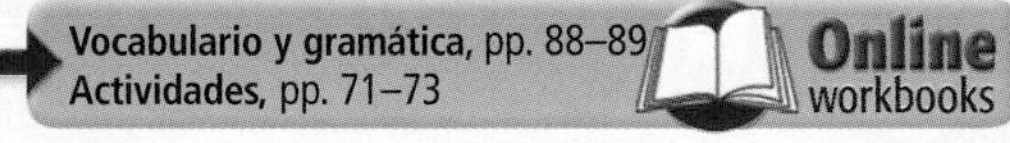

Vocabulario y gramática, pp. 88–89
Actividades, pp. 71–73
Online workbooks

14 ¿Quién es?

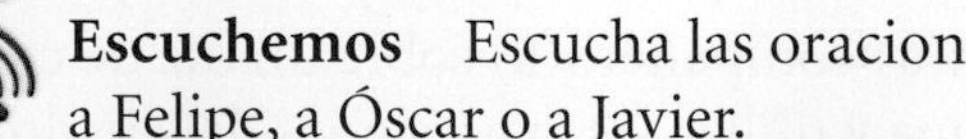

Escuchemos Escucha las oraciones y decide si cada una describe a Felipe, a Óscar o a Javier.

Felipe

Óscar

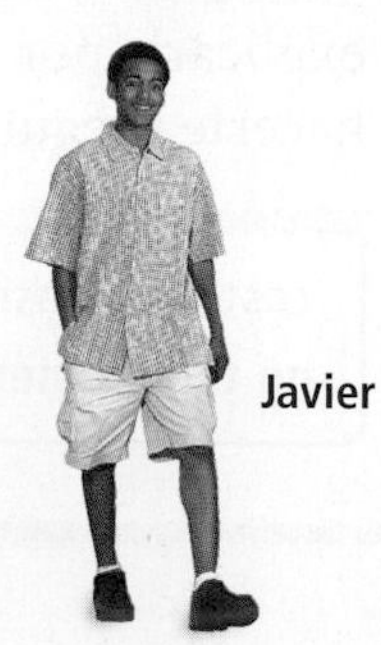

Javier

15 La mejor ropa

Hablemos Completa las oraciones según tus opiniones.

1. La ropa más elegante de la ciudad se vende en ═══.
2. La tienda ═══ tiene los mejores precios.
3. En mi opinión, el color ═══ es lindísimo y el color ═══ es feísimo.
4. La actriz ═══ se viste mejor que la actriz ═══.
5. La ropa ═══ es la más cómoda.
6. Me visto más formalmente que ═══ pero menos formalmente que ═══.
7. Yo gasto más dinero que ═══ en ropa.
8. Mi familia y yo vamos de compras más frecuentemente en verano que en ═══.
9. El centro comercial ═══ tiene las mejores tiendas de la ciudad.

16 Las más interesantes

Escribamos Utiliza estas palabras para expresar tus opiniones.

MODELO **tienda/bueno**
La tienda Zoe es la mejor de nuestra ciudad. ¡Es buenísima!

tienda
películas
ropa
música
zapatos
precios
colores

interesante
caro
bueno
elegante
bonito

aburrido
barato
malo
feo

En los años setenta, durante una época de crisis política, algunas mujeres chilenas empezaron a crear arpilleras, dibujos cosidos en tela que representaban escenas de sus vidas. Las mujeres vendieron las arpilleras en las iglesias para ganar un poco de dinero y para dar a conocer al mundo lo que pasaba en su país. La palabra *arpillera* viene de arpilla *(burlap),* la tela ruda que se usa en la producción de bolsas para trigo, maíz, etc.

¿Por qué se crearon las arpilleras? ¿Por qué crees que todavía son populares?

Una arpillera de Chile

17 La mejor tienda de todas

Hablemos En grupos de tres o cuatro, comparen sus respuestas a la Actividad 16 para ver si ustedes tienen opiniones parecidas.

MODELO **—En tu opinión, ¿cuál es la mejor tienda de nuestra ciudad?**
—Moda Joven tiene la mejor ropa pero Mundo Rebajas tiene los mejores precios.
—Tienes razón. Cuando no tengo mucho dinero, también voy a Mundo Rebajas.

VideoCultura

Comparaciones

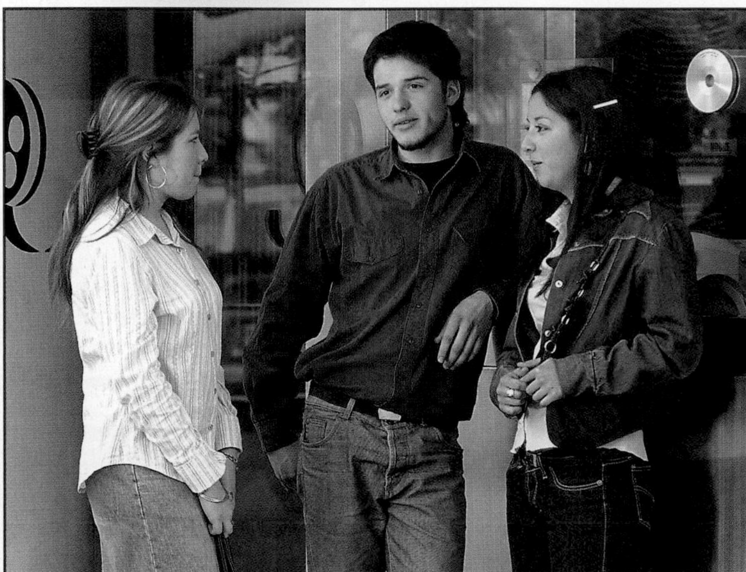

Unos jóvenes vestidos de manera informal en Santiago de Chile

¿En qué ocasiones te vistes bien? ¿Qué te pones?

La manera de vestirse en Estados Unidos suele ser más informal que en otros países. En los países hispanohablantes hay más ocasiones en que se espera que la gente se vista bien. Por ejemplo, si alguien va al cine, o a un restaurante, es normal que los chicos y hombres lleven pantalones y una camisa con mangas, y que las chicas y mujeres se pongan vestidos. Estos jóvenes hablan de las ocasiones en que se visten "de gala" y en las que no. ¿Te vistes bien para las mismas ocasiones?

Vanessa
Santiago, Chile

¿Qué ropa te gusta usar para ocasiones de todos los días?

Mira, me gusta usar la ropa cómoda generalmente. Y uso pantalón ancho, un pulerón suelto y zapatillas.

¿Qué te pones para ir a una fiesta?

Mira, generalmente para ir a una fiesta busco algo más elegante, un poco más bonito que lo normal y zapatos un poco más altos con taco.

Cuando compras ropa, ¿compras más la ropa que te gusta o la ropa que está de moda?

Compro más la ropa que me gusta porque me siento mucho más comoda. Me gusta la ropa que yo elijo. La moda a veces es un poco justa, muy apretada y a veces incómoda.

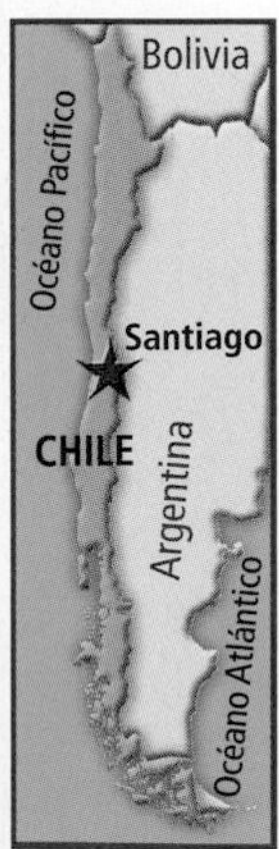

Larias
Santo Domingo, República Dominicana

¿Qué ropa te gusta en un día normal?

Bueno, me gusta usar los pantalones talle bajo, que sean campanas, y que sean guayados.

¿Qué te pones para ir a una fiesta con tus amigos?

Bueno, me gusta vestir elegante para que mis amigos digan "qué elegante estás" y me tengo que vestir con ropa que sea de moda.

¿Qué te pones para una ocasión especial?

Bueno, me puedo poner una falda que sea de moda o un pantalón, una blusa que sea bien elegante para una ocasión.

Cuando compras ropa, ¿compras más la ropa que te gusta o la ropa que está de moda?

La ropa que está de moda, para vestir bien y para estar elegante.

Para comprender

1. ¿Cómo se viste Vanessa para ocasiones de todos los días? ¿y para una fiesta?
2. ¿Siempre está de moda la ropa que le gusta a Vanessa? ¿Por qué sí o por qué no?
3. ¿Cómo se viste Larias para una ocasión especial?
4. ¿Por qué a Larias le gusta la moda?
5. ¿Con quién estás de acuerdo en cuanto a la moda? ¿Vanessa o Larias? ¿Por qué?

Para pensar y hablar

¿Tus amigos y tú se preocupan por estar a la última moda? ¿Por qué sí o por qué no? ¿Crees que una preocupación por la moda afecta los estudios o las amistades de modo positivo o negativo? Da dos ejemplos.

Comunidad y oficio

El español y la moda

Muchas personas confeccionan ropa y zapatos en todas partes del mundo. La mercancía producida se compra y vende entre países gracias al comercio internacional. Es importante entonces que los diseñadores, fabricantes y compradores, entre otros, sepan más de un idioma. Haz una lista de profesiones u oficios relacionados con la industria de la moda. Luego ponte en contacto con la Cámara de Comercio para averiguar cómo es útil un conocimiento del español en ese campo. Haz un informe la clase con los resultados de tu investigación.

Óscar de la Renta, diseñador dominicano

Objetivos
- Bargaining in a market
- Stating preferences

Vocabulario en acción 2

ExpresaVisión

En Santiago
En un mercado al aire libre

la hamaca

el puesto de mercado

los tejidos

los adornos

los artículos de cuero

las pinturas

la cerámica

Esta **cesta está hecha a mano** y es **de paja**.

Las **figuras talladas** son **de madera**.

Vocabulario 2

El mantel está **bordado** y tiene **encaje**.

las joyas

Más vocabulario...

el acero	*steel*
el barro	*clay*
la piedra	*stone*
el plástico	*plastic*
la plata	*silver*
el vidrio	*glass*

¡Exprésate!

To bargain in a market

Interactive TUTOR

Estoy buscando un regalo para mi madre. *I'm looking for a gift for my mother.*	**Tenemos un gran surtido de regalos.** *We have a wide assortment of gifts.*
¿Cuánto valen los collares? *How much are the necklaces?*	**Le voy a dar un precio especial. Se los dejo en cincuenta mil pesos cada uno.** *I'm going to give you a special price. I'll let you have them for fifty thousand pesos each.*
¿Me puede rebajar el precio de esa cadena de oro? *Can you lower the price on that gold chain for me?*	**Bueno, se la regalo por cuarenta mil pesos, pero es mi última oferta.** *Okay, I'll give it to you for forty thousand pesos, but that's my last offer.*

Vocabulario y gramática, pp. 91–93
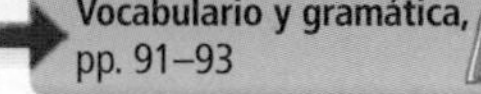

▶ Vocabulario adicional—De compras, p. R15

18 ¿Qué es?

Leamos Empareja cada definición con la palabra correcta.

1. Se cuelga entre dos árboles.
2. Se pone en la mesa.
3. Es un metal de color amarillo.
4. Las ventanas están hechas de este material.
5. Es una joya que se pone en el cuello.
6. Está hecha a mano y es de barro.
7. Se usa para hacer mesas y escritorios.
8. Se puede poner frutas en esto.

a. la cadena
b. la cerámica
c. la cesta
d. la hamaca
e. la madera
f. el mantel
g. el oro
h. el vidrio

La artesanía chilena refleja la diversidad del país y de sus pueblos indígenas. En el norte, los aymaras tejen lana de alpaca y llama. En Pomaire se utilizan técnicas precolombinas para hacer ollas, vasijas y platos de barro. El lapislázuli, piedra de intenso color azul, era utilizado por los incas para hacer máscaras y es usado hoy en joyas y adornos. Y en el sur, los mapuches son reconocidos por sus joyas de plata, como el pendiente de la foto de abajo.

¿Qué artesanías tiene tu región? ¿Cuál es su origen?

19 ¡Visita los Graneros del Alba!

Escuchemos Escucha la descripción de un lugar muy conocido en Santiago. Luego completa cada oración con la respuesta correcta.

1. Los Graneros del Alba es ____.
   a. un mercado de artesanías
   b. un centro comercial
2. Este lugar tiene más de 200 puestos donde puedes comprar artículos ____.
   a. de todas partes de Chile
   b. de todo el mundo
3. Entre las joyas que se encuentran allí, hay ____.
   a. anillos y aretes de oro
   b. collares y cadenas de plata
4. Si vas a los Graneros del Alba los fines de semana ____.
   a. puedes patinar sobre hielo
   b. puedes escuchar música y bailar
5. Si tienes hambre, puedes ____.
   a. probar las empanadas que se venden allí
   b. ir al restaurante El Gallo que está al lado

20 ¿De qué está hecho?

Escribamos Escribe dos cosas que pueden estar hechas de los siguientes materiales.

MODELO **de paja**
una cesta, un sombrero

1. de cuero
2. de madera
3. de vidrio
4. de encaje
5. de plástico
6. de plata
7. de barro
8. de oro

¡Exprésate!

To state preferences	
¿Cuál prefieres, esta máscara azul o la roja? *Which do you prefer, this blue mask or the red one?*	**Francamente, prefiero la azul.** *Frankly, I prefer the blue one.*
¿Cuáles te gustan más, estos collares largos o los cortos? *Which do you like better, these long necklaces or the short ones?*	**Me gustan más los cortos.** *I like the short ones better.*

Interactive TUTOR

Vocabulario y gramática, pp. 91–93 Online workbooks

21 En un puesto del mercado

Leamos Completa la conversación con las palabras de la lista.

a mano	servir	barro	dejo	adornos
oferta	precio	rebajar	regalo	valen

VENDEDOR ¿En qué le puedo __1__?

SEÑORITA ¿De qué son estos __2__?

VENDEDOR Son de __3__. Están hechos __4__.

SEÑORITA ¿Cuánto __5__?

VENDEDOR Le voy a dar un __6__ especial. Se los __7__ en trescientos pesos cada uno.

SEÑORITA Me parecen caros. ¿Me puede __8__ el precio un poco?

VENDEDOR Bueno, se los __9__ por doscientos cincuenta pesos pero es mi última __10__.

Comunicación

HOLT SoundBooth ONLINE RECORDING

22 En el mercado

Hablemos Imagina que tu compañero(a) y tú están en el puesto de mercado de la foto. Por turnos, hagan el papel del (de la) vendedor(a) que atiende el puesto. El (La) cliente explica qué prefiere, pregunta por el precio y regatea con el (la) vendedor(a).

Un puesto en el mercado de Santa Lucía, Santiago

Vocabulario 2

Objetivos

- **Por and para**
- **Demonstrative adjectives, adverbs of place**
- **Adjectives as nouns**

GramaVisión

Por and para

Interactive TUTOR

1 The prepositions **por** and **para** have different uses and meanings, although sometimes they both mean *for* in English.

2 Use **por** to mean

- *all over, by, through(out), along* or *in* a general area
  Después de pasar **por** el banco, dimos una vuelta **por** el mercado.
- *for* or *during* a period of time
  Estudiamos **por** cinco horas.
- *for* in the sense of *because of* or *due to* something
  Gracias **por** el collar.
- *(in exchange) for* when exchanging or buying something
  Cambié la blusa que compré **por** $15 **por** una blusa más cara.
- *through* something or *by (means of)* something
  El dependiente entró **por** la puerta de atrás.

3 Use **para** to mean

- *to* or *towards* a place
  Disculpe, ¿vamos bien **para** el hotel Real?
- *for* to indicate a *goal* or *purpose*
  Susana fue al mercado **para** buscar cerámica.
  ¿Está todo listo **para** la venta mañana?
  ¿Necesitas ropa **para** la fiesta?
- *to* or *for* a person or thing
  Fumar es malo **para** la salud.
  Los regalos son **para** los niños.

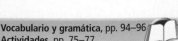

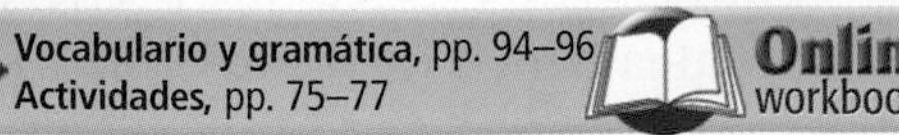

En inglés

In English, certain verbs must be followed by the preposition *for.* Two such verbs are *to look for* and *to ask for.*

My son asked me for money because he's looking for new shoes.

In Spanish, you don't use a preposition after the verbs **buscar** and **pedir.**

Mi hijo me pidió dinero porque busca zapatos nuevos.

What preposition other than **por** or **para** might sometimes be used with these verbs, and why?

Ejemplos de billetes y monedas chilenos

Visit Holt Online
go.hrw.com
KEYWORD: EXP2 CH8
Gramática 2 practice

23 El regalo

Leamos Completa las oraciones del párrafo con las palabras **por** o **para.** Si no son necesarias, deja el espacio en blanco.

Le pregunté a mi mejor amiga qué quería __1__ su cumpleaños y me pidió __2__ unos aretes. Fui al mercado y busqué __3__ todas partes hasta que encontré una joyería con unos aretes que me encantaban. El joyero quería vendérmelos __4__ veinticinco dólares. Le dije que costaban demasiado __5__ mí. Como los aretes eran el regalo perfecto __6__ mi amiga, regateé __7__ un precio mejor y me los dejó en __8__ veinte. Después de comprar los aretes, busqué una librería __9__ comprar una tarjeta y de allí salí rápidamente __10__ la fiesta de mi amiga.

24 ¿Para quién...?

Hablemos/Escribamos Mira los dibujos. Di cuánto pagó la señora Ruiz por las siguientes cosas, si son para su esposo o su hija y si son para uso en la playa, el trabajo o el colegio.

MODELO **Pagó dos dólares por las chancletas para su hija.
Son para la playa.**

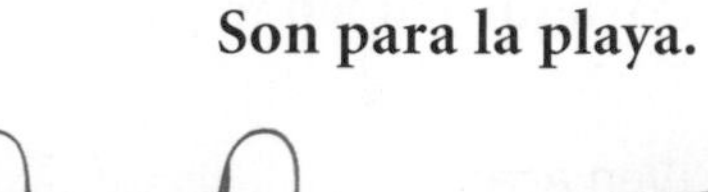

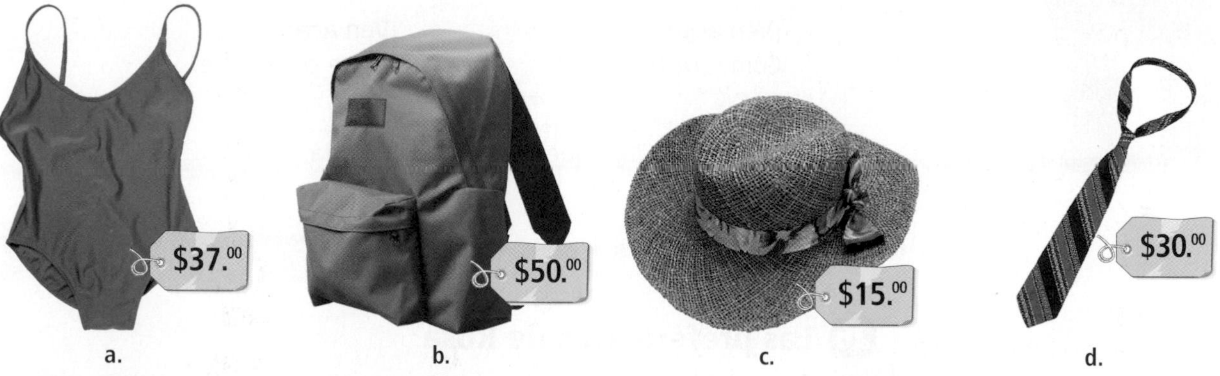

a. b. c. d.

25 Voy de compras

Hablemos Dramatiza la siguiente situación con un(a) compañero(a). Vas a ir de compras con unos(as) amigos(as) y hablas con tu madre o padre antes de salir de la casa. Incluye estos detalles en tu conversación:

1. adónde vas de compras
2. qué vas a comprar o para quién quieres comprar algo
3. si piensas pasar por otros lugares
4. por cuánto tiempo vas a estar fuera de la casa

Demonstrative adjectives; adverbs of place

¿Te acuerdas?

To say *this* or *those* with a noun, use a form of **este** that agrees with the noun.

este traje **esta** cesta

estos trajes **estas** cestas

1 You know to use a form of **ese** with a noun to say *that.* To point out a person or thing that is even farther away from the speaker, use a form of **aquel**.

	that	those	that *(farther away)*	those *(farther away)*
masculine	**ese**	**esos**	**aquel**	**aquellos**
feminine	**esa**	**esas**	**aquella**	**aquellas**

—¿Viste las cadenas de oro?

—¿**Esas** cadenas del puesto enfrente de nosotros?

—No, las cadenas de **aquella** tienda.

2 **Aquel** can also be used to refer to the distant past, as in *in those days.*

En **aquel** entonces (**aquellos** años, **aquellos** días), había menos tiendas en el centro.

3 The adverbs **aquí/acá** *(here)* and **allí/allá** *(there)* are also used to point out where someone or something is. Use **aquí** and **allí** to point out a precise place.

¡Ven **aquí**!
Come *(right) here!*

¡Ven **acá**!
Come over here!

refers to general area

¿En Chile? Claro que hablan español **allá**.

Vocabulario y gramática, pp. 94–96
Actividades, pp. 75–77

26 Las preferencias de Rosa

Escuchemos Escucha las conversaciones. Indica si la cosa que Rosa prefiere está **a)** cerca o **b)** lejos de ella.

27 Aquellas faldas son muy bonitas

Escribamos/Hablemos Escribe estas oraciones de nuevo cambiando las palabras subrayadas por las que están entre paréntesis. Cambia los verbos y los adjetivos demostrativos si es necesario.

MODELO **Estas faldas son caras. (pantalones, saco)**
Estos pantalones son caros./Este saco es caro.

1. En esta tienda hay cosas muy bonitas. (almacenes, joyería)
2. Venden tejidos en aquel mercado. (puesto, países)
3. ¿Te gustan esas cestas grandes? (platos, tejido)
4. ¿Cuánto valen aquellas joyas? (collares, adorno)
5. Me gustaría probarme aquel cinturón. (bufanda, guantes)

28 Al contrario

Escribamos Sustituye las formas de **este** y **ese** con las formas correctas de **aquel.** Luego cambia las palabras subrayadas para que las oraciones expresen lo contrario *(the opposite).*

MODELO **Esos pantalones te quedan muy largos.**
Aquellos pantalones te quedan muy cortos.

1. Este vestido te queda flojo.
2. Estas botas son muy caras.
3. Esa falda es fea.
4. Esta tienda tiene de todo.
5. Estos zapatos están pasados de moda.
6. Este descuento fue pequeño.
7. Esos precios están muy altos.
8. Ese sombrero no me gusta nada.

29 ¿Cuál compro?

Hablemos/Escribamos Imagina que estás al lado de la chica en el mercado. Escribe oraciones para expresar tus opiniones acerca de los objetos que ves. Usa adjetivos demostrativos.

MODELO **plato de cerámica**
Este plato de cerámica me gusta mucho y no es muy caro.

30 En el mercado

Hablemos Imagina que tu compañero(a) y tú están en el mercado del dibujo de arriba. Hablen de las cosas que ven, usando las formas correctas de **este, ese** y **aquel.**

MODELO **—¿Qué plato de cerámica te gusta más?**
—Me gusta más este plato porque...

Adjectives as nouns

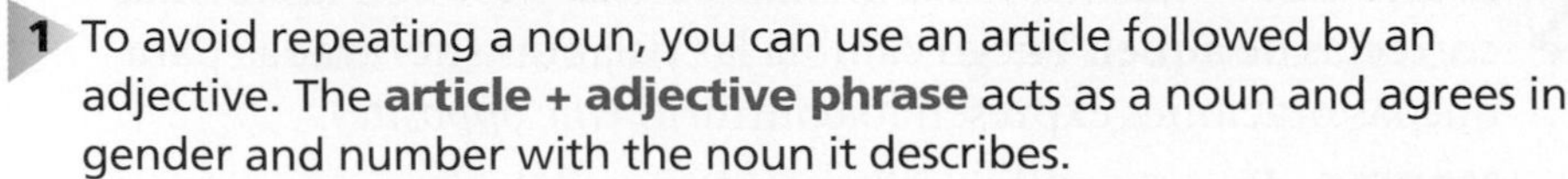

1 To avoid repeating a noun, you can use an article followed by an adjective. The **article + adjective phrase** acts as a noun and agrees in gender and number with the noun it describes.

refers to feminine noun

—¿Te gustan **las blusas de seda**? *Do you like silk blouses?*
—No, prefiero **las de algodón**. *No, I prefer cotton ones.*

El vestido rojo es **el más elegante**.
The red dress is the most elegant (one).

2 You can also use a **demonstrative pronoun**, with an accent mark on the stressed syllable (**éste**, **ése**, **aquél**), to avoid repeating a noun. It agrees with the noun it stands for.

refers to masculine noun

—Este **sombrero** cuesta más que **aquél**.
—¿Cuál, el de paja?
—No, **éste** aquí, porque es de cuero.

Vocabulario y gramática, pp. 94–96
Actividades, pp. 75–77
Online workbooks

En inglés

In English, you often use *the* + adjective + *one(s)* to avoid repeating a noun.

Do you like **the silver** earrings or **the gold ones**?

In Spanish, you only use the article with the adjective.

¿Te gustan **los aretes de plata** o **los de oro**?

Think of an example in English when an adjective alone can follow the definite article.

Latinoamérica vende muchos de sus productos agrícolas a Estados Unidos, y el país que conocemos mejor por sus frutas y vinos es Chile. Entre otras frutas, Chile produce manzanas, uvas, cerezas, aguacates y peras. Como Chile está en verano cuando nosotros estamos en invierno, podemos gozar de frutas durante todo el año.

Compara el clima de Chile con el de las regiones de este país donde se cultivan frutas.

31 ¿Es verdad?

Leamos/Escribamos Completa las siguientes oraciones con las palabras correctas. Luego di si estás de acuerdo con cada oración.

**MODELO Las chaquetas de cuero son tan caras como <u>las</u> de seda.
No, las de seda son más caras que las de cuero.**

1. La ropa de lana es para el invierno y ____ de algodón es para el verano.
   a. el **b.** la **c.** los **d.** las
2. Las cadenas de plata valen más que ____ de oro.
   a. el **b.** la **c.** los **d.** las
3. Los puestos de artesanías son más interesantes que ____ de ropa.
   a. el **b.** la **c.** los **d.** las
4. Las camisas anaranjadas hacen juego con más ropa que ____.
   a. el blanco **b.** la blanca **c.** los blancos **d.** las blancas
5. Los pantalones apretados son más cómodos que ____.
   a. el flojo **b.** la floja **c.** los flojos **d.** las flojas
6. Este sombrero está hecho a mano; ____ no. Éste es mejor.
   a. ese **b.** esa **c.** ése **d.** ésa
7. Esa bolsa está bordada; ____ no. Es más bonita aquella bolsa.
   a. aquel **b.** aquella **c.** aquél **d.** aquélla

32 ¿De quién es?

Hablemos Unos padres fueron de vacaciones y compraron regalos para su hija de ocho años y su hijo de dieciséis. ¿Para quién es cada cosa?

MODELO las camisetas
La anaranjada es para la hija. La amarilla es para el hijo.

1. las sandalias
2. los pantalones cortos
3. los sombreros
4. los collares
5. los trajes de baño
6. los lentes

33 De compras con Enrique

Hablemos Con un(a) compañero(a), dramatiza la siguiente situación.

Novela en video

El relicario

Episodio 8

ESTRATEGIA

Following the plot The plot is the sequence of actions in a story. Go back through the past seven episodes and write down at least two key plot developments from each. For example, in **Episodio 1:** (1) Abuelo Gallegos calls Victoria to his sickbed to ask her a favor; and (2) Victoria agrees to find his old friend and return the things that belong to him. Keeping track of the plot will help you understand the overall storyline, and might give you ideas about how everything ends.

En Madrid, España

Victoria decide mandarle algo importante a Jorge.

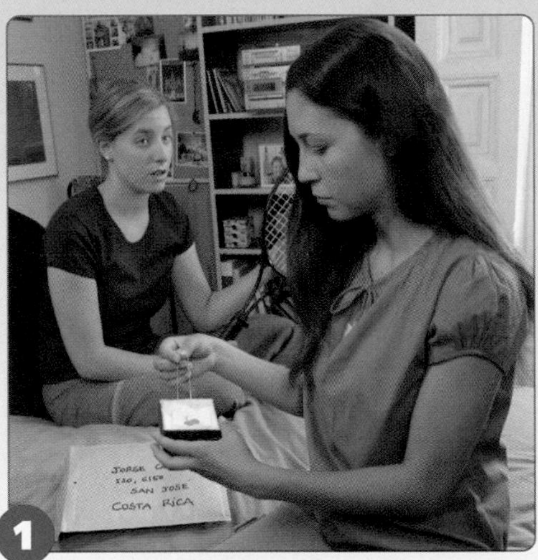

1

Adriana ¿Y Jorge encontró al famoso ingeniero Jorge Calderón?

Victoria No, todavía no. Pero dice que necesita algo especial para convencer a la hermana de que le dé la dirección, algo personal.

Adriana ¿Estás segura? ¿Por qué no esperas un poco?

Victoria Es mi única oportunidad. Tengo que mandárselo.

En San José, Costa Rica

Jorge recibe por correo el relicario y las dos cartas.

2

3

Jorge Doña Sonia, tengo algo que enseñarle.

Sonia ¿Así que tiene algo que enseñarme? Bueno, enséñemelo de una vez.

4

Jorge ¿Doña Sonia? ¿Señora?

Sonia ¿Sí, hijo? ¿Qué quiere?

Jorge Pues, la dirección de su hermano. Para entregarle estas cosas.

Sonia Dios mío. No puedo creerlo.

Visit Holt Online
go.hrw.com
KEYWORD: EXP2 CH8
Online Edition

Sonia explica lo que pasó con el relicario hace muchos años.

5 Jorge me dio el relicario. Yo tenía que dárselo a Graciela por él.

6 Pero yo era joven, no tuve cuidado y estaba ocupada. No lo hice de inmediato, y después se me olvidó por completo.

7 Cuando fui a entregárselo, ya era muy tarde. Graciela ya estaba comprometida con el arquitecto Gallegos.

8

Sonia Años después, le mandé el relicario a Graciela a Segovia. Nunca supe si lo recibió, hasta ahora.

Jorge Pero señora, por favor, deme su dirección, se lo ruego. Además, es su oportunidad de aclarar todo.

Sonia Es verdad. Jorge tiene que saber la verdad. Fue mi culpa. Tal vez Graciela se hubiera casado con mi hermano si yo le hubiera entregado el relicario a tiempo.

En Madrid, España

Victoria lee otra anotación en el diario del abuelo Gallegos.

9

En Segovia, 2003

Hoy encontré algo muy raro en las cosas de Graciela, una caja que venía de Costa Rica. En la caja encontré una carta y un relicario en forma de corazón.

¿COMPRENDES?

1. ¿Qué le mandó Victoria a Jorge? ¿Para qué?
2. ¿Qué le dio Jorge a Sonia cuando eran jóvenes? ¿Qué pasó cuando Sonia fue a entregárselo a Graciela?
3. ¿A quién le mandó Sonia el relicario años después? ¿Supo si lo recibió?
4. Según el diario, ¿qué encontró el abuelo en las cosas de Graciela? ¿Le pareció raro?
5. Apunta tres cosas importantes de la trama *(plot)* de este episodio.

Próximo episodio:
Victoria lee más sobre lo que pasó en San José en los años 50. Jorge va a buscar al ingeniero.

PÁGINAS 348–349

Leamos y escribamos

ESTRATEGIA

para leer Before you begin reading, use your background knowledge and prereading strategies (looking for visual clues, quotes, headings and format) to determine the purpose of the text. Knowing the purpose of a text will help you identify its main ideas and guess unfamiliar words as you read.

Antes de leer

A Usa la estrategia para determinar el propósito de los textos a continuación. Anota tus ideas.

¿Qué onda está de moda?

"La moda es la manada[1]; lo interesante es hacer lo que le da la gana[2]"
Luís Buñuel, cineasta[3] español

Claro que sabes lo que está de moda. Pero ¿sabes lo qué es la moda en sí[4]? La mayoría de diseñadores, artistas y escritores definen la moda como una serie de tendencias sociales que afectan la manera en que se viste y se comporta[5] la gente. Estas tendencias no duran mucho tiempo, pero su efecto abarca[6] diferentes aspectos de la vida diaria, desde la ropa que usas hasta la música que escuchas o la forma como pasas tu tiempo. La moda cumple una función social porque te ayuda a integrarte a[7] un grupo. Te ayuda a expresarte a ti mismo. La ropa y los adornos[8] que llevas, así como las actividades en que participas, comunican algo de ti a las personas que te rodean.

Las celebridades y la publicidad dictan la moda. Te dan un modelo que seguir en cuanto a cómo vestirte y comportarte y te sugieren qué marcas comprar. Detrás de cada marca hay una idea. Si tú te identificas con esa idea, seguramente vas a usar esa marca. Pero a fin de cuentas, la moda es tu propia onda. Tú eres quien sigue la moda. Toma la encuesta a continuación para ver si andas en la onda de moda.

1 herd
2 what you want
3 movie director
4 in itself
5 behave
6 covers
7 to join
8 accessories

¿Estás a la última?

¿Sabes cuáles son las películas que se estrenan, los grupos musicales que arrasan[1], las tendencias de la moda del año que viene? Averigua si estás o no en la onda.

1 Tienes que elegir una lengua extranjera en el colegio. ¿Cuál de estas tres prefieres?
a) griego
b) inglés
c) japonés

2 Este otoño, te gustaría visitar...
a) el Castillo de la Mota.
b) el Imax de Madrid o de Barcelona.
c) la pirámide del Museo del Louvre.

3 ¿Qué deporte te encantaría practicar?
a) el tenis
b) el *snowboard*
c) el polo

4 ¿Cuál es tu música preferida?
a) el *rock*
b) el *rap*
c) la *tecno*

5 Si pudieras[2] viajar en el tiempo, ¿qué época escogerías[3]?
a) el año 3000
b) la Edad Media
c) el año pasado

6 No vas a ningún sitio sin...
a) tu mochila negra.
b) tus náuticos[4] azules.
c) tu cazadora metalizada[5].

7 Si fueras[6] escritor, ¿qué te gustaría publicar?
a) novelas policíacas
b) historias de ciencia ficción
c) cuentos de hadas

8 ¿Qué te gustaría ser?
a) periodista
b) conservador en un museo
c) *disc jockey*

9 Si fueras[7] hoy al cine, elegirías una película de...
a) Rodolfo Valentino.
b) Brad Pitt.
c) Harrison Ford.

Para cada pregunta, tacha[8] la letra correspondiente a tu respuesta. Para saber cómo eres, lee el texto correspondiente a la línea con más marcas.

1	2	3	4	5	6	7	8	9	Pareces...
a	a	c	a	b	b	c	b	a	Una lámpara de aceite
b	c	a	b	c	a	a	c	c	Una bombilla halógena
c	b	b	c	a	c	b	a	b	Un neón fluorescente

Una lámpara de aceite

Vives más bien mirando hacia el pasado. No entiendes casi nada de técnica y la moda no te interesa en absoluto. Prefieres mil veces la visita a un castillo que pasarte toda la tarde ante un ordenador.

Una bombilla halógena

Eres una persona de tu tiempo. Te gusta tanto la hamburguesa como el pollo asado. Sacas partido[9] del pasado y sientes curiosidad por el futuro. Es muy difícil pillarte desprevenido[10].

Un neón fluorescente

Es evidente que te destacas[11] por tu imagen a la última moda, por tu lenguaje siempre en la onda y por tus gustos futuristas. Estás siempre al corriente de todas las novedades.[12]

1 topping the charts 2 If you could 3 would you choose 4 deck shoes 5 jacket with metal studs 6 If you were 7 If you went 8 Cross out 9 take advantage 10 to catch you off guard 11 stand out 12 up to date on the latest trends

Comprensión

B Completa las siguientes ideas según el texto.

1. El propósito de **¿Qué onda está de moda?** es...
   - **a.** hablar de la historia de la moda.
   - **b.** dar una definición de la moda.
   - **c.** convencerte de qué moda seguir.
2. Según la cita de Luis Buñuel,...
   - **a.** es más interesante hacer lo que quieres, que hacer lo que hacen los demás.
   - **b.** si quieres ser interesante, necesitas seguir la moda de los demás.
   - **c.** lo interesante es que todos quieren estar a la moda.
3. Si una marca es popular es porque el público se identifica con...
   - **a.** la celebridad que la lleva.
   - **b.** la idea que representa.
   - **c.** a y b
4. El propósito de la encuesta **¿Estás a la última?** es...
   - **a.** averiguar si vistes a la moda o no.
   - **b.** averiguar qué tipo de persona eres.
   - **c.** averiguar tus gustos musicales.
5. Según la encuesta, si eres una lámpara de aceite...
   - **a.** te fascina la moda del futuro.
   - **b.** no te interesan ni la moda ni las tendencias del día.
   - **c.** te fascina la tecnología moderna.
6. Según la encuesta, si eres una bombilla halógena...
   - **a.** te interesan las tendencias presentes, pasadas y futuras.
   - **b.** sólo te interesa la onda del presente.
   - **c.** no piensas para nada en el futuro.
7. Según la encuesta, si eres un neón fluorescente...
   - **a.** te fascina la moda del pasado.
   - **b.** no te interesa tu imagen ni lo que piensan de ti.
   - **c.** siempre vives en la onda de moda.

Después de leer

C According to your quiz results, what kind of "light" are you? Do you agree or disagree with the results? Why or why not?

D What are some of the latest styles and trends at your school? Who set them and when did they become popular? In your opinion, what purpose do fashion styles and trends serve? Do you think it is important to keep up with styles and trends at school? Why or why not?

Taller del escritor

ESTRATEGIA

para escribir Comparing and contrasting effectively requires attention to detail. Focus on similarities or differences in quality, quantity, and value. Such details help the reader understand your writing more clearly.

En el mercado de artesanías

You have just been to a big crafts market in Chile, where you bargained for some great gifts for family and friends. In your journal write about the things you bought. Compare and contrast what you bought to other crafts in the market, and tell how you bargained for each.

cinturón de cuero	cinturón tejido
—más formal	—más bonito
—elegantísimo	—menos formal
—Papá prefiere llevar ropa formal en el trabajo.	—Papá puede llevar un cinturón como éste los fines de semana.

1 Antes de escribir

Write the names of four or five friends or relatives and the gifts you bought for them. Say how each gift differed in style, size, color, or appeal: **Me gustaban las mochilas. Las negras eran bonitas, pero las rojas eran mejores.** Tell how you bargained for each item: **Los aretes costaban treinta mil pesos, pero regateé y el vendedor me los dejó en veinte mil.**

2 Escribir un borrador

Write about the bargains you found at the market. Include what you bought for each person, and how you bargained for it. Use the preterite and imperfect to narrate events in the past. Use comparatives, superlatives, and adjectives as nouns to describe the items: **El mantel grande era el más bonito, pero era demasiado grande para la mesa. El pequeño era mejor.**

3 Revisar

Ask a classmate to check for the correct use of the preterite, the imperfect, comparatives, superlatives, and adjectives as nouns. Is it clear why you bought some items and not others?

4 Publicar

Attach your final draft to poster board with illustrations of some of the crafts you described. Read your entry to the class, showing your "purchases" in the order you describe them.

Capítulo 8
Repaso

Prepárate para el examen

Interactive TUTOR

1 Completa cada pregunta o comentario con la respuesta apropiada.

1. No iba a comprar un traje, pero...
   a. éste estaba muy flojo. **b.** éste estaba en oferta.
2. ¿Cómo me veo con esta camisa?
   a. No te sienta bien. **b.** Te quedan muy anchos.
3. Iba a cambiar la bufanda por un par de guantes, pero...
   a. la tienda estaba cerrada. **b.** me dieron un descuento.
4. Me encantan estas blusas. ¿Dónde me las puedo probar?
   a. Los probadores están aquí al lado. **b.** No hacen juego con el saco.
5. Estos guantes tenían un 60% de descuento.
   a. ¿Había una venta de liquidación? **b.** ¿Te ayudó el cajero?
6. ¿Qué tal estos pantalones con ese cinturón?
   a. Ve a la caja. **b.** No hacen juego para nada.

1 Vocabulario 1
- talking about trying on clothes and how they fit
- talking about shopping for clothes

pp. 286–289

2 Completa el párrafo con la forma correcta del pretérito o del imperfecto del verbo entre paréntesis.

Magdalena pasó toda la mañana de compras. Primero fue a Todobarato. ___1___ (mirar) las vitrinas cuando ___2___ (ver) a su amigo, Timoteo. Él le ___3___ (decir) que ___4___ (buscar) una bufanda para su mamá. Los dos ___5___ (entrar) a la tienda donde todo ___6___ (estar) en oferta. Timoteo sólo ___7___ (ir) a comprar la bufanda, pero ___8___ (haber) un par de guantes que ___9___ (hacer) juego con ella. ___10___ (decidir) también comprar los guantes. Magdalena no compró nada.

2 Gramática 1
- imperfect and preterite
- using **ir a** + infinitive with the imperfect and preterite
- comparatives and superlatives

pp. 290–295

3 Escribe diálogos entre un(a) vendedor(a) y un(a) cliente, basándote en las fotos.

A

B

3 Vocabulario 2
- bargaining in a market
- stating preferences

pp. 298–301

Visit Holt Online
go.hrw.com
KEYWORD: EXP2 CH8
Chapter Self-test

4 Completa el diálogo con la palabra correcta entre paréntesis.

DEMETRIO Cristóbal, ¿adónde vamos ahora?

CRISTÓBAL ¿Qué tal si pasamos (por/para) Ropadineral? Necesito un par de pantalones (por/para) la fiesta de Lisa.

DEMETRIO ¡Pero si es carísima! Vas a pagar mucho (por/para) (ese/esos) pantalones.

CRISTÓBAL Pues, vamos a la Tienda Todobien; está muy cerca de (aquí/acá). ¿Necesitas un regalo (por/para) Lisa?

DEMETRIO No, ya le compré un disco compacto. Estuve en el centro (por/para) dos horas buscándole algo.

4 Gramática 2
- **por** and **para**
- demonstrative adjectives; adverbs of place
- adjectives as nouns

pp. 302–307

5 Contesta las siguientes preguntas.

1. Menciona cuatro productos agrícolas de Chile.
2. ¿Qué son las *arpilleras* y qué significan en Chile?
3. ¿De dónde vienen algunos de los apellidos chilenos?

5 Cultura
- **Comparaciones** **pp. 296–297**
- **Notas culturales** **pp. 288, 295, 300, 306**
- **Geocultura** **pp. 280–283**

6 Escucha la conversación e indica qué compró Teresa.

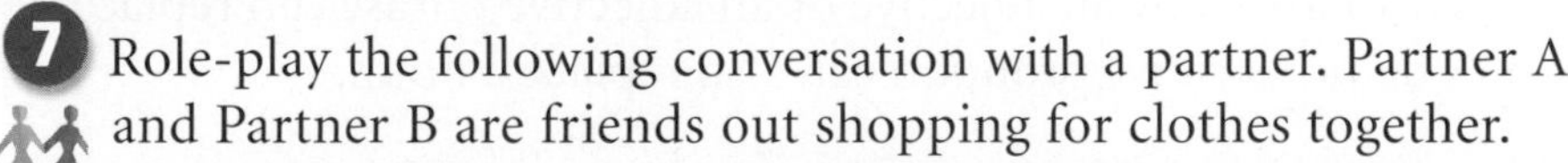

7 Role-play the following conversation with a partner. Partner A and Partner B are friends out shopping for clothes together.

Partner A: Ask your partner how you look in these pants.

Partner B: Say your partner looks good. Ask how they fit.

Partner A: Say they're little loose, but you like them. Ask if your partner found what he or she was looking for.

Partner B: Say you found two jackets on sale. Ask if your partner prefers the blue one or the black one.

Partner A: Say you like the black one; it matches lots of things.

Partner B: Suggest you both buy the things you found, and then go to the open-air market.

Partner A: Agree and say you need to look for a gift for your sister. Say she likes jewelry.

Partner B: Say there's lots of jewelry in the market, and name some examples.

Gramática 1
- imperfect and preterite: describing what was in progress **pp. 290–291**
- using **ir a** + infinitive with the imperfect and preterite **pp. 292–293**
- comparatives and superlatives **pp. 294–295**

Repaso de Gramática 1

Use the **imperfect**...	and use the **preterite**...
to say what things were like and what was going on	to talk about an event that began or ended while something else was going on, or an action that interrupted what was in progress
of **ir** in **ir a + infinitive** to say what someone was going to do, or to say what was going to happen	to say what happened instead or what interrupted the plans

For comparatives and superlatives, see page 294.

Gramática 2
- **por** and **para** **pp. 302–303**
- demonstrative adjectives; adverbs of place **pp. 304–305**
- adjectives as nouns **pp. 306–307**

Repaso de Gramática 2

For the uses of **por** and **para**, see page 302.

that	those	that *(farther away)*	those *(farther away)*
ese	**esos**	**aquel**	**aquellos**
esa	**esas**	**aquella**	**aquellas**
(right) here	over here	there *(specific place)*	there *(general area)*
aquí	**acá**	**allí**	**allá**

An article followed by an adjective or an adjective phrase can replace a noun. A demonstrative pronoun can also replace a noun.

los trajes azules → los azules	este traje → éste
los trajes de algodón → los de algodón	ese traje → ése
	aquellos trajes → aquéllos

Letra y sonido S Z C

Las consonantes s, z, c

- In Latin America and parts of Spain, **c** (before **e** and **i**) and **z** sound like the *c* in *center.* In most of Spain they sound much like *th* in *think.*

  zapato, cal**c**etines, a**z**ul, pis**c**ina
- The **s** and **z** can sound like *s* in *prism* before the consonants **b, d, g, l, m,** and **n.**

  de**s**de, ra**s**go, mu**s**lo, mi**s**mo, llovi**z**na

Trabalenguas

Un recio zorro feroz cazó un necio corzo veloz
que el sucio lince voraz cocinó con vicio y hambre atroz.

Dictado

Escribe las oraciones de la grabación.

Repaso de Vocabulario 1

Talking about trying on clothes and how they fit see p. 287

apretado(a)	*tight*
la bufanda	*scarf*
la caja	*cash register*
el/la cajero(a)	*cashier*
cambiar (por)	*to exchange (for)*
las chancletas	*flip-flops*
el cinturón	*belt*
cobrar	*to charge*
¿Cómo me veo con...?	*How do I look in/with . . . ?*
la corbata	*tie*
De verdad, no te sienta bien.	*Honestly, it doesn't look good on you.*
el descuento	*discount*
el espejo	*mirror*
estar en oferta	*on sale*
la etiqueta	*price tag*
la falda a media pierna	*mid-length skirt*
flojo(a)	*baggy, loose*
los guantes	*gloves*
hacer juego	*to match, to go with*
el impuesto	*tax*
la minifalda	*miniskirt*
el precio	*price*
el probador	*fitting room*
probarse	*to try on*
¿Que te parece...?	*What do you think of . . . ?*
el recibo	*receipt*
regatear	*to bargain*
¡Te ves guapísimo!	*You look very handsome!*
¡Te ves super bien!	*You look wonderful!*
el traje	*suit*
la venta de liquidación	*clearance sale*

Talking about shopping for clothes

¿Encontraste lo que buscabas?	*Did you find what you were looking for?*
No iba a comprar... pero me dieron un descuento.	*I wasn't going to buy . . ., but they gave me a discount.*
Quería unas chancletas, pero no había en mi número.	*I wanted some flip-flops, but there weren't any in my size.*
Vi que las carteras estaban en oferta, así que compré dos.	*I saw that wallets were on sale, so I bought two.*

Repaso de Vocabulario 2

Bargaining in a market

el acero	*steel*
los adornos	*decorations, ornaments*
los artículos de cuero	*leather goods*
el barro	*clay*
bordado(a)	*embroidered*
Bueno, se la regalo por...	*Okay, I'll give it to you for . . .*
cada (uno/a)	*each (one)*
la cadena	*chain*
la cerámica	*ceramic(s)*
la cesta	*basket*
el collar	*necklace*
¿Cuánto vale...?	*How much is . . . ?*
el encaje	*lace*
estar bordado	*to be embroidered*
la figura tallada	*carved figure*
el gran surtido	*wide assortment*
grande	*big*
la hamaca	*hammock*
hecho a mano	*handmade*
las joyas	*jewelry*
la madera	*wood*
el mantel	*tablecloth*
la máscara	*mask*
el oro	*gold*
la paja	*straw*
la piedra	*stone, rock*
las pinturas	*paintings*
el plástico	*plastic*
la plata	*silver*
el puesto del mercado	*market stand*
rebajar	*lower*
Se los dejo en...	*I'll let you have them for . . .*
los tejidos	*woven cloth, textiles*
la última oferta	*last offer*
el vidrio	*glass*

Stating preferences

¿Cuál prefieres, esta máscara azul o la roja?	*Which do you prefer, this blue mask or the red one?*
¿Cuáles te gustan más, estos collares largos o los cortos?	*Which do you like better, these long necklaces or the short ones?*
Francamente, prefiero la azul.	*Frankly, I prefer the blue one.*
Me gustan más los cortos.	*I like the short ones better.*

Integración

capítulos 1–8

 **1** Mira las fotos y escucha las conversaciones. Decide qué conversación corresponde a cada foto.

A

B

C

D

 **2** Lee el siguiente artículo y contesta las preguntas.

¿Sabes regatear?

Si vas a un mercado al aire libre, puedes ahorrar dinero si aprendes a regatear. Aquí tienes algunas recomendaciones.

1. Antes de comprar algo, visita varios puestos y compara la calidad y los precios de las cosas.
2. Depués de comparar, si ves algo que te gusta, pide el precio. Debes sonreír y hablar solamente en español. El vendedor te va a decir un precio bastante alto.
3. Si no quieres pagar tanto, debes preguntarle al vendedor a cuánto lo deja para indicarle que quieres regatear. Entonces es posible que el vendedor rebaje el precio.
4. Si todavía no estás de acuerdo con el precio, puedes ofrecer menos de lo que te pide el vendedor. Es normal ofrecer dos tercios (2/3) del precio original. No te recomendamos que ofrezcas menos del 50%. No te olvides de agradecerle *(thank)* al vendedor si compras algo.

Sobre todo, regatear debe ser una experiencia divertida. Si sigues estas sugerencias lo vas a pasar bien y con un poco de suerte vas a encontrar muchas gangas.

1. ¿Adónde necesitas ir si vas a regatear?
2. Antes de comprar algo, ¿qué debes hacer?
3. ¿Qué le dices al vendedor para indicarle que quieres regatear?
4. Si regateas, ¿qué precio se ofrece normalmente al final?
5. ¿Por qué crees que debes sonreír y hablar en español con el vendedor?

Visit Holt Online
go.hrw.com
KEYWORD: EXP2 CH8
Cumulative Self-test

3 Con un(a) compañero(a), dramatiza la siguiente situación. Quieren comprar un regalo para un amigo, y tienen $40.00. Van a una tienda de ropa y deciden comprar una camisa. Comparen tres camisas y decidan al final cuál de las tres van a comprar.

4 Ayer fue el día de mercado en este pueblo. Basándote en el cuadro, escribe un párrafo sobre lo que pasó. Incluye detalles sobre la hora del día, el tiempo, qué dijeron las personas y qué vendieron y compraron. ¿De qué manera es diferente este mercado a los que hay en tu ciudad?

El mercado de Ana Cortés

5 Estás pasando el verano en casa de tus abuelos. Escríbeles una carta a tus padres y describe lo que pasó el día que fuiste de compras con tu abuelo(a). ¿Adónde fueron y qué compraron? ¿Con quiénes hablaron? ¿Cuánto pagaron? Diles a tus padres todos los detalles.

6 **Situación**

You're at a **baratillo** *(secondhand sale),* where you see some things you really want to buy, but you think they're too expensive. With a partner, write and act out a dialog in which you bargain with the vendor to see if he or she will lower the prices. Choose three different items to see if you can get them all at a discount.

Capítulo 9

GeoVisión

Geocultura El Paso

▲ **El Parque Estatal Montañas Franklin** tiene 24.000 acres y es el parque desértico más grande del país.

Río Grande

10

EL PASO, TEXAS

Nuevo México

Oklahoma

El Paso

TEXAS

México

Golfo de México

▼ **El Paso** está en el extremo oeste de Texas. El área metropolitana de El Paso abarca una frontera internacional, dos ciudades y poblaciones situadas en tres estados.

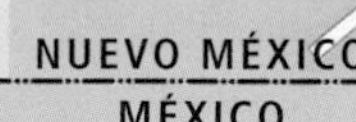

► **La influencia de México** es evidente en la vida diaria y cultural de El Paso.

Almanaque

Población
713.126

Altura
3.762 pies (1.147 m)

Nota histórica
En 1598 don Juan de Oñate, un explorador español, llevó a 400 hombres y a 130 familias a través del desierto de Chihuahua. Al alcanzar el río Bravo del Norte, los viajeros celebraron una fiesta de acción de gracias *(Thanksgiving)*. Oñate nombró el vado donde había cruzado «El Paso del Río del Norte».

Economía
productos agrícolas, comercio con México, base militar

¿Sabías que...?

Las ciudades de El Paso, Ciudad Juárez y Las Cruces forman la zona metropolitana internacional más grande del mundo con una población combinada de cerca de 2.5 millones de personas.

▲ **La Universidad de Texas en El Paso** abrió sus puertas en 1913. Los edificios fueron diseñados al estilo de arquitectura de Bután, un país de los Himalayas. ❶

▲ **El hotel Camino Real** fue diseñado por Henry C. Trost. Se terminó de construir en 1912. Pancho Villa, Will Rogers, John J. Pershing, Eleanor Roosevelt y Richard Nixon durmieron en este hotel. ❷

▲ **La Misión Ysleta,** establecida en 1682, es el edificio más importante de los indígenas Tigua, en el Pueblo de Ysleta del Sur. ❸

▼ **Cinco puentes internacionales** conectan a El Paso con Ciudad Juárez y el estado de Chihuahua. Más de 55 millones de personas y 17,5 millones de vehículos cruzan estos puentes cada año. ❹

¿Qué tanto sabes?

¿Por qué se dice que El Paso está en una zona de tres estados contiguos?

A conocer El Paso

El arte

▼ **El Museo de Arte** tiene una colección permanente de más de 5.000 obras de arte. La Galería de Tom Lea exhibe obras de artistas del suroeste norteamericano, como esta pintura de Tom Lea, *Sarah*.

▲ **Carlos Callejo** pintó el mural en el Palacio de Justicia de El Paso en 1995. Este mural cubre tres paredes de este edificio moderno. Representa el pasado, el presente y el futuro de El Paso.

► **La cultura Jornada Mogollón** Hueco Tanks es un grupo de formaciones de rocas donde vivían grupos indígenas. Hay más de 200 pictografías de rostros o «máscaras» creadas por la cultura prehistórica Jornada Mogollón.

La arquitectura

► **El edificio Mills** fue diseñado por Henry C. Trost. Trost vino a El Paso en 1903 y ha sido considerado uno de los arquitectos más importante del suroeste. Hasta 1940, casi todos los edificios con más de dos pisos en El Paso fueron diseñados por Trost y su hermano.

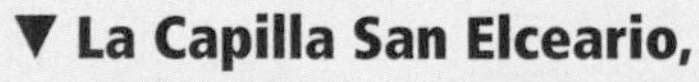

▼ **La Capilla San Elceario,** establecida en 1789, es un ejemplo sobresaliente de la arquitectura colonial hecha de adobe. 5

▲ **En la Casa Magoffin** se combinan materiales locales (adobe) con adornos de madera al estilo victoriano.

Interactive TUTOR

Visit Holt Online
go.hrw.com
KEYWORD: EXP2 CH9
Photo Tour

Las celebraciones

▲ **El Festival de Drama Siglo de Oro** celebra la época dorada del teatro español con compañías de teatro de todo el mundo.

▲ **¡Viva! El Paso** es un espectáculo teatral que se realiza en un anfiteatro en el Cañón McKelligon y que se dedica a la historia de El Paso. 6

¿Sabías que...?

El ladrillo de adobe fue introducido al suroeste por los españoles. Los moros habían traído esta técnica del Medio Oriente a España. Investiga cuáles son las características del adobe.

► **El Amigo Airsho** llega a El Paso en octubre. Es un espectáculo de acrobacias aéreas y una exhibición de aviones de la Fuerza Aérea estadounidense.

La economía

► **El comercio con México** Cada año casi un millón de camiones comerciales cruzan los puentes de Ciudad Juárez, México, a El Paso. 4

▼ **Productos agrícolas** Chiles, nueces y algodón son industrias importantes en el condado de El Paso.

Conexión Ciencias sociales

Fort Bliss, una base militar, es la mayor empresa de El Paso. Emplea a casi 7.000 civiles y contribuye 1,2 mil millones de dólares cada año a la economía de la ciudad. ¿Conoces otras ciudades de Estados Unidos que aprovechan la presencia militar? ¿Cuáles son, y cómo les beneficia? 7

Capítulo 9

A nuestro alrededor

OBJETIVOS

In this chapter you will learn to
- talk about a place and its climate
- tell a story
- talk about what you and others will do
- wonder out loud

And you will use
- comparatives with quantities; adjectives as nouns
- preterite and imperfect to tell a story
- subjunctive mood for hopes and wishes
- subjunctive of stem-changing **-ir** and irregular verbs
- future tense

¿Qué ves en la foto?

- **¿Cómo son estas personas?**
- **¿Qué deporte al aire libre les interesa?**
- **¿Qué deportes al aire libre te gustan?**

Practicando la escalada deportiva en Hueco Tanks, El Paso, Texas

Objetivos
- Talking about a place and its climate
- Telling a story

Vocabulario en acción 1

ExpresaVisión

La naturaleza en El Paso

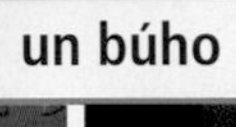

El Paso está en pleno **desierto** donde se pueden ver muchos animales y plantas.

Más vocabulario...

el bosque	*woods, forest*
el buitre	*vulture*
la cueva	*cave*
dar una caminata	*to go for a walk, to hike*
la escalada deportiva	*rock climbing*
el lobo	*wolf*
el oso	*bear*
la piedra	*rock*

También se puede decir...

Some people say **culebra** for **serpiente** and **lechuza** for **búho.** You may also hear either **el lagartijo** or **la lagartija** for **el lagarto.** In Mexico and Central America, a vulture is **un zopilote.**

El **río** Grande pasa por la ciudad.

¿Qué tiempo hace?

la temperatura

Hace... **grados Fahrenheit/ centígrados.**

Está **soleado.**

Está **nevando.** Cae **nieve.**

Está **lloviznando.**

Hay mucha **niebla.**

Hay **una brisa fresca.**

Oí en las noticias que...

hubo un terremoto en México.

hay **un huracán** en el Golfo de México.

pasó **un tornado** por el pueblo.

¿No oíste **los truenos**? Viene **una tormenta**. Ya se ven **los relámpagos**.

¡Exprésate!

To talk about a place and its climate

Interactive TUTOR

¿Adónde fuiste de vacaciones durante el invierno? ¿Estaba húmedo?

Where did you go on vacation during the winter? Was it humid?

Fui a White Sands, un lugar muy árido. ¡Qué clima tan seco!

I went to White Sands, a very arid place. What a dry climate!

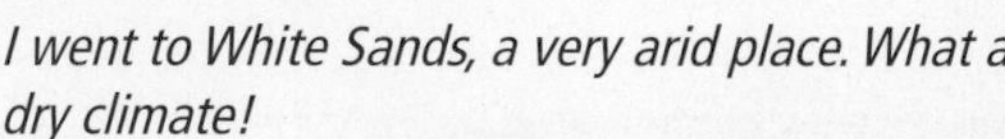

También fui a las montañas de Sacramento. Llovió a cántaros y cayó granizo.

I also went to the Sacramento mountains. It rained cats and dogs and hailed.

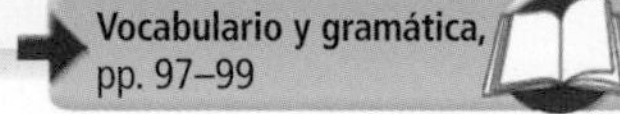

Vocabulario y gramática, pp. 97–99 Online workbooks

▶ Vocabulario adicional—Las condiciones del tiempo, p. R15

Nota cultural

En El Paso es posible ver algo de la vida indígena desde los tiempos prehistóricos hasta el presente. El Museo de Arqueología contiene dioramas y exhibiciones con artefactos de la vida diaria y del arte indígena. Además, el museo está situado en un parque natural que ofrece más de 15 acres de senderos, exposiciones al aire libre y un jardín con más de 200 variedades de plantas regionales.

¿Por qué crees que este tipo de parque es beneficioso?

Cerámica del Museo de Arqueología de El Paso

1 Categorías

Leamos/Hablemos Indica qué palabra no pertenece al grupo y di por qué, usando las categorías del cuadro.

MODELO **cactus • águila • buitre • búho**
El cactus no pertenece porque no es un pájaro.

una planta	un tipo de tiempo	un pájaro
un lugar	una catástrofe natural	un animal

1. cactus • flores • árbol • oso
2. río • granizo • nieve • lluvia
3. coyote • árbol • oso • lobo
4. montaña • río • bosque • caminata
5. huracán • brisa • terremoto • tornado
6. piedra • seco • húmedo • soleado

2 ¿Quieres ir al río?

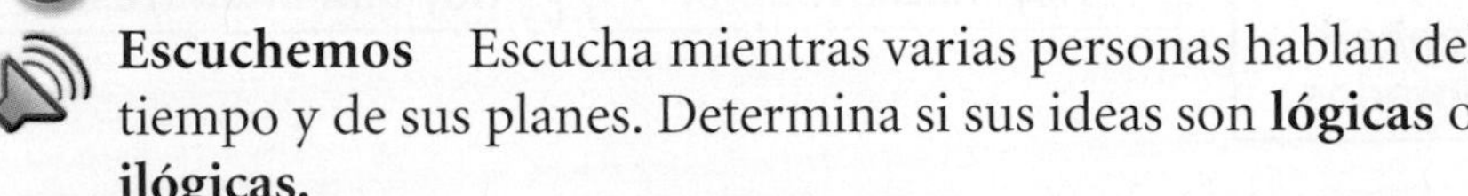

Escuchemos Escucha mientras varias personas hablan del tiempo y de sus planes. Determina si sus ideas son **lógicas** o **ilógicas.**

3 Donde vivo yo...

Leamos/Escribamos Indica si las siguientes oraciones son **ciertas** o **falsas** para ti. Corrige las oraciones falsas.

1. Donde vivo yo, casi nunca hay huracanes.
2. Vivo cerca de unas montañas.
3. Nieva bastante aquí en el invierno.
4. Me molesta cuando está húmedo y hace calor.
5. En el verano, hay muchas tormentas con relámpagos.

4 Descripciones

Escribamos Escribe ocho oraciones sobre los animales y las plantas que hay en cada lugar y el tiempo que hace.

1.

2.

3.

4.

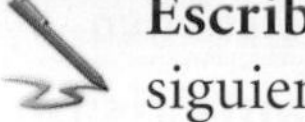

5 ¿Qué tiempo hace?

Escribamos/Hablemos Describe qué tiempo hace en los siguientes lugares.

1. Chile en julio
2. Maine en enero
3. el desierto de Chihuahua
4. Segovia en diciembre
5. un bosque tropical
6. tu ciudad en octubre

¡Exprésate!

To tell a story

(Yo) Estaba en el bosque. Llovía y hacía mucho frío.
I was in the woods. It was raining and very cold.

Daba una caminata. De repente, vi un oso.
I was hiking. Suddenly, I saw a bear.

Me dio mucho miedo. Decidí huir (enfrentarlo, gritar, pedir ayuda).
I got very scared. I decided to run away (confront it, yell, ask for help).

6 Un día en el desierto

Leamos Completa el siguiente párrafo con las palabras del cuadro.

pasaba	decidimos	estaba	hubo	dimos	vimos	hacía

Ayer mis amigos y yo __1__ una caminata por el desierto. __2__ soleado y __3__ calor. De repente, __4__ una tormenta y __5__ un tornado que __6__ cerca. __7__ huir lo más rápido posible.

Comunicación

7 ¿Qué pasó después?

Hablemos Escribe la primera oración de una historia usando las pistas *(clues)*. Luego, dásela a tu compañero(a) para que escriba la segunda oración. Tú escribes la tercera, y así hasta terminar.

Un día yo estaba en *(place)*. Hacía *(weather)*. Yo *(activity in imperfect)*.
De repente vi *(animal)*. Me dio *(emotion)*. Decidí *(action)*.

Vocabulario 1

Objetivos
- Comparing quantities; adjectives as nouns
- Preterite and imperfect to tell a story

GramaVisión

Comparing quantities; adjectives as nouns

1 You can compare how often things happen or how often people do things with **más que, menos que,** and **tanto como.**

En el invierno nieva **más que** en el otoño.
En el desierto llueve **menos que** en la costa.
No viajo **tanto como** mis hermanos.

2 Use the expressions **más...que, menos...que,** and **tanto(a/os/as)... como** with nouns to compare quantities.

Hay **más** huracanes en el verano **que** en el invierno.
En general, vas a ver **menos** águilas **que** buitres.
Vinieron **tantos** turistas a la playa este año **como** el año pasado.

3 To avoid repetition, leave out the noun and use **más, menos, tanto, tantos, tanta,** and **tantas.**

stands for

—No veo **serpientes** en el jardín.
—Aquí no hay **tantas** como en el campo.

Vocabulario y gramática, pp. 100–102
Actividades, pp. 81–83

¿Te acuerdas?

Tanto changes to match the gender and number of the items being compared.

tanto calor tantos tornados
tanta agua tantas piedras

8 Contrastes

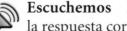

Escuchemos Escucha las siguientes oraciones y escoge la respuesta correcta.

1. **a.** Vieron menos osos el año pasado.
   b. Vieron menos osos este año.
2. **a.** La serpiente comió más hoy que ayer.
   b. La serpiente comió más ayer que hoy.
3. **a.** Las águilas volaron *(flew)* tanto como los buitres.
   b. Las águilas volaron *(flew)* menos que los buitres.
4. **a.** Había más niebla cerca del lago.
   b. Había tanta niebla cerca del lago como por el río.
5. **a.** Hubo menos turistas en las playas de Yucatán, México.
   b. Hubo menos turistas en las playas de Texas.

Visit Holt Online
go.hrw.com
KEYWORD: EXP2 CH9
Gramática 1 practice

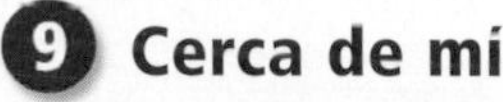

9 Cerca de mí

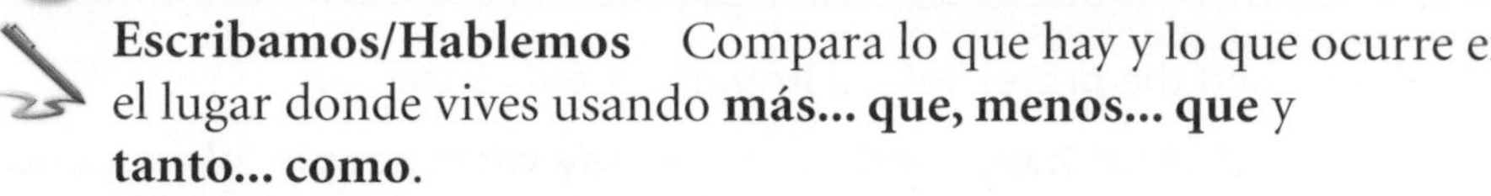

Escribamos/Hablemos Compara lo que hay y lo que ocurre en el lugar donde vives usando **más... que, menos... que** y **tanto... como.**

MODELO **en mi ciudad (pueblo)/haber árboles/cactus**
En mi pueblo hay menos árboles que cactus.

1. en mi barrio/haber casas/apartamentos
2. en el verano/haber turistas/en el invierno
3. en el otoño/hacer sol/en la primavera
4. cerca de mi ciudad (pueblo)/haber búhos/lobos
5. en el jardín/ver lagartos/serpientes
6. en el invierno/caer granizo/nieve

10 El almanaque

Escribamos Mira el almanaque meteorológico de El Paso y de Houston y escribe cinco oraciones comparando los dos lugares.

¿Se te olvidó? Comparisons with verbs, p. 294

MODELO **Llueve más en Houston que en El Paso.**

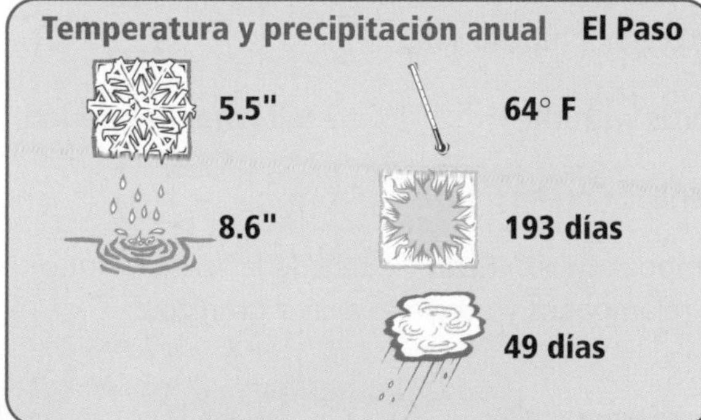

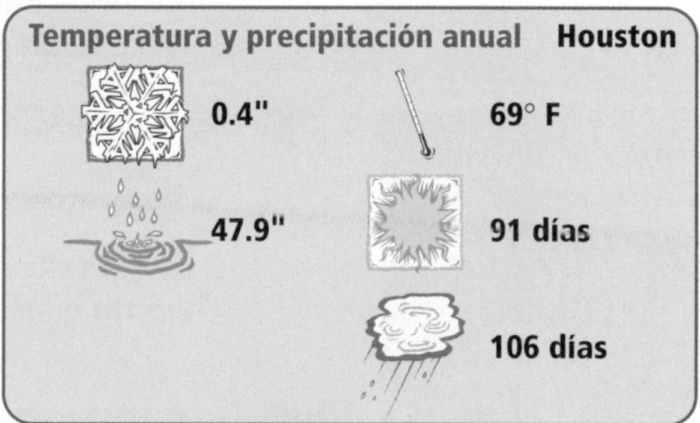

Comunicación

11 ¿Adónde vamos?

Hablemos/Escribamos Con dos compañeros(as), decidan si prefieren ir al desierto, al bosque o a la costa para un proyecto de biología. Escriban las ventajas y las desventajas de cada lugar. Incluyan comparaciones de lo que hay y del clima.

el desierto
Hace más calor que en el bosque o en la costa.

el bosque
No hay bosque cerca de aquí.

la costa
Está un poco más lejos que el desierto.

Gramática 1

Using the preterite and imperfect to begin a story

1 You have used the **preterite** and **imperfect** tenses to:

- **talk about what happened on a specific occasion**
- **talk about a sequence of events**
- **talk about a change or a reaction to something**
- **talk about an event that began or ended** while something else was going on
- **say what people, places, and things were generally like**
- **set the scene**
- **explain the circumstances surrounding an event**
- **say what was going on** when something else happened

2 When telling a story in the past, use both the **preterite** and the **imperfect**. Use the **imperfect** to tell what people and things were like, to give background information, and to set the scene. Use the **preterite** to tell what happened. To begin a story use these words:

Érase una vez...	*Once upon a time . . .*
Había una vez...	*There once was . . .*
Hace unos (muchos, cinco...) años	*A few (many, five . . .) years ago*

Hace unos años yo **iba** al desierto los fines de semana a explorar. Casi siempre **hacía** mucho calor y mucho sol...

3 Use the following words with the **preterite** to tell what happened.

de repente *suddenly*	**en seguida** *right away*	**un día** *one day*

...pero **un día** el tiempo **cambió**. **Eran** las tres de la tarde cuando **de repente vi** muchos relámpagos y **empezó** a caer granizo...

Vocabulario y gramática, pp. 100–102
Actividades, pp. 81–83

¡Viva! El Paso, un espectáculo que celebra la rica herencia cultural de El Paso

12 Había una vez

Leamos Lee las oraciones de *Jack and the Beanstalk* y escoge la forma correcta de los verbos entre paréntesis.

¿Se te olvidó? The imperfect tense, pp. 210, 212

1. Hace mucho tiempo, (vivía/vivió) un muchacho llamado Jack con su madre.
2. Jack (fue/era) un chico simpático.
3. Le (gustaba/gustó) ayudar a su madre con los quehaceres.
4. Pero ellos (eran/fueron) muy pobres, y cada día (hubo/había) menos comida en casa.
5. Sólo (tenían/tuvieron) una vaca *(cow)*.
6. Todos los días Jack (iba/fue) al pueblo a vender la leche de la vaca.
7. Un día, algo terrible (pasaba/pasó): la vaca (se enfermaba/se enfermó).

13 La Caperucita Roja *(Little Red Riding Hood)*

Leamos/Escribamos Lee la historia de la Caperucita Roja y escoge la forma correcta de los verbos entre paréntesis.

Había una vez una niña que __1__ (fue/era) inteligente y simpática y que vivía en el bosque. Se __2__ (llamó/llamaba) Caperucita Roja porque siempre __3__ (llevó/llevaba) una caperucita roja. Un día ella __4__ (decidió/decidía) dar una caminata porque __5__ (quiso/quería) visitar a su abuela que __6__ (vivió/vivía) lejos. Cuando Caperucita __7__ (salió/salía) de su casa __8__ (hizo/hacía) buen tiempo. __9__ (Caminó/Caminaba) tranquilamente cuando __10__ (vio/veía) a un lobo grande que __11__ (tuvo/tenía) mucha hambre. Él le __12__ (preguntó/preguntaba) adónde __13__ (fue/iba) y ella le __14__ (dijo/decía) que...

14 De vacaciones

Escribamos Completa las oraciones con el imperfecto o el pretérito según el contexto.

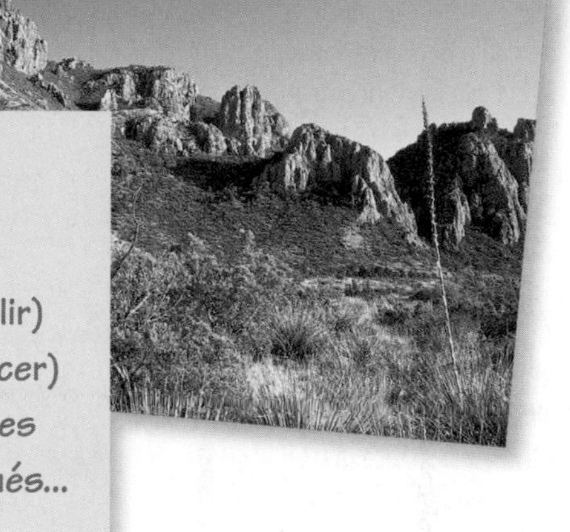

Hola,

Llegamos a las montañas ayer. Cuando llegamos, __1__ (hacer) frío y __2__ (ser) casi las once de la noche. Esta mañana, (yo) __3__ (levantarse) temprano y __4__ (salir) del hotel para dar una caminata en el bosque. __5__ (Hacer) fresco y __6__ (haber) muchos árboles, plantas y animales por todas partes. (Yo) __7__ (ver) un oso en el río. Después...

Comunicación

15 ¿Qué pasó en el desierto?

Hablemos Con tu compañero(a), cuenta una historia basada en los dibujos. Usen el pretérito y el imperfecto.

Gramática 1

Preterite and imperfect to continue and end a story

1 Remember that the **imperfect** tells what people *used to do,* what people, things or situations *were like,* how things *used to be,* and what *was going on* when something else happened. The **preterite** tells what *happened* or what *changed.*

2 Use these phrases to continue your story:

fue cuando	*that was when*
entonces	*so, then*
luego	*then, later, next*
después	*after, afterward*

3 Use these phrases to end your story:

por fin	*finally*
al final	*in the end*
vivieron felices para siempre	*they lived happily ever after*
así fue que	*so that's how*

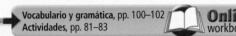

Nota cultural

El Pueblo de Ysleta del Sur en El Paso fue fundado en 1681–1682 por los Tiguas, un grupo indígena, y misioneros españoles. La misión de Nuestra Señora del Carmen, una de las más antiguas, se caracteriza por edificios de adobe. Los Tiguas mantienen allí un museo y un centro de artesanías. Se dice que en Ysleta está el terreno con cultivos continuos más antiguo de Estados Unidos, que se empezó a cultivar en 1681 con maíz, uvas y algodón.

¿Qué edificios históricos hay en tu comunidad?

Misión Ysleta del Sur, El Paso

16 Ricitos de Oro y los tres osos
(Goldilocks and the Three Bears)

Leamos Lee las oraciones del cuento *Ricitos de Oro y los tres osos* y ponlas en orden.

1. Un día el osito dijo, «¡Esto está demasiado caliente!»
2. Luego llegó una niña con hambre que se llamaba Ricitos de Oro.
3. Érase una vez unos osos que vivían en una casa en el bosque.
4. Cuando los osos regresaron a su casa, Ricitos estaba dormida.
5. Ricitos de Oro nunca volvió y los tres osos vivieron felices para siempre.
6. Todos los días, los osos desayunaban avena *(oatmeal).*
7. Por eso salieron a caminar y dejaron el desayuno en la mesa.
8. Ella vio la avena por la ventana y decidió entrar a comerla.
9. De repente Ricitos de Oro despertó, gritó y corrió de la casita.

17 Érase una vez

Escuchemos Escucha las oraciones y decide si cada oración **a)** empieza, **b)** continúa o **c)** termina un cuento.

18 La historia de Cenicienta *(Cinderella)*

Leamos Completa esta parte de la historia de Cenicienta con el pretérito o el imperfecto del verbo entre paréntesis.

Cenicienta ___1___ (estar) en el jardín y ___2___ (llorar) porque quería ir al baile. De repente, ___3___ (llegar) su hada madrina *(fairy godmother)* y le ___4___ (decir), «No llores, te voy a dar un vestido y unos zapatos de cristal». Cenicienta ___5___ (ponerse) el vestido y ___6___ (verse) muy bonita. Cuando Cenicienta llegó al castillo, ___7___ (haber) muchas personas. El príncipe, quien ___8___ (ser) muy guapo, la ___9___ (ver) entrar y la ___10___ (invitar) a bailar. Los dos ___11___ (bailar) por horas. De repente, Cenicienta ___12___ (irse) corriendo y perdió un zapato que el príncipe ___13___ (encontrar). Al día siguiente el príncipe ___14___ (llegar) a la casa y Cenicienta ___15___ (probarse) el zapato. Cenicienta y el príncipe ___16___ (vivir) felices para siempre.

19 De repente...

Escribamos Utiliza los dibujos para continuar y terminar el cuento. Escribe por lo menos seis oraciones.

Era una noche fría de marzo. Gustavo leía en su casita cuando...

a.

b.

c.

Comunicación

20 Y luego...

Hablemos/Escribamos Con un(a) compañero(a), continúa y termina la historia que empezaste en la Actividad 15.

fue cuando	así fue que	entonces	de repente
después	al final	por fin	en seguida

Gramática 1

Cultura

VideoCultura

Comparaciones

Una tormenta sobre el parque de Hueco Tanks, cerca de El Paso

¿Cómo son el clima y la geografía de tu país?

El clima y la geografía de una región afectan la manera en que la gente vive. Por ejemplo, las personas que viven cerca de la playa, por donde pasan muchos huracanes, construyen casas elevadas para protegerse de las inundaciones. Si se vive en una zona de clima extremo, hay que tomar precauciones para no ser víctima del tiempo. ¿Cómo es el clima dónde vives? ¿Qué precauciones tomas en época de tormentas? ¿Cómo crees que la geografía de otras regiones afecta la vida de la gente que vive allí?

Alejandra
El Paso, Texas

¿Me puedes describir el paisaje y la naturaleza de El Paso?

Bueno, el paisaje de El Paso es un área desértica. Tenemos muchos lugares que pueden ser muy rocosos, y tenemos muchos arbustos, que son llamados ávilas, y tenemos árboles que son magueyes. Tenemos cactus y tenemos algunas palmeras.

¿Qué animales habitan la región?

Bueno, en esta región habita el correcaminos, que es un pájaro que corre muy rápido, y la liebre, que es un tipo de conejo. Tenemos también algunas iguanas, y tenemos aves que se han acostumbrado al clima desértico de la región.

Y ¿cómo es el clima aquí?

El clima es caluroso, pero no es tan estable debido a que es desértico. Ya que tenemos el río Bravo, puede variar mucho, entonces puede ser algunas veces un día muy caluroso y cambiar completamente al otro día, y tener un día muy ventoso.

¿Aquí hay terremotos, tornados o huracanes?

No, en esta región no tenemos [ese tipo de] desastre natural.

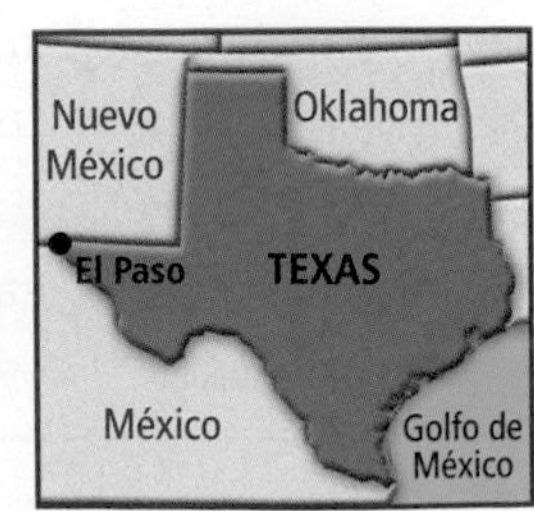

Visit Holt Online
go.hrw.com
KEYWORD: EXP2 CH9
Online Edition

Cultura

Eric
Santiago, Chile

¿Me puedes describir la naturaleza y el paisaje de Chile?

La naturaleza y el paisaje de Chile, te lo puedo describir en tres etapas: una es la zona norte, la zona centro y la zona sur. La zona norte es lo más seco que hay acá en Chile. El desierto es una zona árida y desértica; no hay vegetación. La zona centro es donde se concentra la mayor parte de la población, por ejemplo, Santiago. También está la zona sur, donde sí hay vegetación. También tenemos muchos ríos, lagos, volcanes y eso.

¿Cómo es el clima aquí?

Yo creo que es un clima normal. Por ejemplo, no varía mucho de acuerdo a las estaciones. En el verano hace mucho calor, en el invierno, frío, lluvia.

¿Aquí hay terremotos, tornados o huracanes?

Terremotos sí.

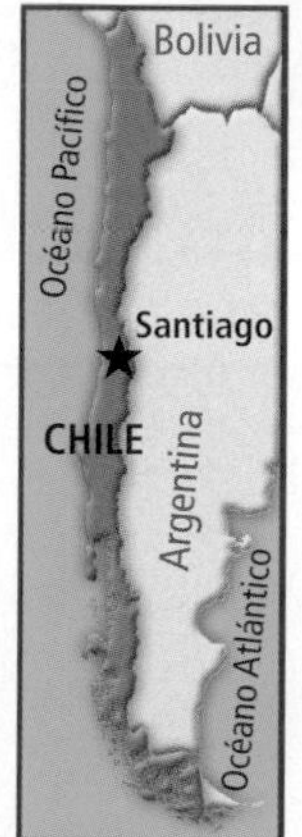

Para comprender

1. ¿Cuáles son dos tipos de árboles que hay en El Paso?
2. ¿Cuáles son dos animales que habitan la región de El Paso?
3. ¿Qué zona de Chile es la más seca?
4. ¿Qué desastre natural tienen en Chile?
5. Entre Chile y El Paso, ¿cuál tiene el clima más parecido al clima donde vives? Da dos semejanzas y dos diferencias.

Para pensar y hablar

¿Cómo influyen el paisaje y la naturaleza de un área en la decisión de establecer allí una comunidad o ciudad? Enumera dos ventajas y dos desventajas de vivir en una zona desértica y rocosa como El Paso. Luego, enumera dos ventajas y dos desventajas de vivir en la zona central de Chile, según cómo la describe Eric.

Comunidad y oficio

El español y las ciencias

Los fenómenos naturales no reconocen las fronteras políticas. Por eso, muchos científicos trabajan con gobiernos y organizaciones internacionales para pronosticar cambios en el clima y conservar los animales y las plantas de una región. Por lo tanto, estos científicos necesitan saber otros idiomas. Habla con algún científico de tu comunidad o busca información en Internet sobre organizaciones que se dedican a los estudios científicos. ¿Con qué países colaboran y qué idiomas usan estas personas y organizaciones?

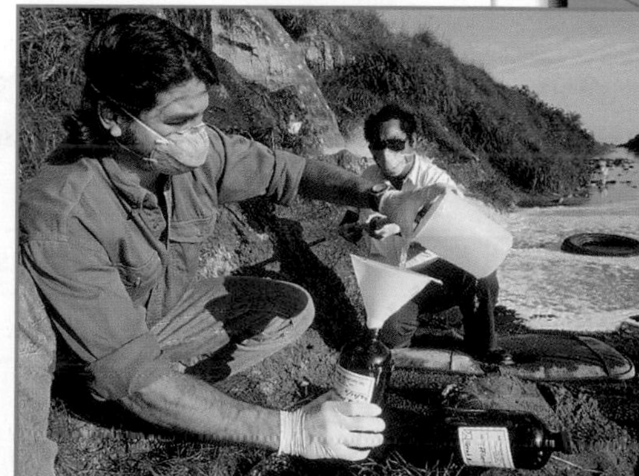

Científicos examinando el agua cerca de Brownsville, Texas

Objetivos
- Talking about what you and others will do
- Wondering out loud

Vocabulario en acción 2

ExpresaVisión

Está soleado. Vamos al lago de Elephant Butte.

Mi padre quiere **pescar**. ¿**Habrá** muchos **peces**?

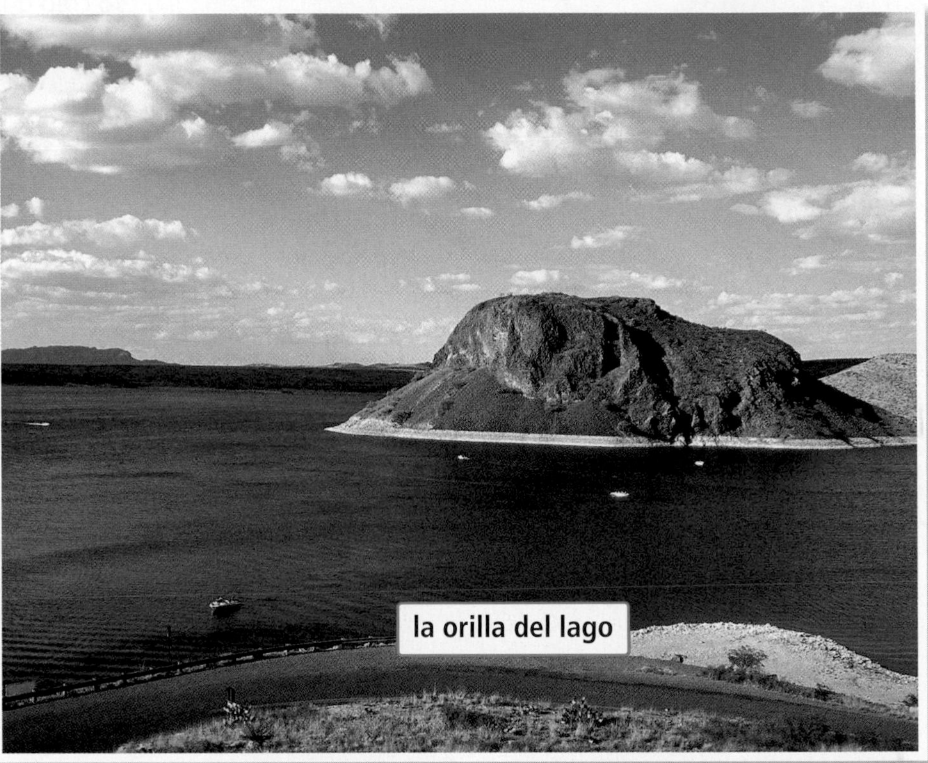

Para hacer camping, necesitaremos llevar...

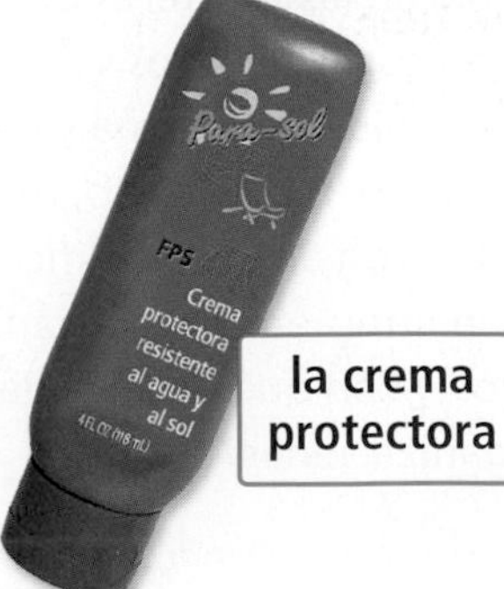

la fogata

También se puede decir...

You might hear **lentes** or **anteojos** for **gafas**, and **la carpa** for **la tienda de campaña**. **Crema protectora** is also called **bloqueador**.

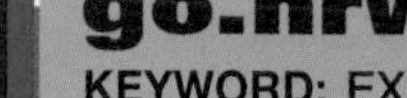

Visit Holt Online
go.hrw.com
KEYWORD: EXP2 CH9
Vocabulario 2 practice

En el lago, espero que podamos...

volar con ala delta

remar

explorar cuevas

tirarnos al agua

hacer windsurf

observar la naturaleza

Más vocabulario...

En la costa	**On the coast**
la arena	*sand*
la ballena	*whale*
bucear	*to scuba dive*
el caracol	*seashell*
hacer ecoturismo	*to go on an ecotour*
la marea (baja)	*(low) tide*
las olas	*waves*
el tiburón	*shark*

¡Exprésate!

To talk about what you and others will do

Interactive TUTOR

¿Qué vas a hacer si hace buen tiempo? *What are you going to do if the weather is good?*	**Voy a bañarme en el mar.** *I'm going to swim in the sea.*
¿Adónde irás este verano? *Where will you go this summer?*	**Iré a una isla tropical o al desierto.** *I'll go to a tropical island or to the desert.*
¿Qué harán ustedes en la playa? *What will you all do at the beach?*	**Jugaremos con el balón de playa.** *We'll play with the beach ball.*

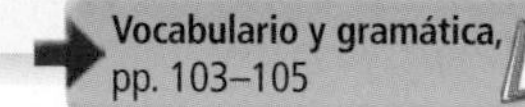

Vocabulario y gramática, pp. 103–105

Online workbooks

▶ Vocabulario adicional—Animales, p. R15

Vocabulario 2

21 En el mar

Leamos Completa las siguientes oraciones con la respuesta correcta.

1. ____, el animal más grande del planeta, vive en el océano.
   a. El búho **b.** La ballena **c.** El pez
2. Cuando ____ sube, hay menos playa.
   a. la arena **b.** la costa **c.** la marea
3. Para ____ se necesita mucha brisa.
   a. bucear **b.** explorar cuevas **c.** hacer windsurf
4. En algunas ____ hay muchos animales pequeños.
   a. cuevas **b.** caracoles **c.** pájaros
5. Si no quieres quemarte con el sol, debes ponerte ____.
   a. gafas de sol **b.** crema protectora **c.** a nadar
6. Hacemos ecoturismo para observar ____.
   a. la naturaleza **b.** los turistas **c.** los binóculos

22 En la naturaleza...

Escribamos/Hablemos Indica adónde van y qué van a hacer estas personas en sus excursiones.

MODELO **Voy a la costa a hacer windsurf.**

yo

1. Álvaro

2. nosotros(as)

3. ellas

4. Elena

5. ustedes

6. José

7. ustedes

8. tú

¡Exprésate!

To wonder out loud

¿Cómo será el clima en la costa? ¿Hará mucho viento? ¿Habrá olas grandes?
I wonder what the weather is like at the coast. Will it be very windy? Will there be big waves?

Ya encontré mi sombrero. ¿Dónde estarán mis gafas de sol?
I've already found my hat. Where could my sunglasses be?

Mañana voy a Arizona. Espero que el viaje sea divertido.
Tomorrow I'm going to Arizona. I hope the trip is fun.

23 ¿Cómo será...?

Escuchemos Para cada pregunta, escoge la mejor respuesta.

a) Estará seco y hará bastante calor.
b) Espero que no sea un huracán.
c) Espero que la isla sea bonita.
d) Habrá muchos peces.
e) Estará en la playa.

24 ¿Cómo será el viaje?

Escribamos Para cada oración, escribe una oración nueva utilizando **será, hará** o **habrá** para imaginar cómo será el viaje.

MODELO **Vas a la playa en julio.**
Hará mucho sol.

1. Vas a tomar clases de windsurf.
2. Vas a España con tu mejor amigo.
3. Vas a explorar el Amazonas.
4. Vas a hacer ecoturismo en Alaska.
5. Vas a las montañas de Colorado.

Comunicación

25 Las vacaciones

Hablemos Basándote en las fotos, pregúntale a tu compañero(a) adónde va a ir de vacaciones, cómo estará el clima y qué va a hacer.

1.

2.

3.

4.

GramaVisión

Objetivos
- Subjunctive for hopes and wishes
- Subjunctive of stem-changing -ir and irregular verbs
- Future tense

Subjunctive mood for hopes and wishes

1 You've used verb **tenses** (past, present, future) and also the imperative and indicative **moods.** The imperative is used in commands. The indicative is used to report facts or things you consider certain. The **subjunctive mood** is used to talk about things you *hope* or *wish for.*

2 You've used **que** to join two sentences with different subjects and verbs in the **indicative**.

what Luis says

Luis **dice** que esta playa **es** bonita.

3 When one sentence is joined to another sentence that expresses a hope or wish, the verb after **que** is in the **subjunctive**. Three verbs that express hopes and wishes are **querer, esperar,** and **preferir**.

what Luis hopes

Luis **espera** que esta playa **sea** bonita.
Luis hopes that this beach is (will be) nice.

4 To form the **present subjunctive**, add the following **endings** to the stem of the present indicative **yo** form. Verbs with **yo** forms ending in **-go** or **-zco** also form the subjunctive this way.

	comprø (-ar)	conozcø (-er)	salgø (-ir)
yo	compr**e**	conozc**a**	salg**a**
tú	compr**es**	conozc**as**	salg**as**
Ud., él, ella	compr**e**	conozc**a**	salg**a**
nosotros	compr**emos**	conozc**amos**	salg**amos**
vosotros	compr**éis**	conozc**áis**	salg**áis**
Uds., ellos, ellas	compr**en**	conozc**an**	salg**an**

5 **Ir** and **ser** are irregular in the **subjunctive**. Stem-changing **-ar** and **-er** verbs have the same stem changes in their present subjunctive forms.

ir	
vaya	**vayamos**
vayas	**vayáis**
vaya	**vayan**

ser	
sea	**seamos**
seas	**seáis**
sea	**sean**

volver (ue)	
vuelva	volv**amos**
vuelvas	volv**áis**
vuelva	**vuelvan**

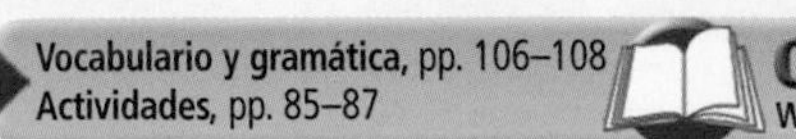

Vocabulario y gramática, pp. 106–108
Actividades, pp. 85–87

¿Te acuerdas?

An **infinitive** can be used after **querer** and **preferir** to say what someone *wants to do* or *would rather do.*

(Yo) Quiero comprar gafas de sol.

(Él) Prefiere bucear en el mar.

Visit Holt Online
go.hrw.com
KEYWORD: EXP2 CH9
Gramática 2 practice

26 Quiero visitar el desierto

Leamos/Hablemos Lee las siguientes oraciones e indica si cada una **a)** usa o **b)** no usa el subjuntivo y explica por qué sí o no.

1. Espero ir a la playa este fin de semana.
2. ¿Quieres ir conmigo?
3. Quiero que mi vuelo salga a tiempo.
4. Mis padres quieren que visitemos las misiones.
5. Dicen que las misiones son muy interesantes.
6. Me dijo que tus amigos son simpáticos.
7. Mis amigos esperan que haga buen tiempo mañana.

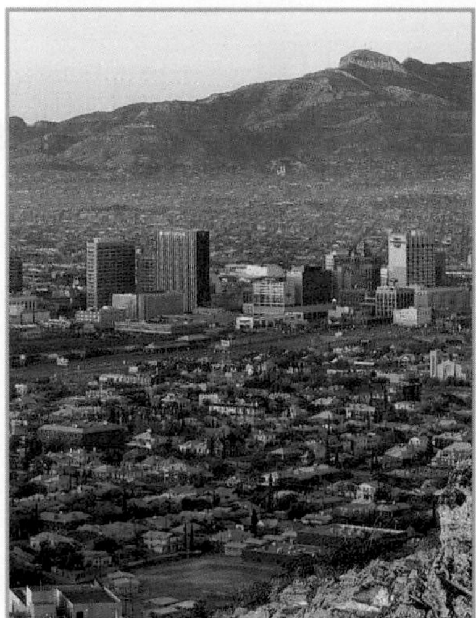

Vista panorámica de El Paso y Ciudad Juárez desde las montañas Franklin

27 De vacaciones en la playa

Escribamos/Hablemos Estás de vacaciones con tu familia. Usa el subjuntivo para hablar de lo que quieres o no quieres que tu familia haga.

MODELO **(No) Quiero que nosotros (comprar muchos recuerdos/bucear en el lago)**
No quiero que compremos muchos recuerdos.
Quiero que buceemos en el lago.

1. Prefiero que nosotros (no) (bañarse en el mar/hacer ecoturismo)
2. (No) Quiero que nosotros (ir a explorar cuevas/ver muchos peces)
3. Espero que nosotros (no) (salir con mis primos/hacer camping)
4. Prefiero que nosotros (no) (irnos a casa/volver el próximo año)
5. Espero que nosotros (no) (recorrer toda la isla/pasear en lancha)

Comunicación

28 ¿Qué quieren hacer?

Hablemos Tu compañero(a) y tú tienen que planear lo que van a hacer en el Parque Nacional Big Bend. Mira el dibujo y escribe cinco oraciones sobre qué quieres que ustedes hagan en el parque. Usa el subjuntivo. Luego comparen sus listas.

Subjunctive of stem-changing -ir and irregular verbs

En inglés

In English, in sentences with two subjects, the second verb is often *an infinitive.*

I **want** you **to buy** me those sunglasses.

In English, you use *that* + subjunctive in formal situations. The subjunctive in English for all verbs is the same as the infinitive, without the word *to.* Which of these verbs are in the subjunctive?

I prefer that he arrive early and that he be prepared.

In Spanish, the second verb *must be conjugated* if its **subject** is different from the **subject of the main verb.**

(Yo) Quiero que (tú) vayas.

1 Always use the **subjunctive mood** after **ojalá que** *(I hope, I wish).*

Ojalá que (nosotros) **volvamos** algún día.
I hope we come back some day.

2 The subjunctive forms of stem-changing **-ir** verbs have the following **stem changes**. The endings are regular.

	dormir (o → ue, u)	sentirse (e → ie, i)		pedir (e → i, i)
yo	d**ue**rma	me	s**ie**nta	p**i**da
tú	d**ue**rmas	te	s**ie**ntas	p**i**das
Ud., él, ella	d**ue**rma	se	s**ie**nta	p**i**da
nosotros(as)	d**u**rmamos	nos	s**i**ntamos	p**i**damos
vosotros(as)	d**u**rmáis	os	s**i**ntáis	p**i**dáis
Uds., ellos, ellas	d**ue**rman	se	s**ie**ntan	p**i**dan

3 To form the **present subjunctive** of the verbs listed below, add the following **endings** to the **stem**. The verbs **estar** and **dar** have irregular endings. The subjunctive of **hay** is **haya**.

	estar	dar	saber
yo	**esté**	**dé**	**sepa**
tú	**estés**	**des**	**sepas**
Ud., él, ella	**esté**	**dé**	**sepa**
nosotros(as)	**estemos**	**demos**	**sepamos**
vosotros(as)	**estéis**	**deis**	**sepáis**
Uds., ellos, ellas	**estén**	**den**	**sepan**

Vocabulario y gramática, pp. 106–108
Actividades, pp. 85–87
Online workbooks

29 Vamos a la playa mañana

Leamos Lee el párrafo y completa las oraciones.

Ojalá que no __1__ (llover/llueva). Espero que __2__ (hace/haga) mucho calor porque quiero __3__ (bañarme/me bañe) en el mar. Mi padre no quiere que nosotros __4__ (dormir/durmamos) hasta muy tarde porque prefiere salir temprano. Ojalá que mi hermano no __5__ (esté/está) muy cansado porque quiero que él __6__ (dé/da) una caminata conmigo. Mis padres quieren que nosotros __7__ (pasar/pasemos) mucho tiempo juntos pero yo prefiero __8__ (invitar/invite) a mis amigos.

Dime, ¿qué quieren?

Escribamos Combina las palabras para describir lo que todos quieren que hagan los demás. Usa el subjuntivo de los verbos de la tercera columna y un sujeto diferente para cada verbo.

MODELO **Prefiero que mis amigos vayan a la playa conmigo.**

1	2	3
(No) Quiero que	yo	ir a la playa conmigo
Prefiero que	mis hermanos	estar muy cansados
Mis padres quieren que	mis amigos	saber cómo llegar a la playa
Ojalá que	mis padres	traer refrescos
Mis hermanos esperan que		ponerse...

La próxima vez

Escribamos Escribe oraciones sobre lo que quieres que pase la próxima vez que vayas de vacaciones con tu familia.

1. Ojalá que...
2. Espero que mis hermanos...
3. Quiero que mis padres...
4. Prefiero que mi mejor amigo(a)...
5. Espero que el hotel no...
6. Esperamos que...
7. Yo quiero que... pero mis padres quieren que...

Para El Paso, uno de los problemas más graves es la escasez de agua. El gobierno local, mediante varias agencias, intenta controlar el uso del agua en las casas, limitando las horas y los días en que se puede regar los jardines y limpiar las calles. Muchas casas tienen jardines con plantas desérticas. Durante las sequías, se imponen restricciones y multas a quienes abusan del consumo de agua potable.

¿Es controlado el consumo del agua en tu comunidad?

Gramática 2

Comunicación

HOLT SoundBooth ONLINE RECORDING

Mis padres quieren... pero yo prefiero...

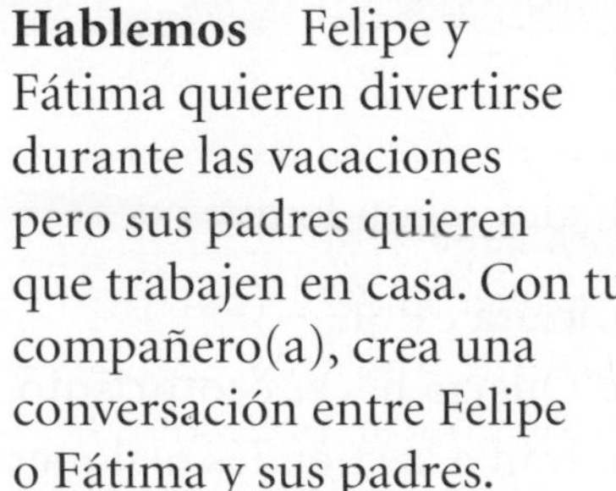

Hablemos Felipe y Fátima quieren divertirse durante las vacaciones pero sus padres quieren que trabajen en casa. Con tu compañero(a), crea una conversación entre Felipe o Fátima y sus padres.

The future tense

1 To say what *will* or *will not happen* in the future, use the **future tense**. Add these future tense endings to the infinitive form of the verb.

	estar	ver	ir
yo	estar**é**	ver**é**	ir**é**
tú	estar**ás**	ver**ás**	ir**ás**
Ud., él, ella	estar**á**	ver**á**	ir**á**
nosotros	estar**emos**	ver**emos**	ir**emos**
vosotros	estar**éis**	ver**éis**	ir**éis**
Uds., ellos, ellas	estar**án**	ver**án**	ir**án**

Nos **veremos** mañana después de desayunar.
We'll see each other tomorrow after eating breakfast.

2 These verbs have an **irregular stem** in the **future tense**. To conjugate them, add regular future-tense endings to their stem. The future of **hay** is **habrá** *(there will be)*.

decir:	**dir-**	poner:	**pondr-**	valer:	**valdr-**
hacer:	**har-**	querer:	**querr-**	venir:	**vendr-**
poder:	**podr-**	salir:	**saldr-**	tener:	**tendr-**

En El Paso no **podrás** esquiar. **Tendrás** que ir a Nuevo México.
In El Paso you won't be able to ski. You'll have to go to New Mexico.

3 The **future tense** is also used to say *what is probably true* or *likely to happen.*

Ana **estará** contenta porque está aprendiendo a bucear.
Ana must be happy because she's learning to scuba dive.

Vocabulario y gramática, pp. 106–108
Actividades, pp. 85–87
Online workbooks

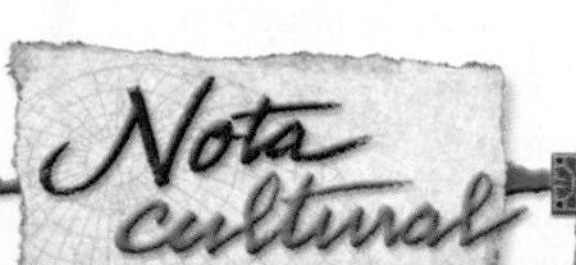

El parque de Hueco Tanks, cerca de El Paso, se abrió al público en 1970. Se le llamó "hueco" *(basin, hole)* por los muchos huecos en las rocas que servían para atrapar agua para los habitantes de la región. Las rocas del parque también muestran dibujos o imágenes de máscaras de varios grupos indígenas. Hoy en día la gente va al parque para escalar o hacer camping.

¿Hay parques históricos en tu comunidad? ¿Qué eventos se conmemoran allí?

Pictografías de máscaras de Hueco Tanks

33 ¿Por qué será?

Escuchemos Escoge la opción lógica según lo que oyes.

1. **a.** Habrá mucha niebla. **b.** Hará calor.
2. **a.** Estará muy enfermo. **b.** Querrá hacer ecoturismo.
3. **a.** Irán a la playa a bañarse. **b.** Irán a las tiendas o al mercado.
4. **a.** Irán a la playa. **b.** Irán a las montañas.
5. **a.** Buscará caracoles. **b.** Explorará cuevas.
6. **a.** Los usará para observar la naturaleza. **b.** Los usará para volar con ala delta.

34 ¿Cómo pasaremos las vacaciones?

Hablemos Combina las palabras de los cuadros para decir lo que harán estas personas durante sus vacaciones.

MODELO Mis padres (no) se levantarán muy tarde.

yo	levantarse muy tarde
mi mejor amigo(a)	salir a bailar cada noche
mis amigos y yo	volar con ala delta
mis padres	hacer ecoturismo
mis hermanos	ir de compras todos los días
mi abuela	ver dibujos animados

¡Viva! El Paso, un espectáculo que celebra la rica herencia cultural de El Paso

35 Tres semanas en el paraíso

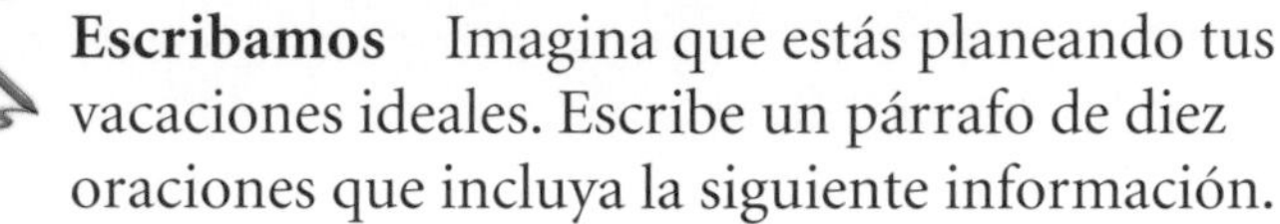

Escribamos Imagina que estás planeando tus vacaciones ideales. Escribe un párrafo de diez oraciones que incluya la siguiente información.

1. adónde irás
2. cómo viajarás
3. cuánto tiempo estarás allí
4. quiénes irán contigo
5. qué harás
6. qué tiempo hará

Comunicación

36 De vacaciones con la familia Pérez

Hablemos La familia Pérez está pensando en las próximas vacaciones. Basándote en los dibujos, di lo que hará cada persona.

Novela en video

El relicario

Episodio 9

ESTRATEGIA

Making deductions Journal entries are very useful because they provide insight into the thoughts of the person writing them. They also provide background information for many situations. Go back to **Episodio 3** and copy every entry from Abuelo Gallegos's diary up to **Episodio 9.** Can you read between the lines and make deductions? Do you think there were clues in Abuelo Gallegos's diary from the beginning about what caused the breakup between the two colleagues and friends? Why do you think that?

En Madrid, España

1 *Victoria sigue leyendo sobre lo que pasó en San José hace muchos años.*

En San José, Costa Rica, 1955

2 Ese día que Graciela aceptó casarse conmigo fue un día muy feliz para mí.

3 Sonia, la hermana de Jorge, vino a ver a Graciela.

4 Todo iba muy bien hasta que llegó Jorge. Cuando le dije que Graciela y yo nos íbamos a casar, nos felicitó, pero él parecía tan frío. Pensé que Graciela sentía del mismo modo, pero nunca me dijo nada al respecto.

5 *Jorge era el amor de mi vida, cuando éramos jóvenes. No sé por qué no me pidió la mano. Siempre esperé una señal de su parte, para saber que me amaba, pero nunca llegó. Decidí casarme con Alberto.*

Visit Holt Online
go.hrw.com
KEYWORD: EXP2 CH9
Online Edition

Novela en video

En La Fortuna, Costa Rica

Jorge Calderón el joven va en busca de Jorge Calderón el ingeniero.

6

7

Jorge Muchacho, ¿usted conoce al ingeniero Calderón?
Joven No, no lo conozco.
Jorge Ésta es la dirección que tengo.
Joven No, no lo conozco.

8

Jorge Señora, ¿usted sabe dónde vive el ingeniero Calderón? Ésta es la dirección que me dieron.
Señora Ah, esto es camino a Tabacón. ¿Por qué no pregunta en el hotel de la esquina? Tal vez ellos lo conocen.

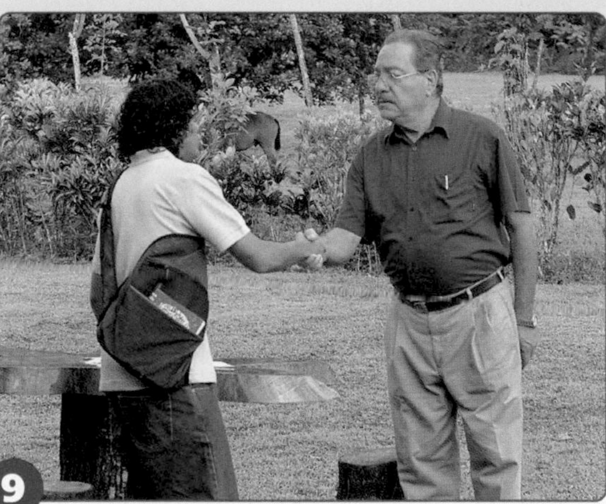

9

Don Jorge Buenas tardes.
Jorge Buenas tardes. ¿Usted es el ingeniero Jorge Calderón?
Don Jorge Para servirle. ¿En qué le puedo ayudar?
Jorge Don Jorge, no me lo va a creer, pero yo también me llamo Jorge Calderón. Tengo algo que enseñarle.

¿COMPRENDES?

1. ¿Quién vino a ver a Graciela? ¿Qué supo cuando llegó?
2. Toda iba bien hasta ¿qué momento?
3. ¿Qué le dijo el arquitecto a Jorge? ¿Cómo reaccionó Jorge?
4. ¿Qué esperó Graciela de Jorge? ¿Por qué decidió casarse con Alberto?
5. Usando la información del diario, ¿qué puedes deducir sobre las relaciones de los personajes?
6. ¿Adónde va Jorge el joven? ¿Para qué?

Próximo episodio:
Por fin todo se aclara.
PÁGINAS 388–389

Leamos y escribamos

ESTRATEGIA

para leer Taking notes at the end of each paragraph or section of a reading will help you understand and remember what you've read. As you read each paragraph, write down the main idea and the most important supporting details. You can then use your notes to summarize what you've read, write a report, or prepare for a test.

Antes de leer

A Lee el primer párrafo del texto. Usa la estrategia para escribir una oración que resuma lo que leíste. Basándote en el párrafo, ¿de qué crees que va a tratar la lectura?

DE "LA CIUDAD DE LAS BESTIAS"

ISABEL ALLENDE

Kate y Alexander Cold iban en un avión comercial sobrevolando el norte de Brasil. Durante horas y horas habían visto[1] desde el aire una interminable extensión de bosque, todo del mismo verde intenso, atravesada[2] por ríos que se deslizaban[3] como luminosas serpientes. El más formidable de todos era color café con leche.

El río Amazonas es el más ancho y largo de la tierra, cinco veces más que ningún otro. Sólo los astronautas de viaje a la luna han podido verlo entero desde la distancia, leyó Alex en la guía turística que le había comprado[4] su abuela en Río de Janeiro. No decía que esa inmensa región, último paraíso del planeta, era destruida[5] sistemáticamente por la codicia de empresarios[6] y aventureros, como había aprendido él en la escuela. Estaban construyendo una carretera, un tajo abierto en plena[7] selva, por donde llegaban en masa los colonos[8] y salían por toneladas las maderas y los minerales.

---

1 had seen 2 crossed 3 slithered 4 had bought 5 was destroyed
6 greed of businessmen 7 open gash in the middle of the 8 settlers

Kate le informó a su nieto que subirían[1] por el río Negro hasta el Alto Orinoco, un triángulo casi inexplorado donde se concentraba la mayor parte de las tribus. De allí se suponía que provenía la Bestia[2].

—En este libro dice que esos indios viven como en la Edad de Piedra. Todavía no han inventado la rueda[3]—comentó Alex.

—No la necesitan. No sirve en ese terreno, no tienen nada que transportar y no van apurados a ninguna parte—replicó Kate Cold, a quien no le gustaba que la interrumpieran[4] cuando estaba escribiendo. Había pasado buena parte del viaje tomando notas en sus cuadernos con una letra diminuta y enmarañada, como huellas de moscas.

—No conocen la escritura[5]—agregó Alex.

—Seguro que tienen buena memoria—dijo Kate.

—No hay manifestaciones de arte entre ellos, sólo se pintan el cuerpo y se decoran con plumas[6]—explicó Alex.

—Les importa poco la posteridad o destacarse entre los demás[7]. La mayoría de nuestros llamados 'artistas' deberían seguir su ejemplo—contestó su abuela.

Iban a Manaos, la ciudad más poblada de la región amazónica, que había prosperado en tiempos del caucho[8], a finales del siglo diecinueve.

—Vas a conocer la selva más misteriosa del mundo, Alexander. Allí hay lugares donde los espíritus se aparecen[9] a plena luz del día—explicó Kate.

—Claro, como el *abominable hombre* de la selva que andamos buscando—sonrió su nieto.

—Lo llaman la Bestia. Tal vez no sea sólo un ejemplar[10], sino varios, una familia o una tribu de Bestias.

—Eres muy crédula[11] para la edad que tienes, Kate—comentó el muchacho, sin poder evitar el tono sarcástico al ver que su abuela creía esas historias.

—Con la edad se adquiere cierta humildad, Alexander. Mientras más años cumplo[12], más ignorante me siento. Sólo los jóvenes tienen explicación para todo. A tu edad se puede ser arrogante y no importa mucho hacer el ridículo—replicó ella secamente...

---

1 would go up **2** it was believed the Beast came from **3** wheel **4** to be interrupted
5 writing **6** feathers **7** to stand out among others **8** rubber **9** appear
10 may not be only one **11** gullible **12** the older I get

Comprensión

B ¿Son ciertas o falsas las siguientes oraciones? Corrige las oraciones falsas.

1. El diálogo de esta lectura toma lugar en la selva del Amazonas.
2. Alex piensa que la región del Amazonas es un paraíso que los hombres están destruyendo.
3. Kate es la abuela de Alex.
4. El río Amazonas es el río más largo de la tierra.
5. El objetivo del viaje de Kate y Alex es aprender más sobre las tribus indígenas.
6. Según Kate los indígenas no tienen ciertos inventos porque no los necesitan.
7. Kate cree que la selva de esta región tiene muchas cosas que no se puede explicar.
8. La Bestia es el nombre de una tribu de indígenas.
9. Alex no cree las historias de Kate sobre la Bestia.
10. Según Kate, las personas jóvenes piensan que lo saben todo.

C Usa los apuntes que tomaste para contestar las siguientes preguntas.

1. ¿Cómo se describen los ríos y la selva en el primer párrafo?
2. ¿Qué productos de la selva quieren explotar los hombres?
3. El libro que lee Alex menciona tres invenciones modernas que los indígenas no conocen. ¿Cuáles son?
4. Según Kate, ¿cuáles son algunas características de los indígenas?
5. ¿Qué opinión tienen Kate y Alex sobre la Bestia?

Después de leer

D Use your notes and answers to Activities B and C to write a brief summary of the story. Share your summary with two classmates. Do you all agree on the main ideas and most important details of the story?

E What characteristics does nature possess in this selection? What opinions does the author express regarding nature and the environment?

F Imagine you are a movie director preparing to shoot the scene described in the story. Create a list of six camera shots for the scene in the order in which they will appear in the film. Next, create a story board, or series of simple sketches, that depict the camera shots. Finally, write the instructions you will give to the actors playing Alex and Kate so that they will better understand their characters and what is happening in this scene.

Taller del escritor

ESTRATEGIA

para escribir When beginning a story, one of the writer's most important tasks is to create the setting. A well-written setting includes vivid, concise details, establishes the tone and mood of a story, and may foreshadow events. For example, a storm can suggest conflict of some sort, while a calm lake on a sunny day may suggest tranquillity and happiness.

Era una noche fresca de octubre...

You are writing about students who travel to the Southwest and meet up with adventure and mystery. Create an engaging setting, at least 10 sentences in length, that establishes your story's tone and foreshadows some of the events. Include one or more of your characters. Then draw or find an illustration that matches the setting.

1 Antes de escribir

Decide what you will describe and how you want to depict the setting. What kind of mood do you want to create? What are your characters doing or thinking? Organize these details to grab the reader's attention.

2 Escribir un borrador

Set the scene, using the imperfect to describe the surroundings and to explain background circumstances. Use the preterite to narrate a sequence of events or talk about a reaction. Use a variety of verbs to set the scene and describe the thoughts, motivations, or actions of your characters: **Por la noche, las rocas de Hueco Tanks parecían ser gigantes grises. No se oía nada. Joaquín no podía ver nada excepto la luz de su vieja linterna. Tenía miedo, pero decidió seguir adelante. Tenía que encontrar a Laura.**

3 Revisar

Trade settings with a classmate, and have your partner read your setting. Does your partner want to know what happens next? Have you left out any important details? Ask your partner to check that you have used the preterite and imperfect correctly, and have included a variety of verbs.

4 Publicar

Draw or find an illustration that matches your setting, and attach your first draft to it. Post your settings up on the wall or hold a storytelling session in which classmates read settings to one another. For each setting, suggest ways to continue the stories, keeping in mind the unique characters, places, tones, and events established.

Prepárate para el examen

Interactive TUTOR

1 En otro papel, copia este cuadro y complétalo, contestando las preguntas según tu experiencia.

	el desierto?	las montañas?
¿Qué tiempo hace en...		
¿Qué animales se ven en...		
¿Qué plantas hay en...		
¿Qué se puede hacer en...		

1 Vocabulario 1
- talking about a place and its climate
- telling a story

pp. 326–329

2 Elena y su familia hicieron camping en las montañas. Completa el párrafo con la forma correcta del pretérito o del imperfecto de los verbos indicados.

Cuando llegamos, __1__ (ser) las 2:00 de la tarde. __2__ (Hacer) mucho sol y __3__ (estar) un poco húmedo. Mi familia y yo __4__ (tener) mucha hambre, así que mis padres __5__ (empezar) a preparar el almuerzo. Mis hermanos __6__ (querer) dar una caminata, pero mi padre les __7__ (decir) que __8__ (ir, nosotros) a comer pronto. De repente la temperatura __9__ (bajar) y __10__ (llegar) una tormenta terrible. __11__ (Llover) a cántaros por tres horas y no __12__ (poder) comer. Me __13__ (dar) mucho miedo oír los truenos y ver los relámpagos. Por fin __14__ (dejar) de llover, pero ya todos __15__ (estar) totalmente mojados *(wet)*.

2 Gramática 1
- comparing quantities; adjectives as nouns
- preterite and imperfect to tell a story

pp. 330–335

3 Basándote en las fotos, di qué harán tus amigos y tú este verano, cómo estará el clima y qué habrá en cada lugar.

3 Vocabulario 2
- talking about what you and others will do
- wondering out loud

pp. 338–341

1. la isla del Padre Sur

2. el Parque Nacional de las Montañas Guadalupe

3. el lago Caddo

Visit Holt Online
go.hrw.com
KEYWORD: EXP2 CH9
Chapter Self-test

4 Completa las oraciones con el subjuntivo o el infinitivo de los verbos indicados.

1. Espero que nosotros ______ (ir) al desierto este invierno.
2. Quiero ______ (ver) águilas y coyotes.
3. Mamá prefiere ______ (pasar) las vacaciones en la playa.
4. Ella quiere que mis hermanas y yo ______ (hacer) windsurf y que ______ (bucear).
5. Papá no quiere que mi hermana menor ______ (tirarse) al agua.
6. Papá quiere ______ (hacer) camping durante las vacaciones.

4 Gramática 2
- subjunctive mood for hopes and wishes
- subjunctive of stem-changing **-ir** and irregular verbs
- the future tense

pp. 342–347

5 Contesta las preguntas.

1. ¿Por qué es importante la misión de Ysleta?
2. ¿Cómo recibió su nombre el parque de Hueco Tanks?
3. En El Paso, ¿qué problema tiene la gente año tras año?

5 Cultura
- **Comparaciones pp. 336–337**
- **Notas culturales pp. 328, 334, 345, 346**
- **Geocultura pp. 320–323**

6 Escucha las oraciones y decide si representan **a)** lo que hicieron estas personas, **b)** lo que harán estas personas o **c)** lo que quieren que pase.

HOLT SoundBooth ONLINE RECORDING

7 Role-play the following conversation with a partner. Partner A and Partner B are classmates comparing their vacations.

Partner A: Ask your partner where he or she went on vacation.

Partner B: Say you went to the mountains. Mention two outdoors activities you did.

Partner A: Ask if your partner saw anything interesting.

Partner B: Tell what happened one day while you were hiking. Ask what your partner did on vacation.

Partner A: Say you went to the coast. Say it was warm and sunny the whole time.

Partner B: Describe the weather in the mountains. Ask what your partner did at the beach.

Partner A: Mention two activities you did. Say this summer you'll go back and learn to scuba dive.

Partner B: Say you hope that you and your family go to the beach this summer also, and end the conversation.

Gramática 1
- comparing quantities; adjectives as nouns **pp. 330–331**
- preterite and imperfect to begin a story **pp. 332–333**
- preterite and imperfect to continue and end a story **pp. 334–335**

Repaso de Gramática 1

Use the expressions **más/menos... que** and **tanto(a/os/as)... como** with nouns to compare quantities. To avoid repetition, leave out the noun and use **más, menos, tanto, tanta, tantos** or **tantas**.

Use the **imperfect** to...	Use the **preterite** to...
say what people, places and things were generally like	say what happened on a specific occasion
set the scene	talk about a sequence of events
explain the circumstances surrounding an event	talk about a change or a reaction to something
say what was going on when something else happened	say what happened when something else was going on

Gramática 2
- subjunctive mood for hopes and wishes **pp. 342–343**
- subjunctive of stem changing **-ir** and irregular verbs **pp. 344–345**
- future tense **pp. 346–347**

Repaso de Gramática 2

Use expressions like **querer que, esperar que, preferir que,** or **ojalá que** to talk about hopes and wishes. When a second sentence is joined to one that expresses a hope or wish, the verb after **que** is in the **subjunctive**.

El entrenador quiere **que** **rememos** los fines de semana.

For forms of the subjunctive, see pages 342 and 344.

To talk about what *will* or *will not happen* in the future, use the **future tense**. The **future tense** is also used to *say what is probably true or likely.*

Hace buen tiempo. **Estará** soleado mañana.

For future tense forms, see page 346.

Letra y sonido (l)

La letra l

Spanish **l** is similar to English *l* when it is pronounced as a light sound, as in the word *lily*. Be careful to avoid the heavier sound of the English *l* at the end of a syllable, as in the word *motel:*
hote**l**, e**l** pape**l**, azu**l**, vo**l**ver, **l**ago

Trabalenguas

La piel del jovial Manuel,
siempre fiel a la ley local,
luce como la miel
de un panal singular.

Dictado

Escribe las oraciones de la grabación.

Repaso de Vocabulario 1

Talking about a place and its climate

el águila (las águilas)	*eagle*
árido(a)	*arid, dry*
el bosque	*forest*
la brisa	*breeze*
el búho	*owl*
el buitre	*vulture*
el cactus	*cactus*
centígrados	*Centigrade*
el clima	*climate, weather*
el coyote	*coyote*
la cueva	*cave*
dar una caminata	*to go for a walk, to hike*
el desierto	*desert*
la escalada deportiva	*rock climbing*
los grados Fahrenheit	*degrees Fahrenheit*
el granizo	*hail*
las hojas	*leaves*
Hubo...	*There was/There were . . .*
húmedo(a)	*humid*
el huracán	*hurricane*
el lagarto	*lizard*
el lobo	*wolf*
llover (ue) (a cántaros)	*to rain (cats and dogs)*
lloviznar	*to drizzle*
la montaña	*mountain*
la naturaleza	*nature*
nevar (ie)	*to snow*
la niebla	*fog*
la nieve	*snow*
las noticias	*news*
el oso	*bear*
el pájaro	*bird*
la piedra	*stone, rock*
el relámpago	*lightning*
el río	*river*
seco(a)	*dry*
la serpiente	*snake*
soleado(a)	*sunny*
la temperatura	*temperature*
el terremoto	*earthquake*
la tormenta	*storm*
el tornado	*tornado*
el trueno	*thunder*

Telling a story

al final	*in the end*
así fue que	*so that's how*
darle miedo	*to scare*
decidir	*to decide*
de repente	*suddenly*
enfrentar	*to confront*
entonces	*so, then*
en seguida	*right away*
Érase una vez...	*Once upon a time . . .*
fue cuando	*that was when*
gritar	*to yell*
Había una vez...	*There once was . . .*
Hace... años	*. . . years ago*
huir	*to flee, to run away*
pedir ayuda	*to ask for help*
vivieron felices para siempre	*they lived happily ever after*

Repaso de Vocabulario 2

Talking about what you and others will do

la arena	*sand*
las ballenas	*whales*
el balón de playa	*beachball*
bañarse en el mar	*to swim in the sea*
los binóculos	*binoculars*
bucear	*to scuba dive*
la caña de pescar	*fishing rod*
el caracol	*seashell*
la costa	*coast*
la crema protectora	*sunblock*
el desierto	*desert*
explorar cuevas	*to explore caves, to go spelunking*
la fogata	*campfire*
las gafas de sol	*sunglasses*
hacer camping	*to go camping*
hacer ecoturismo	*to go on an ecotour*
hacer windsurf	*to windsurf*
la isla tropical	*tropical island*
el lago	*lake*
la linterna	*lantern, flashlight*
el mar	*sea*
la marea (baja)	*(low) tide*
observar la naturaleza	*to nature watch*
ojalá que...	*I hope that . . .*
la orilla del lago (del río)	*lakeshore (riverbank)*
las olas	*waves*
pescar	*to fish*
el pez (los peces)	*(live) fish*
remar	*to row*
el tiburón	*shark*
la tienda de campaña	*tent*
tirarse al agua	*to dive into the water*
volar con ala delta	*to go hang gliding*

Wondering out loud . . . . ***see p. 341***

Repaso cumulativo

Integración

capítulos 1–9

1 Mira las fotos y escucha las descripciones. Escoge la foto que le corresponde a cada descripción.

a.

b.

c.

d.

e.

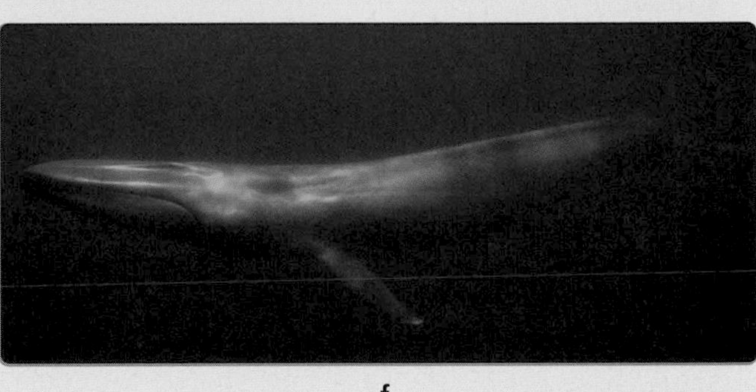

f.

2 Los Suárez quieren hacer una excursión este fin de semana. Basándote en el mapa, completa las oraciones.

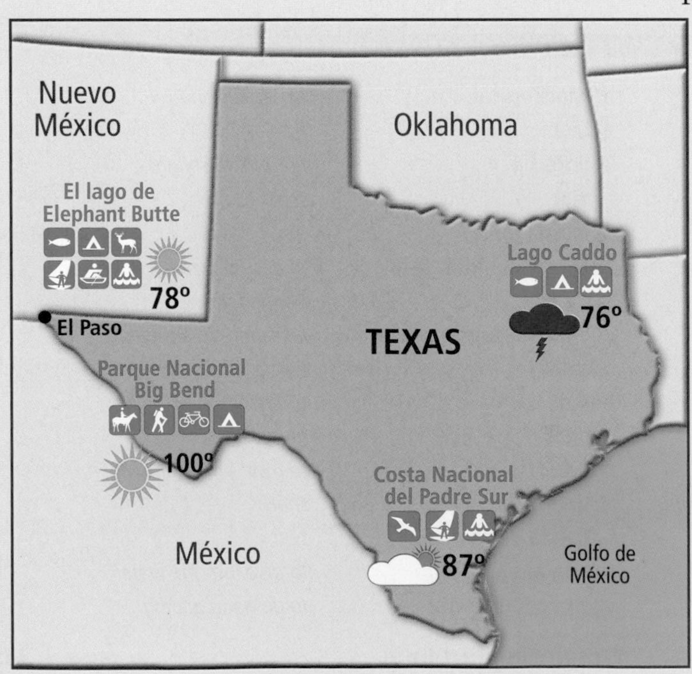

1. A Rosalía le regalaron una tienda de campaña para su cumpleaños. Quiere que la familia ______.
2. A Hugo Suárez le encanta el desierto tanto como el mar. Quiere ir a ______ o ______.
3. Al señor Suárez no le gusta el calor. Espera que la familia ______.
4. Rosalía y Hugo piensan nadar y hacer esquí acuático. Esperan ______.
5. A la señora Suárez le encanta observar la naturaleza. Espera que ______.
6. La familia quiere pasar mucho tiempo al aire libre. No debe ir a ______.

Visit Holt Online
go.hrw.com
KEYWORD: EXP2 CH9
Cumulative Self-test

3 Con un(a) compañero(a), imagina que van a ir de vacaciones a Texas. Escojan un lugar y hagan una lista de las cosas que necesitarán. Digan qué harán en ese lugar. Usen el mapa de la Actividad 2.

4 ¿Quiénes son estas personas y qué hacen? ¿Qué crees que miran? Escribe una historia de ellos. Incluye de qué país venían y adónde iban. Comparte tu historia con tus compañeros.

El Paso antes de su fundación **de José Cisneros (n. 1910)**

5 Eres reportero(a) para un periódico. Escribe un artículo breve sobre un desastre natural que ocurrió recientemente en tu región. Incluye lo que ocurrió y qué quiere la policía que pase en las semanas que vienen.

6 **Situación** The Spanish Club is publishing a newsletter for the Spanish department. The newsletter will include information about school events, classes, sports, teacher and student profiles, and recommendations for outdoor activities. Work with three classmates on one section.

Capítulo 10

GeoVisión

Geocultura
Buenos Aires

▲ **El Río de la Plata,** nombrado por la plata que los españoles esperaban encontrar en Argentina, no es un río sino un estuario donde los ríos Paraná y Uruguay se reúnen con las aguas del océano Atlántico.

▲ **La Avenida 9 de Julio** es la avenida más ancha del mundo. Tiene hasta 13 carriles en cada dirección y mide más de 130 metros de ancho.

◄ **El obelisco** es el símbolo de Buenos Aires. Se construyó en 1936 para celebrar el cuarto centenario de la primera fundación de Buenos Aires en 1536. ❶

Almanaque

Fundación
1536, 1580

Población
13.827.203
(área metropolitana)

Altura
1 metro sobre el nivel del mar

Nota histórica
La ciudad de Buenos Aires fue fundada dos veces. En 1536 el aristócrata español Pedro de Mendoza trató de establecer Puerto Nuestra Señora Santa María del Buen Aire, pero poco después abandonó el establecimiento. En 1580 Juan de Garay fundó la ciudad de nuevo, con éxito.

Economía
procesamiento de alimentos, trabajo en metales, automóviles, refinación de petróleo, tejidos, papel, productos químicos

¿Sabías que...?
A los habitantes de Buenos Aires se les llama «porteños».

◄ **Una joven porteña** disfruta del windsurf en las aguas del Río de la Plata.

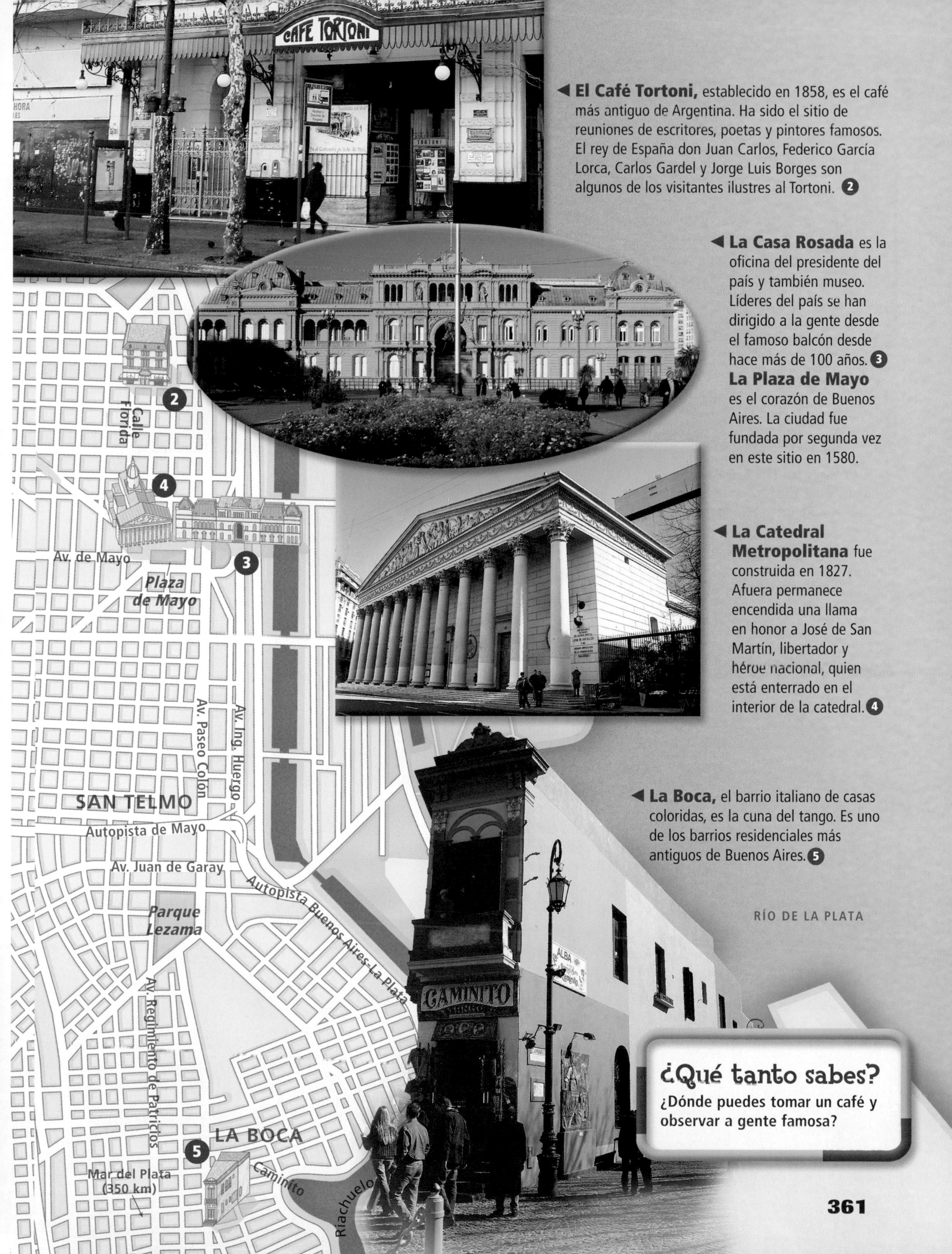

◀ **El Café Tortoni,** establecido en 1858, es el café más antiguo de Argentina. Ha sido el sitio de reuniones de escritores, poetas y pintores famosos. El rey de España don Juan Carlos, Federico García Lorca, Carlos Gardel y Jorge Luis Borges son algunos de los visitantes ilustres al Tortoni. 2

◀ **La Casa Rosada** es la oficina del presidente del país y también museo. Líderes del país se han dirigido a la gente desde el famoso balcón desde hace más de 100 años. 3 **La Plaza de Mayo** es el corazón de Buenos Aires. La ciudad fue fundada por segunda vez en este sitio en 1580.

◀ **La Catedral Metropolitana** fue construida en 1827. Afuera permanece encendida una llama en honor a José de San Martín, libertador y héroe nacional, quien está enterrado en el interior de la catedral. 4

◀ **La Boca,** el barrio italiano de casas coloridas, es la cuna del tango. Es uno de los barrios residenciales más antiguos de Buenos Aires. 5

¿Qué tanto sabes?

¿Dónde puedes tomar un café y observar a gente famosa?

A conocer Buenos Aires

Gente famosa

▲ **Eva Perón (1919–1952),** o simplemente **Evita,** fue una de las mujeres argentinas más influyentes del siglo XX. Nacida pobre, llegó a ser primera dama de Argentina cuando se casó con el futuro presidente Juan Perón. Abogó para los derechos de las mujeres y los pobres, los «descamisados».

▼ **Daniel Barenboim,** director de orquesta y pianista de origen judío y ruso, nació en Buenos Aires en 1942. Dio su primer concierto cuando tenía sólo siete años. Hoy día es uno de los más famosos directores de orquesta del mundo.

▲ **La estatua de Pedro de Mendoza** está en el Parque Lezama. Mendoza llegó al futuro sitio de Buenos Aires en 1536.

Las costumbres

◀ **La Feria de los Mataderos** ocurre cada domingo en el barrio Mataderos con música, artesanía, comida típica y, por supuesto, los gauchos. Pasean por las calles a caballo y compiten en juegos tradicionales.

◀ **Paseadores de perros** se pueden ver en muchos parques públicos. Sacan a pasear los perros de porteños ocupados. Pero ¡ojo!—hay una multa si no se limpia la calle.

▼ **Los porteños** gozan de las playas y del mar en enero y febrero en las ciudades cercanas de Mar del Plata o Punta del Este, Uruguay.

Las compras

Visit Holt Online
go.hrw.com
KEYWORD: EXP2 CH10
Photo Tour

▼ **La Feria de San Telmo** es la feria más conocida de la ciudad. Cada domingo los vendedores presentan sus mercancías para vender al público. Esta feria se especializa en antigüedades y artesanía local.

▼ **La Calle Florida** es una de las calles dedicadas a las compras. Es un centro comercial donde la gente puede comprar artículos de cuero, ropa y libros, entre otras cosas.

¿Sabías que... ?

El medio de transporte más famoso de Buenos Aires es el colectivo. Es un autobús chiquito, donde los pasajeros deben subir y bajar muy rápidamente. ¿Cuál es el transporte preferido en tu región?

► **Galerías Pacífico** es un sitio donde la gente puede ir de compras. Es un edificio decorado con murales hechos por pintores argentinos.

La música

◄ **La orquesta de tango** es una parte importante del baile. Sin ella uno no puede moverse al ritmo hipnótico del tango. ❷

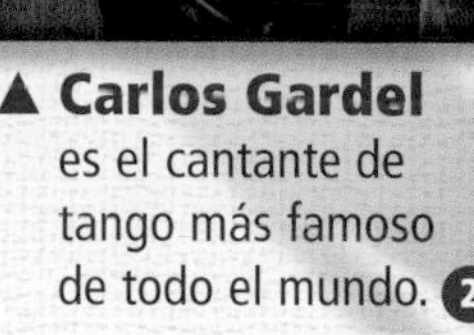

▲ **Carlos Gardel** es el cantante de tango más famoso de todo el mundo. ❷

Conexión Música

El tango El tango nació en Buenos Aires y se considera el baile típico de la ciudad. Tanto es así que a cada rato se pueden ver parejas de aficionados bailando por las calles.

¿Qué tipo de baile es popular en tu comunidad? ¿Se conecta con alguna cultura particular?

Capítulo 10

De vacaciones

OBJETIVOS

In this chapter you will learn to

- ask for and make recommendations
- ask for and give information
- talk about where you went and what you did
- talk about the latest news

And you will use

- present perfect and irregular past participles
- subjunctive for giving advice and opinions
- subjunctive of **-car, -gar, -zar, -ger,** and **-guir** verbs
- preterite, imperfect, present progressive, future, and subjunctive (review)

¿Qué ves en la foto?

- **¿Qué están haciendo las personas en la foto?**
- **¿Cómo están vestidos?**
- **¿Has visitado alguna vez un vecindario como éste?**

Paseando en el barrio La Boca, Buenos Aires

Objetivos
- Asking for and making recommendations
- Asking for and giving information

Vocabulario en acción 1

ExpresaVisión

En Buenos Aires
Para el turismo...

la guía turística

el billete

el rollo de película

el (la) turista

el plano de la ciudad

el farmacéutico

el recepcionista

el botones

la cabina telefónica

hacer una llamada (por cobrar)

Más vocabulario...

la cámara digital	*digital camera*
hacer una reservación	*to make a reservation*
hospedarse en...	*to stay at . . .*
un albergue juvenil	*a youth hostel*
una pensión	*an inn, a boarding house*
quedarse con parientes	*to stay with relatives*

el taxista

tomar un taxi

Visit Holt Online
go.hrw.com
KEYWORD: EXP2 CH10
Vocabulario 1 practice

la oficina de turismo

pedir información

los aseos

También se puede decir...

You might hear **los servicios** in Spain for **los aseos.** In other Spanish-speaking countries you'll hear **los sanitarios, el wáter,** and **los baños.** In Argentina you'll sometimes hear **toilettes.** For **la cabina telefónica**, you might also hear **la caseta (telefónica).**

Se puede pagar...

en efectivo

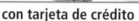

firmar

con tarjeta de crédito

con cheques de viajero

¡Exprésate!

To ask for recommendations	To make recommendations
¿Qué restaurante me recomienda usted? *What restaurant do you recommend to me?*	**¿Ha comido en La Sanabresa? Tiene buena comida a buen precio.** *Have you eaten at La Sanabresa? It has good food at a good price.*
¿Y qué se hace por aquí? *And what is there to do around here?*	**Si todavía no ha ido al castillo, debe ir. ¡Es increíble!** *If you haven't gone to the castle yet, you must go. It's incredible!*
¿Debo tomar un taxi? *Should I take a taxi?*	**Le aconsejo que tome el metro. Es más rápido y barato.** *I recommend that you take the subway. It's faster and cheaper.*

Interactive TUTOR

Vocabulario y gramática, pp. 109–111 Online workbooks

▶ Vocabulario adicional—De vacaciones, p. R15

1 ¿Con quién habla?

Escuchemos Indica con quién habla la señora Paredes en cada conversación.

a) un botones
b) el agente de turismo
c) un recepcionista
d) un taxista
e) un farmacéutico
f) el cajero en la oficina de cambio

Nota cultural

Si tienes vacaciones en diciembre, debes visitar Mar del Plata en la costa atlántica del norte de Argentina. A 228 millas de Buenos Aires, Mar del Plata (abajo) es ideal para gozar de la playa y pescar. Si tienes vacaciones en julio, debes considerar Bariloche, en los Andes al oeste del país, uno de los lugares mejores y más hermosos para esquiar.

¿Te acuerdas por qué en Argentina se puede esquiar en julio y nadar en la playa en enero?

2 Recomendaciones

Leamos Completa las recomendaciones.

1. Le aconsejo que use ═══ cuando viaje. Son más seguros.
   a. cheques de viajero **b.** billetes de cien
2. ¿Te has hospedado en la ═══ López? Tiene buenas habitaciones.
   a. embajada **b.** pensión
3. Esta ═══ recomienda el Hotel Majestad.
   a. cabina telefónica **b.** guía turística
4. Tengo que hacer una ═══ a mis padres.
   a. llamada **b.** reservación
5. Puedes conseguir un plano de la ciudad en la ═══.
   a. oficina de turismo **b.** oficina de cambio
6. Si Ud. tiene muchos billetes le aconsejo pagar ═══.
   a. por cobrar **b.** en efectivo
7. Te aconsejo llevar una ═══ digital y sacar muchas fotos.
   a. cámara **b.** cabina

3 Definiciones

Leamos/Hablemos Lee las frases y di qué define cada una.

1. un lugar donde los jóvenes se pueden hospedar por poco dinero
2. una persona que conduce *(drives)* taxis
3. una forma de pagar si no tienes efectivo ni cheques de viajero
4. un libro con información sobre un país o una ciudad
5. escribir el nombre en documentos y cheques

4 ¿Qué prefieres?

Escribamos/Hablemos Explica qué prefieres hacer y por qué.

MODELO **hospedarse en un albergue juvenil o en una pensión**
Prefiero hospedarme en un albergue juvenil porque es más barato y puedo conocer a otros jóvenes.

1. pagar en efectivo o con tarjeta de crédito
2. tomar un taxi o tomar el metro
3. hospedarse en un hotel o quedarse con unos parientes
4. pedir información en la oficina de turismo o leer una guía turística

¡Exprésate!

To ask for information	To give information
¿Sabe usted a qué hora abren los museos? *Do you know what time the museums open?*	**No estoy seguro. Lo puede averiguar allá en la oficina.** *I'm not sure. You can find out over there . . .*
Disculpe, ¿hay una farmacia por aquí? *Excuse me, is there a drugstore around here?*	**Hay una muy cerca. Está a dos cuadras.** *There's one very near. It's two blocks away.*
¿Me podría decir cuánto cuesta la entrada? *Could you tell me how much the ticket costs?*	**Por supuesto. Es gratis.** *Of course. It's free.*

interactive TUTOR

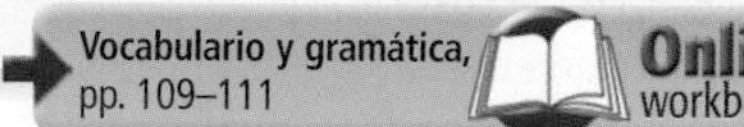

Vocabulario 1

5 Pide información

Hablemos Para cada foto, forma una pregunta pidiendo alguna información. Sigue el modelo.

MODELO **Disculpe, ¿a qué hora abre la oficina de cambio?**

1.

2.

3.

4.

6 Agenda cultural

Escribamos/Hablemos Contesta las preguntas con base en la agenda cultural.

1. ¿Qué se hace por aquí a las cinco de la tarde?
2. ¿Dónde está el Cine Club Eco?
3. ¿Sabes a qué hora es "La condenación de Fausto"?
4. ¿Cuánto cuesta la entrada a "Poetas de Buenos Aires?

AGENDA CULTURAL

- **Teatro Colón,** Libertad 621, a las 17.00, "La condenación de Fausto". Informes: 4378-7100.
- **Cine Club Eco,** Av. Corrientes 4949, a las 19.30, "La muerte en directo", de Romy Schneider. Informes: 4854-4126.
- "Poetas de Buenos Aires", por **Antonio Requeni,** a las 18.00, en Av. Infanta Isabel 555. Entrada gratis.

7 Más información

Hablemos Con un(a) compañero(a), dramatiza una conversación entre dos turistas usando la agenda de la Actividad 6.

Objetivos
- Present perfect
- Subjunctive for advice and opinions; subjunctive of -car, -gar, -zar, -ger, -guir verbs

GramaVisión

Present perfect

1 You can use the **present perfect** . . .

- to say what has or hasn't happened in a period of time up to the present.

  No **he viajado** a Brasil este año.
  I haven't traveled to Brazil this year. (the year hasn't ended yet)

- to talk about something that happened very recently.

  Dile al recepcionista que **has perdido** la llave del cuarto.
  Tell the receptionist that you've lost the key to the room.

2 To form the **present perfect,** use the present tense of the helping verb **haber** *(to have)* followed by the **past participle** of the main verb. The following is the present perfect of the verb **pedir** *(to ask for).*

yo	**he pedido**	nosotros	**hemos pedido**
tú	**has pedido**	vosotros	**habéis pedido**
Ud., él, ella	**ha pedido**	Uds., ellos, ellas	**han pedido**

3 To form the past participle of **-er** and **-ir** verbs whose stem ends in **-a**, **-e**, or **-o**, add **-ído**.

Han cerrado el aeropuerto porque **ha caído** mucho granizo.

The past participle of the verb **ir** is **ido**.

Nunca **he ido** a otro país, pero sí **he leído** muchas guías turísticas.

4 **Reflexive** and **object pronouns** go before the conjugated form of **haber** in the present perfect.

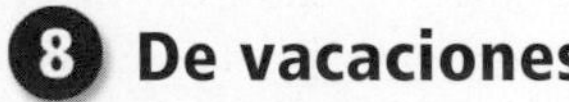

¿Has firmado **los cheques** de viajero? **Los has traído**, ¿verdad?

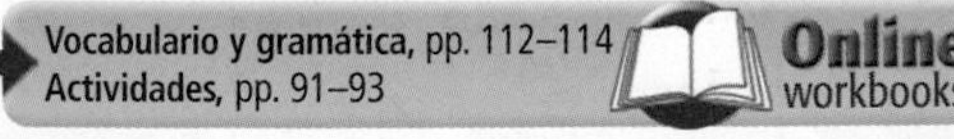

¿Te acuerdas?

To form the **past participle** of regular verbs, drop the infinitive ending and add **ado** to **-ar** verbs and **ido** to **-er** and **-ir** verbs.

cortar	cort**ado**
herir	her**ido**

8 De vacaciones

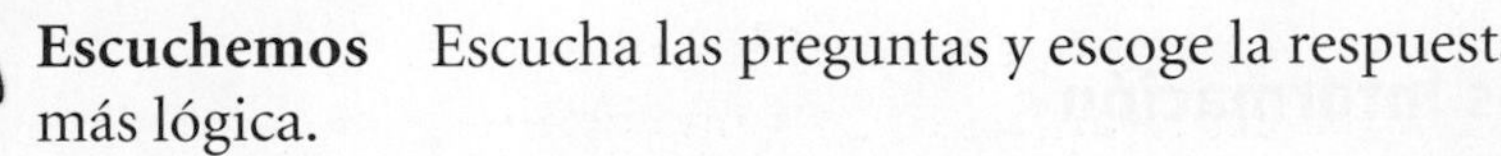

Escuchemos Escucha las preguntas y escoge la respuesta más lógica.

Visit Holt Online
go.hrw.com
KEYWORD: EXP2 CH10
Gramática 1 practice

9 Los preparativos

Hablemos Mira los dibujos y di qué ya hicieron y qué no han hecho *(done).*

MODELO **Berta/ya buscar**
Berta ya buscó cheques de viajero.

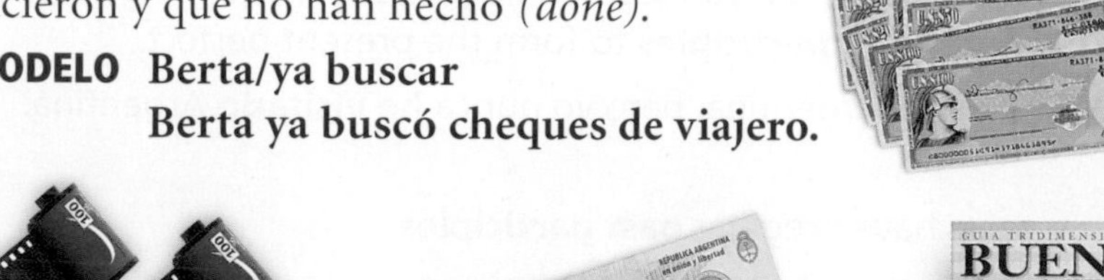

1. Pablo/ya comprar 3
Berta/ya comprar 1

2. Pablo y Berta/todavía no cambiar dinero

3. Berta/ya leer
Pablo/todavía no

4. Pablo/ya estudiar
Berta/todavía no

10 ¿Qué han hecho?

Escribamos/Hablemos Inés habla con sus amigos. Usa el contexto y decide qué ya ocurrió y qué todavía no ha ocurrido.

MODELO **Voy al aeropuerto en taxi. (llegar al aeropuerto, salir)**
Ya salí, pero todavía no he llegado al aeropuerto.

1. Voy al mostrador con mis maletas. (facturar el equipaje, llegar al aeropuerto)
2. Los otros pasajeros y yo estamos en la sala de espera. (subir al avión, pasar por el control de seguridad)
3. Estoy buscando mi asiento en el avión. (subir al avión, sentarse)
4. Vamos al reclamo de equipaje. (recoger el equipaje, bajar del avión)
5. Están buscando mi equipaje. (perderlo, encontrarlo)
6. No tengo dinero en efectivo. (gastar mucho, ir a la oficina de cambio)

Comunicación

11 ¿Has...?

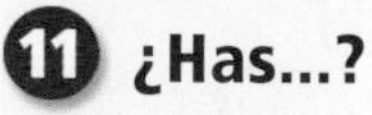

Hablemos Usa el vocabulario y frases de este capítulo para preguntarle a tu compañero(a) sobre tres o cuatro cosas que ha hecho. Él o ella debe decir cuándo o cuántas veces ha hecho la acción.

MODELO **—¿Has ido a un castillo alguna vez *(ever)*?**
—No, nunca he ido a un castillo.

Gramática 1

Irregular past participles

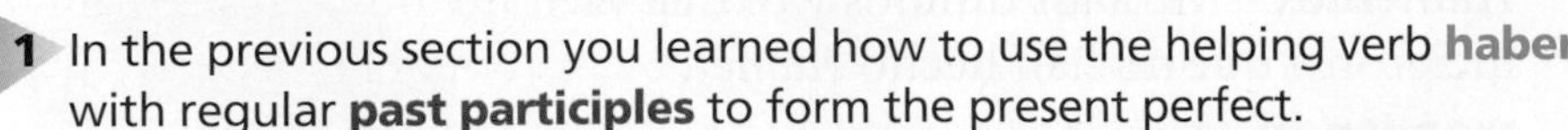

1 In the previous section you learned how to use the helping verb **haber** with regular **past participles** to form the present perfect.

Mi madre es argentina, pero yo nunca **he visitado** Argentina.

2 Some verbs have irregular **past participles**.

abrir: **abierto**	hacer: **hecho**	romper: **roto**
decir: **dicho**	morir: **muerto**	ver: **visto**
escribir: **escrito**	poner: **puesto**	volver: **vuelto**
	revolver: **revuelto**	

Vocabulario y gramática, pp. 112–114
Actividades, pp. 91–93

Las vacaciones varían mucho en el mundo hispano. En Argentina, mucha gente tiene sus vacaciones desde mediados de diciembre hasta enero. En España, todo se cierra en las ciudades grandes mientras la gente se va de vacaciones en agosto. Y en México, durante la Semana Santa la mayoría de los colegios cierran por dos semanas y muchas familias toman sus vacaciones en la playa u otros lugares.

Compara esto con las vacaciones donde vives tú.

Buenos Aires, Argentina

12 Acampando

Escribamos Estás haciendo camping con unos amigos y todos se están divirtiendo. Indica si todos han hecho las siguientes cosas o nadie.

MODELO divertirse: Todos nos hemos divertido.

1. volver a casa
2. romperse el brazo
3. reírse mucho
4. contar muchos chistes
5. quejarse
6. morirse de frío
7. ver pájaros bonitos
8. hacer quehaceres aburridos

13 ¡Qué amigos!

Hablemos Pregúntales a tus amigos por qué no han hecho lo que deben hacer. Usa las expresiones de la lista.

MODELO ¿Perdiste tu pasaporte?
¿Por qué no has llamado a la embajada?

hacer una llamada por cobrar	decir que te sientes mal
escribirle una tarjeta postal	llamar a la embajada
ver las noticias	leer la guía
ir a la oficina de cambio	abrir la ventana

1. ¿Necesitas cambiar cheques de viajero?
2. ¿No llamaste a tus padres porque no tienes dinero?
3. ¿Quieres que tu profesora reciba noticias de ti?
4. ¿Todavía no sabes lo que vas a hacer durante tu viaje?
5. ¿Estás enfermo?
6. ¿Tienes calor?

14 Desde Buenos Aires...

Escribamos Imagina que estás de viaje en Buenos Aires con un grupo de estudiantes. Indica qué han hecho o no han hecho, usando palabras y expresiones de los tres cuadros.

yo algunos estudiantes mi amigo(a) mi amigo(a) y yo todos	hospedarse ir a hacer windsurf cenar ver escribir poner(se) hacer un tour de	el Río de la Plata un albergue juvenil el Restaurante La Payanca algunas cartas el Teatro Colón el barrio La Boca la Casa Rosada un partido de fútbol crema protectora

15 Un viaje estupendo

Escribamos Dos amigos te mandan fotos de sus vacaciones en diferentes lugares. Haz una lista de cinco preguntas que puedes hacerle a cada amigo sobre lo que ha hecho en cada lugar.

MODELO **¿Has hecho windsurf?**

1.

2.

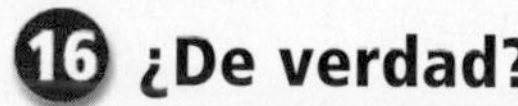

Comunicación

16 ¿De verdad?

Escribamos/Hablemos Escribe una oración sobre algo que has hecho y dos oraciones sobre cosas que no has hecho. Reúnete con dos compañeros. Por turnos, léanse sus oraciones y adivinen qué es lo que de verdad han hecho.

MODELO **—He ido a Alaska. He viajado a México dos veces. He visto la Casa Blanca.**
—Has visto la Casa Blanca, ¿verdad?
—Sí.

Subjunctive for giving advice and opinions; subjunctive of -car, -gar, -zar, -ger, -guir verbs

En inglés

In English, you use an **infinitive** after an expression beginning with *It's . . .* if it's something that should be done by people in general. Otherwise you use **for + subject + infinitive**.

It's not a good idea **to go** (**for you to go**) alone.

Think of an example in English where you could also use *that* + subjunctive with one of these expressions.

In Spanish, you use an **infinitive** after these expressions if it's something that should be done by people in general. Otherwise you use **que + subjunctive**.

No es buena idea **ir** (**que vayas**) solo(a).

1 Use the **subjunctive** form of a verb after these expressions for giving advice or an opinion. In these expressions, the verb **ser** is always conjugated in the third person singular.

Es mejor que...	*It's better for you (him, her . . .) to*
Es buena idea que...	*It's a good idea for you (him, her . . .) to*
Es importante que...	*It's important for you (him, her . . .) to*

Es mejor que hagamos una reservación temprano. — *It's better for us to make a reservation early on.*

2 Use the subjunctive form of a verb after the following expressions for giving advice.

aconsejarle (a alguien) que...	*to advise someone to . . .*
recomendarle (a alguien) que...	*to recommend that someone. . .*
sugerirle (a alguien) que...	*to suggest that someone. . .*

Les recomiendo que vayan al Teatro Colón. — *I recommend going (that you go) to the Teatro Colón.*

Te aconsejan que tomes el subte. — *They advise you to take the subway.*

3 Verbs ending in **-car, -gar, -zar, -ger,** and **-guir** have spelling changes in the **subjunctive**. They have regular endings, however.

-car:	yo bus**c**o	→	que yo bus**qu**e
-gar:	yo lle**g**o	→	que yo lle**gu**e
-zar:	yo empie**z**o	→	que yo empie**c**e
-ger:	él reco**g**e	→	que él reco**j**a
-guir:	ella si**gu**e	→	que ella si**g**a

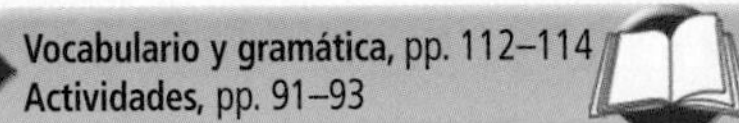

Vocabulario y gramática, pp. 112–114
Actividades, pp. 91–93
Online workbooks

Una estación de subte (tren subterráneo) en el centro de Buenos Aires

17 ¿Qué me recomiendas?

Escribamos Un(a) amigo(a) viene a pasar las vacaciones en tu ciudad o región. ¿Qué le recomiendas? Escribe por lo menos seis recomendaciones usando las palabras de los tres cuadros.

Es mejor que...	venir	en mayo/julio/enero
Es buena idea que...	traer	en el Restaurante ____
Te aconsejo que...	comer	camisetas/trajes de baño
Te recomiendo que...	quedarse	el barrio ____
Es importante que...	ir a	las playas de ____
Te sugiero que...	ver	conmigo/en un hotel

18 ¿Qué debo hacer?

Hablemos Recomiéndales a varias personas que hagan o no hagan las cosas indicadas en Argentina.

MODELO **No les recomiendo que se pongan pantalones cortos en Tierra del Fuego.**

1. Tierra del Fuego: ponerse pantalones cortos, llevar un abrigo y sombrero, hacer camping, sacar muchas fotos

2. Buenos Aires: salir solo(a) de noche, comprar un plano de la ciudad, ir a la oficina de turismo

3. las Cataratas *(Falls)* del Iguazú: verlas desde un helicóptero, nadar, pasear en canoa

19 Sugerencias para el viaje

Leamos/Hablemos Completa las sugerencias de manera lógica.

MODELO **Si quieres aprender español, te sugiero que...**
Si quieres aprender español, te sugiero que vayas a España.

1. Antes de viajar a otro país, es importante que tu familia y tú...
2. Para comprar cosas en otro país, es mejor que ustedes...
3. Después de leer la guía turística, es buena idea que todos...
4. Si no conocen a nadie, les aconsejo que...
5. Para ir de un lugar a otro, les recomiendo que...
6. Si te pierdes, te sugiero que...
7. Si quieres ver museos, es buena idea que...

20 Más recomendaciones

Hablemos Tu compañero(a) va a pasar las vacaciones con unos parientes y no quiere aburrirse. Dile qué recomiendas que haga.

MODELO **—Te recomiendo que vayas a un partido de fútbol.**
—¡Buena idea! Nunca he visto un partido.

Cultura

VideoCultura

Comparaciones

Vista de la Plaza de Mayo, Buenos Aires

¿Qué hacen los turistas cuando visitan tu país?

Es común que las ciudades grandes, como Buenos Aires, tengan muchos lugares que atraen a turistas. Las atracciones de las ciudades pueden ser culturales, como los museos; históricas, como los edificios y ruinas; o geográficas, como las reservas naturales. De todas formas, el turismo juega un papel importante en la economía de muchos países. Piensa en tu comunidad. ¿Cuáles son las atracciones turísticas más visitadas? ¿Qué hacen las personas que están de visita? ¿Qué efectos (positivos o negativos) tiene el turismo en ella?

Eugenia

Buenos Aires, Argentina

¿Vienen muchos turistas a Argentina?

Sí, por suerte tenemos muchos turistas que visitan nuestro país. A Buenos Aires, yo creo que vienen durante todo el año. Y vienen en una temporada especial principalmente en invierno, en busca de la nieve. Vienen a esquiar en el sur, en la Patagonia de nuestro país.

¿Qué se hace por aquí?

Bueno, aquí en Buenos Aires, podés disfrutar mucho de lo que es todo el teatro, el cine. Hay mucha movida cultural: mucho cine, mucho teatro. Podés ir también a aprender el tango. Podés disfrutar de estos espacios tan lindos como El Rosedal.

¿Qué recomiendas que los turistas hagan si están de vacaciones aquí?

Yo recomiendo que vayan a la Patagonia, que conozcan el sur, que conozcan Bariloche, San Martín de los Andes, que se puede ir en realidad en cualquier temporada en invierno como verano. En invierno, bueno, a esquiar y en verano a disfrutar de todo el verde de la montaña, de los climas, de las lagunas.

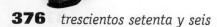

Visit Holt Online
go.hrw.com
KEYWORD: EXP2 CH10
Online Edition

Cultura

Ricardo
El Paso, Texas

¿Vienen muchos turistas a El Paso?

Específicamente a El Paso, Texas, no. Pero la mayoría sí se van a Phoenix y también a Las Vegas. Vienen en la temporada de fútbol americano.

¿Qué hay que hacer en El Paso?

Hay lugares donde bailar desde salsa, merengue, country, cumbia... Hay platillos mexicanos, riquísimos, aquí en El Paso, y en nuestra vecina ciudad de Juárez, México. Hay un lugar que se llama Mesilla, Nuevo México, con un lindo paseo, y que tiene cine internacional.

¿Qué recomiendas a los turistas que hagan aquí?

Yo les recomiendo mucho que vayan a probar estos platillos mexicanos aquí en El Paso, Texas, o en Juárez, México, y que también que se den un paseo por Mesilla, Nuevo México.

Para comprender

1. ¿Qué lugares recomienda Eugenia que visiten los turistas?
2. ¿Qué actividades culturales menciona Eugenia?
3. ¿Qué recomienda Ricardo que los turistas hagan en su región?
4. ¿A qué lugar, Texas o Argentina, recomiendas que un turista vaya para esquiar? ¿y para aprender un nuevo baile?

Para pensar y hablar

¿Vienen muchos turistas a tu ciudad? ¿Por qué sí o por qué no? Menciona dos ventajas y dos desventajas de vivir en un destino turístico muy popular. Si quieres que vengan más turistas a tu ciudad, ¿qué eventos se deben programar o promocionar?

Comunidad y oficio

El español y el turismo

El turismo genera millones de dólares y de trabajos para la economía estadounidense cada año. Es muy importante que los guías turísticos, el personal de los medios de transporte y las personas que trabajan en lugares de interés turístico hablen más de un idioma. Investiga un empleo en algún lugar de interés turístico o en algún negocio en que se sirve al público, como las agencias de turismo o los hoteles, restaurantes, o parques de diversión. Entrevista a una persona con ese empleo. Averigua cuál es el aspecto más importante de su trabajo y por qué le es útil el conocimiento de otro idioma en su trabajo. Comparte los resultados con la clase.

Empleada del Metro Zoo, Miami durante una presentación

Objetivos
- Talking about where you went and what you did
- Talking about the latest news

Vocabulario en acción 2

ExpresaVisión

Mar del Plata

ir a cafés

saltar en paracaídas

tomar un crucero

ir a un cibercafé

comprar recuerdos

Iguazú

un parque nacional

una catarata

explorar la selva

Visit Holt Online
go.hrw.com
KEYWORD: EXP2 CH10
Vocabulario 2 practice

Los Andes

hacer senderismo

un volcán

aguas termales

Querido(a)...,	*Dear . . .,*
Espero que estés bien.	*I hope you're doing well.*
Dale un saludo a... de mi parte.	*Say hi to . . . for me.*
Te echo mucho de menos.	*I miss you a lot.*
Un saludo de...	*Yours, . . .*
Un abrazo de...	*A big hug from . . .*
Con cariño,...	*Love, . . .*

¡Qué increíble fue explorar la selva!

¡Exprésate!

To talk about where you went and what you did

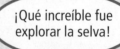

Interactive TUTOR

¿Adónde fuiste este verano? *Where did you go this summer?*	**Hice un tour por la costa.** *I took a tour of the coast.*
¿Qué hiciste? *What did you do?*	**Me hice amigo de un muchacho/estudiante chileno.** *I became friends with a Chilean boy/student.*
	No hice nada. *I didn't do anything.*

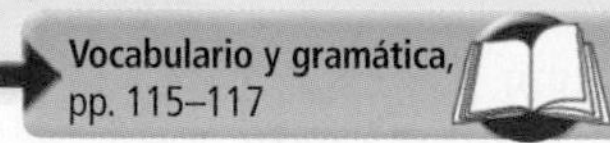
Vocabulario y gramática, pp. 115–117

▶ **Vocabulario adicional**—Geografía, p. R17

Uno de los lugares más visitados en Buenos Aires es la tumba de Evita Perón en el cementerio de la Recoleta (abajo). La esposa de Juan Perón, Eva Duarte de Perón, fue inmortalizada en el drama musical *Evita*. Muchísimos argentinos todavía la consideran casi una santa por su interés en la gente humilde de su país y le dejan flores frescas sobre su tumba todos los días.

¿Cómo honran a las personas reconocidas cuando mueren en tu comunidad?

21 ¿Adónde fue?

Escuchemos Escucha los comentarios e indica adónde fue la persona.

a) a una selva tropical
b) a las aguas termales
c) a un desierto
d) a la costa
e) al centro
f) a un volcán

22 Una carta para Eduardo

Leamos Completa la siguiente carta con las palabras de la lista.

cariño	**catarata**	**eché**	**Espero**	**hice**	**hiciste**	**parte**
quedé	**Querido**	**ruinas**	**saludo**	**termales**	**volcán**	

__1__ Eduardo:

¡Hola! ¿Cómo estás? __2__ que estés muy bien. ¿Qué __3__ durante las vacaciones? Yo fui a Costa Rica. Me __4__ con unos parientes en Cartago. Allí hubo un terremoto hace muchos años y las __5__ de la catedral son ahora un jardín. Un día fuimos a Tabacón, donde hay aguas __6__. El agua viene de un río del __7__ Arenal, por eso es bastante caliente. Algunas personas se bañan debajo de la __8__ pero era demasiado caliente para mí. Aunque me __9__ amiga de muchas personas, te __10__ mucho de menos. Por favor, dale un __11__ a tus padres de mi __12__.

Con __13__,

Carolina

23 ¿Qué hicieron?

Escribamos/Hablemos Mira las fotos e indica lo que hicieron las siguientes personas durante el fin de semana.

1. Arturo

2. yo

3. mis amigos y yo

4. Mateo

¡Exprésate!

To talk about the latest news	
¿Qué noticias tienes de Joaquín? *What news do you have of Joaquín?*	**No lo vas a creer, pero está en...** *You won't believe it, but he's in . . .*
¿Sigues pensando en ir a Europa? *Are you still thinking about going to Europe?*	**No, ando planeando otro viaje.** *No, I'm planning another trip.*
¿Ya sabías que aprendí a saltar en paracaídas? *Did you already know that I learned to skydive?*	**¡No me digas!** *No way! (You're kidding!)*
Cuéntame lo que pasó el día que fuiste al volcán. *Tell me what happened the day that you went to the volcano.*	**Eran como las dos cuando llegamos. Hacía calor. De repente, empezó a llover...** *It was around . . . Suddenly . . .*

Interactive TUTOR

Vocabulario y gramática, pp. 115–117 Online workbooks

24 ¡No me digas!

Escribamos/Hablemos Responde a las siguientes preguntas o comentarios de tu amigo(a).

1. ¿Qué noticias tienes de... ? (un amigo que está de vacaciones)
2. ¿Sigues pensando en trabajar este verano?
3. ¿Sabías que voy a pasar un mes en Puerto Rico?
4. ¿Qué aprendiste a hacer durante las vacaciones?
5. No lo vas a creer, pero mi primo compró una casa en la costa.
6. Cuéntame qué hiciste cuando llegaste a la casa de la playa.

Comunicación

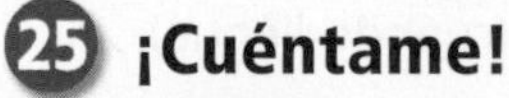

25 ¡Cuéntame!

Hablemos Con un(a) compañero(a), imaginen que son Pepe y Luz, los muchachos en los dibujos. Describan qué pasó el día en que fueron al parque nacional. Usa el imperfecto y el pretérito.

a.

b.

c.

d.

Objetivos
- **Preterite and imperfect**
- **Present progressive, the future**
- **The subjunctive**

Gramática en acción 2

GramaVisión

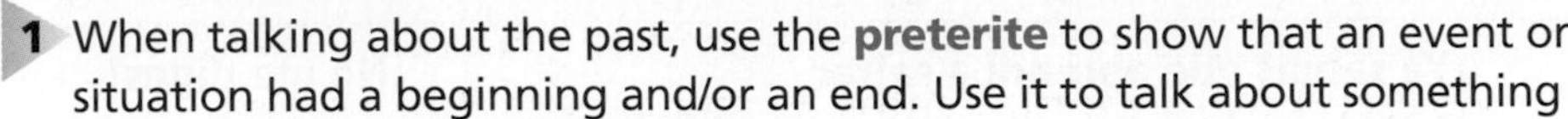

Repaso Preterite and imperfect

Interactive TUTOR

1 When talking about the past, use the **preterite** to show that an event or situation had a beginning and/or an end. Use it to talk about something

- that happened on a specific occasion or a specific number of times

 Fuimos de vacaciones el mes pasado.

 Visité el castillo tres veces.

- that happened for a specific period of time

 Estuvimos allí por dos semanas y mi mamá **estuvo** enferma los primeros dos días.

- that happened in a sequence of events

 Llegamos a las diez y **fuimos** directamente al hotel a dejar las maletas.

- that happened as a reaction to something

 Cuando **vimos** las playas bonitas nos **pusimos** contentos.

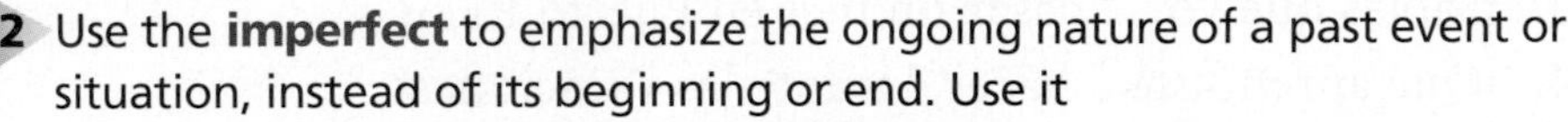

2 Use the **imperfect** to emphasize the ongoing nature of a past event or situation, instead of its beginning or end. Use it

- to say what people, places, or things were generally like

 Hace 40 años, las playas **eran** magníficas.

- to say what used to happen for an unspecified period of time

 Siempre nos **quedábamos** con mis tíos en Buenos Aires.

- to set the scene

 Hacía mal tiempo. No **había** nadie en las calles (cuando llegué).

- to explain the background circumstances surrounding an event

 Me **sentía** mal y la entrada **costaba** demasiado. (Por eso no fui al concierto.)

Vista de Mar del Plata, Argentina

3 The **imperfect** is often used after the **preterite** of **decir**, **oír**, or **leer** with **que** to report something that was said, heard, or read.

 Leí en el periódico que **había** mucho turismo en Mar del Plata.

Vocabulario y gramática, pp. 118–120
Actividades, pp. 95–97

Gramática 2

26 El barrio de la Recoleta

Leamos/Escribamos Completa el párrafo sobre un turista en Buenos Aires con el pretérito o el imperfecto de los verbos.

Ayer yo __1__ (hacer) un tour por el elegante barrio de la Recoleta. Yo __2__ (salir) del hotel a las nueve y nosotros __3__ (tomar) el autobús. __4__ (Hacer) buen tiempo y todos nosotros __5__ (estar) de buen humor. __6__ (Haber) muchas casas magníficas en ese barrio. Primero nosotros __7__ (ir) a un cementerio que era un laberinto de esculturas y monumentos. El guía nos __8__ (decir) que allí __9__ (estar) las tumbas de argentinos famosos como Evita Perón. Nosotros también __10__ (visitar) la Basílica de Nuestra Señora del Pilar y __11__ (terminar) la excursión en el Museo Nacional de Bellas Artes. ¡ __12__ (Ser) un día fenomenal!

El cementerio de la Recoleta, Buenos Aires

Comunicación

27 Era tan bonito

Hablemos Miren las fotos y túrnense para preguntar y responder qué había en cada lugar y cómo era.

MODELO **—¿Qué viste/había en las pampas?**

—En las pampas no había muchos árboles. Los gauchos llevaban pantalones vaqueros y sombreros. Era muy seco.

1. los gauchos y las pampas

2. el barrio La Boca

3. las playas de Mar del Plata

4. el Teatro Colón

28 Hicimos mil cosas

Hablemos Imagina que tu compañero(a) y tú fueron a Argentina y que cada uno conoció diferentes lugares y sacó fotos. Miren las fotos de la Actividad 27 y digan qué hicieron en cada lugar y cómo fue.

MODELO **Visité las pampas. Monté a caballo, comí carne a la parrilla, vi...**

The present progressive and the future

1 You've used the present tense of **estar** followed by a present participle to form the **present progressive**. You can also use the present tense of **andar** with a present participle to say *what is happening right now.*

Esos pasajeros **están leyendo** revistas en alemán.
Mis hermanos **andan nadando** cerca de las cataratas.

2 Use the **future** tense to talk about future vacation plans or itinerary.

Llegaremos el diez de julio y nos **quedaremos** por cinco días.

3 You've also used the **future tense** to say *what is probably true* or *likely to happen.*

Alán **estará** en las aguas termales. Dijo que le dolían las piernas.
Alan is probably at the hot springs. He said his legs were hurting.

4 You can also use the **future tense** with a **present participle** to talk about what is probably going on or what someone is probably doing.

¿**Estará nevando** en Tierra del Fuego?
Could it be snowing . . .? (I wonder if it's snowing . . .)

Vocabulario y gramática, pp. 118–120
Actividades, pp. 95–97

Online workbooks

29 ¿Qué están haciendo?

Hablemos Mira las fotos e indica qué están haciendo los turistas en Buenos Aires.

MODELO **Mis padres están tomando café/refrescos en un café.**

mis padres

1. el señor Fierro

2. Elena y Javier

3. mis amigos y yo

4. la señorita Molina

30 ¿Qué planes tienen?

Escribamos Escribe tres oraciones para cada foto y di qué harán estos turistas en cada lugar. *¿Se te olvidó?* Future tense, p. 346

MODELO En Puerto Rico yo iré a la playa.

1. yo/en Puerto Rico

2. mi vecino/en México

3. mis abuelos/en Madrid

31 ¿Qué estarán haciendo?

Escribamos/Hablemos Indica qué estará haciendo cada persona en el lugar indicado.

MODELO Mis primos/en un cibercafé
Estarán leyendo su correo electrónico.

1. mis amigos/en un tour
2. mi gato/sobre mi cama
3. mis abuelos/en un banco
4. mis tías/en la playa
5. mi hermano/en el mercado
6. mis padres/en la piscina
7. mi tío/en un bote
8. mi prima/en la selva

32 Agentes de viaje

Escribamos/Hablemos Con un(a) compañero(a) de clase, prepara un itinerario para un viaje a un país hispano. Escriban su itinerario y digan qué harán durante el viaje. Cada grupo leerá su descripción a la clase y la clase decidirá cuál será el viaje más interesante.

MODELO Nosotros iremos a Argentina en diciembre.
Pasaremos cuatro días en Buenos Aires.

Gramática 2

Repaso The subjunctive

El tango se popularizó durante los últimos años del siglo XIX y sigue siendo un fenómeno cultural. Es considerado baile, música, canción y poesía. Se baila tanto en espectáculos como en la calle los domingos en el mercado de San Telmo. Sus antecedentes son bailes como el vals, la habanera, el candombé, la polka y la mazurca.
Investiga el tango por Internet y escucha un ejemplo. ¿Con qué instrumentos se toca?

1 You've used the following expressions to talk about *hopes* and *wishes* and to give *advice or an opinion.* The **subjunctive** is used in a sentence that is joined to one of these expressions with **que**.

querer que	recomendarle que	Es importante que
preferir que	aconsejarle que	Es mejor que
esperar que	sugerirle que	Es buena idea que
ojalá que		

different subjects

¿(tú) **Quieres que** yo **compre** los boletos?

Do you want me to buy the tickets?

for this person

Es mejor que (tú) **pagues** con tarjeta de crédito.

It's better that you pay with a credit card.

2 You've also used these verbs or expressions followed by an **infinitive**.

same subject

¿(tú) **Prefieres** (tú) **comprar** los boletos?

for people in general

Por lo general **es buena idea pagar** en efectivo.

Vocabulario y gramática, pp. 118–120
Actividades, pp. 95–97
Online workbooks

33 Consejos

Escribamos Completa las conversaciones con consejos lógicos.

MODELO **—¿Me quedo en un albergue juvenil o en un hotel?**
—Te recomiendo que te quedes en un hotel.

1. —¿Llevo dinero en efectivo o cheques de viajero?
—Puedes perder el efectivo. Es buena idea que...
2. —¿Hago reservaciones o busco un hotel al llegar (*upon arriving*)?
—Siempre hay tantos turistas. Te recomiendo que...
3. —¿Debemos llegar al aeropuerto una hora o dos antes del vuelo?
—Les aconsejamos que...
4. —¿Tomo un taxi al museo o camino hasta allí?
—Sólo está a unas cuadras de aquí. Es mejor que...
5. —¿Cambiamos cheques de viajero antes o después de la excursión?
—Tenemos muy poco dinero en efectivo. Prefiero que...

34 ¡Que te vaya bien!

Escuchemos Escucha la conversación e indica si trata de **a**) una persona que quiere hacer algo o **b**) una persona que quiere que otra persona haga algo.

35 Pues, recomiendo que...

Escribamos/Hablemos La profesora Monteverde está en Buenos Aires con un grupo de estudiantes. Combina frases o palabras de los cuadros para hacerles seis recomendaciones a los estudiantes.

MODELO **Les recomiendo que (ustedes) se hospeden en un albergue juvenil.**

A	B	C
Quiero...	nosotros	hacerse amigo(a) de los argentinos
Es buena idea que...	tú	hospedarse en un albergue juvenil
Aconsejo que...	algunos estudiantes	aprender a saltar en paracaídas
Recomiendo que...	ustedes	ir a las cataratas del Iguazú
Prefiero...	la otra profesora	pedirle información al recepcionista
Es mejor que...		hacer una llamada por cobrar

36 En la agencia de viajes

Hablemos Con un(a) compañero(a), dramatiza la conversación entre un turista y una agente de viajes, basándote en los dibujos. Pregúntale a tu compañero(a) adónde quiere ir de vacaciones y luego hazle recomendaciones.

Novela en video

El relicario

Episodio 10

ESTRATEGIA

Putting the pieces together In **Episodio 10,** the entire story comes together in a way that makes sense to the viewer. In order to be sure that you've understood the story, write what you think happened to the four main characters in San José, Costa Rica in 1955. Then write the story from the viewpoint of each of the four main characters, el arquitecto Gallegos, el ingeniero Calderón, Graciela, and Sonia. Try writing the story from the point of view of the **relicario** in the form of a diary like Abuelo's.

En La Fortuna, Costa Rica

1

Don Jorge ¿Quién le dio esto?

Jorge Una chica de Madrid, Victoria Gallegos. Ella es la nieta del arquitecto Alberto Gallegos, su colega de hace muchos años. También tengo que entregarle estas dos cartas.

2

Jorge Calderón le cuenta a Jorge la historia de su amor para Graciela, según lo recuerda.

Yo quería darle un regalo que representara mi amor por ella. Era un relicario en forma de corazón. Mi hermana Sonia se lo entregó por mí. Pero me equivoqué. Graciela no me amaba a mí. Decidió casarse con Alberto.

Jorge Calderón lee la carta de Graciela, que ella nunca pudo mandarle.

Perdóname, Jorge. Tardaste mucho en declarar tu amor. Siempre te quise y sigo queriéndote. Hice mi vida con Alberto y fui feliz. Pero nunca pude olvidarte. Cuando tu hermana me envió el relicario con tu inscripción, supe que cometí un error. Yo quiero mucho a Alberto, pero a ti te amé.

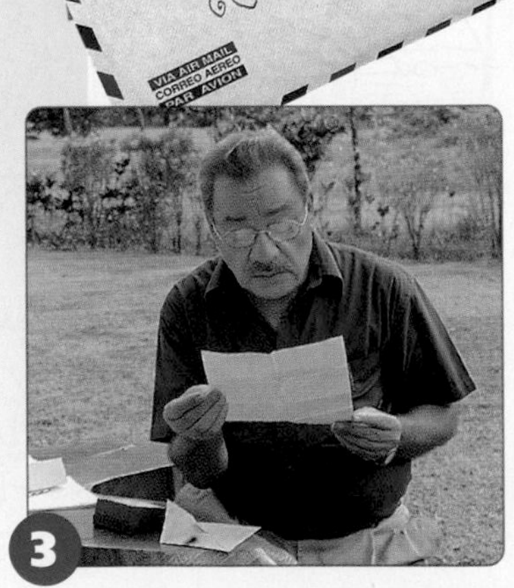

3

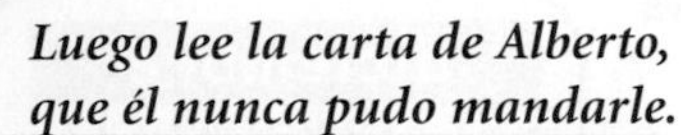

Luego lee la carta de Alberto, que él nunca pudo mandarle.

Perdóname, Jorge. No sabía de tus sentimientos hacia Graciela. No me di cuenta hasta que ella murió y encontré este relicario entre sus cosas. Te devuelvo este relicario, que seguro le trajo una inmensa alegría. Te pido que por favor, recuerdes sólo que los tres fuimos los mejores amigos.

4

Don Jorge Gracias, hijo. Me has devuelto un pedazo de mi vida.

Jorge Tiene que agradecerle a su hermana. Ella me dio su dirección. Ella se siente muy mal por no entregarle el relicario a Graciela a tiempo. Todavía piensa que fue su culpa que Graciela se casó con Alberto y no con usted.

Don Jorge Mi pobre hermana. No fue su culpa. Yo debí de decirle a Graciela sobre mis sentimientos, no ella.

5

Jorge Fue un placer traerle a usted la explicación que esperó por tantos años.

Don Jorge Dele esto a Victoria. Era de su abuela y ahora es suyo.

En Madrid, España

En la tumba de sus abuelos, Victoria lee las cartas que recibió de Jorge el ingeniero y de su amigo Jorge.

Victoria,
Por favor, dile a tu abuela que siempre fue y será mi amor. Dile a tu abuelo que siempre fue y será mi mejor amigo.
Jorge.

6

A: Victoria Gallegos
RE: Misión cumplida

Victoria,

¿Estás feliz? Yo estoy feliz porque te conocí y te ayudé. Espero que nuestras cartas y nuestros pensamientos nos mantengan cerca para siempre.

Jorge.

GALLEGOS
GRACIELA

7

¿COMPRENDES?

1. ¿Por qué Jorge el ingeniero le mandó el relicario a Graciela? ¿Cómo era el relicario?
2. ¿Quién le entregó el relicario a Graciela, según el ingeniero? ¿Cree él que Graciela lo aceptó?
3. ¿Cree el ingeniero que fue la culpa de su hermana que Graciela se casó con Alberto y no con él? ¿Quién cree que tuvo la culpa?
4. ¿Qué le da el ingeniero a Jorge para darle a Victoria?
5. ¿Qué quiere el ingeniero que Victoria les diga a sus abuelos? ¿Adónde va Victoria a decírselo?
6. ¿Cómo te imaginas que se siente Victoria al cumplir con los deseos finales de su abuelo?

Episodio final:
¿Quién se queda con el relicario? ¿Qué dice la inscripción?

Leamos y escribamos

ESTRATEGIA

para leer Making inferences is drawing conclusions based on evidence that is only hinted at, or implied, in what you read. To make inferences while you read, pause after each main idea to think about the details the author includes, why they are included, and what you know about those details.

Antes de leer

A Lee las primeras diez líneas del cuento. Luego decide quién es el narrador y dónde está. ¿Qué detalles te ayudaron a encontrar la respuesta?

Kike

por Hilda Perera

Buenas tardes, señores pasajeros. Éste es el vuelo 102 de Cubana de Aviación, con destino a Miami.

No vi quién lo decía y a mí nadie me dice «señor», pero de todos modos contesté:

—Buenas tardes.

...Entonces se encendieron unas lucecitas rojas en las alas[1] del avión, y la voz dijo:

—Señores pasajeros, por favor, abróchense el cinturón de seguridad.

...Como sin querer estaba dando patadas[2] por debajo del asiento, la señora que estaba delante de mí se viró[3] y me dijo:

—Hijito, por favor, estate quietecito.

En el techo hay un redondel[4] de metal con un agujerito[5]. Trato de alcanzarlo y no puedo. Pongo los pies en el asiento, y entonces sí. Cuando lo abro todo, entra una corriente de aire frío de lo más rica[6], pero a la señora le da coriza[7] y empieza a estornudar.

Mi hermano Toni me dice:

—Estate quieto. Pareces una lagartija[8].

1 wings
2 was kicking
3 turned
4 circle
5 tiny hole
6 the most pleasant
7 catches a cold
8 lizard

Mi hermano me cae mal. Todos los hermanos mayores son unos pesados y unos chivatos[1].

Para entretenerme, cojo el papel que mi mamá me prendió[2] al bolsillo de la camisa con un alfiler[3] y lo abro. Arriba dice: «APRÉNDETE ESTO DE MEMORIA»; así, con mayúscula y subrayado[4] dos veces. Cuando mamá quiere que haga algo, o me grita o subraya las cosas. Después dice: «Me llamo Jesús Andrés Lendián Gómez», como si yo fuera idiota y no lo supiera[5], y «tengo ocho años», que no es verdad, porque casi tengo nueve. Luego viene la parte que tengo que aprenderme, aunque creo que ya me la sé: «mi abuelo es Francisco Lendián. Vive en el 243 de Michigan Avenue, en Miami Beach, y su teléfono es el JE2-3054». Lo que está presillado[6] al papel no es un pasaporte, porque yo no tengo pasaporte, sino una cosa que se llama Visa Waiver, que fue un lío conseguirla; mi papá y mi mamá llamaron a qué sé yo cuánta gente para que nos la mandaran[7] a mi hermano y a mí. Toni dice que si la pierdo, me mata. Cierro los ojos y repito el teléfono de mi abuelo, pero nada más llego al cuatro: ¡se está moviendo el avión!

—Toni, ¿ya?

—Ya —dice Toni, que siempre habla como si todo lo supiera.

Ahora arrancan los motores, y el avión se dispara[8] a correr por la pista. Me suenan las tripas[9]. Pego la nariz a la ventanilla a ver si veo a mi papá o a mi mamá, pero lo único que se ve es la terraza del aeropuerto y un montón de gente moviendo pañuelos[10]. Cojo el mío y digo adiós bien pegado a la ventanilla: mamá dijo que así sabría dónde estábamos. Yo creo que no me vieron, porque el avión va a mil. Las casas, los postes y las palmas pasan corriendo frente a la ventanilla. De pronto me halan[11] el estómago, como cuando subo en los ascensores. Una fuerza me pega al asiento. El avión despega y en seguida empiezo a ver La Habana al revés: es decir, desde arriba, y parece un pueblo de enanos: los automóviles parecen juguetes, y las palmas, que siempre son tan altas, se ven como pinceles. Ya casi no se ve nada, porque estamos entrando en una nube. Las nubes son como humo[12], así que si te caes allá arriba, sigues para abajo y te escachas[13]. Ahora estamos entrando en unas nubes negras que parecen montañas. El avión coge un bache[14] y empieza a caerse. Tengo miedo. Tengo muchísimo miedo, pero no se lo digo a mi hermano. Más bien trago[15] y trago a ver si puedo tragarme una bola que tengo en la garganta desde que traté de ver a papá y mamá y no los vi; pero hago como si estuviera[16] mirando por la ventanilla, para que mi hermano no vea que estoy llorando...

1 annoying and tattletales
2 pinned
3 pin
4 in capitals and underlined
5 as if I were . . . and didn't know it
6 paperclipped
7 to send
8 shoots out
9 My stomach rumbles.
10 handkerchiefs
11 pull
12 smoke
13 you crash
14 hits a bump
15 I swallow
16 as if I were

Comprensión

B Contesta las siguientes preguntas con oraciones completas.

1. ¿Cuántos años tiene el narrador?
2. ¿De dónde es y adónde va?
3. ¿Con quién viaja?
4. ¿Qué información tiene el papel prendido a su bolsillo?
5. ¿Qué documento tiene que fue muy difícil de conseguir?
6. ¿Por qué pega la nariz a la ventanilla del avión?
7. Más tarde, ¿cómo es la vista por la ventanilla desde el aire?
8. ¿Qué siente el narrador cuando el avión pasa por las nubes negras?

C Escoge la definición que corresponde a las palabras subrayadas según el contexto de la lectura.

1. Abrocharse el cinturón de seguridad quiere decir...
   a. quitárselo. **b.** ponérselo.
2. Los hermanos mayores son unos pesados quiere decir...
   a. que pesan mucho **b.** que fastidian mucho
3. Fue un lío conseguir la Visa Waiver.
   a. Fue muy difícil. **b.** Fue muy fácil.
4. Cuando arrancan los motores, éstos...
   a. empiezan a funcionar. **b.** dejan de funcionar.
5. Cuando el avión despega empieza a...
   a. moverse. **b.** volar.
6. Un enano es...
   a. un niño muy pequeño. **b.** una persona más baja de lo normal.

Después de leer

D Do you think this is the first time that the narrator has flown in an airplane? What clues tell you that it is or isn't? Why do you think he is taking this trip? What range of emotions does the narrator experience during the trip? Which words and phrases show you how he feels? Why do you think he feels the way he does?

E Imagine that you are a small child traveling to a foreign country without your parents. Are you excited? Nervous? Scared? Write a paragraph telling how you feel and why.

Taller del escritor

ESTRATEGIA

para escribir Using conjunctions and transitional phrases helps your writing flow and allows for more natural-sounding sentences. Conjunctions such as **pero, sino, y,** and **o** can join choppy sentences into longer, more interesting ones. Transitional devices, such as **además, por eso, también,** and **sin embargo** serve the same purpose, and also help support your ideas and make your writing more sophisticated.

El viaje de la clase de español a Argentina

Your Spanish class will travel to Argentina this summer, and the students are helping to plan the trip. Do research about Argentina, and make a proposal to your classmates about activities to do and places to visit on your trip. Also back up your suggestions by explaining what you've learned about each activity.

1. el tango
—Espero que vayamos a ver un espectáculo de tango en Buenos Aires.
—He leído que también es posible tomar clases de tango. Además...

1 Antes de escribir

Find information on Argentina in your book, in an encyclopedia or on the Internet. Then choose five places or activities you would recommend. Consider why you want to do each activity or visit each place.

2 Escribir un borrador

List your recommendations followed by expressions with the subjunctive. Use conjunctions and transitional phrases when appropriate: **Recomiendo que vayamos a las pampas....** Explain why you want to do each activity. Use the present perfect to say what you have learned about the activity: **He leído un libro sobre las pampas. Me parece muy interesante la vida allí.**

3 Revisar

Ask a classmate to read your proposal, checking for correct use of the subjunctive and the present perfect. Have you used conjunctions and transitional phrases? Have you supported the activities in your proposal in a convincing way?

4 Publicar

Attach the final draft of your proposal to poster board, and illustrate it with pictures. Display the proposals around the room. What do your classmates want to do and see in Argentina?

Prepárate para el examen

Interactive TUTOR

1 Vocabulario 1
- asking for and making recommendations
- asking for and giving information

pp. 366–369

1 Completa la siguiente conversación con las frases del cuadro.

en efectivo	**una cabina telefónica**	**la oficina de turismo**
una guía turística	**una llamada**	**información**
rollos de película	**cheques de viajero**	**aseos**

—¿Sabes si hay ___1___ por aquí? Necesito hacer una llamada.

—¿Cómo vas a pagar? Tenemos que ir a la oficina de cambio para cambiar algunos ___2___. No tenemos dinero ___3___.

—Todavía tengo monedas y voy a hacer ___4___ por cobrar.

—Está bien. Después, podemos ir a ___5___ a pedir ___6___ sobre los tours y a buscar ___7___ de la ciudad.

—También quiero comprar ___8___ para sacar fotos.

2 Gramática 1
- present perfect with regular and irregular past participles
- subjunctive for giving advice and opinions
- subjunctive of **-car, -gar, -zar, -ger,** and **-guir** verbs

pp. 370–375

2 Forma oraciones con el presente perfecto de los verbos. Luego responde con un consejo usando las expresiones del cuadro.

ir a la embajada	**hacer una reservación**
probar otros restaurantes	**pagar con tarjeta de crédito**
llevarlas a la oficina de correos	**hablar con el/la recepcionista**

1. yo/perder mi pasaporte
2. nosotros/encontrar un buen hotel en la guía turística
3. mis amigos/gastar todo su dinero en efectivo
4. nosotros/escribir muchas tarjetas postales
5. nadie/hacer las camas de nuestra habitación en el hotel
6. mis amigos/ir todos los días al mismo restaurante

3 Vocabulario 2
- talking about where you went and what you did
- talking about the latest news

pp. 378–381

3 Unos turistas hablan de las vacaciones que tomaron el año pasado. Escribe dos o tres oraciones para cada foto.

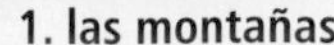

1. las montañas

2. las cataratas

3. el crucero

Visit Holt Online
go.hrw.com
KEYWORD: EXP2 CH10
Chapter Self-test

4 Completa las oraciones de esta tarjeta postal con el subjuntivo, pretérito, imperfecto, presente o futuro de los verbos.

Espero que __1__ (estar/tú) bien. David y yo __2__ (llegar) a Buenos Aires anteayer. Tuvimos que buscar un hotel porque no __3__ (hacer) reservaciones. Te recomiendo que __4__ (venir/tú) a pasar unas vacaciones aquí. ¡Es maravilloso! Ayer __5__ (ir/nosotros) al barrio de la Recoleta y __6__ (haber) muchas casas y tiendas muy elegantes. Mañana por la tarde David __7__ (volver) a Estados Unidos. Después yo __8__ (ir) a Mar del Plata a visitar a mi amiga Cecilia. __9__ (quedarse) con ella por una semana.

4 Gramática 2
- review of preterite and imperfect
- review of present progressive and future
- review of subjunctive

pp. 382–387

5 Contesta las siguientes preguntas.

1. ¿Cuál es uno de los bailes principales de Argentina?
2. ¿Cómo pueden pasarse las vacaciones en Argentina?
3. ¿Quién fue Eva Perón?

5 Cultura
- **Comparaciones pp. 376–377**
- **Notas culturales pp. 368, 372, 380, 386**
- **Geocultura pp. 360–363**

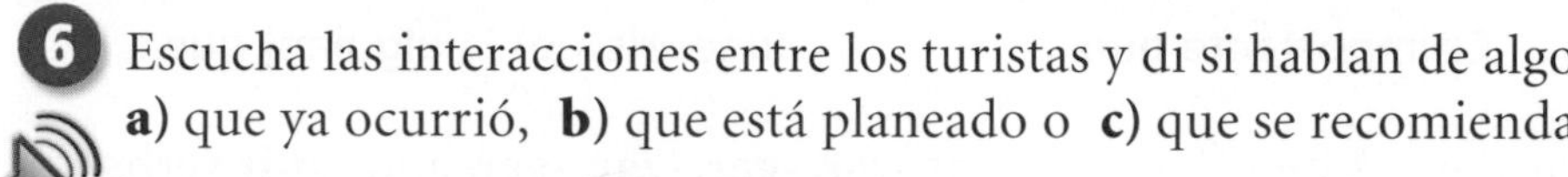

6 Escucha las interacciones entre los turistas y di si hablan de algo **a)** que ya ocurrió, **b)** que está planeado o **c)** que se recomienda.

Conversación

7 Role-play the following conversation with a partner. Partner A is tourist visiting your city and Partner B is a resident.

Partner A: Greet your partner. Ask where a nearby pharmacy is.

Partner B: Explain how to get to a pharmacy. Ask if your partner has been to the tourist office and if he or she needs a map.

Partner A: Say you bought a map, but haven't found a guidebook yet. Ask what activities your partner recommends.

Partner B: Ask if your partner has been to the art museum. Say it's free on Tuesdays.

Partner A: Respond, then ask about another activity nearby.

Partner B: Suggest a boat cruise around the port afterwards.

Partner A: Say great idea, then explain that tomorrow you are going to the national park.

Partner B: Recommend your partner visit the waterfalls there. Mention a restaurant near the park he or she must try, and end the conversation.

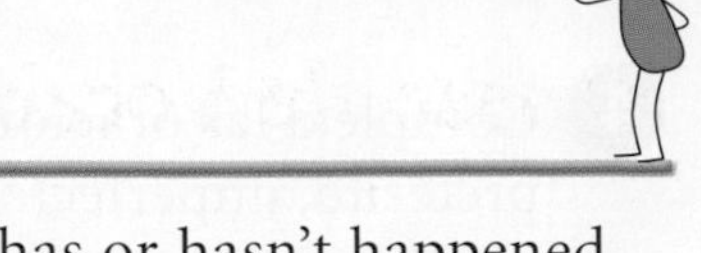

Gramática 1
- present perfect
pp. 370–371
- irregular past participles
pp. 372–373
- subjunctive for giving advice and opinions; subjunctive of **-car, -gar, -zar, -ger,** and **-guir** verbs
pp. 374–375

Repaso de Gramática 1

You can use the **present perfect** to say what has or hasn't happened in a period of time up to the present, or to talk about something that has happened very recently.

he **pedido**	hemos **pedido**
has **pedido**	habéis **pedido**
ha **pedido**	han **pedido**

he **oído**	hemos **oído**
has **oído**	habéis **oído**
ha **oído**	han **oído**

Some irregular past participles are:

decir: **dicho** ver: **visto** poner: **puesto**
hacer: **hecho** escribir: **escrito** volver: **vuelto**

Use the **subjunctive** after the following expressions:

Es mejor que... **aconsejarle (a alguien) que...**
Es buena idea que... **recomendarle (ie) (a alguien) que...**
Es importante que... **sugerirle (ie) (a alguien) que...**

For the **subjunctive** forms of **-car, -gar, -zar, -ger,** and **-guir** verbs, see p. 374.

Gramática 2
- review of preterite and imperfect
pp. 382–383
- present progressive and future tense
pp. 384–385
- review of subjunctive
pp. 386–387

Repaso de Gramática 2

The **preterite** and **imperfect** can be used to talk about events and situations in the past. See p. 382 for a review of their uses.

The **future tense** can be used with a **present participle** to say what *is probably going on* or what someone *is probably doing.* For a review of the future tense and the present progressive, see p. 384.

For a review of the uses of the **subjunctive**, see p. 386.

Letra y sonido y ll

Las consonantes y y ll

- The letter **y** at the beginning of a syllable and the letter **ll** sound like the *y* in *young,* but with a more forceful sound. You can do this by putting your tongue closer to (but not touching) the roof of your mouth:
yo, **y**a, ma**y**o, **ll**evar, ma**y**or, ca**ll**e, co**ll**ar ca**y**ó
- Some speakers, particularly in Argentina, pronounce the **y** and the **ll** like *j* in the word *jam, s* in the word *treasure,* or like *sh* in *shoe.*

Trabalenguas

Hoy ya es ayer y ayer ya es hoy.
Ya llegó el día y hoy es hoy.

Dictado

Escribe las oraciones de la grabación.

Repaso de Vocabulario 1

Asking for and making recommendations

aconsejarle (a alguien)	*to advise (someone)*
el albergue juvenil	*youth hostel*
los aseos	*public restrooms*
el billete	*bill, money*
el botones	*bellhop*
la cabina telefónica	*phone booth*
la cámara digital	*digital camera*
el castillo	*castle*
Es buena idea que...	*It's a good idea for . . . to . . .*
Es importante que...	*It's important for . . . to . . .*
Es mejor que...	*It's better for . . . to . . .*
el (la) farmacéutico(a)	*pharmacist*
la farmacia	*drugstore*
firmar	*to sign*
la guía turística	*guide book*
hacer una llamada (por cobrar)	*to make a (collect) call*
hacer una reservación	*to make a reservation*
hospedarse en...	*to stay at . . .*
la oficina de turismo	*tourism office*
pagar...	*to pay . . .*
con cheques de viajero (m.)	*with traveler's checks*
con tarjeta de crédito (f.)	*with a credit card*
en efectivo (m.)	*(in) cash*
pedir información	*to ask for information*
la pensión	*boarding house, inn*
el plano de la ciudad	*city map*
quedarse con parientes	*to stay with relatives*
el (la) recepcionista	*receptionist*
recomendarle (ie) (a alguien)	*to recommend (for someone)*
el rollo de película	*roll of film*
sugerirle (ie, i) (a alguien)	*to suggest (that someone)*
el (la) taxista	*taxi driver*
tomar un taxi	*to take a taxi*
el turismo	*tourism*
el (la) turista	*the tourist*

Asking for and giving information

averiguar	*to find out*
la entrada	*ticket, entry fee*
gratis	*free of charge*
¿Me podría decir...?	*Could you tell me . . . ?*
Por supuesto.	*Of course.*

Repaso de Vocabulario 2

Talking about where you went and what you did

las aguas termales	*hot springs*
la catarata	*waterfall*
comprar recuerdos	*to buy souvenirs*
Con cariño,...	*Love, . . .*
Dale un saludo a... de mi parte	*Say hi to . . . for me*
Espero que estés bien.	*I hope you're doing well.*
explorar la selva	*to explore the jungle*
hacer senderismo	*to go hiking*
hacerse amigo(a) de alguien	*to make friends with someone*
Hice un tour...	*I took a tour . . .*
ir a un cibercafé	*to go to a cybercafe*
ir a cafés	*to go to (outdoor) cafes*
No hice nada.	*I didn't do anything.*
el parque nacional	*national park*
Querido(a)...,	*Dear . . . ,*
saltar en paracaídas	*to go skydiving*
Te echo mucho de menos.	*I miss you a lot.*
tomar un crucero	*to go on a cruise*
Un abrazo de...	*A big hug from . . .*
Un saludo de...	*Yours, . . .*
el volcán	*volcano*

Talking about the latest news

Cuéntame lo que pasó el día que...	*Tell me what happened the day that. . .*
No, ando planeando...	*No, I'm planning . . .*
¡No me digas!	*No way! (You're kidding!)*
¿Qué noticias tienes de...?	*What news do you have of . . .?*
¿Sigues pensando en...?	*Are you still thinking about . . .?*
¿Ya sabías que...?	*Did you already know that . . .?*

Repaso cumulativo

Integración
capítulos 1–10

1 Escucha las conversaciones y escoge la foto que le corresponde a cada una.

A

B

C

D

2 Para saber más sobre Argentina, puedes buscar información por Internet. Estudia el sitio Web y después contesta las preguntas.

1. ¿Qué tiempo hará el viernes? ¿En qué estación están?
2. Buscas información sobre la literatura. ¿En qué enlace *(link)* debes hacer clic?
3. ¿Dónde puedes buscar información sobre pasatiempos acuáticos?
4. Si te gustan las montañas, ¿qué puedes hacer?
5. Si quieres saber más sobre cómo Argentina ganó su independencia de España, ¿dónde debes buscar información?
6. ¿En qué enlace encontrarás información sobre los museos?

Visit Holt Online
go.hrw.com
KEYWORD: EXP2 CH10
Cumulative Self-test

3 Tu club de español planea un viaje de dos semanas a Buenos Aires. En Internet, busca información sobre atracciones turísticas. Con dos compañeros(as), recomienda distintos lugares y explica por qué deben visitarlos. Al final, hagan un itinerario.

4 ¿Cómo es el barrio que ves en el cuadro? ¿Qué hace el niño que está allí? ¿Qué significado *(meaning)* tienen sus acciones? ¿De qué manera es simbólico *(symbolic)* lo que hace? ¿Cómo será el futuro de este barrio?

Libertad de Marilyn Itrat (n. 1956)

5 Has estado en Argentina por una semana y quieres escribirle un correo electrónico a tu amigo en Estados Unidos. Cuéntale de las cosas interesantes que has visto y que has hecho.

6

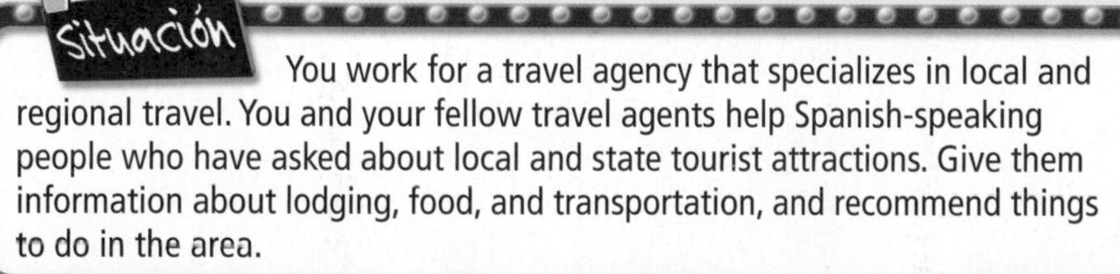

Situación You work for a travel agency that specializes in local and regional travel. You and your fellow travel agents help Spanish-speaking people who have asked about local and state tourist attractions. Give them information about lodging, food, and transportation, and recommend things to do in the area.

Literatura y variedades

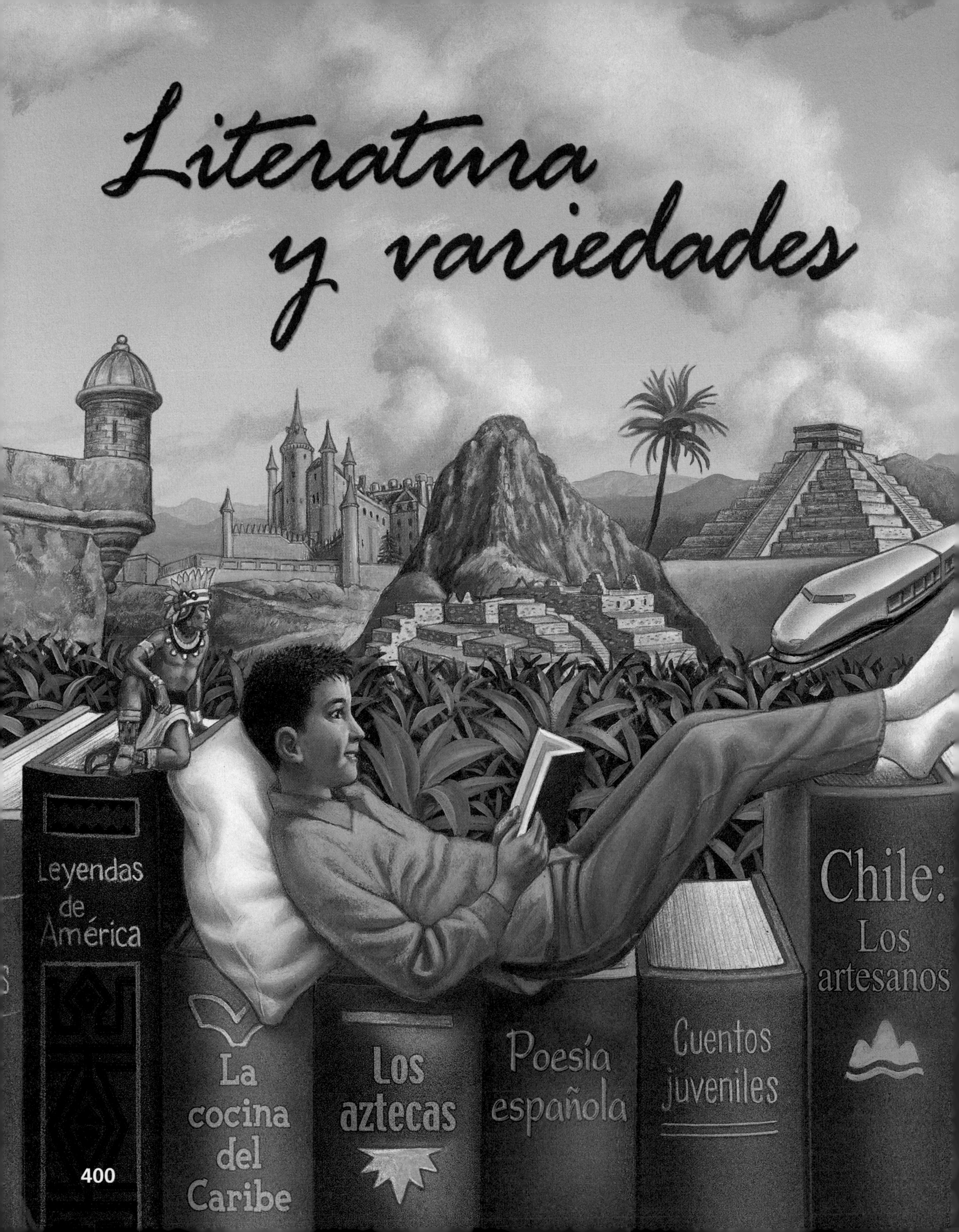

Leyendas de América

La cocina del Caribe

Los aztecas

Poesía española

Cuentos juveniles

Chile: Los artesanos

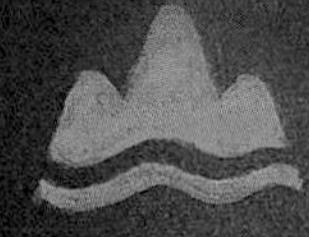

Visit Holt Online
go.hrw.com
Online Edition

La Ciudad de México

El calendario azteca

El calendario azteca es un instrumento preciso para contar los días del año y medir las estaciones. Pero más que contar los días, según los aztecas, el calendario dice lo que va a pasar en el futuro. Hoy en día el calendario es un símbolo nacional de México. Lee el siguiente artículo para aprender más sobre el maravilloso calendario azteca, también conocido como la Piedra[1] de Sol.

1 stone

ESTRATEGIA

What clues do you get from illustrations or photos that accompany the text? These illustrations will usually give you an idea of what you're going to read before you begin. Learn to use the photos, drawings, charts, or other visual clues to help you guess the meaning of unfamiliar vocabulary.

La Piedra de Sol

Pesa[2] 24 toneladas y mide[3] 3,58 metros de diámetro. Esta enorme piedra dedicada al Dios del Sol, o Tonathiuh, se conoce en todo el mundo como "el calendario azteca".

Los aztecas son un pueblo indígena del México central cuyo imperio fue muy poderoso hasta el siglo XVI, cuando los españoles invadieron[4] sus territorios. El calendario predijo[5] la caída del imperio azteca.

Para medir[6] el tiempo, los aztecas tenían[7] dos calendarios: uno religioso de 260 días y otro solar de 365 días.

2 It weighs 3 measures 4 invaded 5 predicted
6 to measure 7 had

Los jeroglíficos

El centro del calendario: la cara de Xiutecutli

En la piedra están representados los jeroglíficos. La figura que nos muestra la lengua en el centro es el mediodía, o Xiutecutli. A su alrededor hay cuatro cuadrados[1] que representan los cuatro destructores de la humanidad: el jaguar, el viento, el fuego[2] y la lluvia. Para los aztecas, el universo tenía[3] un equilibrio delicado y estaba[4] siempre al borde de la destrucción.

El segundo círculo tiene 20 figuras que indican los días del mes del calendario solar. Según el símbolo de la fecha de nacimiento[5] de una persona, se adivinaba[6] su personalidad. Por ejemplo, los nacidos[7] bajo el símbolo de la casa eran[8] supuestamente[9] inteligentes, prácticos y trabajadores. El tercer círculo tiene 52 cuadrados con cinco puntos cada uno, que son los 260 días del calendario religioso.

1 squares 2 fire 3 had 4 it was 5 date of birth 6 one could guess 7 those born 8 were 9 supposedly

Cipactli
El cocodrilo

Ehecatl
El viento

Calli
La casa

Cuetzpallin
El lagarto

Coatl
La serpiente

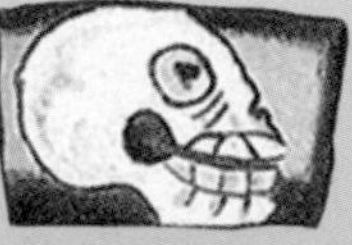
Miquiztli
La cabeza de la muerte

Mazatl
El ciervo

Tochtli
El conejo

Atl
El agua

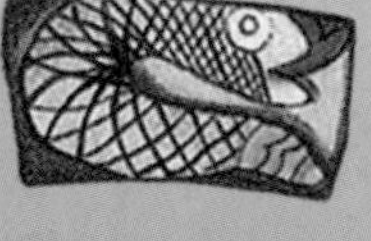
Itzcuintli
El perro

Ozomatli
El mono

Malinalli
La hierba

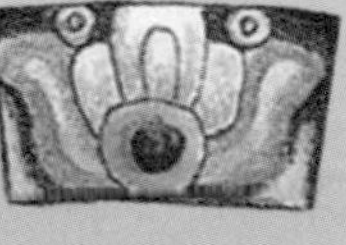
Acatl
El junco

Ocelotl
El ocelote

Cuauhtli
El águila

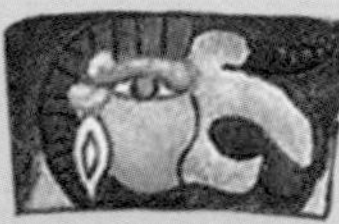
Cozcaquauhtli
El buitre

Ollin
El movimiento

Tecpatl
El cuchillo

Quiahuitl
La lluvia

Xochitl
La flor

Después de leer

1. ¿Con qué otro nombre se conoce el calendario azteca?
2. En realidad el calendario representa dos calendarios diferentes. ¿Cuáles son?
3. ¿Qué representan los cuatro cuadrados alrededor del centro?
4. ¿Cuántos días del mes hay en el calendario azteca?
5. Según los aztecas, ¿qué se puede saber por la fecha de nacimiento?

La música andina

La música andina es una ventana a la antigua vida indígena. Esta música está ligada[1] a las ceremonias religiosas y a los festivales. Nos permite ver cómo se hacían estas mismas celebraciones hace cientos de años. La música andina cambió con la introducción de la guitarra por los españoles, pero los indígenas usaron la guitarra para crear instrumentos enteramente andinos. Lee el siguiente artículo para aprender más sobre la cultura andina y sus instrumentos únicos.

1 linked

ESTRATEGIA

As soon as you know the gist of a reading, spend a couple of minutes just thinking about the topic. What do you already know about it? The reading should then be easier to understand, and you'll be better able to guess unknown words and make sense of difficult passages.

Los músicos

Los músicos de los Andes han llevado[2] los cantos y bailes de sus antepasados[3] a todos los rincones[4] del planeta. Generalmente, llevan ponchos de brillantes colores fabricados con lana de llama y chullos, unos gorros[5] típicos de los Andes. En su repertorio hay melodías llenas de espiritualidad y canciones alegres que dan muchas ganas de bailar. La mayoría de los grupos de música andina tienen nombres en quechua o aymara, lenguas indígenas de los Andes.

Los instrumentos

La música es una parte importante del imperio incaico, y los instrumentos de viento son muy populares. Quizás el más conocido de todos es la quena, una flauta de sonido muy dulce. Antes los incas la fabricaban[6] con el hueso de la pata[7] del cóndor pero hoy en día se usa una caña hueca[8].

Otros instrumentos indígenas que aún usan los grupos folclóricos de Latinoamérica son el bombo, el charango[9] y las charchas o cascabeles[10]. El bombo es una especie de tambor hecho de madera y cubierto con cuero[11]. A diferencia de los tambores africanos, el bombo se toca con un solo palo[12].

2 have carried 3 ancestors 4 corners 5 caps 6 made the flute 7 leg bone 8 hollow reed 9 small guitar 10 small bells 11 leather 12 stick

La mejor forma de escuchar esta música andina es ponerse cómodo, cerrar los ojos e imaginar el sobrevuelo[1] por las altas montañas de un enorme cóndor. El sonido de las quenas y las zampoñas[2] es muy relajante[3], casi hipnotizador. Estas cualidades reflejan la armonía de la naturaleza de los Andes.

1 flight 2 pan pipes
3 relaxing

Una canción tradicional

Sariri[4] del Ande

Tengo que llegar al pueblo
ahí me espera mi madre
tierra de gente morena
paisaje color aguayo[5]
Soy el sariri del Ande
caminando muchas lunas
con mi huayrapi[6] al viento
con el sabor del recuerdo[7]
con el lamento del indio,
subiendo por las quebradas[8]

Huay, ya, ya, ya, ya, yay....

4 traveler 5 green landscape 6 poncho 7 memory 8 mountain passes

Después de leer

1. ¿Cómo cambió la música indígena?
2. ¿Cómo son las melodías andinas?
3. ¿Qué es una quena?
4. ¿Cómo es diferente el bombo a los tambores africanos?
5. ¿Con qué se relaciona la característica relajante, hipnotizadora de la música andina?

Santo Domingo

Firito

En el cuento ***Firito***, Rafael Castillo describe la amistad profunda que existe entre un niño y un vendedor de helados del pueblo. El cuento, narrado en la voz del niño, consigue en pocas palabras ilustrar el amor profundo que siente el niño por su amigo, Firito. Al final, el niño piensa sacrificar una de las cosas que más quiere para ayudar a Firito cuando éste tiene problemas. Lee el cuento para descubrir lo que hace el niño para ayudar a su amigo.

ESTRATEGIA

Identifying the point of view of the narrator of a story is a key to understanding the story itself. When you read, think about the person who is telling the story. Where does the narrator live? What kind of person is he or she? Answering these kinds of questions will help you get more out of the story.

Mamá nunca sabe las adivinanzas[1]:

— ¿Qué es aquello que de día
sin ser un rayo de sol
ni del gallo la alegría
me despierta con amor?

Ella puede responder:

— Debe de ser muy bonito
¿es la risa[2] de Firito?

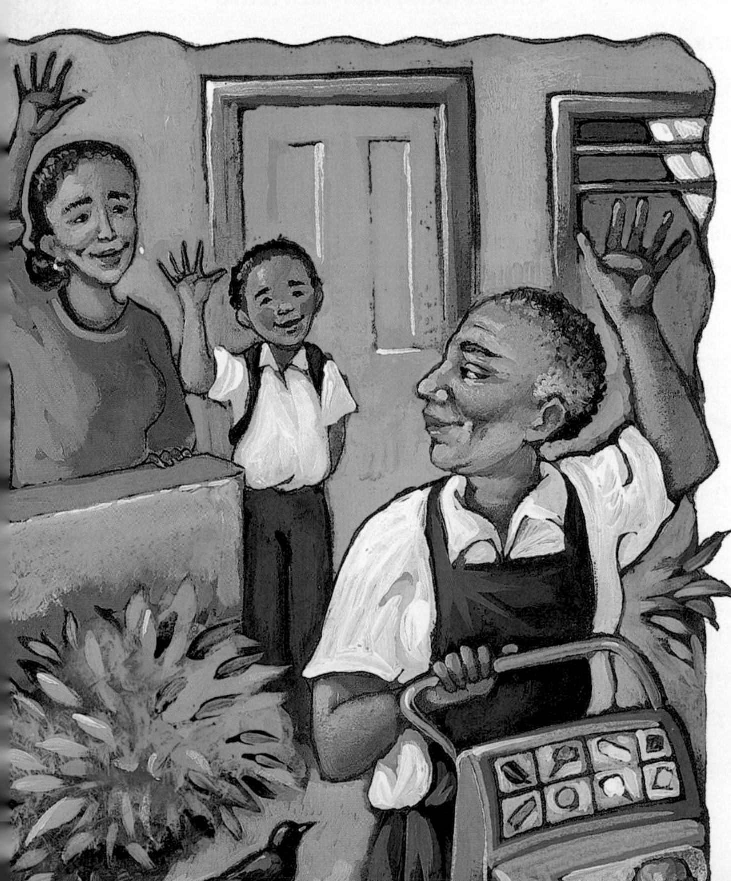

O también:

— Si es más alto que bajito es la risa de Firito.

— Mamá, ¡tú te sabes toditas las adivinanzas!

Ella vuelve a reírse[3] pero no me responde, la veo concentrada preparando los helados que Firito lleva a vender a la escuela y por el pueblo.

Yo la dejo tranquila, no quiero que los pase[4] de vainilla y de azúcar y Firito se quede[5] con la cara larga, porque Firito vende los helados voceando[6] que los helados de mamá son los mejores del mundo.

Yo la dejo tranquila y me voy a echarle[7] maíz a mis palomas[8]. Firito les echa el maíz por la mañana y yo por la tarde.

Firito se apura[9] por llegar temprano de tarde para que pongamos en la radio el programa de Cuentos y canciones infantiles, y cuando pasa el programa Firito les inventa cosas a los cuentos que oímos.

Por la mañana me despierta la risa de Firito que está lavando la caja de los helados en la barrica[10] del patio. Mamá no tiene que apurarse para que yo me levante[11]. Cuando ella viene a ver ya estoy bañadito y cambiadito, buscando mis libros para irme a la escuela. Todos los días, antes de irme, recuerdo[12] a Firito que les eche maíz a mis palomas.

1 riddles **2** laughter **3** laughs again **4** puts too much **5** ends up
6 yelling **7** feed **8** pigeons **9** hurries **10** trough
11 worry that I won't get up **12** I remind

Pero esta mañana llegué tarde a la escuela y tampoco tuve tiempo de desayunarme, solamente me pude tomar la taza de leche.

Esta mañana me quedé esperando la risa de Firito.

Porque ayer tarde mamá tuvo que ir a visitar a su familia y mamá llegó de noche[1], Firito y yo nos cansamos de esperarla, oímos el programa y Firito dijo que le entregaría[2] el dinero mañana y se fue, me llevó a la casa de los vecinos y se fue. Ahora Firito ha perdido[3] el dinero.

En la escuela hice el trato[4] de venderle mis palomas a Raimundo, el hijo de la profesora.

Cuando vino Raimundo esta tarde y agarramos[5] toditas las palomas en el gallinerito[6] que me fabricó[7] Firito, mamá me llamó aparte y me preguntó y yo le dije la verdad[8]:

—Es por Firito, mamá, para que pueda pagarte los helados.

Yo le dije la verdad. Ella siempre me aconseja[9] que debo ser como Firito. Que diga la verdad y que sea trabajador como Firito. Que me ría con la risa de Firito, que es la risa de las gentes con el alma[10] buena.

Mamá se me quedó mirando con un brillo en los ojos y en los labios, me abrazó, toda ella parecía iluminada por la risa de Firito.

—No tienes que vender tus palomas, hijo mío, Firito perdió el dinero y ya no importa, no me lo pienso cobrar[11].

Esta noche me pondré a dormir pensando[12] en la risa y los cuentos de Firito.

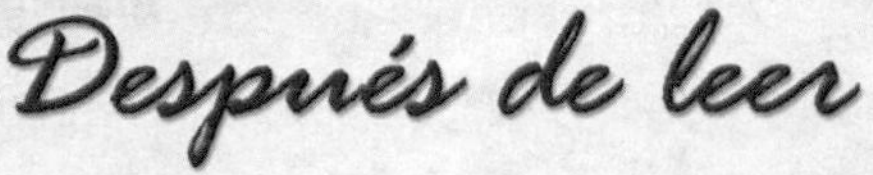

1 late at night 2 he would turn in 3 has lost 4 a deal 5 gathered 6 bird coop 7 built 8 truth 9 advises 10 soul 11 collect 12 I'll go to sleep thinking

Después de leer

1. ¿Por qué deja el niño tranquila a su madre mientras ella prepara el helado?
2. ¿Qué hacen el niño y Firito por las tardes?
3. ¿Por qué llegó tarde el niño a la escuela esta mañana?
4. ¿Por qué no vino Firito a la casa?
5. ¿Qué quiere hacer el niño para ayudar a Firito?
6. ¿Necesita pagar el dinero a su mamá?

El triunfo de una deportista

Jennifer Rodríguez nació en Miami, Florida, en 1976. A los cuatro años empezó a patinar sobre ruedas[1]. Jennifer pasó quince años compitiendo en carreras[2] de patinaje sobre ruedas, pero en 1996 cambió al patinaje sobre hielo[3]. No fue fácil, según ella, pero con persistencia Jennifer llegó a ser la primera cubano-americana en participar en los Juegos Olímpicos de invierno, donde ganó dos medallas de bronce[4] en 2002.

1 roller skate 2 races 3 ice 4 bronze

ESTRATEGIA

Once you get the gist or main idea of a text by using strategies you've already learned, look for the supporting details. Specific facts and phrases from the text will help you flesh out the main idea and give you a more complete picture of what you are reading about.

Una entrevista con Jennifer Rodríguez

Hablando de su profesión, usted empezó en dos disciplinas: el patinaje de velocidad[5] y el patinaje artístico[6], pero al final se decidió por la primera.

Lo que pasa es que era muy complicado hacer dos deportes al mismo tiempo[7] y tuve que elegir[8] entre uno de los dos.

Dentro del patinaje de velocidad, ¿cuál es su modalidad preferida?

Ahora los 1500 metros, a esa competencia se le considera intermedia y es mi especialidad.

¿Cuáles son sus récords?

1500 y 3000 metros, ambos logrados[9] en Calgary, Canadá.

Usted fue escogida como una de las 100 hispanas más influyentes en Estados Unidos el año pasado. ¿Siente que puede ser una influencia positiva para la juventud hispana en Estados Unidos?

Ese premio fue un gran honor para mí. Yo espero que haya sido[10] de alguna manera una influencia para los jóvenes del deporte, para esos que quizás nunca pensaron qué iban a ser cuando grandes y yo les haya incentivado[11] la curiosidad por practicar el patinaje o algún deporte. Así mismo, ojalá haya influenciado a los jóvenes en general, no necesariamente deportistas, pero que sueñan con destacarse[12] en alguna disciplina.

5 speed skating 6 figure skating 7 at the same time 8 to choose 9 achieved
10 I may have been 11 I have sparked 12 excel

¿Cuáles son los factores más importantes para tener en cuenta[1] antes de una competencia?

Yo diría[2] que casi el 99% de la gente se pone muy nerviosa. Para mí, lo más importante es tratar de seguir una vida normal, con las mismas rutinas, los mismos hábitos alimenticios, levantarse e ir a la cama a la misma hora. Seguir una vida normal será siempre definitivo.

¿Cuál es su rutina para prepararse?

En este momento mi entrenamiento se basa en hacer ciclismo durante el verano, levantar pesas, correr y ejercitarme afuera. Cuando llega el invierno, me entreno en el hielo más tiempo.

¿Cuál ha sido[3] su carrera favorita?

Los 1500 son mis favoritos.

¿A usted le gusta viajar?

Sí, me gusta. Sin embargo, me canso si tengo que estar viajando por períodos de un mes o más. Después de ese tiempo uno empieza a extrañar su comida porque generalmente uno sólo come en restaurantes y llega a ser aburridor. Pero en general, me encanta viajar.

¿Qué significa la palabra triunfo para usted?

El triunfo es todo y para mí como atleta el ganar no significa obtener el primer título[4]. Ganar puede ser obtener una mejor marca personal[5] que el año anterior y eso tiene un significado muy importante para cada deportista. Para mí un ganador es aquél que lucha por superarse[6] a sí mismo y dar lo mejor de sí en una competencia.

1 to have in mind **2** I would say **3** has been
4 first place **5** personal time **6** to surpass

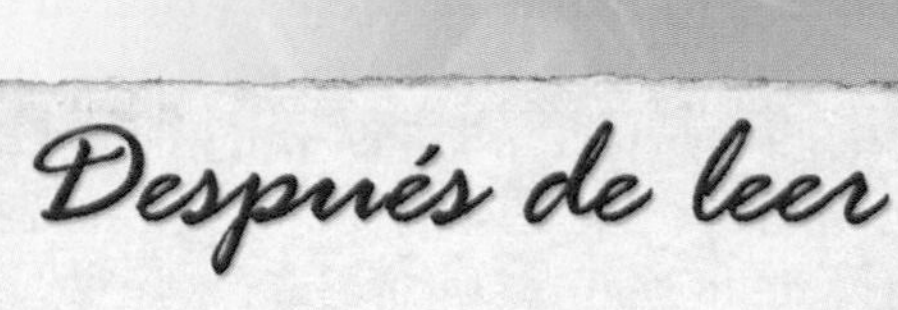

1. ¿Cuál es la especialidad de Jennifer?
2. ¿Qué influencia quiere tener Jennifer en la juventud de Estados Unidos?
3. ¿Cómo se prepara ella para una competencia?
4. ¿Cómo es su entrenamiento?
5. Para ella, ¿qué significa ser un ganador?

Compañeros nocturnos

En Costa Rica y el resto de América Central es común oír hablar de dos animales que acompañan a la gente que se encuentran caminando a solas por la noche. Estos animales extraños[1] se llaman cadejos. Sigue leyendo para saber cómo son los cadejos y el papel[2] que tienen en el folclor de los costarricenses.

1 strange **2** role

ESTRATEGIA

Before you begin reading something, consider what the *genre* is. The genre tells what kind of writing it is: a novel, a poem, a short story, an essay, or a legend, for example. Knowing what genre you're dealing with gives you clues about what you are going to read.

La leyenda de los cadejos

Pocas personas ven los cadejos, pero hay muchas que sienten su presencia y oyen su aullido[3] a sus espaldas. Según dicen, los que se atreven[4] a mirar atrás, los dos cadejos parecen perros grandes y tienen mucho pelo. Sus ojos rojos echan fuego y sus uñas largas y afiladas[5] raspan[6] el suelo al caminar. Los grandes huesos[7] de las bestias crujen[8] fuertemente como los truenos[9]. Estos animales feroces siguen el paso del caminante nocturno como un perro a su dueño, pero cada uno con una intención diferente.

Hay un cadejo bueno y uno malo. El cadejo bueno sirve de defensor y guía del paseante. Le protege de cualquier cosa mala que le pueda ocurrir por la noche y le acompaña hasta que llega seguro a su casa. Es un animal incansable, pero desaparece a la primera luz del día.

A diferencia, el cadejo malo es un animal siniestro que ataca a los que encuentra a solas por la noche. Enemigo de los humanos, busca maneras de hacerles daño y causarles problemas. Quiere asustar al paseante y hacerle andar por mal camino. Cuando el cadejo malo va a hacerle daño al caminante, el cadejo bueno aparece y lo distrae para que el viajero pueda seguir su camino.

3 howl **4** dare **5** sharp **6** scrape
7 bones **8** crunch **9** thunder

Leticia y el cadejo

Hoy, Leticia, una joven costarricense de diecisiete años, tiene que trabajar en la cosecha[1] del café. Desde la primera luz de la mañana Leticia llena y vacía su canasta[2] de café en las carretas[3] destinadas a la tostadora[4]. Todo el pueblo participa: hombres, mujeres, ancianos y niños. Trabajan para cosechar el café en su punto maduro[5].

Durante el almuerzo Leticia escucha una conversación entre dos ancianas que se sientan a su lado.

— Dicen que el cadejo malo anda por aquí y busca a quién atacar por la noche.

— Sí, anoche espantó[6] a mi hermana cuando caminaba a su casa. Escuchó el ruido de unas cadenas[7], las uñas largas del perro en las piedras y al darse la vuelta[8] vio al animal listo para atacar.

— ¡Ay, no me digas! ¿Cómo era?

— Tenía las pupilas como dos llamas[9] rojas, la boca abierta y los dientes grandes y afilados. Ella gritó y trató[10] de esconderse detrás de un árbol. Al mirar otra vez, el animal ya no estaba[11].

Cansada de un largo día de trabajo, Leticia se quita el sombrero y emprende[12] el camino a su casa. Al final de una bajada se despide del grupo y continúa a solas. De repente siente un frío extraño y a lo lejos oye el suave sonido de unas cadenas. "Probablemente son las cadenas que atan los bueyes[13] a las carretas," se dice. Entonces, tiene la sensación de que algo o alguien la sigue de cerca. Leticia da la vuelta y se enfrenta a un animal horrible. De sus ojos salen llamas rojas. La saliva cae de su boca abierta y muestra sus dientes amenazadores. El animal se prepara para saltarle encima.

Leticia se lanza al suelo, se cubre la cabeza y empieza a gritar. No sabe cuánto tiempo permanece así, pero cuando encuentra el valor[14] de abrir los ojos, no hay nada. Sólo ve en la distancia algo que se parece a un perro. Pero es un perro muy distinto al animal que acaba de ver. Leticia se levanta y sigue su camino. Todavía tiene la sensación que alguien, o algo, la acompaña. Pero, ahora ya no tiene miedo.

1 harvest 2 basket 3 carts 4 roasting house 5 ripe 6 scared 7 chains 8 turn around 9 flames 10 shouted and tried 11 was gone 12 starts down 13 oxen 14 is brave enough

Después de leer

1. ¿Cómo son los cadejos?
2. ¿Cuál es la misión del cadejo bueno?
3. ¿Qué quiere hacer el cadejo malo?
4. ¿En qué trabaja Leticia?
5. ¿Quién crees que acompaña a Leticia a casa?

Segovia

La poesía de Gloria Fuertes

Gloria Fuertes nació en 1917 en Madrid en una familia humilde. A los veinte años encontró trabajo como contable[1] en una fábrica[2] y en sus tiempos libres empezó a escribir. Publicó sus primeros versos al año siguiente. Siempre dedicada a los niños y la lectura, organizó la primera biblioteca infantil ambulante[3] para los pequeños pueblos de España. Murió en 1998 después de haber publicado más de noventa libros para niños. Lee estos dos poemas para descubrir por qué Gloria Fuertes es considerada la poetisa de los niños.

1 accountant 2 factory
3 mobile children's library

ESTRATEGIA

What makes a group of words a poem? The imagery in the poem, or the pictures the words create in your mind, is part of what makes a poem come to life. Metaphors are phrases that suggest a likeness or relationship between two things by saying that one thing is another. Before you look closely at the poem, read it aloud and note the images and metaphors the poet uses.

Escribo

Escribo sin modelo
A lo que salga°,
Escribo de memoria
De repente,
Escribo sobre mí,
Sobre la gente,
Como un trágico juego
Sin cartas solitario°,
Barajo° los colores,
Los amores,
Las urbanas personas
Las violentas palabras
Y en vez de echarme al odio°
O a la calle,
Escribo a lo que salga.

2 whatever comes out 8 solitaire without cards
9 I shuffle 13 giving in to hate

Mi abuela es un hada[1]

Mi abuela Mariana
tiene una cana°,
cana canariera°.
Mi abuela Mariana
me cuenta los cuentos
siempre a su manera.
Yo la quiero mucho,
yo la quiero tanto...
Me ducha, me peina
y me lleva al campo.
Me enseña canciones,
me ayuda a estudiar,
dice poesías,
solemos° jugar.
Luego por la noche,
mi abuela me vela°,
un cuento me cuenta
y cuando me duermo,
apaga la vela°,
Mariana mi abuela.
Mi abuela Mariana,
de paja° el sombrero,
el traje de pana°,
mi abuela Mariana,
no parece abuela
que parece un hada.

1 fairy **2** gray hair **3** canary cage **14** we usually **16** watches over me **19** blows out the candle **22** straw **23** corduroy

Después de leer

1. Antes de ser famosa, ¿en qué trabajó Gloria Fuertes para sobrevivir?
2. En el poema *Escribo*, ¿sobre qué escribe la narradora?
3. ¿Por qué crees que escribe?
4. En el poema *Mi abuela es un hada*, ¿cuáles son cuatro cosas que la abuela hace para la narradora?
5. ¿Por qué crees que la abuela le parece un hada?

San Juan

El mofongo

El mofongo es un plato que aparece en los libros de cocina de Puerto Rico desde 1859. Este plato tradicional probablemente llegó a la isla con los esclavos africanos. Es parecido a un plato africano llamado *fufú*, que se come en vez del pan con el plato principal. En el siguiente artículo, Mariel Echegaray nos cuenta un anécdota sobre el mofongo, su preparación y el papel que éste tiene en las tradiciones de su familia. Lee la receta para preparar el mofongo y pruébala para ver cómo te parece.

ESTRATEGIA

When you are faced with something new to read, look for anything that is familiar or will help you identify the type of reading selection that you are dealing with. For example, a quick glance at this reading selection tells you that it includes a recipe. Since you are familiar with recipes, you should have an idea about the information, even if you don't know what all the words mean.

Un plato tradicional

El mofongo es un plato criollo[1] delicioso y fácil de preparar. Cualquier restaurante, fonda[2] o cafetería que se precie de[3] servir comidas "criollas" o "a la sartén" ostenta en su menú varias versiones del mofongo. Sin embargo, hay mofongos y mofongos y cada cual tiene su versión, de acuerdo a su experiencia.

Para mí el mofongo de verdad es el que hacía mi abuela, María Luisa Echeandía, los domingos cuando la casa se llenaba de nietos. Siempre tenía una lata de galletas "Sultana"[4] llena de chicharroncitos[5] hechos por ella, verdaderas miniaturas tostaditas, que se deshacían[6] en la boca. Se levantaba al amanecer[7] y preparaba una olla[8] de bistecs encebollados[9] con el único propósito[10] de servir el glorioso mofongo con la salsa de los bistecs. Aquel mofongo era perfecto, el punto de los plátanos, el toque balanceado de ajo (ni poco ni demasiado) y los chicharrones. Tal vez sea por[11] esa imagen de la perfección que no suelo[12] comer mofongo en casi ningún sitio.

1 local 2 inn 3 takes pride in 4 a brand name of crackers 5 meat cracklings 6 melted 7 dawn 8 pot 9 with onions 10 only purpose 11 it's because of 12 tend

Receta de mofongo

Ingredientes

- 3 plátanos verdes
- 4 tazas de agua
- aceite vegetal
- 1 cucharada de sal
- 3 ajos, pelados
- 1 cucharada de aceite de oliva
- una libra de chicharrón

Preparación

1. Pela[1] los plátanos. Córtalos en tajadas de una pulgada[2] y ponlos en el agua con sal durante 15 minutos.
2. Saca los plátanos del agua y fríelos[3] en aceite vegetal hasta que estén[4] cocidos pero no tostados. Sácalos del aceite y ponlos a un lado[5].
3. En un pilón[6] muele[7] los ajos, añade el aceite de oliva y mezcla bien. Saca la mezcla del pilón y ponla a un lado.
4. En el mismo pilón, muele[8] los plátanos fritos con el chicharrón y luego añade la mezcla del ajo.
5. Combina todo bien en una masa y forma bolas de tres pulgadas de diámetro. Sírvelo caliente.

1 Peel 2 one-inch slices 3 fry them 4 they are 5 aside 6 mortar 7 grind 8 mash

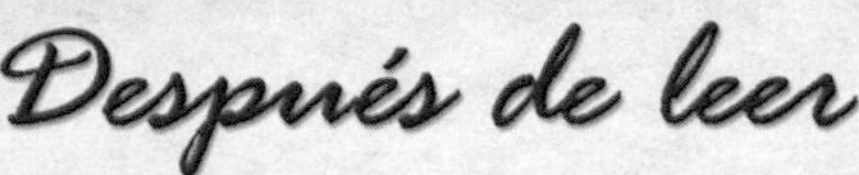

Después de leer

1. ¿De dónde se cree que es originalmente el mofongo?
2. ¿Cuándo preparaba la abuela de la autora el mofongo?
3. ¿Con qué servía ella este plato?
4. ¿Por qué prefiere la autora el mofongo de su abuela?
5. ¿Cuáles son los ingredientes del mofongo?

Santiago

La artesanía chilena

Antes de la llegada de los españoles, los mapuche, también conocidos como los araucanos, ocupaban un gran territorio en el sur de Chile y Argentina. Hoy en día los mapuche componen apenas el 10% de los 15 millones de chilenos. Aunque los mapuche mantienen su idioma (el mapudungun) y muchas de sus ceremonias ancestrales, el arte de la platería[1] mapuche, uno de los símbolos más fuertes de su cultura, se ve en peligro de desaparecer[2]. Lee el siguiente artículo para conocer más a fondo la artesanía mapuche y ver cómo refleja su cultura.

1 silversmithing 2 disappearing

ESTRATEGIA

Many words can be understood based on how they are used in the sentence or paragraph. When you come to an unknown word, try to guess its meaning based on context (the other words around it). What clues do you get from the illustrations or photos? Using contextual clues will make reading easier, quicker, and more enjoyable.

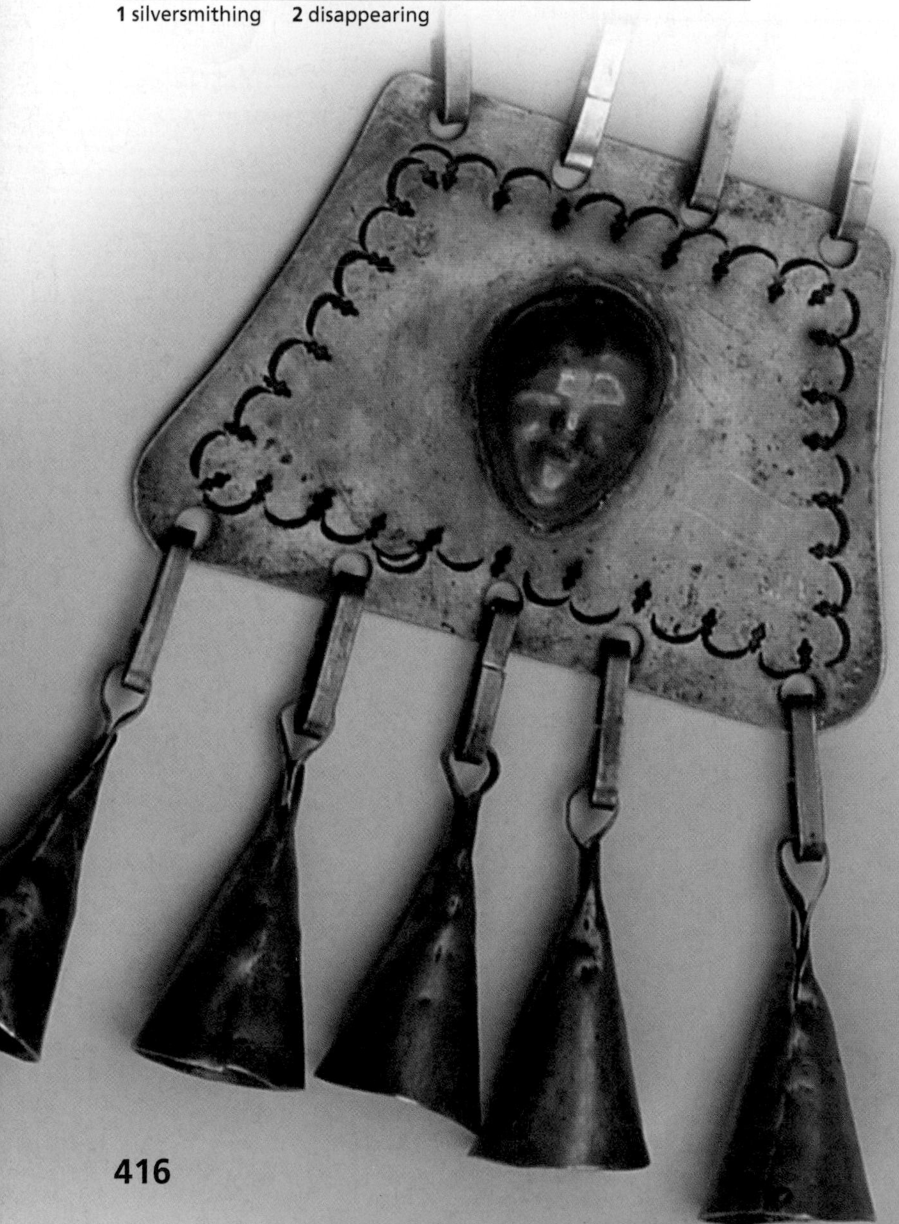

Las joyas: símbolos sociales

Aunque los arqueólogos[3] confirman que los mapuche trabajaban la plata antes de la conquista española, el arte de la platería mapuche alcanzó[4] su mayor desarrollo[5] en el siglo XVIII. Los mapuche aprendieron las técnicas avanzadas de la platería de los españoles y solían usar monedas de plata españolas como materia básica.

Los mapuches fabricaban[6] joyas de plata para demostrar las diferencias sociales y la concentración de poder y riqueza[7] de ciertos individuos y jefes. Sin embargo[8], las joyas pertenecían[9] principalmente a las mujeres; a la mujer de un jefe, por ejemplo. Los hombres no se ponían joyas, pero además de sus mujeres, vestían a sus caballos con cadenas y otros adornos.

3 archaeologists 4 reached
5 greatest development 6 made
7 riches 8 Nevertheless 9 belonged

Las joyas: simbolismo espiritual

Para apreciar las características de las joyas mapuches, hay que mirarlas en conjunto[1], en vez de una por una. El conjunto femenino incluye piezas para la cabeza, el pelo, las orejas, el cuello y el pecho[2], creando la imagen de una aureola[3] alrededor de la cara de la mujer.

Cada pieza[4] del conjunto tiene un nombre especial y un significado espiritual para los mapuche. Las joyas cuentan la relación entre los dos cosmos de los mapuche. El "mapu" es el mundo físico, o la tierra, y el "wenu mapu" es donde residen[5] los ancestros.

Tradicionalmente los jefes mapuches empleaban su propio platero[6] que trabajaba exclusivamente para su familia para hacer sus joyas. Hoy día, el arte de la platería casi no se practica. Sin embargo, unos artistas están intentando[7] penetrar la cultura mapuche para recuperar la sabiduría[8] antigua y prevenir[9] la desaparición[10] de su platería.

1 their entirety 2 chest 3 circle 4 piece 5 reside 6 silversmith 7 are trying 8 wisdom 9 to prevent 10 disappearance

Esta joven luce el conjunto de las joyas femeninas de los mapuche.

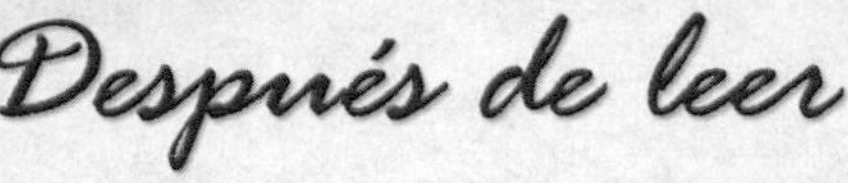

1. ¿Cuáles son dos cosas que los mapuche mantienen hoy en día?
2. ¿Cuándo fue el desarrollo principal de la platería mapuche?
3. ¿Qué función social servían las joyas para los mapuche?
4. ¿Qué historia cuentan las joyas?
5. ¿Quién está intentando recuperar la platería mapuche?

La poesía de Pat Mora

La celebrada escritora, Pat Mora, nació en El Paso, Texas, en 1942. Sus abuelos emigraron a El Paso al principio del siglo XX para escapar de la violencia e incertidumbre de la Revolución mexicana. Mora ha escrito novelas, poesías y cuentos para adultos y niños, muchos de ellos premiados. Dada su herencia mexicana, su interés en conservar las tradiciones y su juventud bicultural y bilingüe, Mora a veces escribe en español. Lee los dos siguientes poemas, publicados en versión bilingüe, para entender por qué Mora se refiere a sí misma como "hija del desierto".

ESTRATEGIA

Sometimes, in order to understand what you've read, you have to understand the separate parts of it first. In a poem, it's helpful to examine the words, images, and symbols before you decide what the main idea or message is.

El desierto es mi madre

Le digo, dame de comer.
Me sirve rojas tunas en nopal espinoso°.

Le digo, juguetea conmigo.
Me salpica° la cara con gotitas de lluvia
en día asoleado.

Le digo, asústame°.
Me grita con truenos y me tira relámpagos.

Le digo, abrázame°.
Me susurra°, "Acuéstate aquí."

Le digo, cúrame.
Me da manzanilla°, orégano y yerbabuena°.

Le digo, acarícíame°.
Me roza° la cara con su cálido aliento°.

Le digo, hazme bella.
Me ofrece turquesa° para mis dedos,
una flor rosada para mi cabello.

Le digo, cántame.
Me arrulla° con sus canciones de viento.

Le digo, enséñame.
Y florece en el brillo del sol,
en el silencio de la nieve,
en las arenas más secas.

El desierto es mi madre.
El desierto es mi madre.

El desierto es mi madre poderosa°.

2 prickly pears on thorny nopal cactus 4 splashes
6 scare me 8 hug me 9 whispers 11 chamomile; mint
12 caress me 13 brushes 13 warm breath
15 turquoise 18 soothes 25 powerful

Oye al desierto

Oye el desierto, pon, pon, pon.
Oye el desierto, pon, pon, pon.

Oye la lechuza, uuu, uuu, uuu.
Oye la lechuza, uuu, uuu, uuu.

Oye el sapito°, plap, plap, plap.
Oye el sapito, plap, plap, plap.

Silba° la culebra, ssst, ssst, ssst.
Silba la culebra, ssst, ssst, ssst.

La paloma arrulla°, currucú,
currucú, currucú.
La paloma arrulla, currucú,
currucú, currucú.

El coyote canta, ahúúú, ahúúú, ahúúú.
El coyote canta, ahúúú, ahúúú, ahúúú.

Oye pescaditos°, plaf, plaf, plaf.
Oye pescaditos, plaf, plaf, plaf.

Oye ratoncitos°, criic, criic, criiic.
Oye ratoncitos, criic, criic, criiic.

Lluvia baila-baila, plin, plin, plin.
Lluvia baila-baila, plin, plin, plin.

Oye, zumba° el viento, zuum, zuum, zuum.
Oye, zumba el viento, zuum, zuum, zuum.

Oye el desierto, pon, pon, pon.
Oye el desierto, pon, pon, pon.

5 little toad **7** Hiss **9** dove coos **13** little fish
15 tiny mice **19** hums

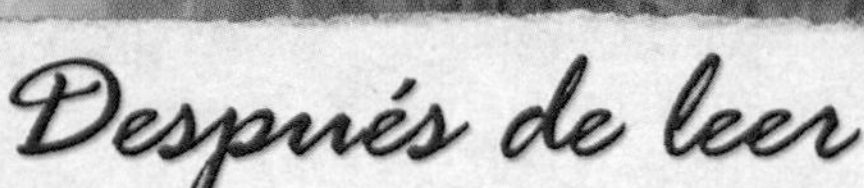

1. En *El desierto es mi madre*, ¿qué hace el desierto para jugar con la niña?
2. ¿Con qué acaricia a la niña?
3. ¿Por qué dice la niña que el desierto es su madre?
4. En *Oye al desierto*, ¿qué piensas que representa el "pon, pon, pon" del desierto?
5. ¿Crees que la poetisa habla del desierto de día o de noche? ¿Por qué?

Buenos Aires

Vivir en la calle Conesa

La obra teatral[1] ***Vivir en la calle Conesa***, de la argentina Adela Basch, es una historia graciosa sobre un hombre que busca una casa en la ciudad. La gracia de la obra se basa en la confusión entre un cliente y un empleado, agente de bienes raíces[2], a causa del uso del doble sentido[3] de algunas palabras. Lee el drama para descubrir cuáles palabras se confunden entre los dos con un resultado desastroso.

1 theatrical work 2 real estate agent 3 double meaning

ESTRATEGIA

Before you read, make some theories about what the reading will be about or what is going to happen. Remember what you have learned about how the genre of a text can give you clues about what you're going to read. You will understand and remember much more if you read with a purpose.

Personajes: **EMPLEADO**, **CLIENTE**

(La escena transcurre en el interior de una oficina. Hay un empleado sentado atrás de un escritorio y en las paredes se ven fotografías de edificios de departamentos y casas. Entra un cliente.)

EMPLEADO Buenos días, señor.

CLIENTE Buenos días. Quisiera comprar una casa.

EMPLEADO Muy bien. *(toma una carpeta)* ¿Qué clase de casa? ¿Le interesa una casa de dos plantas[4]?

CLIENTE ¿Una casa de dos plantas? No sé, a mí me gustan mucho las plantas, me encanta el verde, así que pensaba tener unas cuantas. Seguro más de dos.

EMPLEADO No, señor, yo me refería a una casa con una planta baja y una planta alta.

CLIENTE ¿Una casa con sólo dos plantas, una baja y otra alta? No, no, no, yo quiero tener plantas de muchas clases, grandes, chicas, altas, medianas, y si es posible que algunas tengan[5] flores.

EMPLEADO Señor, yo le estaba ofreciendo una casa con una planta baja y un piso.

CLIENTE ¿Cómo? Hace un momento me dijo que era una casa de dos plantas, y ahora me dice que tiene una planta baja y un piso. Que tenga un piso[6] está bien, porque con uno para pisar[7] me alcanza[8]. Pero no quiero una casa con una sola planta y encima, baja. Ya le dije que me gustan mucho las plantas.

EMPLEADO *(un poco nervioso)* Está bien, está bien, usted puede tener todas las plantas que quiera. *(hojea la carpeta)* Le voy a buscar una casa muy amplia, con mucho espacio para plantas.

CLIENTE Además, me gustaría una casa en un lugar tranquilo.

EMPLEADO Muy bien, voy a buscar una casa que no tenga nada de ruido[9].

CLIENTE Por supuesto, ¡cómo voy a querer ir a un lugar derruido[10]!

EMPLEADO Señor, dije una casa que no tenga nada de ruido.

CLIENTE Pero claro, ¿usted cree que voy a ir a vivir a una pocilga[11], a un lugar derruido?

4 stories 5 should have 6 floor 7 to walk on
8 it's enough for me 9 noise 10 demolished 11 pigsty

Empleado No, no, de ninguna manera. Le voy a ofrecer una casa tranquila, en una calle sin nada de... en una calle sin ruido y que no tenga nada derruido, que esté en perfectas condiciones.

Cliente Eso es. Y que esté bien ubicada[1]. Para mí es muy importante que la ubicación sea buena.

Empleado ¿Le gustaría vivir en la calle Conesa?

Cliente ¿En la calle con ésa?

Empleado Sí, Conesa.

Cliente ¿Con ésa?

Empleado Sí, dije Conesa.

Cliente Pero, ¿se puede saber con quién? *(mira hacia todos lados como buscando a alguien.)* ¿Quién es ésa? ¿De qué me está hablando?

Empleado Señor, le estoy hablando de vivir en la calle Conesa.

Cliente *(gritando.)* ¡Mire, yo no quiero vivir en la calle! ¡Justamente por eso vengo a comprar una casa! ¡Y tampoco quiero vivir con ésa, que ni sé quién es!

Empleado Bueno, bueno, cálmese, por favor. Si no quiere vivir en la calle Conesa le puedo ofrecer otra cosa.

Cliente Sí, sí, mejor ofrézcame otra cosa.

Empleado *(hojeando la carpeta)* Bueno, acá tengo algo interesante.

Cliente ¿En qué calle queda?

Empleado Callao[2].

Cliente ¿Qué dice?

Empleado Callao.

Cliente ¿Qué?

Empleado ¡Callao, señor! ¡Callao!

Cliente ¡De ninguna manera, no me callo[3] nada! ¡Esto es el colmo[4]! Vengo a comprar una casa, primero me quiere vender una donde sólo puedo tener dos plantas, después me quiere mandar a vivir a la calle con ésa que ni sé quién es y ahora me dice que me calle[5]. Mire, señor, mejor me voy de acá. *(gritando)* ¡Y si usted cree que me puede interesar vivir en la calle con ésa, le aconsejo que se haga[6] revisar la cabeza!

---

1 located **2** (name of street) **3** I will not be quiet **4** limit **5** I should be quiet **6** you ought to

Después de leer

1. ¿Cuáles son los dos significados de la palabra *planta*?
2. ¿Cuántas *plantas* quiere el cliente y por qué se enoja?
3. ¿Por qué cree el cliente que el empleado quiere venderle una pocilga?
4. ¿Cuál es la confusión entre los dos sobre el nombre de la Calle Callao?
5. ¿Por qué sale al final el cliente?

La Península Ibérica

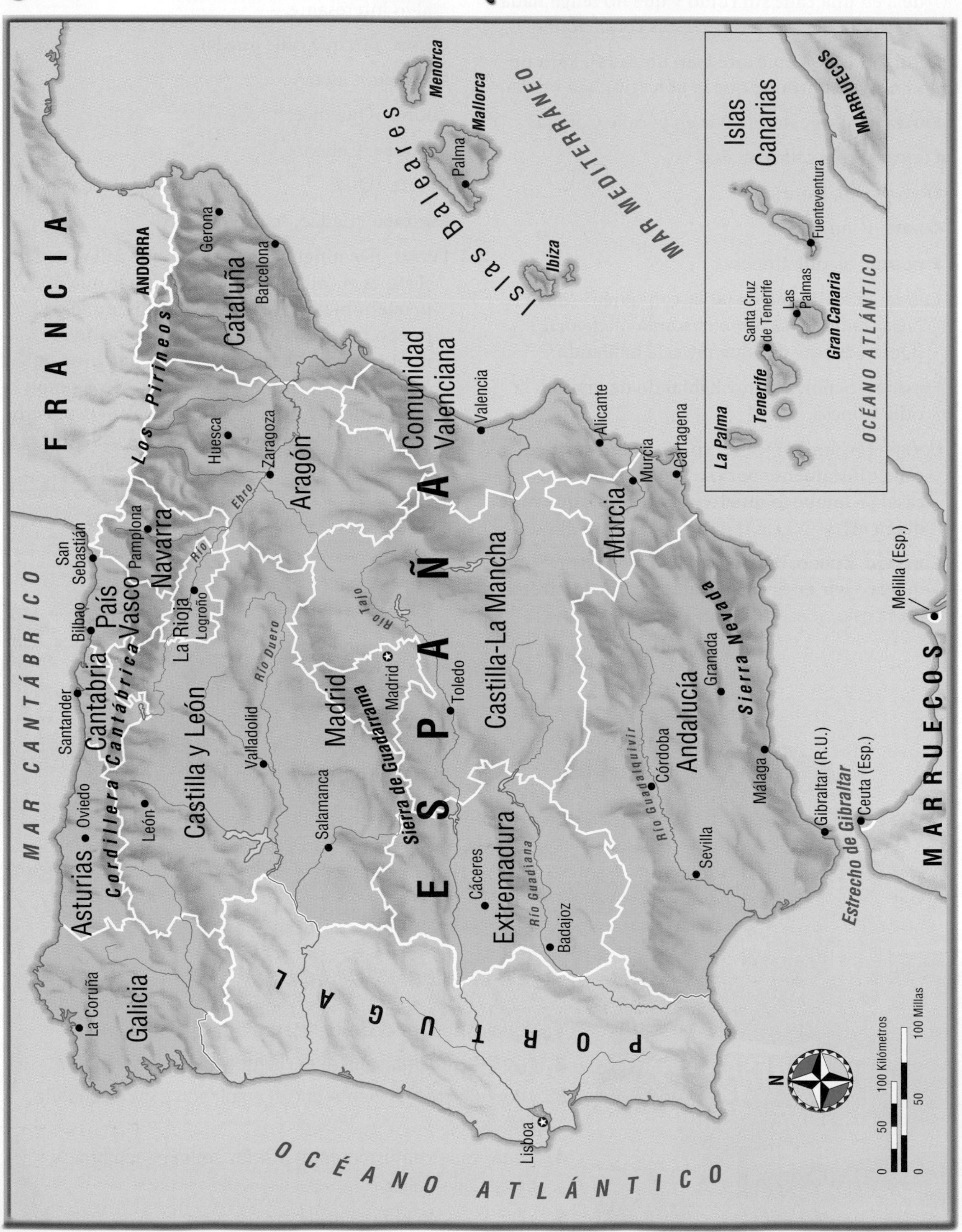

México

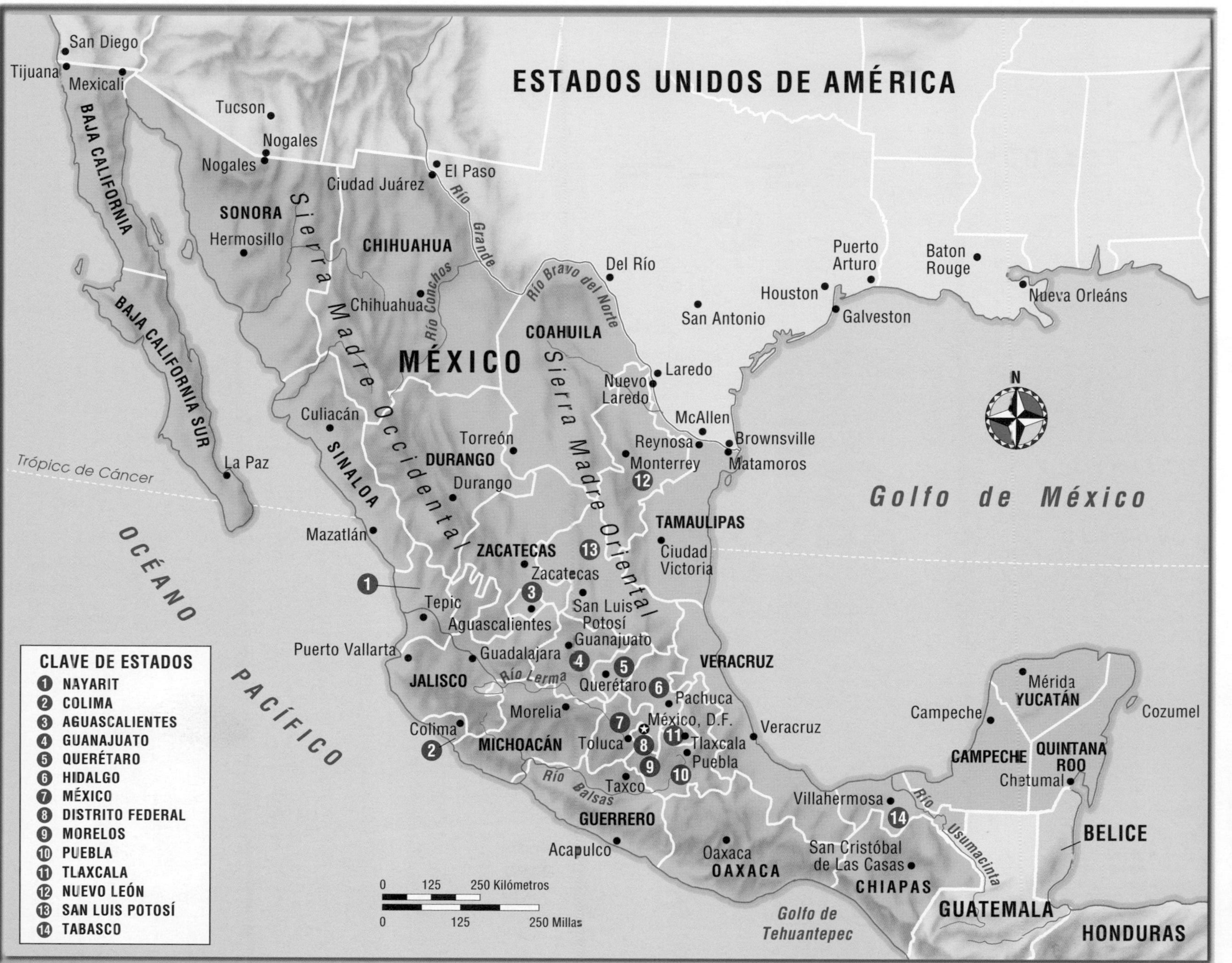

ESTADOS UNIDOS DE AMÉRICA
MÉXICO
Golfo de México
OCÉANO PACÍFICO
Golfo de Tehuantepec
Trópicc de Cáncer
BELICE
GUATEMALA
HONDURAS
BAJA CALIFORNIA
BAJA CALIFORNIA SUR
SONORA
CHIHUAHUA
COAHUILA
SINALOA
DURANGO
ZACATECAS
TAMAULIPAS
VERACRUZ
JALISCO
MICHOACÁN
GUERRERO
OAXACA
CHIAPAS
CAMPECHE
YUCATÁN
QUINTANA ROO
Sierra Madre Occidental
Sierra Madre Oriental
Río Grande
Río Bravo del Norte
Río Conchos
Río Lerma
Río Balsas
Río Usumacinta
San Diego
Tijuana
Mexicali
Tucson
Nogales
Nogales
Hermosillo
La Paz
El Paso
Ciudad Juárez
Chihuahua
Culiacán
Mazatlán
Torreón
Durango
Del Río
Tepic
Aguascalientes
Zacatecas
San Luis Potosí
Guanajuato
Guadalajara
Puerto Vallarta
Colima
Morelia
Querétaro
Toluca
México, D.F.
Pachuca
Tlaxcala
Puebla
Taxco
Acapulco
Oaxaca
Veracruz
Villahermosa
San Cristóbal de Las Casas
Campeche
Mérida
Chetumal
Cozumel
Laredo
Nuevo Laredo
McAllen
Reynosa
Monterrey
Brownsville
Matamoros
Ciudad Victoria
San Antonio
Houston
Galveston
Puerto Arturo
Baton Rouge
Nueva Orleáns
N
0 125 250 Kilómetros
0 125 250 Millas
CLAVE DE ESTADOS
1 NAYARIT
2 COLIMA
3 AGUASCALIENTES
4 GUANAJUATO
5 QUERÉTARO
6 HIDALGO
7 MÉXICO
8 DISTRITO FEDERAL
9 MORELOS
10 PUEBLA
11 TLAXCALA
12 NUEVO LEÓN
13 SAN LUIS POTOSÍ
14 TABASCO

Estados Unidos de América

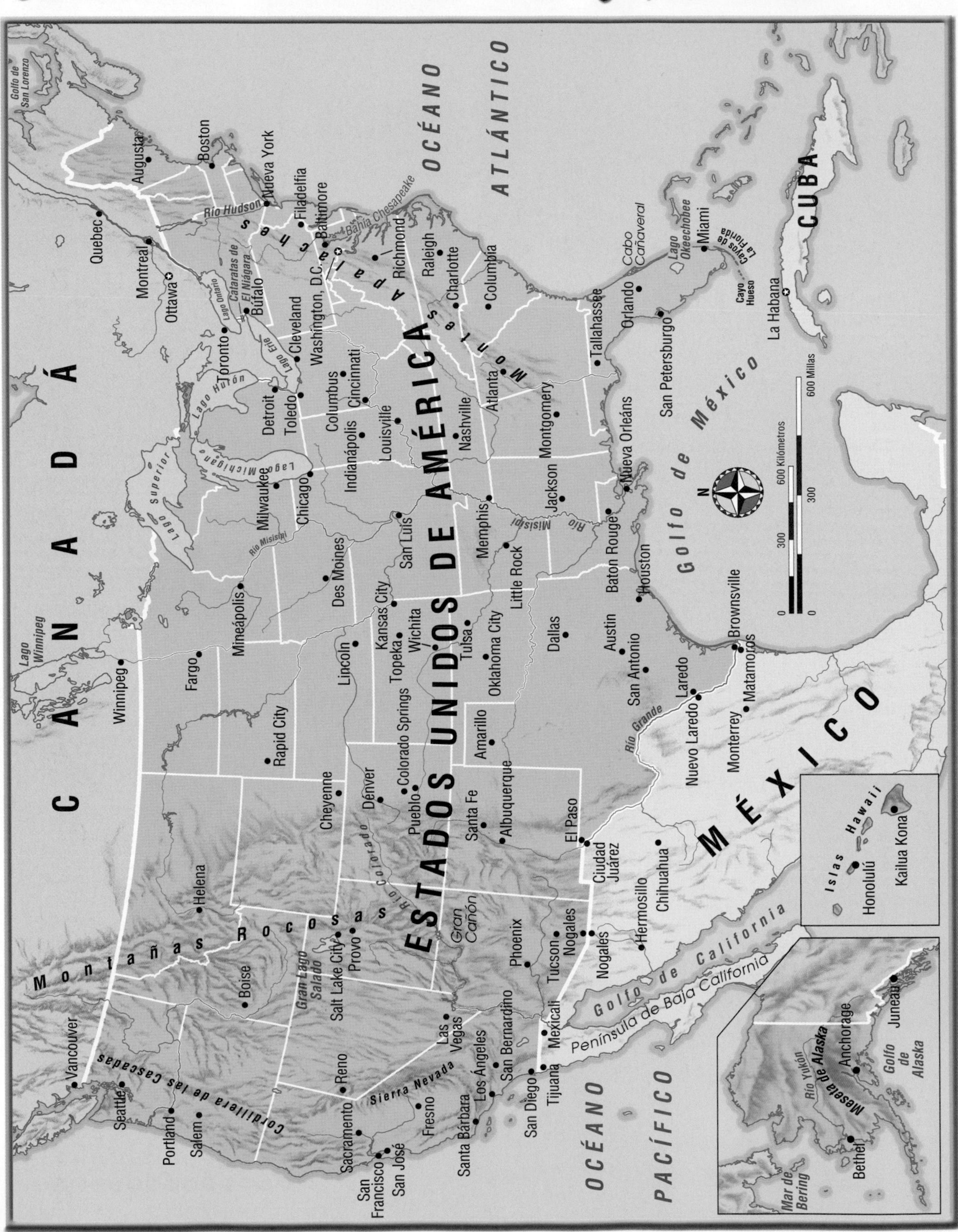

América Central y las Antillas

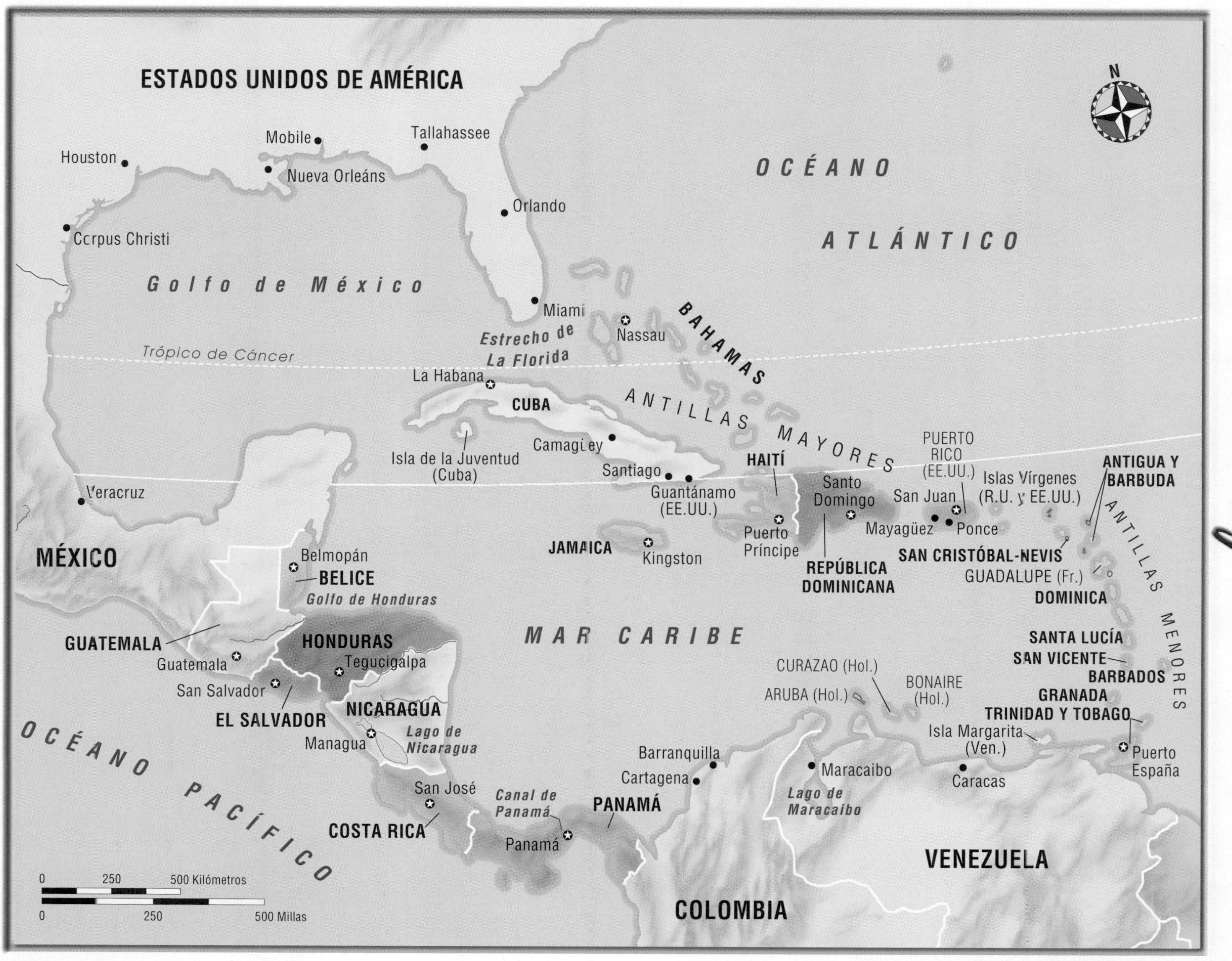

América del Sur

MAR DE LAS ANTILLAS
OCÉANO ATLÁNTICO
América Central
Maracaibo
Caracas
Cartagena
VENEZUELA
Río Orinoco
Ciudad Bolívar
GUYANA
SURINAM
Georgetown
Paramaribo
Cayena
GUAYANA FRANCESA
Medellín
COLOMBIA
Bogotá
Cordillera de los Andes
Río Putumayo
Islas Galápagos
(Ecuador)
Quito
ECUADOR
Guayaquil
Cuenca
Río Amazonas
Manaus
Belén
Ecuador
BRASIL
PERÚ
Recife
Lima
Cuzco
Salvador
Lago Titicaca
La Paz
Brasilia
BOLIVIA
Sucre
OCÉANO
PARAGUAY
Paraná
Río de Janeiro
San Pablo
Asunción
Trópico de Capricornio
Tucumán
Río
CHILE
ARGENTINA
PACÍFICO
Córdoba
Mendoza
URUGUAY
Valparaíso
Santiago
Montevideo
Buenos Aires
Río de la Plata
N
Bariloche
OCÉANO ATLÁNTICO
0
500
1.000 Kilómetros
0
500
1.000 Millas
Estrecho de Magallanes
Islas Malvinas (R.U.)
Punta Arenas
Tierra del Fuego
Cabo de Hornos

Repaso de vocabulario

This list includes words introduced in ***¡Exprésate!*** Level 1. If you can't find the words you need here, try the Spanish–English and English–Spanish vocabulary sections beginning on page R42.

Saludos *(Greetings)*

Buenos días.	*Good morning.*
Buenas tardes.	*Good afternoon.*
Buenas noches.	*Good evening, good night.*
Adiós.	*Goodbye.*
Hasta luego.	*See you later.*
Hasta mañana.	*See you tomorrow.*
Hasta pronto.	*See you soon.*
Nos vemos.	*See you.*
Tengo que irme.	*I've got to go.*

Presentaciones *(Introductions)*

Encantado(a).	*Pleased/Nice to meet you.*
Mucho gusto.	*Pleased/Nice to meet you.*
Igualmente.	*Likewise.*
mi mejor amigo(a)	*my best friend*
mi profesor(a)	*my teacher*
el muchacho	*the boy*
la muchacha	*the girl*
un(a) compañero(a) de clase	*a classmate*

Los números *(Numbers)*

cero	*zero*
uno	*one*
dos	*two*
tres	*three*
cuatro	*four*
cinco	*five*
seis	*six*
siete	*seven*
ocho	*eight*
nueve	*nine*
diez	*ten*
once	*eleven*
doce	*twelve*
trece	*thirteen*
catorce	*fourteen*
quince	*fifteen*
dieciséis	*sixteen*
diecisiete	*seventeen*
dieciocho	*eighteen*
diecinueve	*nineteen*
veinte	*twenty*
veintiuno	*twenty-one*
veintidós	*twenty-two*
treinta	*thirty*
treinta y uno	*thirty-one*
treinta y dos	*thirty-two*
cuarenta	*forty*
cincuenta	*fifty*
sesenta	*sixty*
setenta	*seventy*
ochenta	*eighty*
noventa	*ninety*
cien	*one hundred*
ciento uno	*one hundred and one*
doscientos	*two hundred*
trescientos	*three hundred*
cuatrocientos	*four hundred*
quinientos	*five hundred*
seiscientos	*six hundred*
setecientos	*seven hundred*
ochocientos	*eight hundred*
novecientos	*nine hundred*
mil	*one thousand*
un millón	*one million*

8

22

1.000.000.000

La hora *(Telling Time)*

¿Qué hora es?	*What time is it?*
Son las...	*It's . . . o'clock.*
Es la una.	*It's one o'clock.*
de la mañana	*in the morning*
de la tarde	*in the afternoon*
de la noche	*at night*
en punto	*on the dot*
medianoche	*midnight*
mediodía	*midday, noon*
menos cuarto	*quarter to*
y cuarto	*quarter past*
y media	*half past*

El calendario *(Calendar)*

los días de la semana	*days of the week*
lunes	*Monday*
martes	*Tuesday*
miércoles	*Wednesday*
jueves	*Thursday*
viernes	*Friday*
sábado	*Saturday*
domingo	*Sunday*
los meses del año	*months of the year*
enero	*January*
febrero	*February*
marzo	*March*
abril	*April*
mayo	*May*
junio	*June*
julio	*July*
agosto	*August*
septiembre	*September*
octubre	*October*
noviembre	*November*
diciembre	*December*

Las descripciones *(Descriptions)*

bueno(a)	*good*
malo(a)	*bad*
fácil	*easy*
cómico(a)	*funny*
difícil	*difficult*
aburrido(a)	*boring*
divertido(a)	*fun*
barato(a)	*inexpensive*
caro(a)	*expensive*
grande	*large*
pequeño(a)	*small*
activo(a)	*active*
alto(a)	*tall*
bajo(a)	*short*
antipático(a)	*unfriendly*
simpático(a)	*friendly*
bonito(a)	*pretty*
guapo(a)	*good-looking*
feo(a)	*ugly*
extrovertido(a)	*outgoing*
tímido(a)	*shy*
fenomenal	*awesome*
formidable	*great*
horrible	*horrible*
pésimo(a)	*awful*
gracioso(a)	*witty*
serio(a)	*serious*
moreno(a)	*dark-haired; dark-skinned*
rubio(a)	*blond*
pelirrojo(a)	*red-headed*
perezoso(a)	*lazy*
trabajador(a)	*hard-working*
romántico(a)	*romantic*
inteligente	*intelligent*
intelectual	*intellectual*
tonto(a)	*silly, foolish*
callado(a)	*quiet*
delgado(a)	*thin*
gordo(a)	*fat*
joven	*young*
viejo(a)	*old*
mayor	*older*
menor	*younger*
travieso(a)	*mischievous*
ciego(a)	*blind*
sordo(a)	*deaf*
de color café	*brown*

La comida *(Food)*

el pan (dulce, tostado)	*bread (pastry, toast)*
los cereales	*cereal*
el huevo	*egg*
las frutas	*fruit*
el durazno	*peach*
la manzana	*apple*
la naranja	*orange*
las verduras	*vegetables*
el bróculi	*broccoli*
las espinacas	*spinach*
el tomate	*tomato*
las zanahorias	*carrots*
la comida china (italiana, mexicana)	*Chinese (Italian, Mexican) food*
las hamburguesas	*hamburgers*
las papas (fritas)	*potatoes (French fries)*
la pizza	*pizza*

la ensalada	*salad*
el queso	*cheese*
la sopa	*soup*
el sándwich	*sandwich*
las papitas	*chips*
las empanadas	*turnover-like pastries*
los tamales	*tamales*
la carne	*meat*
el jamón	*ham*
el pescado	*fish*
el atún	*tuna*
el pollo	*chicken*
el tocino	*bacon*
el arroz	*rice*
el maíz	*corn*
el postre	*dessert*

el flan	*flan, custard*
el chocolate	*chocolate*
el pastel	*cake*
las galletas	*cookies*
los dulces	*candy*
el helado	*ice cream*
el batido	*milkshake*
el refresco	*soft drink*
el agua	*water*
el jugo de...	*. . . juice*
el ponche	*punch*
la leche	*milk*
el café	*coffee*

Los deportes y pasatiempos *(Sports and Pastimes)*

el básquetbol	*basketball*
el béisbol	*baseball*
el fútbol	*soccer*
el fútbol americano	*football*
el tenis	*tennis*
el volibol	*volleyball*
levantar pesas	*to lift weights*
caminar	*to walk*
hacer yoga	*to do yoga*
correr	*to run*
montar en bicicleta	*to ride a bike*
nadar	*to swim*
esquiar en el agua	*to water ski*
hacer ejercicio	*to exercise*
patinar	*to skate*
bailar	*to dance*
cantar	*to sing*
tocar el piano	*to play the piano*
descansar	*to rest*
dibujar	*to draw*

escribir cartas	*to write letters*
escuchar música	*to listen to music*
leer revistas y novelas	*to read magazines and novels*
pasar el rato solo(a)	*to spend time alone*
ir de pesca	*to go fishing*
acampar	*to camp*
ayudar en casa	*to help out at home*
hablar por teléfono	*to talk on the phone*
hacer la tarea	*to do homework*
ir de compras	*to go shopping*
sacar fotos	*to take photos*
jugar a juegos de mesa	*to play board games*
navegar por Internet	*to surf the Web*
pasear	*to go for a walk*

salir con amigos	*to go out with friends*
ver televisión	*to watch television*
alquilar videos	*to rent videos*
ver películas	*to watch movies*
jugar a videojuegos	*to play videogames*

En el colegio *(At School)*

las materias	*school subjects*
las ciencias	*science*
la biología	*biology*
la química	*chemistry*
la historia	*history*
las matemáticas	*mathematics*
la computación	*computer science*
el inglés	*English*
el español	*Spanish*
el francés	*French*
el alemán	*German*
el arte	*art*
la educación física	*physical education*
el taller	*shop (class), workshop*
el almuerzo	*lunch*
el bolígrafo	*pen*
la calculadora	*calculator*
la carpeta	*folder*
la computadora	*computer*
el cuaderno	*notebook*
el diccionario	*dictionary*
el lápiz/los lápices	*pencil/pencils*
la mochila	*backpack*
el papel	*paper*
la regla	*ruler*
el reloj	*clock, watch*
los útiles escolares	*school supplies*
el gimnasio	*gym*
el auditorio	*auditorium*
el estadio	*stadium*
la biblioteca	*library*
la cafetería	*cafeteria*
el salón de clase	*classroom*

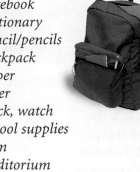

En la ciudad *(Places Around Town)*

el centro	*downtown*
la oficina de correos	*post office*
el cine	*movie theater*
el museo	*museum*
el centro comercial	*mall*
el almacén	*department store*
el edificio	*building*
la iglesia	*church*
la heladería	*ice cream shop*
la joyería	*jewelry store*
la juguetería	*toy store*
la zapatería	*shoe store*
la librería	*bookstore*
el parque	*park*
la piscina	*swimming pool*

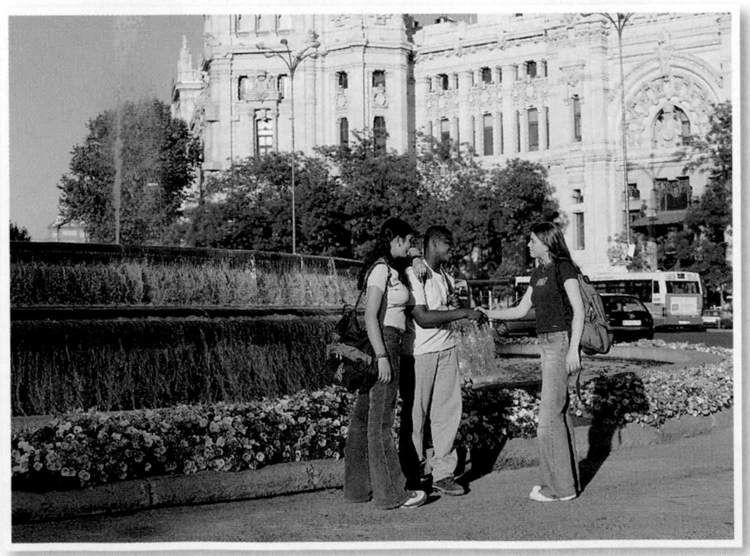

La familia *(Family)*

el padre/papá	*father/dad*
la madre/mamá	*mother/mom*
la abuela	*grandmother*
el abuelo	*grandfather*
la hermana	*sister*
el hermano	*brother*
la hija	*daughter*
el hijo	*son*
la nieta	*granddaughter*
el nieto	*grandson*
la prima	*female cousin*
el primo	*male cousin*
la sobrina	*niece*
el sobrino	*nephew*
la tía	*aunt*
el tío	*uncle*
el perro	*dog*
el gato	*cat*

El cuerpo *(The Body)*

la cabeza	*head*
el pelo	*hair*
la cara	*face*
la boca	*mouth*
los ojos	*eyes*
los dientes	*teeth*
la nariz	*nose*
el oído	*ear*
el cuello	*neck*
la garganta	*throat*
los hombros	*shoulders*
el brazo	*arm*
las manos	*hands*
los dedos	*fingers*
el pecho	*chest*
la espalda	*back*
el estómago	*stomach*
la pierna	*leg*
la pantorrilla	*calf*
los pies	*feet*

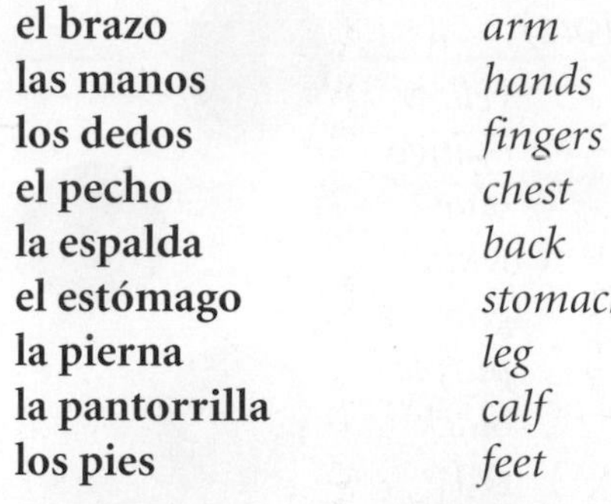

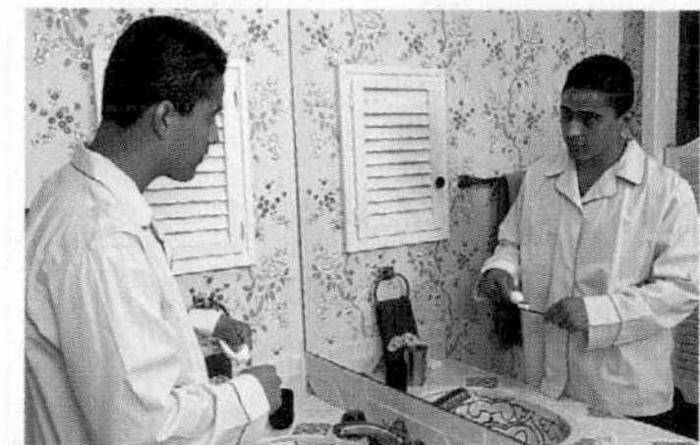

La rutina diaria *(Daily Routine)*

levantarse	*to get up*
afeitarse	*to shave*
bañarse	*to bathe*
secarse	*to dry*
vestirse (i)	*to get dressed*
peinarse	*to comb your hair*
maquillarse	*to put on make-up*
entrenarse	*to work out*
lavarse	*to wash*
relajarse	*to relax*
acostarse (ue)	*to go to bed*

La ropa *(Clothing)*

el abrigo	*(over)coat*
la blusa	*blouse*
las botas	*boots*
los calcetines	*socks*
la camisa	*shirt*
la camiseta	*T-shirt*
la chaqueta	*jacket*
la falda	*skirt*
los pantalones (cortos)	*pants (shorts)*
los vaqueros	*jeans*
el saco	*jacket*
el suéter	*sweater*
el vestido	*dress*
el sombrero	*hat*
el traje de baño	*swimsuit*
las sandalias	*sandals*
los zapatos	*shoes*
el piyama	*pajamas*

Los colores (*Colors*)

amarillo(a)	*yellow*
anaranjado(a)	*orange*
azul	*blue*
blanco(a)	*white*
gris	*gray*
morado(a)	*purple*
negro(a)	*black*
rojo(a)	*red*
verde	*green*

Las celebraciones (*Celebrations*)

el Año Nuevo	*New Year's Day*
el Día de los Enamorados	*Valentine's Day*
el Día de la Madre	*Mother's Day*
el Día del Padre	*Father's Day*
el Día de la Independencia	*Independence Day*
el Día de Acción de Gracias	*Thanksgiving Day*
Hanukah	*Hanukkah*
la Navidad	*Christmas*
la Nochebuena	*Christmas Eve*
La Nochevieja	*New Year's Eve*
la Semana Santa	*Holy Week*
el cumpleaños	*birthday*
la boda	*wedding*
el aniversario	*anniversary*
el día de tu santo	*your saint's day*
la graduación	*graduation*
la quinceañera	*a girl's fifteenth birthday*

De viaje (*Travel*)

el aeropuerto	*airport*
la aduana	*customs*
el avión	*airplane*
el boleto de avión	*plane ticket*
el (la) agente	*agent*
la llegada	*arrival*
la salida	*departure*
la bolsa	*travel bag, purse*
el control de seguridad	*security checkpoint*
la tarjeta de embarque	*boarding pass*
la sala de espera	*waiting room*
el mapa	*map*
el mostrador	*counter*
facturar el equipaje	*to check luggage*
la maleta	*suitcase*
la oficina de cambio	*money exchange*
el (la) pasajero(a)	*passenger*
el pasaporte	*passport*
el carnet de identidad	*ID*
la puerta	*gate*
el cajero automático	*automatic teller machine*
el autobús	*bus*
el barco	*boat*
la lancha	*motorboat*
la canoa	*canoe*
el bote de vela	*sailboat*
el tren	*train*
el taxi	*taxi*
la isla	*island*
el lago	*lake*
el metro	*subway*
el país	*country*
el parque de diversiones	*amusement park*
las ruinas	*ruins*
el zoológico	*zoo*
la playa	*beach*

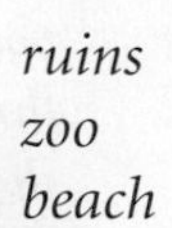

Vocabulario adicional

This list includes additional vocabulary that you may want to use to personalize activities. If you can't find the words you need here, try the Spanish–English and English–Spanish vocabulary sections beginning on page R42.

La familia *(Family)*

los antepasados — *ancestors*
la hermanastra — *stepsister*
el hermanastro — *stepbrother*
la madrastra — *stepmother*
el padrastro — *stepfather*
los parientes — *relatives*
la viuda — *widow*
el viudo — *widower*

Las profesiones *(Professions)*

el (la) agricultor(a) — *farmer*
el (la) astronauta — *astronaut*
el (la) carpintero(a) — *carpenter*
el (la) chofer — *driver*
el (la) científico(a) — *scientist*
el (la) contador(a) — *accountant*
la costurera — *seamstress*
el (la) empleado(a) — *employee*
el (la) fotógrafo(a) — *photographer*
el (la) electricista — *electrician*
el (la) historiador(a) — *historian*
el (la) intérprete — *interpreter*
el (la) juez — *judge*
el (la) maestro(a) — *teacher*
el (la) mecánico(a) — *mechanic*
el (la) obrero(a) — *worker*
el (la) periodista — *journalist*
el (la) plomero(a) — *plumber*
el (la) redactor(a) — *editor*
el (la) reportero(a) — *reporter*
el sacerdote — *priest*
el (la) sastre — *tailor*
el (la) traductor(a) — *translator*

En la casa *(In the House)*

la almohada — *pillow*
el ático — *attic*
el aparador — *cabinet, sideboard*
el calentón — *space heater*
la despensa — *pantry*
el espejo — *mirror*
el sótano — *basement*
el ventilador — *fan*

Las tiendas *(Stores)*

la dulcería — *candy shop*
la sombrerería — *hat shop*
la tienda de abarrotes — *grocery store*
la tienda deportiva — *sporting goods store*
la tienda de electrónicos — *electronics store*
la tortillería — *tortilla shop*

En la ciudad *(Places Around Town)*

el campo de golf — *golf course*
la discoteca — *discotheque*
la guardería infantil — *day-care center*
el palacio de justicia — *courthouse*
el rascacielos — *skyscraper*

El cuerpo humano *(The Human Body)*

el ábdomen	*abdomen*
el apéndice	*appendix*
el cachete	*cheek*
las costillas	*ribs*
las coyunturas	*joints*
el cuero cabelludo	*scalp*
el hígado	*liver*
el intestino	*intestine*
la mandíbula	*jaw*
la nuca	*back of the neck*
el nudillo	*knuckle*
el párpado	*eyelid*
el puño	*fist*
los riñones	*kidneys*

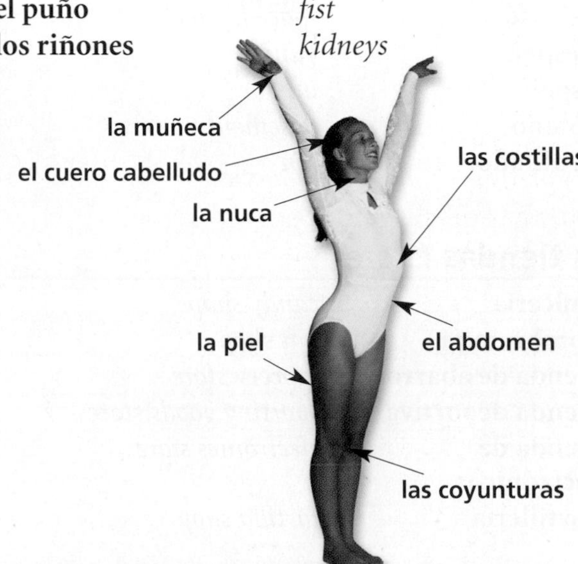

Los intereses *(Interests)*

la charrería	*Mexican rodeo*
la corrida de toros	*bullfight*
ir de cacería	*to go hunting*
jugar a golf con discos	*to play disc golf*
jugar a las paletas	*paddle ball*
lanzarse en paracaídas	*to skydive*
surfear	*to surf*

Para describir a otras personas *(To Describe Other People)*

agradable	*pleasant*
agresivo(a)	*aggressive*
aplicado(a)	*studious*
arrogante	*arrogant*
callado(a)	*quiet*
confidente	*confident*
conservador(a)	*conservative*
erudito(a)	*knowledgeable, well-educated*
humilde	*humble*
idealista	*idealistic*
independiente	*independent*
inseguro(a)	*insecure*
justo(a)	*fair*
liberal	*liberal*
maduro(a)	*mature*
magnánimo(a)	*generous, big-hearted*
materialista	*materialistic*
mimado(a)	*spoiled*
moderado(a)	*well-balanced*
pensativo(a)	*pensive, thoughtful*
prudente	*cautious*
rebelde	*rebellious*
singular	*unique*
sofisticado(a)	*sophisticated*
tacaño(a)	*stingy*
terco(a)	*stubborn*
Tiene...	*He/ She has...*
mal genio	*a bad disposition*
buen genio	*a good disposition*
buen corazón	*a good heart*

La comida *(Food)*

la aceituna	*olive*
la barbacoa	*grilled meat*
el bonbón	*chocolate candy, bonbon*
las calabacitas	*squash*
las cigalas	*crayfish*
congelar	*to freeze*
la conserva	*preserves*
la crema de maní	*peanut butter*
guisar	*to stew*
el hongo	*mushroom*
la jalea	*jelly*
el pepino	*cucumber*

Pesas y medidas *(Weights and Measures)*

el centímetro	*centimeter*
el decímetro	*decimeter*
el galón	*gallon*
el kilómetro	*kilometer*
el litro	*liter*
el metro	*meter*
el milímetro	*millimeter*
la milla	*mile*
el pie	*foot*
la pulgada	*inch*

De compras *(Shopping)*

a plazos, en mensualidades	*in installments*
ajustado(a)	*tight*
al contado	*in cash*
al por mayor	*wholesale*
al por menor	*retail*
la factura	*bill*
el modo de pagar	*form of payment*
No combinan.	*They don't go together.*
la tarjeta débito	*debit card*

Los animales *(Animals)*

la ardilla	*squirrel*
la ballena	*whale*
el (la) becerro(a)	*calf*
el buey	*ox*
el burro	*donkey*
el cangrejo	*crab*
el conejo	*rabbit*
el ganso	*goose*
la golondrina	*swallow*
el tiburón	*shark*
la gaviota	*seagull*
la langosta	*lobster*
el lobo	*wolf*
el loro	*parrot*
la oveja	*sheep*
la paloma	*pigeon*
el pato	*duck*
el pavo	*turkey*
el pavo real	*peacock*
el puma	*American panther*
la rana	*frog*
la rata	*rat*

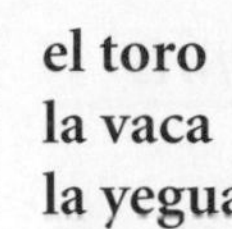

el toro	*bull*
la vaca	*cow*
la yegua	*mare*

Las condiciones del tiempo *(Weather Conditions)*

el aguacero	*strong rain*
el aguanieve	*sleet*
la avalancha	*avalanche*
el barómetro	*barometer*
el chubasco	*downpour*
el frente frío	*cold front*
la granizada	*hail storm*
el monzón	*monsoon*
la ola de calor	*heat wave*
la sequía	*drought*
el termómetro	*thermometer*
el torbellino	*whirlwind*
la tormenta de nieve	*snowstorm*
la tromba marina	*waterspout*

De vacaciones *(On Vacation)*

el bloqueador solar	*sunblock*
el centro de información turística	*tourist office*
el certificado de nacimiento	*birth certificate*
el certificado de vacunación	*immunization record*
la frontera	*border*
la excursión	*tour*
el (la) guardia fronterizo(a)	*border guard*
el (la) huésped	*guest*
la inmigración	*immigration*
el itinerario	*itinerary*
el seguro médico	*health insurance*
la visa	*visa*
la vista	*view*

Unidades monetarias *(Monetary Units)*

Argentina — *el peso*
Bolivia — *el boliviano*
Chile — *el peso*
Colombia — *el peso*
Costa Rica — *el colón*
Cuba — *el peso*
Ecuador — *el dólar americano*
El Salvador — *el colón*
España — *el euro*
Guatemala — *el quetzal*
Honduras — *el lempira*
México — *el nuevo peso*
Nicaragua — *el córdoba*
Panamá — *el balboa*
Paraguay — *el guaraní*
Perú — *el sol*
Puerto Rico — *el dólar americano*
República Dominicana — *el peso*
Uruguay — *el peso*
Venezuela — *el bolívar*

Las nacionalidades y los orígenes *(Nationalities and Origins)*

africano(a) — *African*
alemán, alemana — *German*
árabe — *Arab*
asiático(a) — *Asian*
australiano(a) — *Australian*
brasileño(a) — *Brazilian*
chino(a) — *Chinese*
coreano(a) — *Korean*
costarricense — *Costa Rican*
danés, danesa — *Danish*
dominicano(a) — *Dominican*
europeo(a) — *European*
griego(a) — *Greek*
holandés, holandesa — *Dutch*
hindú — *Indian*
indio(a) — *American Indian*
irlandés, irlandesa — *Irish*
israelí — *Israeli*
italiano(a) — *Italian*
japonés, japonesa — *Japanese*
noruego(a) — *Norwegian*
puertorriqueño(a) — *Puerto Rican*
ruso(a) — *Russian*
sudafricano(a) — *South African*
sueco(a) — *Swedish*
suizo(a) — *Swiss*
tailandés, tailandesa — *Thai*
turco(a) — *Turkish*
vietnamita — *Vietnamese*

Las asignaturas *(School Subjects)*

la administración de empresas — *business administration*
el civismo — *civics*
la física — *physics*
la filosofía — *philosophy*
la fotografía — *photography*
la informática — *computer science*
la lógica — *logic*
la mecanografía — *typing*
la pedagogía — *education*
el periodismo — *journalism*
el procesamiento de textos — *word-processing*

la química — *chemistry*
la psicología — *psychology*
la tecnología — *technology*

Los colores *(Colors)*

beige — *beige*
brillante — *bright*
claro(a) — *light*
colorado(a) — *red*
dorado(a) — *golden*
metálico(a) — *metallic*
oscuro(a) — *dark*
plateado(a) — *silver*
turquesa — *turquoise*

Las expresiones de tiempo *(Time Expressions)*

ahora mismo	*right now*
ahorita	*now, very soon*
al rato	*in a little while*
un día sí y otro no	*every other day*
de/desde... hasta	*from…until*
en ocho días	*in a week*
en quince días	*in two weeks*
en un dos por tres	*in the blink of an eye*
la quincena	*a two-week period*

La geografía *(Geography)*

África	*Africa*
América Central	*Central America*
América del Norte	*North America*
América del Sur	*South America*
Antártida	*Antarctica*
Asia	*Asia*
Australia	*Australia*
el cabo	*cape*
el canal	*canal*
el ecuador	*equator*
el estrecho	*strait*
Europa	*Europe*
el hemisferio	*hemisphere*
el meridiano	*meridian*
la península	*peninsula*
el polo norte	*North Pole*
el polo sur	*South Pole*
la zona cronológica	*time zone*

Océanos y mares *(Oceans and Seas)*

el Golfo de México	*Gulf of Mexico*
el Golfo Pérsico	*Persian Gulf*
el Mar Caribe	*Caribbean Sea*
el Mar Caspio	*Caspian Sea*
el Mar Mediterráneo	*Mediterranean Sea*
el Océano Ártico	*Arctic Ocean*
el Océano Atlántico	*Atlantic Ocean*
el Océano Índico	*Indian Ocean*
el Océano Pacífico	*Pacific Ocean*

Los números *(Numbers)*

diez millones	*ten million*
cien millones	*one hundred million*
mil millones	*one billion*
un billón	*one trillion*

La tecnología *(Technology)*

los altavoces, las bocinas	*speakers*
la carpeta	*folder*
el ciberespacio	*cyberspace*
los cibernautas	*Internet users*
la contraseña	*password*
el control remoto	*remote control*
la copia de respaldo	*backup*
el micrófono	*microphone*
los multimedios	*multimedia*
el procesador	*microprocessor*
el programa	*program*
el reproductor de MP3	*MP3 player*
subir archivos	*to upload files*
la tarjeta	*chip*
el teléfono celular	*cellular telephone*

La ropa *(Clothing)*

la bata	*robe*
los botones	*buttons*
el calzado	*footwear*
el camisón	*nightgown, nightshirt*
el chaleco	*vest*
el cordón de zapato	*shoelace*
la cremallera	*zipper*
la gorra	*cap*
la minifalda	*miniskirt*
las pantimedias	*panty hose*
las pantuflas	*slippers*
la ropa interior	*underwear*
la sudadera	*sweatshirt*

Temas de interés *(Topics of Interest)*

las amistades	*friendships*
la astrología	*astrology*
la carrera	*career, profession*
los chismes	*gossip*
los conflictos	*conflicts*
la corrupción	*corruption*
la discriminación	*discrimination*
el divorcio	*divorce*
la filosofía	*philosophy*
el gobierno	*government*
las leyes	*laws*
lo que pasa en el mundo	*what's going on in the world*
el matrimonio	*marriage*

el noviazgo	*engagement*
el prejuicio	*prejudice*
las relaciones	*relationships*
la religión	*religion*
el terrorismo	*terrorism*

Refranes *(Proverbs)*

Tres al saco, y el saco en tierra.
Too many cooks spoil the broth.

Lo que el agua trae, el agua lleva.
Easy come, easy go.

Ojo por ojo, diente por diente.
An eye for an eye and a tooth for a tooth.

Quien fue a Sevilla perdió su silla.
Finders keepers, losers weepers.

En el peligro se conoce al amigo.
A friend in need is a friend indeed.

La ley es ley para todos.
What's good for the goose is good for the gander.

No muerdas la mano que te da de comer.
Don't bite the hand that feeds you.

Eso es harina de otro costal.
That's a horse of a different color.

Le da la mano y se toma el brazo (pie).
Give him an inch and he'll take a mile.

Aprendiz de todo, oficial de nada.
Jack of all trades, master of none.

Al freír será el reír.
He who laughs last, laughs best.

A lo hecho, pecho.
There's no use crying over spilled milk.

La necesidad es la madre de la inventiva.
Necessity is the mother of invention.

Lo que algo vale, algo cuesta.
You can't make an omelet without breaking eggs.

Alquimia probada, tener renta y no gastar nada.
A penny saved is a penny earned.

Siempre llueve sobre mojado.
When it rains, it pours.

Donde fueres, haz lo que vieres.
When in Rome, do as the Romans do.

Cuando el río suena, agua lleva.
Where there's smoke there's fire.

En la variedad está el gusto.
Variety is the spice of life.

Tanto va el cántaro a la fuente que alguna vez se quiebra.
Don't press your luck.

El que no se arriesga no pasa la mar.
Nothing ventured, nothing gained.

Sobre gustos no hay nada escrito.
To each his own.

Expresiones de ¡Exprésate!

Functions are probably best defined as the ways in which you use a language for particular purposes. When you find yourself in specific situations, such as in a restaurant, in a grocery store, or at school, you will want to communicate with those around you. In order to do that, you have to "function" in Spanish: you place an order, make a purchase, or talk about your class schedule.

Here is a list of the functions presented in this book and the Spanish expressions you'll need to communicate in a wide range of situations. Following each function is the chapter and page number where it is introduced.

Socializing

Talking about plans and places
Ch. 1, p. 20
¿Qué quieres hacer...?
Quiero ir a... (salir).
¿Adónde piensan ir...?
Vamos a ir a/al...
¿Prefieres ir a/al... o a/al...?
Prefiero ir a/al...
¿Tienes planes para...?
No sé. Tengo ganas de...

Introducing people and responding to introductions
Ch. 2, p. 48
Te presento a...
Mucho gusto.
El gusto es mío.
Le presento a...
Encantado(a)... Me llamo...
...quiero presentarte a...
Igualmente.

Ordering in a restaurant
Ch. 7, p. 247
¿Nos trae...?
Sí, inmediatamente...
Cómo no. ¿Se les ofrece algo más?
¿Qué nos recomienda...?
Pues... está... Se lo recomiendo. Es...
Tráiganos... por favor.
Por supuesto. Enseguida se la/lo traigo.

Bargaining in a market
Ch. 8, p. 299
Estoy buscando... para...
Tenemos un gran surtido de...
¿Cuánto valen...?
Le voy a dar un precio especial. Se los dejo en...
¿Me puede rebajar el precio de...?
Bueno, se lo/la regalo por... pero es mi última oferta.

Talking about what you and others will do
Ch. 9, p. 339
¿Qué vas a hacer si...?
Voy a...
¿Adónde irás este...?
Iré a... o...
¿Qué harán... en...?
Jugaremos con...

Exchanging information

Asking about people, routines, and activities
Ch. 1, p. 7
¿Cómo eres tú?
Soy...
¿Cómo son tus...?
Son...
¿Qué haces todas la mañanas?
Me levanto...
¿Qué hacen... los fines de semana?
Ven televisión...

Offering help and talking about chores
Ch. 1, p. 19
¿Puedo ayudarte?
Sí, pasa la aspiradora...
¿Que hay que hacer en...?
Tenemos que...
¿Qué más tengo que hacer?
Debes...
¿Algo más?
Sí. No te olvides de...

Asking what people do for a living
Ch. 2, p. 47
¿A qué se dedica...?
Es... Sabe... mejor que nadie.
¿Qué clase de trabajo realiza...?
Es... Sabe...

Describing a house
Ch. 2, p. 59
¿Me dices dónde está...?
Está enfrente de... en el... piso.
Descríbeme tu...
Es... pero... Hay... al lado de...

Asking for information
Ch. 3, p. 87
¿Me podría decir si...?
No estoy seguro(a). Creo que sí.
Sí, claro. Se abre a...
Disculpe, ¿sabe usted dónde se puede...?
Pregúntele a alguien en...

Talking about where someone went and what he or she did
Ch. 3, p. 89
¿Adónde fuiste...?
Di una vuelta por... con...
¿Qué hicieron?
Tuve que... Pasé por... y luego... Mi hermana fue...

Asking for and giving directions
Ch. 3, p. 99
Perdón, ¿cómo puedo llegar a...?
Siga adelante/derecho... Doble a... en el cruce de... con...
Disculpe, ¿vamos bien para...?
Sí, van bien. Hay que subir/bajar... No pueden perderse.

Asking for clarification
Ch. 3, p. 101
Perdón, ¿puede repetir lo que dijo?
Entonces, lo que tengo que hacer es...
¿Otra vez, por favor?

Asking how something turned out
Ch. 4, p. 127
¿Cómo salió...?
Fue todo un éxito (un fracaso). Ganamos (Perdimos)...
¿Cómo te fue en...?
Me fue muy bien (mal).
¿Qué tal estuvo...?
Estuvo...

Talking about getting hurt
Ch. 4, p. 139
¿Qué te pasó?
¡Uf! Me di un golpe en... con...
¿Qué tienes?
Me corté... Ahora lo tengo...

Talking about how long something has been going on
Ch. 5, p. 180
¿Cuánto tiempo hace que...?
Hace mucho/poco... Estoy loco(a) por...
¿Sigues practicando...?
Ya no. En estos días paso mucho tiempo...

Saying what you used to do and what you wanted to be
Ch. 6, p. 209
¿Qué hacías de niño(a)?
Solía... Solíamos...
¿Qué querías ser? ¿Con qué soñabas?
Soñaba con ser...

Describing people and things in the past
Ch. 6, p. 219
¿Cómo eras en aquel entonces?
Era... Siempre... y hacía...
¿Y tus amigos? ¿Cómo eran?
Mi mejor amigo(a) era... Me caía muy bien.

Talking about your diet
Ch. 7, p. 259
¿Llevas una...?
Evito... porque tiene... Trato de incluir...
¿Le echas mucha... o...?
No le echo... pero sí le pongo...

Describing the preparation of food
Ch. 7, p. 260
¿Cómo se prepara...?
Se corta..., se le añade..., se hornea...
¿Qué lleva...? Sabe a...
Le eché solamente...
...huele a... ¡Qué rico!
Gracias. Lleva...

Talking about shopping for clothes
Ch. 8, p. 289
¿Encontraste lo que buscabas?
Quería... pero no había...
No iba a comprar..., pero...
Vi que... estaba(n) en oferta, así que...

Talking about a place and its climate
Ch. 9, p. 327
¿Adónde fuiste de vacaciones durante...? ¿Estaba...?
Fui a... ¡Qué clima tan seco!
También fui a... Llovió a cántaros y cayó granizo.

Telling a story
Ch. 9, p. 329
Estaba en... Llovía y...
De repente...
Me dio mucho... Decidí...

Asking for and giving information
Ch. 10, p. 369
¿Sabe usted a qué hora...?
No estoy seguro. Lo puede averiguar allá en...
Disculpe, ¿hay... por aquí?
Hay uno... Está a... cuadras.
¿Me podría decir cuánto cuesta...?
Por supuesto. Es gratis.

Talking about where you went and what you did
Ch. 10, p. 379
¿Adónde fuiste...?
Hice un tour por...
¿Qué hiciste?
No hice nada. Me hice amigo de...

Asking about the latest news
Ch. 10, p. 381
¿Qué noticias tienes de...?
No lo vas a creer, pero...
¿Sigues pensando en...?
No, ando planeando...
¿Ya sabías que...?
¡No me digas!
Cuéntame lo que pasó...
Eran como... De repente...

Expressing Attitudes and Opinions

Expressing likes and dislikes
Ch. 1, p. 8
¿Te gustan más... o...?
A mí no me gusta... Prefiero...
¿Qué te gusta hacer...?
Me gusta.... Voy a/al...
Y a tus amigos, ¿qué les gusta hacer? A ellos les gusta...

Asking for and giving advice
Ch. 4, p. 141
Estoy mal. Tengo tos y me duele...
Quédate en... y tómate este...
Tengo un dolor de... que no se me quita.
¡Pobrecito(a)! Tómate unas...

Expressing interest and disinterest
Ch. 5, p. 179
¿Te interesan...?
¡Ay, qué pesado! No me interesan para nada.
¿Te interesa...?
No, me llama más la atención...

Talking about what you used to like and dislike
Ch. 6, p. 207
¿Qué te gustaba hacer...?
Me fascinaba... pero odiaba...
De pequeño(a), ¿te llevabas bien con...?
¡Al contrario! Me fastidiaba...

Asking how food tastes
Ch. 7, p. 248
¿Qué tal está...?
Le falta...
¿Probaste...?
No te la recomiendo. Está echada a perder/quemada.
¡Está en su punto/exquisito(a)/perfecto(a)!

Talking about trying on clothes and how they fit
Ch. 8, p. 287
¿Cómo te quedan...?
Me quedan...
¿Cómo me veo con...?
¡Te ves guapísimo! Esa... es la más... de todas.
¿Qué te parece...?
De verdad, no te sienta bien.

Stating preferences
Ch. 8, p. 301
¿Cuál prefieres... o...?
Francamente, prefiero...
¿Cuáles te gustan más, estos... o...?
Me gustan más...

Asking for and making recommendations
Ch. 10, p. 367
¿Qué... me recomienda?
¿Ha comido en...? Tiene... a...
¿Y qué hay que hacer por aquí?
Si... no ha ido a... debe ir. ¡Es increíble!
¿Debo tomar...?
Le aconsejo que tome... Es más... y...

Expressing Feelings and Emotions

Saying what needs to be done and complaining
Ch. 2, p. 61

Hay que...
¡Ay, qué pesado! Ya lo hice mil veces.
Debes...
Estoy harto(a) de...
...haz el favor de...
¡No es justo! A... nunca le toca...

Talking about reacting to events
Ch. 4, p. 128

¿Cómo te sentiste cuando...?
Me dio mucha... ¡Me puse a...!
Me puse muy... Me reí mucho.
¿Cómo reaccionaste cuando...?
¡Me dio...! Me dieron ganas de...

Talking about an emotional reaction
Ch. 6, p. 220

¿Cómo te sentiste cuando supiste...?
Cuando oí la noticia no lo quise creer.
Cuando me enteré, no lo pude creer.
¡Me pareció fenomenal!

Wondering out loud
Ch. 9, p. 341

¿Cómo será el clima en...? ¿Hará mucho...? ¿Habrá...?
Ya encontré... ¿Dónde estarán...?
Mañana voy a... Espero que el viaje sea...

Persuading

Telling someone to hurry
Ch. 5, p. 167

¡Date prisa! ¡Siempre te tardas tanto en...!
No te preocupes. Acabo de... Sólo me falta...
¿Todavía no estás listo? Se nos hace tarde.
Tranquilo(a). ¡Ya voy! Estoy...

Reminding someone to do something
Ch. 5, p. 168

¿Te acordaste de...?
¡Ay! Se me olvidó por completo.
¿Trajiste...?
No, no pude encontrar...

Síntesis gramatical

NOUNS AND ARTICLES

Gender of Nouns

In Spanish, nouns (words that name a person, place, or thing) are grouped into two classes or genders: masculine and feminine. All nouns, both persons and objects, fall into one of these groups. Most nouns that end in **-o** are masculine, and most nouns that end in **-a, -ción, -tad,** and **-dad** are feminine. Some nouns, such as **estudiante** and **cliente,** can be either masculine or feminine.

Masculine Nouns		Feminine Nouns	
libro	bolígrafo	universidad	mesa
cuaderno	vestido	situación	libertad

Some nouns ending in **-o** are feminine:

la mano

Some nouns ending in **-a** are masculine:

el clima **el mapa**

Feminine nouns that begin with a stressed **a-** or **ha-** take the definite article **el** in the singular:

el agua **el hambre**

FORMATION OF PLURAL NOUNS

	Add **-s** to nouns that end in a vowel.		Add **-es** to nouns that end in a consonant.		With nouns that end in **-z,** the **-z** changes to a **-c**.	
SINGULAR	libro	casa	profesor	papel	vez	lápiz
PLURAL	libro**s**	casa**s**	profesor**es**	papel**es**	ve**ces**	lápi**ces**

Definite Articles

There are words that signal the gender of the noun. One of these is the *definite article.* In English, there is one definite article: *the.* In Spanish, there are four: **el, la, los, las.**

SUMMARY OF DEFINITE ARTICLES

	Masculine	Feminine
SINGULAR	**el** chico	**la** chica
PLURAL	**los** chicos	**las** chicas

CONTRACTIONS

a + el → **al**
de + el → **del**

Indefinite Articles

Another group of words that are used with nouns are the *indefinite articles:* **un, una,** (*a* or *an*) and **unos, unas** (*some* or *a few*).

	Masculine	Feminine
SINGULAR	**un** chico	**una** chica
PLURAL	**unos** chicos	**unas** chicas

Pronouns

Subject Pronouns	Direct Object Pronouns	Indirect Object Pronouns	Objects of Prepositions	Reflexive Pronouns
yo	**me**	**me**	**mí**	**me**
tú	**te**	**te**	**ti**	**te**
él, ella, usted	**lo, la**	**le**	**él, ella, usted**	**se**
nosotros, nosotras	**nos**	**nos**	**nosotros, nosotras**	**nos**
vosotros, vosotras	**os**	**os**	**vosotros, vosotras**	**os**
ellos, ellas, ustedes	**los, las**	**les**	**ellos, ellas, ustedes**	**se**

Double Object Pronouns

When used together, the indirect object pronoun always comes before the direct object pronoun: **¿Me la puedes traer?**

Se replaces **le** and **les** before the direct object pronouns **lo, la, los,** and **las.**

Se lo di al director.

Demonstrative Pronouns

Demonstrative pronouns are used to say *this one, that one, these,* and *those.* They agree with the noun they stand for and always have an accent mark: **éste, éstos, ésta, éstas, ése, ésos, ésa, ésas, aquél, aquéllos, aquélla, aquéllas.**

Reflexives

Reflexive pronouns indicate that the subject both performs and receives the action of the verb: **Carlos se levantó temprano.**

Here are some verbs used with reflexive pronouns:

acostarse	**bañarse**	**despertarse**	**lavarse**	**peinarse**
afeitarse	**cepillarse**	**ducharse**	**levantarse**	**pintarse**
arreglarse	**darse prisa**	**estirarse**	**maquillarse**	**secarse**

Reflexive pronouns are used with some verbs to indicate inner processes or emotional reactions:

Amanda se puso triste cuando oyó las noticias.

Other such verbs include: **olvidarse, preocuparse, acordarse**

The reflexive pronouns **nos, os,** and **se** can be used to express reciprocal actions:

Él y su abuelo se abrazaron.

Impersonal *se* and passive *se*

See page 90.

Ordinal Numbers

Ordinal numbers are used to express ordered sequences. They agree in number and gender with the noun they modify. The ordinal numbers **primero** and **tercero** drop the final **o** before a singular, masculine noun. Ordinal numbers are seldom used after 10. Cardinal numbers are used instead: **Alfonso XIII (Alfonso Trece).**

1st primero/a	**3rd tercero/a**	**5th quinto/a**	**7th séptimo/a**	**9th noveno/a**
2nd segundo/a	**4th cuarto/a**	**6th sexto/a**	**8th octavo/a**	**10th décimo/a**

ADJECTIVES

Adjectives are words that describe nouns. The adjective must agree in gender (masculine or feminine) and number (singular or plural) with the noun it modifies. Adjectives that end in **-e** or a consonant only agree in number.

		Masculine	Feminine
Adjectives that end in **-o** or **-a**	SINGULAR PLURAL	el chico alt**o** los chicos alt**os**	la chica alt**a** las chicas alt**as**
Adjectives that end in **-e**	SINGULAR PLURAL	el chico inteligent**e** los chicos inteligent**es**	la chica inteligent**e** las chicas inteligent**es**
Adjectives that end in a consonant	SINGULAR PLURAL	el examen difícil los exámenes difícil**es**	la clase difícil las clases difícil**es**

The suffix **-ísimo** added to the stem of the adjective is a way to say *very* or *extremely* in Spanish: **grande: grandísimo, guapa: guapísima.**

Demonstrative Adjectives

Demonstrative adjectives are used to point out things with their relationship to the speaker. They correspond to the English demonstrative adjectives *this, that, these,* and *those.*

	Masculine	Feminine		Masculine	Feminine
SINGULAR PLURAL	**este** chico **estos** chicos	**esta** chica **estas** chicas	SINGULAR PLURAL	**ese** chico **esos** chicos	**esa** chica **esas** chicas

	Masculine	Feminine
SINGULAR PLURAL	**aquel** chico **aquellos** chicos	**aquella** chica **aquellas** chicas

Possessive Adjectives

These words also modify nouns and show ownership or relationships between people (*my* car, *his* book, *her* mother).

Singular		Plural	
Masculine	Feminine	Masculine	Feminine
mi libro **tu** libro **su** libro **nuestro** libro **vuestro** libro	**mi** casa **tu** casa **su** casa **nuestra** casa **vuestra** casa	**mis** libros **tus** libros **sus** libros **nuestros** libros **vuestros** libros	**mis** casas **tus** casas **sus** casas **nuestras** casas **vuestras** casas

Por vs. Para

Even though the English preposition *for* translates into Spanish as both **por** and **para,** they cannot be used interchangeably:

PARA	POR
Expresses purpose: **Estudio para aprender.**	Expresses *through* or *by:* **Caminamos por el parque.**
Indicates a recipient: **El regalo es para papá.**	Expresses mode of transportation: **Carlos fue por autobús.**
Indicates destination: **Salieron para Perú.**	Indicates a period of time: **Estudié por tres horas.**
Indicates employment: **Trabaja para el señor López.**	Expresses *in exchange for:* **Pagué $20.000 por mi carro.**
Indicates a deadline: **Completen la tarea para mañana.**	Expresses *per:* **La gasolina cuesta $2,45 por galón.**
Indicates a person's opinion: **Para mí, esa novela es excelente.**	Indicates the agent of an action: **Fue construido por los romanos.**

COMMON EXPRESSIONS

Expressions with *tener*

tener... años	*to be . . . years old*	**tener (mucha) prisa**	*to be in a (big) hurry*
tener (mucho) calor	*to be (very) hot*	**tener que...**	*to have to . . .*
tener ganas de...	*to feel like . . .*	**tener (la) razón**	*to be right*
tener (mucho) frío	*to be (very) cold*	**tener (mucha) sed**	*to be (very) thirsty*
tener (mucha) hambre	*to be (very) hungry*	**tener (mucho) sueño**	*to be (very) sleepy*
tener (mucho) miedo	*to be (very) afraid*	**tener (mucha) suerte**	*to be (very) lucky*

Weather Expressions

Hace muy buen tiempo.	*The weather is very nice.*
Hace mucho calor.	*It's very hot.*
Hace fresco.	*It's cool.*
Hace mucho frío.	*It's very cold.*
Hace muy mal tiempo.	*The weather is very bad.*
Hace mucho sol.	*It's very sunny.*
Hace mucho viento.	*It's very windy.*
But:	
Está lloviendo mucho.	*It's raining a lot.*
Hay mucha neblina.	*It's very foggy.*
Está nevando.	*It's snowing.*
Está nublado.	*It's overcast.*

Expressions of Time

To ask how long someone has been doing something, use: **¿Cuánto tiempo hace que** + present tense?
To say how long someone has been doing something, use: **Hace** + quantity of time + **que** + present tense. Hace **seis meses** que **vivo en Los Ángeles.** You can also use: present tense + **desde hace** + quantity of time **Vivo en Los Ángeles** desde hace **seis meses.**

VERBS

Verbs are the basic elements of a sentence. They tell us about the subject, the attitude of the speaker, the type of action, and when the action took place. Much of this information is found in the verb ending. For example, **llegarás** tells us that the subject is *you* (singular, familiar), that the action is *to arrive*, and that the speaker is referring to an action that will take place in the future.

Person, Number, Tense, and Mood

Spanish assigns an ending to each verb according to person, number, tense, and mood.

There are three PERSONS: first, second, and third. For each person, there are two NUMBERS: singular and plural.

Singular	Plural
yo	**nosotros/as**
tú	**vosotros/as**
usted, él, ella	**ustedes, ellos, ellas**

There are three basic TENSES:

past present future

Moods express the attitude of a speaker toward an action. The speaker may report (indicative); request, express doubt, disbelief, or denial (subjunctive); or give an order (imperative). The three MOODS are called:

indicative subjunctive imperative

There are other forms of the verbs that do not reflect the subject or the attitude of the speaker. One of the forms is the infinitive. Dictionaries list verbs as infinitives, which end in **-ar, -er**, or **-ir**. The other two forms, present and past participles, often appear in dictionaries as well.

Infinitive		Present Participle		Past Participle	
hablar	*to speak*	**hablando**	*speaking*	**hablado**	*spoken*
comer	*to eat*	**comiendo**	*eating*	**comido**	*eaten*
vivir	*to live*	**viviendo**	*living*	**vivido**	*lived*

INDICATIVE MOOD

Present Tense

The present tense is used for an action taking place now or in general.

Regular Verbs

To conjugate a regular verb, drop the **-ar, -er**, or **-ir** ending and add the endings in the following chart.

-ar	-er	-ir
habl**o**	com**o**	viv**o**
habl**as**	com**es**	viv**es**
habl**a**	com**e**	viv**e**
habl**amos**	com**emos**	viv**imos**
habl**áis**	com**éis**	viv**ís**
habl**an**	com**en**	viv**en**

Verbs with Irregular *yo* Forms

hacer		poner		saber		salir		traer	
hago	hacemos	**pongo**	ponemos	**sé**	sabemos	**salgo**	salimos	**traigo**	traemos
haces	hacéis	pones	ponéis	sabes	sabéis	sales	salís	traes	traéis
hace	hacen	pone	ponen	sabe	saben	sale	salen	trae	traen

tener		venir		ver		conocer	
tengo	tenemos	**vengo**	venimos	**veo**	vemos	**conozco**	conocemos
tienes	tenéis	vienes	venís	ves	veis	conoces	conocéis
tiene	tienen	viene	vienen	ve	ven	conoce	conocen

Present Progressive

If you want to emphasize that action is in progress, use the present progressive. To do this, use the auxiliary verb **estar** (**estoy, estás, está, estamos, estáis, están**) with the present participle of the main verb: **hablando, comiendo, viviendo.**

Present Perfect

If the action has been completed, but still affects the present, use the present perfect. Form the present perfect by using the auxiliary form **haber** (**he, has, ha, hemos, habéis, han**) with the past participle of the main verb: **hablado, comido, vivido.**

Some verbs have irregular past participles:

abrir	**abierto**	freír	**frito**	poner	**puesto**	ver	**visto**
decir	**dicho**	hacer	**hecho**	revolver	**revuelto**	volver	**vuelto**
escribir	**escrito**	morir	**muerto**	romper	**roto**		

Imperfect

The imperfect is used for ongoing or habitual actions in the past. It also describes the way things were, what used to happen or was going on, and mental and physical states in the past including age, clock time, and the way people felt in general. The verbs **ir, ser,** and **ver** are the only irregular verbs in the imperfect.

-ar	-er	-ir
habl**aba**	com**ía**	viv**ía**
habl**abas**	com**ías**	viv**ías**
habl**aba**	com**ía**	viv**ía**
habl**ábamos**	com**íamos**	viv**íamos**
habl**abais**	com**íais**	viv**íais**
habl**aban**	com**ían**	viv**ían**

ir	ser	ver
iba	**era**	**veía**
ibas	**eras**	**veías**
iba	**era**	**veía**
íbamos	**éramos**	**veíamos**
ibais	**erais**	**veíais**
iban	**eran**	**veían**

Preterite

The preterite is used for actions that were completed in the past and to describe past actions viewed as a completed whole. It also describes how a person reacted emotionally to a particular event.

-ar	-er	-ir
habl**é**	com**í**	viv**í**
habl**aste**	com**iste**	viv**iste**
habl**ó**	com**ió**	viv**ió**
habl**amos**	com**imos**	viv**imos**
habl**asteis**	com**isteis**	viv**isteis**
habl**aron**	com**ieron**	viv**ieron**

The preterite also gives special meaning to certain verbs:

conocer	Lo **conocí** ayer. *I met him yesterday.*
saber	Lo **supe** ayer. *I found out about it yesterday.*

querer	**Quiso** llamar. *He tried to call.*
no querer	**No quise** hacerlo. *I refused to do it.*

The following verbs are irregular in the preterite:

andar	**anduv-**	
estar	**estuv-**	
poder	**pud-**	
poner	**pus-**	**-e, -iste, -o**
querer	**quis-**	**-imos, -isteis**
saber	**sup-**	**-ieron**
tener	**tuv-**	
venir	**vin-**	

decir	**dij-**	**-e, -iste, -o**
traer	**traj-**	**-imos, -isteis**
		-eron

Dar, hacer, ser, and **ir** are also irregular in the preterite.

dar	hacer	ser/ir
di	**hice**	**fui**
diste	**hiciste**	**fuiste**
dio	**hizo**	**fue**
dimos	**hicimos**	**fuimos**
disteis	**hicisteis**	**fuisteis**
dieron	**hicieron**	**fueron**

Future

The future tense is used to say what will take place. It can also be used to indicate probability about the present. It is formed by adding the following endings to the future stem of the verb. The infinitive serves as the future stem for most verbs.

REGULAR		
-ar	**-er**	**-ir**
hablar**é**	comer**é**	vivir**é**
hablar**ás**	comer**ás**	vivir**ás**
hablar**á**	comer**á**	vivir**á**
hablar**emos**	comer**emos**	vivir**emos**
hablar**éis**	comer**éis**	vivir**éis**
hablar**án**	comer**án**	vivir**án**

Some verbs have irregular stems in the future tense:

haber	**habr-**	tener	**tendr-**
poder	**podr-**	valer	**valdr-**
querer	**querr-**	venir	**vendr-**
poner	**pondr-**	decir	**dir-**
salir	**saldr-**	hacer	**har-**

The future can also be expressed with **ir a** + infinitive: **Voy a hablar con mi jefa.**

SUBJUNCTIVE MOOD

Present Subjunctive

The subjunctive is required in all dependent clauses in which the verb of the main clause expresses hopes, wishes, advice, or opinions. Typical verbs of this type are: **esperar, querer, preferir, aconsejarle, recomendarle**, and **sugerirle: Mamá quiere que yo compre pan.**

One expression that always takes the subjunctive is **Ojalá que...**

When there is no change of subject, the infinitive is often used:

Espero graduarme en cuatro años.

-ar	-er	-ir
habl**e**	com**a**	viv**a**
habl**es**	com**as**	viv**as**
habl**e**	com**a**	viv**a**
habl**emos**	com**amos**	viv**amos**
habl**éis**	com**áis**	viv**áis**
habl**en**	com**an**	viv**an**

The following verbs are irregular in the subjunctive:

dar: dé, des, dé, demos, deis, den
estar: esté, estés, esté, estemos, estéis, estén
haber: haya, hayas, haya, hayamos, hayáis, hayan
ir: vaya, vayas, vaya, vayamos, vayáis, vayan
saber: sepa, sepas, sepa, sepamos, sepáis, sepan
ser: sea, seas, sea, seamos, seáis, sean

IMPERATIVE MOOD

The imperative is used to get people to do things. Its forms are often called *commands:*

	-ar	-er	-ir
tú	habl**a** (no habl**es**)	com**e** (no com**as**)	viv**e** (no viv**as**)
Ud.	habl**e** (no habl**e**)	com**a** (no com**a**)	viv**a** (no viv**a**)
nosotros	habl**emos** (no habl**emos**)	com**amos** (no com**amos**)	viv**amos** (no viv**amos**)
vosotros	habl**ad** (no habl**éis**)	com**ed** (no com**áis**)	viv**id** (no viv**áis**)
Uds.	habl**en** (no habl**en**)	com**an** (no com**an**)	viv**an** (no viv**an**)

Several verbs have irregular **tú** imperative forms:

decir	**di**	**(no digas)**
hacer	**haz**	**(no hagas)**
ir	**ve**	**(no vayas)**

poner	**pon**	**(no pongas)**
salir	**sal**	**(no salgas)**
ser	**sé**	**(no seas)**

tener	**ten**	**(no tengas)**
venir	**ven**	**(no vengas)**

Negative **tú** and **vosotros(as)** commands are formed with the present subjunctive:

No compres ese carro. **No salgáis sin abrigo.**

Affirmative **nosotros(as)** commands can also be formed using **vamos a** + infinitive:

¡Vamos a jugar!

Pronouns are always connected to affirmative commands. When attaching pronouns to an affirmative command, regular rules of accentuation may call for written accents over the stressed syllable. Pronouns always come right before the verb in negative commands.

¡Tráemelo! **No me lo traigas.**

MORE ABOUT VERBS

Stem-changing Verbs

Stem-changing verbs have a spelling change in the stem.

-AR AND -ER STEM-CHANGING VERBS

Some verbs ending in **-ar** and **-er** change from **e** to **ie** and **o** to **ue**. These changes occur in all persons except the **nosotros** and **vosotros** forms.

Infinitive	Present Indicative	Imperative	Present Subjunctive
querer (ie) *(to want)*	qui**e**ro qui**e**res qui**e**re queremos queréis qui**e**ren	 qui**e**re (no qui**e**ras) qui**e**ra (no qui**e**ra) queramos (no queramos) quered (no queráis) qui**e**ran (no qui**e**ran)	qui**e**ra qui**e**ras qui**e**ra queramos queráis qui**e**ran
pensar (ie) *(to think)*	pi**e**nso pi**e**nsas pi**e**nsa pensamos pensáis pi**e**nsan	 pi**e**nsa (no pi**e**nses) pi**e**nse (no pi**e**nse) pensemos (no pensemos) pensad (no penséis) pi**e**nsen (no pi**e**nsen)	pi**e**nse pi**e**nses pi**e**nse pensemos penséis pi**e**nsen
probar (ue) *(to try)*	pr**ue**bo pr**ue**bas pr**ue**ba probamos probáis pr**ue**ban	 pr**ue**ba (no pr**ue**bes) pr**ue**be (no pr**ue**be) probemos (no probemos) probad (no probéis) pr**ue**ben (no pr**ue**ben)	pr**ue**be pr**ue**bes pr**ue**be probemos probéis pr**ue**ben
volver (ue) *(to return)*	v**ue**lvo v**ue**lves v**ue**lve volvemos volvéis v**ue**lven	 v**ue**lve (no v**ue**lvas) v**ue**lva (no v**ue**lva) volvamos (no volvamos) volved (no volváis) v**ue**lvan (no v**ue**lvan)	v**ue**lva v**ue**lvas v**ue**lva volvamos volváis v**ue**lvan

Some verbs that follow the same pattern:

acordarse	**comenzar**	**doler**	**llover**	**querer**
acostarse	**costar**	**empezar**	**merendar**	**sentar**
almorzar	**despertarse**	**encontrar**	**poder**	

-IR STEM-CHANGING VERBS

Stem-changing verbs ending in **-ir** may change from **e** to **ie**, from **e** to **i**, or from **o** to **ue** or **u**.

e → ie, e → i
o → ue, o → u

Such verbs also undergo a stem change in the preterite for the third persons singular and plural. The same stem change occurs in the **-iendo** form. For example: **pedir → pidió, pidieron, pidiendo; dormir → durmió, durmieron, durmiendo.**

Infinitive	Indicative		Imperative	Subjunctive
	Present	Preterite		Present
sentir (ie) *(to feel)* **-ndo** FORM s**i**ntiendo	s**ie**nto s**ie**ntes s**ie**nte sentimos sentís s**ie**nten	sentí sentiste s**i**ntió sentimos sentisteis s**i**ntieron	 s**ie**nte (no s**ie**ntas) s**ie**nta (no s**ie**nta) s**i**ntamos (no s**i**ntamos) sentid (no s**i**ntáis) s**ie**ntan (no s**ie**ntan)	s**ie**nta s**ie**ntas s**ie**nta s**i**ntamos s**i**ntáis s**ie**ntan
dormir (ue) *(to sleep)* **-ndo** FORM d**u**rmiendo	d**ue**rmo d**ue**rmes d**ue**rme dormimos dormís d**ue**rmen	dormí dormiste d**u**rmió dormimos dormisteis d**u**rmieron	 d**ue**rme (no d**ue**rmas) d**ue**rma (no d**ue**rma) d**u**rmamos (no d**u**rmamos) dormid (no d**u**rmáis) d**ue**rman (no d**ue**rman)	d**ue**rma d**ue**rmas d**ue**rma d**u**rmamos d**u**rmáis d**ue**rman

Some verbs that follow this pattern:
mentir, morir, preferir

e→i

The verbs in this category are irregular in the same tenses as those of the first type. The only difference is that they only have one change: **e→i.**

Infinitive	Indicative		Imperative	Subjunctive
	Present	Preterite		Present
pedir (i) *(to ask for, request)* **-ndo** FORM p**i**diendo	p**i**do p**i**des p**i**de pedimos pedís p**i**den	pedí pediste p**i**dió pedimos pedisteis p**i**dieron	 p**i**de (no p**i**das) p**i**da (no p**i**da) p**i**damos (no p**i**damos) pedid (no p**i**dáis) p**i**dan (no p**i**dan)	p**i**da p**i**das p**i**da p**i**damos p**i**dáis p**i**dan

Some verbs that follow this pattern:
reír, repetir, seguir, servir, vestirse

Gustar and Verbs Like It

Gustar, encantar, fascinar, fastidiar, interesar, faltar, and **tocar** are used to talk about things you like, love, dislike, are interested in, lack, or must do. The verb endings for **gustar** and verbs like it always agree with what is liked or disliked. The indirect object pronouns always precede the verb forms.

If one thing is liked:	If more than one thing is liked:
me **te** **le** **nos** **os** **les** } **gusta**	**me** **te** **le** **nos** **os** **les** } **gustan**

Saber and *Conocer*

For the English verb *to know*, there are two verbs in Spanish: **saber** and **conocer**. See page R32 for how they are used in the preterite.

Saber means *to know* something or *to know how to* do something.
¿Sabes que mañana no hay clase? *Do you know that there is no school tomorrow?*
¿Sabes chino? *Do you know Chinese?*
¿Sabes patinar? *Do you know how to skate?*

Conocer means *to be acquainted with* somebody or something:
¿Conoces a Alicia? *Do you know Alicia?*
¿Conoces Madrid? *Do you know Madrid?*
Conocer is followed by the personal **a** when it takes a person as an object.

The Verbs *Ser* and *Estar*

Both **ser** and **estar** mean *to be*, but they differ in their uses.

Use **ser:**

1. with nouns to identify and define the subject
   La mejor estudiante de la clase es Katia.
2. with **de** to indicate place of origin, ownership, or material
   Carmen es de Venezuela.
   Este libro es de mi abuela.
   La blusa es de algodón.
3. to describe identifying characteristics, such as physical and personality traits, nationality, religion, and profession
   Mi tío es profesor. Es simpático e inteligente.
4. to express the time, date, season, or where an event is taking place
   Hoy es sábado y la fiesta es a las ocho. Es en la casa de Ana.

Use **estar:**

1. to indicate location or position of the subject (except for events)
   Lima está en Perú.
2. to describe a condition that is subject to change
   Maricarmen está triste.
3. with the present participle (**-ndo** form) to describe an action in progress
   Mario está escribiendo un poema.
4. to convey the idea of *to look, to feel, to seem, to taste*
   Tu hermano está muy guapo hoy.
   La sopa está deliciosa.

Verbs with Spelling Changes

Some verbs have a spelling change in some tenses in order to maintain the sound of the final consonant of the stem. The most common ones are those ending with the consonants **g** and **c**. Remember that **g** and **c** have a soft sound in front of **e** or **i**, but a hard sound in front of **a, o,** or **u**. In order to maintain the soft sound in front of **a, o,** or **u,** the letters **g** and **c** change to **j** and **z**, respectively. In order to maintain the hard sound of **g** or **c** in front of **e** and **i, u** is added to the **g (gu)** and the **c** changes to **qu**.

1. Verbs ending in **-gar** change from **g** to **gu** before **e** in the first person of the preterite, in all persons of the present subjunctive, and in some persons of the imperative. Some verbs that follow the same pattern are **llegar** and **jugar.**

   pagar *to pay*
   Preterite: pag**u**é, pagaste, pagó, etc.
   Pres. Subj.: pag**u**e, pag**u**es, pag**u**e, pag**u**emos, pag**u**éis, pag**u**en
   Imperative: paga (no pag**u**es), pag**u**e, pag**u**emos, pagad (no pag**u**éis), pag**u**en

2. Verbs ending in **-ger** change from **g** to **j** before **o** and **a** in the first person of the present indicative, in all the persons of the present subjunctive, and in some persons of the imperative. Some verbs that follow the same pattern are **recoger** and **escoger.**

   proteger *to protect*
   Pres. Ind.: prote**j**o, proteges, protege, etc.
   Pres. Subj.: prote**j**a, prote**j**as, prote**j**a, prote**j**amos, prote**j**áis, prote**j**an
   Imperative: protege (no prote**j**as), prote**j**a, prote**j**amos, proteged (no prote**j**áis), prote**j**an

3. Verbs ending in **-guir** change from **gu** to **g** before **o** and **a** in the first person of the present indicative, in all persons of the present subjunctive, and in some persons of the imperative.

   seguir *to follow*
   Pres. Ind.: sigo, sigues, sigue, etc.
   Pres. Subj.: siga, sigas, siga, sigamos, sigáis, sigan
   Imperative: sigue (no sigas), siga, sigamos, seguid (no sigáis), sigan

4. Verbs ending in **-car** change from **c** to **qu** before **e** in the first person of the preterite, in all persons of the present subjunctive, and in some persons in the imperative. Some verbs that follow the same pattern are **buscar, practicar, sacar,** and **tocar.**

   explicar *to explain*
   Preterite: expli**qu**é, explicaste, explicó, etc.
   Pres. Subj.: expli**qu**e, expli**qu**es, expli**qu**e, expli**qu**emos, expli**qu**éis, expli**qu**en
   Imperative: explica (no expli**qu**es), expli**qu**e, expli**qu**emos, explicad (no expli**qu**éis), expli**qu**en

5. Verbs that end in **-cer** or **-cir** and are preceded by a consonant change from **c** to **zc** before **o** and **a.** This change occurs in the first person of the present indicative and in all persons of the present subjunctive. Some verbs that follow the same pattern are **parecer, pertenecer,** and **producir.**

   conocer *to know, to be acquainted with*
   Pres. Ind.: cono**zc**o, conoces, conoce, etc.
   Pres. Subj.: cono**zc**a, cono**zc**as, cono**zc**a, cono**zc**amos, cono**zc**áis, cono**zc**an

6. Verbs ending in **-zar** change from **z** to **c** before **e** in the first person of the preterite and in all persons of the present subjunctive. Some verbs that follow the same pattern are **almorzar** and **empezar.**

   comenzar *to start*
   Preterite: comen**c**é, comenzaste, comenzó, etc.
   Pres. Subj.: comien**c**e, comien**c**es, comien**c**e, comen**c**emos, comen**c**éis, comien**c**en

7. Verbs ending in -**aer** or -**eer** change from the unstressed **i** to **y** between vowels in the preterite third persons singular and plural, in all persons of the past subjunctive, and in the -**ndo** form. Note the accent marks over **i** in the **tú, nosotros** and **vosotros** forms in the preterite. Some verbs that follow the same pattern are **leer** and **caer.**

   creer *to believe*
   Preterite: creí, creíste, creyó, creímos, creísteis, creyeron
   Past Subj.: creyera, creyeras, creyera, creyéramos, creyerais, creyeran
   -ndo form: creyendo
   Past Part.: creído

8. Verbs ending in -**uir** (except -**guir** and -**quir**) change from the unstressed **i** to **y** between vowels.

   construir *to build*
   Pres. Part.: construyendo
   Pres. Ind.: construyo, construyes, construye, construimos, construís, construyen
   Preterite: construí, construiste, construyó, construimos, construisteis, construyeron
   Pres. Subj.: construya, construyas, construya, construyamos, construyais, construyan
   Past. Subj.: construyera, construyeras, construyera, construyéramos, construyerais, construyeran
   Imperative: construye (no construyas), construya, construyamos, construid (no construyáis), construyan

Irregular Verbs

These verbs are irregular in some tenses.

abrir *to open*
Past. Part.: abierto

dar *to give*
Pres. Ind.: doy, das, da, damos, dais, dan
Preterite: di, diste, dio, dimos, disteis, dieron
Imperative: da (no des), dé, demos, dad (no deis), den
Pres. Subj.: dé, des, dé, demos, deis, den
Past Subj.: diera, dieras, diera, diéramos, dierais, dieran

decir *to say, to tell*
Pres. Ind.: digo, dices, dice, decimos, decís, dicen
Preterite: dije, dijiste, dijo, dijimos, dijisteis, dijeron
Future: diré, dirás, dirá, diremos, diréis, dirán
Conditional: diría, dirías, diría, diríamos, diríais, dirían
Imperative: di (no digas), diga, digamos, decid (no digáis), digan
Pres. Subj.: diga, digas, diga, digamos, digáis, digan
Past Subj.: dijera, dijeras, dijera, dijéramos, dijerais, dijeran
Past Part.: dicho
-ndo Form: diciendo

escribir *to write*
Past Part.: escrito

estar *to be*
Pres. Ind.: estoy, estás, está, estamos, estáis, están
Preterite: estuve, estuviste, estuvo, estuvimos, estuvisteis, estuvieron
Imperative: está (no estés), esté, estemos, estad (no estéis), estén
Pres. Subj.: esté, estés, esté, estemos, estéis, estén
Past Subj.: estuviera, estuvieras, estuviera, estuviéramos, estuvierais, estuvieran

haber *to have*
Pres. Ind.: he, has, ha, hemos, habéis, han
Preterite: hube, hubiste, hubo, hubimos, hubisteis, hubieron
Future: habré, habrás, habrá, habremos, habréis, habrán
Conditional: habría, habrías, habría, habríamos, habríais, habrían
Pres. Subj.: haya, hayas, haya, hayamos, hayáis, hayan
Past Subj.: hubiera, hubieras, hubiera, hubiéramos, hubierais, hubieran

hacer *to do, to make*
Pres. Ind.: hago, haces, hace, hacemos, hacéis, hacen
Preterite: hice, hiciste, hizo, hicimos, hicisteis, hicieron
Future: haré, harás, hará, haremos, haréis, harán
Conditional: haría, harías, haría, haríamos, haríais, harían
Imperative: haz (no hagas), haga, hagamos, haced (no hagáis), hagan
Pres. Subj.: haga, hagas, haga, hagamos, hagáis, hagan
Past Part.: hecho

ir *to go*
Pres. Ind.: voy, vas, va, vamos, vais, van
Imp. Ind.: iba, ibas, iba, íbamos, ibais, iban
Preterite: fui, fuiste, fue, fuimos, fuisteis, fueron
Imperative: ve (no vayas), vaya, vamos, id (no vayáis), vayan
Pres. Subj.: vaya, vayas, vaya, vayamos, vayáis, vayan
Past Subj.: fuera, fueras, fuera, fuéramos, fuerais, fueran
-ndo Form: yendo

mantener *to maintain, to keep*
(See **tener** for pattern to follow.)

poder *to be able to, can*
Pres. Ind.: puedo, puedes, puede, podemos, podéis, pueden
Preterite: pude, pudiste, pudo, pudimos, pudisteis, pudieron
Future: podré, podrás, podrá, podremos, podréis, podrán
Conditional: podría, podrías, podría, podríamos, podríais, podrían
Pres. Subj.: pueda, puedas, pueda, podamos, podáis, puedan
Past Subj.: pudiera, pudieras, pudiera, pudiéramos, pudierais, pudieran

poner *to put, to set, to place*
Pres. Ind.: pongo, pones, pone, ponemos, ponéis, ponen
Preterite: puse, pusiste, puso, pusimos, pusisteis, pusieron
Future: pondré, pondrás, pondrá, pondremos, pondréis, pondrán
Conditional: pondría, pondrías, pondría, pondríamos, pondríais, pondrían
Imperative: pon (no pongas), ponga, pongamos, poned (no pongáis), pongan
Pres. Subj.: ponga, pongas, ponga, pongamos, pongáis, pongan
Past Part.: puesto

romper(se) *to break*
Past Part.: roto

saber *to know*
Pres. Ind.: sé, sabes, sabe, sabemos, sabéis, saben
Preterite: supe, supiste, supo, supimos, supisteis, supieron
Future: sabré, sabrás, sabrá, sabremos, sabréis, sabrán
Conditional: sabría, sabrías, sabría, sabríamos, sabríais, sabrían
Imperative: sabe (no sepas), sepa, sepamos, sabed (no sepáis), sepan
Pres. Subj.: sepa, sepas, sepa, sepamos, sepáis, sepan
Past Subj.: supiera, supieras, supiera, supiéramos, supierais, supieran

salir *to leave, to go out*
Pres. Ind.: salgo, sales, sale, salimos, salís, salen
Future: saldré, saldrás, saldrá, saldremos, saldréis, saldrán
Conditional: saldría, saldrías, saldría, saldríamos, saldríais, saldrían
Imperative: sal (no salgas), salga, salgamos, salid (no salgáis), salgan
Pres. Subj.: salga, salgas, salga, salgamos, salgáis, salgan

ser *to be*
Pres. Ind.: soy, eres, es, somos, sois, son
Imp. Ind.: era, eras, era, éramos, erais, eran
Preterite: fui, fuiste, fue, fuimos, fuisteis, fueron
Imperative: sé (no seas), sea, seamos, sed (no seáis), sean
Pres. Subj.: sea, seas, sea, seamos, seáis, sean
Past Subj.: fuera, fueras, fuera, fuéramos, fuerais, fueran

tener *to have*
Pres. Ind.: tengo, tienes, tiene, tenemos, tenéis, tienen
Preterite: tuve, tuviste, tuvo, tuvimos, tuvisteis, tuvieron
Future: tendré, tendrás, tendrá, tendremos, tendréis, tendrán
Conditional: tendría, tendrías, tendría, tendríamos, tendríais, tendrían
Imperative: ten (no tengas), tenga, tengamos, tened (no tengáis), tengan
Pres. Subj.: tenga, tengas, tenga, tengamos, tengáis, tengan
Past Subj.: tuviera, tuvieras, tuviera, tuviéramos, tuvierais, tuvieran

traer *to bring*
Pres. Ind.: traigo, traes, trae, traemos, traéis, traen
Preterite: traje, trajiste, trajo, trajimos, trajisteis, trajeron
Imperative: trae (no traigas), traiga, traigamos, traed (no traigáis), traigan
Pres. Subj.: traiga, traigas, traiga, traigamos, traigáis, traigan
Past Subj.: trajera, trajeras, trajera, trajéramos, trajerais, trajeran
Past Part.: traído
-ndo Form: trayendo

valer *to be worth*
Pres. Ind.: valgo, vales, vale, valemos, valéis, valen
Future: valdré, valdrás, valdrá, valdremos, valdréis, valdrán
Conditional: valdría, valdrías, valdría, valdríamos, valdríais, valdrían
Pres. Subj.: valga, valgas, valga, valgamos, valgáis, valgan

venir *to come*
Pres. Ind.: vengo, vienes, viene, venimos, venís, vienen
Preterite: vine, viniste, vino, vinimos, vinisteis, vinieron
Future: vendré, vendrás, vendrá, vendremos, vendréis, vendrán
Conditional: vendría, vendrías, vendría, vendríamos, vendríais, vendrían
Imperative: ven (no vengas), venga, vengamos, venid (no vengáis), vengan
Pres. Subj.: venga, vengas, venga, vengamos, vengáis, vengan
Past Subj.: viniera, vinieras, viniera, viniéramos, vinierais, vinieran
-ndo Form: viniendo

ver *to see*
Pres. Ind.: veo, ves, ve, vemos, veis, ven
Imp. Ind.: veía, veías, veía, veíamos, veíais, veían
Preterite: vi, viste, vio, vimos, visteis, vieron
Imperative: ve (no veas), vea, veamos, ved (no veáis), vean
Pres. Subj.: vea, veas, vea, veamos, veáis, vean
Past Subj.: viera, vieras, viera, viéramos, vierais, vieran
Past Part.: visto

Vocabulario español-inglés

This vocabulary includes almost all words in the textbook, both active (for production) and passive (for recognition only). An entry in **boldface** type indicates that the word or phrase is active. Active words and phrases are practiced in the chapter and are listed on the **Repaso de gramática** and **Repaso de vocabulario** pages at the end of each chapter. You are expected to know and be able to use active vocabulary.

All other words are for recognition only. These words are found in exercises, in optional and visual material, in **Geocultura, Comparaciones, Leamos y escribamos, Novela en video, También se puede decir,** and **Literatura y variedades.** You can usually understand the meaning of these words and phrases from the context or you can look them up in this vocabulary index. Many words have more than one definition; the definitions given here correspond to the way the words are used in ***¡Exprésate!***.

Nouns are listed with definite articles and plural forms when the plural forms aren't formed according to general rules. The number after each entry refers to the chapter where the word or phrase first appears or where it becomes an active vocabulary word. Active words and phrases from Level 1 are indicated by the Roman numeral I. This vocabulary index follows the rules of the **Real Academia,** with **ch** and **ll** in the same sequence as in the English alphabet.

Stem changes are indicated in parentheses after the verb: **poder (ue)**.

a *to, on, at,* I; *for, from,* II; a cada rato *every so often,* 10G; a fin de cuentas *in the end,* 8; **a la derecha (de)** *to the right (of),* 2; **a la izquierda (de)** *to the left (of),* 2; **a la parrilla** *grilled,* 7; **a la (última) moda** *in the (latest) style,* I; **a la vuelta** *around the corner,* I; a manera *in the manner of,* 3; **a menudo** *often,* I; a partir de *as of, starting on,* 3; **¿A qué se dedica...?** *What does . . . do?,* 2; a solas *alone,* 5; **a tiempo** *on time,* I; **a todo dar** *great,* I; **a veces** *sometimes,* I; **llover a cántaros** *to rain cats and dogs,* 9
abarcar *to include, to encompass,* 3
el abarrote *grocery store* (Ecuador), 3
abierto *open* (past participle of **abrir**), 4
el abogado, la abogada *lawyer,* 2
abogar *to advocate,* 10G
abordar *to board,* I
abrazar(se) *to hug (each other),* 6
el abrazo *hug,* 10; **Un abrazo de...,** *A big hug from . . .,* 10
el abrigo *(over)coat,* I
abril April, I
abrir *to open,* I
la abuela *grandmother,* I
el abuelo *grandfather,* I
los abuelos *grandparents,* I
aburrido(a) (with **ser**) *boring,* (with **estar**) *bored,* I
aburrirse *to get bored,* 5
abusar *to abuse,* 9
acá *over here,* 8; **¡Ven acá!** *Come over here!,* 8
acabar de *to have just done something,* I
acampar *to camp,* I
la acción *action;* **el Día de Acción de Gracias** *Thanksgiving Day,* I
el aceite *oil;* **el aceite de oliva** *olive oil,* 7
el aceite vegetal *vegetable oil,* 7
acelerar *to accelerate,* 3
aceptar *to accept,* 5
la acera *sidewalk,* 3
acerca de *about,* 1
el acero *steel,* 8
aclarar *to clarify,* 5
los acompañantes *side dishes,* 7
acompañar *to accompany, to go with,* 5
aconsejar *to advise:* **aconsejarle (a alguien)** *to advise (someone),* 10
el acontecimiento *event,* 6
acordarse (ue) de *to remember,* 5; **¿Te acordaste de...?** *Did you remember to . . .?,* 5
acostarse (ue) *to go to bed,* I
acostumbrado(a) *customary,* 5G
acostumbrar *to become accustomed to doing something;* se acostumbra *it is customary,* 7
la actitud *attitude,* 7
la actividad *activity,* 1
activo(a) *active,* I
el actor *actor,* 4
la actriz *actress,* 5
actualmente *currently,* 3
el acuario *aquarium,* 3
acuático(a) *aquatic,* 4; **el esquí acuático** *water skiing,* 4
el acueducto *aqueduct,* 6G
el acuerdo *agreement;* de acuerdo a *according to,* 7; **Estoy de acuerdo.** *I agree.,* I
acuñar *to coin, to mint,* 6G
adecuado(a) *adequate, appropriate,* 1
adelante *forward;* **seguir (i, i) adelante** *to go straight,* 3
adentro *inside,* 2
además *besides,* I
Adiós. *Goodbye.,* I
adivinar *to guess,* 2
¿adónde? *where?,* I; **¿Adónde piensan ir esta noche?** *Where do you intend to go tonight?,* 1
los adornos *decorations, ornaments,* 8
adquirir (ie) *to acquire,* 9
la aduana *customs,* I
el adverbio *adverb,* 7
aéreo(a) *aerial,* 9G
los aeróbicos *aerobics,* 5; **hacer ejercicios aeróbicos** *to do aerobics,* 5
el aeropuerto *airport,* I
afectar *to affect, to have an effect on,* 8
afeitarse *to shave,* I
los aficionados *fans,* 6
afortunadamente *luckily,* 7
afuera *outside,* 2

las **afueras** *suburbs,* I; *outskirts,* 6
agarrar *to get; to hold,* 5
el agente, la agente *agent,* I
agosto *August,* I
agradecer (zc) *to thank,* 7
agrícola *agricultural,* 8
el agua (f.) *water,* I; **el agua** (f.) **mineral** *mineral water,* 7; el agua potable *drinking water,* 9; **las aguas termales** *hot springs,* 10; **tirarse al agua** *to dive in the water,* 9
el aguacate *avocado,* 8
aguado(a) *watery, weak,* 7
agudo *acute,* 6
el águila (f.) *eagle,* 9
ahí *there*
ahora *now,* I
ahorrar *to save (money),* I
el aire *air;* **al aire libre** *open-air, outdoor,* 5
el ajedrez *chess,* I
el ají *chile pepper,* 7
el ajo *garlic,* 7; **la sopa de ajo** *garlic soup,* 7
al (a + el) *to, to the,* I; al borde *on the brink,* 1; **¡Al contrario!** *Not at all! As a matter of fact . . .,* 6; *on the contrary,* 8; **al final** *in the end,* 9; **al gusto** *to taste,* 7; al instante *immediately;* al lado *next door,* 2; **al lado de** *next to,* I; al vapor *steamed;* cocer al vapor *to steam,* 7
el ala delta *hang-glider;* **volar (ue) con ala delta** *to go hang gliding,* 9; el ala deltismo *hang-gliding,* 10
albergar *to put up,* 4G
el albergue juvenil *youth hostel,* 10
el álbum *album, scrapbook,* 5
alcanzar *to reach,* 4
la alegría *happiness,* 2; **Me dio (mucha) alegría.** *It made me (very) happy.,* 4
el alemán *German,* I
el alfabeto *alphabet,* I
la alfombra *carpet, rug,* 2
algo *something, anything,* I; **¿Algo más?** *Anything else?,* 1; **Es algo divertido.** *It's kind of fun.,* I
el algodón *cotton,* I; **de algodón** *made of cotton,* I
alguien *someone,* 3; **hacerse amigo(a) de alguien** *to make friends with someone,* 10
algún día *some day,* I
alimenticio(a) *food* (adj.), 4; la pirámide alimenticia *food pyramid,* 7
el alimento *food, nourishment,* 1G
aliviar *to relieve,* 5
allá *there (general area),* 8
allí *there (specific place),* I; de allí *from there,* 3
el almacén *department store,* I
las almendras *almonds,* 7
almorzar (ue) *to have lunch,* I
el almuerzo *lunch,* I
Aló. *Hello. (telephone greeting)*
alojar *to house,* 8G
alquilar *to rent,* I
alrededor de *around,* 2
alto(a) *tall,* I
la altura *height,* 2G
alzar *to raise,* 6
amable *nice,* 6
amablemente *nicely,* 7
amar *to love,* 9
amarillo(a) *yellow,* I
amenazador *menacing,* 5
americano(a) *American;* **el fútbol americano** *football,* I
la amiga *friend* (female), I
el amigo *friend* (male), I
la amistad *friendship,* 3
el amor *love,* 3; **de amor** *romance,* I
amplio(a) *wide,* 8G; *spacious,* 10
la analogía *analogy,* 2
anaranjado(a) *orange,* I
los ancianos *elderly,* 5
andar *to walk,* 3; **No, ando planeando...** *No, I'm planning on . . .,* 10
el andén *sidewalk* (Honduras), 3
el anfiteatro *amphitheater,* 9G
el anillo *ring,* I
animado(a) *animated;* **los dibujos animados** *cartoons,* 6
el animador, la animadora *cheerleader,* 4
el animal *animal,* I; el animal de carga *pack-animal,* 2
los animales de peluche *stuffed animals,* 6
animar *to cheer,* 4
el aniversario *anniversary,* I
anoche *last night,* I
la anotación *entry (in a diary),* 3
anotar *to jot down,* 8
anteayer *day before yesterday,* I
los antecedentes *background,* 6
los anteojos *glasses,* 9
los antepasados *ancestors,* 6
anterior *previous,* 1
antes de *before,* I
las antigüedades *antiques,* 10G
antiguo(a) *ancient, old,* 1G
antipático(a) *unfriendly,* I
antojarse *to take a fancy to something, to want something,* 7
anunciar *to announce,* 4
los anuncios clasificados *classified ads,* 2
añadir(le) *to add,* I
el año *year;* **el Año Nuevo** *New Year's Day,* I; **el año pasado** *last year,* I; el año que viene *next year,* 1; **Hace unos (muchos, cinco...) años** *A few (many, five . . .) years ago,* 9; **los meses del año** *months of the year,* I; **todos los años** *every year,* 6
apagar *to put out,* 2; *to turn off,* 5; **apagar incendios** *to put out fires,* 2; **apagar la luz/las luces** *to turn off the light(s),* 5
aparecer *to appear,* 2
aparentemente *apparently,* 7
el apartamento *apartment,* I
aparte *separate;* en una hoja aparte *on a separate sheet of paper,* 1
el apellido *last name,* 8
apoderarse de *to seize,* 3G
aprender (a) *to learn (to),* 5
apretado(a) *tight,* 8
apropiado(a) *appropriate,* 2
aprovechar *to profit from,* 9G
aproximadamente *approximately,* 3
los apuntes *notes,* 4; tomar apuntes *to take notes,* 4
aquél *that (farther away),* 8
aquel *that (farther away),* 8; **en aquel entonces** *back then,* 6; *in those days,* 8
aquella *that (farther away),* 8
aquellas, aquellos *those (farther away),* 8
aquí *(right) here,* 8; **por aquí** *around here,* 10; **¡Ven aquí!** *Come (right) here!,* 8
la araña *spider,* 5G
arar *to plough,* 5
el árbol *tree,* 6; **trepar a los árboles** *to climb trees,* 6
el arbusto *shrub,* 9
la arena *sand,* 9
los aretes *earrings,* I
argentino(a) *Argentine,* 2
árido(a) *arid, dry,* 9
el arquitecto *architect,* 2
la armonía *harmony,* 2
la arquitectura *architecture,* 2
el arrecife *reef,* 4
arreglar *to clean up,* I; *to fix,* 2; **arreglar la sala** *to clean up the living room,* 1; **arreglar el cuarto** *to clean the room,* I
arreglarse *to get ready, to dress up,* 5
arriba *up,* 10
la arroba *@,* I
el arroz *rice,* I
el arte *art,* I
las artes marciales *martial arts,* 5
la artesanía *crafts, artisanry,* 1
el artículo *article,* 2; el artículo definido *definite article,* 4
los artículos de cuero *leather goods,* 8
artificial *artificial;* **los fuegos artificiales** *fireworks,* I
asado(a) *roasted,* 7; **el lechón asado** *roast pork,* 7; **el pollo asado** *roast chicken,* 7; **la carne asada** *roast beef,* 7
la ascendencia *ancestry, descent,* 5
el ascensor *elevator,* 10
asegurar *to reassure,* 3
los aseos *public restrooms,* 10
así fue que *so that's how,* 9
así que *so,* 8
el asiento *seat,* 1G
asistir (a) *to attend,* 1
asociar *to join, to become a member of,* 5
asoleado *sunny,* 9
el aspecto físico *physical appearance,* 1

la aspiradora *vacuum cleaner,* 1; **pasar la aspiradora** *to vacuum,* I
la aspirina *aspirin,* 4
el astronauta, la astronauta *astronaut,* 6
atacar *to attack,* 5
la atención *attention;* **llamarle la atención** *to be interested in,* 5
atender *to assist,* 2
el atleta *athlete,* 4
atlético(a) *athletic,* I
el atletismo *track and field,* 4
la atracción *attraction;* la atracción turística *tourist attraction,* 8; el parque de atracciones *amusement park,* 10
atraer *to attract,* 1G
atrapar *to catch,* 3
atravesar *to go through,* 8G
atreverse *to dare,* 5
el atún *tunafish,* I
los audífonos *earphones,* I
el auditorio *auditorium,* I
aumentar *to increase,* 7
aún *still, yet,* 2
el autobus *bus,* I; **la estación de autobuses** *bus station,* 3
automático(a) *automatic;* **el cajero automático** *automatic teller machine,* I
la autopista *freeway, highway,* 3
el autorretrato *self-portrait,* 1G
el auxilio *help, aid;* los primeros auxilios *first aid,* 4
el ave (f.), (pl. las aves) *bird,* 5
la avenida *avenue,* 3
la aventura *adventure,* I
aventurero(a) *adventurous,* 6
averiguar *to find out,* 10
el avión *airplane,* I; **el boleto de avión** *plane ticket,* I
¡Ay no! *Oh, no!,* I
¡Ay, qué pesado! *Oh, what a drag!,* 2
ayer *yesterday,* I
la ayuda *help,* I; **pedir ayuda** *to ask for help,* 9
ayudar *to help,* I; to assist, 1; **ayudar a la gente** *to help people,* 2
ayudarse *to help each other,* 6
el azúcar *sugar,* 7
azul *blue,* I
el ayuntamiento *town hall,* 3

la bahía *bay,* 7G
bailar *to dance,* I
el baile *dance,* I
bajar *to walk down (a street),* 3; **bajar archivos** *to download files,* I; **bajar... hasta llegar a...** *to go down . . . until you get to . . .,* 3
bajar de peso *to lose weight,* I
bajarse de... *to get off of . . .,* 3
bajo(a) *short (in height or depth),* I; **la marea baja** *low tide,* 9
balanceado(a) *balanced,* 7; **llevar una dieta balanceada** *to eat a balanced diet,* 7
el balcón *balcony,* 10G
las ballenas *whales,* 9
el balón de playa *beachball,* 9
los bananos *bananas,* 7
la banca *park bench,* 3
el banco *bank,* 3
la banda *band,* 1; **la banda escolar** *school band,* 4
banquero(a) internacional *international banker,* 2
la banqueta *sidewalk* (Mexico), 3
bañarse *to bathe,* I; **bañarse en el mar** *to swim in the sea,* 9
la bañera *bathtub,* 2
el baño *bathroom, restroom,* I; **el traje de baño** *swimsuit,* I; la tina de baño *bathtub* (Texas), 2; **limpiar el baño** *to clean the bathroom,* 1
barato(a) *inexpensive,* I
el barco *boat,* I
la barraca *barrack,* 7G
barrer *to sweep,* 2
el barrio *neighborhood,* 2
el barro *clay,* 8
el barroco *Baroque,* 7G
la base *base; basis;* con base en *based on,* 2
basarse en *to be based on,* 1
el básquetbol *basketball,* I
bastante + adj. *quite/pretty* + adj., I; **bastante pequeño** *quite small,* I
la basura *trash,* I; *garbage,* 1
la batalla *battle,* 5G
el batido *milkshake,* I
batir *to beat,* 4; *to mix, to whisk,* 7
el bautizo *baptism,* 6
beber (algo) *to drink (something),* I
las bebidas *drinks,* 7
la beca *scholarship,* 4
el béisbol *baseball,* I
la belleza *beauty;* **el salón de belleza** *beauty parlor,* 2
bello(a) *beautiful,* 6
beneficiar *to benefit,* 9G
beneficioso *beneficial,* 9
la biblioteca *library,* I
la bicicleta *bike,* I; **montar en bicicleta** *to ride a bike,* I
bien *all right, fine,* I; *really,* I; **Espero que estés bien.** *I hope you're doing well.,* 10; **Está bien.** *All right.,* I; **llevarse bien** *to get along well,* 6; **Me fue muy bien.** *I did very well.,* 4; **No te sienta bien.** *It doesn't look good on you.,* 8; **Que te vaya bien.** *Hope things go well for you.,* I; **quedar bien** *to fit well,* I; **¡Te ves super bien!** *You look wonderful!,* 8; **¿Vamos bien para...?** *Are we going the right way to . . .?,* 3; vestirse bien *to dress well,* 1
los bienes raíces *real estate,* 2
el billete *bill, money,* 10
la billetera *wallet,* I
los binóculos *binoculars,* 9
la biología *biology,* I
la bisnieta *great-granddaughter,* 1G
el bistec *steak,* 7; **el bistec a la parrilla** *grilled steak,* 7; **el bistec encebollado** *steak with onions,* 7
blanco(a) *white,* I; **en blanco** *blank,* I
el bloque *block,* 6; **jugar con bloques** *to play with blocks,* 6
el bloqueador *sunblock,* 9
la blusa *blouse,* I
la boca *mouth,* I
los bocadillos *finger food,* 7
la boda *wedding,* I
la bodega *grocery store* (Cuba), 3
el boleto de avión *plane ticket,* I
el bolígrafo *pen,* I
la bolsa *purse, bag,* I; *travel bag,* I
el bombero, la bombera *firefighter,* 2; **el camión de bomberos** *fire truck,* 2; **la estación de bomberos** *fire station,* 3
la bombilla *(light) bulb,* 8
bondadoso(a) *generous,* 6
bonito(a) *pretty,* I
bordado(a) *embroidered,* 8; **estar bordado(a)** *to be embroidered,* 8
el borde *edge, border;* al borde *on the brink,* 1
el bosque *forest,* 9
botado(a) *thrown,* 9
las botas *boots,* I
el bote *boat,* 1; **el bote de vela** *sailboat,* I; **pasear en bote** *to go boating,* 1; **pasear en bote de vela** *to go out in a sailboat,* I
el botones *bellhop,* 10
el brazo *arm,* I
breve *short, brief,* 4
brillante *bright,* 2
la brisa *breeze,* 9
el bróculi *broccoli,* I
bruto(a) *dumb,* 6
bucear *to scuba dive,* 9
el buceo *diving,* 4
buen *good,* I; **Hace buen tiempo.** *The weather is nice.,* I
buenísimo(a) *great,* 4
bueno(a) *good,* I; **buena gente** *nice (person),* 6; **Bueno,...** *Well, . . .,* 3; **Bueno,...** *Okay, . . .,* 8; **Es buena idea que...** *It's a good idea for . . . to . . .,* 10; **Bueno.** *Hello. (telephone greeting),* I; **sacar buenas notas** *to get good grades,* 6
el buey *ox,* 5
la bufanda *scarf,* 8
el búho *owl,* 9
el buitre *vulture,* 9
el bulevar *boulevard, avenue,* 1G
buscar (yo busqué) *to look for,* I
la búsqueda *search,* 7G

el caballo *horse,* 4; **montar a caballo** *to ride a horse,* 4
caber *to fit,* 2G
la cabeza *head,* I; **un dolor de cabeza** *headache,* 4
la cabina telefónica *phone booth,* 10
el cactus *cactus,* 9
cada *each:* **cada uno(a)** *each, each one,* 8; a cada rato *every so often,* 10G; cada noche *each night,* 1
la cadena *chain,* 8
caer (yo caigo) *to fall,* 4; **caerle bien/mal (a alguien)** *to make a good/bad impression (on someone), to like/dislike (someone),* 6; **caerse** *to fall down,* 6
el café *coffee,* I; **de color café** *brown,* I; **tener los ojos de color café** *to have brown eyes,* 1
el café (Internet) *(Internet) café,* 3
el cafetal *coffee plantation,* 5
la cafetería *cafeteria,* I; *coffee shop,* I
la caja *cash register,* 8
el cajero, la cajera *cashier,* 8
el cajero automático *automatic teller machine,* I
el calambre *cramp,* 4; **darle un calambre** *to get a cramp,* 4; **tener un calambre** *to have a cramp,* 4
los calcetines *socks,* I; **un par de calcetines** *a pair of socks,* I
la calculadora *calculator,* I
el caldo de pollo *chicken soup,* 7
el calendario *calendar,* 1
calentar (ie) *to heat,* I
calentarse (ie) *to warm up,* 4
caliente *hot,* I
callado(a) *quiet,* I
la calle *street,* 2; **ir por la calle...** *to take . . . street,* 3
el calor *heat;* **Hace calor.** *It's hot.,* I; **tener calor** *to be hot,* I
caluroso(a) *hot,* 7
la cama *bed,* I; **quedarse en cama** *to stay in bed,* 4
la cámara *camera,* I; la Cámara de Comercio *Chamber of Commerce,* 8; **la cámara desechable** *disposable camera,* I; **la cámara digital** *digital camera,* 10
los camareros *waiters,* 7
cambiar *to change,* 2; **cambiar (por)** *to exchange (for),* 8
el caminante *walker,* 5
caminar *to walk,* I
la caminata *walk, hike;* **dar una caminata** *to go for a walk, to hike,* 9
el camión de bomberos *fire truck,* 2
la camisa *shirt,* I
la camiseta *T-shirt,* I
el campeonato *championship,* 4
los campesinos *peasants,* 3
el campo *countryside,* I; campo de deporte *sports camp,* 4
canadiense *Canadian,* 2
la cancha *court,* 4
la canción *song,* 2
la canela *cinnamon,* 7
el cántaro: **llover (ue) a cántaros** *to rain cats and dogs,* 9
el canto *song,* 2
la canoa *canoe,* I
canoso(a) *gray-haired,* I
cansado(a) *tired,* I
cansarse *to get tired,* 5
los cantantes *singers,* 5
cantar *to sing,* I
la cantidad *amount,* 1; *quantity,* 7
la caña de pescar *fishing rod,* 9
el cañón (pl. los cañones) *canyon,* 9
la capilla *chapel,* 7G
capturar *to capture,* 4
el capullo *cocoon,* 5G
la cara *face,* I
el caracol *seashell,* 9
caracterizar *to characterize,* 6
los carbohidratos *carbohydrates,* 7
la cárcel *prison,* 5G
la carga *load;* el animal de carga *pack-animal,* 2
caribeño(a) *Caribbean,* 5
las caricaturas *cartoons* (Mexico), 6
el cariño *tenderness, affection;* **Con cariño,...** *Love, . . .,* 10
cariñoso(a) *tender, affectionate,* 6
la carne *meat, beef,* I; **la carne asada** *roast meat,* 7
el carnet de identidad *ID,* I
la carnicería *butcher shop,* 3
caro(a) *expensive,* I
la carpeta *folder,* I
el carpintero, la carpintera *carpenter,* 2
la carrera *career,* 2; *race,* 6; **echar carreras** *to run races,* 6
la carreta *cart,* 5
la carretera *road,* 3
el carril *lane,* 10G
el carro *car,* I; **jugar con carritos** *to play with toy cars,* 6
la carta *letter,* I
la cartera *wallet,* 8
el cartero *mail carrier* (m.), 2; **la mujer cartero** *mail carrier* (f.), 2
la casa *house,* I; la casa natal *house where he/she was born,* 2G; **jugar a la casita** *to play house,* 6
casarse *to get married,* 1G
casi *almost,* I; **casi nunca** *almost never,* I; **casi siempre** *almost always,* I
castaño(a) *dark brown,* I
el castillo *castle,* 10
la catarata *waterfall,* 10
el catarro *cold,* I; **tener catarro** *to have a cold,* I
la catedral *cathedral,* 3
catorce *fourteen,* I
causar *to cause,* 5
el CD *CD,* 5; **crear/grabar CDs** *to burn CDs,* 5
la cebolla *onion,* 7
las cejas *eyebrows,* 4
celebrar *to celebrate,* I
célebre *famous,* 5G
las celebridades *celebrities,* 8
celular *cellular, cell;* **el teléfono celular** *cell phone,* 5
el cementerio *cemetery,* 3
la cena *dinner,* I
cenar *to eat dinner,* I
el centenario *centennial,* 5G
centígrados *Centigrade,* 9
el centro *downtown,* I; **el centro comercial** *mall,* I; **el centro recreativo** *recreation center,* 3
cepillar *to brush,* 5
el cepillo de dientes *toothbrush,* I
la cerámica *ceramic,* 8
cerca de *close to, near,* I
el cerdo *pig;* **las chuletas de cerdo** *pork chops,* 7
los cereales *cereal,* I
el cerebro *brain,* 4
las cerezas *cherries,* 8
cero *zero,* I
cerrar (ie) *to close,* I; **cerrar la puerta con llave** *to lock the door,* 5
el césped *grass,* I
la cesta *basket,* 8
las chancletas *flip-flops,* 8
Chao. *Bye.,* I
la chaqueta *jacket,* I
charlar *to talk, to chat,* I
los cheques de viajero *traveler's checks,* 10
el chicharrón *(fried) pork rind,* 7
el chico *boy,* 6
el chile *pepper,* 7
chileno(a) *Chilean,* 2
chino(a) *Chinese;* **la comida china** *Chinese food,* I
chismoso(a) *a gossip,* 6; **¡Qué chismoso(a)!** *What a gossip!,* 6
el chiste *joke,* I; **contar(se) (ue) chistes** *to tell (each other) jokes,* 6
chistoso(a) *funny,* 6
el chocolate *chocolate,* I; *hot chocolate,* I
las chuletas de cerdo *pork chops,* 7
el cibercafé *cybercafé,* 10
el ciclismo *cycling,* 4
el ciclista *cyclist,* 4
el ciclo *cycle,* 1G
ciego(a) *blind,* I
el cielo *sky,* 6
cien *one hundred,* I
la ciencia ficción *science fiction,* I
las ciencias *science,* I
los científicos *scientists,* 9
ciento un(o) *one hundred one,* I
ciertos(as) *certain,* 1; hasta cierto punto *to some extent, in a way,* 6
el ciervo *deer,* 1
cinco *five,* I
cincuenta *fifty,* I
el cine *movie theater,* I
el cinturón *belt,* 8

el círculo *circle,* 1
la cirugía *surgery,* 2; la cirugía plástica *plastic surgery,* 2
la cita *date,* 2; *quote,* 9
la ciudad *city,* I; la ciudad natal *hometown,* 9; **el plano de la ciudad** *city map,* 10
los ciudadanos *citizens,* 9
claro(a) *clear;* **¡Claro que sí!** *Of course!,* I; **Sí, claro.** *Yes, of course.,* 3
la clase *kind, sort;* **¿Qué clase de trabajo realiza...?** *What kind of work does . . . do?,* 2
la clase *class,* 1; **el salón de clase** *classroom,* I; **tomar clases de...** *to take . . . lessons,* 5
clásico(a) *classic;* **la música clásica** *classical music,* 5
clasificado(a) *classified;* los anuncios clasificados *classified ads,* 2
clave *key;* la palabra clave *key word,* 1
el cliente, la cliente *customer, client,* I
el clima *climate, weather,* 9; **¿Cómo será el clima en...?** *I wonder what the weather is like at (in) . . .?,* 9; **¡Qué clima tan seco!** *What a dry climate!,* 9
la clínica *clinic,* 3
el club de... *the . . . club,* I
cobrar *to charge,* 8; **hacer una llamada por cobrar** *to make a collect call,* 10
el cobre *copper,* 6G
la cocción *cooking time,* 7
cocer *to cook,* 7; cocer al vapor *to steam,* 7
el cochinillo *pork,* 2
cocido(a) *cooked,* 7
la cocina *kitchen,* I
cocinar *to cook,* I
el cocinero, la cocinera *cook,* 2
el coco *coconut,* 7
el cocodrilo *crocodile,* 1
el codo *elbow,* 4
la cola *line,* I; **hacer cola** *to wait in line,* I
la colaboración *collaboration*
colaborar *to collaborate,* 9
la colección *collection,* 5
coleccionar *to collect,* 5; **coleccionar estampillas/monedas/pósters** *to collect stamps/coins/posters,* 5
el colega, la colega *colleague,* 1
el colegio *school,* I; **después del colegio** *after school,* 1
colgar (ue) *to hang,* I
la colina *hill,* 8G
el collar *necklace,* 8
el colmado *grocery store* (Dominican Republic), 3
colocado(a) *placed, arranged,* 2
colombiano(a) *Colombian,* 2
el color *color,* I; **de color café** *brown,* I; **¿Qué te parece este color?** *What do you think of this color?,* 8
columpiarse *to swing (on a swing),* 6
combinar *to combine,* 1
el comedor *dining room,* I
el comentario *comment,* 1
comenzar (ie) *to start,* I
comer *to eat,* I; **darle de comer al perro** *to feed the dog,* 2; **¿Ha comido en...?** *Have you eaten at . . .?,* 10
el comercio *trade,* 6; *commerce,* 8; la Cámara de Comercio *Chamber of Commerce,* 8
el comerciante, la comerciante *merchant,* 2
los comestibles *groceries,* 3; **la tienda de comestibles** *grocery store,* 3
cometer *to commit,* 4
cómico(a) *funny,* I; **la revista de tiras cómicas** *comic book,* I; **las revistas cómicas** *comic books,* 5
la comida *food, lunch,* I; *meal,* 7; **la comida rápida** *fast food,* 7; **la plaza de comida** *food court in a mall,* I
la comisaría *police department,* 3
como *like, as,* 2; como resultado *as a result,* 4; **como siempre** *as always,* I; **tan... como** *as . . . as,* I; **tanto(a/os/as)... como...** *as much . . . as . . .,* 1
¿cómo? *how?, what?,* I; **¿Cómo eres?** *What are you like?,* I; **¿Cómo eras?** *What were you like?,* 6; **¿Cómo se escribe...?** *How do you spell. . .,* I; **¿Cómo son...** *What are . . . like?,* 1; **¿Cómo te fue en...** *How did you do in . . .?,* 4
Cómo no. *Of course.,* 7
la cómoda *chest of drawers, armoire,* 2
cómodo(a) *comfortable,* 1
la compañera de clase *classmate (female),* I
el compañero de clase *classmate (male),* I
el compañero, la compañera *friend, pal,* 1
la comparación *comparison,* 9
comparar *to compare,* 1
compartir *to share,* 6
la competencia *competition,* 4
competir (i, i) *to compete,* 3
camping *camping,* 9; **hacer camping** *to go camping,* 9
complejo(a) *complex,* 6G
el complemento directo *direct object,* 7
el complemento indirecto *indirect object,* 2
completar *to complete,* 1
completo *complete;* **Se me olvidó por completo.** *I totally forgot.,* 5
complicar *to complicate,* 8
los compradores *buyers,* 8
comprar *to buy,* I; **comprar recuerdos** *to buy souvenirs,* 10
las compras *buys,* 1; **ir de compras** *to go shopping,* 1
comprometido(a) *engaged,* 8
compuesto(a) *composed,* 8G
la computación *computer science,* I
la computadora *computer,* I; **hacer diseño por computadora** *to do computer design,* 5
común *common,* 3
comunicar *to communicate,* 8
la comunidad *community,* 3
con *with,* I; con base en *based on,* 2; **Con cariño,...** *Love, . . .,* 10; **¿Con qué frecuencia?** *How often?,* I; con razón *naturally,* 4; contar con *to count on, to depend on,* 9; **conmigo** *with me,* I; **contigo** *with you;* **el cruce de... con...** *the intersection of . . . and . . .,* 3
el concierto *concert,* I
el concurso *competition,* 4
el condado *county,* 9G
la condición *condition,* 4
conducir *to drive,* 2; *to carry,* 6G; **la licencia de conducir** *driver's license,* 3
el conductor, la conductora *driver,* 2
conectado(a) *connected,* 5
el conejo *rabbit,* 1
confeccionar *to make,* 8
la conferencia *conference,* 4
confesar (ie) *to confess*
confiar *to confide,* 7
congelado(a) *frozen,* 7
conjugar *to conjugate,* 1
el conjunto *group,* 6
conmemorar *to commemorate,* 3G
conocer (yo conozco) *to know (someone) or be familiar with a place, to meet for the first time,* I; **conocer el centro** *to get to know downtown,* 1; **¿Conoces a...?** *Do you know . . .?,* 2; dar a conocer *to introduce, to present,* 8; **Quiero conocer...** *I want to see . . .,* I
el conocimiento *knowledge,* 2
conquistar *to conquer,* 1G
conseguir (i, i) *to get,* I
el consejo *advice,* 2; **dar consejos** *to give advice,* 2
consentido(a) *babied, spoiled,* 6
el conservador *curator,* 8
conservar *to conserve,* 9
considerado(a) *respected, esteemed,* 3
considerar *to consider,* 3
consistir en *to consist of,* 3
constantemente *constantly,* 7
construir *to build,* 2
el consultorio *doctor's office,* 4
los consumidores *consumers,* 5
el consumo *consumption,* 9
el contacto *contact; touch;* **los lentes de contacto** *contact lenses,* 5;

ponerse en contacto *to contact, to get in touch,* 5
contagioso(a) *contagious,* 3
contar (ue) *to count; to tell,* 2;
contar(se) (ue) chistes/cuentos *to tell (each other) jokes/stories,* 6; contar con *to count on, to depend on,* 9
el contenido *content,* 5
contento(a) *happy,* I; **estar contento(a)** *to be happy,* I
contestar *to answer,* 1
continuar *to continue,* 9
contra *against,* 4
contrario(a) *contrary;* **¡Al contrario!** *Not at all! As a matter of fact . . .,* 6; *on the contrary,* 8; el equipo contrario *opposing team,* 4; lo contrario *opposite,* 4
contribuir *to contribute,* 8
el control de seguridad *security checkpoint,* I
convencer *to convince,* 5
la conversación *conversation,* 1
conversador(-a) *talkative,* 6
conversar *to talk, to have a conversation,* 5
copiar *to copy,* 9
el corazón *heart,* 4
la corbata *tie,* 8
coronado(a) *crowned,* 6G
el correcaminos *roadrunner,* 9
corregir (i, i) *to correct,* 2
el correo *post office,* I; *mail,* I; **la oficina de correos** *post office,* I
el correo electrónico *e-mail address,* I
correr *to run,* I
corresponder *to correspond,* 1
correspondiente *corresponding,* 3
cortado(a) *cut,* 4
cortar *to cut, to mow,* I; **cortar el césped** *to cut the grass,* 1
cortarse *to cut oneself,* 4; **cortarse el pelo** *to get a haircut,* 3
corto(a) *short (in length),* I; **los pantalones cortos** *shorts,* I
la cosa *thing,* I; **No es gran cosa.** *It's not a big deal.,* I
coser *to sew,* 5
la costa *coast,* 9
costar (ue) *to cost,* I
costarricense *Costa Rican,* 2
la costumbre *custom,* 5; *habit,* 5
el coyote *coyote,* 9
crear *to create,* 1; **crear CDs** *to burn CDs,* 5; **crear un álbum** *to create an album, scrapbook,* 5
el crecimiento *growth,* 3
el crédito *credit;* **la tarjeta de crédito** *credit card,* 10
creer *to believe, to think,* 3; **Creo que sí.** *I think so.,* 3
la crema *cream,* 5; **la crema protectora** *sunblock,* 9
el cruce *intersection,* 3; **el cruce de... con...** *the intersection of . . . and . . .,* 3
el crucero *cruise,* 7; **tomar un crucero** *to go on a cruise,* 10
el crucigrama *crossword puzzle,* 5
crudo(a) *raw,* 7
cruzar *to cross,* 9G
el cuaderno *notebook,* I
la cuadra *block,* 3
el cuadro *painting,* 2; *box,* 1
cual: lo cual *which,* 8
cuál *which,* 4
¿cuál? *what?, which?,* I
¿cuáles? *which?,* I
cualquier *any,* I
cuando *when,* I; **Cuando me enteré, no lo pude creer.** *When I found out, I couldn't believe it.,* 6; **Cuando oí la noticia, no lo quise creer.** *When I heard the news, I didn't want to believe it.,* 6; **fue cuando** *that was when,* 9
¿cuándo? *when?*
¿cuánto(a)? *how much?,* I; **¿Cuánto tiempo hace que tú...?** *How long have you been . . .?,* 5; **¿Cuánto vale...?** *How much is . . .?,* 8
¿cuántos(as)? *how many?,* I; **¿Cuántos años tiene...?** *How old is . . .?,* I
cuarenta *forty,* I
cuarto *quarter,* I; **menos cuarto** *quarter to (the hour),* I; **y cuarto** *quarter past (the hour),* I
cuarto(a) *fourth,* 3
el cuarto *room,* I
cuatro *four,* I
cuatrocientos(as) *four hundred,* I
cubrir *to cover,* 7
la cuchara *spoon,* I
la cucharada *tablespoon,* 7
la cucharadita *teaspoon,* 7
el cuchillo *knife,* I
el cuello *neck,* I
la cuenta *bill,* I; a fin de cuentas *in the end,* 8
el cuento *story,* 5
la cuerda *rope,* 6; **saltar a la cuerda** *to jump rope,* 6
el cuero *hide;* **los artículos de cuero** *leather goods,* 8
cuesta(n)... *costs . . .,* I
la cueva *cave,* 9; **explorar cuevas** *to explore caves, go spelunking,* 9
el cuidado *care,* I; **tener cuidado** *to be careful,* 4
cuidar *to take care of,* I; **cuidar a los enfermos** *to take care of sick people,* 2; **cuidar a una mascota** *to take care of a pet,* 5
cuidarse *to take care of oneself,* I; **cuidarse la salud** *to take care of one's health,* I
la culebra *snake,* 9
culinario(a) *culinary,* 7
la culpa *fault,* 10
cultivar *to cultivate,* 2
el cultivo *crop,* 2
la cultura *culture,* 1
el cumpleaños *birthday,* I; **la tarjeta de cumpleaños** *birthday card,* I
cumplir *to carry out, to serve,* 8
curar *to cure,* 9
curioso(a) *curious,* 6
la curita *adhesive bandage,* 4
cursi *silly,* 6
el curso *course,* 4
cuyo(a) *whose,* 1

dado(a) *given,* 6
la dama *lady,* 10G; **jugar a las damas** *to play checkers,* 6
el daño *harm,* 5
dar (yo doy) *to give,* I; **a todo dar** *great,* I; **Dale un saludo a... de mi parte.** *Say hi to . . . for me.,* 10; **Me da igual.** *It's all the same to me.,* I; **Me dio (alegría, tristeza, vergüenza, una rabia).** *It made me (happy, sad, embarrassed, angry).,* 4; dar a conocer *to introduce, to present,* 8; **dar consejos** *to give advice,* 2; dar permiso *to give permission,* 6; **dar una caminata** *to go for a walk, to hike,* 9; **dar una vuelta por...** *to walk/drive around . . .,* 3; **darle de comer al perro** *to feed the dog,* 2; **Me dieron ganas de** + infinitive *I felt like . . .,* 4; **me dieron un descuento** *they gave me a discount,* 8; **darle miedo** *to scare,* 9; **darle un calambre** *to get a cramp,* 4
darse prisa *to hurry,* 5; **darse un golpe en...** *to bump one's . . .,* 4; **¡Uf! Me di un golpe en...** *Oh! I hit my . . .,* 4
data *dates,* 6G
de *of, from, in, by,* I; de acuerdo a *according to,* 7; de allí *from there,* 3; **de amor** *romance . . .,* I; **...de ciencias** *science. . .,* I; **de color café** *brown,* I; **¿De dónde eres?** *Where are you from?* (fam.), I; **¿De dónde es usted?** *Where are you from?* (formal), I; **¿De dónde es...?** *Where is . . . from?,* I; **... de español** *Spanish . . .,* I; **de la mañana** *in the morning,* A.M., I; **de la noche** *at night,* P.M., I; **de la tarde** *in the afternoon, evening,* P.M., I; **de mi parte** *on my behalf, my regards,* 10; De nada. *You're welcome.,* 1; de nuevo *again,* 8; **¿De parte de quién?** *Who's calling?,* I; de paseo *out for a walk, going for a stroll,* 1; **de pequeño(a)** *as a child,* 6; **de repente** *suddenly,* 9; **De repente, empezó a llover...** *Suddenly, it*

started to rain . . ., 10; de seguro surely, 6; ¿De veras? Really?, 5; **de verdad** honestly, 8; de vez en cuando once in a while, 5
debajo de underneath, I
el debate debate, 4
deber should, ought to, 1; **Deber** + infinitive to need to, to have to do something, 2; **Debes lavar los platos/sacar la basura** You need to (should) wash the dishes/take out the trash, 2
debido a due to, because of, 5
decidir to decide, 9
décimo(a) tenth, 3
decir (yo digo) to say, 2; **¿Me dices dónde está...?** Can you tell me where . . . is?, 2; **¿Me podría decir...?** Could you tell me . . .?, 3; **¡No me digas!** No way! You're kidding!, 10; **¿Puede repetir lo que dijo?** Can you repeat what you said?, 3
declarar to declare, 10
la decoración decoration, I
decorar to decorate, I; **decorar el patio** to decorate the patio, 1
dedicado(a) a dedicated to, 1
dedicar to dedicate, 4G
dedicarse to devote/dedicate oneself to; **¿A qué se dedica...?** What does . . . do?, 2
el dedo finger, I; **el dedo del pie** toe, 4
definido(a) definite; defined; el artículo definido definite article, 4
definir to define, 8
definitivamente definitely, 4
dejar to allow, I; to leave, I; to let, 8; **dejar de** + infinitive to stop doing something, I; dejar en paz to leave somebody alone, 5; **dejar la propina** to leave the tip, 7; dejar tranquilo(a) to leave somebody alone, 3; **Se los dejo en...** I'll let you have them for . . ., 8
del (de + el) from the, of the, I
delante de in front of, I
delgado(a) thin, I
delicado(a) delicate, 1
delicioso(a) delicious, I
demasiado(a) too much, I
demostrar (ue) to demonstrate, 8
el dentista, la dentista dentist, 2
dentro de within, 4
el dependiente, la dependiente salesclerk, I
los deportes sports, I; **practicar deportes** to play sports, I
deportivo(a) sports; **la escalada deportiva** rock-climbing, 9
derecho(a) right, straight, 3; **a la derecha (de)** to the right (of), 2; **doblar a la derecha en** to turn right on, 3; **seguir adelante/derecho** to go straight, 3; **seguir derecho hasta** to keep going (straight) to, 3
derivar to derive, 1
derretido(a) melted, 7
derretir (i, ie) to melt, 7
derrotar to defeat, 3G
desaparecer to disappear, 5
desastroso(a) disastrous, 10
desayunar to eat breakfast, I
el desayuno breakfast, I
descansar to rest, I
describir to describe, 2
descubrir to discover, 1
el descuento discount, 8
desde luego naturally, of course, 5
desear to want, to wish for, to desire, I
desechable disposable; **la cámara desechable** disposable camera, I
desempolvar to dust the furniture, 2
el desfile parade, 5G
desgraciadamente unfortunately, 7
el deseo desire, 2
desértico(a) desert-like, 9
desesperadamente frantically, 7
el desierto desert, 9
despertarse (ie) to wake, I
después after, afterwards, I; **después de** after, I; **después de clases** after class, I; **después del colegio** after school, 1; **que me llame después** tell him/her to call me later, I
destacarse to stand out, 4
desterrado(a) banished, 5G
el destino destination, 3
las destrezas skills, 7
los destructores destroyers, 1
destruido(a) destroyed, 9
destruir to destroy, 1G
la desventaja disadvantage, 4
el detalle detail, 4
determinar to determine, 4
detrás de behind, I
devolver (ue) to return, to give back, I
di say, tell, 3
el día day, I; **algún día** some day, I; **Buenos días.** Good morning., I; **el Día de Acción de Gracias** Thanksgiving Day, I; **el Día de la Independencia** Independence Day, I; **el Día de la Madre** Mother's Day, I; **el día de la semana** day of the week, I; **el Día de los Enamorados** Valentine's Day, I; **el día de tu santo** your saint's day, I; **el Día del Padre** Father's Day, I; **el día festivo** holiday, I; **el plato del día** daily special, 7; hoy en día nowadays, 1; **todos los días** everyday, I; **un día** one day, 9
el diamante diamond, 6
el diario diary, 3
diario(a) daily; la rutina diaria daily routine, 1
dibujar to draw, I
el dibujo drawing, 1; **los dibujos animados** cartoons, 6
el diccionario dictionary, I
dicho said (past participle of **decir**), 10
diciembre December, I
el dictado dictation, I
dictar to dictate, 8
diecinueve nineteen, I
dieciocho eighteen, I
dieciséis sixteen, I
diecisiete seventeen, I
los dientes teeth, I; **el cepillo de dientes** toothbrush, I; **la pasta de dientes** toothpaste, I; lavarse los dientes to brush one's teeth, 1
la dieta diet, I; **llevar una dieta balanceada** to eat a balanced diet, 7; **seguir (i, i) una dieta sana** to eat a balanced diet, I
diez ten, I
diferente different, 1
difícil difficult, I
Diga. Hello. (telephone greeting), I
las diligencias errands, 3; **hacer diligencias** to run errands, 3
diminuto(a) tiny, minute, 9
el dinero money, I; ganar dinero to make money, 8; **sacar el dinero** to get money, I
el dios god, 1
la dirección address, I
el director, la directora del colegio principal, 2
el dirigente de orquesta orchestra conductor, 10G
dirigirse to address, 10G
la disciplina discipline, 3
el disco compacto compact disc, I
Disculpe. Excuse me., 3
los diseñadores designers, 8
diseñar to design, 2; **diseñar páginas Web** to design Web pages, 5
el diseño design, 5; **hacer diseño por computadora** to do computer design, 5
disfrutar de to enjoy, 5
disponible available, 4
distinto(a) distinct, 8G
distraer to distract, 5; distraerse to entertain oneself, to relax, 1
la diversidad diversity, 8
la diversión amusement; **el parque de diversiones** amusement park, I
diverso(a) diverse, 5
divertido(a) fun, I
divertirse (ie, i) to have fun, 4
doblar to turn, 3; **doblar a la derecha en** to turn right on, 3; **doblar a la izquierda en** to turn left on, 3
doce twelve, I
doler (ue) to hurt, I; **Me duele(n)...** My . . . hurt(s)., I; **¿Te duele algo?** Does something hurt you?, I
el dolor de cabeza headache, 4
el domicilio home, 4
el domingo Sunday, I; **los domingos** on Sundays, I

¿**dónde?** *where?*, I
dormir (ue, u) *to sleep*, I; **dormir la siesta** *to take a nap*, I; **dormir lo suficiente** *to get enough sleep*, I
dormirse (ue, u) *to fall asleep*, 4
dos *two*, I
dos mil *two thousand*, I
dos millones (de) *two million*, I
doscientos(as) *two hundred*, I
dramatizar *to role-play*, 1
el dramaturgo *playwright*, 5G
la ducha *shower*, 2
ducharse *to take a shower*, 5
la duda *doubt;* sin duda *without a doubt*, 4
el dueño *owner*, 5
dulce *sweet*, I
el dulce *candy*, I; **el pan dulce** *pastry*, I
durante *during*, I
el durazno *peach*, I
el DVD *DVD*, I

e *and*, 9
echar *to put in, to add*, 7; **echar carreras** *to run races*, 6; **Está echado(a) a perder.** *It's spoiled.*, 7; **Te echo mucho de menos.** *I miss you a lot.*, 10
el ecoturismo *ecotourism*, 9; **hacer ecoturismo** *to go on an ecotour*, 9
la edad *age*, 2
el edificio *building*, I
la educación física *physical education*, I
efectivo: **en efectivo** *in cash*, 10
egoísta *selfish*, 6
ejecutivo(a) *executive*, 7G
ejercer *to practice*, 2
el ejercicio *exercise;* **hacer ejercicio** *to exercise*, I; **hacer ejercicios aeróbicos** *to do aerobics*, 5
los ejotes *beans* (Mexico), 7
el *the* (masc. article), I
él *he, him* (after preposition), I
electrónico(a) *electronic;* **el correo electrónico** *e-mail address*, I
elegante *nice, elegant*, 8
elevado(a) *elevated*, 9
ella *she, her* (after preposition), I
ellas *they* (f.), *them* (after preposition), I
ellos *they* (m.), *them* (after preposition), I
la embajada *embassy*, 3
el embarque *embarkation;* **la tarjeta de embarque** *boarding pass*, I
la empanada *turnover-like pastry*, I
emparejar *to match*, 1
empatar *to tie a game*, 4
empezar (ie) *to start, to begin*, I
el empleado, la empleada *employee*, 1
emplear *to use*, 2; *to hire*, 8
el empleo *job*, 10
la empresa *enterprise*, 9G
en *on, in, at*, I; **en aquel entonces** *back then*, 6; *in those days*, 8; **en blanco** *blank*, I; **en efectivo** *cash*, 10; en esa época *in those days*, 6; en medio de *in the middle of*, 3; **en oferta** *on sale*, 8; **en parejas** *in pairs*, 1; **en punto** *on the dot*, I; **¿En qué le puedo servir?** *How can I help you?*, I; en realidad *in fact, really, actually*, 1; en secreto *secretly*, 9; **en seguida** *right away*, 9; **en su punto** *just right*, 7; en una hoja aparte *on a separate sheet of paper*, 1; en vez de *instead of*, 7
los enamorados *lovers;* **el Día de los Enamorados** *Valentine's Day*, I
el enano *dwarf*, 10
el encaje *lace*, 8
Encantado(a). *Delighted (to meet you).*, 2
encantar (me encanta(n)) *to really like, to love*, I; **Le encanta(n)...** *He/she/you love(s) . . .*, 1
encebollado *cooked with onions;* **el bistec encebollado** *steak with onions*, 7
las enchiladas *tortillas stuffed with meat or cheese* (Mex.), 2
encima de *on top of, above*, I
encontrar (ue) *to find*, I
encontrarse (ue) con alguien *to meet up with someone*, I
la encuesta *survey*, 5
enero *January*, I
enfadarse *to get angry*, 10
enfermarse *to get sick*, 4
la enfermedad *sickness*, 6
el enfermero, la enfermera *nurse*, 2
enfermo(a) *sick*, I; **estar enfermo(a)** *to be sick*, I
los enfermos *sick people*, 2
enfrentar *to confront*, 9
enfrente de *in front of, facing*, 2
enmarañado(a) *tangled*, 9
enojarse *to get angry*, I
la ensalada *salad*, I; **la ensalada mixta** *mixed salad*, 7
el ensayo *rehearsal*, I
enseguida *right away*, 7
enseñar *to teach, to show*, 2
entender (ie) *to understand*, I
enteramente *entirely, completely*, 2
enterarse *to find out*, 6
entero(a) *whole*, 7; *entire*, 9
enterrado(a) *buried*, 10G
entonces *so, then*, 9; **en aquel entonces** *back then*, 6; *in those days*, 8
la entrada *ticket*, 10; *entrée, first course*, 7; *entry* (in a diary)
los entrantes *appetizers*, 7
entre *in between*, 2
entregar *to give*, 10
los entremeses *appetizers*, 7
el entrenador, la entrenadora *coach*, 4
el entrenamiento *practice*, I
entrenar(se) *to work out*, I
el entretenimiento *entertainment*, 4G
la entrevista *interview*, 5
entrevistar *to interview*, 1
entristecerse *to grow sad*, 5
enumerar *to list*, 4
enviar *to send*, 2; **enviar mensajes de texto** *to send text messages*, 5
el episodio *episode, chapter*, 1
la época *time;* en esa época *in those days*, 6
el equilibrio *balance, equilibrium;* mantener en equilibrio *to keep (something) balanced*, 6
el equipaje *luggage*, I
el equipo *equipment*, 2; *team*, 4; el equipo contrario *opposing team*, 4
la equitación *riding*, 4
equivocado(a) *wrong*, 4
equivocarse *to be wrong*, 10
Eran como las dos cuando... *It was around two when . . .*, 10
Érase una vez *Once upon a time*, 9
un error *a mistake*, 10; cometer un error *to make a mistake*, 10
Es... *He/she/it is . . .*, I; **Es buena idea que...** *It's a good idea for . . . to . . .*, 10; **Es importante que...** *It's important for . . . to . . .*, 10; **¡Es increíble!** *It's incredible!*, 10; **Es mejor que...** *It's better for . . . to . . .*, 10
esa: en esa época *in those days*, 6
la escalada deportiva *rock-climbing*, 9
escalar *to climb*, 9
el escándalo *scandal*, 6
escapar *to escape*, 3
la escasez *shortage*, 9
la escena *scene*, 6
el escenario *setting*, 4
los esclavos *slaves*, 7
escoger *to pick, to choose*, I
escolar *school* (adj.); **la banda escolar** *school band*, 4; **los útiles escolares** *school supplies*, I
el escondite *hiding place;* **jugar al escondite** *to play hide and seek*, 6
escribir *to write*, I; **Se escribe...** *It's spelled . . .*, I
escrito *written* (past participle of **escribir**), 10
los escritores *writers*, 8
el escritorio *desk*, I
escuchar *to listen*, I
la escuela *school*, 3
la escultura *sculpture*, 5
ese (esa, esos, esas) *that, those*, I
ése (ésa, ésos, ésas) *that one, those*, 8
el esfuerzo *effort*, 9
eso *that;* por eso *that's why*, 1
el espacio *space*, 8
la espalda *back*, I
español(a) *Spanish (nationality)*, 2
el español *Spanish (language)*, I
especial *special;* el plato especial *special dish*, 2; **¿Qué hay de especial?** *What's the (daily) special?*, 7

las especialidades *specialties,* 7
los especialistas *specialists,* 6
especialmente *especially,* 6
la especia *spice,* 7
una especie *type,* 2
el espectáculo *show, performance,* 9G
los espectadores *spectators,* 4G
el espejo *mirror,* 8
espera *wait;* **la sala de espera** *waiting room,* I
esperar *to wait, to hope, to expect,* I; **Espera un momento.** *Hold on a moment,* I; **Espero que el viaje sea divertido.** *I hope the trip is fun.,* 9; **Espero que estés bien.** *I hope you're doing well.,* 10; **Espero ver...** *I hope to see . . .,* I
las espinacas *spinach,* I
el esposo *husband,* 2
el esquí acuático *water skiing,* 4
esquiar *to ski,* I; **esquiar en el agua** *to water ski,* I
la esquina *corner,* 3
establecer *to establish,* 3
la estación *station,* 3; **la estación de autobuses** *bus station,* 3; **la estación de bomberos** *fire station,* 3; **la estación de tren** *train station,* 3
las estaciones *seasons,* I
el estacionamiento *parking lot,* 3
el estadio *stadium,* I
las estadísticas *statistics,* 5
el estado *state,* 4
estadounidense *American,* 2
las estampillas *stamps,* 5; **coleccionar estampillas** *to collect stamps,* 5
el estante *bookcase,* 2
estar *to be,* I; **Está a la vuelta.** *It's around the corner.,* I; **Está echado(a) a perder.** *It's spoiled.,* 7; **Está (en su punto, exquisito(a), perfecto(a), quemado(a))** *It's (just right, wonderful, perfect, burned).,* 7; **Estoy harto(a) de...** *I'm fed up with . . .,* 2; **Estoy loco(a) por...** *I'm crazy about . . .,* 5; **¿Qué tal está...?** *How is the . . .?,* 7; **estar bien** *to be (doing) fine,* I; **Espero que estés bien.** *I hope you're doing well.,* 10; **estar bordado(a)** *to be embroidered,* 8; **estar en oferta** *to be on sale,* 8; **estar listo(a)** *to be ready,* I; **estar mal** *to be doing badly,* I; *to be sick,* 4; **estar resfriado(a)** *to have a cold,* 4; **estar seguro(a)** *to be sure,* 3; **No estoy seguro(a).** *I'm not sure.,* 3
la estatua *statue,* 5G
este (esta, estos, estas) *this, these,* I
éste (ésta, éstos, éstas) *this one, these* (pron.), I
el este *east,* 5G
el estilo *style,* 9G
estirarse *to stretch,* I
el estómago *stomach,* I
estornudar *to sneeze,* 4
la estrategia *strategy,* 3
estrecho(a) *narrow,* 3
la estrella *star,* 4G; la estrella solitaria *lone star,* 5
el estreno *premiere, release,* 3
el estrés *stress,* 2
estricto(a) *strict,* 6
el estudiante, la estudiante *student,* I
estudiar *to study,* I
el estudio *study* (room), 3
los estudios *studies,* 9
la estufa *stove,* 2
estupendo(a) *great,* I
la etiqueta *price tag,* 8
europeo(a) *European,* 5
evitar *to avoid,* 7
el examen *test,* I; **presentar el examen de...** *to take the . . . test,* I
la excursión *hike,* I; **ir de excursión** *to go on a hike,* I
la excusa *excuse,* 4
la exhibición *exhibition,* 4
el éxito *success,* 4
exitoso(a) *successful,* 2
la experiencia *experience,* 2; la experiencia previa *previous experience,* 2
la explicación *explanation,* 6
explicar *to explain,* 2
explorar *to explore,* 9; **explorar cuevas** *to explore caves, go spelunking,* 9; **explorar la selva** *to explore the jungle,* 10
explotar *to exploit,* 9
la exposición *show, exhibition,* 4
la expresión *expression, saying,* 1
exquisito(a) *wonderful,* 7
la extinción *extinction,* 5
el extranjero, la extranjera *foreigner,* 3
extranjero(a) *foreign,* 1
extrañar *to miss,* 4
extraño(a) *strange,* 6
extremo(a) *extreme,* 9
extrovertido(a) *outgoing,* I

la fábrica *factory,* 3
fabricado(a) *made, manufactured,* 2
los fabricantes *manufacturers,* 8
la fábula *fable,* 3
fácil *easy,* I
fácilmente *easily,* 7
facturar el equipaje *to check luggage,* I
la falda *skirt,* I; **la falda a media pierna** *mid-length skirt,* 8; la falda de la montaña *the foot of the mountain,* 2
fallecer *to pass away, die,* 4
faltar *to be missing;* **Le falta no sé qué.** *It's missing something; I don't know what.,* 7; **Le falta sabor.** *It's missing flavor.,* 7; **Le falta sal.** *It's missing salt.,* 7; **¿Qué te falta hacer?** *What do you still have to do?,* I; **Sólo me falta...** *I just need to . . .,* 5
la familia *family,* I
los familiares *relatives,* 1
fantástico *fantastic*
el farmacéutico, la farmacéutica *pharmacist,* 10
la farmacia *drugstore,* 10
fascinar *to love,* 6
fastidiar *to bother,* 6
fatal *awful,* 4
el favor *favor;* **Favor de** + infinitive *Please . . .,* 2; **Haz el favor de** + infinitive *Please . . .,* 2; **por favor** *please,* I
febrero *February,* I
la fecha *date,* I
feliz (pl. **felices**) *happy;* **¡Feliz...!** *Happy (Merry) . . .!,* I; **vivieron felices para siempre** *they lived happily ever after,* 9
fenomenal *awesome,* I; *great,* 6
feo(a) *ugly,* I
la feria *fair,* 10G
feroz (pl. feroces) *ferocious,* 5
el ferrocarril *railroad,* 8G
festejar *to celebrate,* I
la ficción *fiction;* **la ciencia ficción** *science fiction,* I
los fideos *noodles,* 7; **la sopa de fideos** *noodle soup,* 7
la fiesta *party,* I; **hacer una fiesta** *to have a party,* I; **la fiesta sorpresa** *surprise party,* I; las fiestas *holidays,* 6
la figura tallada *carved figure,* 8
el fin *end;* a fin de cuentas *in the end,* 8; **por fin** *at last,* 5; *finally,* 9
el fin de semana *weekend,* I
el final *final;* **al final** *in the end,* 9
la finca *territory,* 2
fino(a) *fine, excellent,* 8
firmar *to sign,* 10
el flan *flan, custard,* I; **el flan de vainilla** *vanilla flan,* 7
flojo(a) *baggy, loose,* 8
la flor *flower,* 3
florecer *to bloom,* 9
la florería *flower shop,* 3
la floristería *flower shop,* 3
la fogata *campfire,* 9
el folleto *pamphlet, brochure,* 9
la forma *form;* **mantenerse en forma** *to stay in shape,* I
formidable *great,* I
la fortuna *fortune,* I
la foto *photo,* I
el fracaso *failure,* 4
francamente *frankly,* 8
el francés *French (language),* I
frecuencia *frequency;* **¿Con qué frecuencia?** *How often?,* I
frecuentemente *frequently,* 7

el fregadero *kitchen sink,* 2
freír (i, i) *to fry,* 7
frenético(a) *frantic, frenzied,* 4
las fresas (con crema) *strawberries (and cream),* 7
fresco(a) *cool,* I
los frijoles verdes *beans* (Texas), 7
frío(a) *cold;* **tener frío** *to be cold,* I
frito *fried* (past participle of **freír**), 10
frito(a) *fried* (adj.), 7; **las papas fritas** *French fries,* I
la frontera *border,* 8
la fruta *fruit,* I; **el surtido de frutas frescas** *assorted fresh fruit,* 7
la frutería *fruit shop,* 3
fue: fue cuando *that was when,* 9; **Fue todo un...** *It was a total . . .,* 4
el fuego fire, 5
los fuegos artificiales *fireworks,* I
la fuente *fountain,* 3; *source,* 4
fuerte *strong,* 1
fumar *to smoke,* I; **dejar de fumar** *to stop smoking,* I
la función *function,* 8
el fundador *founder,* 3G
fundar *to found,* 2G
fúnebre *funeral,* 1G
el funicular *cable railway,* 8G
furiosamente *furiously,* 7
el fútbol *soccer,* I; **el fútbol americano** *football,* I

las gafas *glasses;* **las gafas de sol** *sunglasses,* 9
gala *formal affair;* **los vestidos de gala** *fancy dresses, gowns,* 5
la galleta *cookie,* I
el gallo *rooster,* 3
la gana *desire;* **Me dieron ganas de** (+ infinitive) *I felt like . . .,* 4; **tener ganas de...** *to feel like. . .,* 1
ganar *to win,* 4; ganar dinero *to make money,* 8
los gandules *pigeon peas,* 7
la ganga *bargain,* I
el garaje *garage,* I
la garganta *throat,* I
la gasolinera *gas station,* 2
gastar *to spend,* I
el gato, la gata *cat,* I
el gazpacho *cold tomato soup,* 7
general *general;* por lo general *generally,* 1
generalmente *generally,* 7
el género *genre,* 3
la gente *people,* 2; **ayudar a la gente** *to help/assist people,* 2; **buena gente** *nice (person),* 6

el gerente *manager,* 7
el gigante *giant,* 9
la gimnasia *gymnastics,* 4
el gimnasio *gym,* I
la glorieta *traffice circle,* 5G
el gobierno *government,* 3
el golf *golf,* 4
el golpe *hit,* 4; *bump,* 4; **darse un golpe en...** *to bump one's . . .,* 4; **¡Uf! Me di un golpe en...** *Oh! I hit my . . .,* 4
gordo(a) *fat (overweight),* I
gótico(a) *Gothic,* 6G
gozar de *to enjoy,* 4
la grabación *recording,* 1
grabar *to record;* **grabar CDs** *to burn CDs,* 5
la gracia *humor,* 10
gracias *thank you,* I; **el Día de Acción de Gracias** *Thanksgiving Day,* I
gracioso(a) *witty,* I
los grados Fahrenheit *degrees Fahrenheit,* 9
la graduación *graduation,* I
la gráfica *graph, diagram, chart,* 1
gran: Tenemos un gran surtido de regalos. *We have a wide assortment of gifts.,* 8; **No es gran cosa.** *It's not a big deal.,* I
la granada *pomegranate,* 1
grande *big, large,* I
el granero *granary,* 8
el granizo *hail,* 9
el grano *seed,* 7
la grasa *(dietary) fat,* I
gratis *free of charge,* 10
grave *serious,* 9
el griego *Greek,* 8
gris *gray,* I
gritar *to shout,* 4
el grito *shout,* 1
los guantes *gloves,* 8
guapísimo *very handsome,* 8; **¡Te ves guapísimo!** *You look very handsome!,* 8
guapo(a) *good-looking,* I
el guardabosques *forest ranger,* 9
el guardia *guard;* el puesto de guardia *guard post,* 7G
guatemalteco(a) *Guatemalan,* 2
el guerrero *warrior,* 1G
el guía, la guía *guide;* el guía turístico *tour guide,* 3; la guía telefónica *telephone book,* 8; **la guía turística** *guide book,* 10
los guineos *bananas* (Puerto Rico, Dominican Republic), 7
los guisantes *peas,* 7
el guiso *cooked dish,* 3G
la guitarra *guitar,* I
gustar *to like:* **A ellos/ellas les gusta...** *They like . . .,* I; **A mis amigos y a mí nos gusta...** *My friends and I like . . .,* I; **¿Cuáles te gustan más...?** *Which do you like better . . ?,* 8; **Le gusta...** *He/She likes . . .,* I; **Me gusta(n)...** *I like . . .,* I; **Me gusta(n)... mucho** *I like . . . a lot,* I; **Me gusta(n) más...** *I like . . . more.,* I; **Me gustan más los cortos.** *I like the short ones better.,* 8; **Me gustaría...** *I would like . . .,* I; **Me gustaría más...** *I would prefer to . . .,* I; **No, no me gusta(n)...** *No, I don't like . . .,* I; **Te gusta(n)...** *Do you like . . .,* I; **¿Te gustan más... o...?** *Do you like . . . or . . . more?,* I; **¿Qué te gustaba hacer?** *What did you like to do?,* 6
el gusto *pleasure,* 2; **al gusto** *to taste,* 7; **El gusto es mío.** *The pleasure is mine.,* 2; **Mucho gusto.** *Pleased/Nice to meet you.,* I; **¡Qué gusto verte!** *It's great to see you!,* I; **Tanto gusto.** *So nice to meet you.,* I
los gustos *likes,* 1

haber *to have (auxiliary verb),* 9; **¿Ha comido en...?** *Have you eaten at . . .?,* 10; haber publicado *having published,* 6; **había** *there was, there used to be,* 6; **Había una vez...** *There once was . . .,* 9
las habichuelas *beans* (Puerto Rico), 7
la habitación *bedroom,* I
el hábito *habit,* 7
hablar *to talk, to speak,* I; **Habla...** *. . . speaking (on the telephone),* I; **se habla** *is spoken,* 3
¿Habrá...? *(future tense of* **haber***)* *Will there be . . .?,* 9
hacer (-go) *to do, to make,* I; **¿Cuánto tiempo hace que tú...?** *How long have you been . . .?,* 5; **Entonces, lo que tengo que hacer es...** *So, what I have to do is . . .,* 3; **Hace mucho tiempo que yo...** *I've been . . . for a long time.,* 5; **Hace poco tiempo que yo...** *I've been . . . for a little while.,* 5; **Hace unos (muchos, cinco...) años** *A few (many, five . . .) years ago,* 9; **¿Hará...?** *Will it be . . .?,* 9; **Haz el favor de** + infinitive *Please . . .,* 2; **hecho** *done* (past participle of **hacer**), 10; **No hice nada.** *I didn't do anything.,* 10; **¿Qué están haciendo?** *What are they doing?,* I; **¿Qué hacías de niño(a)?** *What did you use to do when you were a little boy/girl?,* 6; **¿Qué harán ustedes en la playa?** *What will you all do*

at the beach?, 9; **Se nos hace tarde.** *It's getting late.*, 5; **Ya lo hice mil veces.** *I've already done it a thousand times.*, 2; *to be* (with weather expressions); **Hace buen (mal) tiempo.** *The weather is nice (bad).*, I; **Hace (calor, fresco, frío, sol, viento).** *It's (hot, cool, cold, sunny, windy).*, I; **¿Qué tiempo hace?** *What's the weather like?*, I; **hacer camping** *to go camping*, 9; **hacer cola** *to wait in line*, I; **hacer crucigramas** *to do crossword puzzles*, 5; **hacer diligencias** *to run errands*, 3; **hacer diseño por computadora** *to do computer design*, 5; **hacer ecoturismo** *to go on an ecotour*, 9; **hacer ejercicios aeróbicos** *to do aerobics*, 5; **hacer juego** *to match, to go with*, 8; **hacer la maleta** *to pack your suitcase*, I; **hacer preguntas** *to ask questions*, 5; **hacer senderismo** *to go hiking*, 10; **hacer travesuras** *to play tricks*, 6; **hacer un tour** *to take a guided tour*, 9; **hacer un viaje** *to take a trip*, I; **hacer una fiesta** *to have a party*, I; **hacer una llamada por cobrar** *to make a collect call*, 10; **hacer una reservación** *to make a reservation*, 10; **hacer windsurf** *to windsurf*, 9

hacerse amigo(a) de alguien *to make friends with someone*, 10; hacerse arquitecto *to become an architect*

hallar *to find*, 5

la hamaca *hammock*, 8

el hambre (f.) *hunger*, I; **tener hambre** *to be hungry*, I

la hamburguesa *hamburger*, I

el Hanukah *Hanukkah*, I

la harina *flour*, 2

harto(a) (de) *full (of)*; **Estoy harto(a) de...** *I'm fed up with . . .*, 2

hasta *until, up to*, I; hasta cierto punto *to some extent, in a way*, 6; **Hasta luego.** *See you later.*, I; **Hasta mañana.** *See you tomorrow.*, I; **Hasta pronto.** *See you soon.*, I; **seguir derecho hasta** *to keep going (straight) to*, 3; **subir/bajar... hasta llegar a** *to go up/down . . . until you get to*, 3

hay *(present tense of* **haber***) there is, there are*, I; **hay veces** *there are times*, I; **¿Qué hay de especial?** *What's the (daily) special?*, 7; **¿Qué hay de nuevo?** *What's new?*, I

hay que *one must . . .*, 1; **¿Qué hay que hacer en la cocina?** *What needs to be done in the kitchen?*, 1; **¿Y qué hay que hacer por aquí?** *And what is there to do around here?*, 10

hecho(a) a mano *handmade*, 8

la heladería *ice cream shop*, I

el helado *ice cream*, I

la herencia *heritage*, 4G

herido(a) *hurt*, 4

herir (ie, i) *to injure, to hurt*, 4

la hermana *sister*, I

el hermano *brother*, I

los hermanos *brothers, brothers and sisters*, I

hervido(a) *boiled*, 7

hervir (ie, i) *to boil*, 7

el hielo *ice*, 4; **el patinaje sobre hielo** *ice skating*, 4

la hierba *grass*, 1

la hija *daughter*, I

el hijo *son*, I

los hijos *sons, children*, I

hinchado(a) *swollen*, 4

hinchar *to swell*, 4

la historia *history*, I; *story*, 4

los historiadores *historians*, 7

la hoja *sheet;* en una hoja aparte *on a separate sheet of paper*, 1

las hojas *leaves*, 9

hojear *to turn the pages of, to leaf through*, 10

hola *hi, hello*, I

el hombre *man*, I; el hombre de nieve *snowman*, 6

el hombro *shoulder*, I

hondo(a) *deep;* **el plato hondo** *bowl*, I

hondureño(a) *Honduran*, 2

honrar *to honor*, 5

la hora *hour*, 1; **¿A qué hora...?** *At what time . . .?*, I; **¿Qué hora es?** *What time is it?*, I

el horario *schedule*, 2

horneado(a) *baked*, 7

hornear *to bake*, 7

el horno *oven*, I

horrible *horrible*, I

hospedarse en... *to stay at . . .*, 10

el hospital *hospital*, 3

hostelero(a): la industria hostelera *hospitality industry*, 7

el hotel *hotel*, I

hoy *today*, I; hoy en día *nowadays*, 1; **¿Qué fecha es hoy?** *What's today's date?*, I

hubo (preterite tense of **haber**) *there was, there were*, 9

huele (inf. **oler**) **a** *it smells like*, 7

las huellas *traces*, 3G; *tracks*, 9

el hueso *bone*, 4

el huésped *guest;* el cuarto de huespedes *guest room*, 3

el huevo *egg*, I

los huevos revueltos *scrambled eggs*, 7

huir *to flee, run away*, 9

húmedo(a) *humid*, 9

humilde *poor*, 6

el huracán *hurricane*, 9

los iberos *Iberians*, 6G

la idea *idea*, 10; **Es buena idea que...** *It's a good idea for . . . to . . .*, 10; **Ni idea.** *I have no idea.*, I

la identidad *identity;* **el carnet de identidad** *ID*, I

identificar *to identify*, 3

los idiomas *languages*, 2

la iglesia *church*, I

igual *the same*, 2; **Me da igual.** *It's all the same to me.*, I

Igualmente. *Likewise.*, I

ilustrar *illustrate*, 3

imaginar *to imagine*, 1

impaciente *impatient*, 6

el imperativo *imperative*, 4

el imperfecto *imperfect*, 6

el imperio *empire*, 1

el impermeable *raincoat*, 5

imponente *impressive*, 6G

imponer *to impose*, 9

importante *important*, 10; **Es importante que...** *It's important for . . . to . . .*, 10

importar *to be important, to matter;* **no importa** *it doesn't matter*, 3

imprescindible *indispensible*, 5

impresionante *impressive*, 2G

el impuesto *tax*, 8

incaico(a) *Incan*, 1G

incansable *tireless*, 5

el incendio *fire*, 2

incertidumbre *uncertainty, doubt*, 9

inclinado(a) *inclined, sloping*, 2

incluir *to include*, 7

incluso *even, actually*, 7

incómodo *uncomfortable*, 8

increíble *incredible*, 4

la independencia *independence*, 1G; **el Día de la Independencia** *Independence Day*, I

indicado(a) *indicated*, 5

indicar *to indicate*, 1

indicativo *indicative*, 3

indígena *indigenous*, 1

la industria hostelera *hospitality industry*, 7

infectado(a) *infected*, 4; **Ahora lo tengo infectado.** *Now it's infected.*, 4

infectar *to infect*, 4

el infinitivo *the infinitive* (form), 1

influyente *influential*, 4

la información *information*, 10

el ingeniero, la ingeniera *engineer*, 2

ingerir (ie, i) *to consume*, 2

el inglés *English (language)*, I

los ingredientes *ingredients*, 7

ingresar *to join*, 4

iniciado(a) *initiated, begun*, 1G

las iniciales *initials*, 5

injusto *unfair*, I

inmediatamente *immediately,* 7
inmensa *immense,* 10
el inodoro *toilet,* 2
inolvidable *unforgettable,* 7
la inscripción *inscription*
la inspiración *inspiration,* 5
inspirado(a) *inspired,* 1G
las instrucciones *instructions*
intelectual *intellectual,* I
inteligente *intelligent,* I
intenso(a) *intense,* 8
intentar *to try (to),* 5
la interacción *interaction,* 6
intercambiar *to exchange, to trade,* 5
el intercambio *exchange;* los programas de intercambio *exchange programs,* 7
el interés (pl. **los intereses**) *interest,* 5; **los lugares de interés** *places of interest,* I
interesante *interesting,* I
interesar *to interest,* 5
internacional *international,* 2; **banquero(a) internacional** *international banker,* 2
Internet *Internet,* 3; **el café Internet** *Internet café,* 3
interpretar *to interpret,* 3
interrumpir *to interrupt,* I
la inundación *flood,* 9
la invención *invention,* 9
inventar *to invent,* 4
el invento *invention,* 9
la investigación *research,* 6
investigar *to investigate,* 2
el invierno *winter,* I
la invitación *invitation,* I
el invitado *guest,* I
invitar *to invite,* I
ir *to go,* I; 10; **Iré a/al...** *I'll go to . . .,* 9; **Que te vaya bien.** *Hope things go well for you.,* I; **Si todavía no ha ido a/al..., debe ir.** *If you haven't gone to . . . yet, you must.,* 10; **¿Vamos bien para...?** *Are we going the right way to . . .?,* 3; **¡Ya voy!** *I'm coming!,* 5; **ir a** + infinitive *to be going to (do something),* I; **ir a cafés** *to go to outdoor cafés,* 10; **ir a un cibercafé** *to go to a cybercafé,* 10; **ir al zoológico** *to go to the zoo,* 1; **ir de compras** *to go shopping,* I; **ir de excursión** *to go hiking,* I; **ir de pesca** *to go fishing,* I; **ir de vacaciones** *to go on vacation,* 9; **ir por la calle...** *to take . . . street,* 3
irse *to leave,* I
la isla *island,* I; **la isla tropical** *tropical island,* 9
el islote *isle,* 7G
italiano(a) *Italian;* **la comida italiana** *Italian food,* I
el itinerario *itinerary,* 10
izquierdo(a) *left,* 2; **a la izquierda (de)** *to the left (of),* 2; **doblar a la izquierda en** *to turn left on,* 3

el jabón *soap,* I
el jamón *ham,* I
el japonés *Japanese,* 5
el jarabe *cough syrup,* 4
el jardín *garden,* I; **trabajar en el jardín** *to work in the garden,* 1
el jefe *chief,* 8
el jinete *rider,* 5G
joven *young,* I
el joven, la joven *young person,* 1
los jóvenes *young people,* I
la joya *jewel*
las joyas *jewelry,* 8
la joyería *jewelry store,* I
los judíos *Jews,* 8
el juego *game,* I; **el juego de mesa** *board game,* I; **hacer juego** *to match, to go with,* 8
el jueves *Thursday,* I; **los jueves** *on Thursdays,* I
el jugador, la jugadora *player,* 4
jugar (ue) (yo jugué) *to play,* I; **jugar a la casita** *to play house,* 6; **jugar a las damas** *to play checkers,* 6; **jugar al ajedrez** *to play chess,* 1; **jugar al escondite** *to play hide and seek,* 6; **jugar al pilla-pilla** *to play tag,* 6; **jugar al tenis** *to play tennis,* 1; **jugar con bloques** *to play with blocks,* 6; **jugar con carritos** *to play with toy cars,* 6; **jugar naipes** *to play cards,* 5; **Jugaremos con...** *We'll play with . . .,* 9
el jugo *juice,* I; **el jugo de...** *. . . juice,* I
el juguete *toy,* I; **compartir los juguetes** *to share toys,* 6
la juguetería *toy store,* I
juguetón, juguetona *playful,* 6
julio *July,* I
el junco *reed,* 1
junio *June,* I
juntos(as) *together,* 2; **trabajar juntos** *to work together,* 2
justamente *precisely, exactly,* 10
justo(a) *fair,* 2; **¡No es justo!** *It's not fair!,* 2; *tight,* 8
juvenil *youth,* 5; **el albergue juvenil** *youth hostel,* 10

la *the* (fem. article), I
la *you, it,* (pron.), I; **Bueno, se la regalo por..., pero es mi última oferta.** *Okay, I'll give it to you for . . ., but that's my last offer.,* 8; **Enseguida se la traigo.** *I'll bring it right away.,* 7; **(No) te la recomiendo.** *I (don't) recommend it to you.,* 7
el laberinto *maze,* 10
los labios *lips,* 4
el lado *side;* al lado *next door,* 2; **al lado de** *next to,* I
el ladrillo *brick,* 2
el lagarto *lizard,* 9
el lago *lake,* I; **la orilla del lago** *lakeshore,* 9
las láminas *trading cards,* 6
la lámpara *lamp,* 2
la lana *wool,* I; **de lana** *made of wool,* I
la lancha *motorboat,* I; **pasear en lancha** *to go out in a motorboat,* I
lanzar(se) *to throw,* 4
el lápiz (pl. **los lápices**) *pencil,* I; **el lápiz labial** *lipstick,* 5
largo(a) *long,* I
las *the* (pl. fem. article), I
las *you, them* (pron.), I
la lástima *shame;* **¡Qué lástima!** *What a shame!,* I
lastimarse *to injure/hurt oneself,* 4
la lata *can,* 7; *nuisance;* **la lata de salsa de tomate** *can of tomato sauce,* 7; **¡Qué lata!** *What a pain!,* I
el lavabo *bathroom sink,* 2
el lavadero *kitchen sink* (Peru), 2
la lavadora *washing machine,* 2
el lavamanos *bathroom sink,* 2
la lavandería *laundromat,* 3
el lavaplatos *dishwasher,* 2
lavar *to wash,* I; **lavar los platos** *to do the dishes,* I
lavarse *to wash,* I; **lavarse los dientes** *to brush one's teeth,* 1
el lavatorio *(bathroom) sink* (Peru, Texas), 2
le *to/for him, her, you* (sing.), I; **¿En qué le puedo servir?** *How can I help you?,* I; **Le aconsejo que...** *I recommend that you . . .,* 10; **Le encanta(n)...** *He/she/you love(s) . . .,* 1; **Le falta no sé qué.** *It's missing something; I don't know what.,* 7; **Le falta sabor.** *It's missing flavor.,* 7; **Le falta sal.** *It's missing salt.,* 7; **Le gusta** + infinitive *He/she likes to . . .,* I; **Le presento a...** *This is (formal) . . .,* 2; **Le voy a dar un precio especial.** *I'm going to give you a special price.,* 8
la leche *milk,* I; **el café con leche** *coffee with milk,* I
el lechón *piglet, pork,* 7; **el lechón asado** *roast pork,* 7
la lechuga *lettuce,* 7
la lechuza *owl,* 9
la lectura *reading,* 9
leer *to read,* I
lejos *far;* **lejos de** *far from,* I
el lema *motto,* 10

la lengua *language,* 1; *tongue,* 4
lentamente *slowly,* 7
los lentes *glasses,* I; **los lentes de contacto** *contact lenses,* 5; **usar lentes** *to wear glasses,* I
les *to/for them,* I; **A ellos/ellas les gusta** + infinitive *They like to . . .,* I; **A ellos/ellas/ustedes les gusta(n)** + noun *They* (emphatic) *like . . .,* 1; **Les presento a...** *I'd like you (pl.) to meet . . .,* 1; **¿Se les ofrece algo más?** *Would you like anything else?,* 7
el letrero *sign,* 3
levantar *to lift,* I; **levantar pesas** *to lift weights,* I
levantarse *to get up,* I
la leyenda *legend,* 7G
la libra *pound,* 7
libre *free;* **al aire libre** *open-air, outdoor,* 5; **el rato libre** *free time,* 5; **la lucha libre** *wrestling,* 4
la librería *bookstore,* I
el libro *book,* I; **el libro de amor** *romance book,* I; **el libro de aventuras** *adventure book,* I
la licencia *license,* 3; **la licencia de conducir** *driver's license,* 3
la liebre *hare,* 9
la liga *league,* 4
limitar *to limit,* 9
limpiar *to clean,* I
lindo(a) *pretty,* 8; **lindísimo(a)** *really beautiful,* 8
la línea *line;* **el patinaje en línea** *in-line skating,* 4
la linterna *lantern, flashlight,* 9
el lío *mess,* 10
la liquidación *liquidation;* **la venta de liquidación** *clearance sale,* 8
la lista *list,* 1
listo(a) *ready,* I
la literatura *literature,* 5
la llama *flame,* 10G
la llamada *telephone call,* 4; **hacer una llamada por cobrar** *to make a collect call,* 10
llamar *to call,* I; **que me llame después** *tell him/her to call me later,* I
llamarle la atención *to be interested in,* 5
llamarse *to be named,* 1
el llano *plain, flat ground,* 8G
la llave *key,* 5; **cerrar la puerta con llave** *to lock the door,* 5
la llegada *arrival,* I
llegar *to arrive, to get there,* I; **¿Cómo puedo llegar a...?** *How can I get to . . .,* 3; **subir/bajar... hasta llegar a** *to go up/down . . . until you get to,* 3
llenar de *to fill up with,* 7
lleno(a) *full,* 8
llevar *to wear,* I; *to take,* I; *to take, to carry,* 3; **llevar (a alguien)** *to take (someone),* 3; llevar a cabo *to carry out,* 4; **llevar una dieta balanceada** *to eat a balanced diet,* 7; **¿Qué lleva el(la)...?** *What's in the . . .?,* 7
llevarse *to carry off, to take away;* **llevarse bien** *to get along well,* 6; **llevarse mal** *to get along badly,* 6; llevarse una sorpresa *to have a surprise*
llorar *to cry,* 4; **ponerse a llorar** *to start to cry,* 5
llover (ue) *to rain,* I; **De repente, empezó a llover...** *Suddenly, it started to rain . . .,* 10; **llover a cántaros** *to rain cats and dogs,* 9
lloviznar *to drizzle,* 9
lo *him, it,* I; *you,* I; **Cuando me enteré, no lo pude creer.** *When I found out, I couldn't believe it.,* 6; **lo siento** *I'm sorry,* I; **No lo vas a creer, pero...** *You won't believe it, but . . .,* 10; **Ya lo hice mil veces.** *I've already done it a thousand times.,* 2
lo *that;* lo contrario *the opposite,* 4; lo de *that matter of, that business about;* **¿Cómo te sentiste cuando supiste lo de...?** *How did you feel when you heard about . . .?,* 6
lo de siempre *same as usual,* I; **lo siguiente** *the following,* I; lo suficiente *enough,* 6; **dormir lo suficiente** *to get enough sleep,* I
lo que *what,* 3; **Cuéntame lo que pasó el día que...** *Tell me what happened the day that . . .,* 10; **¿Encontraste lo que buscabas en...?** *Did you find what you were looking for at . . .?,* 8; **Entonces, lo que tengo que hacer es...** *So, what I have to do is . . .,* 3; lo que pasa *what is happening,* 1; **¿Puede repetir lo que dijo?** *Can you repeat what you said?,* 3
el lobo *wolf,* 9
localizado(a) *located,* 2G
loco(a) *crazy,* 5; **Estoy loco(a) por...** *I'm crazy about . . .,* 5
lógico *logical,* 2
lograr *to achieve,* 4
los *the* (pl. masc.), I
los *you, them* (pron.), I; **Enseguida se los traigo.** *I'll bring them to you right away.,* 7; **Se los dejo en...** *I'll let you have them for . . .,* 8; los cuales *which,* 8
la lucha libre *wrestling,* 4
lucir *to shine,* 3
luchar *to fight,* 3G
luego *then, later,* I; **Hasta luego.** *See you later.,* I; desde luego *naturally, of course,* 5
el lugar *place,* 1
los lugares de interés *places of interest,* I
luminoso(a) *bright, luminous,* 9
la luna *moon,* 6
lunes *Monday,* I; **los lunes** *on Mondays,* I
la luz (pl. **las luces**) *light,* 5; **apagar la luz/las luces** *to turn off the light(s),* 5

la madera *wood,* 8
la madre *mother,* I; **el Día de la Madre** *Mother's Day,* I
la madrina *godmother,* 5
la maestra *teacher,* 2
el maíz *corn,* I
majado(a) *mashed,* 7
mal *bad;* **estar mal** *to be (doing) badly,* I; *to be sick,* 4; **llevarse mal** *to get along badly,* 6; **Me fue muy mal.** *I did very badly.,* 4; **quedar mal** *to fit badly,* I
la maleta *suitcase,* I; **hacer la maleta** *to pack your suitcase,* I
malo(a) *bad,* I; **sacar malas notas** *to get bad grades,* 6
malsano(a) *unhealthy,* 7G
la mamá *mom,* I
mandar *to send,* I
el mandato *command,* 1
manejar *to drive,* 5
la manera *way,* 5; a manera *in the manner of,* 3
las mangas *sleeves,* 8
la mano *hand,* I; **hecho(a) a mano** *handmade,* 8; pedir la mano *to ask for her hand in marriage,* 9
el mantel *tablecloth,* 8
la mantequilla *butter,* 7
mantener (-go, ie) *to keep,* 10; mantener en equilibrio *to keep (something) balanced,* 6
mantenerse (-go, ie) en forma *to stay in shape,* I
la manzana *apple,* I; *block* (Spain, Dominican Republic), 3
mañana *tomorrow,* I; **Hasta mañana.** *See you tomorrow.,* I; **pasado mañana** *day after tomorrow,* I
la mañana *morning,* I; **de la mañana** *in the morning,* A.M., I; **por la mañana** *in the morning,* I
el mapa *map,* I
el maquillaje *makeup,* I
maquillarse *to put on makeup,* I
el mar *sea,* 9; **bañarse en el mar** *to swim in the sea,* 9

la maravilla *wonder, marvel,* 3
maravilloso(a) *wonderful, marvelous,* 3
la marca *make, brand,* 8
marcial *martial;* **las artes marciales** *martial arts,* 5
la marea (baja) *(low) tide,* 9
los mariscos *seafood,* 7
el martes *Tuesday,* I; **los martes** *on Tuesdays,* I
marzo *March,* I
más *more,* I; **¿Algo más?** *Anything else?,* 1; **¿Cuáles te gustan más, ... o ...?** *Which do you like better, . . . or . . .?,* 8; **Esa corbata es la más elegante de todas.** *That tie is the nicest one.,* 8; **Más o menos.** *So-so.,* I; *more or less,* 5; **Me gustaría más...** *I would prefer to . . .,* I; **¿Qué más tengo que hacer?** *What else do I need to do?,* 1; **¿Se les ofrece algo más?** *Would you like anything else?,* 7
la masa *mass,* 9
el masaje *massage,* 4
la máscara *mask,* 8
la mascota *pet,* 5; **cuidar a una mascota** *to take care of a pet,* 5
las matemáticas *mathematics,* I
la materia *school subject,* I; *material,* 8
matricularse *to register, to enroll,* 2
el matrimonio *wedding,* 5
mayo *May,* I
la mayonesa *mayonnaise,* 7
mayor(es) *older,* I
la mayoría *majority,* 3
me *me, to/for me,* I; **A mí (no) me gusta(n)** + noun *I* (emphatic) *(don't) like . . .,* 1; **Me caía muy bien.** *I really liked him/her.,* 6; **Me da igual.** *It's all the same to me.,* I; **Me di un golpe en...** *I hit my . . .,* 4; **¿Me dices dónde está...?** *Can you tell me where . . . is?,* 2; **Me dieron ganas de** + infinitive *I felt like . . .,* 4; **Me dio (alegría, tristeza, vergüenza, una rabia).** *It made me (happy, sad, embarrassed, angry).,* 4; **Me duele la garganta** *My throat hurts.,* 4; **Me fue muy bien (mal).** *I did very well (badly).,* 4; **Me gustaría...** *I would like . . .,* I; **Me gustaría más...** *I would prefer to . . .,* I; **Me levanto, me baño...** *I get up, I bathe . . .,* 1; **¿Me podría decir...?** *Could you tell me . . .?,* 3; **¿Me puede rebajar el precio de ese/esa...?** *Can you lower the price on that . . .?,* 8; **Me puse** + adj. *I felt/became . . .,* 4; **Me puse a** + infinitive *I started to . . .,* 4; **Me quedan...** *They're . . .,* 8; **Me reí mucho.** *I laughed a lot.,* 4
la mecánica *mechanics;* **trabajar en mecánica** *to work on cars,* 5
el mecánico, la mecánica *mechanic,* 2
la medalla *medal,* 4
mediados de *the middle of,* 10
la medianoche *midnight,* I
mediante *through,* 9
el médico, la médica *doctor,* 2
medio(a) *half;* el Oriente Medio *Middle East,* 9G; en medio de *in the middle of,* 3; **la falda a media pierna** *mid-length skirt,* 8; **y media** *half past,* I
el mediodía *midday, noon,* I
los medios de transporte *means of transportation,* I
medir (i, i) *to measure,* 1G; **la taza de medir** *measuring cup,* 7
la mejilla *cheek,* 4
mejor(es) *better, best,* I; **Es mejor que...** *It's better for . . . to . . .,* 10; **mejor que nadie** *better than anyone,* 2
mencionar *to mention,* 2
menor(es) *younger,* I
menos *less,* I; **Más o menos.** *So-so.,* I; *more or less,* 5; **...menos cuarto** *quarter to (the hour),* I; por lo menos *at least,* 2; **Te echo mucho de menos.** *I miss you a lot.,* 10
mensual *monthly,* 4
la mente *mind,* 8G
la mentira *lie,* 6
el menú *menu,* 7
el mercado *market,* 3; **el puesto del mercado** *market stand,* 8; **ir de compras al mercado** *to go shopping at the market,* 1
la mercancía *merchandise,* 8
merendar (ie) *to have a snack,* I
la mesa *table,* I; **el juego de mesa** *board game,* I
el mesero, la mesera *server,* 7
los meses del año *months of the year,* I
la mesita de noche *bedside table,* 2
meter *to put in,* 4
el método *method,* 2
el metro *subway,* I; **la parada del metro** *subway stop,* 3
mexicano(a) *Mexican,* 2; **la comida mexicana** *Mexican food,* I
la mezcla *mixture,* 2
mezclar *to mix,* I
mí *me* (emphatic), I; **A mí me gusta** + infinitive *I like to . . .,* I; **A mí siempre me toca...** *I always have to . . .,* I; **A mí (no) me gusta(n)** + noun *I* (emphatic) *(don't) like . . .,* 1
mi(s) *my,* I; **Dale un saludo a... de mi parte.** *Say hi to . . . for me.,* 10; **¿Dónde estará(n) mi(s)...?** *Where could my . . . be?,* 9
el miedo *fear,* I; **darle miedo** *to scare,* 9; **tener miedo** *to be scared,* I
la miel *honey,* 3
el miembro *member,* 5
mientras *while,* 7
el miércoles *Wednesday,* I; **los miércoles** *on Wednesdays,* I
mil *one thousand,* I; **dos mil** *two thousand,* I; **Ya lo hice mil veces.** *I've already done it a thousand times.,* 2
un millón (de) *one million,* I; **dos millones (de)** *two million,* I
el mimbre *willow,* 4G
el mineral *mineral;* **el agua** (f.) **mineral** *mineral water,* 7
la minifalda *miniskirt,* 8
mío(a) *mine,* 5; **El gusto es mío.** *The pleasure is mine.,* 2
mirar *to look;* **Nada más estoy mirando.** *I'm just looking.,* I; **mirar las vitrinas** *to window shop,* I
mi(s) *my,* I
la misa *Mass,* I
los misioneros *missionaries,* 3
mismo(a) *same,* 1
el misterio *mystery,* I; **la película de misterio** *mystery movie,* I; **las novelas de misterio** *mystery novels,* 1
mixto(a) *mixed,* 7; **la ensalada mixta** *mixed salad,* 7
la mochila *backpack,* I
la moda *style, fashion,* I; **a la (última) moda** *in the (latest) style,* I; **pasado(a) de moda** *out of style,* I
el(la) modelo *model,* 8
modo *way,* 8
molestar *to bother,* 6
el momento *moment;* **Espera un momento.** *Hold on a moment.,* I
las monedas *coins,* 5; **coleccionar monedas** *to collect coins,* 5
el mono *monkey,* 1
la montaña *mountain,* I; la falda de la montaña *the foot of the mountain,* 2; **subir a la montaña** *to go up a mountain,* I
montañoso(a) *mountainous,* 2
montar a caballo *to ride horseback,* 4; **montar en bicicleta** *to ride a bike,* I
un montón *a ton,* I
la montura *saddle,* 5G
el monumento *monument,* 3
morado(a) *purple,* I
moreno(a) *dark-haired; dark-skinned,* I
morirse (ue, u) *to die,* 4
los moros *Moors,* 9G
el mortero *mortar,* 7
la mostaza *mustard,* 7
el mostrador *counter,* I
mostrar (ue) *to show,* 1
el movimiento *movement,* 1
la muchacha *girl,* I
el muchacho *boy,* I
mucho(a) *a lot (of), much,* I; **Hace mucho tiempo que...** *I've been . . . for a long time.,* 5; **llueve mucho** *it rains a lot,* I; **Me reí mucho.** *I laughed a lot.,* 4; **Mucho gusto.**

Pleased/Nice to meet you., I; **pasar mucho tiempo** *to spend a lot of time*, 5; **Te echo mucho de menos.** *I miss you a lot.*, 10
muchos(as) *a lot of, many*, I; muchas veces *often*, 1
la mueblería *furniture store*, 3
los muebles *furniture*, 2; **sacudir los muebles** *to dust the furniture*, 2
la muerte *death*, 6
muerto(a) *dead*, 5
la mujer *woman*, I; **la mujer cartero** *mail carrier* (f.), 2; **la mujer de negocios** *businesswoman*, I; **la mujer policía** *policewoman*, 2; **para mujeres** *for women*, I
la multa *fine*, 9
el mundo *world*, 1
la muñeca *wrist*, 4
las muñecas *dolls*, 6
la muralla *wall*, 6G
el muro *wall*, 6G
el museo *museum*, I; **visitar un museo** *to visit a museum*, 1
la música *music*, I; **la música clásica** *classical music*, 5
los músicos *musicians*, 2
el muslo *thigh*, 4
muy *very*, I; **Me caía muy bien.** *I really liked him/her.*, 6; **Me fue muy bien (mal).** *I did very well (badly).*, 4

nacer *to be born*, 10G
nacido(a) *born*, 10G; recién nacido(a) *newborn*, 3
el nacimiento *birth*, 6
nacional *national*, 10; **el parque nacional** *national park*, 10
nada *nothing, not anything*, I; **Nada más estoy mirando.** *I'm just looking.*, I; De nada. *You're welcome.*, 1; **No hice nada.** *I didn't do anything.*, 10; **para nada** *at all*, 5
nadar *to swim*, I
nadie *nobody, not anybody*, I; **mejor que nadie** *better than anyone*, 2
los naipes *cards*, 5; **jugar naipes** *to play cards*, 5
la naranja *orange*, I
la nariz *nose*, I
narrado(a) *narrated*, 3
la natación *swimming (swim class)*, 4
natal *native*; la casa natal *house where he/she was born*, 2G; la ciudad natal *city where he/she was born*, 9
la naturaleza *nature*, 9; **observar la naturaleza** *to nature watch*, 9
la navaja *razor*, I
la nave *ship, vessel*, 7G
navegar *to sail, to navigate*; **navegar por Internet** *to surf the Internet*, I
la Navidad *Christmas*, I
las necesidades *needs*, 8
necesitar *to need*, I
el negocio *business*, 1; la mujer de negocios *business woman*, I
negro(a) *black*, I
nervioso(a) *nervous*, I
nerviosamente *nervously*, 7
nevar (ie) *to snow*, I
ni *neither, nor*, I; **Ni idea.** *I have no idea.*, I
nicaragüense *Nicaraguan*, 2
la niebla *fog*, 9
la nieta *granddaughter*, I
el nieto *grandson*, I
los nietos *grandsons, grandchildren*, I
nieva *it snows*, I
la nieve *snow*, 9; el hombre de nieve *snowman*, 6
ningún *none, not (a single) one*, 5
ninguno(a) *none, not (a single) one*, 5; **No va a ninguna parte.** *He/She doesn't go anywhere.*, I
la niña girl, 6; **¿Qué hacías de niña?** *What did you use to do when you were a little girl?*, 6
la niñez *childhood*, 6
el niño *boy*, 1; **¿Qué hacías de niño?** *What did you use to do when you were a little boy?*, 6
los niños *children*, I
no *no*, I; *not, do not*, I; **Cómo no.** *Of course.*, 7; **Ya no.** *Not anymore.*, 5; **No, ando planeando...** *No, I'm planning . . .*, 10; **¡No es justo!** *It's not fair!*, 2; **No estoy seguro(a).** *I'm not sure.*, 3; **No hice nada.** *I didn't do anything.*, 10; **No lo vas a creer, pero...** *You won't believe it, but . . .*, 10; **nomás** *just, only*, I; **¡No me digas!** *No way! You're kidding!*, 10; **no sólo... sino... también** *not only . . . but . . . as well*, 5; **No te la recomiendo.** *I don't recommend it to you.*, 7; **No te olvides de...** *Don't forget to. . .*, 1; **No te preocupes.** *Don't worry.*, 5; **¿no?** *right?*, I
la noche *night*, 1; **esta noche** *tonight*, 1; cada noche *each night*, 1; **de la noche** *at night, P.M.*, I; **la mesita de noche** *bedside table*, 2; por la noche *at night, in the evening*, 1
la Nochebuena *Christmas Eve*, I
la Nochevieja *New Year's Eve*, I
nocturno(a) *night*, 5
nombrado(a) *named*, 5G
el norte *north*, 5G
nos *to/for us*, I; **Nos peleábamos** *We fought (would fight)*, 6; **¿Nos trae...?** *Would you bring us . . .?*, 7; **¿Qué nos recomienda?** *What do you recommend?*, 7; **Se nos hace tarde.** *It's getting late.*, 5
nosotros(as) *we, us* (after preposition), I
la nota *grade*, 6; **sacar (buenas, malas) notas** *to get (good, bad) grades*, 6
la noticia *news*, 6; **Cuando oí la noticia no lo quise creer.** *When I heard the news, I didn't want to believe it.*, 6
las noticias *news*, 9; **¿Qué noticias tienes de...?** *What news do you have of . . .?*, 10
novecientos(as) *nine hundred*, I
la novela *novel*, I
noveno(a) *ninth*, 3
noventa *ninety*, I
noviembre *November*, I
la novia *girlfriend*, 1
las nubes *clouds*, 4G
nublado(a) *cloudy*, I; **Está nublado.** *It's cloudy.*, I
nuestro(a)(s) *our*, I
nueve *nine*, I
nuevo(a) *new*, 2; **el Año Nuevo** *New Year's Day*, I; de nuevo *again*, 8; **¿Qué hay de nuevo?** *What's new?*, I
las nueces *nuts*, I
el número *number*, I; *shoe size*, I
nunca *never*, I
nutritivo(a) *nutritious*, 7

o *or*, I
obediente *obedient*, 6
el objetivo *objective*, 1
el objeto *object*, 8
la obligación *obligation*
la obra *work*, 3G
observar *to observe*; **observar la naturaleza** *to nature watch*, 9
obtener (ie) *to obtain*, 4
ochenta *eighty*, I
ocho *eight*, I
ochocientos (as) *eight hundred*, I
octavo(a) *eighth*, 3
octubre *October*, I
ocupado(a) *busy*, 1
ocupar *to occupy, to fill, to take up*, 4
ocurrir *to occur*, 4
odiar *to hate*, 6
el oeste *west*, 5G
la oferta *special offer*; **estar en oferta** *on sale*, 8; **la última oferta** *last offer*, 8
la oficina de... *office of . . .*, 3; **la oficina de cambio** *money*

exchange, I; **la oficina de correos** *post office,* I; **la oficina de turismo** *tourism office,* 10
el oficio *job, profession, occupation,* 2
ofrecer *to offer,* 1; **¿Se les ofrece algo más?** *Would you like anything else?,* 7
el oído *(inner) ear,* I
oír *to hear,* 6; **Cuando oí la noticia no lo quise creer.** *When I heard the news, I didn't want to believe it.,* 6
Ojalá que... *I hope that . . .,* 9
¡ojo! *careful!, look out!,* 10G
los ojos *eyes,* I; **tener los ojos azules** *to have blue eyes,* I; **tener ojos de color café** *to have brown eyes,* 1
las olas *waves,* 9
oler (hue) *to smell,* 7; **huele a** *it smells like,* 7
la oliva: **el aceite de oliva** *olive oil,* 7
las ollas *pots, pans,* 8
olvidarse (de) *to forget (about), to forget (to),* 1; **No te olvides de...** *Don't forget to . . .,* 1; **Se me olvidó por completo.** *I totally forgot.,* 5
el ombligo *navel,* 2G
once *eleven,* I
la opción *option, choice,* 1
la oportunidad *opportunity,* 5
la oración *sentence,* 1
la oratoria *speech, public speaking,* 4
el orden *order,* 2
el ordenador *computer,* 5
la oreja *(outer) ear,* 4
organizar *to organize,* I; *to tidy up,* 2
el orgullo *pride,* 4
el Oriente Medio *Middle East,* 9G
la orilla *edge, border;* **la orilla del lago** *lakeshore,* 9; **la orilla del río** *riverbank,* 9
el oro *gold,* 8; el Siglo de Oro *Golden Age,* 5G
la orquesta *orchestra,* 5; el dirigente de orquesta *orchestra conductor,* 10G
os *to/for you* (pl.) (Spain), I
el oso *bear,* 9
el otoño *autumn,* I
otro(a) *other, another;* **¿Otra vez, por favor?** *One more time, please?,* 3
otros(as) *other, others,* 1
Oye *Hey,* 2

el pabellón *pavilion,* 4
la paciencia *patience,* 5
paciente *patient,* 6
el paciente, la paciente *patient,* 4
el padre *father,* I; **el Día del Padre** *Father's Day,* I
los padres *parents,* I
pagar *to pay,* I; **pagar con cheques de viajero** *to pay with traveler's checks,* 10; **pagar con tarjeta de crédito** *to pay with a credit card,* 10; **pagar en efectivo** *to pay cash,* 10; **pagar la cuenta** *to pay the bill,* 7
la página *page,* 2; **páginas Web** *Web pages,* 2
el país *country,* I
la paja *straw,* 8
el pájaro *bird,* 9
la palabra *word,* 1; la palabra clave *key word,* 1
el palacio *palace,* 6
el pan *bread,* I; **el pan dulce** *pastry,* I; **el pan tostado** *toast,* I
la panadería *bakery,* 3
la pantalla *monitor, screen,* I
los pantalones (vaqueros) *pants (jeans),* I; **los pantalones cortos** *shorts,* I
el panteón *cemetery,* 10
la pantorrilla *calf,* I
el papá *dad,* I
la papa *potato,* I; **las papas fritas** *French fries,* I
el papel *paper,* I; *role,* 1; hoja de papel *sheet of paper,* 2
la papelería *stationer's shop,* 3
las papitas *potato chips,* I
el par *pair,* I
para *for, to, in order to,* I; **Estoy buscando un regalo para mi...** *I'm looking for a gift for my . . .,* 8; **para nada** *not a bit/at all,* 5; Para servirle. *At your service.,* 9; **¿Tienes planes para el...?** *Do you have plans for . . .?,* 1; **¿Vamos bien para...?** *Are we going the right way to . . .?,* 3
el paracaídas *parachute;* **saltar en paracaídas** *to go skydiving,* 10
la parada del metro *subway stop,* 3
el paraguas *umbrella,* 5
paraguayo(a) *Paraguayan,* 2
el paraíso *paradise,* 9
parar *to stop,* 3
parecer *to seem,* I; **Me parece bien.** *It's all right with me.,* I; **Me parece injusto.** *It seems unfair to me,* I; **¿Qué te parece este color?** *What do you think of this color?,* 8
parecido(a) *similar,* 3G
la pared *wall,* 2
la pareja *couple,* 10G; en parejas *in pairs,* 1
el paréntesis *parenthesis,* 1
los parientes *relatives,* 10
el parque *park,* I; el parque de atracciones *amusement park,* 10; **el parque de diversiones** *amusement park,* I; **el parque nacional** *national park,* 10
el párrafo *paragraph,* 1
la parrilla *grill;* **el bistec a la parrilla** *grilled steak,* 7
la parte *part;* **Dale un saludo a... de mi parte.** *Say hi to . . . for me.,* 10
participar *to participate,* 5
el participio pasado *past participle,* 4
la partida *departure,* 6
el partido de... *the . . . game,* I
partir *to start;* a partir de *as of, starting on,* 3
el pasaboca *appetizer,* 7
el pasadizo *corridor,* 6G
pasado(a) *last,* I; **el año pasado** *last year,* I; **pasado(a) de moda** *out of style,* I; **pasado mañana** *day after tomorrow,* I
el pasajero, la pasajera *passenger,* I
el pasaporte *passport,* I
pasar *to spend (time, occasion),* I; *to come in;* **Cuéntame lo que pasó el día que...** *Tell me what happened the day that . . .,* 10; **la pasamos en casa de...** *we spent it at . . .'s house,* I; **pasar el rato solo** *to spend time alone,* I; **pasar la aspiradora** *to vacuum,* I; **pasar mucho tiempo** *to spend a lot of time,* 5; **pasar por** *stop at/by,* I; *to go through,* I; pasarlo bien *to have a good time,* 8; **¿Qué te pasó?** *What happened to you?,* 4
pasártelo(la) *to put someone on the phone for you,* I
el pasatiempo *hobby,* I; **buscar un pasatiempo** *to look for a hobby,* I
paseante *walker, stroller,* 5
pasear *to go for a walk,* I; **pasear en bote** *to go boating,* 1; **pasear en bote de vela** *to go out in a sailboat,* I; **pasear en lancha** *to go out in a motorboat,* I
pasearse *to stroll, to take a walk,* 3
la pasta de dientes *toothpaste,* I
el pastel *cake,* I
la pastelería *pastry shop,* 3
la pastilla *pill,* 4; **tomarse unas pastillas** *to take some pills,* 4
el patinaje *skating,* 4; **el patinaje en línea** *in-line skating,* 4; **el patinaje sobre hielo** *ice-skating,* 4
patinar *to skate,* I
el patio *patio, yard,* I
patrocinar *to sponsor,* 4
el patrón (pl. los patrones) *pattern,* 4G; *master,* 5
la paz *peace;* dejar en paz *to leave somebody alone,* 5
peatonal *pedestrian,* 3; **la zona peatonal** *pedestrian zone,* 3
los peatones *pedestrians,* 5G
el pecho *chest,* I
el pedazo *piece,* 10
pedir (i, i) *to ask for, to order,* I; **pedir ayuda** *to ask for help,* 9;

pedir información *to ask for information,* 10; pedir la mano *to ask for her hand in marriage,* 9
peinarse *to comb your hair,* I; *to brush one's hair,* 5
el peine *comb,* I
pelado(a) *peeled,* 7
pelearse *to fight,* 6
la película *film, movie,* I; **(de ciencia ficción, de terror, de misterio)** *(science fiction, horror, mystery),* I; **el rollo de película** *roll of film,* 10
el peligro *danger,* 5
pelirrojo(a) *red-headed,* I
el pelo *hair,* I; **cortarse el pelo** *to get a haircut,* 3
la pelota *ball,* 3
el peluche *felt;* **los animales de peluche** *stuffed animals,* 6
la peluquería *hair salon,* 3
el peluquero, la peluquera *hairstylist,* 2
los pensamientos *thoughts,* 3
pensar (ie) *to think,* I; **pensar +** infinitive *to plan to,* I; **pensar en** *to think about,* 10
la pensión *boarding house, inn,* 10
peor(es) *worse,* I
pequeño(a) *small,* I; **de pequeño(a)** *as a child,* 6
la pera *pear,* 7
perder (ie) *to lose, to miss,* I; *to lose (a game),* 4; **Está echado(a) a perder.** *It's spoiled.,* 7
perderse (ie) *to get lost,* 3
el perdón *forgiveness*
Perdón. *Excuse me., Pardon me.,* 3
perezoso(a) *lazy,* I
perfecto(a) *perfect,* 7; **Está perfecto.** *It's perfect.,* 7
el periódico *newspaper,* 3
el periodista, la periodista *journalist,* 2
la perla *pearl,* 6
permanecer *to stay, to remain,* 5
el permiso *permission;* dar permiso *to give permission,* 6
permitir *to allow,* 3; **se permite** *is allowed,* 3
pero *but, nevertheless,* I
el perro, la perra *dog,* I; **darle de comer al perro** *to feed the dog,* 2
la persona *person,* I
el personal *personnel, staff,* 3
peruano(a) *Peruvian,* 2
pesado(a) *boring;* **¡Ay, qué pesado!** *Oh, what a drag!,* 2; **¡Qué pesado!** *How boring!,* 5
las pesas *weights,* I
la pesca *fishing,* I
la pescadería *fish market,* 3
el pescado *fish,* I
pescar *to fish,* I; **la caña de pescar** *fishing rod,* 9
pésimo(a) *awful,* I
el peso *weight,* I
el pez (pl. **peces**) *(live) fish,* 9

picado(a) *diced,* 7
picante *spicy,* I; **la salsa picante** *hot sauce,* I
picar *to dice,* 7
el picnic *picnic,* I
el pie *foot,* I; **el dedo del pie** *toe,* 4
la piedra *stone, rock,* 8
la piel *skin,* 4
la pierna *leg,* I; **la falda a media pierna** *mid-length skirt,* 8
la pieza *piece,* 4G
pilla-pilla: jugar al pilla-pilla *to play tag,* 6
la pimienta *(black) pepper,* 7
pintar *to paint,* 5
pintarse las uñas *to paint one's nails,* 5
las pinturas *paintings,* 8
la piña *pineapple,* 7
la piñata *piñata,* I
la pirámide *pyramid,* I; la pirámide alimenticia *food pyramid,* 7
la piscina *pool,* I
el piso *floor,* I; **el edificio de... pisos** *. . . story building,* I
la pista *clue,* 5; *runway,* 10
el piyama *pajamas,* I
la pizca *pinch,* 7
la pizza *pizza,* I
planear *to plan,* 10; **No, ando planeando...** *No, I'm planning . . .,* 10
los planes *plans,* I; **¿Tienes planes para el...?** *Do you have plans for . . .?,* 1
el plano *floorplan,* 2; **el plano de la ciudad** *city map,* 10
la planta *floor,* 10
la plantación bananera *banana plantation,* 5
las plantas *plants,* I; **regar las plantas** *to water the plants,* 2
el plástico *plastic,* 8
plástico(a) *plastic;* la cirugía plástica *plastic surgery,* 2
la plata *silver,* 8
el plátano *(plantain) banana,* 7
platicar en línea *to chat online,* I
el platillo *dish,* 10
el plato *dish, plate,* I; **el plato del día** *daily special,* 7; el plato especial *special dish,* 2; **el plato hondo** *bowl,* I; **el plato principal** *main dish,* 7
la playa *beach,* I; **el balón de playa** *beachball,* 9; **¿Qué harán ustedes en la playa?** *What will you all do at the beach?,* 9
la plaza *town square, plaza,* 3; **la plaza de comida** *food court in a mall,* I
la población *population,* 5
pobre *poor,* 4
¡Pobrecito(a)! *Poor thing!,* 4
poco(a) *few, little, not much,* I; **Hace poco tiempo que yo...** *I've been . . . for a little while.,* 5;

un poco *a little,* I
poder (ue) *to be able to, can,* I; **¿Cómo puedo llegar a...?** *How can I get to . . .?,* 3; **Cuando me enteré, no lo pude creer.** *When I found out, I couldn't believe it.,* 6; **¿Me podría decir...?** *Could you tell me . . .?,* 3; **¿Me puede rebajar el precio de ese/esa...?** *Can you lower the price on that . . .?,* 8; **No, no pude encontrar...** *No, I couldn't find . . .,* 5; **¿Puede repetir lo que dijo?** *Can you repeat what you said?,* 3; **¿Puedo ayudarte?** *Can I help you?,* 1; **¿Sabe usted dónde se puede...?** *Do you know where I can . . .?,* 3
el poder *power,* 1G
poderoso *powerful,* 1
el poema *poem,* 5
la poesía *poetry,* 4
el policía *police officer,* I; *policeman,* 2; **la mujer policía** *policewoman,* 2
el pollo *chicken,* I; **el caldo de pollo** *chicken soup,* 7; **el pollo asado** *roast chicken,* 7
el polvo *dust;* quitar el polvo *to dust the furniture,* 2
el ponche *punch,* I
poner (-go) *to put,* I; **poner la mesa** *to set the table,* I
ponerse (-go) *to put on,* I; *to put something on,* 5; **Me puse +** adjective *I felt/became . . .,* 4; **Me puse a +** infinitive *I started to . . .,* 4; **ponerse a llorar** *to start to cry,* 5; ponerse en contacto *to contact, to get in touch,* 5
por *in, by,* I; **cambiar (por)** *to exchange (for),* 8; **dar una vuelta por...** *to walk/drive around,* 3; **Estoy loco(a) por...** *I'm crazy about . . .,* 5; **gritar por ayuda** *to yell for help,* 9; **hablar por teléfono** *to talk on the phone,* I; **hacer diseño por computadora** *to do computer design,* 5; **hacer una llamada por cobrar** *to make a collect call,* 10; **ir por la calle...** *to take . . . street,* 3; **llamar por teléfono** *to make a phone call,* I; **por aquí** *around here,* 10; **¿Y qué hay que hacer por aquí?** *And what is there to do around here?,* 10; **por eso** *that's why,* 1; **por favor** *please,* I; **por fin** *at last,* 5; *finally,* 9; por lo general *generally,* 1; por lo menos *at least,* 2; **por primera vez** *for the first time;* **¿por qué?** *why?,* I; **Por supuesto.** *Of course.,* 7; **Se me olvidó por completo.** *I totally forgot.,* 5
el porcentaje *percentage,* 5
la porción *portion,* 7
porque *because,* I
el porrista, la porrista *cheerleader,* 4
la posesión *possession,* 6

el posgrado *postgraduate (program),* 2
la posibilidad *possibility,* 6
postal *postal;* la tarjeta postal *post card,* 10
posteriormente *later, subsequently,* 4
los pósters *posters,* 5; **coleccionar pósters** *to collect posters,* 5
el postre *dessert,* I
potable *drinkable;* el agua potable *drinking water,* 9
la práctica *practice,* 4
practicar *to practice,* 5; **¿Sigues practicando...?** *Are you still practicing . . .?,* 5
practicar deportes *to play sports,* I
práctico(a) *practical,* 1
la precaución *precaution,* 9
el precio *price,* 8; **Le voy a dar un precio especial.** *I'm going to give you a special price.,* 8; **¿Me puede rebajar el precio de ese/esa...?** *Can you lower the price on that . . .?,* 8
preciso *precise,* 1
la predicción *prediction,* 5
preferido(a) *favorite,* I
preferir (ie, i) *to prefer,* I
la pregunta *question,* 1
preguntar *to ask,* 4
preguntarle a alguien *to ask someone,* 3
premiado *award-winning,* 9
el premio *prize,* 4
las prendas *jewelry,* 5G
la prensa *press,* 5
preocuparse *to worry,* I; **No te preocupes.** *Don't worry.,* I
preparar *to prepare,* I; **¿Cómo se prepara...?** *How do you make . . .? (How is . . . prepared?),* 7; **preparar la cena** *to make dinner,* 1
los preparativos *preparations,* I
la presentación *presentation,* 5
presentar *to introduce,* 2; **presentar el examen de...** *to take the . . . test,* I
preservar *to preserve,* 4G
prestar *to lend,* 2
el pretérito *preterite,* 3
previo(a) *previous;* la experiencia previa *previous experience,* 2
la primavera *spring,* I
el primero *first,* I
primero(a) *first,* I
los primeros auxilios *first aid,* 4
el primo, la prima *cousin,* I
los primos *cousins,* I
principal *main:* **el plato principal** *main dish,* 7
principalmente *mainly,* 5
el príncipe *prince,* 2
la prisa: **darse prisa** *to hurry,* 5; **tener prisa** *to be in a hurry,* I
el problema *problem,* 2
probablemente *probably,* 5
el probador *fitting room,* 8
probar (ue) *to try, to taste,* I; **¿Probaste...?** *Did you try . . .?,* 7
probarse (ue) *to try on,* 8
producido(a) *produced,* 8
el profesor *teacher (male),* I
la profesora *teacher (female),* I
profundo(a) *deep,* 3
el programa *program;* los programas de intercambio *exchange programs,* 7
el programador, la programadora *programmer,* 2
programar *to program,* 2
prohibir *to prohibit;* **se prohibe** *is prohibited,* 3
prometer *to promise,* 6
promocionar *to promote,* 10
promover (ue) *to promote,* 4
el pronombre *pronoun;* el pronombre de complemento directo *direct object pronoun,* 7; el pronombre de complemento indirecto *indirect object pronoun,* 7; el pronombre del objeto directo *direct object pronoun,* 5; el pronombre posesivo *possessive pronoun,* 5; el pronombre reflexivo *reflexive pronoun,* 1
pronosticar *to forecast,* 9
pronto *soon;* **Hasta pronto.** *See you soon.,* I
la propina *tip,* 7; **dejar la propina** *to leave the tip,* 7
propio(a) *own,* 5
el propósito *purpose,* 8
protectora: **la crema protectora** *sunblock,* 9
proteger *to protect,* 2
las proteínas *protein,* 7
próximo(a) *next,* I; **la próxima semana** *next week,* I; **el** *(day of the week)* **próximo** *next (day of the week),* I
el proyecto *project,* 1
publicar *to publish,* 8; haber publicado *having published,* 6
la publicidad *publicity,* 8
el pueblo *town, village,* 3
el puente *bridge,* 9G
la puerta *door,* I; **cerrar (ie) la puerta con llave** *to lock the door,* 5
el puerto *port,* 3
Pues,... *Well, . . .,* 7
el puesto de guardia *guard post,* 7G
el puesto del mercado *market stand,* 8
el pulmón (pl. **los pulmones**) *lung,* 4
la pulpería *grocery store* (Costa Rica), 3
la pulsera *bracelet,* I
el puntaje *score,* 4
el punto *dot,* I; *point,* 6G; **en punto** *on the dot,* I; **Está en su punto.** *It's just right.,* 7; hasta cierto punto *to some extent, in a way,* 6
puntual *punctual,* 5

que *that;* **que me llame después** *tell him/her to call me later,* I; **Que te vaya bien.** *Hope things go well for you.,* I
¡Qué...! *How . . .! What . . .!;* **¡Ay, qué pesado!** *Oh, what a drag!,* 2; **¡Qué bien!** *How great!,* I; **¡Qué chismoso(a)!** *What a gossip!,* 6; **¡Qué clima tan seco!** *What a dry climate!,* 9; **¡Qué divertido!** *What fun!,* I; **¡Qué fantástico!** *How fantastic!,* I; **¡Qué gusto verte!** *It's great to see you!,* I; **¡Qué lástima!** *What a shame!,* I; **¡Qué lata!** *What a pain!,* I; **¿Qué lleva el (la)...?** *What's in the . . .?,* 7; **¡Qué mala suerte!** *What bad luck!,* I; **¡Qué pesado!** *How boring!,* 5; *What a drag.,* 2; Qué raro. *That's strange.,* 3; **¡Qué rico(a)!** *How delicious!,* 7; ¡Qué ridículo! *How ridiculous!,* 7; ¡Qué va! *No way!,* 3
¿qué? *what?,* I; **¿Qué hora es?** *What time is it?,* I; **¿A qué hora vas a...?** *At what time are you going to . . .?,* I; **¿A qué se dedica...?** *What does . . . do?,* 2; **¿Qué clase de trabajo realiza...?** *What kind of work does . . . do?,* 2; **¿Qué tal?** *How's it going?,* I; **¿Qué tal...?** *How is . . .?,* I; **¿Qué tal si...?** *How about if . . .?,* I; **¿Qué te parece...?** *What do you think of . . .?,* I; **¿Qué te pasa?** *What's wrong with you?,* I; **¿Qué te pasó?** *What happened to you?,* 4; **¿Qué tiempo hace?** *What's the weather like?,* I
quebrar (ie) *to break,* 4
quedar *to fit, to look,* I; **quedar bien/mal** *to fit well/poorly,* I
quedarse *to stay,* 4
los quehaceres *household chores,* I; **hacer los quehaceres** *to do the chores,* I
la queja *complaint,* 2
quemado(a) *burned,* 4; **Está quemado(a).** *It's burned.,* 7
quemar *to burn,* 4
quemarse *to get a sunburn, to get burned,* 4
querer (ie) *to want,* I; *to love,* I;
querer + infinitive *to want to,* 1;
quererse *to love each other,* 6
querer (ie) que *to want someone else to do something,* 10
Querido(a)..., *Dear . . .,* 10
el queso *cheese,* I
¿quién? *who?,* I; **¿De parte de quién?** *Who's calling?,* I
¿quiénes? *who?* (pl.), I
la química *chemistry,* I
quince *fifteen,* I

la quinceañera *girl's fifteenth birthday,* I
quinientos(as) *five hundred,* I
quinto(a) *fifth,* 3
el quiosco de... *... stand,* 3
Quisiera... *I would like (to)...,* I
quitar *to take away, remove;* quitar el polvo *to dust the furniture,* 2
quitarse *to take off,* I; **...que no se me quita** *... that won't go away,* 4
quizás *perhaps, maybe,* 4

la rabia *anger;* **Me dio una rabia.** *It made me angry.,* 4
las raíces *roots,* 7; bienes raíces *real estate,* 2
rápidamente *quickly,* 7
rápido(a) *fast,* 1; **la comida rápida** *fast food,* 7
raro(a) *strange;* Qué raro. *That's strange.,* 3; *rare,* 5
el rastro *trace,* 8G
el rato *time,* I; a cada rato *every so often,* 10G; **el rato libre** *free time,* 5; **pasar el rato solo(a)** *to spend time alone,* I
el ratón *mouse,* 3
la razón *reason,* I; **tener razón** *to be right,* I; con razón *naturally,* 4
la reacción *reaction,* 6
reaccionar *to react,* 4
la realidad *reality;* en realidad *in fact, really, actually,* 1
realizar *to achieve, to carry out;* **¿Qué clase de trabajo realiza...?** *What kind of work does... do?,* 2
la rebaja *discount,* 8
rebajar *to lower,* 8
rebote (inf. rebotar) *bounce,* 4
el recado *message,* I; **dejar un recado** *to leave a message,* I
el recepcionista, la recepcionista *receptionist,* 10
la receta *recipe,* 7
recetar *to prescribe,* 4
recibir *to receive,* I
recién *just recently;* recién nacido(a) *newborn,* 3
recientemente *recently,* 7
el recibo *receipt,* 8
el recipiente *bowl,* 7
recíproco *reciprocal;* el verbo recíproco *reciprocal verb,* 6
el reclamo de equipaje *baggage claim,* I
recoger (a alguien) *to pick (someone) up,* I
recomendar (ie) *to recommend,* 7; **recomendarle (a alguien) que...** *to recommend that someone...,* 10
reconocer *to recognize,* 2
recordar (ue) *to remind,* 5
recorrer *to tour,* I; *to go over, to look through,* 4
recreativo: el centro recreativo *recreation center,* 3
el recuerdo *memory,* 6; **comprar recuerdos** *to buy souvenirs,* 10
recuperar *to retrieve,* 8
los recursos *resources,* 1
referir (ie, i) *to refer;* se refiere *refers to,* 1
reflejar *to reflect,* 3
refrescar *to refresh,* 2
el refresco *soft drink,* I
el refrigerador *refrigerator,* I
refugiarse *to flee,* 4G
regalar *to give,* 8; **Bueno, se la regalo por..., pero es mi última oferta.** *Okay, I'll give it to you for..., but that's my last offer.,* 8
el regalo *gift,* I
regar (ie) *to water,* 2; **regar las plantas** *to water the plants,* 2
regatear *to bargain,* 8
la regla *ruler,* I
regresar *to return, to go back,* I
regular *all right,* I
reírse (i, i) *to laugh,* 4; **Me reí mucho.** *I laughed a lot.,* 4
la relación *relationship,* 6
relacionar *to relate,* 1
relajarse *to relax,* I
el relámpago *lightning,* 9
el relicario *locket,* 5
religioso(a) *religious,* 1
el reloj *clock, watch,* I
remar *to row,* 9
el renacimiento *Renaissance,* 3G
repente (m.) *sudden movement;* **de repente** *suddenly,* 9; **De repente, empezó a llover...** *Suddenly, it started to rain...,* 10
el repertorio *repertoire,* 2
repetir (i, i) *to repeat,* 3; **¿Puede repetir lo que dijo?** *Can you repeat what you said?,* 3
el reportero, la reportera *reporter,* 5
la repostería *pastry shop* (Dominican Republic), 3
la represa *dam,* 3
representados *represented,* 1
requerir (ie, i) *to require,* 2
el requisito *requirement,* 1
la res *beef,* 3G
la reservación *reservation,* 10; **hacer una reservación** *to make a reservation,* 10
resfriado(a) *sick with a cold,* 4; **estar resfriado(a)** *to have a cold,* 4
resfriarse *to catch a cold,* 4
la residencia *residence,* 2
resolver (ue) *to solve*
respetado(a) *respected,* 4
respetarse *to respect each other,* 6
responder *to answer, to reply, to respond,* 1
representar *to represent*
la respuesta *answer,* 1
el restaurante *restaurant,* 7
los restos *remains,* 1
el resultado *result;* como resultado *as a result,* 4
resumir *to summarize,* 3
el retorno *return,* 2G
la reunión *meeting,* I; *reunion,* I
reunirse *to get together,* I
revelar *to reveal,* 5
revisar *to examine,* 10
la revisión *checking,* 2
la revista *magazine,* I; **la revista de tiras cómicas** *comic book,* I; **las revistas cómicas** *comic books,* 5
revolver (ue) *to stir, to scramble,* 7
revuelto(a) (past participle of **revolver**) *stirred, scrambled,* 7; **los huevos revueltos** *scrambled eggs,* 7
rico(a) *rich,* 5; *tasty, delicious,* 7; **¡Qué rico(a)!** *How delicious!,* 7
ridículo(a) *ridiculous, absurd;* ¡Qué ridículo! *How ridiculous!,* 7
el río *river,* 9; **la orilla del río** *riverbank,* 9
riquísimo(a) *delicious,* I
el ritmo *rhythm,* 3
el robo *rip-off,* I; **¡Es un robo!** *It's a rip-off!,* I
rocoso(a) *rocky,* 6G
rodear *to surround,* 5G
la rodilla *knee,* 4
rogar (ue) *to beg,* 8
rojo(a) *red,* I
el rollo de película *roll of film,* 10
romántico(a) *romantic,* I
el rompecabezas *puzzle,* 4
romper *to break,* 4; **roto** *broken* (past participle of **romper**), 4
romperse + a body part *to break (one's body part),* 4
la ropa *clothes,* I
roto *broken* (past participle of **romper**), 4
rubio(a) *blond,* I
rudo(a) *rough,* 8
el ruido *noise,* 6
las ruinas *ruins,* I
la ruta *route,* 6
la rutina *routine;* la rutina diaria *daily routine,* 1

el sábado *Saturday,* I; **los sábados** *on Saturdays,* I
Sabe a... *It tastes like...,* 7
saber *to know,* I; **No sé.** *I don't know.,* I; **saber de** *to know about,* I; **¿Sabes qué?** *You know what?,* I;

¿Sabe usted dónde se puede...? *Do you know where I can . . .?,* 3; **¿Ya sabías que...?** *Did you already know that . . .?,* 10
la sabiduría *knowledge,* 8
el sabor *flavor,* 7; **Le falta sabor.** *It's missing flavor.,* 7
saborear *to savour,* 1
sabroso(a) *tasty,* 7
sacar *to take out,* I; **sacar buenas notas** *to get good grades,* 6; **sacar el dinero** *to get money,* I; **sacar fotos** *to take photos,* I; **sacar la basura** *to take out the trash,* 1; **sacar malas notas** *to get bad grades,* 6
el saco *jacket,* I
sacrificar *to sacrifice,* 3
sacudir *to dust,* 2; **sacudir los muebles** *to dust the furniture,* 2
sal *go out, leave,* I
la sal *salt,* 7; **Le falta sal.** *It's missing salt.,* 7
la sala *living room,* I
la sala de emergencias *emergency room,* 3
la sala de espera *waiting room,* I
salado(a) *salty,* I
la salida *departure,* I; *exit,* I
salir (-go) *to go out, to leave,* I; **¿Cómo salió la competencia de...?** *How did the . . . competition turn out?,* 4; salir caro(a) *to end up costing a lot,* 4; salir con alguien *to go out with someone*
el salón *room,* 1; **el salón de belleza** *beauty parlor,* 2; **el salón de clase** *classroom,* I
la salsa *sauce, gravy,* I; **la lata de salsa de tomate** *can of tomato sauce,* 7; **la salsa picante** *hot sauce,* I
saltar *to jump;* **saltar a la cuerda** *to jump rope,* 6; **saltar en paracaídas** *to go skydiving,* 10
la salud *health,* I; **cuidarse la salud** *to take care of one's health,* I
el saludo *greeting;* **Dale un saludo a... de mi parte.** *Say hi to . . . for me.,* 10; **Un saludo de...,** *Your's sincerely, . . .,* 10
salvadoreño(a) *Salvadoran,* 2
las sandalias *sandals,* I
el sándwich de... *. . . sandwich,* I
la sangre *blood,* 7
sano(a) *healthy;* **seguir (i, i) una dieta sana** *to eat a balanced diet,* I
el santo, la santa *saint,* 10; **el día de tu santo** *your saint's day,* I; **la Semana Santa** *Holy Week,* I
sazonado(a) *seasoned,* 7
se se acostumbra *it is customary,* 7; **se escribe...** *It's spelled . . .,* I; **se habla** *is spoken,* 3; **¿Se les ofrece algo más?** *Would you like anything else?,* 7; **Se los dejo en...** *I'll let you have them for . . .,* 8; **Se me olvidó por completo.** *I totally forgot.,* 5; **Se nos hace tarde.** *It's getting late.,* 5; **se permite** *is allowed,* 3; **se prohibe** *is prohibited,* 3; **se puede** *one can,* 3; **¿Dónde se puede...?** *Where can I . . .?,* I; **¿Sabe usted dónde se puede...?** *Do you know where I can . . .?,* 3; se refiere *refers to,* 1; **se trabaja** *one works,* 3; **se vive** *one lives,* 3
la secadora *dryer,* 2; **la secadora de pelo** *hair dryer,* I
secarse *to dry oneself,* I; secarse el pelo *to dry one's hair,* 1
seco(a) *dry,* 9; **¡Qué clima tan seco!** *What a dry climate!,* 9
el secretario, la secretaria *secretary,* 2
el secreto *secret,* 5; en secreto *secretly,* 9
la sed *thirst,* I; **tener (-go, ie) sed** *to be thirsty,* I
la seda *silk,* I; **de seda** *made of silk,* I
la sede *headquarters,* 6G
seguido(a) *continuous; straight;* **en seguida** *right away,* 9
seguir (i, i) *to follow,* I; *to keep going,* II; **seguir** + gerund *to keep on doing something,* 4; **seguir adelante/derecho** *to go straight,* 3; **seguir derecho hasta** *to keep going (straight) to,* 3; **seguir una dieta sana** *to eat well,* I; **¿Sigues pensando en...?** *Are you still thinking about . . .?,* 10; **¿Sigues practicando...?** *Are you still practicing . . .?,* 5
según *according to,* 2
el segundo *second,* 1
segundo(a) *second,* 3
la seguridad *security;* **el control de seguridad** *security checkpoint,* I
seguro *for sure, for certain,* 10; de seguro *surely,* 6; **estar seguro(a)** *to be sure,* 3; **No estoy seguro(a).** *I'm not sure.,* 3
seis *six,* I
seiscientos(as) *six hundred,* I
seleccionar *to select,* 2
la selva *jungle,* 9; **explorar la selva tropical** *to explore the tropical jungle,* 10
el semáforo *traffic-light,* 3
la semana *week,* I; **el día de la semana** *day of the week,* I; **esta semana** *this week,* I; **la próxima semana** *next week,* I
la Semana Santa *Holy Week,* I
semejante a *like, similar to,* 4
la semejanza *similarity,* 9
sencillez *simplicity,* 2G
sencillo(a) *simple,* 3
el senderismo *hiking,* 10; **hacer senderismo** *to go hiking,* 10
el sendero *path, track,* 9
sensible *sensitive,* 10
la señal *signal,* 9
el señor *sir, Mr.,* I
la señora *ma'am, Mrs.,* I
la señorita *young lady, miss,* I
la sensación *sensation, feeling,* 5
sentar: **De verdad, no te sienta bien.** *Honestly, it doesn't look good on you.,* 8
sentarse (ie) *to sit down,* I
los sentimientos *feelings,* 10
sentirse (ie, i) *to feel,* I; **¿Cómo te sentiste cuando...?** *How did you feel when . . .?,* 4; **¿Cómo te sentiste cuando supiste lo de...?** *How did you feel when you heard about . . .?,* 6
separar *to separate,* 6
septiembre *September,* I
séptimo(a) *seventh,* 3
la sequía *drought,* 9
ser *to be,* I; **fue cuando** *that was when,* 9; **ser un rollo** *to be dead boring,* 5; **somos... personas** *there are . . . people,* I; **Son...** *They are . . .,* 1; **Son las...** *It's . . . o'clock.,* I
la serie *series,* 8
serio(a) *serious,* I
la serpiente *snake,* 9
el servicio *restroom,* I
la servilleta *napkin,* I
servir (i, i) *to serve,* I; **¿En qué le puedo servir?** *How can I help you?,* I; servir para *to be used for,* 5
sesenta *sixty,* I
setecientos(as) *seven hundred,* I
setenta *seventy,* I
sexto(a) *sixth,* 3
si *if,* 1; **si tengo suerte...** *if I'm lucky . . .,* I; **Si todavía no ha ido a/al..., debe ir.** *If you haven't gone to . . . yet, you must.,* 10
sí *yes,* I; **¡Claro que sí!** *Of course!,* I; **Creo que sí.** *I think so.,* 3; **Sí, claro.** *Yes, of course.,* 3
sí mismo(a) *him/herself,* 1
siempre *always,* I; **casi siempre** *almost always,* I; **como siempre** *as always,* I
siete *seven,* I
el Siglo de Oro *Golden Age,* 5G
el significado *meaning,* 1
significar *to mean,* 1G
siguiente *following;* **lo siguiente** *the following,* I
la silla *chair,* I
la silla de ruedas *wheelchair,* I; **estar en una silla de ruedas** *to be in a wheelchair,* I
el sillón *armchair,* 2
el símbolo *symbol,* 5
simpático(a) *friendly,* I
sin *without,* 2; **¡Tanto tiempo sin verte!** *Long time, no see!,* I
sin duda *without a doubt,* 4
sin embargo *however, nevertheless,* 5
la sinfónica *symphony,* 5
siniestro(a) *sinister, evil,* 5; *disaster, catastrophe,* 9
sino *but (as in "Not this, but that instead."),* 5; **no sólo... sino también...** *not only . . . but . . . as well,* 5

el sitio *place, site,* 3
situado(a) *situated,* 2G
la sinagoga *synagogue,* I
sincero(a) *sincere,* 1
los síntomas *symptoms,* 4
el sitio *place,* 8
sobre *on top of, above;* **el patinaje sobre hielo** *ice-skating,* 4
sobre todo *especially,* 5
sobresaliente *excellent,* 9G
sobrevivir *to survive,* 6
la sobrina *niece,* I
el sobrino *nephew,* I
los sobrinos *nephews, nieces and nephews,* I
el sofá *couch, sofa,* I
el sol *sun,* 4; **Hace sol.** *It's sunny.,* I; **las gafas de sol** *sunglasses,* 9; **tomar el sol** *to sunbathe,* I
solamente *only,* 7
soleado(a) *sunny,* 9
soler (ue) + infinitive *to usually do something, to tend to do something,* 6
Solía... *I used to . . .,* 6
solitario(a) *likes to be alone,* 6; la estrella solitaria *lone star,* 5
sólo *only;* **no sólo... sino... también** *not only . . . but . . . as well,* 5; **Sólo me falta...** *I just need to . . .,* 5
solo(a) *alone,* I; a solas *alone,* 5; **pasar el rato solo(a)** *to spend time alone,* I
el sombrero *hat,* I
el sonido *sound,* 2
soñar (ue) *to dream,* 6; **¿Con qué soñabas?** *What did you dream of (being when you grew up)?,* 6; **Soñaba con ser...** *I dreamed of being . . .,* 6
la sopa *soup,* I; **la sopa de ajo** *garlic soup,* 7; **la sopa de fideos** *noodle soup,* 7; **la sopa de verduras** *vegetable soup,* I
sordo(a) *deaf,* I
sorprender(le) *to surprise,* 5
la sorpresa *surprise;* **la fiesta sorpresa** *surprise party,* I
sos: vos sos *you (informal) are,* 5
el sótano *cellar,* 6G
su(s) *your, his, her, its, their,* I; **Está en su punto.** *It's just right.,* 7
subir *to go up,* I; **subir (una calle)** *to go up (a street),* 3; **subir a la montaña** *to go up the mountain,* I; **subir de peso** *to gain weight,* I; **subir... hasta llegar a** *to go up . . . until you get to,* 3
subirse a... *to get on . . .,* 3
subterráneo *underground,* 5G
el subtexto *subtext,* 7
sucio(a) *dirty,* 3
la sucursal *branch,* 4G
el sueño *sleep,* I; **tener sueño** *to be sleepy,* I
la suerte *luck,* I; **¡Qué mala suerte!** *What bad luck!,* I; **Si tengo suerte...** *If I'm lucky . . .,* I; ¡Suerte! *Good luck!,* 5; **tener suerte** *to be lucky,* I; **tuviste suerte** *you were lucky,* I
el suéter *sweater,* I
suficiente *enough,* I; **dormir lo suficiente** *to get enough sleep,* I
sufrir *to suffer,* 4
sugerirle (ie, i) (a alguien) que... *to suggest that someone . . .,* 10
el sujeto *subject,* 1
super *super;* **¡Te ves super bien!** *You look wonderful!,* 8
el supermercado *supermarket,* 3
supuesto *supposed;* **Por supuesto.** *Of course.,* 7
el sur *south,* 5G
surtido(a) *assorted,* 7
el surtido *assortment,* 7; **el surtido de frutas frescas** *assortment of fresh fruit,* 7; **un gran surtido** *wide assortment,* 8
sustituir *to substitute,* 8
suyo(a) *yours (formal), his, hers, its, theirs,* 5
suyos(as) *yours (formal), his, hers, its, theirs,* 5

la tabla *table, list, chart,* 2
tal *such;* **¿Qué tal?** *How's it going?,* I; **¿Qué tal...?** *How is . . .?,* I; **¿Qué tal está...?** *How is the . . .?,* 7; **¿Qué tal estuvo?** *How was it?,* I; **¿Qué tal si...?** *How about if . . .?,* I; tal vez *perhaps, maybe,* 6
la talla *(clothing) size,* I
tallado(a) *carved, sculpted,* 2; **la figura tallada** *carved figure,* 8
el taller *shop (class), workshop,* I
los tamales *tamales,* I
también *also,* I; **no sólo... sino... también** *not only . . . but . . . as well,* 5
el tambor *drum,* 2
tampoco *neither, not either,* I
tan... como *as . . . as,* I
el tanteo *score,* 4
tanto *so long, so much,* 5; **Tanto gusto.** *So nice to meet you.,* I; **Tanto tiempo.** *It's been a long time.,* I; **¡Tanto tiempo sin verte!** *Long time, no see!,* I
tantos(as) *so many,* I; *so long; so much,* 5; **tantos(as)... como...** *as many . . . as . . .,* 1
tardar *to take long, to be late,* 5
tardarse en + infinitive *to take a long time (to),* 5
tarde *late,* I; **Se nos hace tarde.** *It's getting late.,* 5
la tarde *afternoon, evening,* I; **Buenas tardes.** *Good afternoon,* I; **de la tarde** *in the afternoon, evening,* P.M., I; **esta tarde** *this afternoon,* I; **por la tarde** *in the afternoon,* I
la tarea *homework,* 1; **hacer la tarea** *to do homework,* I
la tarjeta *greeting card, card,* I; **la tarjeta de crédito** *credit card,* 10; **la tarjeta de cumpleaños** *birthday card,* I; **la tarjeta de embarque** *boarding pass,* I; la tarjeta postal *post card,* 10; **la tarjeta regalo** *gift card,* I
el taxi *taxi,* I; **tomar un taxi** *to take a taxi,* 10
el taxista, la taxista *taxi driver,* 10
la taza de medir *measuring cup,* 7
te *to/for you,* I; **¿Te acordaste de...?** *Did you remember to . . .?,* 5; **Te echo mucho de menos.** *I miss you a lot.,* 10; Te importa si...? *Do you mind if . . .?,* 3; **Te presento a...** *I'd like you to meet . . .,* I; *This is (informal) . . .,* 2; **Te veo mal.** *You don't look well.,* I; **¡Te ves guapísimo!** *You look very handsome!,* 8; **¡Te ves super bien!** *You look wonderful!,* 8
el té *tea,* 7
teatral *theatrical,* 9G
el teatro *theatre,* 1
el techo *roof, ceiling,* 2
tejer *to knit,* 5; *to weave,* 8
los tejidos *woven cloth, textiles,* 8
la tela *fabric,* 8
la tele *television (TV),* 1
el teleférico *ski lift,* 8G
telefónico(a) *telephone;* **la cabina telefónica** *phone booth,* 10; la guía telefónica *telephone book,* 8
el teléfono *telephone number,* I; *telephone,* I; **hablar por teléfono** *to talk on the phone,* I; **llamar por teléfono** *to make a phone call,* I
el teléfono celular *cell phone,* 5
la telenovela *soap opera,* 6
la televisión *television (TV),* I; **ver televisión** *to watch TV,* I
el televisor *TV set,* 2
la temperatura *temperature,* 9
el templo *temple,* I
la temporada *season,* 10
temprano *early,* I
ten *have,* I
las tendencias *tendencies,* 8
el tenedor *fork,* I
tener (-go, ie) *to have,* I; **tener... años** *to be . . . years old,* 1; **tener (calor, frío, hambre, miedo, prisa, razón, sed, sueño, suerte)** *to be (hot, cold, hungry, afraid, in a hurry, right, thirsty, sleepy, lucky),* I; **tener catarro** *to have a cold,* I; **tener cuidado** *to be careful,* 4; **tener el pelo...** *to have . . . hair,* 1; **tener ganas de** + infinitive *to feel like*

doing something, I; **tener que** + infinitive *to have to (do something),* I; **tener tos** *to have a cough,* 4; **tener un calambre** *to have a cramp,* 4
el tenis *tennis,* I; **los zapatos de tenis** *tennis shoes,* I
tercero(a) *third,* 3
termal *thermal;* **las aguas termales** *hot springs,* 10
la terminación *ending*
terminar *to finish,* I
la terraza *terrace,* 2
el terremoto *earthquake,* 9
el terreno *land,* 9
el terror *horror,* I; **de terror** *horror . . .,* I; **la película de terror** *horror film,* I
el testimonio *testimony,* 8
ti *you* (emphatic), I
ti mismo(a) *yourself,* 1
la tía *aunt,* I
el tiburón *shark,* 9
el tiempo *weather,* I; *time,* 5; **a tiempo** *on time,* I; **¿Cuánto tiempo hace que tú...?** *How long have you been . . .?,* 5; **Hace buen (mal) tiempo.** *The weather is nice (bad).,* I; **Hace mucho tiempo que yo...** *I've been . . . for a long time.,* 5; **Hace poco tiempo que yo...** *I've been . . . for a little while.,* 5; **pasar mucho tiempo** *to spend a lot of time,* 5; **¿Qué tiempo hace?** *What's the weather like?,* I; **¡Tanto tiempo sin verte!** *Long time, no see!,* I
la tienda de... *. . . store,* I; **la tienda de comestibles** *grocery store,* 3
la tienda de campaña *tent,* 9
la tierra *land,* 5
tímido(a) *shy,* I
la tina *bathtub,* 2
el tío *uncle,* I
los tíos *uncles, uncles and aunts,* I
típicamente *typically,* 7
típico(a) *typical,* 5
el tipo *type,* 3
tirar *to pull,* 5
tirarse al agua *to dive into the water,* 9
la toalla *towel,* I
el tobillo *ankle,* 4
tocar *to play (an instrument),* I; *to touch,* I; **tocarle (a alguien)** + infinitive *what someone has to do,* 2
el tocino *bacon,* I
todavía *yet,* I; **todavía no** *not yet,* I; **¿Todavía no estás listo(a)?** *Aren't you ready yet?,* 5
todo(a) *whole,* I; *all, every,* I; **a todo dar** *great,* I; sobre todo *especially,* 5
todos(as) *whole,* I; *all, every,* I; **todos los días** *every day,* I
tomar *to drink,* I; *to eat,* I; *to take,* I; *to accept,* I; tomar apuntes *to take notes,* 4; **tomar clases de...** *to take . . . lessons,* 5; **tomar el sol** *to sunbathe,* I; **tomar un batido** *to have a milkshake,* I; **tomar un crucero** *to go on a cruise,* 10; **tomar un taxi** *to take a taxi,* 10
tomarse unas pastillas *to take some pills,* 4
el tomate *tomato,* I; **la lata de salsa de tomate** *can of tomato sauce,* 7
el tono *tone,* 9
tonto(a) *dumb,* I
torcer (ue) *to twist,* 4
torcerse (ue) + a body part *to sprain, to twist (one's body part),* 4
torcido(a) *twisted,* 4
la tormenta *storm,* 9
el tornado *tornado,* 9
la tos *cough,* 4; **tener tos** *to have a cough,* 4
tostado(a) *toasted,* 7; **el pan tostado** *toast,* I
tostar (ue) *to toast,* 7
el tour *guided tour,* 9; **hacer un tour** *to take a guided tour,* 9
trabajador(a) *hard-working,* I
el trabajador social, la trabajadora social *social worker,* 2
trabajar *to work,* I; **trabajar en mecánica** *to work on cars,* 5
el trabajo *job, work,* I; **¿Qué clase de trabajo realiza...?** *What kind of work does . . . do?,* 2
la tradición *tradition,* 5
traer (-igo) *to bring,* I
el traje *suit,* 8; **el traje de baño** *swimsuit,* I
la trama *plot (of a play),* 8
la trampa *trap,* 7G
tranquilamente *calmly,* 7
la tranquilidad *tranquility, peacefulness,* 3
Tranquilo(a). *Relax.,* 5; dejar tranquilo(a) *to leave somebody alone,* 3
transcurrir *to take place,* 10
el tránsito *traffic,* 2
el transporte *transportation;* **los medios de transporte** *means of transportation,* I
trasladado(a) *moved,* 5G
tratar de *to try to,* 4; *to be about,* 9
través a través de *through,* 9G
las travesuras *tricks,* 6; **hacer travesuras** *to play tricks,* 6
travieso(a) *mischievous,* I
trazarse *to trace,* 7G
trece *thirteen,* I
treinta *thirty,* I
treinta y cinco *thirty-five,* I
treinta y dos *thirty-two,* I
treinta y uno *thirty-one,* I
el tren *train,* I; **la estación de tren** *train station,* 3
trepar *to climb,* 6
tres *three,* I
trescientos(as) *three hundred,* I
las tribus *tribes,* 9
el trigo *wheat,* 8
triste *sad,* I; **estar triste** *to be sad,* I
la tristeza *sadness;* **Me dio (mucha) tristeza.** *It made me (very) sad.,* 4
el triunfo *triumph,* 4
el trofeo *trophy,* 4
el tronco *trunk,* 5
tropical *tropical,* 9; **explorar la selva tropical** *to explore the tropical jungle,* 10; **la isla tropical** *tropical island,* 9
trotar *to jog,* 5
el trozo *passage,* 6; *piece, chunk,* 7
el trueno *thunder,* 9
tú *you,* I
tu(s) *your* (informal), I
la tumba *tomb,* 10
el turismo *tourism,* 10; **la oficina de turismo** *tourism office,* 10
el turista, la turista *tourist,* 10
turístico(a) *tourist;* el guía turístico *tour guide,* 3; la atracción turística *tourist attraction,* 8; **la guía turística** *guide book,* 10
turnarse *to take turns,* 1
tus *your* (informal), I
tuyo, tuya *yours,* 5

¡Uf! Me di un golpe en... *Ouch! I hit my . . .,* 4
último(a) *latest,* I; **a la (última) moda** *in (the latest) style,* I; **la última oferta** *last offer,* 8
un(a) *a, an,* I; un rato *a while,* 3
ungüento (m.) *ointment,* 4
único(a) *only,* 7
unir *to unite,* 1G
uno(a) *one,* I; **Es la una.** *It is one o'clock.,* I
unos(as) *some,* I
la uña *nail,* 4
uruguayo(a) *Uruguayan,* 2
usar *to use, to wear,* I; **usar el/la...** *to wear size . . . in shoes/clothes,* I; **usar lentes** *to wear glasses,* I
usted *you* (formal), I
ustedes *you* (pl.), I
los usuarios *users,* 5
útil *useful,* 3
los útiles escolares *school supplies,* I
utilizar *to use, utilize,* 1
las uvas *grapes,* 8
¡Uy! *Oh!,* I

las vacaciones *vacation,* I; **ir de vacaciones** *to go on vacation,* 9
la vainilla *vanilla,* 7; **el flan de vainilla** *vanilla flan,* 7
Vale. *Okay.,* I
valer (-go) *to cost, to be priced at;* **¿Cuánto vale(n)...?** *How much is (are) . . .?,* 8
vamos *we are going,* 1; **¿Vamos bien para...?** *Are we going the right way to . . .?,* 3
el vapor *steam;* cocer al vapor *to steam,* 7
los vaqueros *jeans,* I
variado(a) *varied,* 5
variar *to vary,* 9
la variedad *variety,* 6G
las vasijas *containers,* 8
el vaso *glass,* I
el vecindario *neighborhood,* 2
el vecino, la vecina *neighbor,* 2
los vegetales *vegetables,* 7; el aceite vegetal *vegetable oil,* 7
vegetariano(a) *vegetarian,* 7
veinte *twenty,* I
veintiún *twenty-one,* I
la vela *candle,* 2G; *sail;* **el bote de vela** *sailboat,* I; **pasear en bote de vela** *to go out in a sailboat,* I
¡Ven acá! *Come over here!,* 8; **¡Ven aquí!** *Come (right) here!,* 8
vendado(a) *bandaged, wrapped,* 4
vendar *to bandage, to wrap,* 4
vendarse *to bandage, to wrap,* 4
el vendedor *seller,* 3
vender *to sell,* I; **vender de todo** *to sell everything,* I
venezolano(a) *Venezuelan,* 2
venir (-go, ie) *to come,* I; **¡Ven acá!** *Come over here!,* 8; **¡Ven aquí!** *Come (right) here!,* 8
la venta *sale,* 8; **la venta de liquidación** *clearance sale,* 8
la ventaja *advantage,* 1
la ventana *window,* I
ver to watch, to see, I; **¿Cómo me veo con...?** *How do I look in . . .?,* 8; **Nos vemos.** See you., I; **¡Qué gusto verte!** It's great to see you!, I; **¡Tanto tiempo sin verte!** *Long time, no see!,* I; **Te veo mal.** *You don't look well.,* I; **¡Te ves guapísimo!** *You look very handsome!,* 8; **¡Te ves super bien!** *You look wonderful!,* 8
el verano *summer,* I
el verbo *verb,* 1; el verbo recíproco *reciprocal verb,* 6
la verdad *truth,* 10; **de verdad** *honestly,* 8; **¿verdad?** *right?,* I
verdadero(a) *true,* 7
verde *green,* I; **la zona verde** *green belt, park,* 3
las verduras *vegetables,* I; **la sopa de verduras** *vegetable soup,* I
la vereda *sidewalk* (Bolivia), 3
la vergüenza *embarrassment;* **Me dio (mucha) vergüenza.** *It made me (very) embarrassed.,* 4
el verso *verse,* 6
el vestido *dress,* I
el vestidor *fitting room,* 8
los vestidos de gala *fancy dresses, gowns,* 5
vestirse (i, i) *to get dressed,* I
la vez (pl. veces) *time;* **a veces** *sometimes,* I; en vez de *instead of,* 7; **Érase una vez** *Once upon a time,* 9; **Había una vez...** *There once was . . .,* 9; **hay veces** *there are times,* I; tal vez *perhaps, maybe,* 6; **Ya lo hice mil veces.** *I've already done it a thousand times.,* 2
viajar *to travel,* I
el viaje *trip,* I; **Espero que el viaje sea divertido.** *I hope the trip is fun.,* 9; **hacer un viaje** *to take a trip,* I
el viajero *traveler,* 3; **los cheques de viajero** *traveler's checks,* 10
la vida *life,* 2
el video *video,* I
los videojuegos *video games,* I
el vidrio *glass,* 8
viejo(a) *old,* I
el vino *wine,* 8
el violín *violin,* 5
el viento *wind,* 9; **Hace viento.** *It's windy.,* I
el viernes *Friday,* I
el vinagre *vinegar,* 7
el visitante, la visitante *visitor,* 5
visitar *to visit,* 1
la víspera *eve,* 1G
el vistazo *glance,* 8
visto *seen* (past participle of **ver**), 10
las vitaminas *vitamins,* 7
la vitrina *shop window,* I
vivir *to live,* I; **vivieron felices para siempre** *they lived happily ever after,* 9
volar (ue) con ala delta *to go hang gliding,* 9
el volcán *volcano,* 10
el volibol *volleyball,* I
el voluntario *volunteer,* 2
volver (ue) *to go back, to come back, to return,* I; **vuelto** *returned* (past participle of **volver**), 10
vos *you* (informal), 5
vosotros(as) *you* (pl., informal), I
la voz *voice,* 3
el vuelo *flight,* I; **perder el vuelo** *to miss the flight,* I
la vuelta *turn;* **a la vuelta** *around the corner,* I; **dar una vuelta por...** *to walk/drive around . . .,* 3; **Está a la vuelta.** *It's around the corner.,* I
vuestro(a) *your* (pl.), I
vuestros(as) *your* (pl.), I

el water *toilet* (Peru), 2
el Web *World Wide Web,* 2; **diseñar páginas Web** *to design Web pages,* 5; **páginas Web** *Web pages,* 2
el windsurf *windsurf,* 9; **hacer windsurf** *to windsurf,* 9

y *and,* I
ya *already,* I; **Ya encontré mi(s)...** *I've already found my . . .,* 9; **Ya lo hice mil veces.** *I've already done it a thousand times.,* 2; **Ya no.** *Not anymore.,* 5; **¿Ya sabías que...?** *Did you already know that . . .?,* 10; **Ya te lo (la) paso.** *I'll get him/her.,* I; **¡Ya voy!** *I'm coming!,* 5
el yeso *plaster,* 2
yo *I,* I
el yoga *yoga;* **hacer yoga** *to do yoga,* I

la zanahoria *carrot,* I
la zapatería *shoe store,* I
los zapatos *shoes,* I
la zona peatonal *pedestrian zone,* 3
la zona verde *green belt, park,* 3
el zoológico *zoo,* I
el zopilote *vulture* (Mexico, Central America), 9

Vocabulario inglés-español

This vocabulary includes all of the words presented in the **Vocabulario** sections of the chapters. These words are considered active—you are expected to know them and be able to use them. Expressions are listed under the English word you would be most likely to look up.

Spanish nouns are listed with the definite article and plural forms, when applicable. If a Spanish verb is stem-changing, the change is indicated in parentheses after the verb: **dormir (ue).** The number after each entry refers to the chapter in which the word or phrase is introduced. Words and phrases from Level 1 are indicated by the Roman numeral I.

To be sure you are using Spanish words and phrases in their correct context, refer to the chapters listed. You may also want to look up Spanish phrases in **Expresiones de ¡Exprésate!,** pp. R19–R22.

a, *un(a),* I
A big hug from, . . . *Un abrazo de,...,* 10
A few (many, five . . .) years ago *Hace unos (muchos, cinco...) años,* 9
active *activo(a),* I
to add *añadir,* I; *echar,* 7
address *la dirección,* I; **My address is . . .** *Mi dirección es...,* I; **e-mail address** *correo eléctronico,* I
adhesive bandage *la curita,* 4
adventure *la aventura,* I; **adventure book** *el libro de aventuras,* I
adventurous *aventurero(a),* 6
advice *el consejo,* 2; **to give advice** *dar consejos,* 2
to advise *aconsejar:* **to advise someone** *aconsejarle (a alguien),* 10
aerobics *los aeróbicos,* 5; **to do aerobics** *hacer ejercicios aeróbicos,* 5
affectionate *cariñoso(a),* 6
after *después,* I; *después de,* I; **after class** *después de clases,* I; **after school** *después del colegio,* 1
afternoon *la tarde,* I; **in the afternoon, P.M.** *de la tarde, por la tarde,* I; **this afternoon** *esta tarde,* I
afterwards *después,* I
again *de nuevo, otra vez*
agent *el agente, la agente,* I
agree: I agree. *Estoy de acuerdo,* I; **I don't agree.,** *No estoy de acuerdo.,* I
airplane *el avión,* I; **by plane** *por avión,* I
airport *el aeropuerto,* I
album *el álbum,* 5; **to create an album** *crear un álbum,* 5
all *todas,* I; *todo(a),* I
all right *regular,* I
to allow *dejar,* I; *permitir,* 3
almonds *las almendras,* 7
almost *casi,* I; **almost always** *casi siempre,* I; **almost never** *casi nunca,* I
alone *solo(a),* I
alphabet *el alfabeto,* I
already *ya,* I
also *también,* I
always *siempre,* I; **almost always** *casi siempre,* I; **as always** *como siempre,* I
American *estadounidense,* 2
amusement park *el parque de diversiones,* I
an *un(a),* I
and *y,* I; *e,* 9; **And what is there to do around here?** *¿Y qué hay que hacer por aquí?,* 10; **And your friends, what do they like to do?** *Y a tus amigos, ¿qué les gusta hacer?,* 1
angry *enojado,* I; **to be angry** *estar enojado,* I; **to get angry** *enojarse,* I
ankle *el tobillo,* 4
anniversary *el aniversario,* I
any *cualquier,* I
anything *algo,* I; **Anything else?** *¿Algo más?,* 1; **Would you like anything else?** *¿Se les ofrece algo más?,* 7
apartment *el apartamento,* I
appetizers *los entremeses,* 7
apple *la manzana,* I
April *abril,* I
aquarium *el acuario,* 3
Are you . . .? *¿Eres...?,* I; **Are you still . . .?** *¿Sigues...?,* 10; **Are you still doing . . .?** *¿Sigues practicando...?,* 5
Aren't you ready yet? *¿Todavía no estás listo(a)?,* 5
Argentine *argentino(a),* 2
arid *árido(a),* 9
arm *el brazo,* I
armchair *el sillón,* 2
armoire *la cómoda,* 2
around here *por aquí,* 10
around the corner *a la vuelta,* I
arrival *la llegada,* I
to arrive *llegar,* I
art *el arte,* I
as *como,* 2
as . . . as *tan...como,* I
as a child *de pequeño(a),* 6
as always *como siempre,* I
as much (many) . . . as . . . *tanto(a)/tantos(as)... como...,* 1
to ask for *pedir (i, i),* I; **to ask for help** *pedir ayuda,* 9; **to ask for information** *pedir (i, i) información,* 10
to ask someone *preguntarle a alguien,* 3
asleep: to fall asleep *dormirse,* 4
aspirin *la aspirina,* 4
assortment *surtido,* 7; **assortment of fresh fruit** *el surtido de frutas frescas,* 7
astronaut *el astronauta, la astronauta,* 6
at *en, a,* I; **@** *la arroba,* I; **at all** *para nada,* 5; **at last** *por fin,* 5
athletic *atlético(a),* I
to attend *asistir (a),* I
auditorium *el auditorio,* I
August *agosto,* I
aunt *la tía,* I
automatic teller machine *el cajero automático,* I
avenue *la avenida,* 3
to avoid *evitar,* 7
awesome *fenomenal,* I
awful *fatal,* 4

babied *consentido(a),* 6
back *la espalda,* I
back then *en aquel entonces,* 6
backpack *la mochila,* I
bacon *el tocino,* I

bad *malo(a)*, I; **to get bad grades** *sacar malas notas*, 6; **badly** *mal*, I
bag *la bolsa, I*
baggage *el equipaje*, I; **baggage claim** *el reclamo de equipaje*, I
baggy *flojo(a)*, 8
to bake *hornear*, 7; **baked** *horneado(a)* (past participle of *hornear*), 7
bakery *la panadería*, 3
balanced *balanceado(a)*, 7; **to eat a balanced diet** *llevar una dieta balanceada*, 7; *seguir (i, i) una dieta sana*, I
banana *el plátano*, 7
to bandage *vendarse*, 4
bandaged *vendado(a)*, 4
bank *el banco*, 3
baptism *el bautizo*, 6
bargain *la ganga*, I
to bargain *regatear*, 8
baseball *el béisbol*, I
basket *la cesta*, 8
basketball *el básquetbol*, I
to bathe *bañarse*, I
bathroom *el baño*, I
bathroom sink *el lavabo*, 2
bathtub *la bañera*, 2
to be *estar*, I; **be . . .!** *¡sé...!*, I; **How are you?** *¿Cómo está(s)?*, I; **to be all right** *estar regular*, I; **to be bored** *estar aburrido(a)* I; **to be careful** *tener cuidado*, 4; **to be dead boring** *ser un rollo*, 5; **to be embroidered** *estar bordado(a)*, 8; **to be familiar with (a place)** *conocer*, I; **to be fine** *estar bien*, I; **to be happy** *estar contento(a)* I; **to be hungry** *tener hambre*, I; **to be in a hurry** *tener prisa*, I; **to be in a wheelchair** *estar en una silla de ruedas*, I; **to be lucky** *tener suerte*, I; **to be nervous** *estar nervioso(a)* I; **to be ready** *estar listo(a)*, I; **to be right** *tener razón*, I; **to be sad** *estar triste*, I; **to be afraid** *tener miedo*, I; **to be sick** *estar enfermo(a)* I; *estar mal*, 4; **to be sleepy** *tener sueño*, I; **to be sure** *estar seguro(a)*, 3; **to be thirsty** *tener sed*, I; **to be tired** *estar cansado(a)*, I; **to be . . . years old** *tener... años*, 1
to be *ser*, I; **What did you want to be?** *¿Qué querías ser?*, 6
to be able to *poder (ue)*, I
to be going to (do something) *ir + a +* infinitive, I; **I'm going to give you a special price.** *Le voy a dar un precio especial.*, 8; **I wasn't going to buy . . ., but they gave me a discount.** *No iba a comprar..., pero me dieron un descuento.*, 8; **We're going to clean the rooms.** *Vamos a limpiar los cuartos.*, 1; **We're going to go . . .** *Vamos a ir a/al...*, 1
to be interested in *llamarle la atención*, 5
to be late *tardar*, 5
to be named *llamarse*, 1; **His/Her name is . . .** *Se llama...*, 1; **My . . .'s name is . . .** *Mi... se llama...*, 1;
beach *la playa*, I
beachball *el balón de playa*, 9
beans *las habichuelas*, 7
bear *el oso*, 9
beauty parlor *el salón de belleza*, 2
because *porque*, I
bed *la cama*, I; **to go to bed** *acostarse*, I; **to make the bed** *hacer la cama*, I; **to stay in bed** *quedarse en cama*, 4
bedroom *la habitación*, I
bedside table *la mesita de noche*, 2
beef *la carne*, I
before *antes de*, I
behind *detrás de*, I
to believe *creer*, 3; **When I found out, I couldn't believe it.** *Cuando me enteré, no lo pude creer.*, 6; **When I heard the news, I didn't want to believe it.** *Cuando oí la noticia no lo quise creer.*, 6
bellhop *el botones*, 10
belt *el cinturón*, 8
besides *además*, I
best *el (la) mejor, los (las) mejores*, I
better *mejor(es)*, I; **better than anyone** *mejor que nadie*, 2; **It's better that . . .** *Es mejor que...*, 10
between *entre*, 2
big *grande*, I
bike *la bicicleta*, I; **to ride a bike** *montar en bicicleta*, I
bill *la cuenta*, I; *el billete*, 10; **to pay the bill** *pagar la cuenta*, 7
binoculars *los binóculos*, 9
biology *la biología*, I
bird *el pájaro*, 9
birth *el nacimiento*, 6
birthday *el cumpleaños*, I; **birthday card** *la tarjeta de cumpleaños*, I
black *negro(a)*, I
blank *en blanco*, I
blind *ciego(a)*, I
block *la cuadra*, 3; *el bloque*, 6; **to play with blocks** *jugar (ue) con bloques*, 6
blond *rubio(a)*, I
blouse *la blusa*, I
blue *azul*, I
to board *abordar*, I
board game *el juego de mesa*, I
boarding house *la pensión*, 10
boarding pass *la tarjeta de embarque*, I
boat *el barco*, I; *el bote*, 1; **to go boating** *pasear en bote*, 1
to boil *hervir (ie, i)*, 7; **boiled** *hervido(a)* (past participle of *hervir*), 7
bone *el hueso*, 4
book *el libro*, I; **adventure book** *el libro de aventuras*, I; **comic book** *la revista de tiras cómicas*, I; *las revistas cómicas*, 5; **romance book** *el libro de amor*, I
bookcase *el estante*, 2
bookstore *la librería*, I
boots *las botas*, I
bored *aburrido(a)*, I; **to be bored** *estar aburrido(a)*, I
boring *aburrido(a)*, I; **to be boring** *ser aburrido*, I; **to be dead boring** *ser un rollo*, 5
to bother *fastidiar, molestar*, 6
bowl *el plato hondo*, I
boy *el muchacho*, I; *el niño*, 1
bracelet *la pulsera*, I
brain *el cerebro*, 4
bread *el pan*, I
to break *romper*, 4; **to break (one's body part)** *romperse* + a body part, 4; **broken** *roto(a)* (past participle of *romper*), 4
breakfast *el desayuno*, I
breeze *la brisa*, 9
to bring *traer (traigo)*, I; **Bring us the bill, please.** *Tráiganos la cuenta, por favor.*, 7; **Did you bring your . . .?** *¿Trajiste tu...?*, 5; **I'll bring it (them) to you right away.** *Enseguida se lo/la (los/las) traigo.*, 7; **They bring movies to my house.** *Traen películas a mi casa.*, 1; **Would you bring us . . .?** *¿Nos trae...?*, 7
broccoli *el bróculi*, I
broken *roto* (past participle of *romper*), 4
brother *el hermano*, I
brothers, brothers and sisters *los hermanos*, I
brown *castaño(a)*, I; *de color café*, I
to brush one's hair *peinarse*, 5; *cepillarse el pelo*, 5
to brush one's teeth *lavarse los dientes*, I
to build *construir*, 2
building *el edificio*, I; **. . . story building** *el edificio de... pisos*, I
bump *el golpe*, 4
to bump one's . . . *darse un golpe en...*, 4
to burn *quemar*, 4; **to burn CDs** *crear/grabar CDs*, 5
burned *quemado(a)*, 4; **It's burned.** *Está quemado(a).*, 7
bus *el autobús*, I
busy *ocupado(a)*, 1
but *pero*, I; **but (as in "Not this, but that instead.")** *sino*, 5; **not only . . . but . . . as well** *no sólo... sino también...*, 5
butcher shop *la carnicería*, 3
butter *la mantequilla*, 7
to buy *comprar*, I; **buy** *compre*, 3; **don't buy** *no compre*, 3; **I saw that . . . was (were) on sale, so I bought . . .** *Vi que... estaba(n) en oferta, así que*

compré..., 8; **I wasn't going to buy . . ., but they gave me a discount.** *No iba a comprar..., pero me dieron un descuento.*, 8; **to buy souvenirs** *comprar recuerdos*, 10; **you would buy** *comprarías*, I
by plane *por avión*, I
Bye *Chao*, I

cactus *el cactus*, 9
café *el café*, 3; **Internet café** *el café Internet*, 3; **to get together at an Internet café** *reunirse en un café Internet*, 5; **to go to outdoor cafés** *ir a cafés*, 10
cafeteria *la cafetería*, I
cake *el pastel*, I
calculator *la calculadora*, I
calf *la pantorrilla*, I
to call *llamar*, I; **I'll call back later.** *Llamo más tarde.*, I
calmly *tranquilamente*, 7
camera *la cámara*, I; **disposable camera** *la cámara desechable*, I
to camp *acampar*, I; *hacer camping*, 9
campfire *la fogata*, 9
camping: to go camping *hacer camping*, 9
can *la lata*, 7; **can of tomato sauce** *la lata de salsa de tomate*, 7
can *poder (ue)*, I; **Do you know where I can . . .?** *¿Sabe usted dónde se puede...?*, 3; **How can I get to . . .?** *¿Cómo puedo llegar a...?*, 3; **one can** *se puede*, 3; **Can I . . .?** *¿Puedo...?*, I; **Can I help you?** *¿En que le puedo servir?*, I; *¿Puedo ayudarte?*, 1; **Can you lower the price on that . . .?** *¿Me puede rebajar el precio de ese/esa...?*, 8; **Can you repeat what you said?** *¿Puede repetir lo que dijo?*, 3; **Can you tell me where . . . is?** *¿Me dices dónde está...?*, 2
Canadian *canadiense*, 2
candy *el dulce*, I
canoe *la canoa*, I
car *el carro*, I; **toy car** *el carrito*, 6; **to work on cars** *trabajar en mecánica*, 5
carbohydrates *los carbohidratos*, 7
card *la tarjeta*, I
cards *los naipes*, 5; **to play cards** *jugar (ue) naipes*, 5
carpenter *el carpintero, la carpintera*, 2
carpet *la alfombra*, 2
carrot *la zanahoria*, I
to carry *llevar*, 3
cartoons *los dibujos animados*, 6
carved figure *la figura tallada*, 8
cash *en efectivo*, 10
cash register *la caja*, 8
cashier *el cajero, la cajera*, 8
castle *el castillo*, 10
cat *el gato, la gata*, I; **to rain cats and dogs** *llover (ue) a cántaros*, 9
to catch a cold *resfriarse*, 4
cathedral *la catedral*, 3
cave *la cueva*, 9; **to explore caves, go spelunking** *explorar cuevas*, 9
CD *el CD*, 5; **to burn CDs** *crear/grabar CDs*, 5
ceiling *el techo*, 2
to celebrate *celebrar, festejar*, I; **Tonight we're going to celebrate.** *Esta noche vamos a celebrar...*, 1
cell phone *el teléfono celular*, 5
cemetery *el cementerio*, 3
Centigrade *centígrados*, 9
ceramic *la cerámica*, 8
cereal *los cereales*, I
chain *la cadena*, 8
chair *la silla*, I; **wheelchair** *la silla de ruedas*, I
to charge *cobrar*, 8
to chat *charlar*, I; **to chat online** *platicar en línea*, I
to check *facturar*, I; **to check luggage** *facturar el equipaje*, I
cheek *la mejilla*, 4
to cheer *animar*, 4
cheerleader *el animador, la animadora*, 4
cheese *el queso*, I
chemistry *la química*, I
chess *el ajedrez*, I; **to play chess** *jugar (ue) al ajedrez*, 1
chest *el pecho*, I
chest of drawers *la cómoda*, 2
chicken *el pollo*, I; **roast chicken** *el pollo asado*, 7; **chicken soup** *el caldo de pollo*, 7
children *los niños*, I; *los hijos*, I
chile pepper *el ají*, 7
Chilean *chileno(a)*, 2
chocolate *el chocolate*, I
to chop up *picar*, 7
chores *los quehaceres*, I
Christmas *la Navidad*, I
Christmas Eve *la Nochebuena*, I
chunk *el trozo*, 7
church *la iglesia*, I
city *la ciudad*, I; **city map** *el plano de la ciudad*, 10
class *la clase*, I; **after class** *después de clases*, I
classmate *el (un) compañero de clase* **(male)**, I; *la (una) compañera de clase* **(female)**, I
clay *el barro*, 8
to clean *limpiar*, I
to clean the room *arreglar el cuarto*, I; **to clean up the living room** *arreglar la sala*, 1; **We're going to clean the rooms.** *Vamos a limpiar los cuartos.*, 1
clearance sale *la venta de liquidación*, 8
client *el cliente, la cliente*, I
climate *el clima*, 9; **What a dry climate!** *¡Qué clima tan seco!*, 9
to climb *subir*, I; *trepar*, 6; **to climb trees** *trepar a los árboles*, 6
clinic *la clínica*, 3
to close *cerrar (ie)*, I
close to *cerca de*, I
clothes *la ropa*, I
cloudy *nublado*, I
club *el club de...*, I
coach *el entrenador, la entrenadora*, 4
coast *la costa*, 9
coat *el abrigo*, I
coffee *el café*, I; **coffee with milk** *el café con leche*, I
coffee shop *la cafetería*, I
coins *las monedas*, 5; **to collect coins** *coleccionar monedas*, 5
cold *frío(a)*, I; **It's cold.** *Hace frío.*, I; **to be cold** *tener frío*, I; **to catch a cold** *resfriarse*, 4; **to have a cold** *tener catarro*, I
cold soup *el gazpacho*, 7
to collect *coleccionar*, 5; **to collect coins** *coleccionar monedas*, 5; **to collect posters** *coleccionar pósters*, 5; **to collect stamps** *coleccionar estampillas*, 5
color *el color*, I
Colombian *colombiano(a)*, 2
comb *el peine*, I
to comb your hair *peinarse*, I
to come *venir (ie)*, I; **come** *ven*, I; **Come over here!** *¡Ven acá!*, 8; **Come (right) here!** *¡Ven aquí!*, 8; **don't come** *no vengas*, I; **to come back** *volver*, I; **you're coming with me to . . .** *vienes conmigo a...*, I
comic book *la revista de tiras cómicas*, I
comic books *las revistas cómicas*, 5
compact disc *el disco compacto*, I
competition *la competencia*, 4
completely *por completo*, 5
computer *la computadora*, I; **to do computer design** *hacer diseño por computadora*, 5
computer science *la computación*, I
concert *el concierto*, I
to confront *enfrentar*, 9
constantly *constantemente*, 7
contact lenses *los lentes de contacto*, 5
cook *el cocinero, la cocinera*, 2
to cook *cocinar*, I
cooked *cocido(a)*, 7
cookie *la galleta*, I
cool *fresco*, I; **It's cool.** *Hace fresco.*, I
corn *el maíz*, I
corner *la esquina*, 3
to cost *costar (ue)*, I; **it will cost** *costará*, I
Costa Rican *costarricense*, 2
costs . . . *cuesta(n)...*, I
cotton *el algodón*, I; **made of cotton** *de algodón*, I
cough *la tos*, 4; **to have a cough** *tener tos*, 4
cough syrup *el jarabe*, 4

Could you tell me . . .? *¿Me podría decir...?*, 3
to **count** *contar (ue)*, 2
counter *el mostrador*, I
country *el país*, I
countryside *el campo*, I
cousin *el primo, la prima*, I
to **cover** *cubrir*, 7
coyote *el coyote*, 9
cramp *el calambre*, 4; **to get a cramp** *darle un calambre*, 4; **to have a cramp** *tener un calambre*, 4
crazy *loco(a)*, 5; **I'm crazy about . . .** *Estoy loco(a) por...*, 5
cream (cold) cream *la crema*, 5; *la crema*, 7; **strawberries (and cream)** *las fresas (con crema)*, 7
to **create an album, scrapbook** *crear un álbum*, 5
credit card *la tarjeta de crédito*, 10
crossword puzzle *el crucigrama*, 5; **to do crossword puzzles** *hacer crucigramas*, 5
to **cry** *llorar*, 4; **to start crying** *ponerse a llorar*, 5
curious *curioso(a)*, 6
custard *el flan*, I
customer *el cliente, la cliente*, I
customs *la aduana*, I
cut *cortado(a)*, 4
to **cut** *cortar*, I; **to cut the grass** *cortar el césped*, I
to **cut oneself** *cortarse*, 4
cybercafé *el cibercafé*, 10; **to go to a cybercafé** *ir a un cibercafé*, 10

dad *el papá*, I
daily special *el plato del día*, 7
dance *el baile*, I
to **dance** *bailar*, I; **dancing** *bailando*, I; **to start dancing** *ponerse a bailar*, I
dark: dark-skinned; dark-haired *moreno(a)*, I
date *la fecha*, I
daughter *la hija*, I
day *el día*, I; **day of the week** *el día de la semana*, I; **Father's Day** *el Día del Padre*, I; **holiday** *el día festivo*, I; **Independence Day** *el Día de la Independencia*, I; **Mother's Day** *el Día de la Madre*, I; **one day** *un día*, 9; **some day** *algún día*, I; **Thanksgiving Day** *el Día de Acción de Gracias*, I; **Valentine's Day** *el Día de los Enamorados*, I; **What day is today?** *¿Qué día es hoy?*, I; **your saint's day** *el día de tu santo*, I
day after tomorrow *pasado mañana*, I
day before yesterday *anteayer*, I
deaf *sordo(a)*, I
Dear . . ., *Querido(a)...*, 10
death *la muerte*, 6
debate *el debate*, 4
December *diciembre*, I
to **decide** *decidir*, 9
to **decorate** *decorar*, I; **to decorate the patio** *decorar el patio*, 1
decoration *la decoración*, I
decorations *los adornos*, 8
degrees Fahrenheit *los grados Fahrenheit*, 9
delicious *delicioso(a)*, I; *riquísimo(a)*, I; *rico(a)*, 7; **How delicious!** *¡Qué rico(a)!*, 7
to **delight** *encantar*, I
Delighted (to meet you) . . . *Encantado(a).*, 2
dentist *el dentista, la dentista*, 2
department store *el almacén*, I
departure *la salida*, I; *la partida*, 6
to **describe** *describir*, 2; **Describe . . . to me.** *Descríbeme...*, 2
desert *el desierto*, 9
to **design** *diseñar*, 2; **to design Web pages** *diseñar páginas Web*, 5
design *el diseño*, 5; **to do computer design** *hacer diseño por computadora*, 5
desire *la gana*, I; **to desire** *desear*, I
desk *el escritorio*, I
dessert *el postre*, I
destination *el destino*, I
destined *destinado(a)*, I
detail *el detalle*, I
to **determine** *determinar*, I
to **dice** *picar*, 7
diced *picado(a)*, 7
dictionary *el diccionario*, I
Did you remember to . . .? *¿Te acordaste de...?*, 5
Did you try . . .? *¿Probaste...?*, 7
to **die** *morirse (ue, u)*, 4
diet *la dieta*, I; **to eat a balanced diet** *llevar una dieta balanceada*, 7; *seguir (i, i) una dieta sana*, I
difficult *difícil*, I
digital camera *la cámara digital*, 10
dining room *el comedor*, I
dinner *la cena*, I; **to make dinner** *preparar la cena*, 1
discount *el descuento*, 8
dish *el plato*, I
dishwasher *el lavaplatos*, 2
disposable *desechable*, I
to **dive into the water** *tirarse al agua*, 9
to **do** *hacer (-go)*, I; **And what is there to do around here?** *¿Y qué hay que hacer por aquí?*, 10; **And your friends, what do they like to do?** *Y a tus amigos, ¿qué les gusta hacer?*, 1; **do** *haz*, I; **doing** *haciendo*, 3; **done** *hecho* (past participle of hacer), 10; **don't do** *no hagas*, I; **I didn't do anything.** *No hice nada.*, 10; **I've already done it a thousand times.** *Ya lo hice mil veces.*, 2; **So, what I have to do is . . .** *Entonces, lo que tengo que hacer es...*, 3; **we are doing** *estamos haciendo*, I; **What are they doing?** *¿Qué están haciendo?*, I; **What did you do?** *¿Qué hiciste?*, I; **What did you like to do when you were . . . years old?** *¿Qué te gustaba hacer cuando tenías...años?*, 6; **What did you use to do when you were a little boy/girl?** *¿Qué hacías de niño(a)?*, 6; **What do you do every morning?** *¿Qué haces todas las mañanas?*, 1; **What do you like to do on weekends?** *¿Qué te gusta hacer los fines de semana?*, 1; **What do you want to do this afternoon?** *¿Qué quieres hacer esta tarde?*, 1; **What do your friends do on weekends?** *¿Qué hacen tus amigos los fines de semana?*, 1; **What else do I need to do?** *¿Qué más tengo que hacer?*, 1; **What needs to be done in the kitchen?** *¿Qué hay que hacer en la cocina?*, 1; **What will you all do at the beach?** *¿Qué harán ustedes en la playa?*, 9; **to do aerobics** *hacer ejercicios aeróbicos*, 5; **to do the chores** *hacer los quehaceres*, I; **to do computer design** *hacer diseño por computadora*, 5; **to do crossword puzzles** *hacer crucigramas*, 5; **to do homework** *hacer la tarea*, I; **to do the dishes** *lavar los platos*, I; **to do yoga** *hacer yoga*, I
doctor *el médico, la médica*, 2
dog *el perro, la perra*, I; **to feed the dog** *darle de comer al perro*, 2
doing *haciendo*, 3
dolls *las muñecas*, 6
Don't forget to . . . *No te olvides de...*, 1
Don't worry. *No te preocupes.*, 5
done *hecho* (past participle of *hacer*), 10
door *la puerta*, I; **to lock the door** *cerrar (ie) la puerta con llave*, 5
dot *el punto*, I
to **download files** *bajar archivos*, I
downtown *el centro*, I; **to get to know downtown** *conocer el centro*, 1
to **draw** *dibujar*, I
to **dream** *soñar*, 6; **I dreamed of being . . .** *Soñaba con ser...*, 6; **What did you dream of (being when you grew up)?** *¿Con qué soñabas?*, 6
dress *el vestido*, I
to **dress up** *arreglarse*, 5
to **drink** *beber, tomar*, I; **to drink (something)** *beber (algo)*, 9
drinks *las bebidas*, 7
to **drive** *conducir*, 2; **to drive around . . .** *dar una vuelta por...*, 3
driver *el conductor, la conductora*, 2
driver's license *la licencia de conducir*, 3
to **drizzle** *lloviznar*, 9

drugstore *la farmacia,* 10
dry *árido(a),* 9; *seco(a),* 9; **What a dry climate!** *¡Qué clima tan seco!,* 9
to dry *secarse,* I
dryer *la secadora,* 2
dumb *tonto(a),* I
during *durante,* I
to dust *sacudir,* 2; **to dust the furniture** *sacudir los muebles,* 2
DVD *el DVD,* I; **blank DVD** *el DVD en blanco*

E

each *cada, cada uno(a),* 8; **each one** *cada uno(a),* 8
eagle *el águila* (f.), 9
ear (inner) *el oído,* I; **ear (outer)** *la oreja,* 4
early *temprano,* I
earphones *los audífonos,* I
earrings *los aretes,* I
earthquake *el terremoto,* 9
easy *fácil,* I; **easily** *fácilmente,* 7
to eat *comer,* I; *tomar,* I; **don't eat** *no coma,* 3; *no comas,* 1; **eat** *coma, come,* 3; **Have you eaten at . . .?** *¿Ha comido en...?,* 10; **to eat a balanced diet** *seguir (i, i) una dieta sana,* I; *llevar una dieta balanceada,* 7; **to eat breakfast** *desayunar,* I; **to eat dinner** *cenar,* I; **to eat lunch** *almorzar (ue),* I
ecotourism *el ecoturismo,* 9; **to go on an ecotour** *hacer ecoturismo,* 9
egg *el huevo,* I; **scrambled eggs** *los huevos revueltos,* 7
eight *ocho,* I
eight hundred *ochocientos,* I
eighteen *dieciocho,* I
eighth *octavo(a),* 3
eighty *ochenta,* I
either: not . . . either *no... tampoco,* I
elbow *el codo,* 4
eleven *once,* I
e-mail address *el correo electrónico,* I
embassy *la embajada,* 3
embroidered *bordado(a),* 8; **to be embroidered** *estar bordado(a),* 8
emergency room *la sala de emergencias,* 3
engineer *el ingeniero, la ingeniera,* 2
English *el inglés,* I
to enjoy *disfrutar de,* 5
enough *suficiente,* I; **to get enough sleep** *dormir (ue, u) lo suficiente,* I
errands *las diligencias,* 3; **to run errands** *hacer diligencias,* 3
evening *la tarde,* I; **in the evening, P.M.,** *de la tarde,* I
every: every day *todos los días,* I; **every morning** *todas las mañanas,* 1; **every year** *todos los años,* 6
everybody *todos(as),* I
everything *todo,* I
to exchange *intercambiar,* 5; **to exchange (for)** *cambiar (por),* 8
Excuse me. *Perdón., Disculpe.,* 3; **Excuse me, is there a . . . around here?** *Disculpe, ¿hay un(a)... por aquí?,* 10
to exercise *hacer ejercicios,* I
to expect *esperar,* I
expensive *caro(a),* I
to explore *explorar,* 9; **to explore caves** *explorar cuevas,* 9; **to explore the tropical jungle** *explorar la selva tropical,* 10
eyebrows *la cejas,* 4
eyes *los ojos,* I; **to have blue eyes** *tener los ojos azules,* I; **to have brown eyes** *tener ojos de color café,* 1

face *la cara,* I
facing *enfrente de,* 2
factory *la fábrica,* 3
failure *el fracaso,* 4
fair *justo(a),* 2; **It's not fair!** *¡No es justo!,* 2
to fall *caer(se) (yo caigo),* 4; **to fall asleep** *dormirse (ue, u),* 4
fall *el otoño,* I
family *la familia,* I; **There are . . . people in my family.** *En mi familia somos...,* I
fancy dresses *los vestidos de gala,* 5
fantastic: How fantastic! *¡Qué fantástico!,* I
fast food *la comida rápida,* 7
fat *gordo(a),* I; *la grasa,* I
father *el padre,* I; **Father's Day** *el Día del Padre,* I
favorite *preferido(a),* I
February *febrero,* I
to feed the dog *darle de comer al perro,* 2
to feel *sentirse (ie, i),* I; **to feel like doing something** *tener ganas de* + infinitive, I; **How did you feel when . . .?** *¿Cómo te sentiste cuando...?,* 4; **How did you feel when you heard about . . .?** *¿Cómo te sentiste cuando supiste lo de...?,* 6
to feel like *tener ganas de* + infinitive, 1
few *poco(a), pocos(as),* I
fifteen *quince,* I
fifth *quinto(a),* 3
fifty *cincuenta,* I
film *la película,* I
finally *por fin,* I
to find *encontrar (ue),* I; **Did you find what you were looking for at . . .?** *¿Encontraste lo que buscabas en...?,* 8; **I've already found my . . .** *Ya encontré mi(s)...,* 9; **No, I couldn't find . . .** *No, no pude encontrar...,* 5
to find out *enterarse,* 6; *averiguar,* 10; **When I found out, I couldn't believe it.** *Cuando me enteré, no lo pude creer.,* 6
fine *bien,* I
finger *el dedo,* I
finger food *los bocadillos,* 7
fingernail *la uña,* 4
finish *terminar,* I
fire *incendio,* 2; **to put out fires** *apagar incendios,* 2; **fire station** *la estación de bomberos,* 3; **fire truck** *el camión de bomberos,* 2; **firefighter** *el bombero, la bombera,* 2
fireworks *los fuegos artificiales,* I
first *el primero,* I
first (adj.) *primero(a),* I
fish *el pescado,* I; **fish (live)** *el pez* (pl. *peces*), 9
to fish *pescar,* I
fish market *la pescadería,* 3
fishing *la pesca,* I; **to go fishing** *ir de pesca,* I
fishing rod *la caña de pescar,* 9
to fit *quedar,* I; **How do the . . . fit?** *¿Cómo te quedan...?,* 8
fitting room *el probador,* 8
five *cinco,* I
five hundred *quinientos,* I
to fix *arreglar,* 2
flan *el flan,* I
flashlight *la linterna,* 9
flavor *el sabor,* 7; **It's missing flavor.** *Le falta sabor.,* 7
to flee *huir,* 9
flight *el vuelo,* I
flip-flops *las chancletas,* 8
floor *el piso,* I
flower *la flor,* 3
flower shop *la floristería,* 3
fog *la niebla,* 9
folder *la carpeta,* I
to follow *seguir (i, i),* I
food *la comida,* I; **Chinese (Italian, Mexican) food** *la comida china (italiana, mexicana),* I; **food court in a mall** *la plaza de comida,* I; **food products** *los comestibles,* 3; **fast food** *la comida rápida,* 7; **finger food** *los bocadillos,* 7
foot *el pie,* I
football *el fútbol americano,* I
for *para,* I
forest *el bosque,* 9
to forget (about), to forget (to) *olvidarse (de),* 1; **Don't forget to . . .** *No te olvides de...,* 1; **I totally forgot.** *Se me olvidó por completo.,* 5
fork *el tenedor,* I
fortune *la fortuna,* I
forty *cuarenta,* I
fountain *la fuente,* 3
four *cuatro,* I

four hundred *cuatrocientos,* I
fourteen *catorce,* I
fourth *cuarto(a),* 3
frankly *francamente,* 8
frantically *desesperadamente,* 7
free of charge *gratis,* 10
free time *el rato libre,* 5
freeway *la autopista,* 3
French *el francés,* I
French fries *las papas fritas,* I
frequency *la frecuencia,* I
frequently *frecuentemente,* 7
fresh *fresco(a),* 7
Friday *el viernes,* I; **on Fridays** *los viernes,* I
fried *frito(a),* 7
friend *el amigo* (male), *la amiga* (female), I; **to go out with his/her/their friends** *salir con sus amigos,* 1; **to make friends with someone** *hacerse amigo(a) de alguien,* 10
from *de,* I; **from where** *de dónde,* I
frozen *congelado(a),* 7
fruit *la fruta,* I; **assortment of fresh fruit** *el surtido de frutas frescas,* 7
fruit shop *la frutería,* 3
to fry *freír (i, i,),* 7; **fried** *frito* (past participle of *freír*), 10
fun *divertido(a),* I; **to have fun** *divertirse* (ie, i), 4
funny *chistoso(a),* 6; cómico(a), I
furiously *furiosamente,* 7
furniture *los muebles,* 2; **to dust the furniture** *sacudir los muebles,* 2
furniture store *la mueblería,* 3

to gain weight *subir de peso,* I
garage *el garaje,* I
garbage *la basura,* 1
garden *el jardín,* I; **to work in the garden** *trabajar en el jardín,* 1
garlic *el ajo,* 7; **garlic soup** *la sopa de ajo,* 7
generally *generalmente,* 7
generous *bondadoso(a),* 6
German *el alemán,* I
to get *conseguir (i, i),* I; *agarrar,* 5; **to get a haircut** *cortarse el pelo,* 3; **to get a sunburn** *quemarse,* 4; **to get along badly** *llevarse mal,* 6; **to get along well** *llevarse bien,* 6; **to get bored** *aburrirse,* 5; **to get burned** *quemarse,* 4; **to get dressed** *vestirse (i, i),* I; **to get lost** *perderse (ie),* 3; **to get off of ...** *bajarse de...,* 3; **to get on ...** *subirse a...,* 3; **to get ready** *arreglarse,* 5; **to get sick** *enfermarse,* 4; **to get someone for a telephone call** *pasártelo(la),* I; **to get there** *llegar,* I; **How can I get to ...** *¿Cómo puedo llegar a...?,* 3; **to go up/down ... until you get to** *subir/bajar... hasta llegar a,* 3; **to get tired** *cansarse,* 5; **to get together at an Internet café** *reunirse en un café Internet,* 5; **to get up** *levantarse,* I
gift *el regalo,* I
gift card *la tarjeta regalo,* I
girl *la muchacha,* I; *la niña,* 6
girl's fifteenth birthday *la quinceañera,* I
to give *dar,* I; *regalar,* 8; **don't give** *no des,* I; *no dé, no den,* 3; **give** *da, dé, den,* 3; **I'm going to give you a special price.** *Le voy a dar un precio especial.,* 8; **I wasn't going to buy ..., but they gave me a discount.** *No iba a comprar..., pero me dieron un descuento.,* 8; **Okay, I'll give it to you for ..., but that's my last offer.** *Bueno, se la regalo por..., pero es mi última oferta.,* 8; **to give advice** *dar consejos,* 2
glass *el vaso,* I; *el vidrio,* 8
glasses *los lentes,* I; **to wear glasses** *usar lentes,* I
gloves *los guantes,* 8
go *ve,* I; *vaya, vayan,* 3; *siga, sigue,* 3
to go *ir,* I; **Are we going the right way to ...?** *¿Vamos bien para...?,* 3; **don't go** *no vayas,* I; *no vaya, no vayan,* 3; **go** *ve,* I; *vaya, vayan,* 3; **gone** *ido* (past participle of *ir*), 10; **He/She doesn't go anywhere.** *No va a ninguna parte.,* I; **If you haven't gone to ... yet, you must.** *Si todavía no ha ido a/al..., debe ir.,* 10; **I prefer to go to ...** *Prefiero ir a/al...,* 1; **I'll go to ...** *Iré a/al...,* 9; **I want to go to ...** *Quiero ir a...,* 1; **Tomorrow I'm going to ...** *Mañana voy a...,* 9; **Tonight we're going to celebrate ...** *Esta noche vamos a celebrar...,* 1; **Where do you intend to go tonight?** *¿Adónde piensan ir esta noche?,* 1; **Where will you go this summer?** *¿Adónde irás este verano?,* 9; **to go boating** *pasear en bote,* 1; **to go camping** *hacer camping,* 9; **to go down ... until you get to** *bajar... hasta llegar a,* 3; **to go for a walk** *pasear,* I; *dar una caminata,* 9; **to go hang gliding** *volar (ue) con ala delta,* 9; **to go hiking** *ir de excursión,* I; *hacer senderismo,* 10; **to go on a cruise** *tomar un crucero,* 10; **to go on an ecotour** *hacer ecoturismo,* 9; **to go on vacation** *ir de vacaciones,* 9; **to go shopping at the market** *ir de compras al mercado,* 1; **to go skydiving** *saltar en paracaídas,* 10; **to go spelunking** *explorar cuevas,* 9; **to go straight** *seguir (i, i) adelante/derecho,* 3; **to go through** *pasar por,* I; **to go to a cybercafé** *ir a un cibercafé Internet,* 10; **to go to bed** *acostarse (ue),* I; **to go to outdoor cafés** *ir a cafés,* 10; **to go to the zoo** *ir al zoológico,* 1; **to go up** *subir,* I; **to go up (a street)** *subir,* 3; **to go up ... until you get to** *subir... hasta llegar a,* 3; **to go with** *hacer juego,* 8
to go back *regresar, volver (ue),* I; **gone back** *vuelto* (past participle of *volver*), 10
go out *sal,* I
to go out *salir (-go),* I; **to go out with his/her/their friends** *salir con sus amigos,* 1; **to go out in a sailboat (motorboat)** *pasear en bote de vela (lancha),* I
gold *el oro,* 8
golf *el golf,* 4
gone *ido* (past participle of *ir*), 10
good *bien,* 8; **Honestly, it doesn't look good on you.** *De verdad, no te sienta bien,* 8
good *bueno(a),* I; **It's a good idea for ... to ...** *Es buena idea que...,* 10; **to get good grades** *sacar buenas notas,* 6
Goodbye. *Adiós.,* I
good-looking *guapo(a),* I
gossip: a gossip *chismoso(a),* 6; **What a gossip!** *¡Qué chismoso(a)!,* 6
gowns *los vestidos de gala,* 5
grade *la nota,* 6; **to get good grades** *sacar buenas notas,* 6; **to get bad grades** *sacar malas notas,* 6
graduation *la graduación,* I
grandchildren *los nietos,* I
granddaughter *la nieta,* I
grandfather *el abuelo,* I
grandmother *la abuela,* I
grandparents *los abuelos,* I
grandson *el nieto,* I
grandsons *los nietos,* I
grass *el césped,* I
gray *gris,* I
gray-haired *canoso(a),* I
great *estupendo(a),* I; *a todo dar,* I; *formidable,* I; *buenísimo(a),* 4; *fenomenal,* 6
green *verde,* I
green belt *la zona verde,* 3
greeting card *la tarjeta,* I
grilled *a la parrilla,* 7; **grilled steak** *el bistec a la parrilla,* 7
groceries *los comestibles,* 3
grocery store *la tienda de comestibles,* 3
Guatemalan *guatemalteco(a),* 2
guest *el (la) invitado(a),* I
guide book *la guía turística,* 10
guided tour *el tour,* 9; **to take a guided tour** *hacer un tour,* 9
guitar *la guitarra,* I
gym *el gimnasio,* I
gymnastics *la gimnasia,* 4

to haggle *regatear,* 8
hail *el granizo,* 9
hair *el pelo,* I; **to comb your hair** *peinarse,* I; **to have . . . hair** *tener el pelo...,* 1
hair dryer *la secadora de pelo,* I
hair salon *la peluquería,* 3
hairstylist *el peluquero, la peluquera,* 2
half *medio,* I; **half past** *y media,* I
ham *el jamón,* I
hamburger *la hamburguesa,* I
hammock *la hamaca,* 8
hand *la mano,* I
handmade *hecho(a) a mano,* 8
to hang *colgar (ue),* I
Hanukkah *el Hanukah,* I
happy *contento(a),* I; **to be happy** *estar contento(a),* I
Happy (Merry) . . . *¡Feliz...!,* I
hard *difícil,* I
hardware store *la ferretería,* 3
hard-working *trabajador(a),* I
hat *el sombrero,* I
to hate *odiar,* 6
have *haber* (auxiliary verb), 9; **Have you eaten at . . .?** *¿Ha comido en...?,* 10; *haya* (present subjunctive of *haber*), 9; **If you haven't gone to . . . yet, you must.** *Si todavía no ha ido a/al..., debe ir.,* 10
to have *tener (-go, ie),* I; **have** *ten,* I; **don't have** *no tengas,* I; **Do you have plans for . . .?** *¿Tienes planes para el...?,* 1; **I always have to . . .** *A mí siempre me toca...,* I; **We have a wide assortment of gifts.** *Tenemos un gran surtido de regalos.,* 8; **What news do you have of . . .?** *¿Qué noticias tienes de...?,* 10; **to have . . . hair** *tener el pelo...,* 1; **to have a cold** *tener catarro,* I; *estar resfriado(a),* 4; **to have a conversation** *conversar,* 5; **to have a cough** *tener tos,* 4; **to have a cramp** *tener un calambre,* 4; **to have a milkshake** *tomar un batido,* I; **to have a party** *hacer una fiesta,* I; **to have a picnic** *tener un picnic,* I; **to have a snack** *merendar (ie),* I; **to have brown eyes** *tener ojos de color café,* 1; **to have fun** *divertirse (ie,i),* 4; **to have lunch** *almorzar (ue),* I; **to have to (do something)** *tener que* + infinitive, I; *deber* + infinitive, 2; **So, what I have to do is . . .** *Entonces, lo que tengo que hacer es...,* 3; **We have to put the dessert/the drinks in the refrigerator.** *Tenemos que poner el postre/los refrescos en el refrigerador.,* 1; **We all have to help her.** *Todos tenemos que ayudarla.,* 1
he *él,* I; **He is . . .,** *Él es...,* I; **He** (emphatic) **likes . . .** *A él le gusta(n)* + noun, 1
He/she/you (emphatic) **like . . .** *A él/ella/usted le gusta(n) + noun,* 1
He/she/you like(s) to watch television. *Le gusta ver la televisión.,* 1
He/she/you love(s) . . . *Le encanta(n)...,* 1
head *la cabeza,* I
headache *un dolor de cabeza,* 4
health *la salud,* I
to hear *oír,* 6; **When I heard the news, I didn't want to believe it.** *Cuando oí la noticia no lo quise creer.,* 6
heart *el corazón,* 4
heat *el calor,* I
to heat *calentar (ie),* I
Hello. *Aló.,; Bueno.,; Diga.,* I
help *la ayuda,* I; **to ask for help** *pedir ayuda,* 9
to help *ayudar,* I; **Can I help you?** *¿Puedo ayudarte?,* 1; **We all have to help her.** *Todos tenemos que ayudarla.,* 1; **to help at home** *ayudar en casa,* I; **to help each other** *ayudarse,* 6; **to help people** *ayudar a la gente,* 2
here *aquí,* 8; **around here** *por aquí,* 10; **Come (right) here!** *¡Ven aquí!,* 8
Hey *Oye,* 2
hi *hola,* I
highway *la autopista,* 3
to hike *dar una caminata,* 9
hiking *el senderismo,* 10; **to go hiking** *hacer senderismo,* 10
his *su(s),* I
history *la historia,* I
hit *el golpe,* 4; **Oh! I hit my . . .** *¡Uf! Me di un golpe en...,* 4
hobby *el pasatiempo,* I
to hold *agarrar,* 5; **Hold on a moment.** *Espera un momento.,* I
holiday *el día festivo,* I
Holy Week *la Semana Santa,* I
homework *la tarea,* I
Honduran *hondureño(a),* 2
Honestly, it doesn't look good on you. *De verdad, no te sienta bien.,* 8
to hope (that) . . . *esperar que + subj., 9;* **I hope the trip is fun.** *Espero que el viaje sea divertido.,* 9; **I hope to see . . .** *Espero ver...,* I; **I hope you're doing well.** *Espero que estés bien.,* 10; **Hope things go well for you.** *Que te vaya bien.,* I; **I hope that . . .** *Ojalá que...,* 9
horrible *horrible,* I
horror *el terror,* I
horse *el caballo,* 4; **to ride a horse** *montar a caballo,* 4
hospital *el hospital,* 3
hostel *albergue,* 10; **youth hostel** *albergue juvenil,* 10
hot *caliente,* I; **hot sauce** *la salsa picante,* I; **hot chocolate** *el chocolate,* I; **hot springs** *las aguas termales,* 10
hotel *el hotel,* I; **to stay in a hotel** *quedarse en un hotel,* I
hour *la hora,* I
house *la casa,* I; **to play house** *jugar (ue) a la casita,* 6
household chores *los quehaceres,* I
how? *¿cómo?,* I; **How can I get to . . .?** *¿Cómo puedo llegar a...?,* 3; **How did the . . . competition turn out?** *¿Cómo salió la competencia de...?,* 4; **How did you do in . . .?** *¿Cómo te fue en...?,* 4; **How did you feel when . . .?** *¿Cómo te sentiste cuando...?,* 4; **How did you feel when you heard about . . .?** *¿Cómo te sentiste cuando supiste lo de...?,* 6; **How did you react when . . .?** *¿Cómo reaccionaste cuando...?,* 4; **How do I look in . . .?,** *¿Cómo me veo con...?, 8;* **How do the . . . fit?** *¿Cómo te quedan...?,* 8; **How do you make . . .?** *¿Cómo se prepara...?,* 7; **How do you spell . . .** *¿Cómo se escribe...?,* I; **How does it fit?** *¿Cómo me queda?,* I; **How is . . . prepared?** *¿Cómo se prepara...?,* 7; **How is the . . .?;** *¿Qué tal está...?,* 7; **How long have you been . . .?** *¿Cuánto tiempo hace que tú...?,* 5; **How many . . .?** *¿cuántos(as)?,* I; **how much?** *¿cuánto(a)?,* I; **How much is (are) . . .?** *¿Cuánto vale(n)...?,* 8; **How often do you go . . .?** *¿Con qué frecuencia vas...?,* I; **How old are you?** *¿Cuántos años tienes?,* I
How . . .! How boring! *¡Qué pesado!,* 5; **How delicious!** *¡Qué rico(a)!,* 7; **How do I look in . . .?** *¿Cómo me veo con...?,* 8; **How fantastic!** *¡Qué fantástico!,* I; **How great!** *¡Qué bien!,* I;
hug *el abrazo,* 10; **A big hug from . . .** *Un abrazo de...,* 10
to hug each other *abrazarse,* 6
humid *húmedo(a),* 9
hunger *el hambre,* I
hungry: to be hungry *tener hambre,* I
hurricane *el huracán,* 9
to hurry *darse prisa,* 5
hurt *herido(a),* 4
to hurt *doler (ue),* I; *herir (ie, i),* 4; **My . . . hurt(s)** *Me duele(n)...,* I; **Does something hurt you?** *¿Te duele algo?,* I; **to hurt oneself** *lastimarse,* 4
husband *el esposo,* 2

I *yo,* I; **I** (emphatic) **(don't) like . . .** *A mí (no) me gusta(n)* + *noun,* 1; **I did very well (badly).** *Me fue muy bien (mal).,* 4; **I didn't do anything.** *No hice nada.,* 10; **I don't recommend it to you.** *No te lo/la (los/las) recomiendo.,* 7; **I felt like . . .** *Me dieron ganas de* + infinitive, 4; **I felt/became . . .** *Me puse* + adj., 4; **I have no idea.** *Ni idea.,* I; **I hope that** *ojalá que,* 9; **I hope you're doing well.** *Espero que estés bien.,* 10; **I just need to . . .** *Sólo me falta...,* 5; **I laughed a lot.** *Me reí mucho.,* 4; **I miss you a lot.** *Te echo mucho de menos.,* 10; **I really liked him/her.** *Me caía muy bien.,* 6; **I recommend that you . . .** *Le aconsejo que...,* 10; **I saw that . . . was (were) on sale, so I bought . . .,** *Vi que... estaba(n) en oferta, así que compré...,* 8; **I started to . . .** *Me puse a* + infinitive, 4; **I totally forgot.** *Se me olvidó por completo.,* 5; **I used to . . .** *Solía...,* 6; **I wonder what the weather is like at (in) . . .?** *¿Cómo será el clima en...?,* 9; **I would like . . .** *Quisiera...,* I
I'd like you to meet . . . *Te (Le, Les) presento a...,* 1
I'll: I'll bring it (them) right away. *Enseguida se lo/la (los/las) traigo.,* 7; **I'll let you have them for . . .** *Se los dejo en...,* 8
I'm: I'm coming! *¡Ya voy!,* 5; **I'm fed up with . . .** *Estoy harto(a) de...,* 2; **I'm going to give you a special price.** *Le voy a dar un precio especial.,* 8; **I'm not sure.** *No estoy seguro(a).,* 3; **I'm sorry.** *Lo siento.,* I
I've: I've been . . . for a little while. *Hace poco tiempo que yo...,* 5; **I've been . . . for a long time.** *Hace mucho tiempo que yo...,* 5
ice *el hielo,* 4
ice cream *el helado,* I
ice cream shop *la heladería,* I
ice skating *el patinaje sobre hielo,* 4
idea *la idea,* 10; **It's a good idea for . . . to . . .** *Es buena idea que...,* 10; **I have no idea.** *Ni idea.,* I
ID *el carnet de identidad,* I
if *si,* 1; **If you haven't gone to . . . yet, you must.** *Si todavía no ha ido a/al..., debe ir.,* 10
immediately *inmediatamente,* 7
impatient *impaciente,* 6
important *importante,* 10; **It's important for . . . to . . .** *Es importante que...,* 10
in *en, por, a,* I
in between *entre,* 2
in front of *delante de,* I; *enfrente de,* 2
in the (latest) fashion *a la (última) moda,* I
in the end *al final,* 9
in those days *en aquel entonces,* 8
to include *incluir,* 7
incredible *increíble,* 4; **It's incredible!** *¡Es increíble!,* 10
Independence Day *el Día de la Independencia,* I
inexpensive *barato(a),* I
to infect *infectar,* 4
infected *infectado(a),* 4; **Now it's infected.** *Ahora lo tengo infectado.,* 4
information *la información,* 10; **to ask for information** *pedir (i) información,* 10
ingredients *los ingredientes,* 7
to injure *herir (ie, i),* 4
to injure oneself *lastimarse,* 4
inn *la pensión,* 10
inside *adentro,* 2
intellectual *intelectual,* I
intelligent *inteligente,* I
to interest *interesar,* 5
interest *el interés,* I
interesting *interesante,* I
international banker *banquero(a) internacional,* 2
Internet *el Internet,* 3; **Internet café** *el café Internet,* 3; **to get together at an Internet café** *reunirse en un café Internet,* 5
to interrupt *interrumpir,* I
intersection *el cruce,* 3
to introduce *presentar,* I; **I want to introduce you to . . .** *Quiero presentarte a...,* 2
invitation *la invitación,* I
to invite *invitar,* I
is allowed *se permite,* 3
is prohibited *se prohíbe,* 3
is spoken *se habla,* 3
island *la isla,* I; **tropical island** *la isla tropical,* 9
it: It made me (very) embarrassed. *Me dio (mucha) vergüenza.,* 4; **It made me (very) happy.** *Me dio (mucha) alegría.,* 4; **It made me (very) sad.** *Me dio (mucha) tristeza.,* 4; **It made me angry.** *Me dio una rabia.,* 4; **It's all right with me.** *Me parece bien.,* I; **It seems unfair to me.** *Me parece injusto,* I; **it snows** *nieva,* I; **It started to rain.** *Empezó a llover.,* 10; **It tastes like . . .** *Sabe a...,* 7; **It was a total . . .** *Fue todo un... ,* 4; **It was around two when . . .** *Eran como las dos cuando...,* 10; **It's a good idea for . . . to . . .** *Es buena idea que...,* 10; **It's a rip-off!** *¡Es un robo!,* I; **It's all the same to me.** *Me da igual.,* I; **It's around the corner.** *Está a la vuelta.,* I; **It's awful.** *Es pésimo.,* I; **It's been a long time.** *Tanto tiempo.,* I; **It's better for . . . to . . .** *Es mejor que...,* 10; **It's cold.** *Hace frío.,* I; **It's cool.** *Hace fresco.,* I; **It's delicious.** *Es delicioso.,* I; **It's getting late.** *Se nos hace tarde.,* 5; **It's great to see you!** *¡Qué gusto verte!,* I; **It's hot.** *Hace calor.,* I; **It's important for . . . to . . .** *Es importante que...,* 10; **It's incredible!** *¡Es increíble!,* 10; **It's kind of fun.** *Es algo divertido.,* I; **It's missing flavor.** *Le falta sabor.,* 7; **It's missing salt.** *Le falta sal.,* 7; **It's missing something; I don't know what.** *Le falta no sé qué.,* 7; **It's necessary to . . .** *Hay que* + infinitive, 2; **It's not a big deal.** *No es gran cosa,* I; **It's not fair!** *¡No es justo!,* 2; **It's okay.** *Está bien.,* I; **It's rather good.** *Es bastante bueno.,* I; **It's spoiled.** *Está echado(a) a perder.,* 7; **It's sunny.** *Hace sol.,* I; **It's windy.** *Hace viento.,* I

jacket *la chaqueta,* I; *el saco,* I
January *enero,* I
jeans *los vaqueros,* I
jewelry *las joyas,* 8
jewelry store *la joyería,* I
job *el trabajo,* I; *el oficio,* 2
to jog *trotar,* 5
joke *el chiste,* I; **to tell (each other) jokes** *contar(se) (ue) chistes,* 6
journalist *el periodista, la periodista,* 2
juice *el jugo,* I
July *julio,* I
to jump rope *saltar a la cuerda,* 6
June *junio,* I
jungle *la selva,* 10
just: *nada más,* I; *sólo,* 5; **I just need to . . .** *Sólo me falta...,* 5; **to just have done something** *acabar de,* I; **just right** *en su punto,* 7

to keep going *seguir (i, i),* 3; **don't go/keep going** *no siga, no sigas,* 3; **keep going** *siga, sigue,* 3
to keep going straight to *seguir (i, i) derecho hasta,* 3
to keep on doing something *seguir (i, i)* + gerund, 4
key *la llave,* 5
kind: It's kind of fun. *Es algo divertido.,* I; **What kind of work does . . . do?** *¿Qué clase de trabajo realiza...?,* 2
kitchen *la cocina,* I

kitchen sink *el fregadero*, 2
knee *la rodilla*, 4
knife *el cuchillo*, I
to knit *tejer*, 5
to know *saber*, I; **I don't know.** *No sé.*, I; **Did you already know that . . .?** *¿Ya sabías que...?*, 10; **Do you know where I can . . .?** *¿Sabe usted dónde se puede...?*, 3; **It's missing something; I don't know what.** *Le falta no sé qué.*, 7
to know (someone) or be familiar with a place *conocer*, I; **Do you know . . .?** *¿Conoces a...?*, 2; **to get to know downtown** *conocer el centro*, 1

lace *el encaje*, 8
lake *el lago*, I
lakeshore *la orilla del lago*, 9
lamp *la lámpara*, 2
languages *los idiomas*, 2
lantern *la linterna*, 9
large *grande*, I
last *pasado(a)*, I; **at last** *por fin*, 5; **last night** *anoche*, I; **last offer** *la última oferta*, 8
late *tarde*, I; **later** *más tarde*, I; **It's getting late.** *Se nos hace tarde.*, 5
latest *último(a)*, I
to laugh *reírse (i, i)*, 4; **I laughed a lot.** *Me reí mucho.*, 4
lawyer *el abogado, la abogada*, 2
lazy *perezoso(a)*, I
leather goods *los artículos de cuero*, 8
to learn(to) *aprender(a)*, 5
to leave *irse*, I; *dejar*, I; **don't leave** *no salgas*, I; **leave** *salir*, I; *sal*, I; **to leave a message** *dejar un recado*, I; **to leave the tip** *dejar la propina*, 7
leaves *las hojas*, 9
left *la izquierda*, 2; **to the left (of)** *a la izquierda (de)*, 2; **to turn left (on)** *doblar a la izquierda (en)*, 3
leg *la pierna*, I
to lend *prestar*, 2
letter *la carta*, I
lettuce *la lechuga*, 7
library *la biblioteca*, I
license *la licencia*, 3; **driver's license** *la licencia de conducir*, 3
lift *levantar*, I; **to lift weights** *levantar pesas*, I
light *la luz* (pl. las *luces*), 5; **to turn off the light(s)** *apagar la luz/las luces*, 5; **traffic light** *el semáforo*, 3
lightning *el relámpago*, 9
like *como*, 2
to like/dislike (someone) *caerle bien/mal (a alguien)*, 6; **I really liked him/her.** *Me caía muy bien.*, 6; *gustar*, I; **And your friends, what do they like to do?** *Y a tus amigos, ¿qué les gusta hacer?*, 1; **Do you like . . . or . . . more?** *¿Te gustan ... o ...?*, I; **He/she/you** (emphatic) **like . . .** *A él/ella/usted le gusta(n)* + noun, 1; **I (you) like . . .** *Me (Te) gusta(n)...*, I; **I like . . . a lot.** *Me gusta(n)... mucho.*, I; **I like . . . more.** *Me gusta(n)...más.*, I; **I like the short ones better.** *Me gusta(n) más los cortos.*, 8; **I would like . . .**, *Me gustaría...*, I; **I would prefer to . . .** *Me gustaría más...*, I; **My friends and I like . . .** *A mis amigos y a mí nos gusta...*, I; **They like . . .** *A ellos/ellas les gusta...*, I; **What did you like to do when you were . . . years old?** *¿Qué te gustaba hacer cuando tenías...?*, 6; **Which do you like better . . .** *¿Cuáles te gustan más...?*, 8; **Do you like . . .?** *¿Te gusta(n)...?*, I
likes to be alone *solitario(a)*, 6
Likewise. *Igualmente.*, I
line *la cola*, I; **to wait in line** *hacer cola*, I
lips *los labios*, 4
lipstick *el lápiz labial*, 5
to listen *escuchar*, I; **to listen to music** *escuchar música*, I
little (adv.) *poco*, I; **a little** *un poco*, I
to live *vivir*, I; **one lives** *se vive*, 3; **they lived happily ever after** *vivieron felices para siempre*, 9
living room *la sala*, I
lizard *el lagarto*, 9
to lock the door *cerrar (ie) la puerta con llave*, 5
long *largo(a)*, I; **Long time no see.** *¡Tanto tiempo sin verte!*, I
to look *mirar*, I; **How do I look in . . .?** *¿Cómo me veo en...?*, 8; **It doesn't look good on you.** *No te sienta bien.*, 8; **You look wonderful!** *¡Te ves super bien!*, 8
to look for *buscar*, I; **Did you find what you were looking for at . . .?** *¿Encontraste lo que buscabas en...?*, 8; **don't look for** *no busques*, 3; **I'm looking for a gift for my . . .** *Estoy buscando un regalo para mi...*, 8; **look** *busca*, 3
loose *flojo(a)*, 8
to lose *perder (ie)*, I; **to lose a game** *perder (ie) un partido*, 4
to lose weight *bajar de peso*, I
to love *encantar (me encanta(n))*, I; *fascinar*, 6; **He/she/ you love(s) . . .** *Le encanta(n)...*, 1
to love each other *quererse (ie)*, 6
Love, . . . *Con cariño,...*, 10
low tide *la marea baja*, 9
to lower *rebajar*, 8; **Can you lower the price on that . . .?** *¿Me puede rebajar el precio de ese/esa...?*, 8
luck *la suerte*, I; **What bad luck!** *¡Qué mala suerte!*, I; **If I'm lucky . . .** *Si tengo suerte...*, I; **you were lucky** *tuviste suerte*, I
luckily *afortunadamente*, 7
luggage *el equipaje*, I
lunch *el almuerzo*, I; *la comida*, I; **to have lunch** *almorzar (ue)*, I
lung *el pulmón* (pl. *los pulmones*), 4

ma'am; Mrs. *la señora*, I
made *hecho* (past part. of *hacer*), 8
magazine *la revista*, I
mail *el correo*, I
mail carrier (f.) *la mujer cartero*, 2
mail carrier (m.) *el cartero*, 2
main dish *el plato principal*, 7
to make *hacer (-go)*, I; **make** *haz*, I; **making** *haciendo*, 3; **to make a (collect) call** *hacer una llamada (por cobrar)*, 10; **to make a good/bad impression (on someone)** *caerle bien/mal (a alguien)*, 6; **to make a reservation** *hacer una reservación*, 10; **to make dinner** *preparar la cena*, 1; **to make friends with someone** *hacerse amigo(a) de alguien*, 10; **to make the bed** *hacer la cama*, I
makeup *el maquillaje*, I
mall *el centro comercial*, I
man *el hombre*, I; **for men** *para hombres*, I
many *muchos(as)*, I; **many years ago** *hace muchos años*, 9; **not many** *pocos(as)*, I
map *el mapa*, I
March *marzo*, I
market *el mercado*, 3; **to go shopping at the market** *ir de compras al mercado*, 1
market stand *el puesto del mercado*, 8
martial arts *las artes marciales*, 5
mask *la máscara*, 8
Mass *la misa*, I
to match *hacer juego*, 8
mathematics *las matemáticas*, I
May *mayo*, I
mayonnaise *la mayonesa*, 7
me *mí*, I; *me*, I
measuring cup *la taza de medir*, 7
meal *la comida*, I
meat *la carne*, I
mechanic *el mecánico, la mecánica*, 2
to meet *encontrarse (ue)*, I
meeting *la reunión*, I
to melt *derretir (i, i)*, 7
melted *derretido(a)*, 7
memory *el recuerdo*, 6
merchant *el comerciante, la comerciante*, 2

Merry... *¡Feliz...!*, I
message *el recado*, I
Mexican *mexicano(a)*, 2; **mexican food** *la comida mexicana*, I
midday *el mediodía*, I
mid-length skirt *la falda a media pierna*, 8
midnight *la medianoche*, I
milk *la leche*, I
milkshake *el batido*, I
million *un millón (de)*, I
mine *mío(a), míos(as)*, 5; **The pleasure is mine.** *El gusto es mío.*, 2
mineral water *el agua* (f.) *mineral*, 7
miniskirt *la minifalda*, 8
mirror *el espejo*, 8
mischievous *travieso(a)*, I
miss *la señorita*, I
to miss *perder (ie)*, I
mix *mezclar*, I: **mixed** *mixto(a)*, 7; **mixed salad** *la ensalada mixta*, 7
mom *la mamá*, I
moment *un momento*, I
Monday *lunes*, I; **on Mondays** *los lunes*, I
money *el dinero*, I; *el billete*, 10
money exchange *la oficina de cambio*, I
monitor *la pantalla*, I
month *mes*, I
months of the year *los meses del año*, I
monument *el monumento*, 3
more *más*, I; **Not anymore.** *Ya no.*, 5; **More or less.** *Más o menos.*, 5
morning *la mañana*, I; **in the morning, A.M.** *de la mañana, por la mañana*, I
mother *la madre*, I; **Mother's Day** *El Día de la Madre*, I
motorboat *la lancha*, I; **to go out in a motorboat** *pasear en lancha*, I
mountain *la montaña*, I
mouth *la boca*, I
movie *la película*, I
movie theater *el cine*, I
museum *el museo*, I; **to visit a museum** *visitar un museo*, 1
music *la música*, I; **classical music** *la música clásica*, 5; **music by...** *la música de*, I
mustard *la mostaza*, 7
my *mi(s)*, I
mystery *el misterio*, I; **mystery novels** *novelas de misterio*, 1

nail *la uña*, 4
napkin *la servilleta*, I
narrow *estrecho(a)*, 8
national park *el parque nacional*, 10
nature *la naturaleza*, 9
to nature watch *observar la naturaleza*, 9
near *cerca de*, I
neck *el cuello*, I
necklace *el collar*, 8
need *necesitar*, I
to need to *deber* + infinitive, 2; **You need to (should)...** *Debes* + infinitive, 2; **You need to (should) wash the dishes/take out the garbage.** *Debes lavar los platos/sacar la basura.*, 1
neighbor *el vecino, la vecina*, 2
neighborhood *el vecindario, el barrio*, 2
neither *tampoco*, I; *ni*, I
nephew *el sobrino*, I
nervous *nervioso(a)*, I; **nervously** *nerviosamente*, 7
never *nunca*, I; **almost never** *casi nunca*, I
new *nuevo(a)*, 2
New Year's Eve *la Nochevieja*, I
news *la noticia*, 6; *las noticias*, 9; **What news do you have of...?** *¿Qué noticias tienes de...?*, 10; **When I heard the news, I didn't want to believe it.** *Cuando oí la noticia no lo quise creer.*, 6
newspaper *el periódico*, 3
next *próximo(a)*, I; **next to** *al lado de*, I
Nicaraguan *nicaragüense*, 2
nice *simpático(a)*, I; *amable*, 6; *elegante*, 8; **nice (person)** *buena gente*, 6; **Nice to meet you.** *Encantado(a)*, I; *Mucho gusto.*, I
nicely *amablemente*, 7
niece *la sobrina*, I
night *la noche*, 1; **at night, P.M.** *de la noche, por la noche*, I
nine *nueve*, I
nine hundred *novecientos*, I
nineteen *diecinueve*, I
ninety *noventa*, I
ninth *noveno(a)*, 3
no *no*, I; **No, I'm planning...** *No, ando planeando...*, 10; **No way!** *No me digas*, 10
nobody (not anybody) *nadie*, I
none (not (a single) one) *ningún, ninguno(a)*, 5
noodle soup *la sopa de fideos*, 7
noodles *los fideos*, 7
noon *mediodía*, I
nor *ni*, I
nose *la nariz*, I
Not anymore. *Ya no.*, 5
Not at all! As a matter of fact... *¡Al contrario!*, 6
not only... but... as well *no sólo... sino también...*, 5
not yet *todavía no*, I
notebook *el cuaderno*, I
nothing *nada*, I
novel *la novela*, I
November *noviembre*, I
now *ahora*, I; **Now it's infected.** *Ahora lo tengo infectado.*, 4
nowhere *ninguna parte*, I
number *el número*, I
nurse *el enfermero, la enfermera*, 2
nutritious *nutritivo(a)*, 7

occupation *el oficio*, 2
October *octubre*, I
of *de*, I
of course *claro*, 3; **Of course!** *¡Claro que sí!*, I; **Of course.** *Cómo no.*, 7, *Por supuesto.*, 7; **Yes, of course.** *Sí, claro.*, 3
of the *del, de la*, I
office of... *la oficina de...*, 3
often *a menudo*, I
Oh! I hit my... *¡Uf! Me di un golpe en...*, 4
Oh, no! *¡Ay, no!*, I
Oh, what a drag! *¡Ay, qué pesado!*, 2
oil *el aceite:* **olive oil** *el aceite de oliva*, 7
ointment *el ungüento*, 4
Okay, I'll give it to you for..., but that's my last offer. *Bueno, se la regalo por..., pero es mi última oferta.*, 8
Okay. *Vale.*, I
old *viejo(a)*, I
older *mayor(es)*, I
olive oil *el aceite de oliva*, 7
on *en, I;* **to be on sale** *estar en oferta*, 8; **I saw that... was (were) on sale, so I bought...** *Vi que... estaba(n) en oferta, así que compré...*, 8; **on the dot** *en punto*, I; **on time** *a tiempo*, I; **on top of, above** *encima de*, I
Once upon a time *Érase una vez*, 9
one *uno*, I
one can *se puede*, 3
one day *un día*, 9
one hundred *cien*, I
one hundred one *ciento uno*, I
one lives *se vive*, 3
one million *un millón (de)*, I
One more time, please? *¿Otra vez, por favor?*, 3
one must... *hay que...*, 1
one thousand *mil*, I; **I've already done it a thousand times.** *Ya lo hice mil veces.*, 2
one works *se trabaja*, 3
onion *la cebolla*, 7
only *sólo*, I; *nada más*, I; *solamente*, 7
to open *abrir*, I; **don't open** *no abra*, 3; **open** *abra*, 3; **open** *abierto* (past participle of *abrir*), 4; **to open gifts** *abrir regalos*, I

open-air *al aire libre*, 5
or *o*, I
orange *la naranja*, I; *anaranjado(a)*, I
to order *pedir (i, i)*, I
to organize *organizar*, I; **don't organize** *no organice, no organices*, 3; **organize** *organice, organiza*, 3
ornaments *los adornos*, 8
ought to *deber*, 1
our *nuestro(a), nuestros(as)*, I
out of style *pasado(a) de moda*, I
outdoor *al aire libre*, 5
outgoing *extrovertido(a)*, I
outside *afuera*, 2
oven *el horno*, I
over here *acá*, 8; **Come over here!** *¡Ven acá!*, 8
overcoat *el abrigo*, I
owl *el búho*, 9

to pack your suitcase *hacer la maleta*, I
page *la página*, 2; **to design Web pages** *diseñar páginas Web*, 5; **Web pages** *páginas Web*, 2
pain: What a pain! *¡Qué lata!*, I
to paint *pintar*, 5
to paint one's nails *pintarse las uñas*, 5
painting *el cuadro*, 2; *la pintura*, 8
pair *el par*, I
pajamas *el piyama*, I
pants (jeans) *los pantalones (vaqueros)*, I
paper *el papel*, I
Paraguayan *paraguayo(a)*, 2
Pardon me. *Perdón.*, 3
parents *los padres*, I
park *el parque*, I; *la zona verde*, 3; **amusement park** *el parque de diversiones*, I; **national park** *el parque nacional*, 10
park bench *la banca*, 3
parking lot *el estacionamiento*, 3
to participate *participar*, 5
party, to have a *hacer una fiesta*, I; **surprise party** *la fiesta sorpresa*, I
pass *boarding pass*
passenger *el pasajero, la pasajera*, I
passport *el pasaporte*, I
pastry *el pan dulce*, I
pastry shop *la pastelería*, 3
patient *paciente*, 6
patio *el patio*, I
to pay *pagar*, I; **to pay the bill** *pagar la cuenta*, 7
peach *el durazno*, I
pear *la pera*, 7
pedestrian zone *la zona peatonal*, 3
pen *el bolígrafo*, I
pencil *el lápiz* (pl. *los lápices*), I
people *la gente*, 2; **to help people** *ayudar a la gente*, 2
pepper *la pimienta*, 7
perfect *perfecto(a)*, 7; **It's perfect.** *Está perfecto.*, 7
person *la persona*, I
Peruvian *peruano(a)*, 2
pet *la mascota*, 5; **to take care of a pet** *cuidar a una mascota*, 5
pharmacist *el farmacéutico, la farmacéutica*, 10
phone booth *la cabina telefónica*, 10
photo *la foto*, I; **to show photos** *enseñar fotos*, I; **to take photos** *sacar fotos*, I
physical education *la educación física*, I
to pick up (someone) *recoger (a alguien)*, I; **don't pick up** *no recoja, no recojas*, 3; **pick up** *recoge, recoja*, 3; **to pick someone up** *recoger a alguien*, 3
picnic *el picnic*, I
piece *el trozo*, 7
piglet: roast piglet *lechón asado*, 7
pigeon peas *los gandules*, 7
pill *la pastilla*, 4; **to take some pills** *tomarse unas pastillas*, 4
pineapple *la piña*, 7
piñata *la piñata*, I
pizza *la pizza*, I
place *el lugar*, I
to plan *planear*, 10; **No, I'm planning...** *No, ando planeando...*, 10
plane ticket *el boleto de avión*, I
plans *planes*, I; **Do you have plans for...?** *¿Tienes planes para el...?*, 1
plantain *el plátano*, 7
plants *las plantas*, I; **to water the plants** *regar (ie) las plantas*, 2
plastic *el plástico*, 8
plate *el plato*, I
to play: to play a game or sport *jugar (ue) (a)*, I; **to play cards** *jugar naipes*, 5; **to play checkers** *jugar a las damas*, 6; **to play chess** *jugar al ajedrez*, 1; **to play hide and seek** *jugar al escondite*, 6; **to play house** *jugar a la casita*, 6; **to play tag** *jugar al pilla-pilla*, 6; **to play tennis** *jugar al tenis*, 1; **to play with blocks** *jugar con bloques*, 6; **to play with toy cars** *jugar con carritos*, 6; **We'll play with...** *Jugaremos con...*, 9; **to play (an instrument)** *tocar*, I; **don't play** *no toques*, 1; **play it** *tócalo*, 1; **to play the piano** *tocar el piano*, I; **to play sports** *practicar deportes*, I; **to play tricks** *hacer travesuras*, 6
player *el jugador, la jugadora*, 4
playful *juguetón, juguetona*, 6
plaza *la plaza*, 3
please *por favor*, I; **Please...** *Favor de* + infinitive, *Haz el favor de* + infinitive, 2
Pleased to meet you. *Encantado(a).*, I; *Mucho gusto.*, I
pleasure *el gusto*, 2; **The pleasure is mine.** *El gusto es mío.*, 2
poem *el poema*, 5
police department *la comisaría*, 3
police officer *el policía*, I
policeman *el policía*, 2
policewoman *la mujer policía*, 2
pool *la piscina*, I
poor *pobre*, 4
Poor thing! *¡Pobrecito(a)!*, 4
porch *el patio*, I
pork *el lechón*, 7; **roast pork** *el lechón asado*, 7
pork chops *las chuletas de cerdo*, 7
port *el puerto*, 3
post office *la oficina de correos*, I
posters *los pósters*, 5; **to collect posters** *coleccionar pósters*, 5
potato *la papa*, I; **potato chips** *las papitas*, I
to practice *practicar*, 5
practice *el entrenamiento*, I
to prefer *preferir (ie, i)*, I
preparations *los preparativos*, I
to prepare *preparar*, I; **How is... prepared?** *¿Cómo se prepara...?*, 7
pretty *bonito(a)*, I; *lindo(a)*, 8
pretty + adjective *bastante* + adjective, I
price *el precio*, 8
price tag *la etiqueta*, 8
profession *el oficio*, 2
to program *programar*, 2
programmer *el programador, la programadora*, 2
protein *las proteínas*, 7
public restrooms *los aseos, los baños*, 10
public speaking *la oratoria*, 4
punch *el ponche*, I
purple *morado(a)*, I
purse *la bolsa*, I
to put *poner (-go)*, I; **don't put** *no pongas*, I; **put** *pon*, I; **put** *puesto* (past participle of *poner*), 10
to put in *echar*, 7
to put on *ponerse (-go)*, I
to put on makeup *maquillarse*, I
to put out *apagar*, 2; **to put out fires** *apagar incendios*, 2
to put something on *ponerse (-go)*, 5
pyramid *la pirámide*, I

quarter past (the hour) *y cuarto*, I
quarter to (the hour) *menos cuarto*, I
quickly *rápidamente*, 7
quiet *callado(a)*, I
quite + adjective *bastante* + adjective, I

sunblock *la crema protectora,* 9
Sunday *el domingo,* I; **on Sundays** *los domingos,* I
sunglasses *las gafas de sol,* 9
sunny *soleado(a),* 9
supermarket *el supermercado,* 3
to surf the Internet *navegar por Internet,* I
to surprise *sorprender,* 2
surprise party *la fiesta sorpresa,* I
sweater *el suéter,* I
to sweep *barrer,* 2
sweet *dulce,* I
to swell *hinchar,* 4
to swim *nadar,* I; **to swim in the sea** *bañarse en el mar,* 9
swimming (swim class) *la natación,* 4
swimsuit *el traje de baño,* I
to swing (on a swing) *columpiarse,* 6
swollen *hinchado(a),* 4
synagogue *la sinagoga,* I

table *la mesa,* I
tablecloth *el mantel,* 8
tablespoon *la cucharada,* 7
to take: to take . . . lessons *tomar clases de...,* 5; **to take a nap** *dormir la siesta,* I; **to take a taxi** *tomar un taxi,* 10; **to take a test** *presentar un examen,* I; **to take photos** *sacar photos,* I; **to take some pills** *tomarse unas pastillas,* 4; **to take (someone)** *llevar (a alguien),* 3; **to take . . . street** *ir por la calle...,* 3; **to take a guided tour** *hacer un tour,* 9; **to take a long time (to)** *tardarse en* + infinitive, 5; **to take a shower** *ducharse,* 5; **to take a walk** *pasearse,* 3
to take care of *cuidar,* I; **Take care.** *Cuídate.,* I; **to take care of a pet** *cuidar a una mascota,* 5; **to take care of oneself** *cuidarse,* I; **to take care of sick people** *cuidar a los enfermos,* 2
to take long *tardar,* 5
to take off *quitarse,* I
to take out *sacar,* I; **don't take out** *no saque,* 3; **take out** *saque,* 3; **You should take out the garbage.** *Debes sacar la basura.,* 1
to take some pills *tomarse unas pastillas,* 4
to talk *hablar,* I; *charlar,* I; *conversar,* 5; **don't talk** *no hables,* 1
talkative *conversador(a),* 6
talking *hablando,* 1
tall *alto(a),* I
tamales *los tamales,* I
to taste *probar (ue),* I; *al gusto,* 7
taste *el gusto,* 7; **to taste** *al gusto,* 7
tasty *rico(a), sabroso(a),* 7
tax *el impuesto,* 8
taxi *el taxi,* I; **to take a taxi** *tomar un taxi,* 10
taxi driver *el taxista, la taxista,* 10
tea *el té,* 7
to teach *enseñar,* 2
teacher *la profesora, el profesor,* I
team *el equipo,* 4
teaspoon *la cucharadita,* 7
teeth *los dientes,* I
telephone number *el teléfono,* I
telephones *los teléfonos,* 3
television *la televisión,* I; **to watch TV** *ver televisión,* I; **television (TV)** *la tele,* 1
to tell *contar (ue), decir (-go, i, i),* 2; **Tell me what happened the day that . . .** *Cuéntame lo que pasó el día que...,* 10; **to tell (each other) jokes** *contar(se) (ue) chistes,* I; **don't tell** *no digas,* 3; **Can you tell me where . . . is?** *¿Me dices dónde está...?,* 2; **Could you tell me . . .?** *¿Me podría decir...?,* 3; **tell** *di,* 3; **to tell each other** *contarse (ue),* 6; **to tell each other jokes** *contarse (ue) chistes,* 6; **to tell each other stories** *contarse (ue) cuentos,* 6
temperature *la temperatura,* 9
temple *el templo,* I
ten *diez,* I
tender *cariñoso(a),* 6
tennis *el tenis,* I; **tennis shoes** *los zapatos de tenis,* I; **to play tennis** *jugar (ue) al tenis,* 1
tent *la tienda de campaña,* 9
tenth *décimo(a),* 3
test *el examen,* I; **to take a . . . test** *presentar el examen de...,* I
textiles *los tejidos,* 8
thank you *gracias,* I
Thanksgiving Day *el Día de Acción de Gracias,* I
that *ese(a),* I; *ése,* 8; **that** (farther away) *aquél, aquel, aquella,* 8; **that was when** *fue cuando,* 9; **that won't go away** *...que no se me quita...,* 4
the *el, la, los, las,* I; **The pleasure is mine.** *El gusto es mío.,* I
to the left of *a la izquierda (de),* 2
to the right of *a la derecha (de),* 2
theatre *el teatro,* 1
their *su(s),* I
them *los, las,* I
then *entonces,* 9; **back then** *en aquel entonces,* 6
then *luego,* I
there *allí,* I; **there** (general area) *allá,* 8; **there is, there are** *hay,* I; **there used to be** *había,* 6; **there was** *había,* 6; **There once was . . .** *Había una vez...,* 9
these *estos, estas,* I
they *ellas, ellos,* I; **They** (emphatic) **like . . .** *A ellos/ellas les gusta(n)* + noun, 1; **they lived happily ever after** *vivieron felices para siempre,* 9; **They're . . .** *Me quedan...,* 8
thigh *el muslo,* 4
thin *delgado(a),* I
thing *la cosa,* I
to think *pensar (ie),* I; **to think about** *pensar en,* 10; **don't think** *no pienses,* 3; **think** *piensa,* 3; *creer,* 3; **I think so.** *Creo que sí.,* 3; *parecer,* I; **What do you think of this color?** *¿Qué te parece este color?,* 8
third *tercero(a),* 3
thirst *la sed,* I
thirteen *trece,* I
thirty *treinta,* I
this *ésta, éste,* I; *este(a),* I; **This is . . .** *Le presento a...* (formal), 2; *Te presento a...* (informal), 2
those *esos, esas,* I; **those** (farther away) *aquellas, aquellos,* 8
three *tres,* I
three hundred *trescientos,* I
throat *la garganta,* I
thunder *el trueno,* 9
Thursday *el jueves,* I; **on Thursdays** *los jueves,* I
ticket *el boleto,* I; *la entrada,* 10
tide *la marea,* 9; **low tide** *la marea baja,* 9
tie *la corbata,* 8
to tie a game *empatar,* 4
tight *apretado(a), estrecho(a),* 8
time: I've been . . . for a long time. *Hace mucho tiempo que yo...,* 5; **to spend a lot of time** *pasar mucho tiempo,* 5; **free time** *el rato libre,* 5; **time(s)** *vez* (pl. *veces*), 2; **Once upon a time** *Érase una vez,* 9; **One more time, please?** *¿Otra vez, por favor?,* 3; **I've already done it a thousand times.** *Ya lo hice mil veces.,* 2
tip *la propina,* 7; **to leave the tip** *dejar la propina,* 7
tired *cansado(a),* I
to/for me *me,* I; **you** *te,* I; **us** *nos,* I; **him, her, you, them** *le(s),* I
toast *el pan tostado,* I
toasted *tostado(a),* 7
today *hoy,* I
toe *el dedo del pie,* 4
toenail *la uña,* 4
together *juntos(as),* 2; **to work together** *trabajar juntos,* 2
toilet *el inodoro,* 2
tomato *el tomate,* I; **can of tomato sauce** *la lata de salsa de tomate,* 7
tomorrow *mañana,* I
ton: a ton *un montón,* I
tonight *esta noche,* 1
too much *demasiado(a),* I
toothbrush *el cepillo de dientes,* I
toothpaste *la pasta de dientes,* I
tornado *el tornado,* 9
totally *por completo,* 5; **I totally forgot.** *Se me olvidó por completo.,* 5

to tour *recorrer,* I
tourism *el turismo,* 10; **tourism office** *la oficina de turismo,* 10
tourism office *la oficina de turismo,* 10
tourist *el turista, la turista,* 10
towel *la toalla,* I
town *el pueblo,* 3; **town hall** *el ayuntamiento,* 3; **town square** *la plaza,* 3
toy *el juguete,* I; **to share toys** *compartir los juguetes,* 6; **toy car** *el carrito,* 6; **to play with toy cars** *jugar (ue) con carritos,* 6; **toy store** *la juguetería,* I
track and field *el atletismo,* 4
to trade *intercambiar,* 5
traffic-light *el semáforo,* 3
train station *la estación de tren,* 3
trash *la basura,* I
traveler's checks *los cheques de viajero,* 10
tree *el árbol,* 6; **to climb trees** *trepar a los árboles,* 6
tricks *las travesuras,* 6; **to play tricks** *hacer travesuras,* 6
trip *el viaje,* I
trophy *el trofeo,* 4
tropical *tropical,* 9; **to explore the tropical jungle** *explorar la selva tropical,* 10; **tropical island** *la isla tropical,* 9
to try on *probarse (ue),* 8
to try to *tratar de,* 7
to try, taste *probar (ue),* I
T-shirt *la camiseta,* I
Tuesday *el martes,* I; **on Tuesdays** *los martes,* I
tuna fish *el atún,* I
to turn *doblar,* 3
to turn left (on) *doblar a la izquierda (en),* 3
to turn off *apagar,* 5; **to turn off the light(s)** *apagar la luz/las luces,* 5
to turn right (on) *doblar a la derecha (en),* 3
turnover-like pastry *la empanada,* I
TV set *el televisor,* 2
twelve *doce,* I
twenty *veinte,* I
to twist (one's body part) *torcerse* (+ a body part) *(ue),* 4
twisted *torcido(a),* 4
two *dos,* I
two hundred *doscientos,* I
two thousand *dos mil,* I
typically *típicamente,* 7

ugly *feo(a),* I
umbrella *el paraguas,* 5
uncle *el tío,* I
under *debajo de,* I
unfair *injusto,* I
unfortunately *desgraciadamente,* 7
unfriendly *antipático(a),* I
until *hasta,* I; **See you later.** *Hasta luego.,* I; **See you tomorrow.** *Hasta mañana.,* I; **See you soon.** *Hasta pronto.,* I
up to *hasta,* I
Uruguayan *uruguayo(a),* 2
us *nos,* I
usually: I usually (used to) + infinitive *Solía* + infinitive, 6

vacation *las vacaciones,* I; **to go on vacation** *ir de vacaciones,* 9
to vacuum *pasar la aspiradora,* I;
vacuum cleaner *la aspiradora,* 1
Valentine's Day *el Día de los Enamorados,* I
vanilla *la vainilla,* 7; **vanilla flan** *el flan de vainilla,* 7
vegetables *las verduras,* I; *los vegetales,* 7; **vegetable soup** *la sopa de verduras,* I
vegetarian *vegetariano(a),* 7
Venezuelan *venezolano(a),* 2
very *muy* + adjective, I; **I did very well (badly).** *Me fue muy bien (mal).,* 4; **very bad** *pésimo(a),* I; **very handsome** *guapísimo,* 8
video *el video,* I
video games *los videojuegos,* I
village *el pueblo,* 3
vinegar *vinagre,* 7
violin *el violín,* 5
to visit *visitar,* 1; **to visit a museum** *visitar un museo,* 1
vitamins *las vitaminas,* 7
volcano *el volcán,* 10
volleyball *el volibol,* I
vulture *el buitre,* 9

to wait *esperar,* I
waiting room *la sala de espera,* I
to wake *despertarse (ie),* I
to walk *caminar,* I; *andar,* 3; **to go for a walk** *pasear,* I; *dar una caminata,* 9
to walk... *dar una vuelta por...,* 3
to walk down (a street) *bajar,* 3; **to go down... until you get to** *bajar... hasta llegar a,* 3
wall *la pared,* 2
wallet *la billetera,* I; *la cartera,* 8
to want *querer (ie),* I; **I want to go to...** *Quiero ir a...,* 1; **I want to introduce you to...** *Quiero presentarte a...,* 2; **I want to see...** *Quiero conocer...,* I; **I wanted..., but there weren't any in my size.** *Quería..., pero no había en mi número.,* 8; **What did you want to be?** *¿Qué querías ser?,* 6; **What do you want to do this afternoon?** *¿Qué quieres hacer esta tarde?,* 1; **When I heard the news, I didn't want to believe it.** *Cuando oí la noticia no lo quise creer.,* 6
to want someone else to do something *querer (ie) que,* 10
to warm up *calentarse (ie),* 4
to wash *lavar,* I; **to wash the dishes** *lavar los platos,* I; *lavarse,* I
washing machine *la lavadora,* 2
to watch *ver,* I; **to watch television** *ver televisión,* I
watch, clock *el reloj,* I
to water *regar (ie),* 2; **to water the plants** *regar las plantas,* 2
water *el agua* (f.), I; **mineral water** *el agua* (f.) *mineral,* 7; **to dive in the water** *tirarse al agua,* 9
water skiing *el esquí acuático,* 4
waterfall *la catarata,* 10
watery *aguado(a),* 7
waves *las olas,* 9
we *nosotros(as),* I; **We** (emphatic) **like...** *A nosotros nos gusta(n)* + noun, 1
we are going *vamos,* 1; **We're going to...** *Vamos a ir a/al...,* 1; **Are we going the right way to...?** *¿Vamos bien para...?,* 3
we fought (would fight) *nos peleábamos,* 6
weak *aguado(a),* 7
to wear *llevar,* I; **to wear glasses** *usar lentes,* I
weather *el tiempo,* I; **The weather is nice (bad).** *Hace buen (mal) tiempo.,* I; *el clima,* 9; **I wonder what the weather is like at (in)...?** *¿Cómo será el clima en...?,* 9
wedding *la boda,* I
Wednesday *el miércoles,* I; **on Wednesdays** *los miércoles,* I
week *la semana,* I
weekend *el fin de semana,* I; **weekends** *los fines de semana,* I
weight *el peso,* I
weights *las pesas,* I; **to lift weights** *levantar pesas,* I
well *bien,* 4; **I did very well.** *Me fue muy bien.,* 4; **I hope you're doing well.** *Espero que estés bien.,* 10; **to get along well** *llevarse bien,* 6
Well,... *Bueno,...* 3
whale *la ballena,* 9
what *lo que,* 3; **So, what I have to do**

is . . . *Entonces, lo que tengo que hacer es...,* 3
What . . . ! *¡Qué...!,* 1; **What a dry climate!** *¡Qué clima tan seco!,* 9; **What a gossip!** *¡Qué chismoso(a)!,* 6; **What a pain!** *¡Qué lata!,* I; **What a shame!** *¡Qué lástima!,* I; **What bad luck!** *¡Qué mala suerte!,* I
What . . . ? *¿Qué...?,* 1; **What are your parents/brothers and sisters/friends like?** *¿Cómo son tus padres/hermanos/amigos?,* 1; **What did you like to do when you were . . . years old?** *¿Qué te gustaba hacer cuando tenías...?,* 6; **What did you use to do when you were a little boy/girl?** *¿Qué hacías de niño(a)?,* 6; **What did you want to be?** *¿Qué querías ser?,* 6; **What do you do every morning?** *¿Qué haces todas las mañanas?,* 1; **What do you like to do on weekends?** *¿Qué te gusta hacer los fines de semana?,* 1; **What do you recommend?** *¿Qué nos recomienda?,* 7; **What do you still have to do?** *¿Qué te falta hacer?,* I; **What do you think of this color?** *¿Qué te parece este color?,* 8; **What do you want to do this afternoon?** *¿Qué quieres hacer esta tarde?,* 1; **What do your friends do on weekends?** *¿Qué hacen tus amigos los fines de semana?,* 1; **What does . . . do?** *¿A qué se dedica...?,* 2; **What else do I need to do?** *¿Qué más tengo que hacer?,* 1; **What happened to you?** *¿Qué te pasó?,* 4; **What kind of work does . . . do?** *¿Qué clase de trabajo realiza...?,* 2; **What needs to be done in the kitchen?** *¿Qué hay que hacer en la cocina?,* 1; **What news do you have of . . . ?** *¿Qué noticias tienes de...?,* 10; **What restaurant do you recommend to me?** *¿Qué restaurante me recomienda usted?,* 10; **what someone has to do** *(me/te/le/nos/les) toca* + infinitive, 2; **What were you like . . . ?** *¿Cómo eras...?,* 6; **What will you all do at the beach?** *¿Qué harán ustedes en la playa?,* 9; **What's in the . . . ?** *¿Qué lleva el (la)...?,* 7; **What's new?** *¿Qué hay de nuevo?,* I; **What's the (daily) special?** *¿Qué hay de especial?,* 7; **What's wrong with you?** *¿Qué te pasa?,* I
What! *¿Cómo?, ¿Qué?,* I
what?, which? *¿cuál?,* I
wheelchair *la silla de ruedas,* I; **I use a wheelchair.** *Estoy en una silla de ruedas.,* 1
when *cuando,* I; **When I found out, I couldn't believe it.** *Cuando me enteré, no lo pude creer.,* 6; **When I heard the news, I didn't want to believe it.** *Cuando oí la noticia no lo quise creer.,* 6; **that was when** *fue cuando,* 9
when? *¿cuándo?,* I
where? *¿adónde?, ¿dónde?,* I; **Where are you from?** (fam.) *¿De dónde eres?,* I; **Where are you from?** (formal) *¿De dónde es usted?,* I; **Where did you go on vacation during the winter?** *¿Adónde fuiste de vacaciones durante el invierno?,* 9; **Where is . . . from?** *¿De dónde es...?,* I; **Where will you go this summer?** *¿Adónde irás este verano?,* 9; **Where do you intend to go tonight?** *¿Adónde piensan ir esta noche?,* 1; **Can you tell me where . . . is?** *¿Me dices dónde está...?,* 2; **Do you know where I can . . . ?** *¿Sabe usted dónde se puede...?,* 3; **Where could my . . . be?** *¿Dónde estará(n) mi(s)...?,* 9
which? *¿cuál?, ¿cuáles?,* I
while *mientras,* 7
white *blanco(a),* I
Who's calling? *¿De parte de quién?,* I
whole *todo(a),* I; *entero(a),* 7
why *¿por que?,* I
wide assortment *un gran surtido,* 8
Will it be . . . ? *¿Hará...?,* 9
Will there be . . . ? *¿Habrá...?* (future tense of *haber*), 9
to win *ganar,* 4
wind *el viento,* 9
window *la ventana,* I; **to window shop** *mirar las vitrinas,* I
windsurf *el windsurf,* 9; **to windsurf** *hacer windsurf,* 9
winter *el invierno,* I
to wish for *desear,* I
with *con,* I; **with me** *conmigo,* I; **with you** *contigo,* I
witty *gracioso(a),* I
wolf *el lobo,* 9
woman *la mujer,* I
wonderful: You look wonderful! *¡Te ves super bien!,* 8
wood *la madera,* 8
wool *la lana,* I
to work *trabajar,* I; **one works** *se trabaja,* 3; **to work in the garden** *trabajar en el jardín,* 1; **to work on cars** *trabajar en mecánica,* 5; **to work together** *trabajar juntos,* 2
work *el trabajo,* I
to work out *entrenar(se),* I
workshop *el taller,* I
World Wide Web *el Web,* 2; **Web pages** *páginas Web,* 2
to worry *preocuparse,* I; **Don't worry.** *No te preocupes.,* I
worse *peor(es),* I
Would you bring us . . . ? *¿Nos trae...?,* 7
Would you like anything else? *¿Se les ofrece algo más?,* 7
woven cloth *los tejidos,* 8
to wrap *vendar se,* 4
wrapped *vendado(a),* 4
wrestling *la lucha libre,* 4
wrist *la muñeca,* 4
to write *escribir,* I; **don't write** *no escribas,* 3; **write** *escribe,* 3; **writing** *escribiendo,* 1; **written** *escrito* (past participle of *escribir*), 10

yard *el patio,* I
year *el año,* I; **A few (many, five . . .) years ago** *Hace unos (muchos, cinco...) años,* 9; **every year** *todos los años,* 6; **last year** *el año pasado,* I; **New Year** *el Año Nuevo* I
to yell *gritar,* 9
yellow *amarillo(a),* I
yes *sí,* I; **Yes, of course.** *Sí, claro.,* 3
yesterday *ayer,* I
yoga: to do yoga *hacer yoga,* I
you *usted, ustedes,* (formal) I; *tú, vosotros(as),* (informal) I; **You were lucky!** *Ah, ¡tuviste suerte!,* I
You (emphatic) **like . . .** *A ti te gusta(n)* + noun, 1; *A vosotros os gusta(n)* + noun, (pl., informal) 1
You don't say! *¡No me digas!,* 10
You look great! *¡Te ves super bien!,* 8
You look very handsome! *¡Te ves guapísimo!,* 8
You won't believe it, but . . . *No lo vas a creer, pero...,* 10
young *joven,* I
young people *los jóvenes,* I
young person *el joven, la joven,* 1
younger *menor(es),* I
your *tu(s), su(s), vuestro(a)(s),* I
You're kidding! *¡No me digas!,* 10
Yours sincerely, . . . *Un saludo de,...,* 10
yours *tuyo(a), tuyos(as),* 5
yours (formal), his, hers, its, theirs *suyo(a), suyos(as),* 5
youth hostel *el albergue juvenil,* 10

zero *cero,* I
zoo *el zoológico,* I; **to go to the zoo** *ir al zoológico,* 1

Índice gramatical

Page numbers in boldface type refer to the first presentation of the topic. Other page numbers refer to the grammar topic in subsequent presentations or in the ***¡Exprésate!*** features. The Roman numeral I preceding page numbers indicates Level 1; the Roman numeral II indicates Level 2. Page numbers beginning with R refer to the **Síntesis gramatical** in this Reference Section (pages R23–R41).

Agradecimientos

STAFF CREDITS

Editorial Priscilla Blanton, Barbara Kristof, Amber P. Nichols, Douglas Ward

Editorial Development Team Marion Bermondy, Konstanze Alex Brown, Lynda Cortez, Janet Welsh Crossley, Jean Miller, Beatriz Malo Pojman, Paul Provence, Jaishree Venkatesan, J. Elisabeth Wright

Editorial Staff Sara Anbari, Hubert W. Bays, Yamilé Dewailly, Milagros Escamilla, Rebecca Jordan, Rita Ricardo, Glenna Scott, Géraldine Touzeau-Patrick

Editorial Permissions Ann B. Farrar, Yuri Muñoz

Book Design Kay Selke, Marta Kimball, José Garza, Sally Bess, Liann Lech, Lana Cox

Media Design Richard Metzger, Chris Smith

Image Acquisitions Curtis Riker, Jeannie Taylor, Cindy Verheyden, Michelle Dike, Sam Dudgeon, Victoria Smith

Cover Design Marc Cooper

eMedia Edwin Blake, Kimberly Cammerata, Grant Davidson, Nina Degollado, Lydia Doty, Cathy Kuhles, Jamie Lane, Sean McCormick, Robert Moorhead, Beth Sample, Annette Saunders, Dakota Smith, Kenneth Whiteside

Production, Manufacturing, and Inventory Marleis Roberts, Rose Degollado, Jevara Jackson, Rhonda Fariss

ACKNOWLEDGMENTS

For permission to reprint copyrighted material, grateful acknowledgment is made to the following sources:

Adela Basch: "Vivir en la calle Conesa" by Adela Basch from *Imaginaria: Revista Quincenal de Literatura Infantil y Juvenil* web site, accessed January 1, 2003, at http://www.imaginaria.com.ar/01/1/basch3.htm#1. Copyright © 1999 by Adela Basch.

Arte Público Press: "El desierto es mi madre" from *The Desert Is My Mother/El desierto es mi madre* by Pat Mora. Copyright © 1994 by Pat Mora. Published by Arte Público Press–University of Houston, Houston, TX, 1994.

Bayard Revistas, S.A.: "¿Estás a la última?" by Laurence Pérou from *Súper Junior,* no. 25, October 1996. Copyright © 1996 by Bayard Revistas, S.A.

Clarion Books/Houghton Mifflin Company: "Listen to the Desert" from *Listen to the Desert/Oye al desierto* by Pat Mora. Copyright © 1994 by Pat Mora. All rights reserved.

Rafael Castillo: "Firito" by Rafael Castillo from *Cuentos dominicanos para niñas,* Colección Prisma, vol. V. Copyright © 2000 by Rafael Castillo.

Ediciones SM, Madrid: From "Kike" by Hilda Perera. Copyright © 1984 by Ediciones SM, Madrid.

Fundación Gloria Fuertes: "Escribo" from *Historia de Gloria* by Gloria Fuertes. "Mi abuela es un hada" by Gloria Fuertes.

HarperCollins Publishers Inc.: From "El río Amazonas" from *La ciudad de las bestias* by Isabel Allende. Copyright © 2002 by Isabel Allende.

Francisco J. Briz Hidalgo, www.elhuevodechocolate.com: Adivinanzas: "Se parece a mi madre...," "Unas son redondas...," "Sólo una vez al año...," "Hoy cuando me levanté..." "Blanco es...," and "En la mesa me ponen..." from *El huevo de chocolate* web site, accessed January 22, 2003, at http://www.elhuevodechocolate.com. Copyright © by Francisco J. Briz Hidalgo. Chistes: "¿Por qué comen los franceses caracoles?...," "¿Qué le dice el 1 al 10?...," "Mi padre cuando trabaja deja a todos...," "¿Qué le dice un cero a otro cero?...," "En una entrevista de trabajo:...," and "Tenemos un menú de nueve euros y..." from *El huevo de chocolate* web site, accessed January 22, 2003, at http://www.elhuevodechocolate.com. Copyright © by Francisco J. Briz Hidalgo.

Hymsa Group Editorial: From "Un plato con muchos nombres..." from *Comer cada día,* no. 58, November 1999. Copyright © 1999 by Hymsa Group Editorial.

Scholastic Inc.: "Música andina" from *Ahora,* vol. 3, no. 4, March 1997. Copyright © 1997 by Scholastic Inc. "Internet" and "La Red E.L.I.O." from *Ahora,* vol. 4, no. 2, November/December 1997. Copyright © 1997 by Scholastic Inc. "El calendario azteca" from *Ahora,* vol. 6, no. 6, May/June 2000. Copyright © 2000 by Scholastic, Inc.

Terra Networks Operations: "Una entrevista con Jennifer Rodriguez" from *Terra.com,* online magazine accessed September 5, 2003, at http://www.terra.com/especiales/laviaalexito/entrevistas_jennifer.html. Copyright © 2003 by Terra Networks.

ZONAi Network, a subsidiary of Grupo Ferré Rangel: "El mofongo" by Mariel Echegaray from the *Sabrosura al estilo boricua* web site, accessed July 6, 2003, at http://www.primeraahora.com.

PHOTOGRAPHY CREDITS

Photo Credits:

Abbreviations used: c-center, b-bottom, t-top, l-left, r-right, bkgd-background.

COVERS FRONT: (bl) ©Royalty Free/CORBIS; (br) ©Bob Krist; (tl) ©Mario Corvetto/Evergreen Photo Alliance; (tr) ©Tom Bean. BACK: Don Couch/HRW.

AUTHORS: Page iii (Humbach) courtesy Nancy Humbach; (Madrigal Velasco) courtesy Sylvia Madrigal; (Smith) Courtney Baker, courtesy Stuart Smith; (McMinn) courtesy John McMinn.

TABLE OF CONTENTS: Page vi (bl, cl) Don Couch/HRW; vii (br, cr) Don Couch/HRW; viii (bl, cl) John Langford/HRW; ix (br) Sam Dudgeon/HRW; (cr) ©Angelo Cavalli/Getty Images; x (bl, cl) Don Couch/HRW; xi (br) Don Couch/HRW; (cr) ©Royalty Free/CORBIS; xii (bl, cl) John Langford/HRW; xiii (br, cr) Don Couch/HRW; xiv (bl, cl) Gary Russ/HRW; xv (br, cr) Don Couch/HRW; xvi (br) Victoria Smith/HRW; xvii (cl (tr) Don Couch/HRW.

CHAPTER 1 All photos by Don Couch/HRW except: Page xviii (br) ©Russell Gordon; (tr) ©David Sanger; 1 (bl) ©Digital Vision; (br) ©Giansanti Gianni/Corbis Sygma; (cr) ©Gianni Dagli Orti/CORBIS; 2 (br) ©Russell Gordon; (cr) ©Robert Frerck/Getty Images; (tc) ©Robert Frerck/Odyssey/Chicago. Banco de México Diego Rivera & Frida Kahlo Museums Trust. Av. Cinco de Mayo No. 2, Col. Centro, Del. Cuauhtémoc 06059, México, D.F. Reproducción autorizada por el Instituto Nacional de Bellas Artes y Literatura; (tl) ©Michel Zabé/Art Resource, NY; (tr) ©Albright-Knox Art Gallery/CORBIS. ©2004 Banco de México Diego Rivera & Frida Kahlo Museums Trust. Av. Cinco de Mayo No. 2, Col. Centro, Del. Cuauhtémoc 06059, México, D.F. Reproducción autorizada por el Instituto Nacional de Bellas Artes y Literatura; 3 (br) ©Robert Frerck/Odyssey/Chicago; (c) ©Museo del Templo Mayor México/Dagli Orti/The Art Archive; (tc) ©Russell Gordon; (tl) ©Historical Picture Archive/CORBIS; 8 (cl) ©Mark Edwards/Peter Arnold; 9 (1, 5, 7) PhotoDisc/Getty Images; (2, 4, 8, videojuegos) Victoria Smith/HRW; (3) ©goodshoot; (6) Artville/Getty Images; 10 (l) John Langford/HRW; 11 (cr) David R. Frazier Photolibrary; 13 (1) ©Michael Newman/PhotoEdit; (2) PhotoDisc/Getty Images; (3) Myrlenn Ferguson Cate/PhotoEdit; (4) Susan Van Etten/PhotoEdit; (cr) HRW Photo; (tr) ©Duomo/CORBIS; 15 (bc, bl, br) William Koechling/HRW; 17 (br) Terri Green/Look South; (tl) John Langford/HRW; 19 (cl) ©A. Ramey/PhotoEdit; (cr) ©C.R. Sharp/D. Donne Bryant Photography; (tl) ©Robert Frerck/Odyssey/Chicago; 20 (cl) ©Robert Fried/Robert Fried Photography; 21 (A) ©Robert Frerck/Woodfin Camp & Associates; (B) ©Robert Fried/Robert Fried Photography; (C) ©Robert Frerck/Odyssey/Chicago; (D) ©C.R. Sharp/D. Donne Bryant Photography; (E) ©Hedda Eid/Aurora; (F) ©Gabriel M. Covian/Getty Images/The Image Bank; 24 (bl) John Langford/HRW; 25 (1) ©Royalty Free/CORBIS; (2) ©Joe Polillio/Getty Images/Stone;

(3) ©Charles Gupton/CORBIS; (4, 6) ©Bob Daemmrich Photo; (5) ©David Young-Wolff/PhotoEdit; (tr) ©David Rosenberg/Getty Images/Stone; 26 (bl) John Langford/HRW; 32 (tr) ©Mexican Lobby Cards; 33 (br) William Koechling/HRW; (c) ©Mark Richards/PhotoEdit; (cr) ©Michael Newman/PhotoEdit; 38 (A) John Langford/HRW; (B) Richard Hutchings; (C) PhotoDisc/Getty Images; (D) Bill Aron/PhotoEdit.

CHAPTER 2 All photos by Don Couch/HRW except: Page 42 (b) ©Jeremy Woodhouse, digitalvision; (c) ©Elaborado por el Instituto Geográfico Nacional del Perú; (tl) ©Robert Frerck/Odyssey/Chicago; (tr) ©Shirley Vanderbilt/Index Stock Imagery; 43 (candles) Victoria Smith/HRW; (cr) ©Robert Frerck/Odyssey/Chicago; (tc) ©Alpamayo/D. Donne Bryant Photography; 48 (cl) ©Jeremy Horner/CORBIS; 49 (2) ©Pablo Corral V/CORBIS; 50 (bl) ©Nancy Richmond/The Image Works; 51 (1) ©Jan Baks/Alamy Photos; (4) ©Bob Daemmrich Photo; (cr) ©Caroline Penn/ CORBIS; 52 (tl) John Langford/HRW; 53 (cr) ©Martha Cooper/ Peter Arnold; 54 (1) ©Chris Salvo/Getty Images/Taxi; (2) ©Robert Frerck/Odyssey/Chicago; (cr) ©Jaime Puebla/AP/Wide World Photos; 56 (bc) ©Tom Craig/Directphoto; 57 (br) Michael Newman/ PhotoEdit; 61 (1, tr) PhotoDisc/Getty Images; (2) ©Bios/Lein/Hubert/ Peter Arnold; (3, 4, 5) William Koechling/HRW; 65 (2) PhotoDisc/Getty Images; (3) ©David Young-Wolff/PhotoEdit; (4) ©Royalty Free/CORBIS; (cr) ©COMSTOCK, Inc.; 67 (cr) ©Michael Freeman/CORBIS; 72 (br) ©International Stock/ImageState; (cr) ©Michael Newman/PhotoEdit; (tr) ©Robert Fried/Robert Fried Photography; 78 (C, desk, lamp, washer) ©Royalty Free/CORBIS; (D, nightstand) ©Ingram Publishing; (sink, sofa) Photodisc/Getty Images.

CHAPTER 3 All photos by John Langford/HRW except: Page 80 (c) David Pou/HRW; 81 (tr) ©Massimo Listri/CORBIS; 82 (br) *Palmira* by Ada Balcácer, oil on canvas, Palmira Series, 1978. Located in the collection of Mr. & Mrs. Arg, William B. Cox; (tl, tr) David Pou/HRW; 83 (bc) Konnie Brown/HRW; (c) Archives Charmet/Private Collection/ Bridgeman Art Library, London/New York; (tc) ©Parque Urbano Los Tres Ojos. El Parque es parte del Sistema de Áreas Protegidas de la República Dominicana y es administrado por la Secretaría de Estado de Medio Ambiente y Recursos Naturales; (tl) Chip & Rosa María de la Cueva Peterson; 86 (icon) HRW Photo; 88 (1) ©Royalty Free/CORBIS; (2-fish) ©Tana Hoban/Pictor/Image State; (2-snapper) Dorling Kindersley LTD Picture Library; (3) ©SuperStock; (4) ©Helga Lade/Peter Arnold; (5) ©Japack Company/CORBIS; (cr) ©Michelle D. Bridwell/PhotoEdit; 92 (cl) Sam Dudgeon/HRW; 93 (cl) ©Tom Bean/CORBIS; 94 (bl) Don Couch/HRW; 95 (1) ©Keith Dannemiller/CORBIS; (2, 3) ©H. Huntly Hersch/D. Donne Bryant Photography; (4, 5) ©Vince Dewitt/D. Donne Bryant Photography; (yo) ©Pablo Corral/CORBIS; 96 (tl) ©Robert Frerck/Odyssey/Chicago; 97 (br) HRW/Courtesy Doug Media; (tl) Don Couch/HRW; 98 (acuario) ©Michael Prince/CORBIS; (catedral) ©Massimo Listri/CORBIS; (embajada) ©Lee Snider/CORBIS; (emergencias) ©Hank Morgan/Photo Researchers; (oficinas) ©Howard Davies/CORBIS; (puerto) ©Jeremy Horner/CORBIS; (quiosco) ©Victor Englebert/Victor Englebert Photography; (supermarcado) Sam Dudgeon/HRW; 100 (cl) ©Jeremy Horner/CORBIS; 102 (cl) ©Chip & Rosa María de la Cueva Peterson; (icon) HRW Photo; 103 (1) ©Photofusion Picture Library/Alamy Photos; (2) ©Spencer Grant/ PhotoEdit; (3) ©Thinkstock/PictureQuest; (4) ©Mark Gibson Photography; (5) ©Francisco Cruz/SuperStock; (6) ©Royalty Free/ CORBIS; (tr) ©Joe Sohm/The Image Works; 104 (bl) Don Couch/HRW; 106 (cl) ©Jerry Bauer/Jerry Bauer Photography; 107 (bl) ©Max & Bea Hunn/D. Donne Bryant Photography; 113 (br) Don Couch/HRW; 118 (D-peine, tijeras) PhotoDisc/Getty Images; (D-secadora) ©Ingram Publishing.

CHAPTER 4 All photos by Sam Dudgeon/HRW except: Page 120–121 (t) ©Angelo Cavalli/Getty Images; 121 (bl) Christine Galida/HRW; 122 (bl) ©Bettmann/CORBIS; (cl) Victoria Smith/HRW; (cr) ©Jeffrey Greenberg/Photo Researchers; (tc) ©Debra Hesser/Florida Grand Opera; (tr) ©Dan Forer/Courtesy of the Olympia Theater at the Gusman Center for the Performing Arts; 123 (bc) Ryan McVay/PhotoDisc/Getty Images; (br) ©Tom and Therisa Stack/Tom Stack & Associates; (cr) ©Mark Gibson Photography; 126 (bc) ©Duomo/CORBIS; (bl, c) ©Bob Daemmrich Photo; (br) ©Matthew Stockman/Bob Daemmrich Photo; (cl) ©Royalty Free/CORBIS; (cr) ©Karl Weatherly/CORBIS; (icon) HRW Photo; 127 (inset) ©Alan Schein/CORBIS; (t) ©Allen Russell/Index Stock Imagery; 128 (l) ©Nik Wheeler/CORBIS; 129 (A, B) ©Bob Daemmrich/Bob Daemmrich Photo; (C) ©David Young-Wolff/ PhotoEdit; (D) ©Michelle D. Bridwell/PhotoEdit; 130 (bl) John Langford/ HRW; 131 (br) ©Scott Halleran/Allsport/Getty Images; 132 (cl) John Langford/HRW; 133 (all) William Koechling/HRW; 134 (l) Sam Dugeon/HRW; 135 (animadores) Rudi Von Briel/PhotoEdit; (Joel, tr) ©AP/Wide World Photos; (nosotros) ©Ed Andrieski/AP/Wide World Photos; (yo) ©Kevin Fleming/CORBIS; 136 (tl) ©Mark Richards/ PhotoEdit; 137 (br) ©SuperStock; (tl) Don Couch/HRW; 138 (all) Victoria Smith/HRW; (icon) HRW Photo; 140 (a., b., c., d., e.) William Koechling/HRW; 143 (r) HRW Photo; 146 (cl) ©Sharon Green/CORBIS; 150 (bc) ©Duomo/CORBIS; (cl) ©Scott Halleran/Getty Images; (cr) ©Ricardo Mazalan/AP/Wide World Photos; 151 (br) ©Al Behrman/ AP/Wide World Photos; (cl) ©Bill Kostroun/AP/Wide World Photos; (cr) ©Dave Caulkin/AP/Wide World Photos; (tl) ©Peter Dejong/AP/ Wide World Photos; 152 (cr) ©Bob Child/AP/Wide World Photos; (tr) ©Peter Dejong/AP/Wide World Photos; 153 (br) ©Bill Steele/Getty Images; 154 (tl) ©Syracuse Newspapers/The Image Works; (tr) ©Journal-Courier/Steve Warmowski/The Image Works; 158 (A) ©Royalty Free/CORBIS; (B) Alvaro Ortiz/HRW; (C, D) William Koechling/ HRW; (cl) Michelle Bridwell/Frontera Fotos; (cr) Gary Russ/HRW.

CHAPTER 5 All photos by Don Couch/HRW except: Page 162 (tl) El Museo de Oro, San José; 163 (tl, tc) Audiovise S.A.; 168, 169 (all) William Koechling/HRW; 172 (bl) John Langford/HRW; 173 (all) William Koechling/HRW; 174 (cl) ©Kevin Schafer/kevinschafer; 177 (br) William Koechling/HRW; 178—179 (plants) William Koechling/HRW; 178 (monedas) Victoria Smith/HRW; 179 (cl) William Koechling/HRW; 180 (all) William Koechling/HRW; 183 (1) Sam Dudgeon/HRW; (2) ©Isaac Hernandez/MercuryPress; (3) ©D. Donne Bryant/D. Donne Bryant Photography; (4) Victoria Smith/HRW; (5, 6, 7, 8) William Koechling/HRW; (cr) John Langford/HRW; 185 (cr) ©Robert Harding World Imagery/Robert Harding Picture Library/Alamy Photos; 190 (bc) ©Nicole Katano/Brand X Pictures/Alamy Photos; (bl) ©SW Productions/ Brand X Pictures/Alamy Photos; (br) ©Robert Llewellyn/ SuperStock; 191 (tl) ©IT International ltd./eStock Photo; 192 (tr) William Koechling/ HRW; 193 (br) Victoria Smith/HRW; 198 (A, B, C, D) Peter Van Steen/ HRW.

CHAPTER 6 All photos by Don Couch/HRW except: Page 200 (br, c) Alvaro Ortiz/HRW; (tr) ©Royalty Free/CORBIS; 201 (cr, inset) Alvaro Ortiz/HRW; (t) ©Martin Child/SuperStock; 202 (br, c) Alvaro Ortiz/ HRW; (tc) ©Cathedral of Santiago de Compostela/Dagli Orti/The Art Archive; (tl) ©Archivo Iconografico, S.A./CORBIS; (tr) ©Réunion des Musées Nationaux/Art Resource, NY; 203 (bl) Alvaro Ortiz/HRW; (coins 20 a.C.,1633, 1812) ©Courtesy of the Segovia Mint/ euromint; (cr) ©Index Stock Imagery; 206 (tl) Alvaro Ortiz/HRW; 207 (all) Alvaro Ortiz/HRW; 209 (br) ©David R. Frazier Photolibrary; 210 (bl) ©Robert Fried/Robert Fried Photography; 212 (br) ©Robert Frerck/Odyssey/ Chicago; 213 (1) ©Godo-Foto; (2) ©Maria Roldan/Stock Photos; (3) ©Helena Hernández/MercuryPress; (4) ©Beryl Goldberg Photography; (5) ©Gernot Huber/Laif/Aurora; (6) ©John Terence Turner/Getty Images; (cr) ©Monica Porres/Stock Photos; (tr) ©Ariel Skelley/CORBIS; 215 (A) ©David Grossman/The Image Works; (B) ©Robert Frerck/ Odyssey/Chicago; (C) William Koechling/HRW; (cr) ©David Young-Wolff/PhotoEdit; (D-l) ©Robert Fried/Robert Fried Photography; (D-r) ©Robert Frerck/Woodfin Camp & Associates; 217 (br) ©Hulton-Deutsch Collection/CORBIS; 218 (cl, cr, foto) Alvaro Ortiz/HRW; 219 (tc) Alvaro Ortiz/HRW; 220 (A) ©David Woodfall/Getty Images; (B) ©Royalty Free/CORBIS; (C) ©Lynn Goldsmith/CORBIS; (D) ©Elyse Lewin/Getty Images; (E) ©Isaac Hernandez/MercuryPress; 222 (br) ©Damien Simonis/Lonely Planet Images; 223 (A) ©David Young-Wolff/ PhotoEdit; (B) ©Digital Vision; (C) ©Bachmann/D. Donne Bryant Photography; 224 (bl) ©Ernest Manewall/SuperStock; (cl) John Langford/HRW; 226 (bl) John Langford/HRW; 227 (tr) ©Robert Freck/Woodfin Camp & Associates; 233 (tr) ©Peter Ardito/Index Stock Imagery; 238 (tl) Tony Arruza/Rosskman/Courtesy of Puerto Rico Office of Information Archives Dept.; (tr) Tony Arruza.

CHAPTER 7 All photos by John Langford/HRW except: Page 240 (br) ©Suzanne Murphy-Larronde/D. Donne Bryant Photography; (c) ©Robert Frerck/Woodfin Camp & Associates; 241 (cl) ©Jeremy Horner/ CORBIS; (tl) ©Bob Krist; (tr) ©Stephanie Maze/Woodfin Camp &

Associates; 242 (bl) ©Bob Krist/CORBIS; (br) ©Robin Hill/Robin Hill & Co.; (cr) ©From the collection of San Juan National Historic Site, San Juan, Puerto Rico. Photography courtesy of the National Park Service; 243 (bc) ©The Granger Collection, New York; (br) ©Hulton Archive/Getty Images; (cr) ©Len Kaufman; (tl) ©Robert Fried/Robert Fried Photography; 246 (aceite, bocadillos, ensalada, fresas, frutas, lechuga, mariscos, pera, piña, plátano, vinagre) William Koechling/HRW; (chef, flan) Don Couch/HRW; 248 (cl) David Pou/HRW; 252 (cl) Sam Dudgeon/HRW; 253 (1–6, 8, Sr. Ramírez) William Koechling/HRW; (7) HRW Photo; 255 (cr) Townsend P. Dickinson/The Image Works; 256 (tl) ©Dave G. Houser; 257 (br) William Koechling/HRW; (tl) Don Couch/HRW; 258 (all) Victoria Smith/HRW; 259 (all) William Koechling/HRW; 260 (1, 2, 4, cr) William Koechling/HRW; (3) Victoria Smith/HRW; 263, 264, 266, 270, 271, 272 (all) William Koechling/HRW; 274 (1–7) William Koechling/HRW; (8) HRW Photo; 278 (A, B, C, D) Peter Van Steen/HRW; (fresas) Victoria Smith/HRW; (queso) ©Brand X Pictures.

CHAPTER 8 All photos by Don Couch/HRW except: Page 287 (guantes) William Koechling/HRW; 294 (bc, bl) ©AbleStock; (br) ©Royalty Free/CORBIS; (cl) John Langford/HRW; 297 (br) ©AFP/CORBIS; (tl) John Langford/HRW; 300 (cl) ©Daniel Rivademar/Odyssey/Chicago; 303 (a., c., cr) Photodisc/Getty Images; (b.) ©Royalty Free/CORBIS; (d.) ©AbleStock; 306 (bl) ©David R. Frazier Photolibrary; 307 (c) William Koechling/HRW; 310 (bl) ©Tom Brakefield/SuperStock; (br) ©Digital Vision; (cl) ©Culver Pictures, Inc./SuperStock; (cr) ©Popperfoto/Alamy Photos; 311 (br) David Young-Wolff/PhotoEdit; (cr) ©Annebicque Bernard/Corbis Sygma; (tr) ©Ingram Publishing/Alamy Photos; 312 (br) ©Mary Kate Denny/PhotoEdit; (cr) ©Lynn Goldsmith/CORBIS; (tr) ©Myrleen Ferguson/PhotoEdit.

CHAPTER 9 All photos by Gary Russ/HRW except: Page 321 (bl) ©Texas Department of Transportation; 322 (br) ©Laurence Parent; (cl) ©1969.21.1. Tom Lea (American, 1907—2001). Sarah (Portrait of the Artist's Wife), 1939. Oil on canvas, 34 1/4" x 26 1/4", 39 x 31 framed. El Paso Museum of Art; Gift of IBM Corporation; (Mills) ©1999 W. Gary Bissell; 323 (bl) ©Courtesy of Fort Bliss, TX; (tc) ©Robert Carlson/Siglo de Oro festival/Chamizal National Memorial, El Paso's National Park; (tl) ©Randy Mallory; (tr) ©Photo by the El Paso Times; 324—325 (clouds) PhotoDisc/Getty Images; 326 (águila) ©Joseph Van Os/Getty Images; (br) ©Josiah Davidson/Josiah Davidson Scenic Photography; (búho) ©D. Robert & Lorri Franz/CORBIS; (c) Photodisc/Getty Images; (coyote) ©Darrell Gulin/Getty Images; (icon) HRW Photo; (lagarto) ©Joe McDonald/Bruce Coleman; (párajo) ©Joe McDonald/CORBIS; (serpiente) ©Stephen Cooper/Photo Researchers; (t) ©David Kennedy/showmephotos; 327 (brisa) ©John Neubauer/PhotoEdit; (huracán) ©NASA/Science VU/Visuals Unlimited; (lloviznando) Andy Sotiriou/PhotoDisc/Getty Images; (nevando, niebla) ©Laurence Parent; (Relámpagos) ©Adam Jones/Photo Researchers; (soleado) ©Scott T. Smith/CORBIS; (terremoto) ©David Kennedy/showmephotos; (tl) ©Dr. E. R. Degginger/Color-Pic; (tornado) ©Royalty Free/CORBIS; 328 (cl) ©Courtesy of the El Paso Museum of Archaeology; 330 (bl) John Langford/HRW; 332 (l) ©Joel Salcido/Bob Daemmrich Photo; 333 (cr) ©Patty Thomas/Josiah Davidson Scenic; 334 (bl) ©Robert & Linda Mitchell Photography; 336 (tl) ©Laurence Parent; 337 (br) ©Annie Griffiths Belt/CORBIS; (tl) Don Couch/HRW; 338 (bc) ©Randy Mallory; (binóculos) PhotoDisc/Getty Images; (pescar, lago) ©Dave G. Houser; (fogata) ©Josiah Davidson/Josiah Davidson Scenic Photography; (gafas) ©Royalty Free/CORBIS; (icon) HRW Photo; (linterna) ©Cathy Crawford/CORBIS; (pez) ©David Kennedy/showmephotos; (tienda) ©Karl Weatherly/CORBIS; 339 (bl) ©Larry Ditto/Bruce Coleman; (c) ©Michael Gallacher/Michael Gallacher Photography; (cl) ©Laurence Parent; (tc) Photodisc/Getty Images; (tl) ©Bill Ross/CORBIS; (tr) ©John Snyder/Bruce Coleman; 340 (1) ©Michael S. Yamashita/CORBIS; (2) ©Laurence Parent; (3) ©Amos Nachoum/Getty Images; (4) ©Dorling Kindersley LTD Picture Library; (5) ©Phil Schermeister/CORBIS; (6, yo) ©David Kennedy/showmephotos; (7) ©Allen Russell/Index Stock Imagery; (8) ©Sonda Dawes/The Image Works; 341 (1) ©Randy Mallory; (2) ©David R. Frazier Photolibrary; (3) ©Josiah Davidson/Josiah Davidson Scenic Photography; (4) ©Laurence Parent; 343 (r) ©Laurence Parent; 342 (bl) John Langford/HRW; 345 (desert) Bill Bachmann/PhotoEdit; 347 (l) ©Joel Salcido/Bob Daemmrich Photo; (tr) ©David Kennedy/showmephotos; 354 (bc) ©Matt Bradley/Bruce Coleman; (bl) ©Bob Daemmrich Photo; (br) ©Gregory G. Dimijian, M.D./Photo Researchers; 358 (a., c., d., e.) PhotoDisc/Getty Images; (b.) ©Royalty Free/CORBIS; (f.) ©Mike Johnson/Mike Johnson Marine Natural History Photography.

CHAPTER 10 All photos by Don Couch/HRW except: Page 360 (tr) ©Earth Satelite Corporation/Photo Researchers; 362 (b) ©Luis Hill/AP/Wide World Photos; (tc) ©Daniel Luna/AP/Wide World Photos; (tl) ©Hulton Archive/Getty Images; 367 (cr) Sam Dudgeon/HRW; 368 (cl) ©Robert Holmes; 371 (tc) William Koechling/HRW; 372 (l) ©Robert Fried/Robert Fried Photography; 375 (1) ©Bob Krist/CORBIS; (2) ©Peter Lang/Latin Focus; (3) ©Glen Allison/Getty Images; 376 (bl) Sam Dudgeon/HRW; (tl) ©Robert Frerck/Odyssey/Chicago; 377 (br) ©Robert Holmes/CORBIS; (tl) Gary Russ/HRW; 378 (bc) ©Pablo Corral Vega/CORBIS; (bl) ©Robert Fried/Robert Fried Photography; (br, cr, tl) ©Robert Frerck/Odyssey/Chicago; (tc) ©Jump Run Productions/Getty Images; (tr) ©Jeff Greenberg/The Image Works; 379 (tc) ©Tui de Roy/Minden Pictures; (tl) ©Jakob Helbig/Getty Images; (tr) ©Craig Lovell/CORBIS; 380 (1) ©Joe McBride/Getty Images; (2) ©Stephen Frink/CORBIS; (3) ©David Fleetham/Getty Images; (4) ©James Marshall/CORBIS; (tl) ©Stephen Simpson/Getty Images; 382 (cl) ©Carlos Goldin/D. Donne Bryant Photography; 383 (1) ©SuperStock; (2, 3) ©Robert Holmes; (4) ©Robert Frerck/Odyssey/Chicago; (tr) ©Bill Bachmann/D. Donne Bryant Photography; 384 (1, cr) ©Robert Frerck/Odyssey/Chicago; (2) ©David Young-Wolff/PhotoEdit; (4) ©Peter Sterling/Getty Images; 385 (1, 2) ©Robert Frerck/Odyssey/Chicago; (3) ©Lee Snider/The Image Works; 386 (cl) ©Robbie Jack/CORBIS; 394 (1) ©Robert Frerck/Odyssey/Chicago; (2) ©Ken Fisher/Getty Images; (3) ©Carl & Ann Purcell/CORBIS; 398 (B, c) ©Royalty Free/CORBIS; (C) David Phillips/HRW; (cr) Museo Xul Solar.

LITERATURA Y VARIEDADES Page 402—403 (all) All rights Reserved; 404—405 (bkgrd) ©Harvey Lloyd/Getty Images/Taxi; (condor) Jeremy Woodhouse/PhotoDisc/Getty Images; 404 (bl) ©Tony Morrison/South American Pictures; (br, cr) ©Dorling Kindersley LTD Picture Library; 405 (bl) ©Tony Morrison/South American Pictures; 408 (bl) ©Robert Laberge/Getty Images Editorial; 409 (br) ©Douglas C. Pizac/AP/Wide World Photos; (tr) Jamie Squire/Getty Images Editorial; 412 (tl) ©Courtesy of the Fundación Gloria Fuertes; 414 (bc) John Langford/HRW; 415 (all) Victoria Smith/HRW; 416 (br) Don Couch/HRW; 417 (cl) Don Couch/HRW; (cr) Biblioteca Nacional de Chile; 418—419 (b) ©Tom Algire/Tom Algire Photography; 418 (tl) ©Cynthia Farah Haines/Courtesy of Arte Publico Press; 419 (búho) ©Jeremy Woodhouse/Pixelchrome; (coyote) ©W. Perry Conway/CORBIS; (lagarto) ©Joe McDonald/CORBIS; (paloma) ©Gary W. Carter/CORBIS; (ratón) ©David A. Northcott/CORBIS; (sapito) ©Chris Mattison/Frank Lane Picture Agency/CORBIS; (serpiente) ©Royalty Free/CORBIS.

REPASO DE VOCABULARIO Page R7 (bc) Alvaro Ortiz/HRW; (cl) Don Couch/HRW; (tc) ©Rubberball Productions; R8 (bc) Don Couch/HRW; (cr, tc) PhotoDisc/Getty Images; (tr) ©Stockbyte; R9 (bl, carne, cl, tl) Don Couch/HRW; (br) ©Ingram Publishing; (cr) Artville/Getty Images; (frutas) PhotoDisc/Getty Images; (tr) Michelle Bridwell/HRW; R10 (bc, c, tr) PhotoDisc/Getty Images; (br) Alvaro Ortiz/HRW; (tl) ©Digtial Vision; R11 (blusa, cr, zapatos) Sam Dudgeon/HRW; (cl) John Langford/HRW; (falda) Don Couch/HRW; (tr) Michelle Bridwell/ Frontera Fotos; R12 (bc, tr) ©Royalty Free/CORBIS; (bl) John Langford/HRW; (cr) Don Couch/HRW; R13 (br, familia) Don Couch/HRW; (c, tc) PhotoDisc/Getty Images; R14 (bl) Don Couch/HRW; (br, cl, tr) PhotoDisc/Getty Images; (cr) ©Stockbyte; R15 (bc, bl, cl, tl, tr) PhotoDisc/Getty Images; (cr) Don Couch/HRW; R16 (br) PhotoDisc/Getty Images; (c) ©European Communities; (Chile, tl) Don Couch/HRW; (cr) Artville/Getty Images; R17 (bc, cl) PhotoDisc/Getty Images; (cr) ©Ingram Publishing; R18 (bl, tc) Don Couch/HRW; (mano, tl) PhotoDisc/Getty Images; (pájaro) ©Royalty Free/CORBIS.

NOVELA STILL PHOTOS AND ICON KIDS: Puerto Rico – John Langford/HRW; Spain, Mexico, Costa Rica, Peru, Chile – Don Couch/HRW.

ICONS: (Cultura) Don Couch/HRW. Conexión Icons: (Arte, Geografía, Economía doméstica, Música) PhotoDisc/gettyimages; (Ciencias naturales, Historia) Royalty Free/CORBIS; (Ciencias sociales) Wolfgang Kaehler Photography.